# Entscheidungen des Reichsgerichts in Zivilsachen

## Sammlung der noch wichtigen Entscheidungen nach Fachgebieten geordnet

Herausgegeben

von

Professor Dr. **Leonhard Auerbach,** Berlin; Präsident des Reichspatentamtes a. D. **Johannes Eylau,** München; Rechtsanwältin **Charlotte Graf,** Berlin; Ministerialdirektor z. Wv. Senatspräsident Dr. **Ernst Knoll,** Berlin; Rechtsanwalt **Erich Kummerow,** Berlin; Rechtsanwalt **Hermann Reuß,** Berlin; Rechtsanwalt Dr. **Walter Schmidt,** Düsseldorf; Landgerichtsdirektor **Alexander Swarzenski,** Berlin; Rechtsanwalt Dr. **Werner Vahldiek,** Berlin

**Gruppe V Öffentliches Recht**

## Verwaltungsrecht, Besonderer Teil

**Berlin 1956**

**Walter de Gruyter & Co.**

**vormals G. J. Göschen'sche Verlagshandlung / J. Guttentag, Verlagsbuchhandlung / Georg Reimer / Karl J. Trübner / Veit & Comp.**

# Verwaltungsrecht

## Besonderer Teil

(u. a. Wegerecht, Fluchtlinienrecht, Enteignungsrecht, Polizeirecht, Gemeinderecht)

Bearbeitet

von

**Hermann Reuß**

Rechtsanwalt in Berlin

Berlin 1956

**Walter de Gruyter & Co.**

vormals G. J. Göschen'sche Verlagshandlung / J. Guttentag, Verlagsbuchhandlung / Georg Reimer / Karl J. Trübner / Veit & Comp.

Archiv-Nr. 28 17 56

Satz und Druck: Zentraldruckerei Berlin

# Vorwort

Zugleich eine Anleitung zur Benutzung des Bandes

Als dritten Band der Gruppe V der Auswahlsammlung legt der Bearbeiter hiermit Entscheidungen des ehemaligen Reichsgerichts zu Gebieten des Besonderen Teils des Verwaltungsrechts, u. a. zum Wegerecht, Fluchtlinienrecht, Enteignungsrecht, Gemeinderecht, vor.

Bei so stark geschichtlich verwurzelten Rechtsmaterien wie etwa dem Wege-, Fluchtlinien- und Enteignungsrecht war es oft schwierig und nur in der fragwürdigen Kompetenz eines gewissen Subjektivismus lösbar, was — wenn auch vielleicht lediglich wegen des geschichtlichen Verständnisses für das geltende Recht — als noch des aktuellen Interesses wert für die Wiedergabe zu befinden sei. Hier können, wie zuzugeben ist, die Meinungen auseinandergehen.

Besonders hat der Bearbeiter sich die technische Erschließung des Inhaltes des Bandes angelegen sein lassen. Dieser „Aufschlüsselung" dienen vor allem das bis in die Einzelheiten ausgebaute Sachregister, daneben auch die Kopftitel („Kolumnentitel") jeweils auf den Seiten des Buches. Dem fachlich Vertrauten dürfte schon die fortlaufende Durchsicht des Sachregisters mancherlei Anregungen bieten und aufschlußreiche Perspektiven eröffnen. Vor allem aber soll das Sachregister durch weitgehende Aufgliederung auch der Augenblicksverlegenheit des Praktikers abhelfen, indem es schnell die „Einstiegstelle" in die Rechtsprechung zum jeweiligen Problem aufzeigt.

So sehr der Bearbeiter bemüht war, seine Aufgabe bestens zu lösen, so sehr ist er sich doch auch der zwangsläufigen Unvollkommenheit bewußt, die dem Gelingen eines solchen Vorhabens notwendigerweise anhaften muß. Gleichwohl glaubt er, den ihm vorschwebenden Dienst an der Praxis des Rechtslebens geleistet zu haben.

Reuß

# Inhaltsverzeichnis

# Verzeichnis

**der aufgenommenen Entscheidungen aus der alten Sammlung**

# Verwaltungsrecht

**RGZ. 1, 155**

**Ist die nach dem römischen Rechte wegen Störung im Gebrauche eines öffentlichen Weges gegebene Klage nach den über die Zulässigkeit des Rechtsweges bestehenden Vorschriften statthaft?**

1. 2 § 45 Dig. ne quid in loco publico 43, 8; A.G.O. Einl. § 1.
Verordnung vom 26. Dezember 1808 wegen verbesserter Einrichtung der Provinzialbehörden.
Gesetz vom 11. Mai 1842,
und Kgl. Verordnung vom 16. September 1867, betr. die Zulässigkeit des Rechtsweges.

III. Zivilsenat. Urt. v. 23. Januar 1880 in S. B. (Bekl.) w. U. (Kl.) Rep. III. 11/79.

I. Amtsgericht Rennerod. II. Appellationsgericht Wiesbaden.

In der Stadt Westerburg befindet sich zwischen den Häusern des Leinwebers B. und des Kaufmannes U. ein Grundstück, welches nach der Behauptung des letzteren der Stadt W. gehört, von jeher als Verbindungsweg zwischen den anstoßenden Wegen und den angrenzenden Häusern und Höfen gedient hat und von uralten Zeiten her als öffentlicher Weg nicht bloß von den Anwohnern, sondern von jedermann benutzt worden ist. B. hat die Benutzung dieses Weges durch Anlegung einer Treppe, eines verschlossen gehaltenen Tores und Aufstellung einer großen Bütte verhindert. Er hält sich zu diesen Anlagen berechtigt, weil das fragliche Grundstück sein Eigentum sei. Nachdem die zuständige Verwaltungsbehörde die Anträge des U., die Freihaltung des Weges anzuordnen, abgewiesen hatte, „weil nicht anzunehmen sei, daß der von B. gesperrte Weg einen für den öffentlichen Verkehr so notwendigen Weg bilde, daß ein amtliches Einschreiten zur Vermeidung polizeilicher Unzuträglichkeiten geboten wäre und den Beteiligten überlassen bleiben müsse, den Streit im Rechtswege zum Austrage zu bringen", erhob U. Klage gegen B. mit dem Antrage, den Beklagten schuldig zu erkennen, die Absperrung des fraglichen öffentlichen Weges zu unterlassen, die gemachten Anlagen hinwegzuräumen, den früheren Zustand wiederherzustellen, auch dem Kläger allen durch die Versperrung des Weges entstandenen Schaden salva liquidatione zu ersetzen. Kläger hat dabei näher dargelegt, wie er namentlich mit Rücksicht auf die Lage seiner verschiedenen Gebäude durch die Absperrung des fraglichen Weges benachteiligt werde.

Nachdem das erste Gericht die Klage abgewiesen hatte, indem es annahm, daß Beklagter Eigentümer des fraglichen Terrains sei, verurteilte das Appellationsgericht den Beklagten klagegemäß, indem es davon ausging, daß die Voraussetzungen des in l. 2 § 45 Dig. ne quid in loco publico 43, 8 gegebenen Interdiktes vorhanden seien. Beklagter hat diese Entscheidung mit der Nichtigkeitsbeschwerde angefochten und namentlich Verletzung der über die Zulässigkeit des Rechtsweges im Königreich Preußen bestehenden Vorschriften gerügt.

Die Beschwerde ist verworfen aus folgenden

Gründen:

Mit Unrecht bestreitet der Kläger die Zulässigkeit des ersten vom Beklagten geltend gemachten Nichtigkeitsgrundes, weil die Einrede der Unzulässigkeit des Rechtsweges in den Vorinstanzen nicht erhoben sei. Denn da der Richter seine Zuständigkeit, also namentlich auch die Frage, ob der Rechtsweg zulässig sei, von Amts wegen zu prüfen hat, so können auch die Parteien in jeder Instanz, auch noch im Nichtigkeitsverfahren in dieser Richtung Einwendungen erheben.

Die Beschwerde des Beklagten ist jedoch nicht begründet.

Die erste Ausführung des Imploranten: da Kläger keine seiner Hofraite zustehende privatrechtliche Gang- und Fahrgerechtigkeit geltend mache, sondern Schutz im Gebrauche eines öffentlichen Weges verlange, also kein Privatrecht, sondern ein publizistisches Recht in Frage stehe und weil nach den in der preußischen Monarchie geltenden Gesetzen die Gerichte zur Aburteilung über publizistische Rechte nicht befugt seien, so verletze der Appellationsrichter durch Zulassung der vom Kläger erhobenen Klage den Art. 1 der Königlichen Verordnung vom 16. September 1867, betreffend die Zulässigkeit des Rechtsweges, den § 1 der Einleitung zur Allgemeinen Gerichtsordnung und den darin ausgesprochenen, auch in den neu erworbenen Landesteilen geltenden Rechtssatz: „daß die Gerichte nur zur Entscheidung über solche Sachen und Rechte berufen seien, welche Gegenstand des Privatrechtes sind" — ist nicht zutreffend.

Da nach den im Geltungsgebiete des preußischen Allgemeinen Landrechtes bestehenden, durch die Königliche Verordnung vom 16. September 1867, betreffend die Zulässigkeit des Rechtsweges, auch auf die durch die Gesetze vom 20. September und 24. Dezember 1866 der preußischen Monarchie einverleibten Landesteile ausgedehnten allgemeinen Bestimmungen ein Prozeßverfahren in denjenigen Angelegenheiten nicht stattfindet, welche nach der bestehenden Staats- und Landesverfassung zum Ressorte der Verwaltungsbehörden gehören, da ferner zu diesen Angelegenheiten auch die Sorge für die öffentlichen Straßen und Wege, insbesondere die Sorge für die Freihaltung des Verkehres auf denselben im öffentlichen Interesse zu rechnen ist, indem diese zu den den Polizeibehörden überwiesenen Funktionen gehört, so können allerdings die nach dem römischen Rechte zum Schutze des Gebrauches öffentlicher Wege gegebenen Rechtsmittel, soweit dadurch das öffentliche Interesse gewahrt werden sollte und dieselben daher von jedem Staatsbürger, auch dem nicht durch die Störung des Gebrauches Benachteiligten erhoben werden konnten, für anwendbar nicht mehr angesehen werden. Erachten die zuständigen Verwaltungsbehörden ein Einschreiten gegen die den Gebrauch öffentlicher Wege und Straßen beeinträchtigenden Handlungen im öffentlichen, polizeilichen Interesse nicht für geboten, so kann nicht im Wege des prozessualischen Verfahrens die Frage, ob im öffentlichen Interesse ein Einschreiten geboten oder gerechtfertigt sei, zur Erörterung und Entscheidung gebracht werden. Aus jenen Vorschriften über die Ausschließung des Rechtsweges in den zum Ressorte der Verwaltungsbehörden gehörenden Angelegenheiten folgt aber keineswegs, daß auch diejenigen Rechtsmittel, welche das gemeine Recht zum Schutze des Sonderinteresses des einzelnen Staatsangehörigen auf Benutzung eines öffentlichen Weges gewährt, nicht mehr zulässig seien; diese Rechtsmittel müssen vielmehr, wenn die Polizeibehörden die Beseitigung der den Gebrauch eines öffentlichen Weges beeinträchtigenden Anlagen nicht anordnen wollen, für statthaft erachtet werden, weil sie zum Schutze gegen unbefugte Eingriffe in das dem einzelnen zustehende Recht auf Benutzung öffentlicher Wege dienen und zugleich auf Ersatz des durch solche unbefugte Eingriffe dem Kläger entstandenen Schadens gerichtet sind, also nicht publizistische Rechte, sondern einen privatrechtlichen Anspruch betreffen.

Im vorliegenden Falle handelt es sich aber, wie die Begründung der Klage, das Klagegesuch und der Tenor des den Beklagten verurteilenden Erkenntnisses ergeben, nur um den Schutz des Interesses, welches der Kläger an dem Gebrauche des in Frage stehenden öffentlichen Weges mit Rücksicht auf die Lage seiner Scheune und auf die erleichterte Kommunikation mit den höher gelegenen Teilen der Stadt hat, sowie um den Ersatz des Schadens, welcher ihm durch die unbefugte Verhinderung beziehungsweise Erschwerung der Benutzung des Weges durch den Beklagten verursacht ist. . . .

**RGZ. 1, 366**

**Rechtsweg für Klage auf Feststellung von Gemeingebrauchsbefugnissen?**

*Alter Leitsatz:*

*Ist über die Befugnis zur Benutzung der Meeresufer der Rechtsweg zulässig?*

Pr. A.L.R. II. 14 § 21, II. 15. § 7. 80; A.G.O. Einl. § 1; §§ 35. 36 der Verordnung vom 26. Dezember 1808; Instruktion vom 23. Oktober 1817; Kabinettsorder vom 31. Dezember 1825.

II. Hilfssenat. Urt. v. 23. Februar 1880 i. S. des Forstfiskus (Kl.) w. K u. Gen. (Bekl.) Rep. Va. 3/79.

I. Stadt- und Kreisgericht Danzig. II. Appellationsgericht Marienwerder.

Am Ausflusse der Weichsel haben sich in der Ostsee fünf Inseln gebildet, welche der Forstfiskus okkupiert hat und nutzt. Die Beklagten, welche diese Inseln zum Zwecke der Ausübung der Fischerei betraten, sind auf die vom Forstfiskus angestrengte negatorische Eigentumsklage rechtskräftig verurteilt, das Eigentum desselben an den fünf Inseln anzuerkennen und sich der Benutzung derselben außerhalb der Ufer zu enthalten. Streitig geblieben ist der Klagantrag in betreff der Ufer, sowie der von den Beklagten in der Widerklage gestellte Antrag, den Forstfiskus zu verurteilen, ihnen zu gestatten, daß sie die Ufer der fünf Inseln, soweit die höchste Flut steigt, zur Ausübung der Fischerei betreten und benutzen.

Sie gründen ihren Antrag darauf, daß die Meeresufer zu den res publicae zu rechnen seien, von deren Benutzung niemand ausgeschlossen werden könne, während Kläger behauptet, daß die Ufer solcher Inseln überhaupt nicht als Meeresufer im Sinne des § 80 A.L.R. II. 15 anzusehen seien, und daß sie eventuell nur wie die Landstraßen zum Reisen und zum Transporte von Sachen benutzt werden dürften.

Der erste Richter hat die Beklagten nach dem Klagantrage verurteilt und mit ihrem Widerklagantrage abgewiesen, weil die Meeresufer Eigentum des Staates seien und Kläger nach §§ 1. 9—13 I. 8 und § 24 II. 14 A.L.R. jeden von der Benutzung derselben ausschließen könne.

Auf die Appellation der Beklagten erkannte der Appellationsrichter abändernd auf Abweisung des Klägers mit dem Klagantrage und auf Verurteilung desselben nach dem Antrage der Widerklage, weil die Meeresufer nicht wie die res fisci zum besonderen, sondern als res publicae zum gemeinen Eigentume des Staates gehörten, und durch die dem Staate daran als niedrige Regalien vorbehaltenen

Nutzungsrechte der allen Personen gestattete Gebrauch derselben nicht ausgeschlossen werde.

Auf die Revision des Klägers ist diese Entscheidung in betreff der Abweisung des Klagantrages bestätigt, in betreff der Widerklage aber dahin abgeändert, daß der Rechtsweg für unzulässig zu erachten sei.

Aus den Gründen:

Mit Recht hat der Appellationsrichter die Ufer von Inseln für Meeresufer im Sinne des § 21 A.L.R. II. 14 erachtet. Nach der klaren Vorschrift dieser Bestimmung und des § 80 A.L.R. I. 15 stehen sie in denselben rechtlichen Verhältnissen wie die Land- und Heerstraßen und die von Natur schiffbaren Ströme, d. h. sie stehen im gemeinen Eigentum des Staates, gehören aber zu den res publicae im engeren Sinne, d. h. zu demjenigen Staatseigentume, dessen Gebrauch jedermann offensteht. Sie fallen daher nur soweit in das Gebiet des privatrechtlichen fiskalischen Eigentumes, als eine Nutzung unbeschadet ihrer Bestimmung zum öffentlichen Gebrauche daran möglich ist. Soweit diese Bestimmung reicht, ist das Privateigentum an denselben einer Beschränkung unterworfen, und sie stehen allein unter der Herrschaft der allgemeinen Staatsgewalt vermöge der publizistischen Staatshoheit derselben.

Daraus folgt, daß die auf das unbeschränkte private oder besondere Eigentumsrecht des Fiskus gestützte negatorische Klage, soweit sie sich auf die Ufer der Inseln bezieht, mit Recht abgewiesen ist, weil dem Kläger ein solches Eigentumsrecht nicht zusteht, und daß über die Frage, wieweit den einzelnen Mitgliedern der Staatsgemeinschaft eine Befugnis zur Benützung der Meeresufer gebühre, nicht die Gerichte, sondern allein die das öffentliche Interesse wahrnehmenden Organe der Staatsgewalt zu entscheiden haben. Denn diese Befugnis wird nicht aus dem Privatrecht hergeleitet, und es liegt daher auch nicht in der Kompetenz der Gerichte, auf Grund einer privatrechtlichen Eigentumsklage den Untertanen eine ihnen durch das öffentliche Recht verbürgte Befugnis zu entziehen, bzw. zu beschränken, oder ihnen dieselbe auf Grund einer konfessorischen Klage zuzusprechen.

Vgl. § 1 Einl. zur A.G.O.; §§ 35, 36 der Verordnung vom 26. Dezember 1808; Instruktion vom 23. Oktober 1817; Kabinettsorder vom 31. Dezember 1825; Entsch. des Obertribunales Bd. 20 S. 401; Erkenntnis des Gerichtshofes zur Entscheidung von Kompetenzkonflikten vom 14. Januar 1854, Justizministerialblatt S. 180.

Namentlich hat auch über die von dem Revidenten angeregte Frage, ob das Recht zur Benutzung der Meeresufer gemäß § 7 A.L.R. II. 15 auf das Reisen und das Fortschaffen von Sachen beschränkt sei, nicht der Richter, sondern die Staatsverwaltung zu entscheiden, an welche sich die Beteiligten um Abhilfe zu wenden haben, wenn einerseits einzelne Mitglieder des Publikums bei Benutzung der Meeresufer durch Überschreitung der ihnen nach dem öffentlichen Rechte zustehenden Befugnisse dem fiskalischen Eigentumsrechte zu nahe treten, oder andererseits der Fiskus als Eigentümer jenen bei Ausübung ihrer öffentlichen Befugnisse Hindernisse in den Weg legt.

**RGZ. 1, 420**

**Entschädigungsklage gegen den Staat wegen Einziehung von Eigentum. Erwerbung des Eigentumes an einem öffentlichen Wege durch Überlassung der Benutzung oder durch Ersitzung?**

II. Zivilsenat. Urt. v. 13. April 1880 i. S. Gemeinde W. (Kl.) w. Fiskus (Bekl.). Rep. II. 64/80.

I. Kreis- und Hofgericht Mannheim. II. Oberlandesgericht Karlsruhe.

Die Gemeinde W. forderte vom Fiskus eine Entschädigung von 2311 M, weil derselbe eine Wegstrecke, welche im Privateigentume der Gemeinde gestanden, zu einem öffentlichen Wege eingezogen habe. In zwei Instanzen abgewiesen, legte die Klägerin Revision ein, welche zurückgewiesen wurde aus folgenden

Gründen:

Die Zuständigkeit der bürgerlichen Gerichte ist unzweifelhaft begründet; denn nicht die Frage ist zu entscheiden, ob die öffentlichrechtlichen Voraussetzungen für die Einreihung eines Gemeindeweges in die Klasse der Landstraßen gegeben waren, sondern die ausschließlich privatrechtliche Frage, ob der beklagte Fiskus über Eigentum der klagenden Gemeinde verfügt und hierfür eine Vergütung zu leisten habe.

Das geltend gemachte Privateigentum an der fraglichen Wegstrecke gründet die Klägerin auf eine Überlassung derselben an sie seitens der kurpfälzischen Regierung und auf die Ersitzung.

Was den ersten Erwerbstitel betrifft, so können zwar nicht alle Ausführungen des Oberlandesgerichtes gebilligt werden, namentlich nicht die, daß ein öffentlicher Gemeindeweg mittelbares Staatseigentum sei, allein dasselbe stellt ohne Gesetzesverletzung tatsächlich fest, daß aus dem von der Klägerin behaupteten Aufgeben des öffentlichen Weges durch den Staat und dem Übergange der Unterhaltung desselben auf die Gemeinde keineswegs gefolgert werden könne, daß der Staat den Weg als Privateigentum übertragen habe. Es kann namentlich nicht von einer Verletzung des Landrechtssatzes 538 die Rede sein, wenn die für die Klage notwendige Begründung vermißt wird, daß der Weg als öffentlicher aufgegeben und der Gemeinde die privatrechtlich freie Verfügung darüber zugestanden worden sei.

Hinsichtlich der Ersitzung mag dahingestellt bleiben, ob die Klägerin dem Staate gegenüber den Weg als einen öffentlichen Gemeindeweg ersitzen konnte, denn es handelt sich nur darum, ob sie ein nicht öffentliches Eigentum ersessen habe. Diese Frage erledigt sich aber zu Ungunsten der Revisionsklägerin durch die hier maßgebenden tatsächlichen Feststellungen im angegriffenen Urteile, welche dahin gehen, daß bis zu den 1840er Jahren die streitige Strecke des fraglichen Weges die Vizinalverbindung von Angelthal nach Walldorf herstellen half und dem unbeschränkten öffentlichen Gebrauche freistand; daß sich ferner aus den Beweisverhandlungen ergebe, daß auch später, und zwar in der für die Ersitzung maßgebenden Zeit, der Weg nicht aufgehört hatte, ein öffentlicher, d. h. für den öffentlichen Gebrauch bestimmter, Gemeindeweg zu sein, daß er zur unbeschränkten Benutzung für Fußgänger und in dieser Beziehung immer noch zur Herstellung der Vizinalverbindung diente, daß eine subjektive Beschränkung des öffentlichen Gebrauches des Weges überhaupt nicht bestanden, und daß auch die objektive Beschränkung (Benutzung mit Fuhrwerken) nicht aus privatrechtlichen, sondern aus Gründen der Zweckmäßigkeit, des öffentlichen Nutzens gestattet worden sei.

Sofern bei diesen tatsächlichen Feststellungen betreffs der Merkmale eines öffentlichen Gemeindeweges das Straßengesetz vom 14. Januar 1868 und die Vollzugsverordnung hierzu ausgelegt wurden, ist darauf hinzuweisen, daß zufolge des § 511 ZPO. und des § 7 der Verordnung vom 28. September 1879 die Richtigkeit dieser Auslegung der Nachprüfung des Revisionsgerichtes entzogen ist.

Zur Abweisung der Klage reicht die Feststellung, daß es sich um einen öffentlichen Gemeindeweg handele, aus, ohne daß weiter zu untersuchen wäre, wem das Eigentum am Grund und Boden, ob dem Staate oder der Klägerin, zustehe.

Selbst wenn letzteres angenommen werden müßte, konnte die Klägerin deshalb, weil ihr durch Einreihung des öffentlichen Weges in den Verband der Landstraße die Unterhaltungspflicht abgenommen worden ist, keinen Anspruch auf Schadensersatz erheben. Keinesfalls kann in dieser Instanz untersucht werden, ob das Gesetz vom 14. Januar 1868 in dieser Hinsicht eine andere Auslegung erfordere. Die etwa bestandene Möglichkeit für die Klägerin, dem Wege unter Beobachtung der Vorschriften des Gemeindegesetzes eine andere Bestimmung zu geben, kann nicht in Betracht kommen, denn insolange sie von einer solchen nicht Gebrauch gemacht hat, konnte ohne Verletzung der Landrechtssätze 2. 2 b, sowie des Landrechtssatzes 545 der § 3 des Gesetzes vom 14. Januar 1868 in Anwendung gebracht werden.

**RGZ. 3, 171**

**Hat der Anlieger eines Gemeindeweges wegen der Aufhebung derselben eine Klage gegen die Gemeinde?[1])**

III. Zivilsenat. Urt. v. 16. November 1880 i. S. Sch. (Bekl.) w. K. (Kl.) Rep. III. 635/80.

I. Landgericht Kiel. II. Oberlandesgericht daselbst.

Der Beklagte ist Eigentümer eines an der Fleckenstraße in Kiel belegenen, mit zwei Häusern bebauten Grundstückes. Seitens der Stadtgemeinde wurde beschlossen, diese Straße von ihrer Einmündung in die Br. Straße bis an das Grundstück des Beklagten aufzuheben und das Areal der Universität zu einer Vergrößerung ihrer Baulichkeiten zu überlassen. Der Beklagte erklärte hierauf, daß er, als Anlieger, der Stadt das Recht zur Aufhebung dieser Straßenstrecke bestreite und eventuell von ihr Ersatz des ihm durch die Beschränkung der Zuwegung seines Grundstückes verursachten bedeutenden Schadens beanspruche. Auf die alsdann gemäß § 231 ZPO. von der Stadtgemeinde gegen ihn und widerklagend von ihm angestellte Feststellungsklage wurde in zweiter Instanz erkannt, daß Beklagter nicht berechtigt sei, der Einziehung und Veräußerung der fraglichen Straßenstrecke zu widersprechen oder deshalb Schadensersatz zu verlangen. Die vom Beklagten eingelegte Revision wurde zurückgewiesen aus folgenden

Gründen:

„Zunächst ist gegenüber den allgemeinen Erwägungen, durch welche der Beklagte seinen Anspruch zu rechtfertigen versucht, darauf hinzuweisen, daß ihm durch die Aufrechterhaltung des angefochtenen Erkenntnisses keineswegs jeder Schutz für sein Interesse an der Erhaltung der bisherigen Straße abgesprochen wird. Die Organe der klagenden Stadtgemeinde waren öffentlich-rechtlich verpflichtet, bei ihrer Beschlußfassung über die teilweise Einziehung der fraglichen Straße alle einschlagenden Interessen in billig abwägende Berücksichtigung zu ziehen, und wenn der Beklagte sich durch eine hierbei stattgefundene ungebührliche Außerachtlassung seines Anliegerinteresses verletzt finden konnte, so stand ihm zur Wahrung desselben im Verwaltungswege die Beschwerdeinstanz offen. Aber das von ihm in Anspruch genommene Recht, der Stadtgemeinde die unternommene Einziehung eines Teiles der Straße zu untersagen, kann nur aus einer unter privatrechtlichem Schutze stehenden Berechtigung desselben, die fragliche Straßenstrecke fortwährend als Straße zu benutzen, hergeleitet

[1]) Vgl. Seuffert, Archiv Bd. 17 Nr. 121, Bd. 29 Nr. 243, 244, Bd. 30 Nr. 150, Bd. 31 Nr. 41, Bd. 34 Nr. 306.

werden, und ebenso ist sein Schadensersatzanspruch nur aus einer Verletzung seiner privatrechtlichen Ansprüche zu begründen.

Ein Privatrecht des Beklagten auf die in Rede stehende Benutzung der Straßenstrecke könnte nur beruhen entweder in einer seinem anliegenden Grundstücke zustehenden Servitut oder in einem gesetzlichen Nachbarrechte. Da durch die bloße Tatsache, daß das Straßenareal bisher zum öffentlichen Gebrauche bestimmt war, ein privatrechtlicher Anspruch auf die Fortdauer dieses Zustandes nicht entstanden sein kann, so bleibt in betreff der Entstehung einer Servitut nur die Frage übrig, ob ein entsprechender stillschweigender Vertrag zwischen der Gemeinde und den Anliegern einerseits durch die Herstellung der Straße und andererseits durch die Bebauung ihrer Grundstücke zustande gekommen sei. Es läßt sich hierfür geltend machen, daß die Gemeinde durch die Herstellung der Straße die Anlieger provoziert habe, ihre anliegenden Grundstücke im Vertrauen auf das immerwährende Fortbestehen der Straße zu bebauen. Allein die Frage ist zu verneinen, weil diese Erwägung nicht zu der Annahme berechtigt, daß die Gemeinde eine privatrechtliche Verpflichtung habe auf sich nehmen wollen. Die Grundsätze des Nachbarrechtes kommen dem Beklagten nicht zustatten; denn das Nachbarrecht gewährt nur Schutz gegen eine positive Beschädigung der Eigentumssubstanz, nicht aber einen Anspruch auf Erhaltung derjenigen Vorteile, welche einem Grundeigentümer durch die bisherige Art der Verwendung des Nachbargrundstückes tatsächlich zuteil geworden sind.

Es bleibt nur noch zu untersuchen, ob der Anspruch des Beklagten auf eine zum Schutze des Rechtes des Gemeingebrauchs öffentlicher Sachen, insbesondere der öffentlichen Wege, gegebene privatrechtliche Klage gestützt werden kann. Allein dies ist schon nach den Bestimmungen des römischen Rechtes zu verneinen. In den Quellen ist nirgends bezeugt, daß die Klagen, welche gegen denjenigen, der den Gemeingebrauch öffentlicher Sachen stört, teils jedem Bürger und teils dem Verletzten gegeben werden, auch gegen das Gemeinwesen selbst stattfinden, wenn dasselbe unternimmt, die Sache der Bestimmung für den Gemeingebrauch zu entziehen. Von einer solchen Ausdehnung dieser Klagen könnte auch höchstens dann die Rede sein, wenn anzunehmen wäre, daß die Bestimmung der öffentlichen Sachen zum Gemeingebrauch kraft des Gesetzes eine immerwährende und unentziehbare sei[2]); aber letzteres ist nicht anzunehmen. Denn die Äuße-

[2]) Vgl. Ihering, Geist des Römischen Rechtes Bd. 1 S. 201, Bd. 3 S. 349. D. E.

rungen der Quellen, welche man allenfalls geneigt sein könnte hierfür anzuführen (l. 83 § 5 Dig. de VO. 45, 1: ,usibus publicis in perpetuum relicta' und ähnlich l. 2 § 5 Dig. ne quid in loco publ. 43, 8 und § 2 Inst. de inutil. stipul. 3, 19) sprechen nur aus, daß das Kriterium einer öffentlichen Sache in ihrer Bestimmung zum dauernden Gemeingebrauche zu finden ist, und hierin ist keineswegs enthalten, daß das Gemeinwesen, welchem die öffentlichen Sachen gehören und von welchem diese Bestimmung derselben in der Regel sich herschreibt, zu einer Abänderung dieser Bestimmung nicht befugt sei. Endlich würden auch die durch die Verordnung vom 16. September 1867 in die neuen Provinzen eingeführten Bestimmungen des preußischen Rechtes über die Zulässigkeit des Rechtsweges, wonach der Rechtsweg in Verwaltungsangelegenheiten ausgeschlossen ist, wenngleich hierdurch die bezeichneten Klagen nicht für alle Fälle unzulässig geworden sind,

vgl. Entsch. des RG.'s in Zivils. Bd. 1 Nr. 59 S. 156 flg.,

doch jedenfalls eine nur auf das publizistische Recht des Gemeingebrauches sich gründende Klage gegen eine Gemeinde, um derselben die Aufhebung eines öffentlichen Weges, dessen Aufhebung im Verwaltungswege von den zuständigen Gemeindeorganen beschlossen worden ist, zu verbieten oder deshalb Schadensersatz zu beanspruchen, als unzulässig erscheinen lassen müssen."

## RGZ. 6, 159

**Recht des Gemeingebrauches öffentlicher Wege; kann durch die im Wege der Enteignung herbeigeführte Aufhebung eines öffentlichen Weges für diejenigen, welche an der Benutzung desselben interessiert sind, ein Entschädigungsanspruch begründet werden?**

III. Zivilsenat. Urt. v. 13. Januar 1882 i. S. W. (Kl.) w. Braunschweigische Eisenbahngesellschaft (Bekl.). Rep. III. 511/81.

I. Landgericht Braunschweig. II. Oberlandesgericht daselbst.

Gründe:

„Durch das bestätigende Urteil der Vorinstanz ist die Beklagte für schuldig erkannt worden, den Kläger zu entschädigen wegen der Umwege, die ihm hinsichtlich der Verbindung eines ihm gehörigen, in der Altenwieker Feldmark vor Braunschweig belegenen Grundstückes, auf welchem er ein Feuerwerkslaboratorium betreibt, mit seinem Wohnhause und mit der Stadt Braunschweig dadurch aufgenötigt worden sind, daß ihm die Befugnis der Benutzung des früheren kürzesten Verbindungsweges durch die auf Grund einer Verfügung des Herzoglichen Staatsministeriums erfolgte Aufhebung einer

Strecke dieses Weges und ihrer Verwendung zur Anlegung der denselben durchschneidenden, jetzt der Beklagten gehörigen Eisenbahn entzogen worden ist.

Nach der Feststellung der Vorinstanz ist der fragliche Weg ein öffentlicher Weg. Es ist ferner festgestellt, daß derselbe im Eigentume der Altenwieker Feldmarksinteressenschaft, zu deren Interessenten der Kläger gehört, sich befindet; aber dieser Umstand ist in den Gründen der Vorinstanz nur beiläufig erwähnt, und es kann auch auf denselben ein entscheidendes Gewicht nicht gelegt werden, weil daraus ein dem Kläger für seine Person zustehender und von ihm in eigener Person geltend zu machender privatrechtlicher Anspruch auf Benutzung und Erhaltung des öffentlichen Weges nicht hergeleitet werden kann.

Die Vorinstanz führt zur Begründung ihrer Entscheidung aus:[1] Nach gemeinem Rechte sei das Recht auf ungehinderte Benutzung eines öffentlichen Weges für jeden, welcher an der Erhaltung desselben ein Vermögensinteresse nachweise, durch ein Klagerecht geschützt, und zwar, prohibitorisch wie restitutorisch, gegen jedermann, der sich nicht auf eine Erlaubnis der zuständigen Behörde zu berufen vermöge, und folglich nicht gegen die zuständige Behörde selbst. Nach den Vorschriften der braunschweigischen Wegegesetzgebung könne nun aber die Aufhebung eines öffentlichen Weges der hier fraglichen Art nur erfolgen, wenn zuvor die Verwaltungsbehörde der betreffenden Feldmarksinteressenschaft und die städtischen Organe sich hiermit einverstanden erklärt haben. Im vorliegenden Falle sei dies ressortmäßige Verfahren nicht eingeschlagen worden; die Aufhebung der fraglichen Wegestrecke sei vielmehr erfolgt durch eine auf der Ausübung des Expropriationsrechtes beruhende Verfügung des Herzoglichen Staatsministeriums. Nach den Bestimmungen der Landesverfassung sei eine Expropriationsentschädigung zu gewähren nicht bloß in den Fällen der Enteignung von Grundeigentum und der Aufhebung von Dienstbarkeiten, sondern auch in allen Fällen der Entziehung von privatrechtlich geschützten Gerechtsamen und überhaupt der Beseitigung oder Beschränkung von Vermögensrechten. Demnach sei für den Kläger wegen der in der bezeichneten Weise geschehenen Aufhebung seines Rechtes auf Benutzung des fraglichen Weges der Anspruch auf Entschädigung begründet.

Aus den Ausführungen der Vorinstanz ergibt sich, daß sie die von dem Herzoglichen Staatsministerium mittels der verfügten Ent-

[1]) Beide Vorinstanzen beziehen sich auf eine in einem ähnlichen Falle von dem früheren Obergericht zu Wolfenbüttel in dritter Instanz abgegebene gleiche Entscheidung, mitgeteilt in der braunschweigischen Zeitschrift für Rechtspflege Bd. 26 S. 151 flg.

eignung der fraglichen Wegestrecke und deren Überweisung an die anzulegende Eisenbahn bewirkte Aufhebung des öffentlichen Weges in dieser Strecke als vermöge der dem Staatsministeriumzuständigen Expropriationsbefugnis rechtsgültig ansieht.

Die Entscheidung der Vorinstanz über die Zuständigkeit der in Betracht kommenden Landesbehörden und über den Inhalt des landesrechtlichen Expropriationsrechtes ist gemäß § 525 ZPO. für die Revisionsinstanz bindend. Nach dem festgestellten Inhalte des letzteren Rechtes kann aber der erhobene Entschädigungsanspruch nur dann für begründet anerkannt werden, wenn anzunehmen ist, daß durch die so, wie geschehen, erfolgte Aufhebung der Wegestrecke dem Kläger ein ihm zustehendes Recht auf fernere Benutzung derselben entzogen worden sei, mit anderen Worten, daß dem Kläger ein solches Recht zugestanden habe. Diese Frage ist aus den Bestimmungen des gemeinen Rechtes über die Beschaffenheit des Rechtes der Benutzung öffentlicher Wege zu beurteilen, und insoweit ist daher das angefochtene Urteil gemäß § 511 ZPO. der Nachprüfung durch das Revisionsgericht unterworfen.

Es kann nun zwar der von der Vorinstanz in dieser Beziehung als Ausgangspunkt ihrer Ausführungen aufgestellte Rechtssatz im wesentlichen als richtig anerkannt werden; aber die Vorinstanz hat rechtsirrtümlich gefehlt, indem sie bei der Anwendung desselben das Recht auf Benutzung eines öffentlichen Weges mit einem Rechte auf Erhaltung desselben identifiziert und ferner den Umstand, daß die Aufhebung der Wegestrecke durch eine — zwar nicht nach den Vorschriften der Wegegesetze, aber doch nach dem geltenden Expropriationsrechte — zuständige Behörde rechtswirksam erfolgt ist, außer acht gelassen hat.

Das an öffentlichen Wegen jedermann zustehende Recht, welches, obgleich es publizistischer Natur ist, nach gemeinem Rechte auch privatrechtlich durch ein den interessierten Personen zustehendes, auf Abwehr von Störungen und Behinderungen, Wiederherstellung des früheren Zustandes und Schadensersatz gerichtetes Klagerecht geschützt ist,

vgl. Entsch. des RG.'s in Zivils. Bd. 1 Nr. 59 S. 158,

besteht nur in dem Rechte des Gebrauches (Gemeingebrauches) der öffentlichen Wege. Den Gegenstand desselben bilden also die vorhandenen öffentlichen Wege; dasselbe ist daher hinsichtlich eines bestimmten Weges dadurch bedingt, daß ein solcher öffentlicher Weg existiert, und folglich nur für so lange begründet, als derselbe in dieser Eigenschaft existiert. Ein Recht, dem Gemeinwesen und dessen zuständigen Organen gegenüber zu beanspruchen, daß das gegenwärtig einen öffentlichen Weg bildende Areal für alle Zeit dem Gemeingebrauche als öffentlicher Weg belassen werde, läßt sich aus dem Rechte des Gebrauches der öffentlichen Wege nicht herleiten und ist auch in den Quellen des gemeinen Rechtes nicht anerkannt.

Vgl. Entsch. des RG.'s in Zivils. Bd. 3 Nr. 49 S. 173.

Ist demnach denjenigen, welche an dem Gebrauche eines vorhandenen öffentlichen Weges interessiert sind, weder ein eine etwaige künftige, von einer zuständigen Behörde zu verfügende Aufhebung dieses Weges überdauerndes Recht auf den Gebrauch desselben, noch auch das Recht, der Aufhebung desselben zu widersprechen, zuzuschreiben, so kann auch in der Aufhebung des Weges nicht die Entziehung eines den Gebrauchsinteressenten zustehenden Rechtes auf die fernere Benutzung des Weges und überhaupt nicht ein Eingriff in ein bestehendes Gebrauchsrecht gefunden werden. Die von einer zuständigen Behörde verfügte Aufhebung eines öffentlichen Weges setzt vielmehr dem Rechte auf den Gebrauch desselben dadurch ein Ende, daß sie dieses Recht vermöge der Ausübung des überwiegenden, der Behörde zustehenden Rechtes gegenstandslos macht.

Daß im vorliegenden Falle die Aufhebung des öffentlichen Weges in der fraglichen Strecke nicht auf einer Verfügung oder Zustimmungserklärung der nach den Wegegesetzen zuständigen Stellen beruht, sondern von dem Herzoglichen Staatsministerium vermöge der demselben zustehenden Expropriationsbefugnis mittels der Enteignung der Wegestrecke und ihrer Überweisung an die anzulegende Eisenbahn angeordnet worden ist, kann der Rechtswirkung dieser Maßregel keinen Abbruch tun. Wenn auch durch die vorgenommene Enteignung, nach dem feststehenden Inhalte des Landesrechtes, ein Entschädigungsanspruch für alle diejenigen, welchen hierdurch eine Rechtsentziehung zugefügt wurde, begründet ist, so hat doch dem Obigen nach der Kläger durch dieselbe eine Rechtsentziehung nicht erlitten; ein etwaiger Entschädigungsanspruch kann nur begründet worden sein für die Altenwieker Feldmarksinteressenschaft, welcher die ihr eigentümlich gehörige Wegestrecke entzogen worden ist.

Hiernach ist die Klage, unter Aufhebung der Erkenntnisse beider Vorinstanzen, als unbegründet abzuweisen."

**RGZ. 7, 213**

**Steht den Eigentümern der an einer öffentlichen städtischen Straße belegenen Häuser als solchen ein privatrechtliches Gebrauchsrecht an der Straße und wegen Beeinträchtigung des letzteren durch eine**

**im öffentlichen Verkehrsinteresse vorgenommene Veränderung der Straße ein Entschädigungsanspruch zu?**

I. Hilfssenat. Urt. v. 7. März 1882 i. S. Rh. Eisenb. (Bekl.) w. R. (Kl.) Rep. IV a. 126/81.

I. Landgericht Essen. II. Oberlandesgericht Hamm.

Der Kläger ist Eigentümer eines Hauses in der Freistattstraße der Stadt Essen. Diese öffentliche Straße wurde von der Rheinischen Eisenbahn bis zum Jahre 1879 in gleichem Niveau überschritten. 1879 aber wurde infolge der Anlage einer Verbindungsbahn nach dem Fabriketablissement Krupp dieser Zustand dahin geändert, daß eine mehrere Meter hohe Überführung über den Bahnkörper angelegt wurde, zu welcher in demjenigen Teile der Freistattstraße, in dem das Haus des Klägers liegt, eine für den Wagenverkehr bestimmte Rampe hinaufführt. Letztere hat vor dem Hause des Klägers eine Höhe von etwa 10 Fuß und engt dort den Fahrdamm der Straße zu einem schmalen Streifen ein. Mit der Behauptung, daß er durch diese Anlage im Gebrauche der Straße gehindert und dadurch der Wert seines Grundstückes vermindert sei, hat der Kläger gegen die Rheinische Eisenbahngesellschaft auf Schadloshaltung geklagt, und es ist die Beklagte hierzu in beiden Instanzen im Prinzip verurteilt worden; ihre Nichtigkeitsbeschwerde ist zurückgewiesen.

Aus den Gründen:

... „Es bleibt zu prüfen, ob der Rechtsgrundsatz, auf welchen in Verbindung mit § 75 der Einl. zum ALR. der Appellationsrichter, gleich dem ersten Richter, der Rechtsprechung des vormaligen preuß. Obertribunales (Striethorst, Archiv Bd. 62 S. 276; Entsch. des preuß. Obertrib. Bd. 72 S. 1) folgend, seine Entscheidung gestützt hat, der Grundsatz nämlich:

> daß den Eigentümern der die (städtische) Straße begrenzenden Häuser dasjenige Recht der Benutzung der Straße in der ungehinderten Kommunikation mit derselben, dessen sie ihrer Lage nach bedürftig sind, nicht bloß vergönnungsweise, sondern dauernd und mit dem Charakter eines wohlerworbenen Rechtes gewährt werden muß, und Veränderungen in dem Niveau, durch welche jenem Rechte Eintrag geschieht, wo solche im öffentlichen Interesse geboten sind, nur gegen Entschädigung vorgenommen werden dürfen; —

nach den Bestimmungen des Allgem. Landrechtes eine Rechtswahrheit enthält, oder mit den vom Imploranten als verletzt bezeichneten §§ 94 ALR. Einl., I. 6 § 36, I. 8 §§ 25—28 und I. 19 § 14 in Widerspruch steht.

In dem, einen Fall des rheinischen Rechtes entscheidenden Erkenntnisse vom 10. April 1866 (Archiv Bd. 62 S. 276) hat das Obertribunal jenen Satz durch folgende Erwägungen begründet: In Städten und Dorfschaften, deren Existenz auf der Anlage von Straßen beruht, und für welche diese das unentbehrliche Verbindungs- und Verkehrsmittel bilden, sei das Verhältnis zwischen der Straße und den auf deren Benutzung angewiesenen Grundstücken nicht nach dem Prinzipe der Unbeschränktheit, welches für das Verhältnis des einen Privateigentumes zu dem anderen maßgebend ist, zu regeln; vielmehr würden durch die Natur der Dinge für die an die Straße angebauten und nach allen Bedingungen ihres Daseins auf deren vorhandene Beschaffenheit berechneten Häuser Bedürfnisse und Ansprüche der Benutzung erzeugt, mit welchen die Möglichkeit einer aus dem absoluten Eigentumsbegriffe hervorgehenden willkürlichen und einseitigen, unter Umständen die völlige Entwertung des dadurch betroffenen Grundbesitzes bedingenden Veränderungsbefugnis unvereinbar sein würde. Dies führe mit Notwendigkeit zu der Annahme eines zwischen dem öffentlichen und Privateigentume bestehenden Verhältnisses, vermöge dessen jenes Recht den Eigentümern der die Straße begrenzenden Gebäude zuzugestehen sei. — Diese Ausführung und den daraus hergeleiteten Rechtssatz hat das Obertribunal in dem zweiten der oben angeführten Erkenntnisse vom 22. Dezember 1873 auch für das Gebiet des Allgem. Landrechtes dahin für maßgebend erachtet,

> daß das bezeichnete Recht zur ungeschmälerten Benutzung der Straßen in Städten und Dörfern zu den Rechten des Eigentums an den an den Straßen gelegenen Häusern gehört.

Es kann diese letztere Äußerung nicht wohl dahin verstanden werden, daß das fragliche Recht unmittelbar in dem Eigentume enthalten sei. Das Eigentum, alle denkbaren Befugnisse bezüglich der ihm unterworfenen Sache umfassend, kann an sich über die Grenzen der letzteren nicht hinausgreifen; ein wohlerworbenes Recht des Eigentümers, welches seine Wirkung über diese Grenzen hinaus auf eine andere Sache erstrecken soll, muß an letzterer begründet und kann deshalb nicht eine bloße Qualifikation des Eigentumes sein. Es läßt denn auch die oben mitgeteilte Deduktion des Obertribunales das fragliche Recht auf dem Boden ‚eines zwischen dem öffentlichen und dem Privateigentume bestehenden Verhältnisses' erwachsen. Ein Verhältnis aber, in welchem Sachen verschiedener Eigentümer dergestalt, daß der Eigentümer der einen Sache an der anderen berechtigt sein soll, zueinander stehen, kann nur ein (einseitiges oder wechselseitiges) Dienstbarkeitsverhältnis sein. Ein solches muß auch in der Tat als zwischen den an einer städtischen Straße belegenen Hausgrundstücken und der Straße bestehend angenommen und in diesem Sinne der in den angeführten Entscheidungen und jetzt vom Appellationsrichter angewendete Rechtsgrundsatz als richtig anerkannt werden. Der Annahme eines solchen Verhältnisses steht zunächst die Eigenschaft der Straße als einer res publica nicht entgegen, da die dem gemeinen Gebrauche gewidmeten Sachen Gegenstand des Eigentumes sind, folglich auch Gegenstand einzelner dinglicher Privatrechte werden können, soweit sie dadurch dem öffentlichen Gebrauche nicht entzogen werden. Wenn eine solche Befugnis äußerlich zusammenfällt mit dem allgemeinen Gebrauchsrechte, z. B. eine Wegeservitut an einem öffentlichen Wege mit der Befugnis des Publikums zu dessen Benutzung, so alteriert dies ihren privatrechtlichen Charakter nicht.

Was nun speziell das Verhältnis der Hauseigentümer zu der vorüberführenden Straße betrifft, so leuchtet zunächst ein, daß dasselbe nicht aufgeht in der jedermann zustehenden Befugnis, sich der Straße als Kommunikationsmittel zu bedienen, sich vielmehr von dieser wesentlich durch das besondere vermögensrechtliche Interesse unterscheidet, welches der Hausbesitzer als solcher an dem Fortbestand und der ungeschmälerten Benutzbarkeit der Straße hat. Dies besondere Verhältnis ist auch in dem § 81 ALR. I. 8 zum Ausdrucke gelangt, wonach jeder Hauseigentümer den sog. Bürgersteig (also einen Teil der Straße), soweit er das Steinpflaster zu unterhalten hat, mit den aus dem Zweck der Straße sich ergebenden Einschränkungen (§ 78 a. a. O.) nutzen kann. Hiermit sind aber die Wechselbeziehungen zwischen dem Eigentume an den Häusern und dem Eigentume an der Straße nicht erschöpft. Wie es zu dem Zweck und Wesen einer städtischen Straße gehört, daß die sie begrenzenden Grundstücke mit Häusern besetzt sind oder werden (vgl. §§ 36 flg. a. a. O.), so dient wiederum die Straße in erster Linie für die daran gebauten Häuser als notwendiges Kommunikationsmittel und gewährt ihnen zugleich den für die Befriedigung ihres Lichtbedürfnisses wesentlichen freien Raum. Dieses Dienstbarkeitsverhältnis ist aber keineswegs ein bloß faktisches, sondern es ruht auf rechtlichem, und zwar vertragsmäßigem Grunde.

Die Gemeinde, welche ein gewisses Terrain zur Straße erklärt, fordert damit zur Bebauung der anliegenden Grundstücke unter gewissen, durch Gesetz oder polizeiliche Anordnungen regulierten Bedingungen und Beschränkungen auf und bietet als Gegenleistung die Vorteile, welche den Häusern aus dem Gebrauche der Straße erwachsen. Nicht wesentlich anders liegt die Sache, wenn, was übrigens weitaus der seltenere Fall ist, die Straße an ein bereits bestehendes Haus herangelegt wird. Denn der Hauseigentümer muß sich in diesem Falle den vorerwähnten Einschränkungen seines Eigentumes unterwerfen (§§ 36 flg., 56 flg. a. a. O.), wofür ihm als Äquivalent der Vorteil der Straßenlage gewährt wird. Freilich bleiben die Befugnisse der Adjazenten an der Straße stets der Hauptbestimmung der letzteren untergeordnet. Hieraus folgt aber nur, daß die Adjazenten einer im Interesse des öffentlichen Verkehrs vorgenommenen Veränderung der Straße nicht widersprechen können, nicht aber, daß die fraglichen Befugnisse ihnen nur widerruflich und nicht als ein dauerndes, nur gegen Entschädigung aufzuopferndes Recht eingeräumt worden sind.

In dieser Weise nämlich, als durch stillschweigenden Vertrag begründete Servitut, hat sowohl die französische Jurisprudenz (Laurent, Principes de droit civil t. 7 p. 153 ss.; Demolombe, Traité des servitudes t. 2 p. 195 ss.), als auch zum Teil die gemeinrechtliche Rechtsprechung (vgl. insbesondere Erk. des Ob.-App.-Ger. Rostock v. 12. Januar 1865 in Seuffert, Archiv Bd. 22 Nr. 144 u. Erk. des Ob.-App.-Ger. Darmstadt, mitgeteilt von Schaeffer im Archiv f. prakt. Rechtswiss. Bd. 2 S. 302) das Recht der Hauseigentümer an der vorüberführenden Straße aufgefaßt, und diese juristische Konstruktion muß auch für das preußische Recht als maßgebend erachtet werden. Insbesondere steht hier der Mangel eines formgültigen Vertrages nicht entgegen, weil auch durch formlosen Vertrag begründete Servituten so lange bestehen, als nicht der Vertrag unter den Beteiligten aufgehoben und der frühere Zustand völlig wiederhergestellt wird (vgl. Entsch. des Obertrib. Bd. 51 S. 55). — (Das die Entschädigungspflicht einer Stadtgemeinde im Falle der Kassierung einer Straßenecke verneinende Erk. des Reichsgerichts v. 18. November 1880 [Entsch. desselben in Zivils. Bd. 3 S. 171] betrifft einen nach gemeinem Recht zu entscheiden gewesenen, übrigens dem vorliegenden nicht völlig gleichartigen Fall.)" ...

## RGZ. 8, 152

## Vom Recht der öffentlichen Sachen. Privateigentum und öffentliche Zweckbestimmung. Gemeingebrauch.

*Alter Leitsatz:*

*1. Ist der Ersteher eines Privatgrundstückes verpflichtet, das unter demselben hindurchgeführte öffentliche Siel zu dulden, wenn unter Nichtbeachtung der betreffenden landesgesetzlichen Vorschriften die Belastung zu den Subhastationsakten nicht angemeldet ist?*

*2. Bedeutung allgemeiner Rechtsvorbehalte bei tatsächlichem Gehorsam gegen polizeiliche Anordnungen.*

I. Zivilsenat. Urt. v. 10. Januar 1883 i. S. J. (Kl.) w. Finanzdeputation der Stadt Hamburg (Bekl.). Rep. I. 482/82.

I. Landgericht Hamburg. II. Oberlandesgericht daselbst.

Kläger besitzt in Hamburg ein Hausgrundstück, welches er in einem öffentlichen Verkaufstermine erstanden hat. Das Grundstück wird von dem Hamburg-Altonaer Grenzsiel durchschnitten. Kläger hat behauptet, er habe dies erst im Jahre 1880 entdeckt, als er damals behufs eines Neubaues das alte Gebäude niedergerissen habe; der von der Baupolizeibehörde bereits gestattete Bau sei auf die Anzeige dieses Umstandes inhibiert und der Bau nunmehr nur unter näher angegebenen Bedingungen, welche den Schutz des Sieles bezwecken, genehmigt worden. Der Kläger fordert in der Klage die Entfernung des Sieles von seinem Grundstücke und stützt sich dabei auf § 71 des hamburgischen Gesetzes über Grundeigentum und Hypotheken vom 4. Dezember 1868. Derselbe schreibt vor:

> Im Niedergerichte sind ... vor ... oder spätestens in diesem (Verkaufs-) Termine selbst die Anmeldungen folgender Rechte und Anprüche von dem Beteiligten zu Protokoll zu geben:
>
> 1) die an dem zu verkaufenden Grundstücke zustehenden, im Hypothekenbuche nicht verzeichneten dinglichen Rechte, insbesondere Servituten, nur mit Ausnahme solcher, welche sich schon bei Ansicht des Grundstückes augenscheinlich darstellen oder anderweitig notorisch sind.
>
> .........
>
> Die Unterlassung dieser Anmeldungen hat, falls die betreffende Anzeige auch nicht von dem Verkäufer zum Verkaufsprotokolle gemacht wurde, den mit dem Zuschlage von selbst eintretenden Verlust des dinglichen Rechtes, bzw. den Ausschluß der Geltendmachung der Ansprüche gegen den Käufer zur Folge.

Eine Belastung des von dem Kläger erstandenen Grundstückes mit dem unterirdischen Siele ist weder im Hypothekenbuche eingetragen noch in dem Versteigerungsverfahren angemeldet.

Das Siel ist von der Staatsbehörde oder von den Behörden der beiderseitigen Staaten, auf deren Grenze es der Hauptsache nach entlang zieht, angelegt und dient zur Herbeiführung einer geordneten Entwässerung für die anliegenden Gebietsteile, so daß die bestehende Entwässerung eines großen Teiles nicht nur des hamburgischen, sondern auch des altonaischen Gebietes aufgehoben werden müßte, wenn Kläger mit seinem Anspruche durchdringt.

Die Entstehung des Verhältnisses hat Beklagte nachgewiesen. Danach ist mit einem Vorbesitzer des Klägers im Jahre 1856, als der damals bestehende alte Grenzgraben zugeworfen und das Grenzsiel gelegt wurde, eine Vereinbarung getroffen, wonach dem Hamburger Staate gegen Gewährung anderweiter Vorteile gestattet wurde, das Siel durch das jetzt klägerische Grundstück so, wie geschehen, zu leiten.

Das Landgericht hat die Klage aus folgenden Gründen abgewiesen.

Wenn auch das Verhältnis der Parteien hinsichtlich des Sieles zunächst ein auf privatrechtlicher Basis beruhendes sei, wie es denn auf vertragsmäßige Weise zur Existenz gelangt sei, so sei doch andererseits klar, daß nicht nur privatrechtliche, sondern auch öffentlichrechtliche Gesichtspunkte bei der Entscheidung der vorliegenden Streitfrage maßgebend sein müssen. Wenn man auch zugeben wolle, daß die Legung des Sieles durch das klägerische Grundstück und die dauernde Benutzung des letzteren zur Sielableitung nach privatrechtlicher Seite hin als ein dingliches Recht an dem klägerischen Grundstücke aufzufassen sei, welches bei Vermeidung des Verlustes bei dem Zwangsverkaufe angemeldet werden mußte, so sei doch nicht zu übersehen, daß das Siel keinem Privat-, sondern einem öffentlichen Interesse diene; die Sielanlage sei eine Anlage zum allgemeinen Besten, und für sie könne auf Grund des Expropriationsgesetzes zur Zwangsenteignung geschritten werden, so daß es keineswegs vom Willen des Eigentümers abhängen würde, ob er diesen Teil seines Eigentumes aufopfern wolle oder nicht. Daraus aber folge, daß lediglich mit der Berufung auf das Eigentumsrecht die Beseitigung einer solchen Anlage, welche, wenn sie nicht bereits existierte, auch gegen den Willen des Eigentümers zwangsweise eingeführt werden könne und welche seiner Zeit in völlig legaler Weise entstanden sei, nicht gefordert werden könne.

. . . . . . . . .

Das Berufungsurteil enthält folgende Erwägungen:

§ 71 des hamburgischen Hypothekengesetzes könne nur auf solche dinglichen Rechte bezogen werden, welche privatrechtlicher Natur sind. Ob diese Voraussetzung hier zutreffe, müsse als eine zum mindesten recht zweifelhafte Frage betrachtet werden. Daraus, daß die Aufnahme des Sieles in das jetzt dem Kläger gehörige Grundstück auf Grund einer mit dessen Rechtsvorgänger getroffenen Vereinbarung erfolgt sei, könne nicht einmal gefolgert werden, daß diese Vereinbarung einen lediglich privaten Charakter an sich trage, geschweige, daß dem auf Grund derselben getroffenen Zustande ein solcher Charakter beiwohne. Es sei an sich denkbar und in Hamburg nichts Seltenes, daß der Staat, wo er in Wahrnehmung seiner obrigkeitlichen Funktionen, nicht bloß als Fiskus, tätig wird, sich zur Erreichung seiner Zwecke der Form des Vertrages bediene. Es würde aber außerordentlich bedenklich sein, die hierdurch geschaffenen Verhältnisse rein nach privatrechtlichen Grundsätzen zu beurteilen und demgemäß bei diesen auf die Dauer berechneten Verhältnissen auch solche privatrechtliche Verlaßgründe zur Anwendung zu bringen, welche aus den Verträgen selbst nicht originieren. Insonderheit müsse es als sehr fraglich erscheinen, ob auf eine solche öffentliche

Einrichtung lediglich aus dem Grunde, weil die Herstellung derselben durch einen mit einem Privaten geschlossenen Vertrag ermöglicht wurde, die Vorschrift des § 71 des hamburgischen Hypothekengesetzes erstreckt werden dürfe.

. . . Entscheidend für die Verwerfung des Anspruches ist dem Berufungsrichter gewesen, daß Kläger durch sein eigenes Verhalten zu erkennen gegeben habe, daß er die Wegnahme des Sieles nicht verlangen wolle (Wird ausgeführt.)

. . . . . . . . .

*Das Reichsgericht hat die gegen dieses Urteil eingelegte Revision* zurückgewiesen aus folgenden

Gründen:

Es ist dem Revisionskläger zuzugeben, daß das Berufungsurteil durch den Grund, auf welchem seine Entscheidung beruht, nicht getragen wird. Daß der Kläger in Gemäßheit der ihm zuletzt gestellten Bedingungen gebaut hat, kann gegen ihn als konkludente Handlung in dem Sinne, daß er damit seine Verpflichtung anerkannt habe, das Siel auf seinem Grundstücke zu dulden, nicht verwendet werden. Die Vorderinstanz hat bei der rechtlichen Würdigung dieser Handlungsweise des Klägers den Umstand außer Rechnung gelassen, daß der Kläger bei den Verhandlungen über die baupolizeilichen Bedingungen seines Neubaues einer öffentlichen Behörde gegenüberstand, ohne deren Genehmigung er überhaupt nicht bauen durfte. Aus der Tatsache, daß er sich gefügt hat, kann also noch nicht geschlossen werden, daß er seine entgegenstehenden angeblichen Rechte, welche er vor dem Richter auszuführen hatte . . . aufgegeben habe. Überdies hat Kläger behauptet, daß er sich bei jenen Verhandlungen alle seine Rechte vorbehalten habe.

Allein die Entscheidung stellt sich als richtig dar aus dem in beiden Urteilen dargelegten anderen Entscheidungsgrunde, wenngleich der Begründung eine etwas andere Richtung gegeben werden muß.

Daß es sich hier um eine öffentliche Anlage handelt, welche dem gemeinen Besten dient, ein Siel, welches auch die anliegenden Privatgrundstücke entwässert und die von diesen abfließenden Flüssigkeiten aufnimmt, geht aus den vorinstanzlichen Urteilen zur Genüge hervor. Diese öffentlichen Anlagen, wenn sie auf rechtmäßige Weise entstanden sind, hat aber das auch in Hamburg geltende gemeine Recht gegen die beschränkenden Bestimmungen des Privatrechtes sichergestellt.

Die cloaca publica, welche in Rom denselben Zwecken diente, wie das Hamburger öffentliche Siel, ist wie die via publica und andere öffentliche Anlagen ein locus publicus, zu dessen Schutz ein besonderes Interdikt gegeben war.

l. 1 §§ 15. 16 Dig. de cloacis 43, 23.

Vgl. Adolph Schmidt in der Zeitschrift für geschichtliche Rechtswissenschaft Bd. 15. S. 59 flg.

Alle solche öffentlichen Anlagen sind soweit, als sie dem Gemeingebrauche dienen, von dem Rechte, welches für den Nutzen der Einzelnen als solcher bestimmt ist, eximiert. Daher sind Verträge des Privatrechtes ungültig, welche dahin zielen, den Gemeingebrauch auszuschließen.

§ 2 Inst. de inutilibus stipulationibus 3, 19.

*l. 83 § 5, l. 137 § 6 Dig.* de V. O. 45, 1.

Daher erlischt das Recht des Gemeingebrauches nicht nach den Bestimmungen des Privatrechtes, etwa wie Servituten durch unterlassene Ausübung.

l. 2 Dig. de via publica et itinere publ. refic. 43, 11.

Dabei ist es völlig gleichgültig, ob die Anlage ganz und ausschließlich dem Gemeingebrauche gewidmet ist, oder ob sie daneben dem Nutzen Einzelner dient und soweit dem Privatrechte unterworfen ist. Es ist bei der örtlichen Berührung der einzelnen Grundstücke und bei der vielfachen Vermischung öffentlicher und privater wirtschaftlicher Verhältnisse unmöglich, eine solche Sonderung durchzuführen, daß jedes einzelne Grundstück ausschließlich privatrechtlichen Rechtsverhältnissen oder daß es ausschließlich öffentlichrechtlichen Rechtsverhältnissen gewidmet ist. Nicht bloß am öffentlichen Grund und Boden, über welchen die Staatsstraße führt, oder an dem Flußbette des öffentlichen Stromes gibt es einzelne privatrechtliche Nutzungsrechte, es kann das Grundstück auch der Hauptsache nach im Privateigentume stehen, darüber aber ein öffentlicher Weg führen, dessen Grund und Boden damit dem Privateigentume nicht entzogen ist,

vgl. Wappäus, Zur Lehre von den dem Rechtsverkehre entzogenen Sachen §§ 7, 22; Meinert, De jure viarum publicarum romano, Lipsiae 1842 §§ 5. 22,

oder der öffentliche Bach ist überbrückt und mit einem Privatgebäude überbaut.

Ob das öffentliche Verhältnis oder die private Nutzung im einzelnen Falle überwiegt, ob das öffentliche Recht nach Art einer Dienstbarkeit das Privateigentum beschränkt oder das Privatgebäude wie eine superficies auf öffentlichem Grund und Boden errichtet ist, ob das Verhältnis so gedacht werden kann, daß das Grundstück selbst in einzelnen Beziehungen, soweit der Gemeingebrauch reicht, dem öffentlichen Rechte unterstellt ist, in anderen Beziehungen dem Privatrechte: alles das sind für die hier vorliegende Frage gleichgültige Umstände.

Auch das ist ohne Belang, ob das Gundstück dem bis dahin begründeten Eigentume dessen, welchem es gehörte, durch Enteignung entzogen, oder ob die Anlage nur mit Bewilligung des bisherigen Eigentümers von der zuständigen Staatsbehörde auf dessen Grundstück errichtet und dem Gemeingebrauche überwiesen ist. Der letztere Weg ist wie der erste ausreichend, um die bis dahin begründeten Privatrechte zu beseitigen oder die Verfügung der öffentlichen Behörde und die von derselben getroffene Einrichtung gegen jene Rechte sicherzustellen. Nachdem auf dem einen oder dem anderen Wege die Rechtmäßigkeit der Anlage begründet ist, wird dieselbe durch die Verfügung der öffentlichen Behörde und ihre Ausführung in Gemäßheit der Bestimmungen des geltenden Rechtes, solange sie dem Gemeingebrauche gewidmet bleibt und soweit sie es ist, dem Privatrechte entzogen.

Es ist also auch eine lediglich die privatrechtlichen Verhältnisse betreffende Bestimmung, wie die des § 71 des Hamburger Gesetzes vom 4. Dezember 1868, auf das hier in Rede stehende Siel, dessen rechtmäßige Entstehung auch in dem das klägerische Grundstück berührenden Teile von dem Kläger gar nicht angefochten worden ist, nicht anzuwenden.

## RGZ. 9, 203

**Polizeiliche Befugnisse hinsichtlich tatsächlich öffentlicher Wege (Privatwege). Relativer Wert der Privatrechte gegenüber öffentlichen Interessen.**

*Alter Leitsatz:*

*Inwiefern darf durch polizeiliche Anordnungen in Privatrechte eingegriffen werden?*

I. Zivilsenat. Urt. v. 14. Januar 1882 i. S. S. u. Gen. w. die Polizeibehörde zu Hamburg (Bekl.). Rep. I. 644/81.

I. Landgericht Hamburg. II. Oberlandesgericht daselbst.

Die Kläger befanden sich in der Benutzung eines „Reeperbahn" genannten Areales, über welches mehrere Übergänge führten, die vom Publikum tatsächlich als öffentliche Fußwege benutzt zu werden pflegten. Auf einem dieser Übergänge errichteten die Kläger einen Radpfahl und zwei Stützen, um sich derselben bei der Ausübung des von ihnen betriebenen Reepschläger-(Seiler-)Gewerbes zu bedienen. Die Hamburger Polizeibehörde erließ darauf an die Kläger den Befehl, „sich jeder Veränderung des status quo der über das Terrain der Reeperbahn führenden Übergänge zu enthalten sowie die neuerdings auf einigen dieser Übergänge gesetzten Pfähle und

Stützen in dreimal 24 Stunden zu entfernen, widrigenfalls diese Pfähle und Stützen von der Polizeibehörde beseitigt werden", und vollstreckte diesen Befehl sodann in der nachstehend angegebenen Weise. Die Kläger wurden nun — was nach hamburgischen Gesetzen zulässig ist — beim Landgerichte gegen die Behörde klagbar, jedoch in beiden vorderen Instanzen mit ihrer Klage abgewiesen. Das Reichsgericht hob auf klägerische Revision diese Entscheidung zum Teil auf aus folgenden

Gründen:

„Die Kläger behaupten, daß die beklagte Behörde durch den ihnen am 13. November 1880 erteilten Befehl und durch die sodann am 22. November 1880 ausgeführte Beseitigung des von den Klägern auf einem der Übergänge errichteten Radpfahles und der daselbst errichteten zwei Stützen rechtswidrige Eingriffe in die klägerischen Privatrechte begangen habe, und haben daher auf Aufhebung jenes Befehles und auf Verurteilung der Polizeibehörde zur Wiederaufrichtung des Pfahles und der Stützen, sowie zum Ersatze des den Klägern durch den Befehl und durch die Wegnahme der erwähnten Geräte verursachten Schadens geklagt. ...

Es ist zu sondern zwischen der auf die errichteten Geräte bezüglichen Anordnung der Behörde bzw. der Vollstreckung derselben und dem allgemeinen Verbote einer Veränderung des in Ansehung der Übergänge obwaltenden Zustandes. Um die den ersteren Punkt betreffenden Gründe des Berufungsgerichtes richtig zu würdigen, ist zuvörderst festzustellen, daß die Meinung der vorigen Richter nur dahin zu verstehen ist, die Polizeibehörde sei dazu berufen gewesen, selbst mit Eingriff in die Privatrechtssphäre den Klägern solche Handlungen, welche unter Berücksichtigung des rein tatsächlichen Umstandes, daß der fragliche Übergang wie ein öffentlicher sich äußerlich darstelle und wie ein socher vom Publikum benutzt zu werden pflege, als gemeingefährliche erscheinen, zu verbieten und für die Wegräumung der in derselben Beziehung für gemeingefährlich zu haltenden Vorrichtungen zu sorgen.

... Vom Standpunkte des gemeinen deutschen Rechtes aus kann den Gründen der Vorinstanzen nur beigepflichtet werden. Es leidet nach der der Polizei im gegenwärtigen Staate zugewiesenen Aufgabe einerseits, nach dem nur relativen Werte des Privatrechtes gegenüber öffentlichen Interessen andererseits keinen Zweifel, daß die Polizei an den persönlichen und Vermögensrechten der einzelnen da keine rechtliche Schranke findet, wo es sich darum handelt, einem gemeingefährlichen Verhalten der letzteren entgegenzutreten, und daß ferner die Polizei im Falle des Ungehorsams der einzelnen ihren berechtigten Anordnungen auch mittels direkten Zwanges Wirksamkeit verschaffen darf.

Vgl. v. Mohl, Polizeiwissenschaft 3. Aufl. Bd. 1 S. 41 ff., 52, 55 ff.

War mithin die Revision der Kläger zu verwerfen, soweit die Klage den Befehl zur Wegräumung der Pfähle und Stützen und die von der Beklagten ausgeführte Wegräumung selbst betraf..., so konnte andererseits den auf das allgemeine Verbot „jeder Veränderung des status quo der über das Terrain der Reeperbahn führenden Übergänge" bezüglichen Erwägungen des Berufungsgerichtes nicht beigetreten werden. Diesen Teil des Polizeibefehles hat das Oberlandesgericht keineswegs seinem Wortlaute nach für berechtigt erklärt; es hat nur durch eine milde Interpretation geholfen, indem es annahm, die Behörde werde wohl nicht mehr haben verbieten wollen, als was sie nach seiner, des Oberlandesgerichtes, Ansicht verbieten durfte, nämlich eine solche Veränderung der vom Publikum wirklich benutzten Wege, welche für das Publikum, das dieselben benutzen wolle, Nachteile mit sich bringe. Nun ist aber vom Standpunkte des gemeinen Rechtes aus schon nicht abzusehen, inwiefern die Polizei ohne weiteres auch nur befugt sein sollte, wegen bloß tatsächlicher Benutzung eines gewissen Weges wie eines öffentlichen jede Veränderung zu untersagen, welche dem Publikum Nachteile brächte, also z. B. jede Absperrung des Weges; zudem aber haben auch die Kläger ein Recht darauf, daß der Polizeibefehl, dessen Aufhebung sie verlangen, nach seinem klaren Wortsinne beurteilt werde, da die Beklagte bei seiner späteren Handhabung keineswegs an die vom Oberlandesgerichte ausgehende mildere Auslegung gebunden sein würde. Wenn man sich aber an den Wortlaut des ersten Teiles des Befehles hält, so ist vom Standpunkte des gemeinen Rechtes aus noch viel weniger irgendein Rechtsgrund für dessen Erlassung ersichtlich." ...

**RGZ 30, 245**

**Kann der Eigentümer einer städtischen Straße auf Grund seines Eigentumes der Anlegung solcher über die zugleich zur Baufluchtlinie bestimmte Straßengrenze vorspringender Bauteile widersprechen, welche das in den örtlichen Polizeiverordnungen für zulässig erklärte Maß nicht überschreiten, und zu welchen die polizeiliche Bauerlaubnis erteilt worden ist?**

V. Zivilsenat. Urt. v. 14. Dezember 1892 i. S. des Fiskus (Bekl.) w. die Stadtgemeinde S. (Kl.) Rep. V. 200/92.

I. Landgericht Stettin. II. Oberlandesgericht daselbst.

Die klagende Stadtgemeinde hat beantragt, den Beklagten zu verurteilen, die an der Vorderfront des Hauses E.'straße 9 zu Stettin über die Straßenlinie hinüberspringenden Vorbauten (zwei Risalite, einen Lichtgraben und einen Lichtkasten) auf seine Kosten zu beseitigen.

Der erste Richter hat die Klage abgewiesen, der Berufungsrichter hat abändernd nach dem Klagantrage erkannt. Auf die Revision des Beklagten ist das Berufungsurteil aufgehoben und die Berufung der Klägerin zurückgewiesen worden.

Gründe:

„Der Einwand der Unzulässigkeit des Rechtsweges, darauf gestützt, daß die Klägerin die Änderung eines öffentlich-rechtlich begründeten, polizeilich konsentierten Zustandes beanspruche, und daß deshalb die Verwaltungsgerichte zur Entscheidung berufen seien, ist von beiden Vorderrichtern mit Recht verworfen worden. Der Klaganspruch ist aus einem rein privatrechtlichen Verhältnisse, dem Eigentume der Klägerin an der E.'straße, begründet und geht auf eine dem Gebiete des Vermögensrechtes angehörige Leistung, die Beseitigung des behaupteten Eingriffes des Beklagten in das Eigentum der Klägerin. Die Zuständigkeit von Verwaltungsbehörden oder Verwaltungsgerichten ist durch besondere Gesetze nicht begründet (§ 13 GVG.), die Verwaltungsgerichte würden vielmehr über die Wirkungen der dem Beklagten erteilten polizeilichen Genehmigung zur Anlegung der streitigen Bauteile nur unbeschadet der jetzt streitigen privatrechtlichen Verhältnisse entscheiden können (§ 7 des Landesverwaltungsgesetzes vom 30. Juli 1883)....

In der Sache selbst mußte die Revision für begründet erachtet werden.

Dem von dem Beklagten ausgeführten Bau liegt ein polizeilich genehmigtes Projekt zugrunde. Mit Ausnahme der im Klagantrag bezeichneten vorspringenden Bauteile steht das Gebäude mit der Front auf der im städtischen Bebauungsplan festgestellten Baufluchtlinie, welche zugleich die Grenze zwischen dem Grundeigentume des Beklagten und der im Eigentume der Klägerin stehenden Straße bildet. Daß die Überschreitungen dieser Linie sich innerhalb der durch die örtliche Baupolizeiordnung vom 31. März 1877 gestatteten Maße halten, ist in der Berufungsinstanz nicht mehr bestritten worden.

Der Berufungsrichter stützt die Verurteilung lediglich auf das Eigentum der Klägerin an der Straße, kraft dessen sie gemäß §§ 340 bis 342 ALR. I. 9 die Beseitigung der gegen ihren rechtzeitigen Widerspruch über die Eigentumsgrenze hinausgerückten Bauteile verlangen könne. Die aus der Bestimmung ihres Grundstückes zur öffentlichen Straße sich ergebende Verpflichtung der Klägerin, nichts vorzunehmen, was mit dieser Bestimmung des Grundstückes im Widerspruche stehen würde, hindere die Abwehr eines solchen Übergriffes nicht. Die Vorschriften der §§ 78—81 ALR. I. 8 und die auf Grund des § 82 zu erlassenden örtlichen Polizeiverordnungen gehörten zu den gesetzlichen Einschränkungen zum Besten des allgemeinen Wesens und schlössen weitere Beschränkungen der Straßenanlieger aus privatrechtlichen Titeln nicht aus, falls nur diese Beschränkungen dem Zwecke jener Vorschriften nicht zuwiderliefen, was vorliegend nicht der Fall sei. Deshalb werde auch dadurch, daß die örtliche Baupolizeiordnung gewisse Überschreitungen der Baufluchtlinie gestatte, die Befugnis der Klägerin als Straßeneigentümerin, diesen Überschreitungen entgegenzutreten, nicht beeinträchtigt. Die nach dieser Polizeiordnung erteilte Bauerlaubnis betreffe, wie die Polizeiordnung selbst bestimme, nur die polizeiliche Zulässigkeit des Baues und werde unbeschadet der Rechte Dritter erteilt, wie denn auch die dem Beklagten erteilte Bauerlaubnis die Rechte der Klägerin aus ihrem Eigentume ausdrücklich vorbehalte. Dadurch, daß der Stadtvorstand über die Baupolizeiordnung vor deren Emanation nach gesetzlicher Vorschrift gehört sein müsse, würden die Privatrechte der Stadtgemeinde gleichfalls nicht berührt.

Diese Ausführung ist deshalb rechtsirrtümlich, weil sie den Rechtsstreit lediglich aus den allgemeinen Grundsätzen über das Eigentumsrecht beurteilt, ohne dem Umstande entscheidenden Einfluß einzuräumen, daß das Grundeigentum der Klägerin eine öffentliche Straße bildet. Dem Eigentümer des an einer solchen Straße liegenden Grundstückes gestatten die §§ 79—81 ALR. I. 8 unter gewissen Voraussetzungen eine beschränkte Benutzung der Straße (speziell des Bürgersteiges) zu Privatzwecken, insbesondere zu einzelnen baulichen Anlagen nach erteilter obrigkeitlicher (polizeiobrigkeitlicher) Erlaubnis. Indem der § 82 a. a. O. die nähere Bestimmung über die in §§ 78—81 berührten Gegenstände, also auch über die Zulässigkeit in die Straße vorspringender Bauteile, den besonderen Polizeigesetzen eines jeden Ortes vorbehält und damit für jeden Ort eine grundsätzliche Feststellung der Bedingungen gestattet, unter denen die polizeiliche Erlaubnis zur Anlegung solcher Bauteile gegeben werden kann, dehnt er, wie dies auch anderwärts, z. B. im § 139 a. a. O. geschieht, die Wirksamkeit der örtlichen Polizeigesetze (Polizeiverordnungen der heutigen Rechtssprache) über die Grenzen der rein polizeilichen Anordnung hinaus auf das Gebiet des Privatrechtes aus und gibt den Straßenanliegern das Recht, in dem durch die örtlichen Polizeiverordnungen bezeichneten Maße die Grenze ihres Eigentumes gegen die Straße hin zu überschreiten. Diesem Rechte der Anlieger muß notwendig die Verpflichtung des Straßeneigentümers entsprechen, die Überschreitungen zu dulden, und der solchergestalt gesetzlich begründeten Einschränkung des Eigentumes an öffentlichen Straßen unterwirft sich von selbst derjenige, welcher sein Grundeigentum zur öffentlichen Straße bestimmt. Es ist somit ein Widerspruch, wenn aus dem in dieser Weise gesetzlich beschränkten Eigentume an der Straße die Freiheit von ebendieser Beschränkung hergeleitet, wenn das Eigentum an der Straße als der privatrechtliche Titel zur Untersagung dessen angesehen wird, was zu dulden das Gesetz den Straßeneigentümer verpflichtet. Daraus folgt weiter, daß die Vorschriften der §§ 340—342 ALR. I. 9 auf das Verhältnis zwischen dem bauenden Straßenanlieger und dem Eigentümer der Straße zu Unrecht angewandt worden sind.

Die in Anwendung der Baupolizeiordnung erteilte polizeiliche Bauerlaubnis kann selbstverständlich der Stadtgemeinde keine ihr zustehenden Privatrechte entziehen, und insofern bedurfte es in derselben nicht des Vorbehaltes der Rechte der Stadtgemeinde für den Fall, daß bei Ausführung des Neubaues die Straßengrenze überschritten werde. Aber ebensowenig kann dieser Vorbehalt die Stadtgemeinde von der ihr als Straßeneigentümerin gesetzlich obliegenden Verpflichtung befreien, die polizeilich auf Grund der Bauordnung genehmigten Bauten zu dulden. Unerheblich ist, daß nach Bestimmung der Baupolizeiordnung die von der Polizeibehörde zu erteilende Bauerlaubnis nur die polizeiliche Zulässigkeit des Baues betrifft, daß diese Erlaubnis, wie es in den Entscheidungen des preuß. Oberverwaltungsgerichtes (Bd. 2 S. 353, Bd. 5 S. 379, Bd. 13 S. 394) heißt, nur die Erklärung der zuständigen Behörde ist, daß dem beabsichtigten Bau Hindernisse im öffentlichen Rechte nicht entgegenstehen. Denn für den Fall, daß dieses letztere durch die Baugenehmigung festgestellt ist, gibt eben das Gesetz (§§ 80, 82 ALR. I. 8) in Verbindung mit der Baupolizeiordnung dem Straßenanlieger auch privatrechtlich dem Straßeneigentümer gegenüber die Berechtigung zu der genehmigten Grenzüberschreitung, und dieser gesetzlichen Wirkung kann die polizeiliche Baugenehmigung durch jene Bestimmung der Baupolizeiordnung nicht entkleidet werden. Und weil das Gesetz die Zulässigkeit der Grenzüberschreitung, sofern sie innerhalb der durch die Baupolizeiordnung gezogenen Schranken bleibt, auch dem Straßeneigentümer gegenüber lediglich an die polizeiliche Genehmigung knüpft, also die Polizeibehörde zu der einzigen erforderlichen Genehmigung beruft, ist auch die in der Revisionsinstanz von der Klägerin versuchte Deutung des in dieser Genehmigung ausgesprochenen Vorbehaltes der Rechte der Stadtgemeinde unannehmbar, als habe durch denselben die Polizeibehörde den Beklagten wegen der Genehmigung der über die Fluchtlinie vorspringenden Bauteile an die Stadtgemeinde verwiesen, in Wirklichkeit also unter dem Scheine der erteilten Genehmigung ihrer Verpflichtung, über die Statthaftigkeit dieser Bauteile zu entscheiden, sich entziehen wollen.

Auch die Bezugnahme der Klägerin auf das Enteignungsgesetz vom 11. Juni 1874 und das Fluchtliniengesetz vom 2. Juli 1875 trifft nicht zu. Das Enteignungsgesetz betrifft nur die Entziehung und Beschränkung des Eigentumes im Einzelfalle durch einen ausnahmsweise aus Gründen des Gemeinwohles für statthaft erklärten Eingriff, beseitigt aber nicht die gesetzlich bestehenden Beschränkungen des Eigentumes und deren Folgen. Das Fluchtliniengesetz definiert allerdings im § 11 die Baufluchtlinie als die Grenze, über welche hinaus die Bebauuung ausgeschlossen ist, und bestimmt im § 11 den Zeitpunkt, mit welchem Neubauten, Um- und Ausbauten über die Fluchtlinie hinaus untersagt werden können. Wenn aber die allgemeinen Gesetze (§§ 79, 80, 82 ALR. I. 8) gewisse Grenzüberschreitungen beim Bau gestatten oder die Gestattung derselben durch Polizeiverordnung ermöglichen, so war das Fluchtliniengesetz, das sich nur auf neu anzulegende oder zu verändernde Straßen bezieht, nicht der Ort, dies anderweitig zu regeln. Vielmehr kann eine solchergestalt allgemein gestattete Überschreitung als eine Bebauung über die Fluchtlinie hinaus auch im Sinne jener Bestimmungen des Fluchtliniengesetzes, also für neue Straßen, nicht angesehen werden. Mit Recht weist das preuß. Oberverwaltungsgericht (Entsch. desselben Bd. 22 S. 378) darauf hin, daß die entgegengesetzte, streng wörtliche Auslegung des Fluchtliniengesetzes zu der unannehmbaren Folgerung führen würde, daß künftig für die neuen und die älteren Straßen eines und desselben Ortes ein verschiedenes Baurecht gelte. Daß auch die seitherige Praxis der Verwaltungsbehörden das Fluchtliniengesetz in diesem Sinne nicht verstanden hat, wird von Friedrichs (Kommentar zu § 11 des Gesetzes) bezeugt und durch die erst im Jahre 1877 erlassene (örtliche) Baupolizeiordnung lediglich bestätigt."

## RGZ. 31, 327

**Ersitzung eines neuen Wegerechtes nach Bestätigung eines die bisherigen Rechte gleichen Inhaltes beseitigenden Separationsrezesses.**

**1. Bedarf es dazu der fünfzigjährigen Präskription (§ 660 ALR. I. 9)?**

**2. Unterbricht eine unwesentliche Änderung der Wegesrichtung die Ersitzung?**

**3. Unter welchen Voraussetzungen kann die Ersitzung auch während der Zeit der Verpachtung des dienenden Grundstückes beginnen (§ 521 ALR. I. 9)?**

V. Zivilsenat. Urt. v. 27. September 1893 i. S. M. u. Gen. (Kl.) w. Graf v. B. (Bekl.) Rep. V. 127/93.

I. Landgericht Paderborn. II. Oberlandesgericht Hamm.

Aus den Gründen:

„... Der streitige Weg in der im Berufungsurteil an erster Stelle bezeichneten Richtung soll nach der Behauptung der Kläger lange vor der im Jahre 1858 durch Rezeßbestätigung beendeten Separation der Feldmark von M. bestanden haben. Der Feldteil ‚Bangern', über den er damals an der Außenseite des Schloßparkes entlangführte, ist bei der Separation ohne Wiederausweisung des Weges dem Beklagten zugeteilt und im Jahre 1865 zum Park hinzugezogen worden. Der Berufungsrichter nimmt zwar — nach § 170 der Verordnung vom 20. Juni *1817 und § 56 der Gemeinheitsteilungsordnung vom 7. Juni 1821* — mit Recht an, daß durch die vorbehaltlose Vollziehung und Bestätigung des Separationsrezesses die etwaigen früheren Rechte der Kläger auf Benutzung des Weges beseitigt worden seien, erachtet aber eine nach der Bestätigung des Rezesses (seit 1859) wiederum vollendete außerordentliche (dreißigjährige) Ersitzung der Wegeberechtigung zugunsten der Gemeinde N. und deshalb auch zugunsten der Kläger in ihrer Eigenschaft als Mitglieder dieser Gemeinde für erwiesen. Daß seit der Vereinigung des ‚Bangern' mit dem Park (1865) die Mehrheit der Gemeindeglieder, durch welche nach seiner Feststellung die Gemeinde das Recht ausgeübt hat, in der in der Formel des Berufungsurteiles bezeichneten geänderten Richtung von N. nach F. gegangen ist, betrachtet er nicht als Unterbrechung des Rechtsbesitzes, sondern läßt aus diesem Grunde dem Beklagten nur die Wahl zwischen Gestattung der älteren und der jüngeren Wegesrichtung.

Die Angriffe des Revisionsklägers gegen die Entscheidung sind nicht begründet. Sie gehen dahin: 1. daß gegen den Inhalt des Separationsrezesses nicht die dreißigjährige, sondern nur die fünfzigjährige Verjährung (§ 660 ALR. I. 9) stattfinde; 2. daß die Besitzhandlungen an dem nur bis zum Jahre 1865 benutzten und an dem erst seit diesem Jahre benutzten Wege nicht hätten zusammengerechnet werden dürfen; 3. daß der Einwand des Beklagten, das belastete Grundstück sei während der Verjährungszeit (bis 1865) verpachtet gewesen, nicht berücksichtigt worden sei.

Zu 1. Die Vorschrift in § 660 ALR. I. 9:

> Wenn die Grenzen einer Sache oder eines Rechtes durch Gesetze, Verträge oder rechtskräftige Erkenntnisse klar bestimmt sind, so kann die Befugnis, diese Grenzen zu überschreiten, nur durch fünfzigjährige Präskription erworben werden,

setzt nach ihren Worten wie nach ihrer Entstehungsgeschichte ein auf seiten des Ersitzenden schon bestehendes Eigentum oder ein sonstiges, des Besitzes fähiges Recht voraus, dessen (örtlicher oder inhaltlicher) Umfang durch Gesetz, Vertrag oder Urteil klar bestimmt ist, und bezieht sich auf solche Überschreitungen dieser Grenzen, welche der Berechtigte vornimmt. Solche Überschreitungen klar bestimmter Grenzen des Rechtes sollen die Wirkung, den Umfang des bestehenden Rechtes zu erweitern, nur bei fünfzigjähriger Fortdauer haben können.

Vgl. Striethorst, Archiv Bd. 50 S. 175; Simon und v. Strampff, Materialien des Allgemeinen Landrechtes zu der Lehre vom Besitz und von der Verjährung S. 469. 470 (‚Conclusum') 556.

Es muß also, wenn der § 660 a. a. O. in bezug auf Rechte an fremder Sache Anwendung finden soll, eine positive gesetzliche oder urkundliche Feststellung des Inhaltes vorliegen, daß dem einen Teil ein Recht von klar bestimmtem Umfange gegen den anderen zustehe; eine solche Feststellung schützt den Belasteten in der Art, daß Erweiterungen dieses Rechtes über einen einmal festgestellten Umfang hinaus nur durch fünfzigjährigen Besitz zulässig sind. Die Bestimmung des Separationsrezesses vom Jahre 1858 aber, nach welcher, wie auch schon aus § 170 der Verordnung vom 20. Juni 1817 folgen würde, kein Interessent andere, als die gesetzlichen Einschränkungen des Eigentumes ferner zu dulden hat, enthält bloß die negative Feststellung, daß, wie überhaupt niemand, so auch nicht der Gemeinde N. eine Servitut oder ein sonstiges dingliches Recht an der Abfindung des Beklagten zustehe. Die Erweiterung eines der Gemeinde zustehenden Rechtes durch eine nach der Rezeßbestätigung begonnene Ersitzung steht also überall nicht in Frage. Die Revision gibt der Vorschrift des § 660 a. a. O. die Auslegung, daß es eine Überschreitung des durch den Rezeß klar als servitutfrei bezeichneten Eigentumes des Beklagten sei, wenn jetzt gegen dieses Eigentum eine Servitut beansprucht werde; sie versteht also den § 660 von einer Grenzüberschreitung nicht des Rechtes des Ersitzenden, sondern des Rechtes dessen, gegen welchen ersessen werden soll. Wäre diese Auslegung richtig, so würde, wie die Kläger zutreffend ausführen, durch die Vorschrift ganz allgemein jede andere Ersitzung von Servituten als die fünfzigjährige ausgeschlossen sein; denn die Grenze des Eigentumsrechtes ist nicht bloß im vorliegenden Falle durch den Rezeß, sondern ein für allemal durch das Gesetz klar dahin bestimmt, daß es Rechte Dritter, die nicht durch Gesetz oder besonderen Titel begründet sind, ausschließt.

In Übereinstimmung mit dem Vorstehenden hat denn auch schon das vormalige preußische Obertribunal den Erwerb einer völlig neuen Servitut an einem durch Gemeinheitsteilungsrezeß servitutfrei ausgewiesenen Grundstücke durch dreißigjährige Ersitzung, wenn deren allgemeine Voraussetzungen vorliegen, für zulässig erachtet (Striethorst, Archiv Bd. 100 S. 123); und daß diese Voraussetzungen hier vorliegen, stellt der Berufungsrichter fest. Insbesondere verwertet er für den trotz der stillschweigenden Aufhebung der bisherigen Servituten durch den Separationsrezeß vorhandenen guten Glauben der Gemeinde N. an den Fortbestand ihres Wegerechtes die Äußerung eines Generalbevollmächtigten des Grafen v. B. in einem Separationstermin und die Erklärung des Grafen v. B. bei Gelegenheit der Verlegung des Weges im Jahre 1865.

Zu 2. Nach den Feststellungen des Berufungsrichters sind im Jahre 1865 nur einzelne Wegestrecken (die Zugänge vom Dorfe über den Gasthof bzw. den Park) geändert worden, die Hauptrichtung des Weges, und zwar nach wie vor über den Grundbesitz des Beklagten, ist unverändert geblieben. Eine solche Änderung mußte die Gemeinde, wenn ihr das Wegerecht wirklich zustand, sich gefallen lassen, sofern sie ihr unnachteilig war (§ 29 ALR. I. 22). Die Änderung in der Lage des Weges hat also auch den Rechts*besitz*, in welchem die Gemeinde sich im Jahre 1865 befand, nicht unterbrochen (Entsch. des Obertribunales Bd. 29 S. 60). Eines förmlichen Abkommens bedurfte es zur Herstellung der Kontinuität des Besitzes nicht; es genügt, daß, wie der Berufungsrichter feststellt, die Benutzung des neuen an Stelle des alten Weges mit Zustimmung und sogar auf Verlangen des Gutseigentümers geschehen ist.

Zu 3. Die Behauptung des Beklagten, daß das belastete Grundstück von 1841—1865, also während der Anfangsjahre der Ersitzung, verpachtet gewesen sei, ist von den Klägern rücksichtlich des Schlosses und des Parkes unter Angabe bestimmter Tatsachen, welche das Gegenteil ergeben sollen, bestritten worden. Richtig ist, daß sie in den Entscheidungsgründen des Berufungsurteiles unerörtert geblieben ist. Allein die in bezug auf die Kenntnis des Gutseigentümers von der Benutzung des streitigen Weges festgestellten Tatsachen, insbesondere die, daß Graf D. v. B. das Schloß in den Jahren 1857 bis 1860 öfter längere Zeit bewohnt, daß er im Jahre 1857 den Weg in seiner damaligen Lage als den Kirchweg der Gemeinde N. bezeichnet, daß der Graf v. B. zwischen 1860 und 1863 auf die Frage, ob es erlaubt sei, durch den Park zu gehen, erwidert hat, der Weg stehe jedermann frei, und daß derselbe im Jahre 1865 an Einwohner von N. die Aufforderung gerichtet hat, in Zukunft den neuen Weg zu benutzen, lassen keinen Zweifel darüber, daß der Berufungsrichter hat feststellen wollen, der jeweilige Gutseigentümer habe seit Beginn der Verjährungsfrist Kenntnis nicht bloß von der tatsächlichen Benutzung des Weges durch die Mitglieder der Gemeinde N., sondern auch davon gehabt, daß die Benutzung in der Absicht geschehe, ein gegen das Grundstück und dessen Eigentümer zustehendes Recht auszuüben. Durch eine solche Kenntnis aber wird die Anwendbarkeit des § 521 ALR. I. 9, nach welchem die Verjährung zum Nachteil des Eigentümers nicht gegen den Pächter beginnen kann, ausgeschlossen.

Vgl. Entsch. des preußischen Obertribunales Bd. 61 S. 19; Entsch. des RG.'s in Zivils. Bd. 2 S. 191."

**RGZ. 36, 272**

**Können die gewerbetreibenden Mieter eines an einer öffentlichen städtischen Straße belegenen Hauses eine Entschädigung für Geschäftsverluste beanspruchen, die sie durch eine im Interesse eines öffentlichen Unternehmens bewirkte Erschwerung der Kommunikation auf der Straße erlitten haben?**

Einl. zum ALR. § 75.

V. Zivilsenat. Urt. v. 21. September 1895 i. S. Eisenbahnfiskus (Kl. u. Widerbekl.) w. S. u. Gen. (Bekl. u. Widerkl.) Rep. V. 39/95.

I. Landgericht I Berlin. II. Kammergericht daselbst.

In Anlaß einer projektierten Veränderung der Berlin-Stettiner Eisenbahnlinie wurde eine Tieferlegung der Ackerstraße in Berlin notwendig. Für dieses Unternehmen wurde ein Enteignungsverfahren auf dauernde Beschränkung des Grundeigentumes an den an der gedachten Straße belegenen Häusern, deren Umbau infolge der Senkung der Straße erforderlich wurde, eingeleitet. Bevor aber die Enteignung ausgesprochen war, wurde mit polizeilicher Genehmigung mit der Senkung der Straße begonnen und zunächst der Fahrdamm tiefer gelegt, während der Bürgersteig längs derjenigen Häuser, mit deren Besitzern zwecks gütlicher Einigung noch Unterhandlungen schwebten, längere Zeit hindurch in der alten Höhe verblieb. Für die Nachteile, die infolge dieses Zustandes den gewerbetreibenden Mietern des dem Kaufmann C. gehörigen Hauses Nr. 93 Ackerstraße in ihren Geschäftsbetrieben erwachsen waren, wurde denselben im Enteignungsverfahren, betreffend das gedachte Grundstück, durch Beschluß des Polizeipräsidiums vom 10. April 1893 eine Entschädigung festgesetzt. Gegen den Entschädigungsbeschluß beschritten beide Teile den Rechtsweg.

Der erste Richter wies die Klage des Eisenbahnfiskus ab und sprach den Widerklägern eine erhöhte Entschädigung zu. Die Berufung des Fiskus ist zurückgewiesen worden; ebenso die von ihm eingelegte Revision.

Aus den Gründen:

(Es wird zunächst ausgeführt, daß die Frage der Anwendbarkeit der Normen des Enteignungsgesetzes auf den vorliegenden Sachverhalt nicht entschieden zu werden brauche. Es komme hierauf nicht an, wenn den Beklagten und Widerklägern der von ihnen in zweiter Linie geltend gemachte Rechtsgrund des § 75 Einl. zum ALR. zur Seite stehe. Das aber habe der Berufungsrichter mit Recht angenommen. Es wird dann fortgefahren:)

„Nach § 75 a. a. O. ist der Staat — an dessen Stelle nach feststehender Rechtsprechung das begünstigte Gemeinwesen tritt —, ‚denjenigen, welcher seine besonderen Rechte und Vorteile dem Wohle des gemeinen Wesens aufzuopfern genötigt wird, zu entschädigen gehalten'. Es setzt also diese Vorschrift einen Eingriff in die Rechtssphäre eines anderen, eine, wenn auch nur vorübergehende, Entziehung oder Beeinträchtigung eines wohlerworbenen Rechtes voraus. Ist aus einem solchen Eingriff dem Berechtigten ein Vermögensnachteil entstanden, so muß ihm dieser vergütet werden. Im vorliegenden Falle besteht der Vermögensnachteil, für den die Beklagten entschädigt werden sollen, in den Mindererträgen der von ihnen in den gemieteten Räumen betriebenen offenen Geschäfte während des durch die vorläufige Senkung des Fahrdammes herbeigeführten Zustandes der Ackerstraße. Die Existenz dieses Schadens und dessen Höhe hat der Berufungsrichter auf Grund des Beweisergebnisses festgestellt, und es ist diese Feststellung von der Revision nicht angegriffen worden. Ebenso ist der ursächliche Zusammenhang zwischen den Mindereinnahmen der Beklagten und der durch die vorzeitige Senkung des Straßendammes und durch die Errichtung einer den Bürgersteig an dem C.'schen Hause von dem Fahrdamm trennenden Barriere bewirkten Erschwerung des Zuganges zu ihren Geschäften vom Berufungsrichter unanfechtbar festgestellt.

Es bleibt also nur zu prüfen, ob in der Tieferlegung des Fahrdammes durch die Eisenbahnverwaltung objektiv die Verletzung eines erworbenen Rechtes der Beklagten enthalten ist. Der Berufungsrichter geht bei Beantwortung dieser Frage gleich dem ersten Richter von dem aus der Rechtsprechung des vormaligen Obertribunales und des Reichsgerichtes (Bd. 7 S. 213 ff.) entnommenen Satze aus, daß den Eigentümern der an einer öffentlichen Straße erbauten Häuser eine auf stillschweigender Übereinkunft beruhende Servitut an der öffentlichen Straße zusteht, vermöge deren sie die ungehinderte Kommunikation mit derselben beanspruchen können. . . . In dieser Beziehung fällt dem Berufungsrichter ein Rechtsirrtum nicht zur Last, wenn er in den Veranstaltungen, die den Zugang zu dem C.'schen Hause und den darin befindlichen Geschäftsräumen der Beklagten zwar nicht gänzlich aufhoben, doch aber für längere Zeit erheblich erschwerten, eine Beeinträchtigung jenes servitutischen Rechtes der Straßenanlieger auf ungehinderte Kommunikation gefunden hat. Den von der Revision in Bezug genommenen Entscheidungen (Bd. 24 S. 245, Bd. 25 S. 242) liegt ein wesentlich verschiedener Tatbestand zugrunde; rechtsgrundsätzlich enthalten sie nichts, was mit der Begründung des Berufungsurteils in Widerspruch stünde.

Der Berufungsrichter verkennt nun nicht, daß die Anlieger einer Straße sich vorübergehende Störungen der Kommunikation gefallen lassen müssen, wenn es sich um Reparaturen oder Verbesserungen der Straße selbst handelt (Pflasterung, Asphaltierung usw.), und ebenso, wenn die Störungen aus sonstigen Zwecken der Straße entspringen (z. B. Röhrenlegung); er nimmt aber ohne Rechtsirrtum an, daß ein solcher Fall hier nicht vorliegt, da es sich um eine Änderung der Höhenlage der Straße handelte, die lediglich ,das Interesse der Eisenbahnanlage betraf, also außerhalb der Zwecke lag, denen der Regel nach die öffentliche Straße zu dienen hat . . .'

Der Berufungsrichter hat aber ferner mit Recht angenommen, daß das servitutische Recht des Hausbesitzers an der Straße auch den Mietern zustatten kommt; denn durch die Überlassung des Hauses oder bestimmter Teile desselben zum Gebrauche wird dem Mieter auch der Gebrauch derjenigen mit dem Grundstücke verbundenen Rechte überlassen, die zur wirksamen Ausübung des Mietrechtes erforderlich sind. Dazu gehört in erster Linie das Recht des Hauseigentümers auf ungehinderte zweckentsprechende Benutzung der an seinem Grundstücke vorüberführenden städtischen Straße, ein Recht, durch welches die Gebrauchsfähigkeit und Nutzbarkeit der Mieträume ebenso bedingt ist, wie die des Grundstückes überhaupt. Es handelt sich also nicht bloß um einen tatsächlichen Vorteil, der dem Mieter aus der Lage an einer öffentlichen Straße erwächst; vielmehr steht dem Mieter an dieser Straße ein eigenes, vom Eigentümer abgeleitetes Recht zu, welches in dem Mietrecht selbst enthalten und gleich diesem durch den Mietbesitz dinglich geworden ist.

Ein Eingriff in dieses Recht im öffentlichen Interesse verpflichtet nach § 75 Einl. zum ALR. den Staat oder das durch den Eingriff begünstigte Gemeinwesen zum Ersatz des Schadens, der dem Mieter aus der Beeinträchtigung dieses seines Rechtes und damit zugleich seines Mietrechtes entstanden ist. Als einen solchen Schaden hat der Berufungsrichter mit Recht die Einbuße erachtet, die die Beklagten infolge der Erschwerung des Zuganges zu ihren Geschäftsräumen im Ertrage ihrer darin betriebenen Geschäfte erlitten haben. Der Wert der von ihnen zum Zwecke ihres Geschäftsbetriebes gemieteten Räume war für sie durch die Lage an der öffentlichen Straße wesentlich bedingt; er wurde entsprechend vermindert, so lange die Verkehrsstörung auf dieser Straße dauerte, und in den Mindererträgen der von den Beklagten betriebenen Geschäfte drückt sich der Wert der ihnen entzogenen Vorteile, die ihnen kraft erworbenen Rechtes zukommen, aus, auf deren Vergütung sie daher gemäß § 75 a. a. O. Anspruch haben . . ."

**RGZ. 37, 252**

**Begrenzung des dem Eigentümer der an einer öffentlichen städtischen Straße belegenen Häuser an der Straße zustehenden servitutischen Rechtes bei Veränderung der Straße.**

Vgl. Bd. 7 S. 213.

V. Zivilsenat. Urt. v. 28. März 1896 i. S. Stadtgemeinde Erfurt (Bekl.) w. Th. u. Gl. (Kl.). Rep. V. 308/95.

I. Landgericht Erfurt. II. Oberlandesgericht Naumburg a. S.

Im Jahre 1893 ist die Arnstädter Straße zu Erfurt zum Zwecke ihrer Unterführung unter der die Straße bis dahin im gleichen Niveau kreuzenden Eisenbahn tiefer gelegt worden. Die Klägerinnen, die ein an dieser Straße belegenes Haus besitzen, halten sich durch die Veränderung der Straße in ihren Rechten als Eigentümer und Straßenanlieger beeinträchtigt und haben gegen die Stadtgemeinde Entschädigungsansprüche erhoben, die ihnen das Berufungsgericht unter Abänderung des abweisenden Urteiles erster Instanz in Höhe von 4251,25 M zugesprochen hat.

Das Reichsgericht hat der Revision teilweise stattgegeben.

Aus den Gründen:

„Die Klage ist auf § 75 Einl. zum ALR. gestützt. Die im öffentlichen Interesse angeordnete Maßregel soll einen Eingriff in die Privatrechte der Klägerinnen in zwiefacher Hinsicht enthalten: einmal sei die Erniedrigung der Straße dem § 187 ALR. I. 8 zuwider bis hart an den vor dem klägerischen Hause befindlichen Vorgarten erfolgt, sodann verletze die mit der Tieferlegung der Straße verbundene Erschwerung der Zugänglichkeit des klägerischen Grundstückes das servitutische Recht der Hausgrundstücke an einer städtischen Straße auf ungehinderte Kommunikation mit derselben. Infolge der Tieferlegung der Straße ist die Befestigung des klägerischen Grundstückes längs des Bürgersteiges durch eine Futtermauer und die Anbringung zweier Treppenaufgänge innerhalb der letzteren erforderlich und durch die Beklagte bewirkt worden. Der von den Klägerinnen liquidierte Schade soll nun einerseits in den Aufwendungen für Erhaltung und Reinigung der Futtermauer und der Treppe, andererseits in der infolge der erschwerten Kommunikation eingetretenen Verminderung des Nutzungswertes des in dem Hause befindlichen Verkaufsladens bestehen. In beiden Richtungen hat der Berufungsrichter den Entschädigungsanspruch der Klägerinnen für begründet erachtet, und zwar so, daß er als Verpflichtungsgrund für den Ersatz des aus der Erschwerung der Kommunikation entspringenden Schadens die Verletzung des servitutischen Rechtes des Straßenanliegers, als Verpflichtungsgrund für die

Schadloshaltung wegen des Mehraufwandes für Erhaltung der Futtermauer und der Treppen, sowie der Reinigung der letzteren, die Nichtbeachtung der nachbarrechtlichen Vorschrift des § 187 a. a. O. annimmt.

Die Revision greift das Berufungsurteil in beiden Punkten an.

Sie ist begründet, soweit die Verurteilung der Beklagten auf der Annahme einer Verletzung des servitutischen Rechtes der Klägerinnen als Straßenanlieger beruht.

Ausgehend von dem durch das Reichsgericht in feststehender Rechtsprechung anerkannten Satze, *daß zwischen den an einer städtischen* Straße belegenen Hausgrundstücken und der Straße ein auf einen stillschweigenden Vertrag zurückzuführendes Dienstbarkeitsverhältnis besteht, vermöge dessen dem Hauseigentümer das Recht auf ungehinderte Kommunikation auf und mit der Straße als ein wohlerworbenes Vermögensrecht zusteht, gelangt der Berufungsrichter zu der Annahme, „daß die Erhöhung oder Erniedrigung der Straße dann eine Verletzung des Anliegers enthält, wenn infolge der Änderung des Niveaus die Kommunikation zwischen Haus und Straße erschwert oder aufgehoben wird". Dieser Satz wird, sofern er schlechthin jede Erschwernis in der Kommunikation als einen Eingriff in das Recht des Anliegers hinstellt, von der Revision mit Recht als zuweitgehend angegriffen. Er steht auch insoweit nicht im Einklange mit der Rechtsprechung des Reichsgerichtes.

Schon in der von der Konstruktion des servitutischen Rechtes des Straßenanliegers grundlegenden Entscheidung des Reichsgerichtes vom 7. März 1882,

vgl. Entsch. des RG.'s in Zivils. Bd. 7 S. 213,

ist darauf hingewiesen (S. 216), daß die Befugnisse der Adjazenten an der Straße stets der Hauptbestimmung der letzteren untergeordnet bleiben. Weitere die Entschädigungspflicht einschränkende Konsequenzen aus diesem Satze zu ziehen, bot die damalige Sachlage keinen Anlaß, weil es sich damals um eine außerhalb der Zwecke der Straße liegende Anlage handelte.

In der von der Revision in bezug genommenen Entscheidung des Reichsgerichtes (abgedruckt in Gruchot, Beitr. Bd. 31 S. 930) ist ein Anspruch der Hausbesitzerin auf Ersatz des infolge Erhöhung des Bürgersteiges ihr erwachsenen Schadens nur aus dem Fundament des Nachbarrechtes (§ 185 ALR. I. 8) zugelassen worden. Der dort entschiedene Fall liegt allerdings dem hier vorliegenden insofern nicht gleich, als es sich dort nicht um eine Erschwerung der Kommunikation, sondern um andere mit dem servitutischen Verhältnisse des Hauses zur Straße nicht in Beziehung stehende Nachteile handelte.

Es ist aber dort ausgesprochen, daß ein Recht des Hauseigentümers des Inhaltes, daß an der vorüberführenden Straße keine ihm in irgendeiner Beziehung nachteilige Veränderung vorgenommen werden dürfe, aus dem servitutischen Verhältnisse zwischen Haus und Straße nicht herzuleiten sei, und daß das Recht des Hauseigentümers an der Straße nicht weiter gehe, als aus der Natur und dem Zwecke der Straße von selbst sich ergebe. Im weiteren ist dann das Recht der Hausbesitzer auf Benutzung der an ihrem Besitztume vorüberführenden Straße gekennzeichnet als „das Recht, sich der aus der Existenz der Straße nach deren Bestimmung ihrem Grundstücke erwachsenden Vorteile zu bedienen". In Übereinstimmung hiermit ist auch in dem Bd. 25 S. 242 der Entsch. des RG.'s in Zivils. abgedruckten Urteile des Reichsgerichtes hervorgehoben, daß das Recht der Straßenanlieger auf Benutzung der Straße keinen weiteren Inhalt und Umfang haben könne, „als sich aus der Natur und dem Zwecke der Straße mit Notwendigkeit von selbst ergibt". Auch in einem Falle aus dem Bereiche des rheinischen Rechtes (Rep. II. 128/92), wo es sich, wie hier, um eine Erschwerung des Zuganges zu einem an einer städtischen Straße belegenen Hause handelte, hat das Reichsgericht ausgesprochen, daß ein Recht der Anlieger auf ein unverändertes Fortbestehen der Straße nicht anzuerkennen sei, und ein Anspruch auf Entschädigung denselben nur dann zustehe, wenn die im öffentlichen Interesse an der Straße vorgenommenen Veränderungen eine Aufhebung oder erhebliche Beschränkung ihrer Benutzung zur Folge habe, daß aber für unwesentliche Beeinträchtigungen bei dem Gebrauche der Straße ein solcher Anspruch nicht gegeben sei.

Hinsichtlich der Art und des Zweckes der bei einer städtischen Straße vorkommenden Veränderungen ist in dem Urteil vom 21. September 1895

vgl. Entsch. des RG.'s in Zivils. Bd. 36 S. 272,

in einem Falle, wo es sich um einen Entschädigungsanspruch wegen einer durch eine Änderung der Höhenlage der Straße bedingte vorübergehende Störung der Kommunikation handelte, unterschieden: ob die Störungen der Kommunikation auf Reparaturen und Verbesserungen der Straße selbst zurückzuführen sind oder sonstigen Zwecken der Straße entspringen, — in welchen Fällen ein Entschädigungsanspruch nicht gegeben sei, — oder ob, wie in dem dort entschiedenen Falle, die mit der Straße vorgenommenen Veränderungen außerhalb der Zwecke liegen, denen der Regel nach die öffentliche Straße zu dienen hat.

Dieselbe Auffassung liegt einer älteren Entscheidung des Reichsgerichts (Rep. V. 62/87) zugrunde, in der zutreffend darauf hingewiesen wird, daß die Vorteile, welche für die Anlieger an Straßen des öffentlichen Verkehrs durch diese Lage erwachsen, bedingt sind durch die Erhaltung solcher Straßen in einem für den Verkehr erforderlichen ordnungsmäßigen Zustande, woraus dann gefolgert wird, daß Nachteile, welche infolge von Reparaturen und Neubauten zum Zwecke solcher Erhaltung den Anlieger treffen, nicht die Grundlage für Entschädigungsansprüche abgeben können.

Aus allen diesen Entscheidungen ergibt sich als leitender Grundsatz, daß das servitutische Recht des Hausbesitzers an der an seinem Grundstücke vorüberführenden Straße begrenzt und bedingt ist durch die Zweckbestimmung der Straße selbst, dergestalt, daß der Hausbesitzer sich alle Veränderungen gefallen lassen muß, welche dazu dienen, die Straße in dem Zustande zu erhalten oder auch in den Zustand zu setzen, in dem sie ihrer Bestimmung am vollkommensten genügen kann, sofern nur die Straße auch ferner als Kommunikationsmittel erhalten bleibt.

Mit dieser Maßgabe schließt der stillschweigende Vertrag, auf den das servitutische Recht des Straßenanliegers zurückgeführt wird, den stillschweigenden Vorbehalt ein, daß die Stadtgemeinde mit der Straße dem Zwecke derselben entsprechende Veränderungen vornehmen kann. Derartige Veränderungen enthalten daher keinen Eingriff in die Rechtssphäre des Anliegers.

Was nun den vorliegenden Fall betrifft, so hat unbestritten die Tieferlegung der Arnstädter Straße zu dem Zwecke stattgefunden, die Unterführung der Straße unter der dieselbe bis dahin in gleicher Höhe kreuzenden Eisenbahn zu ermöglichen und dadurch eine direkte durch den Eisenbahnverkehr nicht gestörte Verbindung mit der Löberstraße und dadurch mit der inneren Stadt herzustellen. Hiernach liegt das Unternehmen, in dessen Ausführung die Tieferlegung der Straße an dem klägerischen Grundstück erfolgt ist, ganz innerhalb der Bestimmung der Straße, als Kommunikationsmittel für die Einwohner der Stadt überhaupt und speziell auch für die Anwohner der Straße selbst zu dienen, welche letzteren an den Vorteilen, welche das Unternehmen bietet, in erster Linie Anteil nehmen. Es kann daher die Tieferlegung der Straße als ein die Stadtgemeinde zur Entschädigung gemäß § 75 Einl. zum ALR. verpflichtender Eingriff in das Eigentum nicht angesehen werden. Damit fällt der Anspruch, soweit er auf Verletzung des servitutischen Rechtes der Straßenanlieger gestützt ist, ohne daß es einer Abwägung und Aufrechnung der Vorteile und Nachteile, die dem klägerischen Hause aus dem Unternehmen erwachsen sind, bedarf ..."

(Es folgt die Beurteilung des Entschädigungsanspruches, soweit er aus der Verletzung der nachbarrechtlichen Vorschrift des § 187 ALR. I. 8

erhoben und auf den durch die Erhaltungskosten der Futtermauer und der Treppen sowie die erhöhten Reinigungskosten bedingten Mehraufwand gegründet ist. Diesen Anspruch hat das Reichsgericht für begründet erachtet.)

**RGZ. 38, 220**

**In welchem Umfange sind juristische Personen für den Zustand öffentlicher Wege haftbar, deren Erhaltung ihnen obliegt?**

III. Zivilsenat. Urt. v. 26. Februar 1897 i. S. Bezirksverband K. (Bekl.). w. G. (Kl.). Rep. III. 289/96.

I. Landgericht Kassel. II. Oberlandesgericht daselbst.

Aus den Gründen:

„Insoweit der Schadensersatzanspruch des Klägers wegen des in der Nacht vom 4./5. Juli 1894 erlittenen Unfalles gegen die Stadt G. zurückgewiesen war, ist diese Entscheidung vom Berufungsgerichte bestätigt; dagegen hat dasselbe, abweichend vom ersten Richter, den Klaganspruch gegen den Bezirksverband des Regierungsbezirkes K. dem Grunde nach für berechtigt erkannt.

Die gegen diese Entscheidung vom Bezirksverbande eingelegte Revision konnte nicht für begründet erachtet werden.

Es steht fest, daß die Unfallstelle in der Bremer Landstraße in einer Entfernung von 30 Zentimeter vom städtischen Gebiete liegt. Es befindet sich dort eine unverschlossene und nicht eingefriedigte, etwa 52 Zentimeter tiefe Öffnung mit steilen Rändern, welche dem Wasserdurchlasse dient. Die Bremer Landstraße mit dem Wasserdurchlasse ist vom kurhessischen Fiskus erbaut, von diesem auf den preußischen Staat, und weiter auf den verklagten Bezirksverband übergegangen, dem seither nach den Bestimmungen der kurhessischen Gemeindeordnung, bzw. der hessischen Wegeordnung vom 24. Dezember 1819 die ordnungsmäßige Instandhaltung der Landstraße und des Wasserdurchlasses obliegt. Es steht ferner durch das Erachten des vernommenen Sachverständigen fest, daß die gedachte Öffnung, in welcher der Kläger einen Beinbruch erlitt, einen ordnungswidrigen, die Sicherheit des passierbaren Publikums gefährdenden Zustand enthielt.

Damit ist der erhobene Schadensersatzanspruch dem Grunde nach liquid gestellt; denn wenn auch der Bezirksverband die Anlage nicht selbst geschaffen hat, so ist doch seit Übernahme derselben durch ihn ein langjähriger Zeitraum verflossen, innerhalb dessen ihm bei ordnungsmäßiger Kontrolle und Aufsicht die Sachlage nicht entgehen konnte. Daß diesem Zustande nicht abgeholfen ist, muß ihm auch dann zum Verschulden angerechnet werden, wenn sich seit Anlage der

Straße an dieser Stelle keine Unglücksfälle zugetragen haben. Unbegründet ist auch die Ausführung der Revision, daß der Bezirksverband nur für ein Verschulden der ihn im Willen vertretenden Organe hafte, und deren Kenntnis von dem gefährdenden Zustande des Wasserdurchlasses nicht nachgewiesen sei. Auf eine derartige Unkenntnis würde der Beklagte sich nicht berufen dürfen, da es sich nicht um eine plötzlich eingetretene Beschädigung des öffentlichen Weges handelt, sondern um einen dauernden fehlerhaften Zustand, für welchen der Reparaturpflichtige verantwortlich ist, gleichviel ob er denselben gekannt hat, oder nicht, da seine Pflicht zur Instandhaltung des Werkes nicht nur die Ausbesserung entdeckter Mängel, sondern auch die Erforschung derartiger Übelstände umfaßt; vgl. Entscheidung des Reichsgerichtes Rep. III. 332/92.

Auch die Einrede eigenen Verschuldens des Klägers ist mit Recht zurückgewiesen. Ein Verschulden desselben kann namentlich nicht darin gefunden werden, daß derselbe beim Passieren der Landstraße keine Laterne trug; denn es bestand keine Verpflichtung des Klägers, sich bei Benutzung des öffentlichen Weges durch besondere Vorsichtsmaßregeln gegen die Gefahren zu schützen, welche durch Verschulden des Beklagten herbeigeführt sind; vgl. Entscheidung des Reichsgerichtes Rep. III. 216/92 . . ."

**RGZ. 44, 173**

**1. Unterliegen Kommunikationswege dem Landstraßenregal des Staates?**

ALR. II. 14 §§ 21 flg., II, 15 §§ 1 flg.

**2. Kann der Fiskus gemäß § 12 ALR. II. 15 für den aus der Unterlassung der Unterhaltungspflicht an den Landstraßen entstandenen Schaden auch dann nicht verantwortlich gemacht werden, wenn die Unterhaltspflicht des Fiskus nicht aus seiner Eigenschaft als Inhabers des Landstraßenregals, sondern aus anderen Gründen hergeleitet wird?**

**3. Findet § 367 Ziff. 12 StGB. auch bei geländerlosen Brücken Anwendung? Begriff des Abhanges im Sinne dieser Bestimmung.**

VI. Zivilsenat. Urt. v. 20. April 1899 i. S. Sch. Wwe. (Kl.) w. preuß. Forstfiskus (Bekl.). Rep. VI. 46/99.

I. Landgericht Glogau. II. Oberlandesgericht Breslau.

Aus den Gründen:

Der Ehemann der Klägerin ging am 24. März 1895 abends in der Dunkelheit vom Dorfe Tsch. nach der Stadt N. Der Weg kreuzt eine Bodenvertiefung, die bei eintretendem Hochwasser der Oder überflutet wird und auch damals überflutet war, und neben welcher der Beklagte eine Notbrücke zum Verkehr für Fußgänger angelegt hatte. Der Ehemann der Klägerin fiel bei dem Überschreiten der Brücke von derselben herab und ertrank. Die Klägerin fordert von dem Beklagten Schadensersatz mit der Behauptung, daß die Brücke nicht erleuchtet war (was zugegeben ist), und daß das Geländer der Brücke da, wo der Abstieg nach N. zu mit seitlicher Wendung nach der Straße begann, und wo ihr Ehemann abgestürzt sei, aufgehört habe.

Die Berufung der Klägerin ist vom Berufungsgericht mit folgender Begründung zurückgewiesen worden:

> Weder § 367 Ziff. 12 noch § 367 Ziff. 14 StGB. fänden Anwendung; die letztere Bestimmung wolle nur gegen die während des Baues entstehenden Gefahren schützen. Die Vorschriften des schlesischen Landstraßen- und Wege-Reglements vom 11. Januar 1767 über die Beschaffenheit der Brücken bezögen sich nicht auf solche Notbrücken. Überdies sei der fragliche Weg eine Landstraße im Sinne des Landrechtes, und es hafteten daher nur die Beamten, nicht der Staat, nach § 12 ALR. II. 15 für die verabsäumte Unterhaltung der Sicherheit und Bequemlichkeit des Weges. Auch das schlesische Landstraßen- und Wege-Reglement verpflichte nicht den Fiskus zum Schadensersatze.

Diese Begründung läßt Wesentliches unberücksichtigt und wird dem Sachverhältnis nicht gerecht.

1. Woraus das Berufungsgericht die Annahme schöpft, daß der fragliche Weg eine Landstraße sei (was Klägerin bestritten hat), ist nicht zu ersehen ... (Folgt die Ausführung, daß es noch der Prüfung bedürfe, ob der Weg nicht ein Kommunikationsweg sei.)

„Der Beklagte hat in der Revisionsinstanz geltend gemacht, daß die sog. Kommunikations- oder Vizinalwege, deren das Landrecht nicht erwähnt, den Land- und Heerstraßen gleichzustellen seien. Dies ist nicht zuzugeben. Die Kommunikationswege fallen nicht unter den Begriff von Land- und Heerstraßen, von denen die §§ 21 ff. ALR. II. 14, §§ 1 ff. ALR. II. 15 handeln.

Vgl. Entsch. des Obertribunals Bd. 19 S. 330, speziell S. 334.

Sie sind zwar, wie die Land- und Heerstraßen, kein Gegenstand des Privateigentumes und stehen in dieser Beziehung denselben gleich.

Vgl. Striethorst, Archiv Bd. 29 S. 288. 289, Bd. 74 S. 17.

Auch sind die §§ 9. 10 ALR. II. 15, welche die Nutzung der an den Landstraßen gepflanzten Bäume demjenigen zusprechen, der die Bäume gepflanzt hat, bzw. demjenigen, der die Pflanzung zu unterhalten hat, analog auf Kommunikationswege angewendet worden, weil sie allgemeinen Rechtsgrundsätzen entsprechen.

Vgl. Entsch. des Obertribunals Bd. 77 S. 279 ff.

Die §§ 11. 12 daselbst aber, auf die es hier ankommt, stehen in untrennbarer Verbindung mit dem Landstraßenregal des Staates, das sich auf Kommunikationswege nicht ausdehnen läßt.

Vgl. Motive zum Entwurf einer Wegeordnung vom Jahre 1875, bei Germershausen, Das Wegerecht und die Wegeverwaltung in Preußen Bd. 1 S. 109.

Diese Wege sind nicht „gemeines" Eigentum des Staates, wie die Land- und Heerstraßen nach § 21 ALR. II. 14; an ihnen hat sich der Staat auch kein Nutzungsrecht mit der korrelaten Unterhaltungspflicht vorbehalten. Damit ist nicht ausgeschlossen, daß der Fiskus aus anderen Rechtsgründen, beispielsweise als Anlieger, zur Unterhaltung eines Kommunikationsweges oder eines Teiles desselben verpflichtet sein kann. Da sich aber diese Unterhaltungspflicht nicht aus § 11 ALR. II. 15 herschreibt, so ist auch § 12 daselbst darauf nicht anwendbar, der sich nur auf Schadensansprüche aus Unterlassung „dieser", d. i. der im § 11 bestimmten, Pflicht bezieht; die Haftung des Fiskus für Schäden aus mangelhafter Unterhaltung eines Kommunikationsweges, dessen Unterhaltung dem Fiskus obliegt, bemißt sich vielmehr nach den für die Haftung juristischer Personen aus dem Verschulden ihrer Beamten geltenden allgemeinen Grundsätzen.

2. Aber auch dann, wenn die Eigenschaft des fraglichen Weges als Landstraße sich feststellen lassen sollte, ist damit nicht, wie das Berufungsgericht meint, ohne weiteres entschieden, daß der verklagte Forstfiskus die Klägerin nach § 12 a. a. O. an seine Beamten verweisen könnte. Die Bezeichnung des verklagten Fiskus als Forstfiskus, gegen die der Beklagte keinen Einspruch erhoben hat, deutet darauf hin, daß hier nicht der Staat als Inhaber des Landstraßenregals, der sich auf § 12 a. a. O. würde berufen können, in Anspruch genommen wird; die vom Beklagten zugestandene Unterhaltungspflicht an der fraglichen Wegestrecke beruht allem Anscheine nach darauf, daß die Straße auf dieser Strecke die Königliche Forst durchschneidet und nach den Vorschriften des schlesischen Landstraßen- und Wege-Reglements die Domänen und Gemeinden, deren Grundstücke von der Landstraße berührt werden, zu deren Unterhaltung verpflichtet sind (§§ 6. 7 des Reglements, Korn, Ediktensammlung für Schlesien Bd. 10 S. 3, auch abgedruckt bei Germershausen, Das Wegerecht usw. im Anhange S. 86; vgl. dazu die bei Germershausen S. 127 mitgeteilte Stelle aus den Motiven zum Entwurf einer Wegeordnung von 1875). Ist dies der Grund der Unterhaltungspflicht des Beklagten, so erscheint dieser als derjenige, dem der Staat die Sorge für die Unterhaltung der Straße aufgetragen hat. Er kann sich dann nicht auf § 12 a. a. O. berufen, da vielmehr dieser

Paragraph den Beschädigten gerade an ihn verweist. Ob er in seiner Eigenschaft als juristischer Person sich von der Haftung für den Schaden befreien kann, hängt auch hier wiederum von den diese Haftung betreffenden allgemeinen Grundsätzen ab.

3. Das Berufungsgericht hält dafür, daß die Klage auf den § 367 Ziff. 12 u. 14 StGB. und den § 26 ALR. I. 6 schon deshalb nicht gestützt werden könne, weil die Voraussetzungen jener strafgesetzlichen Bestimmungen nicht vorlägen. Indem es sodann als zweiten Grund hinzufügt, daß die Klägerin sich nur an die Beamten des Beklagten halten könne, scheint es sagen zu wollen, daß dieser letztere, aus § 12 ALR. II. 15 entnommene Grund der Klage selbst dann entgegenstehen würde, wenn nicht etwa nur eine Verabsäumung der öffentlichrechtlichen Wegeunterhaltungspflicht, sondern sogar die Vernachlässigung einer auf Schadensverhütung abzielenden Polizeivorschrift als Ursache des Schadens festgestellt wäre. Ob dies richtig ist, kann so lange dahingestellt bleiben, als es ungewiß bleibt, ob der Beklagte sich auf § 12 a. a. O. überhaupt berufen kann, was nach dem zu 1 und 2 Ausgeführten noch der weiteren Aufklärung und Prüfung bedarf. Dagegen ist hier darüber Entscheidung zu treffen, ob mit Recht § 367 Ziff. 12 u. 14 StGB. für nicht anwendbar erklärt sind. Von § 367 Ziff. 14 ist dies ohne weiteres zuzugeben, nicht so von § 367 Ziff. 12. Eine Begründung dafür ist nicht gegeben. Sie mag darin zu finden sein, daß hier nicht ein unverwahrter Abhang in Rede sei. Nun sind aber zunächst unter „Abhängen" in § 367 Ziff. 12 nicht bloß natürliche Bodensenkungen zu verstehen;

vgl. Entsch. des RG.'s in Zivils. Bd. 25 S. 53, Bd. 34 S. 34;

Abhänge können durch Abgrabungen, wie auch durch Aufschüttungen entstehen. Es steht nichts entgegen, die Seiten eines Dammes bei schroffem Abfalle als einen Abhang anzusehen, der, wenn auf dem Damme Menschen verkehren, nach § 367 Ziff. 12 a. a. O. mit den etwa nötigen Schutzmitteln gegen die Gefahr des Herabstürzens zu versehen ist. Freilich handelt es sich hier nicht um eine Senkung des Erdreiches, wie in den eben aufgeführten Fällen. Der Beklagte hat zur Herstellung eines Überganges über die durch Überschwemmung ungangbar gewordene Furt nicht einen Damm, sondern einen hölzernen Steg angelegt. Daß dieser Unterschied aber von entscheidender Bedeutung sei, läßt sich nicht annehmen. Ein innerer Grund dafür ist nicht zu finden; der Schutz gegen das Herabstürzen von einer Brücke unterliegt hinsichtlich seiner Notwendigkeit der gleichen Beurteilung, wie der Schutz gegen das Herabfallen von einem Wege oder Wegedamme mit schroffem seitlichen Abfalle, und die Zusammenstellung von ‚Brunnen, Keller, Gruben, Öffnungen oder Abhängen' in § 367 Ziff. 12 a. a. O. läßt zudem erkennen, daß nicht bloß solche Fälle haben getroffen werden sollen, in welchen die Gefahr durch eine Vertiefung oder Senkung der Erdoberfläche (sei es in der von Natur vorhandenen, oder in der künstlich geschaffenen) entsteht. Ein unverwahrtes Loch in einer Brücke, wenn dadurch Gefahr für Menschen entsteht, ist zweifellos eine gefährliche Öffnung im Sinne des § 367 Ziff. 12; unter der Voraussetzung einer offenbaren Gefahr des seitlichen Absturzes von der geländerlosen Brücke wird man, um der Absicht des Gesetzes gerecht zu werden, ebenso von einem gefährlichen Abhang reden dürfen. Dies steht auch nicht im Widerspruche mit dem schon erwähnten Urteile des erkennenden Senates vom 5. November 1894,

Entsch. des RG.'s in Zivils. Bd. 34 S. 34,

wo die Anwendbarkeit des § 367 Ziff. 12 auf geländerlose Treppen verneint ist. Bei einer Treppe mag übrigens regelmäßig schon durch ihre Breite die Gefahr des seitlichen Herabfallens gemindert und bei einiger Vorsicht im Auf- oder Absteigen zu vermeiden sein. In gleicher Weise ist die Notwendigkeit eines Geländers bei einer Brücke dann nicht anzuerkennen, wenn sie breit genug ist, um sie, ohne sich der Gefahr des Abstürzens auszusetzen, überschreiten zu können. Die hier in Rede stehende Brücke war aber nach der Aussage des Zeugen H. nur ein Laufsteg von der Breite zweier Bohlen, der sich noch dazu im Abstieg — gerade da, wo das Geländer gefehlt haben soll — auf eine, noch nicht zwei Fuß breite, Bohle verschmälerte ..."

**RGZ. 44, 282**

**1. Steht den Eigentümern der an einer öffentlichen städtischen Straße belegenen Häuser ein Entschädigungsanspruch zu, wenn die Verbindung ihrer Häuser mit der Straße durch eine mit dieser vorgenommene Veränderung dauernd erheblich erschwert wird?**

**2. Sind in solchem Falle die Vorteile zur Anrechnung zu bringen, welche den Hauseigentümern aus der Veränderung der Straße erwachsen?**

V. Zivilsenat. Urt. v. 18. April 1899 i. S. Stadtgemeinde Berlin (Bekl.) w. M. (Kl.). Rep. V. 325/98.

I. Landgericht I Berlin. II. Kammergericht daselbst.

Im Anschluß an die in den Jahren 1894 und 1895 umgebaute und höher gelegte Gertraudtenbrücke in Berlin wurde die dortige Gertraudtenstraße in ihrem an die Brücke grenzenden Teile erhöht. Infolgedessen erfuhr der Fahrdamm der die Gertraudtenstraße unmittelbar vor der Brücke kreuzenden Straße „An der Friedrichsgracht" auf deren hier in Betracht kommender, nördlich der Gertraudtenstraße gelegener Strecke zur Herstellung des Anschlusses an das jetzige

Niveau der Gertraudtenstraße in seinem an diese Straße anstoßenden Teile im Juni 1896 ebenfalls eine Aufhöhung. Da diese Anrampung noch vor der Stelle begann, wo die — mit der Gertraudtenstraße parallel laufende, jetzt von ihr nur durch zwei Häuser getrennte — Scharrenstraße in die Friedrichsgracht einmündet, so wurde auch der Fahrdamm der Scharrenstraße bei seiner Verbindung mit der Friedrichsgracht entsprechend erhöht. Der Bürgersteig in der Friedrichsgracht — und ebenso auch in der Scharrenstraße — verblieb in seiner bisherigen Lage, also tiefer als der Fahrdamm. Es wurde daher, um auf den zwischen der Gertraudtenstraße und der Scharrenstraße gelegenen Bürgersteig der Friedrichsgracht gelangen zu können, an der Gertraudtenstraße eine von deren Bürgersteig auf den Bürgersteig der Friedrichsgracht hinabführende hölzerne Treppe von fünf Stufen, und ebenso an der Scharrenstraße eine solche von zwei Stufen zur Herstellung der Verbindung zwischen dem Bürgersteig der Friedrichsgracht und dem ihn kreuzenden, erhöhten Endteil des Fahrdammes der Scharrenstraße angelegt. Der Fahrdamm der Friedrichsgracht wurde gegen den tiefer liegenden Bürgersteig durch ein Bohlwerk abgesteift, auf dessen Rand eine aus zwei Längsreihen von Balken und den erforderlichen Stützen bestehende Schranke angebracht wurde.

Das auf der vorbezeichneten Strecke der Friedrichsgracht an deren und der Scharrenstraße Ecke belegene Mietshaus gehörte dem Kläger. Es bestand außer dem Erd- und Kellergeschoß aus drei Stockwerken. Die Höhe des Fahrdammes der Friedrichsgracht über dem Bürgersteig betrug dem Hause des Klägers gegenüber an dessen nach der Gertraudtenstraße hin gelegenen Grenze 68 Zentimeter, der Mitte des Hauses gegenüber 60 Zentimeter, der Ecke an der Scharrenstraße gegenüber 52 Zentimeter. Die den Fahrdamm absperrende Schranke konnte dem Hause des Klägers gegenüber an zwei Stellen mittels Klappvorrichtungen zum Auf- und Abladen von Gegenständen geöffnet werden.

Der Kläger beanspruchte mit der erhobenen Klage von der Beklagten Ersatz des ihm nach seiner Behauptung durch deren vorbezeichnete Maßnahmen bezüglich seines Hauses erwachsenen Schadens, insbesondere Ersatz für die dadurch herbeigeführte Erschwerung in dem Verkehr zwischen seinem Hause und dem Fahrdamm der Friedrichsgracht, und zwar in erster Reihe in Kapital, in zweiter in Rente. Die Beklagte widersprach der Klage.

Der erste Richter erklärte durch Vorabentscheidung den prinzipalen Klageanspruch seinem Grunde nach für gerechtfertigt. Die Berufung der Beklagten wurde mit der Maßgabe zuückgewiesen, daß der von dem Kläger geltend gemachte prinzipale Anspruch seinem Grunde nach nur insoweit für gerechtfertigt erklärt werde, als er sich auf Ersatz desjenigen Schadens richte, welcher dem Kläger dadurch erwachsen sei, daß infolge der Erhöhung des Fahrdammes der Friedrichsgracht die Kommunikation zwischen dem Hause des Klägers und dieser Straße erschwert werde.

Auf die Revision der Beklagten ist das Berufungsurteil aufgehoben, und die Sache in die Vorinstanz zurückverwiesen worden, aus folgenden

Gründen:

„Die städtische Straße ist einem doppelten Zwecke gewidmet. Als Glied des städtischen Straßennetzes bildet sie — abgesehen selbstverständlich von der Sackgasse — die Verbindung zwischen anderen Straßen; in dieser Eigenschaft dient sie der Vermittelung der Verkehrsbeziehungen zwischen den übrigen Teilen der Stadt, also dem durchgehenden Verkehr.

Sodann aber, und zwar in erster Reihe, ist sie für den Anbau bestimmt, also dafür, an ihren Seiten mit Häusern besetzt zu werden und diesen als Mittel für die Verbindung und den Verkehr mit der Außenwelt, insbesondere der übrigen Stadt, zu dienen.

Wenn die Gemeinde eine Straße zum Anbau herrichtet, so vollzieht sie damit eine Handlung, welche unmittelbar ihren Willen zum Ausdruck bringt, daß der Anbau an der Straße demgemäß erfolge, daß diese mithin zu dem vorbezeichneten Zwecke von den Eigentümern der daran errichteten Häuser benutzt werde und ihnen in dieser Beziehung dienstbar sei. Durch die Ausführung des Anbaues entsprechen die Eigentümer der die Straße begrenzenden Grundstücke dem so erklärten Willen der Gemeinde und bringen ihrerseits zum Ausdruck, daß sie in das bezeichnete Verhältnis zur Straße eintreten wollen. Durch die solchergestalt herbeigeführte Willensübereinstimmung beider Teile wird zwischen der Gemeinde und dem Eigentümer eines jeden an der Straße errichteten Hauses das Band eines privaten Rechtsverhältnisses geknüpft, welches in dem besonderen vermögensrechtlichen Interesse des Hauseigentümers an jener Benutzung der Straße wurzelt, und welches, da es sich um dauernde Beziehungen zwischen zwei Grundstücken handelt, die Natur des Dienstbarkeitsverhältnisses an sich trägt.

Vgl. das für das preußische Recht grundlegende Urteil des Reichsgerichtes in den Entsch. dess. in Zivils. Bd. 7 S. 213.

Dieses private Rechtsverhältnis bleibt selbstverständlich dem öffentlichen Charakter der Straße in dem Sinne untergeordnet, daß es Maßnahmen, die im öffentlichen Interesse in der Straße getroffen werden, nicht hindernd entgegengestellt werden kann. Damit ist aber über die Frage nicht entschieden, wann den Hauseigentümern eine Entschädigung gebührt, sofern solche Maßnahmen an der Straße die Verhältnisse zwischen dieser und den Häusern berühren.

Diese Entscheidung muß sich nach folgenden Grundsätzen regeln.

Wie das Reichsgericht bereits früher wiederholt mit näherer Begründung dargelegt hat, ergibt sich aus der Natur der in Betracht kommenden Verhältnisse, daß den Hauseigentümern ein Recht auf Entschädigung für solche vorübergehenden Störungen und Erschwerungen in der Verbindung ihres Hauses mit der Straße nicht zusteht, welche daraus erwachsen, daß die Straße in einen ihren öffentlichen Zwecken möglichst entsprechenden Zustand gesetzt oder darin erhalten wird. Das gleiche gilt bezüglich geringfügiger dauernder Erschwerungen, die aus den im öffentlichen Interesse an der Straße vorgenommenen Änderungen für ihren Verkehr mit den angrenzenden Häusern entstehen.

Andererseits kann eine Meinungsverschiedenheit darüber nicht bestehen, daß den Hauseigentümern, falls ihr privates Dienstbarkeitsrecht an der Straße überhaupt einen greifbaren vermögensrechtlichen Inhalt haben soll, ein Entschädigungsanspruch dann nicht zu versagen ist, wenn durch die an der Straße im öffentlichen Interesse bewirkten Änderungen dauernd der Verkehr zwischen ihren Häusern und der Straße aufgehoben oder nahezu unmöglich gemacht wird, und zwar erstreckt sich dies auch auf den Fall, wo der Verkehr des Hauses nur mit der Fahrstraße in dieser Weise unterbunden wird, da heutzutage die Möglichkeit des unmittelbaren Wagenverkehrs für jedes Haus ein notwendiges Erfordernis bildet. Diesen Standpunkt hat demgemäß auch die Rechtsprechung des Reichsgerichtes gleichmäßig vertreten.

Zweifelhaft kann allein erscheinen, ob auch dann ein Recht der Hauseigentümer auf Entschädigung anzuerkennen ist, wenn durch die im öffentlichen Interesse erfolgten Veränderungen der Straße deren Verbindung mit den angrenzenden Häusern *wesentlich* und *erheblich erschwert* wird, mag diese Erschwerung sich auf das Verhältnis zur Straße überhaupt, oder nur auf dasjenige zu dem Fahrdamm erstrecken. Diese Zweifel machen sich vornehmlich dann geltend, wenn die Änderungen zu dem Ende vorgenommen sind, um die Straße in einen Zustand zu setzen, der dazu dient, bereits vorhandene oder neuerdings, einerlei durch welche Ursachen, eingetretene Unvollkommenheiten in der Verbindung der betreffenden Straße mit anderen Straßen oder in der Verbindung einer Straßenstrecke mit der anderen zu beseitigen oder die Straße in diesem Punkte ihrer Zweckbestimmung gemäß vollkommener zu gestalten.

Der erkennende Senat glaubt nun nach erneuter Prüfung diese Frage ebenso für das Gebiet des preußischen Rechtes bejahen zu müssen, wie dies der II. Zivilsenat bereits früher für das des französischen Rechtes getan hat (vgl. Urteile vom 13. Februar 1883, Rep. II. 462/82, und vom 28. Juni 1892, Rep. II. 128/92).

Die Bestimmung der einzelnen Straße, den anliegenden Häusern als Mittel der Verbindung mit der Außenwelt, insbesondere mit den anderen Straßen und Teilen der Stadt, zu dienen, betätigt sich nach zwei Seiten hin, nämlich einerseits in der Beziehung zu den Häusern, andererseits in der Beziehung zu den Straßen, mit denen sie sich berührt, und zu denen und von denen sie daher den Bewohnern der an ihr errichteten Häuser den Zugang eröffnet und den Verkehr vermittelt. Die Straße erfüllt ihren Zweck nur dann vollkommen, wenn sich der Verkehr auf ihr nach beiden Richtungen hin völlig frei, ungehindert und ungestört vollzieht. Bringt die Änderung, die an ihr ausgeführt ist, auf der einen Seite zwar einen besseren Zusammenhang mit den anderen Straßen oder Wiederherstellung eines bisher vorhandenen, aber unterbrochenen Zusammenhanges, schafft sie aber auf der anderen Seite einen solchen dauernden Zustand, daß dadurch ihre Verbindung mit einzelnen der an ihr gelegenen Häuser geradezu ausgeschlossen wird, so erfüllt sie ihren Zweck diesen Häusern gegenüber nicht mehr, und das eben begründet in solchem Falle das Recht der Hauseigentümer auf Entschädigung.

Es läßt sich nun zwischen diesem Falle und dem anderen, in dem die Verbindung zwischen Straße und Haus zwar nicht aufgehoben, aber doch dauernd wesentlich erschwert wird, eine rechtliche Grenze nicht ziehen. Auch insoweit entspricht und genügt die Straße dem betreffenden Hause gegenüber nicht mehr, oder doch jedenfalls nicht mehr in dem erforderlichen Maße, ihrer Zweckbestimmung, die als selbstverständlich einen normalen Verkehrszustand zwischen der Straße und den einzelnen Häusern voraussetzt und in sich begreift. Da es sich hier um dieses durch das Wesen der Straße gegebene spezielle Verhältnis derselben zu den einzelnen Häusern handelt, so kann die Erwägung, daß die Straße als Ganzes und im allgemeinen durch die fragliche Änderung ihrem Zwecke gemäß gestaltet wird, zu einer anderen Beurteilung nicht führen.

Der Inhalt des in den Entsch. des RG.'s in Zivils. Bd. 37 S. 252 ff. veröffentlichten Urteiles des erkennenden Senates vom 28. März 1896 muß hiernach insoweit eine gewisse Einschränkung erfahren.

Der im Vorstehenden anerkannte Grundsatz bedingt nun aber nicht die Bestätigung der Berufungsentscheidung; denn es muß ihm der andere Grundsatz zur Seite gestellt werden, daß die durch solche Änderungen an der Straße für den betreffenden Hausbesitzer herbeigeführten Vorteile mit den ihm dadurch erwachsenen Nachteilen zur entsprechenden Ausgleichung zu bringen sind[1]).

---

[1]) Die französische Praxis steht auf demselben Boden; vgl. Entscheidung des Conseil d'état vom Jahre 1885 bei Sirey, Recueil 1887, 3, 11; ebenso die Entscheidungen bei Sirey 1888, 38; 1892, 3, 40. Vgl. auch Art. 18 des badischen Ortsstraßengesetzes vom 20. Februar 1868.

Es handelt sich hier um einheitliche Vorgänge und Maßnahmen, und es entspricht weder den allgemeinen Forderungen des Rechtes und der Billigkeit, noch auch im besonderen der rechtlichen Natur des oben erörterten, zwischen dem einzelnen Hausbesitzer und der Gemeinde bestehenden Verhältnisses, anzunehmen, daß jener berechtigt sein sollte, aus diesem einheitlichen Ganzen diejenigen Wirkungen, die ihm schadenbringend gewesen sind, gesondert auszulösen und auf sie eine Schadensersatzforderung zu gründen, die Vorteile dagegen, die einer und derselbe Vorgang für ihn zugleich mit im Gefolge gehabt hat, in seinem Verhältnisse zur Gemeinde nicht zu berücksichtigen.

Gegen diese Erwägung läßt sich nicht der für das Enteignungsrecht geltende Grundsatz verwerten, daß mit den Nachteilen, die dem Enteigneten aus der Entziehung seines Eigentumes erwachsen, nicht die Vorteile aufgerechnet werden dürfen, die für das ihm verbleibende Eigentum aus dem Unternehmen entspringen, für dessen Zwecke die Enteignung erfolgt; denn die Grundsätze bezüglich der Entschädigung für die Entziehung von Grundeigentum ruhen auf einem anderen Rechtsboden, als wie er hier vorliegt, und werden von anderen rechtlichen Gesichtspunkten beherrscht, als wie sie hier Platz greifen können.

Ebensowenig kann gegen den aufgestellten Grundsatz die Schwierigkeit in der Abwägung der Vorteile und Nachteile geltend gemacht werden. Dem Richter wird dadurch keine andere Aufgabe zugemutet, als wie sie ihm häufig genug in Schadensersatzprozessen zufällt. Selbstverständlich wird sich hier keine ängstlich auf Mark und Pfennig abgestimmte Rechnung aufstellen lassen; es wird vielmehr, wie in so manchen anderen Fällen, auch hier regelmäßig die Schätzung an die Stelle genauer Berechnung treten müssen; aber gerade für solche Fälle ist dem Richter durch § 260 ZPO. eine völlig freie Stellung eingeräumt. Er hat demgemäß unter Berücksichtigung der gesamten Sachlage, gestützt auf das Gutachten urteilsfähiger und einsichtiger Sachverständiger, sein freies Ermessen walten zu lassen.

Das Reichsgericht ist nicht in der Lage, beurteilen zu können, ob dem Kläger ein bei Anwendung des obigen Grundsatzes ersetzbarer Schade erwachsen ist, da eine diesem Grundsatze entsprechende und hierauf bezügliche Feststellung in der Vorinstanz nicht getroffen ist. Der Ausspruch des Berufungsrichters, daß die Schadensersatzforderung des Klägers dem Grunde nach gerechtfertigt sei, ihre Existenz also feststehe, so daß später nur noch über ihre Höhe zu erkennen wäre, konnte demnach nicht bestätigt werden; es mußte vielmehr die Sache an die Berufungsinstanz zurückverwiesen werden, damit sie dort nach der bezeichneten Richtung hin einer erneuten Prüfung unterzogen werden ..."

**RGZ. 46, 296**

**Kann der Eigentümer einer öffentlichen Chaussee im Rechtswege von dem Besitzer eines an der Chaussee belegenen Grundstückes verlangen, daß er die von ihm zur Verbindung seines Grundstückes mit der Chaussee angelegten Übergänge beseitige?**

V. Zivilsenat. Urt. v. 23. Juni 1900 i. S. der Stadtgemeinde Königsberg (Kl.) w. K. (Bekl.). Rep. V. 110/00.

I. Landgericht Königsberg i. Pr. II. Oberlandesgericht daselbst.

*Die Stadtgemeinde Königsberg klagte als Eigentümerin* einer Strecke der von Königsberg nach A. führenden Chaussee auf Beseitigung einiger von dem Beklagten von seinen an dieser Chaussee belegenen Grundstücken über den Chausseegraben angeblich eigenmächtig angelegten Übergänge. Der Beklagte erhob den Einwand der Unzulässigkeit des Rechtsweges, über den allein verhandelt wurde. Der erste Richter verwarf den Einwand; das Berufungsgericht erachtete denselben für begründet und wies die Klage ab.

Die Revision ist zurückgewiesen worden aus folgenden

Gründen:

... Wenn, wie der Berufungsrichter unter Berufung auf einen Ausspruch des Oberverwaltungsgerichtes,

Entsch. desselben Bd. 18 S. 240,

annimmt, dem Anlieger an einer öffentlichen Straße (Landstraße) das Recht zuzugestehen ist, seine Besitzungen durch private Zugänge an die öffentliche Straße anzuschließen, so kann, worin dem Berufungsrichter beizutreten, diese Befugnis nur als ein Ausfluß des Gemeingebrauchs angesehen werden, dem nach § 7 ALR. II. 15 die Land- und Heerstraßen unterliegen. Ein privatrechtliches, servitutarisches Verhältnis, wie es in der Rechtsprechung des Reichsgerichts zwischen den städtischen Straßen und den daran belegenen bebauten Grundstücken angenommen wird,

vgl. Entsch. des RG.'s in Zivils. Bd. 7 S. 213,

kann in Ansehung der Landstraßen und der daran belegenen Grundstücke aus dem Gesetze oder stillschweigender Übereinkunft (wie in jenem Fall) nicht hergeleitet werden. Zur Herstellung eines solchen Rechtsverhältnisses bedürfte es eines besonderen privatrechtlichen Titels, der hier nicht in Frage steht.

Mit Recht hat daher der Berufungsrichter angenommen, daß es sich lediglich um eine von dem Beklagten auf Grund öffentlichen Rechtes in Anspruch genommene und ausgeübte Befugnis handelt, über die nicht die Gerichte, sondern die für die Wegepolizei zuständigen Behörden (§ 55 des Zuständigkeitsgesetzes vom 1. August 1883) zu entscheiden haben.

Was die Revision dagegen vorbringt, trifft nicht zu. Entscheidend für die Frage der Zulässigkeit des Rechtsweges ist nicht allein, ob der Grund, sondern auch, ob der Gegenstand des Rechtsstreites, im Fall der negatorischen Eigentumsklage also die abzuwehrende Beschränkung des Eigentumes, dem Privat-, oder dem öffentlichen Rechte angehört. Es kann also nicht schon daraus die Zulässigkeit des Rechtsweges hergeleitet werden, daß die Klage auf das mittels Auflassung erworbene Eigentum der Klägerin an der fraglichen Chausseestrecke, also auf ein privatrechtliches Fundament, sich stützt; wobei auch zu berücksichtigen, daß die privaten Rechte des Wegeeigentümers durch die öffentliche Bestimmung des Weges wesentlich modifiziert und eingeschränkt sind.

Wenn ferner die Revision darauf hinweist, daß der Chausseegraben, um dessen Überbrückung es sich handelt, dem öffentlichen Verkehr nicht dient, so ist dies für die Frage der Zulässigkeit des Rechtsweges ohne Belang, weil der Graben kein selbständiges Vermögensobjekt bildet, vielmehr notwendig zur Chaussee gehört, gleichviel ob er als Teil der Anlage, oder als Zubehör der Chaussee selbst angesehen wird.

Vgl. Germershausen, Wegerecht Bd. 1 S. 55; Entsch. des Ober-Verwaltungsgerichts Bd. 20 S. 236.

Überdies wird nicht bloß der Graben, sondern auch der Wegekörper selbst durch eine von dem Anlieger hergestellte Auffahrt oder Überbrückung berührt. Daß unter Umständen der Anlieger wegen eines durch eigenmächtige Herstellung einer solchen Einrichtung dem Wegeeigentümer verursachten Schadens von diesem vor Gericht in Anspruch genommen werden könnte, ist nicht zu bezweifeln. Darum handelt es sich aber nicht, sondern darum, ob der Eigentümer einer öffentlichen Chaussee als solcher der Anlage von Übergängen von den benachbarten Grundstücken zur Chaussee widersprechen und die Beseitigung der bereits angelegten Überbrückungen verlangen kann. Das ist eine Frage öffentlichen Rechts, die nicht von den Gerichten zu entscheiden ist. . . .

**RGZ. 47, 314**

**Rechtliche Natur des Benutzungsrechtes der Teilungsinteressenten an Separationswegen. Steht den Beteiligten der Rechtsweg offen gegen Verfügungen des Gemeindevorstandes, dem die Auseinandersetzungsbehörde die Verwaltung der gemeinschaftlichen Angelegenheiten übertragen hat?**

Gesetz vom 2. April 1887.

VII. Zivilsenat. Urt. v. 27. November 1900 i. S. B. (Kl.) w. Gemeinschaft der Teilungsinteressenten von Klein-O. (Bekl.). Rep. VII. 237/00.

I. Landgericht Naumburg a. S. II. Oberlandesgericht daselbst.

Das Planstück Nr. 17 in der Flur Klein-O. lag am Ende eines in der Separation des Flurbezirks durch den Rezeß vom 20. Dezember 1872 ausgewiesenen Wirtschaftsweges, den die Grundstücksbesitzer gemeinschaftlich zu unterhalten haben. Zur Zeit der Auseinandersetzung wurde der Plan als Acker benutzt. Erst im Jahre 1896 legte der damalige Eigentümer Gutsbesitzer Sch. eine Kiesgrube darauf an, deren Erzeugnisse nun auch auf dem Wirtschaftswege abgefahren werden sollten. Zu diesem Zwecke verpflichtete sich aber Sch. durch ein mit dem Gemeindevorsteher von Klein-O. getroffenes Abkommen, den Weg auf seine Kosten ordentlich zu bessern und imstande zu erhalten, wenn er durch die Benutzung zu den Kiesfuhren in schlechten Zustand geraten sollte.

Der jedesmalige Gemeindevorsteher von Klein-O. nämlich ist durch Beschluß der Generalkommission zu Merseburg vom 2. Dezember 1895 zum Vertreter der Separationsinteressenten und Verwalter der die Wirtschaftswege in der Klein-O.'er Flur betreffenden gemeinschaftlichen Angelegenheiten eingesetzt, und in dieser seiner Eigenschaft ist ihm die Aufsicht über die Wirtschaftswege eingeräumt sowie die Bestimmung darüber, ob und wie gebessert werden solle. In der Ausübung dieser Befugnisse untersteht er der Aufsicht des Landrates.

Im Jahre 1897 erwarb der Kläger den Plan 17, und auch mit ihm traf der damalige Gemeindevorsteher ein Abkommen, das in folgender Form verlautbart ist:

Klein-O., den 19. März 1897.

Der Schuhmachermeister Herr Gustav B. aus Z., welcher auf seinem in hiesiger Flur gelegenen Plane Nr. 17 eine Sand-, Kies-, Ton- und Wackengrube angelegt hatte, verpflichtet sich hiermit, den Wirtschaftsweg Nr. 7 und 8 lit. g und h des Rezesses vom Klein-O.'er S.'er Kommunikationswege ab über den Floßgraben bis zu seinem Plan Nr. 17, wenn derselbe durch das Abfahren obiger Materialien in schlechten Zustand geraten sollte, auf seine Kosten ordentlich zu bessern und imstande zu halten. Auch verpflichtet sich derselbe, den Anordnungen des jedesmaligen Gemeindevorstehers wegen der Instandhaltung Folge zu leisten. Leistet er wegen Besserung keine Folge, so wird ihm die Abfuhr der genannten Materialien auf dem genannten Wirtschaftswege ohne weiteres untersagt. Solches bekennt derselbe hierdurch mit seiner Namensunterschrift.

V. g. u.

Gustav B.

G. w. o.

B., Gemeindevorsteher.

Im März 1898 war der Kläger verschiedentlich aufgefordert worden, den Weg zu bessern. Mittels Schreibens vom 1. April 1898 untersagte ihm dann der Gemeindevorsteher die Weiterbenutzung zum Kiesabfahren. Auch ließ der Gemeindevorsteher am Eingange des Weges eine Warnungstafel aufstellen, inhalts deren die Benutzung des Weges zu gewerblichen Fuhren und die Heranziehung von Mietfuhrwerk dazu bei Strafe verboten sein solle. Als der Kläger trotzdem den Weg weiterbenutzte, eröffnete ihm der Landrat zu Z. am 7. Juli 1898 zu Protokoll:

> Mit Rücksicht auf den Umfang des Betriebes ist Ihre Kies- . . . grube als ein gewerbliches Unternehmen anzusehen, und es können ... Ihre Sand- usw. Fuhren nicht als landwirtschaftliche Fuhren betrachtet werden... Infolgedessen war der Gemeindevorsteher in seiner Eigenschaft als Vertreter der Gesamtheit der Separationsinteressenten verpflichtet, das Befahren des Wirtschaftsweges mit Kiesfuhren Ihnen zu verbieten...
>
> Der Gemeindevorsteher B. wird angewiesen, darauf zu achten, daß der... Weg nicht wieder mit gewerblichen Fuhren befahren wird, und daß er jede Zuwiderhandlung gegen dieses Verbot dem Amtsvorsteher zur Bestrafung anzuzeigen hat.

Im vorliegenden Rechtsstreite verlangt der Kläger die Entfernung der Warnungstafel und die Anerkennung seiner Berechtigung, den Wirtschaftsweg uneingeschränkt und auch mit Zuhilfenahme fremder Fuhrwerke zur Ausbeutung seiner Kiesgrube zu benutzen. Zu diesem Verlangen hält er sich für berechtigt auf Grund des Abkommens vom 19. März 1897, das er als eine vertragsmäßige Vereinbarung privatrechtlicher Natur mit den Separationsinteressenten auffaßt — sowie auf Grund der allgemeinen Erwägung: Es sei jeder Anlieger eines Wirtschaftsweges zu dessen Benutzung in dem Umfange und in der Weise befugt, wie es die Bewirtschaftung seines Grundstückes mit sich bringe. Insbesondere gebe es keine gesetzliche Bestimmung, welche die Heranziehung fremder Fuhrwerke verbiete, wenn das eigene Geschirr zur Fortschaffung der Grundstückserzeugnisse nicht ausreiche; und keine gesetzliche Bestimmung verhindere das Befahren eines solchen Weges mit gewerblichem Geschirre. Zudem sei das Kiesabfahren als gewerbliches Fuhrwerk nicht anzusehen, da der Kies ebensogut wie Kartoffeln oder Rüben zu den Erzeugnissen des Landes gehöre und zur unmittelbaren Abfuhr von diesem verkauft werden könne. — Daneben ist auszuführen gesucht worden, der Kläger sei der durch den Vertrag übernommenen Besserungspflicht, soweit es möglich war, nachgekommen.

Die beklagte Interessengemeinschaft hat an erster Stelle eingewendet, für den vorliegenden Fall stehe dem Kläger nicht der ordentliche Rechtsweg offen. Diesen Einwand hat auch das Berufungsgericht für durchschlagend erachtet.

Die Revision ist zurückgewiesen worden aus folgenden

Gründen:

„Der Versuch des Klägers, das in Anspruch genommene servitutarische Recht aus der im Tatbestande mitgeteilten Niederschrift herzuleiten, scheitert an der einwandfreien Feststellung des Berufungsrichters, daß die Urkunde nicht dazu bestimmt war, dem Kläger ein Privatrecht einzuräumen. Der Gemeindevorsteher B. handelte dabei als Verwalter der durch das Auseinandersetzungsverfahren in bezug auf die Interessentenwege begründeten gemeinschaftlichen Angelegenheiten. Ihm kam es darauf an, die die Wegebesserung betreffende Vorschrift des Rezesses für den Fall, daß der Kläger durch seine Kiesfuhren den Weg ruinieren sollte, im Interesse der Gemeinschaft so zu ändern, daß diese nicht zu Schaden kam. Auf seine Kosten sollte der Kläger den Weg ordentlich bessern und im Stande halten, und dabei den Anordnungen des jedesmaligen Gemeindevorstandes unterworfen sein. Die korrespondierende Befugnis, Kies abzufahren, wird nur angedeutet durch den Relativsatz im Eingange der Niederschrift, worin das Bestehen der Kiesgrube erwähnt ist. Nimmt man hinzu, daß die Verlautbarung in Protokollform geschehen ist, und daß nach § 4 des Gesetzes vom 2. April 1887 der Vertreter der Separationsinteressenten ohne Genehmigung der Auseinandersetzungsbehörde über die Substanz des gemeinschaftlichen Vermögens überhaupt nicht verfügen darf, so erscheint es nicht rechtsirrtümlich, wenn der Berufungsrichter schließlich ausspricht, die Niederschrift bilde nur die Verlautbarung einer den Verwaltungsbefugnissen des Gemeindevorstandes entsprechenden besonderen Auflage in betreff der Wegebesserungspflicht.

Damit ist freilich, wie der Revisionskläger zutreffend hervorhebt, die Frage der Zulässigkeit des Rechtsweges noch nicht erschöpft. Denn der Kläger vertritt den Standpunkt, daß er schon an sich durch den Rezeß ein servitutarisches Recht erworben habe, welches ihm das Befahren des Weges zum Zwecke der Ausbeutung seiner Kiesgrube gestatte, und daß ihm gegen jeden, der ihn in der Ausübung dieses Rechtes störe, eine im ordentlichen Rechtswege verfolgbare Klage gegeben sei. Der Berufungsrichter ist auf diese Streitfrage nicht eingegangen. Der erste Richter hat sie mit der Begründung bejaht, das den Anliegern nach dem Rezesse zustehende Benutzungsrecht sei ein Privatrecht.

Nun ist es gewiß richtig, daß an Separationswegen, denen nicht im Rezesse die Eigenschaft eines öffentlichen Weges beigelegt ist, jedem Teilungsinteressenten, zu dessen Plan sie führen, ein Benutzungsrecht privatrechtlicher Art zusteht. Allein dieses Recht unterliegt in Fällen, wo die Auseinandersetzungsbehörde, von der in § 2 des Gesetzes vom 2. April 1887 ihr erteilten Befugnis Gebrauch machend, dem Gemeindevorstande die Verwaltung der durch das Auseinandersetzungsverfahren begründeten gemeinschaftlichen Angelegenheiten übertragen hat, einer aus den Verwaltungsbefugnissen dieses Organes sich ergebenden öffentlich-rechtlichen Beschränkung zugunsten der Gemeinschaft. Die Regelung des Verkehrs und die Instandhaltung der Wege ist solchenfalls Gegenstand entsprechender Anordnungen des Gemeindevorstandes, und solche Anordnungen können, auch wenn sie dem Interesse des einzelnen Beteiligten zuwiderlaufen, ihrer Natur nach nicht als Störungen aufgefaßt werden, die den Rechtsweg vor den ordentlichen Gerichten gewähren. Das folgt aus § 6 des Gesetzes vom 2. April 1887, wo bestimmt ist: Insoweit dem Gemeindevorstande die Verwaltung übertragen ist, finden die Vorschriften, welche für Gemeindeangelegenheiten bezüglich der Verwaltung, der Aufsicht des Staates und der den Mitgliedern zustehenden Rechtsmittel gelten, sinngemäße Anwendung. Denn wie hiernach auf der einen Seite der Gemeindevorstand das Recht hat, die Befolgung seiner Anordnungen durch Verwaltungszwangsmaßregeln durchzusetzen, so soll auf der anderen Seite die Aufsichtsbehörde den Schutz der Beteiligten wahrnehmen, und eventuell findet gemäß § 34 des Zuständigkeitsgesetzes vom 1. August 1883 die Klage im Verwaltungsstreitverfahren statt.

Der Revisionskläger sucht dagegen auszuführen, es könne dem einzelnen Interessenten nicht verwehrt sein, seine Sonderrechte gegen die durch den Gemeindevorstand vertretene Gemeinschaft im Rechtswege geltend zu machen. Allein um ein Sonderrecht gegen die Gemeinschaft handelt es sich hier nicht, wenn man die Urkunde vom 19. März 1897 nicht als ein vertragsmäßiges Sonderabkommen der Teilungsinteressenten mit dem Kläger auffaßt. Abgesehen hiervon, hat der Kläger nur den im Rezesse begründeten Anspruch, bei dessen Ausübung er sein Wegerecht als Mitglied der Gemeinschaft geltend macht. Dabei hat er auf die vom Gemeindevorstande überwachten Interessen der anderen Beteiligten Rücksicht zu nehmen, und wenn über die dadurch bedingten Modalitäten der Rechtsausübung Streit entsteht, so ist es nach den angezogenen Gesetzesbestimmungen nicht der Zivilrichter, welcher darüber zu entscheiden hat.

Vgl. Entsch. des Oberverwaltunggerichtes Bd. 21 S. 143 ..."

**RGZ. 48, 297**

**Haftung für den mangelhaften Zustand eines Weges. Wodurch wird der Weg ein öffentlicher?**

VI. Zivilsenat. Urt. v. 4. Februar 1901 i. S. der Gemeinde R. (Bekl.) w. J. (Kl.). Rep. VI. 309/00.

I. Landgericht Essen. II. Oberlandesgericht Hamm.

Am Morgen des 11. Dezember 1897 wurde der Sohn des Klägers in der B.-Straße zu R. tot aufgefunden. Diese Straße war damals in einem überaus schlechten Zustande. Nach der Behauptung des Klägers war sein Sohn in eines der vielen mit Schlamm und Wasser gefüllten Löcher gefallen und dabei erstickt. Er forderte von der verklagten Gemeinde Ersatz des ihm durch den Tod seines Sohnes zugefügten Schadens. Das Landgericht wies die Klage ab; das Oberlandesgericht aber erklärte den Anspruch dem Grunde nach für gerechtfertigt und verwies die Sache zur weiteren Verhandlung und Entscheidung in die erste Instanz zurück. Auf die Revision der Beklagten ist das Berufungsurteil aufgehoben, und die Sache an das Berufungsgericht zurückverwiesen worden, aus folgenden

Gründen:

„... Die Revision ist begründet, soweit sie sich gegen die Annahme richtet, daß die Beklagte den mangelhaften Zustand der Straße zu vertreten habe. Zwar haftet die Beklagte für den Schaden, der daraus entsteht, daß ihre Willensorgane schuldhafterweise unterlassen haben, die Straßen und Wege, zu deren Unterhaltung sie verpflichtet ist, in ordnungsmäßigem Zustande zu erhalten. Allein die Feststellungen des Berufungsgerichtes genügen in keiner Weise, um eine solche Unterhaltungspflicht der Beklagten zur Zeit des Unfalles bezüglich der B.-Straße anzunehmen. Das Berufungsgericht unterstellt augenscheinlich die Richtigkeit der Behauptung der Beklagten, daß diese Straße nicht von ihr, sondern von den Anliegern angelegt und zur Zeit des Unfalles noch nicht fertiggestellt gewesen sei, und stellt auf Grund der Aussage des Zeugen R. fest, daß die Anlieger der B.-Straße vor dem Unfall seitens der Beklagten zusammenberufen worden seien und sich dieser gegenüber verpflichtet hätten, Ziegelschrott und Kohlenasche auf den Weg zu bringen, und daß die Beklagte darauf dieses Material durch ihren Wegewärter habe verteilen lassen. Hieraus wird die Folgerung gezogen: die Beklagte habe den Ausbau der Straße übernommen; sie habe allerdings die Anlieger noch für einen Teil der Kosten in Anspruch genommen; aber sie sei bereits Herrin der Straße gewesen; sie habe hiermit bereits die Verpflichtung übernommen, die Passanten vor Gefahren an Leib und Leben zu schützen. Mit Recht bezeichnet die Revision diese Folgerungen als willkürlich. Wenn nicht die Beklagte, sondern die Anlieger die Straße ausbauten, so kann daraus, daß jene diese zu einer Beschleunigung der Herstellung aufforderte und einen ihrer Arbeiter zur Verfügung stellte, eine Übernahme des Ausbaues nicht gefolgert werden. Es tritt hinzu, daß diese Tatsachen vom Kläger nirgends behauptet worden sind. Es kommt aber auch darauf, w e r die Straße zur Zeit des Unfalles herstellte, für die Entscheidung des Rechtsstreites überhaupt nicht an, sondern lediglich darauf, ob die Straße damals bereits eine ö f f e n t l i c h e war. War dies nicht der Fall, so lag eine Verpflichtung der Beklagten, die allerdings dafür zu sorgen hat, daß die in ihrem Bezirk liegenden öffentlichen Straßen ohne Gefahr zu passieren sind, zur Unterhaltung der B.-Straße überhaupt nicht vor; vor der Freigabe zum öffentlichen Verkehr durfte ein Dritter nicht beanspruchen, daß die Straße sich in ordnungsmäßigem Zustande befinde, und wenn er sie beging, tat er es auf seine Gefahr. Der Klaganspruch ist auch nicht darauf gestützt, daß die Beklagte den Ausbau der Straße übernommen habe, sondern darauf, daß diese dem öffentlichen Verkehr übergeben worden sei. Das Berufungsgericht hätte daher durch Ausübung des Fragerechtes nach § 139 ZPO. diese Behauptung durch Tatsachen begründen lassen sollen.

Das Reichsgericht hat im Einklang mit dem preußischen Oberverwaltungsgericht wiederholt ausgesprochen, daß es für die Öffentlichkeit eines Weges gleichgültig ist, in wessen Eigentum das Wegeareal steht, auch gleichgültig, ob der Weg von demjenigen, der ihn angelegt hat, dem im allgemeinen zur Erhaltung öffentlicher Wege verpflichteten Verband ausdrücklich übergeben oder von diesem Verband ausdrücklich übernommen worden ist, und ob eine ausdrückliche Anordnung der zuständigen Behörde ergangen ist, durch die der Weg für den öffentlichen Verkehr in Anspruch genommen wird, daß vielmehr die Widmung eines Weges für den öffentlichen Verkehr auch dann anzunehmen ist, wenn die rechtlich Beteiligten — nämlich die zuständige Behörde, der Eigentümer und der zur Unterhaltung der öffentlichen Wege Verpflichtete — s e l b s t n u r s t i l l s c h w e i g e n d ihr Einverständnis damit zu erkennen gegeben haben, daß der Weg vom Publikum als öffentlicher benutzt werde.

Vgl. Erkk. des RG.'s in der Jurist. Wochenschr. 1896 S. 89 Nr. 102, und in G r u c h o t ' s Beiträgen Bd. 40 S. 1173, Bd. 42 S. 724; Entsch. des OVG.'s Bd. 5 S. 236, Bd. 25 S. 212, Bd. 27 S. 401; vgl. auch G e r m e r s h a u s e n, Das Wegerecht und die Wegeverwaltung in Preußen 2. Aufl. S. 4 ff. 458.

Ob dieses Einverständnis vorhanden ist, ist nach den Umständen des einzelnen Falles zu beurteilen (vgl. über die einschlagenden Gesichtspunkte G e r m e r s h a u s e n, a. a. O. S. 6 ff.); hier genügt es, darauf hinzuweisen, daß, wie einerseits auch eine Straße, die noch nicht völlig fertiggestellt ist, die Eigenschaft einer öffentlichen erlangen kann, vgl. Entsch. des OVG.'s Bd. 20 S. 225; Germershausen, a.a.O. S. 15 sub 6,

doch andererseits jener Umstand gegen die Öffentlichkeit sprechen kann, und daß daher in einem solchen Falle die Widmung des Weges für den öffentlichen Verkehr in besonders klarer Weise dargetan werden muß;

vgl. Entsch. des OVG.'s Bd. 27 S. 402;

daß es ferner für den Begriff der Öffentlichkeit eines Weges nicht von ausschlaggebender Bedeutung ist, daß daran Häuser errichtet sind, und ein Zugang zu diesen eingeräumt ist,

vgl. Entsch. des OVG.'s Bd. 24 S. 381; Germershausen, a.a.O.,

wenn schon dies bei Prüfung der Absicht der Beteiligten zu berücksichtigen ist;

vgl. das Erk. des RG.'s in der Jurist. Wochenschr. 1896 S. 89 Nr. 102;

daß endlich ein Weg dadurch allein, daß er seit langer Zeit von jedermann frei, offen und ungehindert benutzt worden ist, noch nicht die Eigenschaft eines öffentlichen erlangt.

Vgl. das Erk. des RG.'s bei Gruchot, Beiträge Bd. 40 S. 1173.

Besonders nach diesen Richtungen wird bei der künftigen Verhandlung und Entscheidung zu prüfen sein, ob die Straße unter Zustimmung der Beteiligten dem öffentlichen Verkehr übergeben worden ist.

Nach § 11[2] des Ortsstatuts, betreffend die Anlegung, Veränderung und Bebauung von Straßen in der Gemeinde R., haben die Unternehmer oder Anlieger die erste Einrichtung und Befestigung der Straße zu vollenden. Auf diese Bestimmung kann sich die Beklagte, wenn die zur Zeit des Unfalles noch nicht vollendete Straße damals schon eine öffentliche gewesen sollte, nicht berufen; sie regelt die Übertragung einer Gemeindelast auf andere und betrifft nur das innere Verhältnis zwischen der nach dem öffentlichen Rechte zur Unterhaltung öffentlicher Straßen verpflichteten Gemeinde einerseits und den Anliegern, bzw. den Unternehmern andererseits: diese öffentlichrechtliche Verpflichtung wird dadurch nicht berührt.

Vgl. Germershausen, a. a. O. S. 307, und die daselbst angef. Entscheidungen des Oberverwaltungsgerichtes . . ."

RGZ. 52, 423

**Bedeutung einer Observanz, durch welche die nach § 3 des Gesetzes über die Polizeiverwaltung vom 11. März 1850 den Gemeinden obliegende, öffentlich-rechtliche Verpflichtung zur Tragung der durch die Reinigung der öffentlichen Straßen erwachsenden Kosten auf die**

**Anlieger übertragen wird. Ist für die Observanzbildung ein zehnjähriger Zeitraum erforderlich, und wird sie durch Polizeiverordnungen gehindert, welche jene Verpflichtung der Anlieger aussprechen?**

VII. Zivilsenat. Urt. v. 11. November 1902 i. S. S. (Kl.) w. Stadtgem. G. (Bekl.). Rep. VII. 268/02.

I. Landgericht Essen. II. Oberlandesgericht Hamm.

Die Revision ist zurückgewiesen worden aus folgenden

Gründen:

„Der Kläger ist der Ansicht, daß die Reinigungspflicht bezüglich desjenigen Teils der Straßen, welcher sich in der verklagten Stadtgemeinde neben den Grundstücken des Klägers hinzieht, nicht ihm als Anlieger, sondern der Beklagten obliegt, und hat deshalb Klage erhoben mit dem Antrage, die Beklagte zur Anerkennung dieser Verpflichtung, also dahingehend, die Reinigung des bezüglichen Bürgersteigs und Straßendamms gemäß der Polizeiverordnung vom 10. März 1893 zu bewirken, und zur Erstattung der vom Kläger in Rücksicht auf die Vornahme der Reinigung bisher aufgewandten Kosten zu verurteilen. Die Beklagte ist dem entgegengetreten.

Die Vorinstanz hat Beweis darüber erhoben, von wem bisher die Reinigung der öffentlichen Straßen in Gelsenkirchen bewirkt worden, und welches örtliche Recht hierüber bestehe. Danach ist die Klage mit folgenden Gründen abgewiesen: An sich liege die Pflicht zur polizeimäßigen Reinhaltung nach § 3 des Gesetzes über die Polizeiverwaltung vom 11. März 1850, der Gemeinde ob. Es habe auch nicht, wie die Beklagte meine, durch die erlassenen Polizeiverordnungen — die erste derselben datiert nach Angabe der Beklagten vom 1. November 1873 — jene Pflicht auf die Anlieger übertragen werden können, da eine Polizeiverordnung sich nur innerhalb des Rahmens des bestehenden Rechts zu bewegen und dieses auszugestalten vermöge. Dagegen könne sich die Beklagte auf eine die Verpflichtung der Straßenanlieger zur Straßenreinigung hervorrufende Observanz berufen. Der demgegenüber erfolgte Hinweis des Klägers darauf, daß eine Observanz sich nicht bilden könne durch eine Ubung, welche nach der Meinung der Beklagten sich lediglich als die Folge eines *irrtümlich* als bestehend angenommenen Gesetzes darstelle, stehe der fraglichen Rechtsbildung nicht unbedingt entgegen. Es sei nicht ausgeschlossen, daß eine vielleicht ursprünglich rechtsirrtümlich entstandene Ubung, z. B. eine solche, die sich auf an sich unzulässige Gebote einer Polizeiverordnung gründe, unter Umständen durch langjährige Befolgung zur verbindlichen Observanz werden könne. Hier liege die Sache nun so: Nach der Beweisaufnahme — das Ergebnis derselben ist im einzelnen dargelegt — hätten sich die Beteiligten Jahrzehnte hindurch den Anordnungen der Polizei gefügt, und nichts spreche dafür, daß sie dies getan aus Zwang oder, weil sie die Polizei zur Auferlegung der Reinigungslast für berechtigt gehalten, vielmehr rechtfertige sich, da es niemandem eingefallen, im Beschwerdewege oder im Verwaltungsstreitverfahren die in Rede stehenden Polizeiverordnungen anzufechten, die Annahme, daß jene Personen sich deshalb gefügt, weil sie sich überhaupt für verpflichtet gehalten und die Polizei nur für berechtigt erachtet hätten, die bereits observanzmäßig bestehende Verpflichtung zu regeln. Nun lasse sich aus apponierten Strafakten ersehen, daß schon im Jahre 1853 seitens des damals zuständigen Amtmanns in Wattenscheid eine die hier fragliche Reinigungspflicht der Anlieger festsetzende Verordnung erlassen worden. Aber nach den Aussagen des Zeugen F. und nach den Depositionen der Zeugen, welche sich auf die 1850er Jahre beziehen, liege vor, daß bereits seit 1847 jener Pflicht genügt worden, so daß durch jene Verordnung nicht neues Recht geschaffen, sondern nur bestehendes fixiert und ausgestaltet sei, wobei zu beachten, daß bei Entstehung einer Observanz ein bestimmter Mindestzeitraum nicht erfordert werde. Der Umstand, daß die Verordnung erlassen, sei als Beweismittel für die damalige Existenz einer Observanz zu verwerten. Sollte aber ein zehnjähriger Zeitraum für die Entstehung einer solchen notwendig sein, so erscheine doch unter allen Umständen eine seit 1847 bestandene und durch fünf Jahrzehnte fortgesetzte Übung eine Observanz zu begründen geeignet.

Gegen diese Ausführungen ist zunächst mit der Revision geltend gemacht, daß sich gegenüber einer die Reinigungspflicht der Gemeinde festsetzenden gesetzlichen Bestimmung — und ein dementsprechender gesetzlicher Zustand sei auch schon vor Erlaß des Gesetzes vom 11. März 1850 vorhanden gewesen — eine Observanz des fraglichen Inhalts, da solche nicht gegen das Gesetz laufen dürften, nicht gebildet haben könne. Daß indes durch die in Betracht kommende Vorschrift jenes Gesetzes die anderweite Regelung der Reinigungspflicht, namentlich durch Observanz, nicht ausgeschlossen wird, hat das Reichsgericht schon ausgesprochen (vgl. Gruchot, Erläuterungen, Bd. 40 S. 1062). Hieran ist um so mehr festzuhalten, als die fragliche Gesetzesvorschrift nur die Pflicht der Gemeinden zur Tragung der durch die Reinigung erwachsenden Kosten feststellt, danach aber eine derartige zwingende Bestimmung, welche die Bildung einer Observanz unmöglich machen würde, nicht in Frage steht (vgl. die Ausführungen von Jebens im preußischen Verw.-Bl. Jahrg. 18, S. 452).

Wenn die Revision sodann die Gründe des Berufungsgerichts für angreifbar erachtet, nach welchen, obgleich die Übungshandlungen der Beteiligten offenbar durch die in den Polizeiverordnungen enthaltenen Gebote beeinflußt worden, die Bildung der Observanz als geschehen erachtet ist, so kommt in Betracht: Einmal ist in einwandfreier Weise angenommen, daß das fragliche Gewohnheitsrecht in dem Zeitraum von 1847 bis 1853, als also eine bezügliche Polizeiverordnung noch nicht existierte, sich gebildet hat. Mit Rücksicht auf die für die in Rede stehende Observanz in Frage kommende geringe räumliche Ausdehnung einerseits und das häufige Vorkommen des zu regelnden Verhältnisses andererseits steht nämlich solcher Bildung die Kürze der Zeit nicht entgegen. Auch kann nicht angenommen werden, daß gesetzlich in der fraglichen Richtung ein Mindestzeitraum von zehn Jahren erforderlich ist. Das hier anzuwendende Allgemeine Landrecht enthält eine derartige Bestimmung ebensowenig wie das gemeine Recht. Ferner aber sind auch die Ausführungen des angefochtenen Urteils nicht zu beanstanden, nach denen auch die späteren Übungshandlungen als derartige erachtet werden, auf welche die Entstehung der Observanz zu stützen. Es ist auf das oben aus den Gründen Mitgeteilte hinzuweisen, wonach bei diesen Handlungen die Beteiligten von der Ansicht ausgegangen sind, daß sie nicht durch die Polizeiverordnungen zu deren Vornahme verpflichtet seien, daß jene vielmehr nur die schon observanzmäßig bestehende Last der Anlieger ausgestaltet hätten. Es ist nicht abzusehen, weshalb nicht durch eine derartig gestaltete Übung die Observanz habe zur Entstehung gelangen können ...

Endlich ist eine Rüge auch nicht insoweit begründet, als geltend gemacht wird, daß nach den Polizeiverordnungen die Reinigung am Dienstag, Donnerstag und Sonnabend erfolgen müsse, daß aber die Zeugen, auf deren Aussagen die Entscheidung gestützt worden, nur von einer Reinigung am Sonnabend wüßten, und demgemäß dem Klageantrage, der jene, auf die Polizeiverordnungen gegründete Pflicht vom Kläger abwälzen wolle, zum Teil hätte stattgegeben werden müssen. Bei diesem Angriffe ist übersehen, daß, wenn wie hier die Reinigungspflicht überhaupt als vorliegend festgestellt ist, die Ausübung dieser Pflicht im einzelnen der polizeilichen Festsetzung unterliegt ..."

**RGZ. 53, 384**

**1. Rechtliche Natur der gemeinrechtlichen prohibitorischen Interdikte zum Schutze des Gemeingebrauches.**

**2. Sind die gemeinrechtlichen Normen über den Schutz des Gemeingebrauches an öffentlichen Plätzen und Wegen nach dem 1. Januar 1900 in Geltung geblieben?**

**3. Können seit dem 1. Januar 1900 die gemeinrechtlichen prohibitorischen Interdikte zum Schutze des Gemeingebrauches an öffentlichen Plätzen und Wegen noch angestellt werden?**

VI. Zivilsenat. Urt. v. 2. Februar 1903 i. S. Gem. L. (Kl.) w. hamburg. Finanzdeputation (Bekl.). Rep. VI. 325/02.

I. Landgericht Hamburg. II. Oberlandesgericht daselbst.

Die Klägerin, eine preußische Gemeinde, erstrebte in einem im Jahre 1901 begonnenen Prozesse Beseitigung der von der betreffenden hamburgischen Behörde an der Landesgrenze im Jahre 1899 vorgenommenen Sperrung eines früher als öffentlichen benutzten Weges. Sie richtete ihren Klagantrag dahin, die Beklagte zu verurteilen, die Sperrung der C.-Straße gegenüber der S.-Straße in L. wieder aufzuheben. *Das Klagefundament war ein doppeltes: eine Wegegerechtigkeit*, die die Klägerin für ihre Einwohner durch unvordenkliche Verjährung erworben haben wollte, und die Grundsätze über den Schutz des Gemeingebrauches öffentlicher Wege. Die Klage wurde in beiden vorderen Instanzen abgewiesen. Auch die Revision hat keinen Erfolg gehabt.

Nachdem die Unhaltbarkeit des auf die angebliche Wegegerechtigkeit gestützten Klaganspruches dargelegt ist, heißt es weiter in den

Gründen:

„... Die Klage, welche vom Standpunkte des Schutzes des Gemeingebrauches aus eventuell erhoben sein soll, ist von der Klägerin als ‚interdictum ne quid in loco publico' bezeichnet. Das ist die in l. 1 und l. 2 pr. — § 18 Dig. ne quid in loco publ. 43, 8 geregelte Klage; diese würde aber hier nicht passen; denn sie ist gerichtet auf Unterlassung von solchen Anlagen auf öffentlichen Plätzen oder Straßen, welche den Kläger benachteiligen würden. Wenn hier nun überhaupt von einer Anlage die Rede sein sollte, so würde das höchstens sein eine an der Grenze errichtete Barriere, von der in den Entscheidungsgründen des Berufungsurteiles die Rede ist; aber diese würde dann eben schon vor Anstellung der Klage errichtet gewesen sein, und auf Wegräumung schon fertiger Anlagen geht das hier in Rede stehende Interdikt gar nicht (vgl. l. 2 pr. §§ 1. 2. 7. 17. 18. l. 7 Dig. l. c.). Die von der Rostocker Juristenfakultät vertretene entgegengesetzte Ansicht (vgl. Rechtssprüche und Gutachten der Juristenfakultät zu Rostock [1846] S. 153 ff.) ist widerlegt in einem Urteile des Oberappellationsgerichts zu Rostock (bei Seuffert, Archiv Bd. 29 Nr. 141). Es kann hier daher nur in Frage kommen das in l. 2 § 45 Dig. l. c. vorgesehene prohibitorische Interdikt auf Unterlassung von Störungen in der Benutzung eines öffentlichen Weges, das man etwa ‚interdictum de via publica' nennen könnte. Ob nun die Erwägungen, aus welchen das Oberlandesgericht diese Klage hier für unzutreffend erklärt hat, hierfür ausreichen, kann dahingestellt bleiben; denn eine solche Klage (wie übrigens auch das interdictum ne quid in loco publico) findet seit dem 1. Januar 1900 überhaupt nicht mehr statt. Das Bürgerliche Gesetzbuch gewährt zweifellos kein solches Klagerecht, und durch den Art. 55 des Einführungsgesetzes zu demselben ist alles frühere landesrechtliche Privatrecht, von den besonders gemachten Ausnahmen abgesehen, aufgehoben. Nun ist aber zugunsten der gemeinrechtlichen Rechtsbehelfe zum Schutze des Gemeingebrauches an öffentlichen Plätzen und Wegen nirgends eine solche Ausnahme gemacht.

Vgl. auch Rehbein, Bürgerliches Gesetzbuch, Bd. 1 Bem. 1b zu §§ 90—103, S. 74 ff.

Rehbein meint zwar (a. a. O. S. 75), daß durch die Ausscheidung des Wasserrechts, des Fischereirechts, der Regalien und des öffentlichen Rechts alle Rechtssätze des gemeinen und der Landesrechte über Privatflüsse und öffentliche Flüsse und das Benutzungsrecht derselben, das Meeresufer und die öffentlichen Wege und Plätze aufrecht erhalten seien; aber diese Ansicht geht eben in dem hier erheblichen Punkte zu weit. Denn die hier fraglichen Rechtsbehelfe gehören nicht dem öffentlichen, sondern dem Privatrecht an, und was das letztere anbelangt, so sind zwar für Wasserrecht, Fischereirecht und Regalien in den Art. 65, 69 und 73 des Einführungsgesetzes die Landesgesetze ausdrücklich aufrecht erhalten, aber gerade nicht für öffentliche Wege und Plätze, abgesehen von den in Art. 113 erwähnten landesgesetzlichen Vorschriften über ‚die Regulierung der Wege', die aber hier nicht in Betracht kommen. Gehören also die in dem Pandektentitel 43,8 vorgesehenen prohibitorischen Interdikte dem geltenden Rechte nicht mehr an, so können sie unter der Herrschaft des Bürgerlichen Gesetzbuchs überhaupt nicht mehr angestellt werden. Dies würde anders sein, wenn mit ihnen obligatorische Ansprüche geltend gemacht würden, die dem Kläger durch irgendeinen bestimmten Vorgang erworben wären: dann würde nach Art. 170 des Einführungsgesetzes, falls dieser Vorgang vor dem 1. Januar 1900 stattgefunden hätte, der betreffende Anspruch natürlich auch später noch bei Bestand geblieben sein. Die Klägerin hat die vorliegende Sache in der ersten Instanz insofern sogar unter diesen Gesichtspunkt zu bringen versucht, als sie geltend gemacht hat, die Klage sei auf Schadensersatz gerichtet, da dieser nach § 249 BGB. durch Wiederherstellung des früheren Zustandes zu leisten sei. Dies scheitert, von allem anderen abgesehen, schon daran, daß der § 249 BGB. bei einem auf das ältere Recht zu begründenden Anspruche nicht in Betracht kommt. Es würde der Klägerin auch wenig damit gedient sein, wenn die Beklagte jetzt zu der einmaligen Handlung der Öffnung des Weges verurteilt würde, und dann der Weg doch sofort wieder geschlossen werden könnte, ohne daß es nach jetzigem Recht hiergegen einen Rechtsbehelf gäbe. Die Klägerin will in Wirklichkeit die Beklagte vielmehr dazu verurteilt wissen, die Sperrung der C.-Straße dauernd aufzuheben, d. h. jede Sperrung derselben der Klägerin gegenüber für immer zu unterlassen. Wenn der Klägerin dieses Privatrecht zustände, so hätte sie es nicht dadurch erworben, daß von hamburgischer Seite die Straße im Jahre 1899 gesperrt worden ist, sondern würde es als abstraktes, einem dinglichen vergleichbares schon vorher immer, weil die Straße eine öffentliche war, gehabt haben. Die gemeinrechtlichen prohibitorischen Interdikte zum Schutze des Gemeingebrauches waren, bzw. sind eben keine persönlichen Klagen, so wenig wie die interdicta uti possidetis und utrubi des gemeinen Rechts, sondern dingliche Klagen im weiteren Sinne. Soweit nun das ihnen zugrunde liegende Recht des Gemeingebrauches als Privatrecht seit dem 1. Januar 1900 abgeschafft ist, fallen auch sie ganz weg.

Aus diesen Gründen war nach § 563 CPO. die angefochtene Entscheidung jedenfalls aufrecht zu halten ..."

## RGZ. 56, 101

**Inwieweit steht dem Eigentümer eines an einer öffentlichen städtischen Straße belegenen Hauses nach preußischem Recht ein Entschädigungsanspruch zu, wenn diese bisher dem durchgehenden Verkehr im vollen Umfange dienende Straße dergestalt in eine Sackgasse umgewandelt wird, daß sie nur noch zu einem Teile fahrbar, im übrigen Fußweg ist?**

VII. Zivilsenat. Urt. v. 3. November 1903 i. S. R. (Kl.) w. preuß. Eisenbahnfiskus (Bekl.). Rep. VII. 255/03.

I. Landgericht Bochum. II. Oberlandesgericht Hamm.

Der Kläger war Eigentümer eines am sog. Eickeler Weg in B. belegenen Hauses. Der Weg war eine öffentliche fahrbare städtische Straße. Er wurde infolge der Erweiterung des Bahnhofs „Präsident" teilweise zugunsten des Beklagten enteignet und erfuhr eine Umgestaltung in der Weise, daß er hinter dem Hause des Klägers nur noch als Fußweg weiter bestand. Der Kläger, dem auch ein Teil seines Hausgrundstücks zum Zwecke der Verlegung des Eickeler Weges enteignet wurde, erhob gegen den Fiskus Entschädigungsansprüche, die er u. a. auch auf sein servitutarisches Anliegerrecht stützte. Das Berufungsgericht verwarf diesen Klagegrund und wies auch im übrigen die Klage ab. Auf die Revision des Klägers ist das Urteil aufgehoben, und zwar, soweit jener Klagegrund in Betracht kommt, aus folgenden

Gründen:

„... Bedenken erregt die Entscheidung des Berufungsrichters, daß der Klageanspruch vom Gesichtspunkte des servitutarischen

Anliegerrechts des Klägers aus unbegründet sei. Daß eine öffentliche, zum Verkehr und Anbau innerhalb der Stadt bestimmte, fahrbare Straße in Frage ist, stellt der Berufungsrichter ausdrücklich fest. Richtig ist, daß der Kläger nur wegen des bereits vorhandenen Hauses einen Anspruch auf Erhaltung der Straße besitzt, und daß dieser Anspruch, woran auch dem Angriffe der Revision gegenüber mit dem Urteile des erkennenden Senats in der gleichfalls den Eickeler Weg betreffenden Sache B. w. Eisenbahnfiskus vom 9. Januar 1900, (Rep. VI a. 279/99) festzuhalten ist, nicht so weit geht, daß die Straße als durchgehender Weg bestehen bleibe; die Umwandlung in eine Sackgasse muß sich der Anlieger gefallen lassen. Allein vorausgesetzt ist doch immer, daß die Straße nach der einen Seite hin als solche in wesentlich unverändertem Zustande bestehen bleibt, und daß sie den Verkehr mit den benachbarten Häusern in der bisherigen Weise, oder wenigstens wesentlich so wie bisher ermöglicht, wenn schon der Anschluß an das Straßennetz nach der anderen Seite beseitigt oder, wie hier, durch den Fortfall des Wagenverkehrs beschränkt ist.

Vgl. das Urteil des V. Zivilsenats des Reichsgerichts vom 1. Februar 1896, Rep. V. 241/95, teilweise abgedruckt bei Gruchot, Bd. 41 S. 39.

In dieser Beziehung hatte der Kläger behauptet, daß der Eickeler Weg an seinem Hause nicht mehr die zum Wenden eines Wagens erforderliche Breite habe, und in dem Protokolle, betreffend die Einnahme des richterlichen Augenscheins, vom 20. Januar 1902 . . . ist gesagt, daß der Eickeler Weg von der Präsidentenstraße nach dem Hause des Klägers ein solches Gefälle habe, daß ein Zurückschieben von Lastwagen auf dieser Strecke offensichtlich mit den größten Schwierigkeiten verbunden, wenn nicht unmöglich sei. Ist dies richtig, so wäre der Kläger tatsächlich von dem Verkehr mit Wagen von seinem Hause nach der Stadt abgeschnitten; die Straße wäre für ihn als fahrbarer Weg nach der Präsidentenstraße ausgeschaltet, und damit das Dienstbarkeitsverhältnis zu seinem Nachteile geändert, das durch den Anbau an die Straße zwischen ihm und der Gemeinde begründet worden ist. Der Berufungsrichter geht auf die Behauptung des Klägers und auf die Feststellung in dem Protokolle vom 20. Januar 1902 nicht weiter ein, anscheinend mit Rücksicht auf die Auskunft des Magistrats, daß das Befahren der bezeichneten Wegestrecke nicht verhindert werden könne. Darauf kommt es aber nicht an, sondern darauf, ob es in Wirklichkeit unmöglich oder nahezu unmöglich geworden, und damit ein Zustand geschaffen ist, der sich mit der Bestimmung einer städtischen Straße zum Verkehr, insbesondere auch mit Wagen nach den angrenzenden Häusern, nicht verträgt. Der Berufungsrichter sagt allerdings, daß der Weg vor dem Hause des Klägers nicht schmaler und nicht steiler geworden sei. Dadurch ist aber nicht ausgeschlossen, daß dennoch wegen der im übrigen eingetretenen Veränderung des Weges der bezeichnete Übelstand vorhanden ist. Insoweit war allerdings die Umgestaltung in Betracht zu ziehen, die der Weg dadurch erfahren hat, daß er hinter dem Grundstücke des Klägers Fußweg geworden ist. Wäre also der Anspruch des Klägers aus dem Enteignungsgesetze nicht zu rechtfertigen, so könnte er doch nicht mit den Erwägungen des Berufungsrichters als Entschädigungsanspruch aus § 75 Einl. zum Allgemeinen Landrecht abgelehnt werden ..."

## RGZ. 61, 322

**Inwieweit kann ein Privatweg durch Widmung der Eigentümer sich zu einem dem öffentlichen Verkehr dienenden Wege ausbilden?**

**Kann in der Besitznahme und tatsächlichen Einverleibung von im Privateigentum stehendem Grund und Boden in eine öffentliche Straße das Verlangen der Stadtgemeinde auf Abtretung desselben gemäß § 13 Ziff. 1 des Fluchtliniengesetzes vom 2. Juli 1875 gefunden werden, die die Gemeinde zur Einleitung des Enteignungsverfahrens behufs Festsetzung der dem Eigentümer zu gewährenden Entschädigung verpflichtet?**

**Kann sich die Stadtgemeinde zur Abweisung ihrer bezüglichen Verpflichtung auf polizeiliche Anordnungen bezüglich der Einrichtung der Straße namentlich dann berufen, wenn die Polizeiverwaltung in der Hand der städtischen Verwaltung liegt?**

II. Zivilsenat. Urt. v. 6. Oktober 1905 i. S. Stadtgemeinde Remscheid (Bekl.) w. W. u. Gen. (Kl.). Rep. II. 56/05.

I. Landgericht Elberfeld. II. Oberlandesgericht Köln.

Die Kläger sind grundbuchmäßige Eigentümer der zu Remscheid gelegenen Industriestraße, die im Kataster als Parzelle Flur 3 Nr. 5986/783 und 5987/783 eingetragen ist. Für einen Teil dieser Straße ist das Fluchtlinienfestsetzungsverfahren eingeleitet. Die Fluchtlinien sind für die Straße von der Bismarckstraße bis zur Greulingstraße am 29. Dezember 1893, und für den Teil der Straße, der an der Greulingstraße beginnt und bei den Punkten c. d. einer vorgelegten Handzeichnung endet, am 22. Oktober 1896 förmlich festgesetzt worden.

Die Kläger behaupteten, daß die Industriestraße, die bisher immer ein Privatweg gewesen sei, nunmehr von der verklagten Stadtgemeinde als öffentlicher Weg in Anspruch genommen werde, daß die Beklagte an der Wegefläche eine Reihe von Besitzhandlungen vorgenommen und damit die Abtretung der Parzellen für den öffentlichen Verkehr verlangt habe. Die Beklagte sei daher gemäß §§ 13 Ziff. 1 und 14 Abs. 1

des Fluchtliniengesetzes verpflichtet, behufs Feststellung der Entschädigung das Enteignungsverfahren einzuleiten. Eventuell müsse die Beklagte für die Entziehung der Wegefläche Entschädigung nach allgemeinen Grundsätzen leisten, oder, falls auch diese Entschädigungspflicht nicht gegeben sei, die von ihr widerrechtlich in der Straße angelegten Gas- und Wasserleitungsröhren entfernen.

Die Kläger haben demnach Klage erhoben mit dem Antrag,

1. in erster Linie die Beklagte für verpflichtet zu erklären, wegen der oben angegebenen Parzellen das Enteignungsverfahren einzuleiten;
2. eventuell die Beklagte zu verurteilen, wegen Entziehung dieser Parzellen Entschädigung zu leisten;
3. äußerst eventuell die Beklagte zu verurteilen, die Gas- und Wasserleitungsröhren aus der Straße zu entfernen.

Das Landgericht verurteilte die Stadt nach dem ersten Klagantrag, und die hiergegen von der Beklagten eingelegte Berufung wurde vom Oberlandesgericht zurückgewiesen. Auch die Revision wurde zurückgewiesen, aus folgenden

Gründen:

„Nach den tatsächlichen Feststellungen des Oberlandesgerichts ist die von demselben durch Zurückweisung der Berufung aufrechterhaltene Verurteilung der verklagten Stadtgemeinde zur Einleitung des Enteignungsverfahrens wegen der zu Remscheid gelegenen, nunmehr in die Industriestraße hineingezogenen Grundstücksparzellen der Kläger Flur 3 Nr. 5986 und 5987 aus 783, soweit sie auf der Zeichnung des Geometers P. vom August 1902 mit a. c. d. bezeichnet sind, rechtlich begründet.

Das Oberlandesgericht hat zunächst das Privateigentumsrecht der Kläger, als Rechtsnachfolger der Eheleute Sch., an den vorbezeichneten Parzellen auf Grund der von denselben vorgelegten notariellen Urkunden einwandfrei festgestellt. Seitens der beklagten Stadtgemeinde ist denn auch in dieser Hinsicht zur Begründung der Revision lediglich geltend gemacht worden, es sei vom Oberlandesgericht zu Unrecht ein ihrerseits gestelltes Beweiserbieten übergangen worden, daß die Industriestraße, nachdem sie von den Klägern und ihren Rechtsvorgängern angelegt worden, von jeher öffentlichen Zwecken gedient habe, wobei bemerkt wurde, es könne sehr wohl ein ursprünglich Privatzwecken dienender Weg im Verlauf der Zeit mit Zustimmung der Wegeigentümer und unter Duldung der Wegepolizeibehörden sich zu einem dem öffentlichen Verkehr dienenden Wege ausbilden.

Dieser Angriff ist indessen verfehlt. Das Oberlandesgericht hat das fragliche Vorbringen gewürdigt; insbesondere hat dasselbe hervorgehoben, die Industriestraße sei früher eine mit nur einzelnen Häusern besetzte Sackgasse gewesen, die zum öffentlichen Verkehr wenig geeignet gewesen sei; die Eheleute Sch. wie ihre Rechtsnachfolger hätten bei dem Verkaufe von angrenzenden Grundstücken dem Käufer jedesmal eine Servitut zur Benutzung des Weges bestellt und dadurch zu erkennen gegeben, daß sie den Weg nicht allgemein für jedermann zugänglich machen, sondern nur den Angrenzern ein privates Recht auf Benutzung des Weges, soweit es für ihre Grundstücke erforderlich war, erteilen wollten; sodann hätten auch die Erben der Eheleute Sch. bei der Teilung vereinbart, der Weg müsse für die Interessenten, deren Rechtsvorgänger und Rechtsnachfolger bestehen bleiben. Wenn aus diesen wesentlichen Umständen vom Oberlandesgericht der Schluß gezogen wird, daß seitens der Kläger und ihrer Rechtsvorgänger eine Widmung des Weges zu öffentlichen Zwecken, die demselben den Charakter eines öffentlichen Weges beigelegt hätte, nicht anzunehmen sei, und daß das fragliche Beweiserbieten, das auf eine solche Annahme hinzuweisen scheine, demgegenüber als zu unbestimmt nicht in Betracht kommen könne, so ist dem lediglich beizupflichten.

Das Oberlandesgericht hat sodann weiter angenommen, daß die verklagte Stadt an den streitigen Grundstücken eine Reihe von Besitzhandlungen vorgenommen habe, die sich als umfassende Besitzergreifung und tatsächliche Umgestaltung derselben als öffentliche Straße darstellten; es erachtet danach die Voraussetzungen des § 13 Ziff. 1 des Fluchtliniengesetzes vom 2. Juli 1875, „daß die zur Straße bestimmten Grundflächen auf Verlangen der Gemeinde für den öffentlichen Verkehr abgetreten werden", für gegeben. Diese Besitzergreifungshandlungen bestehen einmal in der im Jahre 1896 erfolgten Legung von Gas- und Wasserleitungsröhren in die Grundstücke, und sodann in der im Jahre 1900 erfolgten, bis auf einen Teil des Bürgersteiges an den Klägern verbliebenen Grundstücken, vollendeten Ausbauung der Straße, unter Einbeziehung der den Klägern gehörigen Flächen, soweit sie zwischen den festgestellten Fluchtlinien liegen.

Die verklagte Stadt hat geltend gemacht, sie habe den Ausbau der Industriestraße auf polizeiliche Anordnung und zudem lediglich im Auftrag und Interesse der Angrenzer vorgenommen, und sie hat gerügt, ein von ihr in der Berufungsinstanz angetretener Beweis, daß von dem Bürgermeister als Polizeiverwalter verschiedenen Angrenzern eröffnet worden sei, daß aus polizeilichen Gründen, in Ansehung des auf der Straße tatsächlich stattfindenden Verkehrs mit schwerem Fuhrwerk, die Straßenbefestigung gefordert werden müsse, sei vom Oberlandesgericht übergangen worden. Indessen auch dieser Angriff ist verfehlt. Abgesehen davon, daß die

Legung der Gas- und Wasserröhren aus wegepolizeilichen Gründen nicht behauptet ist, hat auch das Oberlandesgericht auf Grund des Ergebnisses der gesamten Verhandlungen, insbesondere unter Bezugnahme auf die vorgelegten Berichte über Verhandlungen der Stadtverordneten und die Äußerungen der beteiligten Behörden festgestellt, daß, wenn auch zeitweise wegen des schlechten Zustandes der Straße polizeiliche Anordnungen in Aussicht genommen gewesen seien, und wenn auch bei dem Ausbau der Straße das Interesse der Anlieger, die sich auch zur Tragung von Kosten verpflichtet hatten, einen bedeutsamen Faktor gebildet habe, doch die Stadt als solche die Legung der Röhren und den Ausbau der Straße, zum Teil auch aus eigenen Mitteln, ausgeführt und die Pflicht zur Unterhaltung der Straße übernommen hat. Danach ist das erwähnte Beweiserbieten sachlich gewürdigt und mit Recht für unerheblich erachtet worden; die nicht ausdrückliche Erwähnung desselben kann als entscheidender Mangel des Urteils nicht angesehen werden.

Was insbesondere den Gesichtspunkt der polizeilichen Verfügung anlangt, so ist nicht ersichtlich und nicht behauptet, daß eine solche im vorliegenden Falle erlassen worden ist. Selbst wenn aber auch die Stadt infolge einer Anordnung der Polizeiverwaltung dazu übergegangen wäre, die Industriestraße auszubauen und zu diesem Zwecke das innerhalb der festgesetzten Fluchtlinien liegende Privateigentum in Besitz zu nehmen, so würde dieser Umstand dem auf Grund der §§ 13 Ziff. 1 und 14 Abs. 1 des Fluchtliniengesetzes erhobenen und zugesprochenen Anspruch auf Einleitung des Enteignungsverfahrens behufs Feststellung der den Klägern zu gewährenden Entschädigung nicht entgegenstehen. Eine solche polizeiliche Verfügung würde rechtlich nur den Grund des Vorgehens der Stadtgemeinde bilden, der als solcher die Herrichtung und Unterhaltung der städtischen Straßen obliegt, und die hierbei auch diejenigen Maßnahmen zu beobachten hat, die von den zuständigen polizeilichen Organen im Interesse der Sicherheit des Verkehrs für notwendig erachtet werden. Dieses Verhältnis ist auch dann nicht anders, wenn, wie im vorliegenden Falle, die städtischen Behörden auch mit der Polizeiverwaltung betraut sind. Es ist nicht angängig, bei Anordnungen der Gemeindeverwaltung über Anlegung von Straßen, die tatsächlich in das Privateigentum eingreifen, die Entschädigungspflicht der Gemeinde aus dem Gesichtspunkte abzulehnen, weil dieselbe Verwaltung als polizeiliches Organ die erfolgte Regulierung aus Gründen polizeilicher Natur für nötig gehalten und angeordnet hat.

Die verklagte Stadtgemeinde hat schließlich noch die Verletzung des § 13 Ziff. 1 des Fluchtliniengesetzes um deswillen gerügt, weil in den vom Oberlandesgericht festgestellten Handlungen ein Abtretungsverlangen im Sinne jener Bestimmung nicht zu finden sei, insbesondere, wie der V. Zivilsenat (Entsch. in Zivils. Bd. 33 S. 238) ausgesprochen habe, die tatsächliche Einverleibung in die Straße dem Falle nicht gleichgestellt werden könne, daß die zur Straße bestimmten Flächen auf Verlangen der Gemeinde abgetreten werden (zu vgl. auch Friedrichs — v. Strauß u. Torney, Fluchtliniengesetz 5. Aufl. zu §§ 13. 14 S. 144 Bem. 6).

Ob jener Entscheidung des V. Senats — der gegenüber übrigens für einen dem Enteignungsgesetz vom 11. Juni 1874 unterstehenden Fall auf die Entscheidung des VII. Zivilsenats Bd. 55 S. 7 flg. zu verweisen ist — würde beigetreten werden können, bedarf der Erörterung und Entscheidung nicht, weil die tatsächliche Sachlage damals insofern eine wesentlich andere war, als lediglich infolge der bei Erteilung der polizeilichen Bauerlaubnis aufgegebenen Innehaltung der festgesetzten Fluchtlinien ohne jedes Zutun der Stadtgemeinde ein Teil des klägerischen Grundstücks unbebaut geblieben war. Im vorliegenden Falle hat das Oberlandesgericht tatsächlich in der Ausbauung der klägerischen Grundstücke zur öffentlichen Straße, zu der auch die Genehmigung der Kläger festgestellt wird, das Verlangen der Abtretung für den öffentlichen Verkehr und die Abtretung selbst gefunden. Das ist nicht rechtsirrtümlich; insbesondere ist eine Abtretung zu Eigentum für die Anwendung des § 13 Ziff. 1 a. a. O. nicht erforderlich.

Dieses Ergebnis entspricht denn auch materiell durchaus der gegebenen Sachlage und dem Grundsatze, der in Art. 9 der preußischen Verfassungsurkunde und dem zur Zeit des Eingriffs geltenden Art. 545 Code civil Ausdruck gefunden hatte, daß das Eigentum nur aus Gründen des öffentlichen Wohles und nur gegen Entschädigung entzogen oder beschränkt werden darf (vgl. § 75 Einl. zum preuß. ALR.). Durch die Einbeziehung in die öffentliche Straße, an der als res extra commercium ein Privateigentumsrecht nicht möglich ist, wurde den Klägern jede Ausnutzung und Verwertung ihres Eigentums entzogen und unmöglich gemacht. Wollte man ihnen auch den Anspruch auf Entschädigung bzw. Festsetzung derselben in dem hierfür vorgesehenen Enteignungsverfahren absprechen, so ständen sie dem Eingriffe in ihr Privatrecht gegenüber rechtlos da, während andererseits die Stadtgemeinde ohne Gegenleistung das publizistische Eigentum der von ihr in Besitz genommenen Grundstücke erwerben würde. Das ist nicht der Wille des Gesetzes und entspricht insbesondere nicht der Tendenz des Fluchtliniengesetzes, wie sich auch aus den weiteren Bestimmungen, insbesondere des § 13 a. a. O., ergibt

Im gleichen Sinne hat denn auch in ähnlich liegenden Fällen insbesondere der erkennende Senat wiederholt entschieden (vgl. u. a. Rhein. Arch. 84 II S. 42 ff., 87 II S. 47 ff., Entsch. in Zivils. Bd. 46 S. 286, Urteil vom 14. Juni 1901, Rep. II. 81/01, und vom 24. Februar

1905, Rep. II. 259/04); derselbe findet keinen Anlaß, von dieser Rechtsprechung abzugehen.

Danach war die Revision der verklagten Stadtgemeinde zurückzuweisen.

**RGZ. 62, 87**

**Wird die Stadt als Straßeneigentümerin durch das Recht der Straßenanlieger an jeder privatwirtschaftlichen Ausnutzung der Straße gehindert?**

V. 'Zivilsenat. Urt. v. 23. November 1905 i. S. Stadt Düsseldorf (Bekl.) w. B. (Kl.). Rep. V. 175/05.

I. Landgericht Düsseldorf. II. Oberlandesgericht Köln.

Auf Grund der Erlaubnis der Beklagten errichtete die D.'er Vereinsbrauerei auf dem Bürgerstege vor ihrem an der Königsallee in Düsseldorf belegenen Grundstück, und nur vor diesem Grundstück, ein Zelt, in dem in der wärmeren Jahreszeit Wirtschaft betrieben wurde. Der Kläger war Eigentümer eines unmittelbar daneben gelegenen Grundstücks, in dem er das Juweliergeschäft betrieb. Zwischen dem Zelte und der Front des der Brauerei gehörigen Gebäudes lag ein 4,50 Meter breiter, der Benutzung der Fußgänger offen stehender Streifen des Bürgerstegs. Durch das Zelt wurde das untere Stockwerk des dem Kläger gehörigen Hauses, in dem er seine Schaufenster hatte, dem von einer Seite her kommenden Publikum verdeckt. Nach der Behauptung des Klägers verkehrte ein großer Teil des Publikums auf dem bei dem Zelte freigebliebenen Streifen des Bürgerstegs nicht, und zwar wegen der Belästigungen, die der Wirtschaftsverkehr zwischen Zelt und Haus mit sich brachte. Die Folge davon sei, so behauptete der Kläger weiter, daß in seinem Geschäfte weniger gekauft werde. Er verlangte, daß die Beklagte verurteilt werde, die Wirtschaftsvorgartenanlage zu untersagen, eventuell die Erlaubnis zur Anlage so zu beschränken, daß eine Beeinträchtigung seines Hauses ausgeschlossen sei.

Der erste Richter wies die Klage ab. Dagegen erkannte der Berufungsrichter nach dem prinzipalen Klagantrage. Auf die Revision der Beklagten wurde das erste Urteil wieder hergestellt aus folgenden

Gründen:

„... Zutreffend verneint der Berufungsrichter die Anwendbarkeit des § 907 BGB. Dagegen hält er die Klage für begründet aus dem Rechtsgrunde des Grunddienstbarkeitsverhältnisses, das — wie er mit der ständigen Rechtsprechung des Reichsgerichts annimmt — nach französischem Rechte durch Anbau an einer öffentlichen städtischen

Straße durch stillschweigenden Vertrag zwischen den Anliegern und dem Eigentümer der Straße zustande kommt. Als Inhalt dieser Grunddienstbarkeit nimmt der Berufungsrichter an das Recht des Anliegers darauf, daß er von seinem Hause aus ungestört und ungehindert auf die Straße gelangen kann, und daß die freie Entwicklung des Verkehrs auf der Straße nicht gehemmt wird, und die Pflicht des Straßeneigentümers, keine Einrichtungen zu treffen oder solchen Einrichtungen die Genehmigung zu versagen, die das Recht des Anliegers verletzen, ohne durch ein öffentliches Interesse geboten zu sein. Wie aus dem Eingange seiner Begründung hervorgeht, nimmt der Berufungsrichter als Inhalt der Dienstbarkeit auch ein Recht des gewerbetreibenden Anliegers an, daß seine Schaufenster von allen Seiten der Straße aus gesehen werden können. Irgendwelche gesetzlichen Bestimmungen, denen die Begrenzung der Rechte und Pflichten des Straßeneigentümers gegenüber den Straßenanliegern entnommen werden könnte, gibt es nicht. Es muß auf die beiderseitigen wirtschaftlichen Beziehungen und Bedürfnisse zurückgegangen werden, wobei nicht außer acht gelassen werden darf, daß nach dem allgemeinen Grundsatze von der Freiheit des Eigentums die Auslegung des stillschweigenden Willens sich im wesentlichen im Sinne der Einengung des grunddienstbarkeitähnlichen Rechts der Anlieger zu bewegen hat. Von diesem Grundsatz ausgehend, hat das Reichsgericht in zahlreichen auf Grund des rheinisch-französischen und des preußischen Rechts gefällten Entscheidungen den Inhalt des Straßenanliegerrechts bestimmt. Danach hat der Anlieger weder ein Recht darauf, daß die freie Entwicklung des Straßenverkehrs nicht gehemmt werde, noch darauf, daß seine Ladenfenster von allen Seiten sichtbar sind, sondern er hat nur darauf ein Recht, daß ihm durch nachträgliche Änderungen der Straße der Zugang zu dieser und der Verkehr mit dem an sie sich anschließenden Straßennetze nicht dauernd wesentlich erschwert wird.

Vgl. die Zusammenstellung der reichsgerichtlichen Rechtsprechung von Loebell in Gruchot's Beitr. Bd. 41 S. 33—41 und die neueren Urteile des Reichsgerichts in den Entsch. des RG.'s in Zivils. Bd. 44 S. 282ff., Bd. 56 S. 101 und in der Jurist. Wochenschr. 1901 S. 144 Nr. 16,

sowie darauf, daß ihm Luft und Licht durch Bauten vor seinem Grundstücke nicht dauernd entzogen werden.

Vgl. Gruchot's Beitr. Bd. 44 S. 970.

Auf das Fortbestehen weiterer Vorteile, die ihm aus dem Bestehen der Straße erwachsen, hat er keinen Anspruch (Loebell a. a. O. S. 37—39). Die Straßeneigentümerin kann z. B. die Straße unmittelbar neben seinem Hause zur Sackgasse machen, ohne daß er dies hindern oder auch nur Entschädigungsansprüche geltend machen kann, vgl. Entsch. des RG.'s in Zivils. Bd. 56 S. 101,

sofern ihm nur der Zugang zur Straße und dem sich anschließenden Straßennetze im übrigen verbleibt. In den meisten zur Entscheidung des Reichsgerichts gekommenen Fällen fühlten die Anlieger sich durch Änderungen beschwert, die zu Straßenzwecken vorgenommen worden waren; es ist aber niemals der Grundsatz aufgestellt worden, daß dem Straßeneigentümer die Ausnutzung der Straße zu anderen, wenn auch rein privatwirtschaftlichen, Zwecken völlig, also auch dann untersagt sei, wenn dadurch den Anliegern die Ausübung ihres Rechts nur unwesentlich erschwert werde. Das konnte auch nicht ausgesprochen werden; denn für den Inhalt des grunddienstbarkeitähnlichen Rechts ist es ohne Einfluß, zu welchem Zwecke Änderungen an oder auf der Straße vorgenommen werden. Daher kann auch ununtersucht bleiben, ob in Großstädten die Benutzung zur Aufstellung von Erfrischungszelten nicht auch einen Zweck der Straße bildet.

Im vorliegenden Falle ist dem Kläger weder Luft und Licht entzogen, noch ist ein Verkehrshemmnis vor seinem Hause geschaffen. Er kann nach wie vor die Straße und das anliegende Straßennetz vor seinem Hause erreichen und kann auch an dem Nachbarhause, vor dem das Bierzelt errichtet ist, vorbei gehen, da der Bürgersteg zwischen dem Zelte und dem Hause noch in einer Breite von 4,50 Meter dem Verkehr frei bleibt. Der Umstand, daß die Gäste und Kellner zwischen dem Zelte und Hause hin und her gehen, bildet jedenfalls kein wesentliches Erschwernis ..."

## RGZ. 64, 6

### Rechtlicher Charakter der Eisenbahnzufuhrwege. Wer ist zu ihrer Beleuchtung verpflichtet, wenn die Gemeinde nur ihre Unterhaltung, nicht auch ausdrücklich die Beleuchtung übernommen hat?

VII. Zivilsenat. Urt. v. 26. Mai 1906 i. S. Stadtgemeinde J. (Bekl.) w. preuß. Eisenbahnfiskus (Kl.). Rep. VII. 450/05.

I. Landgericht Insterburg. II. Oberlandesgericht Königsberg.

Zur Verbindung des Bahnhofs in I. mit der städtischen Bahnhofsstraße dient ein Zufuhrweg, der auf fiskalischem Grund und Boden liegt und bis zum Jahre 1897 von der Eisenbahnverwaltung unterhalten wurde. In diesem Jahre schloß der Eisenbahnfiskus mit der Stadtgemeinde I. einen Vertrag ab, nach welchem diese die Unterhaltung der Zufuhrstraße von dem Tage ab, an dem die zuvor vom Eisenbahnfiskus in bestimmt vereinbarter Weise gepflasterte Straße ihr übergeben worden war, auf ewige Zeiten übernahm. Das Eigentum des Grundes und Bodens verblieb dem Eisenbahnfiskus. Die Übergabe des Weges an die Stadt erfolgte am 18. Januar 1898. Seine Beleuchtung war bisher durch den Eisenbahnfiskus ausgeführt worden und wurde auch nach Abschluß des Vertrags vom Jahre 1897 und nach der Übergabe des Weges an die Stadt weiterhin von dem Eisenbahnfiskus auf seine Kosten bewirkt. Als aber in einem Vorprozeß das Oberlandesgericht Königsberg ausgesprochen hatte, daß der in Rede stehende Weg mit der Ausführung des Vertrages vom Jahre 1897 zu einer öffentlichen städtischen Straße geworden sei, übernahm die Stadtgemeinde vom 8. September 1903 ab die Beleuchtung des Weges auf ihre Kosten. Der Eisenbahnfiskus war der Ansicht, daß der Stadtgemeinde die Beleuchtungspflicht schon seit Ausführung des Vertrags von 1897, also seit dem 18. Januar 1898, obgelegen habe, und daß er daher für sie eine ihr zufallende Ausgabe geleistet habe, die sie ihm nach den Grundsätzen von der nützlichen Verwendung und ungerechtfertigten Bereicherung erstatten müsse, wenn er vom 18. Januar 1898 bis 8. September 1903 die Beleuchtung auf seine Kosten besorgt habe. Da die Stadtgemeinde diesen Anspruch bestritt, klagte er ihn in Höhe von 1800 M ein. Der erstinstanzliche Richter wies die Klage ab; der Berufungsrichter erklärte dagegen den Anspruch dem Grunde nach für gerechtfertigt. Die Revision der Stadtgemeinde ist zurückgewiesen aus folgenden

Gründen:

„Die Eisenbahnzufuhrwege können einen verschiedenen rechtlichen Charakter tragen: sie können Privatwege des Eisenbahnunternehmers sein; sie können aber auch die Natur öffentlicher Wege besitzen. Im gegenwärtigen Falle besteht nach dem Vorbringen der Parteien kein Zweifel daran, daß der in Rede stehende Zufuhrweg bis zur Ausführung des Vertrags vom Jahre 1897 ein eisenbahnfiskalischer Privatweg war, der demgemäß von dem Eisenbahnfiskus zu unterhalten und zu beleuchten war. Es fragt sich, ob er diesen Charakter mit der Ausführung des Vertrags vom Jahre 1897 verloren hat und hierdurch in eine öffentliche städtische Straße verwandelt worden ist. Die Vorinstanzen haben diese Frage bejaht. In der gegenwärtigen Instanz hat die Revisionsklägerin die Berechtigung dieses Standpunktes nicht mehr bestritten; er war indes trotzdem selbständig vom Revisionsgericht zu prüfen, da es sich hier lediglich um rechtliche Beurteilung feststehender Tatsachen handelt. Die vorgenommene Prüfung hat zu dem Ergebnis geführt, daß der erkennende Senat der Ansicht der Vorinstanzen beitritt. In dem bisherigen Verfahren hat die Beklagte die Auffassung vertreten, es sei nur die Unterhaltung des Weges von ihr übernommen, im übrigen habe alles beim alten bleiben sollen. Soll diese Ausführung, auf Grund deren die Beklagte die Umwandlung des Zufuhrweges in eine öffentliche städtische Straße bestritt, überhaupt einen Sinn haben, so kann dieser nur dahin gehen, der Weg habe nach wie vor ein Privatweg des Eisenbahnfiskus bleiben sollen; sie, die Stadt, habe nichts anderes gewollt, als nur ihn unterhalten. Denkt man diesen Gedanken folgerecht weiter, so gelangt man zu folgendem Resultat. Die Stadt hätte alsdann einen rein privatrechtlichen Vertrag mit dem Eisenbahnfiskus geschlossen; dieser wäre danach berechtigt, von ihr die Unterhaltung zu verlangen, aber auch nur er allein. Da es sich um einen rein privatrechtlichen Vertrag handeln würde, würde demgemäß die Stadt vom Eisenbahnfiskus auch nur vor dem Zivilrichter wegen der Unterhaltung des Weges in Anspruch genommen werden können. Dann würde aber die wichtige Frage entstehen, wer denn über Art und Umfang der Unterhaltung maßgeblich zu bestimmen haben solle, ob der Zivilrichter, oder die Aufsichtsbehörde der Eisenbahnverwaltung. Der Vertrag gibt hierüber keinen Aufschluß, so daß diese bedeutungsvolle Frage ganz im ungewissen stehen würde. Immerhin wäre eine solche privatrechtliche Gestaltung der Verhältnisse rechtlich möglich und denkbar. Allein sie ist so außergewöhnlich und nach Lage der Dinge so künstlich und unnatürlich, daß die Annahme, sie sei von den Parteien gewollt, nur dann als begründet erscheinen könnte, wenn sichere und überzeugende Anhaltspunkte hierfür vorhanden wären. An solchen fehlt es. Die Stadtverwaltung wollte — das zeigen die Verhandlungen als gewiß und selbstverständlich — im städtischen Interesse, d. h. im Interesse ihrer Bürger, die Unterhaltung des Weges übernehmen. Daß der Eisenbahnfiskus noch irgendwie ihr gegenüber einen maßgeblichen Einfluß auf die Unterhaltung des Weges sollte üben können, erscheint nach Inhalt des Vertrags ausgeschlossen. Danach ergibt sich als die natürliche Auffassung, daß die Stadt den Weg als ein gleiches und den gleichen Verhältnissen unterliegendes Glied in das Netz der städtischen Straßen aufnehmen wollte, und daß sie demgemäß in bezug auf seine Unterhaltung nach dem Willen der Beteiligten der Wegepolizeibehörde als die nach öffentlichem Recht hierzu Verpflichtete gegenübertreten sollte. Damit hatte der Weg den Charakter einer öffentlichen, städtischen Straße gewonnen. Die Wirksamkeit des Umwandlungsaktes steht außer Zweifel, da nicht nur der Eigentümer, der Eisenbahnfiskus, sondern auch die künftig nach öffentlichem Recht zur Unterhaltung Verpflichtete, die Stadtgemeinde, und die Wegepolizeibehörde in der Person des Bürgermeisters ihr Einverständnis hiermit, wenn auch letzterer nur stillschweigend, zu erkennen gegeben haben. Die vorstehende Annahme erscheint um so gerechtfertigter, als in dem Vertrage nicht etwa nur von Ubernahme der Unterhaltung die Rede ist, sondern als vielmehr dort ausdrücklich gesagt ist, daß die „Straße" an Ort und Stelle der Stadt übergeben werden solle. Das ist dann auch später geschehen. Zutreffend mag es sein, daß die Beteiligten über die objektiv rechtliche Tragweite der Ubernahme der Straße durch die Stadt sich nicht sofort völlig klar gewesen sind; allein das ändert an ihrer rechtlichen Wirkung nichts . . .

. . . War der fragliche Weg mit der Ausführung des Vertrags vom Jahre 1897 eine städtische öffentliche Straße geworden, so lag der Stadtgemeinde auf Grund des § 3 des Polizeiverwaltungsgesetzes vom 11. März 1850 die Tragung der Beleuchtungskosten ob; denn die Beleuchtung der Straßen und Wege in den Städten geschieht im wesentlichen aus verkehrs- und sicherheitspolizeilichen Gründen, und daher sind von den Gemeinden, welche die Kosten der örtlichen Polizeiverwaltung zu tragen haben, auch deren Kosten aufzubringen. Der Eisenbahnfiskus hat hiernach, als er irrtümlich in der Zeit vom 18. Dezember 1898 bis zum 8. September 1903 die Beleuchtung auf seine Kosten besorgte, eine Ausgabe bestritten, die die Beklagte zu machen hatte, und die er ihr daher ersparte. Demgemäß hat er nach den für die nützliche Verwendung und ungerechtfertigte Bereicherung geltenden Grundsätzen des preußischen Allgemeinen Landrechts, bzw. des Bürgerlichen Gesetzbuchs einen Anspruch gegen die Beklagte auf Ersatz dieser Kosten. Wenn die Beklagte, um sich dieser Pflicht zu entziehen, geltend macht, daß in dem Vertrage von der Beleuchtung keine Rede sei, und daß sie darnach nur die Unterhaltung übernommen habe, so verkennt sie den Rechtsgrund, auf den die erhobene Ersatzklage gestützt ist. Nicht aus dem Vertrage wird geklagt, sondern auf Grund der objektiven Rechtslage, welche durch die Ausführung des Vertrags geschaffen wurde, in Verbindung mit dem Irrtum, in welchem der Kläger sich zeitweilig hinsichtlich dieser Rechtslage befand . . ."

**RGZ. 70, 77**

**1. Ist das Recht der Anlieger öffentlicher Straßen in städtischen und ländlichen Ortschaften eine Grunddienstbarkeit?**

**2. Kann der Berechtigte dessen Eintragung im Grundbuch verlangen, und bedarf es nach neuem Recht dieser Eintragung zur Begründung des Rechts?**

Einf.-Ges. zum BGB. Art. 187.

ALR. I 8 §§ 36 ff., 65 ff.; Fluchtliniengesetz vom 2. Juli 1875.

V. Zivilsenat. Urt. v. 2. Dezember 1908 i. S. Wirtschafts- und Kreditverein schlesischer Hausbesitzer (Bekl.) w. W. (Kl.), Rep. V. 67/08.

I. Landgericht Breslau. II. Oberlandesgericht daselbst.

Nach einem vom Amtsvorsteher am 7. Oktober 1893 genehmigten Parzellierungsplan war ein dem Gutsbesitzer W. gehöriger, an der alten Straße von Sch. bei B. gelegener Teil des Gutsbezirks Wilh. zur Erbauung mit einer Villenkolonie bestimmt. Der Amtsvorsteher hatte auf Grund des § 14 des Ges. vom 25. August 1876, betr. die Gründung neuer Ansiedelungen, die Bedingung gestellt, daß die alte Straße um 2 m verbreitert, und daß die neuen Straßen zwischen den Villen, sobald an der betreffenden Straße ein Bau ausgeführt werde, in fester Weise hergestellt und mit Alleebäumen bepflanzt würden. Durch schriftlichen Vertrag vom 12. März 1894 kaufte die Deutsche Volksbaugesellschaft, Genossenschaft m. b. H., von W. eine Anzahl von Bauparzellen an der alten Straße und einer der Querstraßen mit der Verpflichtung (§ 4), die auf dem Plane bezeichneten, an den verkauften Parzellen liegenden Straßen auf ihre Kosten herzustellen und zu unterhalten; sie sollte jedoch berechtigt sein, sich von der Unterhaltung dadurch zu befreien, daß sie die Unterhaltungspflicht bei einer Weiterveräußerung der Bauparzellen den betreffenden Erwerbern auferlegte und im Grundbuch ihrer Grundstücke eintragen ließe. Durch Vertrag vom 2. Januar 1905 erwarb dann der Kläger von der Volksbaugesellschaft die jetzigen Grundstücke Wilh. Bd. I Bl. 11, 12 und 16 und verpflichtete sich dabei, die anliegenden, inzwischen bereits angelegten, Straßen zu unterhalten. Das Restgut Wilh. Bd. I Bl. 3 kaufte die Beklagte von den Erben W.'s und erhielt es am 31. Juli 1906 aufgelassen. Unter den Bestandteilen dieses Grundstücks fanden sich im Grundbuch auch die Straßenteile, nämlich die Querstraße (Nr. 47/35) und die 2 m der verbreiterten alten Straße (Nr. 46/35 und 48/35).

An diesen Straßenteilen nahm der Kläger eine Grundgerechtigkeit in Anspruch und stellte mit der Behauptung, die Beklagte weigere die Anerkennung des Wegerechts und drohe die Straßen zu sperren, klagend den Antrag, die Beklagte solle verurteilt werden:

1. anzuerkennen, daß die jeweiligen Eigentümer von Wilh. Bd. I Bl. 11, 12, 16 berechtigt seien, die Parzelle Nr. 46 und 48/35 als Fußweg, die Parzelle 47/35 als Fuß- und Fahrweg zu benutzen,
2. die Eintragung dieses Rechts zu bewilligen.

Nachdem das Landgericht diese Klage abgewiesen hatte, gründete der Kläger in der Berufungsinstanz seinen Anspruch auch noch auf das Straßenanliegerrecht. Das Oberlandesgericht erkannte unter Abänderung des landgerichtlichen Urteils nach den Klaganträgen. Die Revision wurde für begründet erachtet aus folgenden

Gründen:

„Der Berufungsrichter hat nicht erörtert, ob die von dem Amtsvorsteher bei Genehmigung des Parzellierungsplans vom 7. Oktober 1893 angeordneten, inzwischen hergestellten neuen Straßenanlagen die Eigenschaft öffentlicher Straßen haben, oder ob es Privatstraßen werden sollten. Er hat vielmehr diese Frage ausdrücklich dahingestellt gelassen, weil er sie für die von ihm getroffene Entscheidung nicht für wesentlich erachtet. Auf diese Frage aber kommt es an. Denn handelte es sich um Privatstraßen, so konnte das Wegerecht der an diesen

Straßen gelegenen Häuser nur die Form einer Grundgerechtigkeit annehmen. Die Auslegung, die der Berufungsrichter den Verträgen gegeben hat, die unter Zugrundelegung des Parzellierungsplans geschlossen worden sind, und seine Annahme, daß eine die Klaganträge rechtfertigende Grundgerechtigkeit begründet worden sei, stellt sich dann als unanfechtbar dar.

Rechtsirrig aber sind die Ausführungen des Berufungsrichters, wenn die fraglichen Straßenanlagen, wie es nach dem bisherigen Parteivorbringen kaum mehr zweifelhaft sein kann (vgl. Jurist. Wochenschr. 1896 S. 89 Nr. 102; Entsch. des RG.'s in Zivils. Bd. 48 S. 299), von seiten der dabei Beteiligten dem öffentlichen Verkehr gewidmet worden sind. Dann ist, wenn nichts Besonderes bestimmt wurde (vgl. Jurist. Wochenschr. 1903 S. 387 Nr. 16), davon auszugehen, daß das Nutzungsrecht der an den Straßen angebauten Häuser die Eigenschaft des in zahlreichen Entscheidungen des Reichsgerichts behandelten Anliegerrechts bei öffentlichen Straßen in städtischen und ländlichen Ortschaften haben sollte. Irgendeinen Umstand, der darauf deutete, daß die Beteiligten auch in diesem Falle eine Grundgerechtigkeit für die in Frage stehenden Häuser hätten schaffen wollen, hat der Berufungsrichter nicht anzuführen vermocht. Aus den Verhandlungen und Verträgen ist darüber nichts zu entnehmen; alles, was er über die Begründung einer Grundgerechtigkeit für diesen Fall ausführt, ist dem bereits erwähnten Straßenanliegerrecht entnommen. Die Grundgerechtigkeit muß also in diesem Falle ausscheiden.

Auch vom Standpunkt des Straßenanliegerrechts aber kann der erste Klagantrag begründet sein, wenn die Beklagte, gestützt auf das an dem Grund und Boden der Straße ihr unstreitig zustehende Eigentum, mit der Sperrung der Straße gedroht hat;

vgl. Jurist. Wochenschr. 1908 S. 153; auch Entsch. in Zivils. Bd. 14 S. 262; Gruchot's Beitr. Bd. 40 S. 833, Bd. 42 S. 720.

Ob dies der Fall war, ist nicht festgestellt; die Beklagte bestreitet es; dieser Punkt bedarf also eintretendenfalls noch der Aufklärung.

Nicht begründet dagegen erscheint vom Standpunkt des Straßenanliegerrechts aus der zweite Klagantrag. Denn es ist nicht angängig, dieses Recht selbst für eine Grundgerechtigkeit zu erklären und allen Bestimmungen über Grundgerechtigkeiten, insbesondere der Eintragungspflicht, zu unterwerfen. Die Verpflichtung, Grundgerechtigkeiten auf Verlangen des Berechtigten eintragen zu lassen, wie es der zweite Klagantrag will, besteht in Preußen nicht erst infolge des Art. 187 Einf.-Ges. zum BGB., sondern war von jeher geltendes Recht;

vgl. Hypoth.Ordng. vom 20. Dezember 1783 Tit. I § 54; Anhang § 58 zu § 18 ALR. I 22; Entsch. des Obertrib. Bd. 74 S. 234, 236; Urt. des RG.'s Rep. V. 233/90, bei Bolze, Bd. 11 Nr. 56.

Gleichwohl ist nie daran gedacht worden, Anliegerrechte im Grundbuch eintragen zu lassen, die Verwirklichung eines solchen Rechts auch nur bei den alten Anliegerrechten würde sich auch schwerlich als ausführbar erweisen. Die weitere Folge wäre dann für das neue Recht, daß man die Eintragung auch für die Begründung des Anliegerrechts nach § 873 BGB., trotz der Art. 113, 128 Einf.-Ges., verlangen müßte, weil die bisher als Stütze herangezogenen §§ 13ff. ALR. I. 22 auch für das Gebiet des preuß. Landrechts durch die Art. 87, 89 preuß. Ausf.-Ges. aufgehoben und durch die Vorschriften des Bürgerlichen Gesetzbuchs ersetzt sind.

Das in den grundlegenden Entscheidungen des Reichsgerichts (Bd. 7 S. 213, Bd. 10 S. 271, Bd. 37 S. 252, Bd. 44 S. 282 u. a.) konstruierte Anliegerrecht ist dort zwar als ein servitutisches oder servitutähnliches Recht bezeichnet; es ist aber keineswegs in allen Beziehungen als Grundgerechtigkeit behandelt worden. Der Hauptton wurde auf die privatrechtliche Natur des durch den Anbau an einer öffentlichen Straße entstandenen, dem Vermögensrechte angehörigen Nutzungsrechts an dieser Straße gelegt; diese privatrechtliche Natur aber bleibt bestehen, auch wenn man den zur Begründung herangezogenen Vertrag nicht den privatrechtlichen Vorschriften, sondern ausschließlich den Vorschriften des öffentlichen Rechts unterstellt (§§ 36ff., 65ff. ALR. I. 8 und Fluchtliniengesetz vom 2. Juli 1875). Es unterliegt keinem Zweifel und ist in der Rechtsprechung des Reichsgerichts anerkannt, daß es für die Frage, ob ein klagbarer Anspruch vorliegt, nicht auf den Ursprung des Rechts ankommt. Auch Ansprüche, die im öffentlichen Rechte wurzeln und öffentlich-rechtlichen Vorgängen (Gesetzen, Privilegien, Konzessionen, vertragsähnlichen Genehmigungen und Übereinkommen) ihre Entstehung verdanken, haben privatrechtliche Natur und sind dem Rechtswege zugänglich, wenn sie dem Vermögensrechte angehören, und der Rechtsweg nicht durch besondere Vorschriften ausgeschlossen ist;

vgl. Entsch. in Zivils. Bd. 22 S. 288, Bd. 25 S. 330, Bd. 41 S. 272 (Verein. Zivilsenate), Bd. 57 S. 352; G r u c h o t , Bd. 52 S. 439.

Baut sich jemand in Gemäßheit der bestehenden Vorschriften an einer öffentlichen Straße an, so hat er auch den Anspruch auf Schutz in der ihm in Aussicht gestellten Benutzung der Straße, und dieser Anspruch, bei dem erhebliche Vermögenswerte in Frage stehen, ist wesentlich vermögensrechtlicher Natur. Ob man die Vorgänge, die dem Ausbau vorhergehen, als einen Vertrag oder vertragsähnlichen Rechtsakt auffassen will, ist nicht von entscheidender Bedeutung; man kann den Anspruch auf Rechtsschutz und den Anspruch selbst auch unmittelbar aus dem Gesetze ableiten;

vgl. Turnau und Förster, 3. Aufl. Bd. 1 S. 578; Loebell, in Gruchot's Beitr. 41 S. 46ff.; Bering, das. 44 S. 394; Dernburg, BR. Bd. 3 § 70.

Nimmt man einen vertragsähnlichen Vorgang an, so sind doch dafür nicht die Formen des Privatrechts, sondern die des öffentlichen Rechts, die dem Vorgang seine Bedeutung verleihen, maßgebend. Diese Vorschriften gehören dem Landesrecht an und werden von den Vorschriften des Bürgerlichen Gesetzbuchs nicht berührt; dasselbe gilt kraft des Vorbehalts im Art. 113 Einf.-Ges. zum BGB. von dem daraus entsprungenen privatrechtlichen Anspruch. Denn unter der in diesem Artikel erwähnten Regulierung der Wege sind auch die Verhältnisse der Stadt- und Dorfstraßen, insbesondere die aus der Baufluchtregulierung sich ergebenden Verhältnisse, zu verstehen (Prot. Bd. 6 S. 743). Eine Eintragungsverpflichtung für diesen landesrechtlichen Anspruch aber besteht nicht ..."

**RGZ. 76, 323**

**1. Unter welchen Voraussetzungen ist nach preuß. Recht über die Öffentlichkeit eines Weges von den Zivilgerichten zu entscheiden?**

**2. Umfang der Benutzungsbefugnis an Interessentenwegen nach preuß. Recht.**

VII. Zivilsenat. Urt. v. 23. Mai 1911 i. S. preuß. Eisenbahnfiskus (Kl. u. Widerbekl.) w. St. (Bekl. u. Widerkl.). Rep. VII 541/10.

I. Landgericht Münster. II. Oberlandesgericht Hamm.

Aus den Gründen:

... Das Berufungsgericht führt aus, daß ein Streit über die Öffentlichkeit oder Nichtöffentlichkeit eines Weges den Zivilgerichten nur insoweit entzogen sei, als über die Öffentlichkeit oder Nichtöffentlichkeit des Weges ein in Rechtskraft übergehender Ausspruch des Richters verlangt werde. Das sei hier nicht der Fall; die Frage, ob der Weg ein öffentlicher sei, bilde hier nur die Grundlage für den vom Widerkläger erhobenen Anspruch. Dieser selbst sei ein privatrechtlicher und unterliege deshalb der Entscheidung der ordentlichen Gerichte. Der Ausgangspunkt dieser Erwägungen ist nicht zu beanstanden. Bürgerliche Rechtsstreitigkeiten im Sinne des § 13 GVG. sind keineswegs nur solche Streitigkeiten, die ausschließlich die Anwendung privatrechtlicher Normen betreffen. Hat der von der klagenden Partei verfolgte Anspruch eine privatrechtliche Grundlage, so liegt eine bürgerliche Rechtsstreitigkeit auch dann vor, wenn sich die Notwendigkeit ergibt, zur Entscheidung des Streits über Fragen und Verhältnisse zu befinden, die dem öffentlichen Rechte angehören.

Vgl. Entsch. des RG.s in Zivils. Bd. 41 S. 267, Bd. 57 S. 350, Bd. 67 S. 221 und Bd. 75 S. 397.

Dieser Grundsatz ist für das rechtliche Gebiet des Wegerechts in dem vom Berufungsgericht in Bezug genommenen Urteile des V. Zivilsenats des Reichsgerichts vom 11. April 1900 zur Anwendung gebracht. Es ist dort ausgeführt, daß die Entscheidung darüber, ob ein Weg als ein öffentlicher zu erachten ist, den ordentlichen Gerichten zwar entzogen sei; sie habe für Preußen nach § 56 Abs. 4 des Zuständigkeitsgesetzes vom 1. August 1883 im Verwaltungsstreitverfahren zu erfolgen, und es könne auch zwischen Privatpersonen die Öffentlichkeit eines Weges nicht ein für allemal durch eine Entscheidung der Zivilgerichte festgestellt werden. Das schließe aber nicht aus, daß über die Frage, ob ein Weg ein öffentlicher ist, auch von den Zivilgerichten insoweit zu entscheiden sei, als sie die Grundlage für ein vom Kläger oder vom Beklagten in Anspruch genommenes Privatrecht bilde. Eine solche Entscheidung habe dann aber immer nur die Bedeutung eines Urteilsgrundes für den zur Entscheidung vorliegenden konkreten Fall. Dabei ist auch Bezug genommen auf das frühere Urteil desselben Senats (Entsch. in Zivils. Bd. 14 S. 262). Es ist diesem also, obgleich es nach seiner Begründung zweifelhaft sein kann, ob es den Rechtsweg nicht noch im weiteren Umfange zulassen will, auch nur die Bedeutung beigemessen, daß lediglich zur Urteilsbegründung über einen privatrechtlichen Anspruch vom Zivilrichter Entscheidung darüber, ob ein Weg ein öffentlicher ist, getroffen werden kann.

Diesen Rechtssätzen wird das Berufungsgericht, obschon es ihnen folgen will, in seiner jetzigen Begründung nicht gerecht. Es bezeichnet zwar den Anspruch des Widerklägers als einen privatrechtlichen, läßt aber, abgesehen von den später zu erörternden Erwägungen über das dem Widerkläger als Anlieger zugesprochene Benutzungsrecht, nicht erkennen, inwiefern ein dem Privatrecht angehörender Anspruch hier zur Entscheidung steht. In dem in Bezug genommenen Urteile des V. Senats wurde als privatrechtlicher Anspruch die Entfernung eines Zaunes auf einem Platze vor dem Grundstücke des Klägers verlangt. Durch die Errichtung dieses Zaunes seitens der damals verklagten Stadtgemeinde sah der Kläger sich in seinem Eigentumsrechte für beeinträchtigt an. Um entscheiden zu können, ob das klägerische Verlangen gerechtfertig war, bedurfte es der Prüfung, ob der Platz vor dem Grundstücke ein öffentlicher war, oder ob er im Privateigentum der Beklagten stand.

Hier liegt die Sache, soweit sich dies nach den bisherigen Anführungen übersehen läßt, rechtlich wesentlich anders. Streitig ist, in welchem Umfange ein vom Widerbeklagten angelegter Weg benutzt werden darf. Der Widerkläger nimmt die volle Benutzungsbefugnis an demselben mit der vom Gegner bestrittenen Behauptung in Anspruch, der Weg sei ein öffentlicher.

Ist zur Begründung des Antrags der Widerklage weiter nichts vorzubringen, so ist die Annahme des angefochtenen Urteils, es sei vom Widerkläger ein privatrechtlicher Anspruch erhoben, nicht aufrechtzuerhalten. Die Öffentlichkeit des Weges ist dann allein der Grund, aus dem der Widerkläger herleitet, daß er den Weg über das vom Widerbeklagten zugestandene Maß hinaus benutzen dürfe. Die Prüfung, ob der Weg ein öffentlicher ist oder nicht, ist dann nicht durch die Erhebung eines privatrechtlichen Anspruchs veranlaßt, dient nicht der Entscheidung über einen solchen als Urteilsgrund, sondern sie betrifft den Streitpunkt selbst, und dieser Streit ist im Verwaltungsstreitverfahren zum Austrage zu bringen. Hieran ändert auch der Umstand nichts, daß nicht die Feststellung der Öffentlichkeit des Weges, sondern eine Entscheidung über die Benutzungsbefugnis an demselben begehrt wird. Dadurch, daß in dem Antrage nur die Folgerungen enthalten sind, die sich aus der Eigenschaft des Weges als eines öffentlichen ergeben, erhält das Klagevorbringen noch keinen privatrechtlichen Charakter. Würde im zuständigen Verwaltungsstreitverfahren die Öffentlichkeit des Weges verneint, so könnte damit auch das jetzt dem Widerkläger lediglich wegen der Öffentlichkeit des Weges zugesprochene Recht in Zweifel gezogen werden. ...

2. Der streitige Weg ist angelegt für den eingezogenen Teil eines Interessentenweges. Daraus ergibt sich die Folgerung, daß den Anliegern am neuen Wege das Benutzungsrecht in demselben Umfange zusteht, in welchem es ihnen an dem eingezogenen Wege zugestanden hatte. Interessenten- oder Kulturwege sind zu landwirtschaftlicher Benutzung bestimmt und unterscheiden sich durch diese Beschränkung von den öffentlichen Wegen. Nun hat allerdings der V. Zivilsenat in dem Urteile vom 12. März 1895 (Rep. V. 307/94) ausgesprochen, daß, wenn der Rezeß über die Benutzung solcher Wege beschränkende Anordnungen nicht enthält, sie zu Fuhren aller Art, sofern solche zur Ausübung des Eigentums am anliegenden Grundstück erforderlich werden, gebraucht werden dürfen. Es habe nur jeder Besitzer das zu unterlassen, was die Rechte seiner Mitgenossen zu beeinträchtigen geeignet sei. In einer späteren Entscheidung, dem bei G r u c h o t, Beiträge Bd. 42 S. 1070, abgedruckten Urteile vom 30. April 1898, ist dieser Standpunkt jedoch nicht aufrechterhalten. Es ist dort ausgeführt, daß die im Rezesse dem Wege zugewiesene Bestimmung nicht das Mindestmaß, sondern das ausschließliche Maß der jedem Interessenten an dem Wege zustehende Berechtigung darstelle, und daß deshalb zur landwirtschaft-

lichen Benutzung bestimmte Wege nicht beliebig benutzt werden dürften. Dieselbe Auffassung ist auch in der Literatur vertreten.

Zu vgl. Germershausen, Wegerecht Bd. 1 S. 759; Schulz, Zum Preußischen Wegerecht S. 51.

Der erkennende Senat schließt sich dem an. Die gegenteilige Annahme des Berufungsgerichts findet in den von ihm hervorgehobenen tatsächlichen Umständen, daß es sich hier um Flächen handle, die an die bebauten Teile einer Großstadt anstoßen, und bei denen deshalb an die Stelle der landwirtschaftlichen Benutzung eine andere Verwertung getreten sei, keine rechtliche Stütze. Durch die Benutzung eines zu landwirtschaftlichen Zwecken angelegten Interessentenweges für den Betrieb einer Fabrik überschreitet der Anlieger seine Benutzungsbefugnis, und die hierdurch beeinträchtigten Interessenten, zu denen auch der Eigentümer des Wegefundus gehört, haben hiergegen ein Widerspruchsrecht. ...

**RGZ. 78, 340**

**Haftet für den Schaden, der den Straßenanliegern durch Sperrung eines Eisenbahnüberganges erwächst, nur der Eisenbahnunternehmer, oder auch die Gemeinde?**

VII. Zivilsenat. Urt. v. 9. Februar 1912 i. S. Stadtgemeinde B. (Bekl.) w. B. (Kl.) Rep. VII. 406/11.

I. Landgericht Elberfeld. II. Oberlandesgericht Düsseldorf.

Die H.-Straße in B. wird durch die zweigleisige Staatsbahn Düsseldorf—Hagen in Schienenhöhe gekreuzt. Bis zum Jahre 1905 führte der Verkehr zwischen dem südlichen und dem nördlichen Teile der H.-Straße über die Schienen; im Mai 1905 ließ die Bahnverwaltung den Übergang durch ein Gitter sperren. Zum Ersatze wurde für den Fußgängerverkehr eine Unterführung hergestellt. Der Wagenverkehr wurde in die neu angelegte A.-Straße übergeleitet, in deren Zuge sich eine Brückenüberführung befindet. Der Kläger, der seit Jahren in dem Hause Nr. 16 der H.-Straße ein Bandagen- und Korsettgeschäft betrieb, behauptete, daß infolge Erschwerung des Fußgänger- und Fuhrverkehrs sein Geschäft und sein Grundstück geschädigt werde, und beantragte, sowohl den Eisenbahnfiskus als auch die Stadtgemeinde zum Ersatze dieses Schadens zu verurteilen. Zur Begründung seines Anspruchs machte er u. a. geltend, daß durch die vorgenommene Änderung seine Straßenanliegerrechte verletzt worden seien. Die Beklagten bestritten ihre Ersatzpflicht.

Das Landgericht wies die Klage ab. Auf die Berufung des Klägers wurde der Klaganspruch gegenüber beiden Beklagten für gerechtfertigt erklärt. Auf die Revision der Stadtgemeinde wurde jedoch die Klage gegen diese abgewiesen.

Gründe:

„Der Berufungsrichter geht davon aus, daß zwischen dem Anlieger an einer öffentlichen Straße und deren Eigentümer ein stillschweigender Vertrag bestehe, wonach der Anlieger einen Anspruch darauf habe, daß ihm nicht durch nachträgliche Änderungen der Straße der Zugang zu dieser und der Verkehr mit dem anschließenden Straßennetze dauernd und wesentlich erschwert werde. Er habe insbesondere ein Recht darauf, daß ihm der Zugang zu dem *anschließenden Straßennetze* wenigstens nach einer Seite hin nicht wesentlich beschränkt werde. Dieses Recht sei als ein servitutähnliches Nutzungsrecht an der Straße anzusehen. Ein solches Recht habe auch dem Kläger als Eigentümer des Grundstücks H.-Straße 16 zugestanden. Durch die dauernde Sperrung des Eisenbahnüberganges sei nun zwar der Fußgängerverkehr und der Verkehr mit leichtem Fuhrwerke nicht erschwert worden, wohl aber der Verkehr mit Lastfuhrwerk. Während zweispännige Lastwagen früher über die Bahn hätten hinabfahren können, müßten sie jetzt wenden und die steile Straße wieder hinauffahren, was ohne Vorspann nicht möglich sei. Der dem Kläger dadurch verursachte Schade bestehe darin, daß die Güter-An- und -Abfuhr verteuert und der Kaufwert des Hauses vermindert worden sei.

Der Berufungsrichter ist nun der Meinung, daß für diesen Schaden nicht nur der Eisenbahnfiskus, sondern auch die Stadtgemeinde B. aufzukommen habe. Der Fiskus sei der unmittelbare Urheber der Schädigung, aber die Stadt habe die schädigende Handlung veranlaßt. Sie habe den Fiskus, der sich Jahre lang gegen die Sperrung gesträubt habe, immer wieder gedrängt und schließlich auch ihr Ziel erreicht. Zu den Kosten habe sie einen erheblichen Beitrag geleistet. Den Schaden habe sie vorhergesehen. In der Stadtverordnetenversammlung vom 14. September 1897 sei beschlossen worden, bei der Eisenbahndirektion wegen der Mißstände in der H.-Straße vorstellig zu werden, obwohl ein Stadtverordneter ausdrücklich darauf aufmerksam gemacht habe, daß durch eine Sperrung des Übergangs eine Entwertung der Grundstücke herbeigeführt werden würde. Einen Vorteil von der Beseitigung des Übergangs habe nicht nur der Fiskus, sondern auch die Stadt gehabt; namentlich komme in dieser Beziehung in Betracht, daß die Stadt nun nicht mehr die fortwährenden Beschwerden von seiten der Bürgerschaft „gegen sich gelten zu lassen" brauche und daß sie jetzt größere Sicherheit für das Leben ihrer Einwohner habe.

Die Revision der Stadtgemeinde vertritt die Ansicht, daß nur der Fiskus für den Schaden haftbar sei. Bei Eingriffen des Staates in Privatrechte sei dasjenige Gemeinwesen ersatzpflichtig, zu dessen Vorteil die Maßregel gedient habe, dem die Erfüllung einer zu seinem Pflichtenkreise gehörigen Aufgabe habe ermöglicht werden sollen. Im vorliegenden Falle sei die Schließung der Straße erfolgt, um den Eisenbahnbetrieb zu erleichtern, sowie um die mit dem Niveauübergange verbundenen Gefahren für den Straßenverkehr zu beseitigen, und diese Aufgaben gehörten zum Pflichtenkreise des Eisenbahnfiskus. Die Stadt habe zwar im allgemeinen für die Sicherheit des Straßenverkehrs zu sorgen; aber die Eisenbahnübergänge seien ausgenommen, hier unterliege Eisenbahn- und Straßenverkehr ausschließlich der Regelung durch die Bahnverwaltung, weil beide Teile des Verkehrs nur einheitlich geregelt werden könnten. Demnach habe die Schließung der H.-Straße ausschließlich zum Vorteile des Eisenbahnfiskus stattgefunden.

Die Revision muß für begründet erachtet werden.

Nicht zu beanstanden ist die Annahme des Berufungsrichters, daß auch im früheren Gebiete des Rheinischen Rechts das Benutzungsrecht der Anlieger an städtischen Straßen Anerkennung gefunden hat und daß auch hier bei Eingriffen in dieses Recht der Grundsatz gilt, daß dasjenige Gemeinwesen ersatzpflichtig ist, zu dessen Vorteile der Eingriff diente.

Vgl. Entsch. des RG.'s in Zivils. Bd. 10 S. 271, Bd. 64 S. 185.

Nicht beizutreten ist aber der Ansicht, daß danach im vorliegenden Falle außer dem Eisenbahnfiskus auch die Stadt B. ersatzpflichtig sei. Zwar ist nicht zu bezweifeln, daß die Sperrung der H.-Straße mittelbar auch ihr zustatten kam, insofern als Ersatz für den gefährlichen und häufig geschlossenen Übergang eine völlig gefahrlose und jederzeit passierbare Unterführung für Fußgänger und eine neue Straße mit Überbrückung der Bahn für Fuhrwerk hergestellt wurde. Zur Begründung eines Ersatzanspruchs gegen sie ist das aber nicht ausreichend. Entscheidend muß sein, daß die Eisenbahnverwaltung die Unternehmerin ist und daß ihre Anlage den öffentlichrechtlichen Schutz genießt, aus dem die Beschränkung des Klägers bezüglich seines Anliegerrechts entspringt. Wie der Eisenbahnfiskus allein haftbar sein würde, wenn die Sperrung der Straße gleich bei der ersten Herstellung der Bahn erfolgt wäre (Entsch. des RG.'s in Zivils. Bd. 44 S. 328), so muß seine ausschließliche Haftbarkeit auch angenommen werden, wenn sich die Notwendigkeit einer solchen Maßnahme erst später herausstellt, mag den Anlaß dazu eine Erweiterung oder Verbesserung des Unternehmens, oder die Rücksicht auf den sonstigen Verkehr, insbesondere auf die Bedürfnisse des Straßenverkehrs, bilden.

Es ist deshalb auch ohne Belang, ob die Bahnverwaltung zur Vornahme der den Kläger beschwerenden Änderung von anderer Seite, insbesondere von der Stadtgemeinde gedrängt worden ist und ob diese einen erheblichen Teil der Kosten übernommen hat; für die Frage der Ersatzpflicht kommt es nur darauf an, wer den Schutz der schädigenden Einrichtung genießt und in wessen Interesse der Anlieger seine Privatrechte aufopfern muß. Gerade dieser Schutz stellt den Vorteil dar, nach dem sich die Person des Ersatzpflichtigen bestimmt. Haben außer dem Geschützten auch andere, seien es öffentliche Korporationen, oder Privatpersonen, Nutzen von der staatlich geschützten Einrichtung, z. B. weil diese nur unter der Bedingung der Herstellung einer neuen und bessern Straßenverbindung genehmigt wurde, so ist doch dieser Nutzen für die Begründung einer Ersatzpflicht ebensowenig von Erheblichkeit, wie der Nutzen, der bei Anlegung einer Eisenbahn den von ihr berührten Ortschaften dadurch erwächst, daß sie eine Bahnverbindung erhalten ..."

**RGZ. 99, 12**

**Wegerecht. Alte Wege. Beweislast für ihre Öffentlichkeit.**

*Alter Leitsatz:*

1. *Ist der Prozeßrichter durch verwaltungsgerichtliche Entscheidungen, die die Öffentlichkeit eines von der Wegepolizeibehörde für den öffentlichen Verkehr in Anspruch genommenen Weges bejaht haben, gehindert, im Entschädigungsprozesse die Öffentlichkeit zu verneinen?*
2. *Voraussetzungen der Öffentlichkeit von Wegen, insbesondere nach rheinischem Wegerecht.*
3. *Beweislast für die Öffentlichkeit.*

Preuß. Zuständigkeitsgesetz vom 1. August 1883 § 56 Abs. 4, 8; Preuß. Gesetz über die Zulässigkeit des Rechtswegs in Beziehung auf polizeiliche Verfügungen vom 11. Mai 1842 § 4.

VII. Zivilsenat. Urt. v. 23. April 1920 i. S. der Gemeinde Schn. (Bekl.) w. M. (Kl.). VII 481/19.

I. Landgericht Cleve. II. Oberlandesgericht Düsseldorf.

Die Kläger sind Eigentümer des L.-Hofes, der in der beklagten Gemeinde zwischen dem Kirchdorfe Qu. und östlich davon gelegenen kleineren Ortschaften sich erstreckt und von ihnen wie von ihren Vorbesitzern seit 1867 verpachtet ist. Über die zu diesem Hofe gehörigen Wiesen- und Weideparzellen führt seit langen Jahren ein Fußpfad, der den Fahrweg zwischen Qu. und den vorbezeichneten Ortschaften um 20 bis 30 Minuten abkürzt. Er ist von den Bewohnern der bezeichneten Siedelungen seit vielen Jahrzehnten, mindestens seit Anfang der 1840er Jahre, allgemein als Kirchweg nach Qu., zu Versehgängen des Pfarrers, zum Tragen von Täuflingen und Kindesleichen, in älterer Zeit auch wohl zum Tragen von Getreide zur Mühle bei Sp. und als Schulweg benutzt worden. Es bestand bei den meisten der den Fußsteig benutzenden Personen die

Überzeugung, daß der Pfad öffentlich sei und daß ihnen ein Recht auf dessen Benutzung zustehe; Hindernisse, die die Eigentümer und Pächter des L.-Hofes der Benutzung in den Weg legten, wurden wieder beseitigt. Doch war der Pfad weder in den Wegelagerbüchern der beklagten Gemeinde noch im Kataster verzeichnet, er fehlt auch in einem Versteigerungsprotokoll vom 30. August 1810, das zwar andere Wegelasten, nicht aber den hier in Rede stehenden Fußsteig nachweist. Urkundlich erscheint der Weg vielmehr erst in dem bei der preußischen Landesaufnahme im Jahre 1892 hergestellten Meßtischblatt. Er wurde dann im Anfang des laufenden Jahrhunderts bei dem Eisenbahnbau, der ungefähr die gleiche Richtung nahm, durch teilweise Verlegung seiner Spur und durch Herstellung eines Eisenbahnüberganges berücksichtigt.

Als im Jahre 1906 die Kläger von neuem den Weg sperren ließen, erging an sie am 4. März 1906 von seiten der Beklagten die wegepolizeiliche Verfügung, durch Fortschaffung der Wegehindernisse den Fußpfad für den ungehinderten Verkehr wieder freizugeben. Ihrer Klage im Verwaltungsstreitverfahren wurde vom Kreisausschuß durch Aufhebung der polizeilichen Verfügung stattgegeben, auf die Berufung der Beklagten aber wurde durch Urteil des Bezirksausschusses unter Abänderung der Vorentscheidung die Klage abgewiesen, weil der Fußweg auf Grund der vorgenommenen Beweisaufnahme für öffentlich erachtet wurde. Dies Urteil wurde vom Oberverwaltungsgericht auf die Revision des Klägers bestätigt.

Die Kläger haben darauf im Einvernehmen mit der Beklagten den Fußweg in der Breite von $1^1/_2$ m festgelegt, aber im Rechtsweg auf Grund des § 56 Abs. 8 ZustG. und des § 4 G. vom 11. Mai 1842 Klage auf Zahlung einer durch Sachverständige festzusetzenden Entschädigung dafür erhoben, daß die Beklagte den klägerischen Grund und Boden für einen öffentlichen Fußweg in Anspuch nehme. Das Landgericht wies die Klage ab, das Oberlandesgericht erklärte den Klageanspruch dem Grunde nach für berechtigt. Die Revision ist ohne Erfolg gebieben.

Aus den Gründen:

. . . „Das Landgericht hatte angenommen, daß die gesetzlichen Voraussetzungen des Entschädigungsanspruchs aus § 56 Abs. 8 ZustG. und § 4 G. vom 11. Mai 1842 nicht vorlägen, weil die Urteile der Verwaltungsgerichte, die den Fußpfad für öffentlich erklärt hätten, keinen Eingriff in bestehende Privatrechte enthielten; sie stellten die bereits vorhandene Öffentlichkeit nur fest, hätten aber keine rechtsbegründende Bedeutung. Das Oberlandesgericht hat diesen Abweisungsgrund für unzutreffend erklärt. Auf die Bedeutung der Urteile im Verwaltungsstreitverfahren komme es nicht an, denn den

Eingriff in die Privatrechte enthalte gegebenenfalls schon die im Verwaltungsstreitverfahren aufrechterhaltene wegepolizeiliche Verfügung vom 4. März 1906. Die nach § 56 Abs. 4 Satz 2 ZustG. im Verwaltungsstreitverfahren getroffene Entscheidung, daß der durch die wegepolizeiliche Verfügung für den allgemeinen Verkehr in Anspruch genommene Weg schon vorher öffentlich gewesen, sei für die Gerichte, die über die Entschädigungsfrage im Rechtswege zu befinden hätten, nicht bindend. Vielmehr hätten diese die Frage, ob der Weg schon vorher öffentlich gewesen, selbständig zu prüfen und könnten dabei zu einer von den Verwaltungsgerichten abweichenden Auffassung gelangen. *Die Möglichkeit einer solchen* abweichenden Auffassung sei die Voraussetzung für den vom Gesetzgeber dem Rechtswege vorbehaltenen Entschädigungsanspruch.

Diese Ausführungen enthalten keinen Rechtsirrtum, sie sind vielmehr für zutreffend zu erachten. Der angeführte § 56 betrifft neben den wegepolizeilichen Anordnungen über Wegebau und Wegeunterhaltung den Erlaß solcher Anordnungen, die einen Weg für den öffentlichen Verkehr „in Anspruch nehmen". Unter dieser Inanspruchnahme[1]) ist nicht die „Umwandlung" eines anerkannt privatrechtlichen Weges in einen öffentlichen zu verstehen, denn diese könnte nur im Wege der Enteignung[2]) vorgenommen werden. Vielmehr handelt es sich dabei notwendig um Wege, die zwar die Wegepolizeibehörde als öffentlich betrachtet, deren Öffentlichkeit aber infolge der Geltendmachung von Privatrechten bestritten ist (vgl. Germershausen, Wegerecht und Wegeverwaltung in Preußen, 3. Aufl., Bd. 1 § 44 S. 696 ff.; Ecker, Rheinisches Wegerecht, § 67 a S. 261 ff., § 110 S. 376). Ein Fall solcher Art ist namentlich der hier in Rede stehende, wo die Beseitigung privater Wegesperren oder Warnungszeichen mit der wegepolizeilichen Verfügung begehrt wird (Germershausen a. a. O. S. 698 Anm. 10, 11; Ecker a. a. O.). Die nach § 56 ZustG. im Verwaltungsstreitverfahren zu treffende Entscheidung hat deshalb sowohl über die behauptete Öffentlichkeit des Weges (Abs. 4 Satz 2) als auch über die damit im Widerstreite stehenden Privatrechte zu entscheiden. Sie hat aber, wie das preußische Oberverwaltungsgericht, im Gegensatze zu seiner früheren Auffassung, in dem Urteil Entsch. Bd. 35 S. 285 und in späteren Entscheidungen (vgl. Germershausen a. a. O. S. 705 Anm. 5) angenommen hat, wenn sie die Öffentlichkeit bejaht, nicht die Bedeutung, diese Öffentlichkeit ein für allemal und allgemein festzu-

[1]) Anmerkung des Bearbeiters: Vgl. zum Begriff der wegerechtlichen Inanspruchnahmeverfügung Reuß: JW. 1937 S. 2164—2166 und PrOVG. Bd. 102 S. 193 ff. Nr. 35.

[2]) Anmerkung des Bearbeiters: Vgl. RVG. Bd. 2 S. 42 ff. Nr. 10, bes. S. 46.

stellen. Ihre Bedeutung beschränkt sich vielmehr auf die Aufrechterhaltung der einzelnen polizeilichen Verfügung, bei der die Öffentlichkeit als Inzidentpunkt in Betracht kommt. Sie ist auch für die Gerichte nur insofern maßgebend, als der durch die aufrechterhaltene polizeiliche Verfügung geschaffene Rechtszustand im Rechtswege nicht beseitigt werden kann. In der den Gerichten vorbehaltenen Entschädigungsfrage aber haben diese freie Hand und sind in der Lage, die Frage der Öffentlichkeit abweichend von den Verwaltungsgerichten zu beantworten (vgl. Urteil des Reichsgerichts vom 12. Februar 1892 III 219/91 im Preuß. Verwaltungsblatt Bd. 13 S. 259). *Erwünscht mag dieser Rechtszustand nicht sein* (Germershausen a. a. O. S. 708), er ist aber die Folge der gesetzlichen Vorschriften, da eine Entschädigung ohne Widerspruch mit den im Verwaltungsstreitverfahren ergangenen Entscheidungen nicht möglich ist.

In der Sache selbst ist der Berufungsrichter zu einer von den Verwaltungsgerichten abweichenden Auffassung über die Öffentlichkeit des von der Wegepolizeibehörde in Anspruch genommenen Fußpfades gelangt und hat infolgedessen die Beklagte für entschädigungspflichtig erachtet. Er ist mit Recht davon ausgegangen, daß gegenüber dem unstreitigen Eigentum der Kläger an den Wiesen- und Weideparzellen, über die der Fußpfad führt, der Beklagten die Beweislast für die von ihr behauptete Öffentlichkeit des Weges obliegt (Germershausen a. a. O. S. 703 Anm. 10 und die dort angeführten Urteile des Ober-Verw.-Ger.; Urteil des Reichsgerichts vom 23. Mai 1908 V 370/07 im Rheinischen Archiv Bd. 106 II 241).

Den Beweis hat der Berufungsrichter nicht für geführt erachtet, weil er vor allem den Nachweis vermißt hat, daß der Weg von seiten der Eigentümer (der Kläger und ihrer Rechtsvorgänger) dem öffentlichen Verkehr gewidmet worden sei. Zur Entstehung eines öffentlichen Weges ist ebenso wie in den anderen preußischen Landesteilen auch nach rheinpreußischem Wegerechte das ausdrückliche oder stillschweigende Zusammenwirken aller Beteiligten, des Eigentümers, des Wegebaupflichtigen und der Wegepolizeibehörde, erforderlich (Germershausen a. a. O. S. 11/12; Entsch. des Oberverwaltungsgerichts Bd. 27 S. 215/20 und die dort angeführten früheren Urteile; Urt. des Reichsgerichts V 370/07). Davon fehlt im vorliegenden Falle, vor der den Weg in Anspruch nehmenden polizeilichen Verfügung, schon jede Mitwirkung der wegebaupflichtigen Gemeinde (Ecker, Rhein. Wegerecht S. 320) und der Wegepolizeibehörde, die mit dem in Rede stehenden Fußsteige nie etwas zu tun hatten. Doch ist der Berufungsrichter hierauf nicht näher eingegangen. Er hat nur die Beteiligung der Eigentümer erörtert und festgestellt, daß diese sowie deren Pächter seit vielen Jahrzehnten vor dem Erlaß der wegepolizeilichen Anordnung es haben geschehen lassen, daß der Fußpfad nicht bloß von den Bewohnern bestimmter Höfe, sondern allgemein von den Bewohnern der beteiligten Ortschaften für kirchliche und andere Zwecke benutzt wurde. Die Kläger hätten auch, wie er weiter ausgeführt hat, in der Verhandlung vor dem Kreisausschuß in Cleve am 7. März 1907 zugestanden, „daß der Weg von alters her von den Bewohnern und allgemein als öffentlicher Weg benutzt worden sei", darin aber sei im Hinblick auf den sonstigen Inhalt der verwaltungsgerichtlichen Akten ein verpflichtendes Anerkenntnis der von den Klägern bestrittenen Öffentlichkeit des Weges nicht zu finden und ebensowenig den festgestellten Tatsachen eine stillschweigende Widmung des Weges für den öffentlichen Verkehr zu entnehmen. Denn während der ganzen Zeit dieser Benutzung des Fußweges hätten die Vorbesitzer der Kläger und diese selbst die Benutzung, freilich vergeblich, zu verhindern gesucht und ihre Verwalter und Pächter in dieser Beziehung mit Anweisung versehen. Daß diese Bemühungen ohne Erfolg geblieben, sei auf die Abgelegenheit der Wiesen von den Wohn- und Wirtschaftsgebäuden, nicht aber etwa darauf zurückzuführen, daß die Eigentümer den Widerstand gegen die Benutzung des Weges aufgegeben hätten. Am Eingange des Weges in die Wiesenparzellen der Kläger habe sich früher ein Hecken, d. h. eine Pfahlsperre mit herausnehmbaren Pfählen befunden, später sei an dessen Stelle ein Türchen angebracht worden, das aber von hoffremden Leuten wieder entfernt worden sei. Ein dann hergestelltes Drehkreuz (Haspel) sei nach $1^1/_2$ Jahren ebenfalls beseitigt worden. Nicht anders sei es einer früher einmal über den Weg gelegten Egge ergangen. Aus alledem sei nicht ein Einverständnis der Eigentümer mit der öffentlichen Benutzung des Weges. sondern das Gegenteil zu folgern.

Die Revision hat diese Ausführungen angegriffen und zu widerlegen versucht, von einem Rechtsirrtum des Berufungsrichters kann indessen keine Rede sein und seine tatsächliche Würdigung entzieht sich der Nachprüfung in der Revisionsinstanz. Daß es den Klägern und ihren Vorbesitzern bei ihrem Widerstande gegen die allgemeine Benutzung des Fußweges ernstlich um die Verhinderung dieser Benutzung zu tun war, hat der Berufungsrichter zur Genüge festgestellt, und ebenso hat er den schon in den Vorinstanzen vorgebrachten Einwand der Beklagten erörtert, daß die Anbringung des Heckens, des Türchens und der Haspel Maßregeln zur Erhaltung des Weges gewesen seien. Erhalten sollte offenbar nach der Willensmeinung der Eigentümer der Fußsteig werden, aber nicht als öffentlicher. Dies machte für jedermann schon die Anbringung dieser Verschlüsse bemerkbar (vgl. Ecker a. a. O. S. 316 und Merlin, répertoire, mot: chemin, der Torgitter für ein monument toujours subsistant et réclamant contre la publicité du chemin erachtet).

Die Ausführungen der Revision laufen darauf hinaus, daß die durch viele Jahrzehnte fortgesetzte freie und im wesentlichen ungehinderte Benutzung des Weges allein schon genügt, um die Öffentlichkeit dieses Weges zu begründen. Dies ist aber, wie nicht nur von den Verwaltungsgerichten, sondern auch vom Reichsgericht in ständiger Rechtsprechung angenommen worden ist, unzutreffend (vgl. RGZ. Bd. 76 S. 257, Bd. 48 S. 299; Gruchot Bd. 40 S. 1173; Jur. Wochenschr. 1908 S. 438 Nr. 19)."

***RGZ. 123, 181***

**Muß der Eigentümer einer öffentlichen Straße eine in den Luftraum über der Straße hineinragende, polizeilich genehmigte Lichtreklameanlage eines Straßenanliegers dulden?**

BGB. § 905 Satz 2; Pr.ALR. §§ 78 ff. I 8, § 7 II 15; GVG. § 13.

V. Zivilsenat. Urt. v. 16. Februar 1929 i. S. M. u. Co. (Kl.) w. Stadtgemeinde B. (Bekl.). V 40/28.

I. Landgericht I Berlin. II. Kammergericht daselbst.

Die Klägerin hat an ihrem in Berlin Ecke Leipziger- und Markgrafenstraße gelegenen Hause, in dem sie ein Seidengeschäft betreibt, mit polizeilicher Genehmigung einen Lichtreklamekasten angebracht, der senkrecht zur Hausseite in der Leipziger Straße in einer Breite von ungefähr 1,20 m über den Bürgersteig der im Eigentum der Beklagten stehenden Straße hinausragt. Der Kasten beginnt über der Decke des zweiten Stockwerks in einer Höhe von etwa 10 m über der Straße und steigt bis etwa zur Decke des vierten Stockwerks auf. Die Beklagte hat der Klägerin mitgeteilt, sie erachte sich als Eigentümerin des Straßengeländes zur Untersagung dieser sich über ihr Eigentum erstreckenden Anlage für befugt und werde sie nur gegen Erlegung einer jährlich zu zahlenden Gebühr gestatten. Darauf hat die Klägerin Feststellung begehrt, daß die Beklagte nicht berechtigt sei, den Lichtreklamestreifen zu beseitigen oder seine Beseitigung zu verlangen. Sie meint, die Beklagte dürfe ihr Eigentumsrecht am Straßengelände nur in den durch das Gemeinwohl gesteckten Grenzen ausüben und müsse sich jede Einwirkung gefallen lassen, die vernünftigerweise und nach dem allgemeinen Gang der Entwicklung nicht als unzulässige Beeinträchtigung des Eigentums angesehen werden könne, wie dies für ihren Reklamekasten zutreffe. Das Landgericht hat festgestellt, daß die Beklagte nicht berechtigt sei, das Lichtreklameschild der Klägerin zu beseitigen oder von der Klägerin seine Beseitigung zu verlangen. Das Kammergericht hat die Klage abgewiesen. Die Revision der Klägerin führte zur Wiederherstellung des ersten Urteils.

Gründe:

Die beiden Vorinstanzen haben die Zulässigkeit der Lichtreklameanlage der Klägerin wesentlich nur aus dem Gesichtspunkt des § 905 Satz 2 BGB. geprüft und dazu erörtert, ob sich die Anlage in einer solchen Höhe über der Grundstücksoberfläche befinde, daß die Beklagte an der Ausschließung kein Interesse habe. Das Landgericht hat ein solches Interesse verneint, das Kammergericht hat es bejaht. Das Kammergericht meint, ein Interesse der Beklagten an der Verbietung des Eingriffs ergebe sich schon daraus, daß sie den Luftraum durch Vermietung ausnutzen wolle und dies auch könne, weil die Klägerin mit ihrer Anlage den Gemeingebrauch der Straße über die Interessen der Allgemeinheit hinaus ausnutzen wolle.

Mit Grund bezeichnet die Revision diese Ausführungen des Berufungsurteils als rechtsirrig. Das Ausschließungsinteresse gegenüber der Einwirkung im Sinne des § 905 Satz 2 BGB. kann nur begründet werden durch eine Beziehung zur Benutzung des Grundstücks. Nur solche Einwirkungen sind gestattet, an deren Ausschließung der Eigentümer wegen ihrer Entfernung von der Oberfläche kein Interesse hat. Nicht aber genügt ein Interesse, das der Eigentümer lediglich dahin begründen würde, daß er für die Gestattung der Einwirkung sich eine Vergütung ausbedingen könnte (Gruch. Bd. 58 S. 201; JW. 1928 S. 502).

Indessen läßt sich doch nach der örtlichen Lage, wie sie vom Vorderrichter tatsächlich festgestellt ist, eine Anwendung des § 905 Satz 2 BGB. zugunsten der Klägerin nicht begründen. Die Feststellungen ergeben, daß der Lichtreklamekasten von erheblicher Größe ist und sich in einer Ausdehnung von etwa 10 bis 20 m von der Grundstücksoberfläche aus gemessen innerhalb der Häuserreihe über der Straße befindet. Für die Beurteilung der Frage, ob der Eigentümer an der Ausschließung ein Interesse hat, kommt es aber nach anerkannter Rechtsprechung nicht nur auf die augenblicklichen Verhältnisse an, sondern es ist auch die Möglichkeit künftiger Änderung nicht außer Betracht zu lassen. Hier handelt es sich nicht nur, wie die Revision meint, um eine theoretische Zukunftsmöglichkeit, sondern es liegt keineswegs fern, daß die Beklagte innerhalb des Straßenraums noch im Bereich der angrenzenden Häuser selbst irgendwelche Anlagen machen oder durch andere machen lassen möchte, denen der Reklamestreifen hinderlich sein könnte. Die Entfernung der Anlage von der Grundstücksoberfläche ist keineswegs so groß, daß aus diesem Grunde die Beklagte sie gestatten müßte.

Aber zu einem der Klägerin günstigen Ergebnis führt die Betrachtung der Sache aus einem vom Berufungsrichter nur nebenbei berührten, von der Revision in zweiter Linie angeführten Gesichtspunkt, nämlich wegen der aus der Widmung der Straße für den öffentlichen Verkehr sich gegen den Straßeneigentümer ergebenden Beschränkung. Wenn — so angesehen — die Klägerin mit ihrem Feststellungsbegehren geltend macht, daß ihr auf Grund einer sich aus dieser Beschränkung ergebenden Befugnis die Anlage zu gestatten sei, so erhebt sich zunächst die Frage der Zulässigkeit des Rechtswegs. Die Frage der allgemeinen, nicht auf besonderem privatrechtlichen Rechtstitel beruhenden Gebrauchsbefugnis an einem öffentlichen Wege gehört dem öffentlichen Recht an. Trotzdem liegt hier eine bürgerliche Rechtsstreitigkeit vor. Die Beklagte macht mit ihrer Untersagung der Reklameanlage einen negatorischen Eigentumsanspruch geltend. Gegen diesen wendet sich die Klägerin mit negativer Feststellungsklage. Der Eigentumsanspruch liegt durchaus auf privatrechtlichem Gebiet. Diesem wird die Streitigkeit nicht dadurch entrückt, daß die Klägerin die von ihr beanspruchte Eingriffsbefugnis dem öffentlichen Recht entnimmt (JW. 1889 S. 88 Nr. 14; Kompetenzgerichtshof im Preuß. Verwaltungsblatt Bd. 19 S. 358). Hieran wird dadurch nichts geändert, daß die Klägerin angriffsweise gegen den Anspruch vorgeht, dessen sich die Beklagte berühmt. Die Feststellungsklage ergibt lediglich eine Verschiebung der Parteirollen, ändert aber sonst nichts am Wesen dieses bürgerlichrechtlichen Streits.

Die zu entscheidende sachliche Frage ist die, ob dem Anlieger an einer öffentlichen Straße infolge der Bestimmung der Straße für den öffentlichen Verkehr die Befugnis zur Haltung einer solchen Lichtreklame im Luftraum über dem Bürgersteig zusteht, wenn sie polizeilich genehmigt ist und den Verkehr nicht behindert; ob also das Eigentum am Straßengelände durch die Widmung für den öffentlichen Verkehr derart beschränkt worden ist, daß diese Anlage geduldet werden muß. Allerdings stehen die öffentlichen Straßen im Privateigentum bestimmter Rechtssubjekte. Aber deren Eigentum ist dadurch beschränkt, daß die Straßen für den öffentlichen Gebrauch bestimmt worden sind. Der § 7 ALR. II 15 sagt: „Der freie Gebrauch der Land- und Heerstraßen ist einem jeden zum Reisen und Fortbringen seiner Sachen gestattet." Der Gemeingebrauch an der Straße ist indessen nicht beschränkt auf den so umschriebenen Verkehr im engsten Sinne, sondern die Straße dient kraft ihrer öffentlichen Widmung auch sonstigem allgemein ausgeübtem Gebrauch. Dabei sind die Straßenanlieger auf Grund ihres räumlichen Verhältnisses zur Straße in gesteigertem Maß zu deren Benutzung imstande und auf deren Inanspruchnahme angewiesen.

In dieser Richtung kommen für das Gebiet des preußischen Allgemeinen Landrechts, also auch für die Stadt Berlin, die Bestimmungen der §§ 78 bis 82 ALR. I 8 in Betracht. Dort ist vorgeschrieben, daß der Hauseigentümer Erker und in die Straße hinein sich erstreckende Schilder — weiter auch andere, hier nicht interessierende Einrichtungen — nur mit polizeilicher Erlaubnis anlegen, übrigens aber den Bürgersteig nutzen dürfe, soweit dies ohne Verengung, Verunreinigung und Verunstaltung der Straße geschehe; alles dies nach näheren Vorschriften der Polizeigesetze eines jeden Orts. Diese Vorschriften sind öffentlichrechtlicher Natur. Sie stehen im Gesetz unter der Überschrift „Einschränkungen des Eigentümers bei dem Bauen" und geben in erster Linie baupolizeiliche Vorschriften. Der verkehrspolizeiliche Grundsatz der Offenhaltung der Straße wird dabei zur Geltung gebracht; weiter ist vorgeschrieben, wie weit der Straßenanlieger in der Benutzung der Straße gehen darf. Diese Anliegerbefugnis zur Benutzung fremden Eigentums hat ihre Grundlage in der Zweckbestimmung der Straße und muß im übrigen die Schranken örtlicher Polizeivorschriften einhalten. Als öffentlichrechtliche Bestimmungen sind die §§ 78 bis 82 ALR. I 8 auch jetzt noch in Geltung (Art. 55 EG. z. BGB.; vgl. auch Art. 89 Nr. 1 b Pr. AG. z. BGB). In der Entscheidung des erkennenden Senats in RGZ. Bd. 30 S. 245 ist ausgesprochen worden, daß dem Straßenanlieger nach den §§ 79 bis 81 ALR. I 8 unter gewissen Voraussetzungen eine beschränkte Benutzung der Straße zu Privatzwecken gestattet ist und daß sich der solchergestalt gesetzlich begründeten Einschränkung des Eigentums an öffentlichen Straßen derjenige unterwirft, der sein Grundeigentum zur öffentlichen Straße bestimmt. Die weiter in jener Entscheidung ausgesprochene Meinung, der Straßenanlieger habe nach polizeilicher Genehmigung dem Straßeneigentümer gegenüber auch privatrechtlich die Berechtigung zu der genehmigten Grenzüberschreitung, kann allerdings nicht aufrechterhalten werden. Es handelt sich dabei vielmehr um eine auf dem Gebiet des öffentlichen Rechts liegende Befugnis des Straßenanliegers, die das am Straßengelände bestehende Privateigentum des Straßeneigentümers einschränkt, und um einen Ausfluß des „Gemeingebrauchs" an der Straße. Höher als diese Befugnis des einzelnen stehen die allgemeinen Anforderungen des Verkehrs; sie muß diesen weichen, wenn ihre Ausübung mit der Verkehrsentwicklung nicht mehr vereinbar sein sollte.

Unter die Vorschrift des § 80 ALR. I 8, wonach der Straßenanlieger bestimmte Einrichtungen im Luftraum über der Straße halten darf, wenn sie polizeilich genehmigt sind, fällt auch der Lichtreklamekasten der Klägerin. Eine solche auf der fortgeschrittenen technischen Entwicklung beruhende Anlage konnte selbstverständlich in der alten landrechtlichen Bestimmung nicht genannt sein. Aber sie entspricht in ihrem Wesen, der äußeren Gestaltung, wie auch ihrem Zweck nach durchaus den dort genannten Einrichtungen eines Erkers und eines sich in die Straße hinein erstreckenden Schildes. Deswegen ist sie bei sinngemäßer Auslegung des Gesetzes, wie sie die Entwicklung des Verkehrs und der Technik erfordert, mit unter diese Vorschrift zu begreifen. Daß die Lichtreklameanlage dem Straßenverkehr und anderen dort befindlichen Anlagen nicht hinderlich ist, ergibt sich daraus, daß sie die polizeiliche Genehmigung gefunden hat. Auch das Fluchtliniengesetz vom 2. Juni 1875 steht einer Überschreitung der Baufluchtlinie auf Grund des § 80 ALR. I 8 nicht entgegen (RGZ. Bd. 30 S. 249). Das Ergebnis aus den erörterten landrechtlichen Vorschriften ist die Zulässigkeit der baupolizeilich genehmigten Lichtreklameanlage der Klägerin und eine hierdurch bewirkte Einschränkung der Eigentümerbefugnisse der Beklagten.

Im übrigen legen die erörterten landrechtlichen Vorschriften in der hier in Betracht kommenden Beziehung als Gesetzesinhalt nur das fest, was sich schon nach allgemeinen Rechtsgrundsätzen aus der Widmung der Straße für den öffentlichen Verkehr als „Gemeingebrauch" am öffentlichen Wege zugunsten der Straßenanlieger ergeben würde. Der Begriff des „Gemeingebrauchs" wird umschrieben als der „kraft öffentlichen Rechts einem jeden offenstehende freie Gebrauch der Wege für den Verkehr innerhalb der besonderen Bestimmungen der einzelnen Wege und innerhalb der verkehrsüblichen Grenzen" (so Germershausen-Seydel Wegerecht 4. Aufl. S. 74), als „der Gebrauch am öffentlichen Wege, der jedermann daran zusteht, der aber in dem gleichen Recht aller übrigen seine natürliche Schranke findet" (so RG. in JW. 1928 S. 502 = WarnRspr. 1926 Nr. 158). Die Grenzen des zulässigen Gemeingebrauchs stehen nicht ein für allemal fest, sind vielmehr örtlich und namentlich nach der Entwicklung der Verkehrsverhältnisse verschieden. Die Bestimmung der Straße für den öffentlichen Gebrauch ist nicht auf den Verkehr im unmittelbaren Sinne, auf den Gebrauch „zum Reisen und Fortbringen von Sachen" beschränkt. Vielmehr hat die Straße, soweit es mit diesem Gebrauch vereinbar ist und keine polizeilichen Gesichtspunkte entgegenstehen, auch den aus dem geschäftlichen Verkehr der Anlieger erwachsenen Bedürfnissen zu genügen. Dazu gehören Ankündigungen an das Publikum. Solche haben stets in den Luftraum der Straße hinein durch jeden stattgefunden, für den dies Zweck hatte und der dazu infolge der Lage seines Hauses imstande war, in ihrer Art wechselnd je nach den Zeitverhältnissen. Verkehr und Technik haben sich auf die Lichtreklame hin entwickelt. Ein Eingriff in den Straßenkörper selbst, wie beispielsweise beim Legen von Straßenbahnschienen (RGZ. Bd. 88 S. 14), findet dabei nicht statt. Aus diesen Gründen muß die Straße kraft ihrer öffentlichen Widmung solchem Gebrauch dienen, solange das mit ihren sonstigen Zwecken vereinbar ist. Entscheidend für die Grenzen des zulässigen Gemeingebrauchs, die wandelbar sind, ist die allgemeine und regelmäßige Gestaltung des Verkehrs. Die von der Klägerin ausgeübte Lichtreklame entspricht, auch ihrer Art und ihrem Umfange nach, der neuzeitlichen Entwicklung des geschäftlichen Verkehrs, wie er sich in der Öffentlichkeit auf der Straße abspielt. Sie steht mit den sonstigen Zwecken der Straße nicht in Widerstreit; insbesondere ist sie dem Verkehr nicht hinderlich. Deswegen führt auch, abgesehen von den gesetzlichen Vorschriften des preußischen Landrechts, die Zweckwidmung der Straße dazu, dem Anlieger solche Befugnis zuzugestehen. Der Straßeneigentümer muß die sich aus der Ausübung solcher Befugnis ergebende Beschränkung seines Privateigentums als Ausfluß des Gemeingebrauchs dulden.

**RGZ. 132, 398**

**1. Muß der Eigentümer einer öffentlichen Straße ein in den Luftraum über der Straße hineinragendes, polizeilich genehmigtes Vordach vor einem Hauseingang dulden?**

**2. Zur Auslegung des § 80 Preuß. ALR. I 8.**

BGB. §§ 905, 1004. Preuß. ALR. §§ 78 flg. I 8.

V. Zivilsenat. Urt. v. 16. Mai 1931 i. S. Stadtgemeinde B. (Kl.) w. E. (Bekl.). V 235/30.

I. Landgericht I Berlin. II. Kammergericht daselbst.

Der Beklagte hat am Eingang des ihm gehörigen, in der Str.-Straße zu B. gelegenen Hotels mit Genehmigung der Baupolizeibehörde und des Polizeipräsidiums ein Schutzdach anbringen lassen. Dieses erstreckt sich in einer Flächenausdehnung von 25 qm in einer Höhe von 4 bis 5 m über dem Erdboden, von der Hauswand aus freischwebend ohne Stützpfeiler, etwa 4 m weit in das im Eigentum der klagenden Stadtgemeinde stehende Straßengelände hinein über den ganzen Bürgersteig hinweg bis zum Fahrdamm. In früherer Zeit zahlte der Beklagte der Klägerin für das Halten des Schutzdachs eine „Anerkenntnisgebühr". Als die Klägerin eine Jahresgebühr von 500 RM forderte, fand der Beklagte diese zu hoch und bot eine geringere Gebühr an. Da eine Einigung nicht zustande kam, verlangt die Klägerin im Prozeß Entfernung des Schutzdaches; sie will es nur gegen Zahlung einer Jahresgebühr von 500 RM weitergestatten. Der Beklagte stellt sich nun auf den Standpunkt, die Klägerin müsse das Dach ohne Zahlung irgendeiner Gebühr dulden.

Das Landgericht verurteilte zur Beseitigung des Schutzdachs; das Kammergericht wies die Klage ab. Die Revision der Klägerin führte zur Aufhebung und Zurückverweisung.

Gründe:

Die Grundfläche der Str.-Straße steht im Eigentum der Klägerin. Dieses Recht an der Straßenfläche ist echtes Privateigentum, beschränkt durch die Zweckbestimmung der Straße, dem Gemeingebrauch zu dienen. Diese ihren Ausgang vom Privatrecht nehmende Anschauung über das Eigentumsrecht an der Wegefläche wird in der Rechtswissenschaft weit überwiegend, wenn auch nicht durchweg, vertreten (vgl. Fleiner Institutionen des deutschen Verwaltungsrechts 8. Aufl. § 21; Germershausen-Seydel Wegerecht 4. Aufl. § 6; Mayer Deutsches Verwaltungsrecht 3. Aufl. Bd. 2 §§ 35, 36). Die Rechtsprechung der höchsten Gerichte, insbesondere die des Reichsgerichts, ist ihr überall gefolgt (RGZ. Bd. 30 S. 245, Bd. 88 S. 14, Bd. 123 S. 181 und 187, Bd. 125 S. 108; JW. 1928 S. 502 Nr. 35; Pr. OVG. Bd. 28 S. 74, Bd. 35 S. 26, Bd. 74 S. 360). So neuerdings auch für das Gebiet des *rheinischen Rechts*, für das die Rechtslage bisher nicht einheitlich angesehen wurde (RGZ. Bd. 131 S. 264). Zur Straße gehörig und daher im Privateigentum des Straßeneigentümers befindlich ist auch der Luftraum über der Straße; dies jedoch in den Schranken des § 905 Satz 2 BGB. Es besteht kein Anlaß, von dieser Grundauffassung abzugehen, auf der sich die ganze bisherige Rechtsprechung aufbaut.

Der Beklagte greift mit dem den Bürgersteig überragenden Vordach in das Eigentum der Klägerin ein. Hieraus folgt die Berechtigung der Eigentumsfreiheitsklage (§ 1004 BGB.), falls nicht dem Beklagten eine das Eigentum der Klägerin einschränkende, sie zum Dulden des Daches nötigende Befugnis zustehen sollte. Mit Recht nimmt das Kammergericht zugunsten der Klägerin an, dem Klaganspruch stehe die Vorschrift des § 905 Satz 2 BGB. nicht entgegen, wonach der Eigentümer Einwirkungen nicht verbieten kann, die in solcher Höhe vorgenommen werden, daß er an der Ausschließung kein Interesse hat. Die Klägerin kann sehr wohl in der mit in Betracht zu ziehenden Zukunft zu irgendwelchen Anlagen innerhalb des ihr gehörigen Straßenraums veranlaßt sein, die mit dem nur 4 bis 5 m über dem Erdboden befindlichen Vordach in Widerstreit treten würden. Die Entfernung der Anlage von der Grundstücksoberfläche ist nicht so groß, daß die Klägerin aus diesem Grunde an der Untersagung kein Interesse haben sollte.

Zuungunsten der Klägerin führt das Kammergericht aus: Die Einrichtung des Schutzdaches halte sich innerhalb der Grenzen des zulässigen Gemeingebrauchs an der Straße, wie ihn der Beklagte als Anlieger ausüben könne. Denn die neuzeitliche Entwicklung im Hotel- und Theaterwesen habe nicht nur in B., sondern auch in anderen Städten des In- und Auslands dazu geführt, die Eingänge mit derartigen Schutzdächern zu versehen, die den Besuchern den Zutritt auch bei schlechtem Wetter so bequem wie möglich machen. Der Klaganspruch scheitere auch an den für die Stadt B. noch jetzt gültigen Vorschriften der §§ 78 bis 82 I 8 ALR.; das Vordach falle nach Wesen, Umfang und äußerer Gestaltung unter § 80 I 8, wonach der Straßenanlieger bestimmte Einrichtungen im Luftraum über der Straße halten dürfe, wenn sie polizeilich genehmigt seien. Verfehlt sei schließlich die Meinung der Klägerin, ihr stehe deswegen ein Beseitigungsrecht auf Grund vertraglicher Vereinbarung zu, weil der Beklagte bisher für die widerruflich erteilte Genehmigung eine Anerkenntnisgebühr gezahlt habe und sich dessen jetzt weigere.

Diese Ausführungen halten der rechtlichen Nachprüfung nicht durchweg stand.

Gegen die Zulässigkeit des Rechtswegs, auch soweit es sich um die Frage des Gemeingebrauchs handelt, bestehen keine Bedenken (vgl. RGZ. Bd. 123 S. 183). Das Kammergericht geht zutreffend von dem Begriff des Gemeingebrauchs an der Straße aus, der in der Rechtsprechung des Reichsgerichts (namentlich in RGZ. Bd. 123 S. 181 und Bd. 125 S. 108) erläutert ist als der einem jeden kraft öffentlichen Rechts offenstehende freie Gebrauch der Wege für den Verkehr innerhalb der besonderen Bestimmungen der einzelnen Wege und innerhalb der verkehrsüblichen Grenzen. Der Straßenanlieger kann diesen Gemeingebrauch infolge seines räumlichen Verhältnisses zur Straße in ganz besonderem Maß ausüben. Es handelt sich da um einen Gemeingebrauch gerade des Straßenanliegers, an dessen Wesen nichts geändert wird, wenn man ihn als „gesteigerten Gemeingebrauch" (so Fleiner Institutionen 8. Aufl. S. 378) oder als „Anliegernutzung" (so Merkel Anm. in JW. 1929 S. 2342) bezeichnen will. Zutreffend läßt sich das Kammergericht weiter von dem Satz leiten, daß die Grenzen des Gemeingebrauchs nicht ein für allemal feststehen, sondern örtlich und nach der Entwicklung der Verkehrsverhältnisse verschieden sind, daß für die Abgrenzung die allgemeine und regelmäßige Gestaltung des Verkehrs maßgebend ist. Dem Berufungsgericht ist aber nicht zuzustimmen, wenn es schon aus der Tatsache, daß auf Grund neuzeitlicher Entwicklung im Verkehrswesen namentlich bei Hotels und Theatern in B. und in anderen Städten des In- und Auslands die Hauseingänge vielfach mit derartigen Schutzdächern versehen sind, ohne weitere Erörterung entnimmt, auch das Vordach des Beklagten halte sich seiner Art wie seinem Umfang nach innerhalb der Grenzen des Gemeingebrauchs an der Straße. Damit, daß solche Dächer auch anderwärts vorkommen, ist die entscheidende Frage nicht ausreichend beantwortet. Diese geht dahin, ob zur Zeit in B. und in anderen deutschen Großstädten mit gleichliegenden Verhältnissen für große Geschäftsstraßen, wie es die Str.-Straße ist, Verkehrsanschauung und Übung dahin bestehen, daß der Straßeneigentümer solche Einrichtungen ungefragt und unentgeltlich dulden müsse.

Der Umstand, daß auch für Anlagen, die sich innerhalb des Gemeingebrauchs halten, in vielen Fällen mit Rücksicht auf Verkehr und Bebauung polizeiliche Genehmigung notwendig und daß diese hier erteilt ist, kommt dabei nicht in Betracht. Die Frage, ob eine bestimmte Anlage vom Straßeneigentümer als gemeingebräuchlich (hier nicht im Sinne von „allgemein gebräuchlich", sondern „als sich in den Grenzen des Gemeingebrauchs an der Straße haltend") zu dulden ist, kann überhaupt erst dann auftreten, wenn keine Hindernisse polizeilicher Art bestehen. Diese Frage der Gemeingebräuchlichkeit ist zwar auch öffentlichrechtlicher Natur, aber doch von der Frage der polizeilichen Gestattung getrennt zu betrachten. Letztere unterliegt im Gegensatz zur ersteren nicht der Beurteilung durch das Prozeßgericht. Dabei besteht allerdings insofern ein Übergang von polizeilichen Gesichtspunkten zur Frage des Gemeingebrauchs, als Gemeingebräuchlichkeit nur für solche Anlagen anzuerkennen ist, die dem Verkehr in der Straße und anderen dort befindlichen Anlagen nicht hinderlich sind, und als die Stellungnahme der Polizei von wesentlicher Bedeutung für die tatsächliche Beurteilung der Sachlage sein wird, namentlich soweit es sich um die Frage der Vereinbarkeit mit den Anforderungen des Verkehrs handelt.

Von Gemeingebräuchlichkeit einer bestimmten Anlage kann nur dann die Rede sein, wenn der Straßeneigentümer als solcher sie kraft Widmung der Straße für den öffentlichen Verkehr ohne weiteres dulden muß. Der Gemeingebrauch ist seinem Wesen nach unentgeltlich; denn der Eigentümer kann für eine ihm ohnehin obliegende Gestattung keine Vergütung fordern (JW. 1930 S. 1961 Nr. 20; Stammler in Gruch. Bd. 70 S. 146). Soweit das privatrechtliche Eigentum an der Straße durch eine sich in den Grenzen des Gemeingebrauchs haltende Befugnis eines Anliegers eingeschränkt ist, muß der Eigentümer die Einwirkung kraft Widmung des Wegs zum öffentlichen Gebrauch dulden. Daneben kommt eine vertragsmäßige Gestattung gegen Bezahlung nicht in Betracht. Eine privatrechtliche Vereinbarung über die Benutzung seines Eigentums kann der Straßeneigentümer nur insoweit treffen, als die Benutzung über den Gemeingebrauch hinausgeht. Duldung kraft Gemeingebrauchs und Gestattung gegen Vergütung sind Gegensätze.

Es ist zwar nicht zu bezweifeln, daß solche Dächer Einrichtungen sind, die dem Fortschritt des neuzeitlichen Verkehrs und der Entwicklung im Hotelwesen entsprechen; auch nicht, daß sie, wie in B., so auch in anderen Großstädten vielfach üblich sind. Aus diesen Tatsachen kann aber so lange nicht darauf geschlossen werden, daß sich eine solche Einrichtung in den Grenzen des dem Anlieger zustehenden Gemeingebrauchs an der Straße halte, als die nicht fernliegende Möglichkeit offen bleibt, daß sich die Anlieger die Erlaubnis zu solcher Einrichtung allgemein oder doch überwiegend durch Vertragsschluß mit dem Straßeneigentümer verschafft haben. Eine Anlage auf Grund solcher Rechtsverschaffung könnte nicht eine Verkehrsanschauung und Übung des Inhalts bestätigen, daß der Straßeneigentümer sie auf Grund der Widmung der Straße für den öffentlichen Verkehr ohne weiteres dulden müsse. Sie würde vielmehr gegen solche Schlußfolgerung sprechen. Bedenken in der Richtung erweckt gerade im vorliegenden Falle der Umstand, daß der Beklagte seit 1908 eine Gebühr für die Duldung des Schutzdaches gezahlt hat. Demgegenüber hat das Kammergericht die tatsächlichen Grundlagen für die Annahme der Gemeingebräuchlichkeit unzureichend festgestellt. Für die Frage, was in deren Bereich fällt, muß erhellen, was im allgemeinen in ähnlichen Fällen üblich ist. Es ist Aufgabe des Tatrichters, nötigenfalls unter Ausübung des Fragerechts, weitere Aufklärung herbeizuführen über die Beziehungen zwischen Straßeneigentümer und Anlieger in Fällen, wo ähnliche, auch der örtlichen Lage nach zum Vergleich geeignete Anlagen vorhanden sind. Es wird dabei in Frage kommen, ob sie, polizeiliche Genehmigung vorausgesetzt, in ähnlicher örtlicher Lage überwiegend und üblicherweise vom Straßeneigentümer ohne weiteres zugelassen und geduldet werden oder ob der Abschluß von Verträgen über die Zulassung gegen eine vom Anlieger zu gewährende Vergütung gebräuchlich ist. Im letzteren Falle könnte in Betracht kommen, ob etwa der Abschluß solcher Verträge von den Stadtverwaltungen, hier von der Stadt B., entgegen früherer anderer Handhabung erst in neuerer Zeit angesichts des wachsenden Geldbedarfs der Städte gefordert und von den Anliegern, um Weiterungen zu vermeiden, zugebilligt worden ist. Sollten im Gegensatz hierzu früher solche Vordächer vom Straßeneigentümer unentgeltlich geduldet worden, daher für die frühere Zeit als „gemeingebräuchlich" anzusehen gewesen sein, so könnte eine neuere andere Handhabung der Stadtverwaltung möglicherweise als Mißbrauch und als der Annahme der Gemeingebräuchlichkeit nicht hinderlich erscheinen. Dabei wird es in erster Linie auf die jetzigen Verhältnisse und auf ihre geschichtliche Entwicklung in B. ankommen. Aber es kann auch die Sachlage in anderen deutschen Großstädten zum Vergleich herangezogen werden, weil anzunehmen ist, daß sich derartige Verkehrsanschauungen — abgesehen von einzelnen örtlichen Besonderheiten — im allgemeinen in deutschen Städten gleichmäßig entwickeln. In den angegebenen Richtungen ist weitere tatsächliche Aufklärung notwendig, ohne daß zur Zeit abschließend gesagt werden könnte, was alles als wesentlich in Betracht kommen mag. Zur Aufklärung dessen, wie die bisherige städtebauliche Entwicklung in Ansehung solcher Vordächer gewesen ist, welche Rechtsverhältnisse ursprünglich und im weiteren Verlauf dem Halten solcher Anlagen zugrunde gelegen haben, wie im allgemeinen die heutige Handhabung ist, wird in erster Linie die Klägerin in der Lage und deswegen auch verpflichtet sein, weil allerdings der äußere Anschein, daß solche Anlagen vielfach vorhanden sind, zunächst gegen sie spricht. Weiter könnte die Einholung eines Gutachtens über die hier in Frage kommende bauliche und rechtliche

Entwicklung von einer mit dem Städtebauwesen vertrauten Persönlichkeit in Betracht kommen, der die Klägerin die nötigen Unterlagen zur Verfügung zu stellen hätte.

Sollte allerdings das Schutzdach des Beklagten, wie das Kammergericht annimmt, eine Einrichtung sein, deren Anlage dem Hauseigentümer nach §§ 78 bis 82 I 8 ALR. gestattet ist, so müßte sich die Klägerin als Straßeneigentümerin aus diesem Grunde eine so gesetzlich begründete Einschränkung ihres Eigentums gefallen lassen (vgl. zur fortdauernden Geltung und zur Bedeutung dieser Vorschriften RGZ. Bd. 30 S. 245 und Bd. 123 S. 181 [184]). Sie könnte dann die ihr ohnehin obliegende Duldung auch nicht von der Zahlung einer Gebühr durch den Beklagten abhängig machen. Nach § 80 I 8 ALR. ist „die Aufsetzung von Wetterdächern" über den Bürgersteig zulässig, falls sie, was hier der Fall ist, den örtlichen Polizeibestimmungen entsprechen. In dem etwa aus gleicher Zeit mit der Entstehung des Preußischen Allgemeinen Landrechts stammenden deutschen Wörterbuch von Adelung (1801) wird der Begriff „Wetterdach" dahin erläutert: „Ein Dach von Brettern über den Türen und Fenstern, Sturm und Regen von denselben abzuhalten." Es kann dahingestellt bleiben, ob etwa diese Erläuterung für die landrechtliche Vorschrift zu eng sein würde, ob nicht auch schon bei Inkrafttreten des Preußischen Allgemeinen Landrechts Schutzdächer vor Behausungen zur Ermöglichung bequemen Verkehrs von vorfahrenden Wagen aus vereinzelt vorhanden und nach damaligem Sprachgebrauch ebenfalls als Wetterdächer zu bezeichnen waren, deren Haltung dem Anlieger nach polizeilicher Genehmigung gesetzlich gestattet sein sollte. Denn es kommt für die Jetztzeit nicht entscheidend auf die Sprachübung bei Inkrafttreten des Preußischen Allgemeinen Landrechts an: die erwähnte landrechtliche Vorschrift legt als Gesetzesinhalt nur das fest, was sich schon nach allgemeinen Rechtsgrundsätzen aus der Widmung der Straße für den öffentlichen Verkehr als „Gemeingebrauch" zugunsten des Anliegers ergibt (RGZ. Bd. 123 S. 185). Wie der Inhalt des Gemeingebrauchs nicht ein für allemal feststeht, sondern zeitlich und örtlich nach der Entwicklung der Verkehrsverhältnisse und den jeweiligen Anschauungen wandelbar ist, so muß sich hiernach auch die Auslegung dieser den Gemeingebrauch behandelnden Gesetzesbestimmung richten. Eine sinngemäße Auslegung gerade dieser Vorschrift hat sich den im Laufe der Zeiten wechselnden Verkehrsanschauungen anzupassen. Es liegt hiernach nicht im Willen des Allgemeinen Landrechts, Wetterdächer ein für allemal zuzulassen, wie sie bei Erlaß des Gesetzes gemeingebräuchlich waren, und damit jede Entwicklung — sei es zugunsten der Anlieger, sei es zugunsten des Straßeneigentümers — zu verhindern. Auch in Ansehung des § 80 I 8 ALR. ist nicht entscheidend, ob die Anlage des Beklagten etwa dem entspricht, was im 18. Jahrhundert als ein auf dem Straßengelände unentgeltlich zu duldendes Wetterdach des Hausbesitzers angesehen wurde; sondern entscheidend ist hierbei, ob die Anlage im Rahmen dessen bleibt, was jetzt zum Gemeingebrauch an der Straße gehört. Der Wortlaut des § 80 I 8 ALR. kann also für sich allein den Eingriff in das Eigentum der Klägerin nicht stützen. Vielmehr kommt es für die Anwendung jener Vorschrift gleichfalls auf die Feststellung des jetzigen Inhalts des Gemeingebrauchs an. Dies führt wiederum zu dem Ergebnis, daß neue Ermittlungen in der dargelegten Richtung nötig sind.

Der erkennende Senat hat in den bisher entschiedenen Fällen neuzeitliche Lichtwerbeanlagen, die 1,20 m und 1,10 m in den Luftraum der Straße hineinragten, als nach gegenwärtigen Verkehrsanschauungen innerhalb des dem Straßenanlieger zustehenden Gemeingebrauchs liegend erklärt und sie im Gebiete des Preußischen Allgemeinen Landrechts unter dessen §§ 78 bis 82 I 8 begriffen, ohne daß geprüft wurde, ob und in welchem Umfang bisher für solche Anlagen Geldvergütungen gefordert und gezahlt worden sind (RGZ. Bd. 123 S. 181; JW. 1930 S. 1961 Nr. 20). Das war im Gegensatz zum jetzigen Falle möglich, weil solche Lichtwerbeanlagen von mäßigem Umfang eine ganz allgemein übliche Einrichtung von viel größerer Verbreitung als Schutzdächer sind, weil sie in ihrem Zweck und in der Art ihrer Anlage durchaus mit den von jeher gebräuchlichen und zweifellos gemeinüblichen Ladenschildern übereinstimmen und weil sie in den Rechtskreis des Straßeneigentümers in erheblich geringerem Maß eingreifen als große festgebaute Schutzdächer. Eine Anlage, wie sie jetzt streitig ist, nimmt den Luftraum über der Straße in viel weiterem Flächenumfang in Anspruch, als dies bei einer Lichtwerbeanlage gewöhnlich der Fall ist. Der Widerstreit mit den zu berücksichtigenden Belangen des Straßeneigentümers tritt hier schärfer auf. Die Anschauung, der Hausbesitzer müsse zahlen, wenn er fremdes Eigentum so weitgehend benutzen wolle, könnte da eher gerechtfertigt sein als bei den eine neuzeitliche Geschäftsankündigung darstellenden Lichtwerbeanlagen, wie sie bisher vom Reichsgericht zu beurteilen waren. Aus diesen Gründen kann der Beklagte die dem Inhaber solcher Lichtwerbeanlagen mäßigen Umfangs günstige Stellungnahme des Reichsgerichts nicht ohne weiteres für sich verwerten.

**RGZ. 166, 105**

**Kann dem Träger der Straßenbaulast, der nicht Eigentümer der Straße ist, bei Forderung von Schadensersatz wegen Beschädigung der Straße durch Bergbau entgegengehalten werden, daß der Eigentümer der Straße, der vor Geltung des Gesetzes über die einstweilige Neuregelung des Straßenwesens und der Straßenverwaltung vom**

**26. März 1934 zugleich Träger der Straßenbaulast war, in einem zu jener Zeit mit dem Bergwerksbesitzer abgeschlossenen Vertrag auf Ersatz des künftig an der Straße entstehenden Bergschadens verzichtet hat?**

Allgemeines Berggesetz für die Preußischen Staaten vom 24. Juni 1865 (GS. S. 705) — ABG. — § 148. Gesetz über die einstweilige Neuregelung des Straßenwesens und der Straßenverwaltung vom 26. März 1934 (RGBl. I S. 243) §§ 2, 3.

V. Zivilsenat. Urt. v. 6. Februar 1941 i. S. Provinzialverband von Schlesien (Kl.) w. H. v. D. (Bekl.). V 95/40.

I. Landgericht Beuthen. II. Oberlandesgericht Breslau.

An der Ostlandstraße und der Zollstraße in B. sind in den Jahren von 1936 bis 1938 Schäden durch den Bergbau der Beklagten entstanden. Weitere Schäden sind zu erwarten. Die Straßen stehen im Eigentum der Stadt B., die für sie wegebaupflichtig war. Seit dem 1. April 1935 ist jedoch auf Grund des Gesetzes über die einstweilige Neuregelung des Straßenwesens und der Straßenverwaltung vom 26. März 1934 der Kläger Träger der Straßenbaulast. Er hat die Schäden beseitigt und verlangt von der Beklagten Erstattung des dazu aufgewendeten Betrages.

Die Beklagte bestreitet ihre Ersatzpflicht, weil sie sich am 21. Dezember 1931 mit der Stadt B. in einem zur Beilegung von Streitigkeiten geschlossenen Vergleich dahin geeinigt habe, daß die Stadt gegen Überlassung von Grundbesitz seitens der Beklagten für sich und ihre Rechtsnachfolger auf Ersatz von Bergschäden an dem städtischen Grundbesitz, wie er auf einer dem Vertrage beigefügten Karte dargestellt war, auf die Dauer von 140 Jahren verzichte. Unter diesen Verzicht sollen die Ostland- und die Zollstraße in den beschädigten Strecken fallen. Der Kläger meint, der Vergleich berühre ihn nicht, weil er in der ihm durch das Gesetz vom 26. März 1934 gestatteten Ausübung der Rechte eines Eigentümers am Straßengelände nicht Rechtsnachfolger der Stadt B. und nicht an die von dieser abgeschlossenen Verträge gebunden sei. Der Vergleich sei auch deshalb für die von ihm als Träger der Straßenbaulast aufgestellten Ansprüche bedeutungslos, weil er nicht von der Wegepolizeibehörde genehmigt worden sei. Schließlich seien diese Straßenzüge ausweislich der dem Vergleich beigefügten Karte vom Verzicht ausgenommen worden. Der Kläger begehrt Verurteilung der Beklagten zur Zahlung von 2837,54 RM nebst Zinsen, welchen Betrag er unstreitig zur Beseitigung der Schäden aufgewendet hat, und ferner die Feststellung, daß die Beklagte verpflichtet sei, ihm für alle weiteren bergbaulichen Beschädigungen, welche an den Landstraßen I. Ordnung B.-T. und V.-R.

entweder schon im Entstehen begriffen sind oder in Zukunft entstehen werden, Schadensersatz gemäß § 148 ABG. zu leisten. Die Beklagte ist diesem Begehren entgegengetreten. Sie hält den Vergleich, der die Ostland- und die Zollstraße in den beschädigten Teilen mit umfasse, auch dem Kläger gegenüber für wirksam.

Das Landgericht hat nach dem Klageantrag erkannt, das Oberlandesgericht die Klage abgewiesen. Die Revision führte zur Wiederherstellung des Urteils des Landgerichts.

Gründe:

Das Berufungsgericht gelangt aus folgenden Erwägungen zur Klageabweisung: Der Kläger sei nach § 3 des Gesetzes vom 26. März 1934, der ihm die Rechte aus dem Eigentum an den beschädigten Straßen zuweist, zur Geltendmachung der Bergschädenersatzansprüche für die geschädigte Eigentümerin der Straßen befugt. Aber die Beklagte könne sich demgegenüber auf den Verzichtvertrag vom 21. Dezember 1931 berufen. Dieser habe keiner Genehmigung der Wegepolizeibehörde bedurft, da er lediglich bürgerlichrechtliche Ersatzansprüche der Stadtgemeinde betreffe und ihre Wegebaupflicht nicht berühre. Aus dem Wortlaut des Gesetzes vom 26. März 1934 ergebe sich keine Beantwortung der Frage, ob der neue Träger der Straßenbaulast an vorausgegangene Verträge des Eigentümers, dessen Rechte und Pflichten er ausübe, gebunden sei oder nicht. Aber der Sinn des Gesetzes, das ein reines Organisationsgesetz sei und nur eine einstweilige Regelung beabsichtige, weise darauf hin, daß es keinen grundsätzlichen Eingriff in Rechte Dritter wolle. Das ergebe sich auch aus der Bestimmung in § 3 Abs. 2 des Gesetzes, wonach die Nutzung und Pflege von Baumpflanzungen den bisherigen Eigentümern, wenn sie nicht Träger der Straßenbaulast waren, überlassen werden können; ferner aus dem Runderlaß des Generalinspektors für das deutsche Straßenwesen vom 23. März 1937, wonach Konzessionsverträge über die Verlegung von Leitungen im Straßenkörper einzuhalten seien. Jedenfalls würde es Treu und Glauben widersprechen, wenn die Beklagte, die der Stadt eine hohe Abfindung gewährt habe, nun nochmals sollte zahlen müssen. Weiter stellt das Oberlandesgericht nach Beweisaufnahme fest, daß der Vertrag vom 21. Dezember 1931 nach seinem Wortlaut und der Parteiabsicht die hier in Betracht kommenden Schadensstellen mit umfasse.

Die Revision beruft sich diesen Ausführungen gegenüber darauf, daß der Kläger als Wegebaupflichtiger ein vom Eigentum unabhängiges Besitzrecht an der Straße habe, daß der Bergbau in diese Rechtsstellung schädigend eingegriffen habe und daß sich daraus für ihn ein vom Verzichtvertrage der Stadt unabhängiger Schadensersatzanspruch ergebe. In zweiter Reihe hält die Revision einen solchen Anspruch aus dem dem Kläger zur Ausübung zustehenden Recht aus dem Straßeneigentum heraus für begründet. Sie meint, dem könne der Vertrag vom 21. Dezember 1931 aus mehreren Gründen nicht entgegengestellt werden: Dieser Vertrag habe wesentlich in die Leistungsfähigkeit des früheren Trägers der Straßenbaulast eingegriffen und deswegen zu seiner Wirksamkeit der Genehmigung der Straßenpolizeibehörde bedurft. Aber auch bei Gültigkeit binde er den Kläger nicht, da dieser sein Recht nicht von der Stadt B. ableite und da es sich bei dem Vergleich um einen rein schuldrechtlichen Vertrag handle, dessen Wirkung nicht durch § 3 des Gesetzes vom 26. März 1934 auf den Kläger erstreckt werde.

*Die Revision muß Erfolg haben.* Nicht zuzustimmen ist ihr allerdings darin, daß sie einen Unterschied machen will zwischen der Rechtsstellung, die der Kläger als Träger der Straßenbaulast hat, und der, welche ihm aus der durch § 3 des Gesetzes vom 26. März 1934 überwiesenen Ausübung der Eigentumsrechte zukommt, und daß sie meint, schon auf Grund der ersteren, ohne Berücksichtigung der letzteren könne der Kläger einen eigenen Bergschädenanspruch aufstellen, der von den Rechtsbeziehungen der Stadt B. zur Beklagten nicht berührt werde. Der Kläger ist durch das Gesetz vom 26. März 1934 Träger der Straßenbaulast für die hier in Betracht kommenden Wegestrecken geworden. Damit dieser Träger die ihm daraus erwachsenden Aufgaben vollständig und reibungslos erfüllen könne, sollte ihm die restlose Beherrschung der Straße übertragen werden (Todt Vom Zweck der Straße in ZAkdR. 1937 S. 622). Dem dient die Bestimmung des § 3 des Gesetzes. Sie ist für die Rechtsstellung des Straßenbaupflichtigen wesentlich. Diese kann nur einheitlich unter Einbeziehung des auf § 3 beruhenden Rechts der Ausübung der sich aus dem Eigentum an der Straße ergebenden Rechte und Pflichten angesehen und beurteilt werden. Übrigens ist nicht ersichtlich, was die von der Revision gewollte Unterscheidung für die Beantwortung der Frage ausmachen könnte, ob dem Kläger der von der Beklagten mit der Stadt B. abgeschlossene Vertrag entgegengehalten werden kann oder nicht.

Wenn § 3 bestimmt, „die aus dem Eigentum an der Straße sich ergebenden Rechte und Pflichten stehen der Ausübung nach ... dem jeweiligen Träger der Straßenbaulast zu", so bedeutet das, daß der Straßenbaulastträger aus eigenem, auf dem Gesetz beruhenden Rechte heraus die Rechte eines Straßeneigentümers ausüben kann, ohne daß er selbst Eigentümer ist. Es handelt sich dabei nicht um einen vom Eigentümer abgeleiteten, sondern um einen ursprünglichen, gesetzlich begründeten Erwerb der Befugnisse, die bis dahin der Eigentümer als solcher auszuüben berechtigt war. Einschränkungen des Eigentums selbst, die etwa durch frühere Begründung dinglicher Rechte am Straßengrundstück entstanden sind, bleiben nach wie vor bestehen, da das Gesetz keinen Eingriff in solche bestimmt und daher die Rechte aus dem Eigentum nur in dem Umfang ausgeübt werden können, wie er zur Zeit des Übergangs der Ausübung vorhanden ist.

Nach § 148 ABG. hat der Bergwerksbesitzer für allen Schaden Ersatz zu leisten, der dem Grundeigentum durch den Betrieb des Bergwerks zugefügt wird. Das Gesetz sagt nicht ausdrücklich, wer der Anspruchsberechtigte ist. Jedoch ist allgemein anerkannt, daß jeder, der durch die Beschädigung des Grundeigentums einen Vermögensschaden erleidet, Ersatz dieses Schadens fordern kann. Danach ist der Kläger aus eigenem Recht zum Anspruch auf Ersatz des Schadens befugt, der ihm dadurch entstanden ist und noch entstehen wird, daß der Bergbau die Straßen angreift, die er im Besitz hat und die er unterhalten muß. Dieser Anspruch umfaßt den Schaden, der durch Beschädigung des Straßengeländes im Vermögensstande gerade des Klägers durch Vermehrung der Unterhaltungskosten entsteht. Er ist ohne Rücksicht auf die Stadt B. als Eigentümerin zu berechnen.

Weiter fragt es sich dann, ob dieser dem Kläger gegenüber dem Bergwerksbesitzer auf Grund des § 148 ABG. erwachsene Anspruch durch den Vertrag vom 21. Dezember 1931 berührt wird. Nach dessen Inhalt hat die Stadt B. „für sich und ihre Rechtsnachfolger" auf 140 Jahre hinaus auf Ersatz von Bergschäden, die in einem bestimmten Gebiet entstehen, verzichtet; sie hat sich verpflichtet, bei Weiterveräußerung ihres Grundbesitzes diesen Verzicht auch ihren Rechtsnachfolgern aufzuerlegen, auch den Bergwerksbesitzer ihrerseits schadlos zu halten, wenn er trotzdem von künftigen Eigentümern mit Erfolg angegriffen werden sollte. Im Grundbuch ist der Verzicht nicht eingetragen worden. Es handelt sich also lediglich um eine Bindung der Stadt B. Dabei kommt es nicht auf die von der Revisionsbeantwortung behandelte Frage an, ob der Vertrag von 1931 eine bereits dem Grunde nach entstandene Forderung der Stadt ergreift oder ob er als Hindernis für die Entstehung zukünftiger Forderungen in Betracht kommt. Das Wesentliche ist, daß sich die Abrede nur auf Forderungen — gegenwärtige oder zukünftige — der Stadt B. bezieht. In der Rechtsprechung und Rechtslehre herrscht Einverständnis darüber, daß der Verzicht eines Grundeigentümers auf Ersatz für Bergschäden die etwa in Zukunft in der Person von Rechtsnachfolgern neu entstehenden Ansprüche unberührt läßt. Der gegenwärtige Eigentümer ist nicht befugt, auf möglicherweise in der Zukunft entstehende Ansprüche eines Dritten zu verzichten. Anders ist es nur dann, wenn der Verzicht durch Eintragung einer Grunddienstbarkeit des Inhalts verdinglicht worden ist, daß dem Grundstück, um dessen Beschädigung es sich handelt, Bergschäden zugefügt werden dürfen, ohne daß die Entschädigungspflicht aus § 148 ABG. besteht. Die früher streitige Frage der Zulässigkeit einer solchen Eintragung ist durch den Beschluß des Reichsgerichts vom 25. November 1930 bejaht worden (RGZ. Bd. 130 S. 350).

Der Revision ist nicht zu folgen, wenn sie den Vertrag vom 21. Dezember 1931 überhaupt für rechtsunwirksam hält, weil er zur Wirksamkeit der Genehmigung der Wegepolizeibehörde bedurft hätte. Bei dem Vertrage handelt es sich, wie das Berufungsgericht richtig ausführt, um rein bürgerlichrechtliche Abreden, nicht aber um eine Vereinbarung über die Regelung der Wegebaulast. Nur bei einer solchen aber wäre eine Genehmigung der Wegepolizeibehörde in Betracht gekommen; und auch dies nur, um der Abmachung öffentlichrechtliche Wirkung zu verleihen (vgl. Germershausen-Seydel Wegerecht 4. Aufl. Bd. 1 S. 325). Mit Recht aber vertritt die Revision die Auffassung, daß der Verzichtsvertrag nicht gegen den Bergschädenersatzanspruch des Klägers wirke. Zunächst gilt der bereits erwähnte Grundsatz, daß der Verzicht eines Eigentümers, der nicht zu einer das Eigentum ergreifenden Dienstbarkeit ausgebaut worden ist, einen Dritten, auch einen Sonderrechtsnachfolger im Eigentum, nicht für Ansprüche bindet, die in der Person dieses Dritten neu entstehen. Das muß erst recht für den Kläger gelten, der, wie gezeigt, nicht einmal Rechtsnachfolger der Stadt B. ist, sondern eigene gesetzlich begründete Rechte und Pflichten am Straßengrundstück hat. Anders wäre es nur dann, wenn aus der durch das Gesetz vom 26. März 1934 gegebenen Gestaltung Abweichendes hervorgehen sollte.

Die oben wiedergegebenen Ausführungen des Oberlandesgerichts, die eine Bindung des Klägers an den Verzicht der Stadt B. aus dem Inhalt und Zweck dieses Gesetzes entnehmen wollen, sind rechtsirrig. Das Gesetz enthält keine ausdrückliche Regelung der Frage, ob der neue Träger der Straßenbaulast mit der Überweisung der sich aus dem Eigentum an der Straße ergebenden Rechte und Pflichten der Ausübung nach an irgendwelche schuldrechtlichen Verträge, die bezüglich des Straßengeländes bestehen, gebunden sein soll. Dieser Umstand spricht von vornherein für das Eingreifen des allgemeinen Grundsatzes, daß persönliche Bindungen nicht zu Lasten eines Dritten gehen und daß keine Befugnis zum Verzicht auf Rechte eines anderen besteht. Wenn in § 3 des Gesetzes von den „aus dem Eigentum an der Straße sich ergebenden Rechten und Pflichten" die Rede ist, so fallen darunter nicht etwa die mit dem Eigentum zusammenhängenden schuldrechtlichen Verträge. Der Verzicht auf künftigen Bergschädenersatz stellt keine sich „aus dem Eigentum" ergebende Pflicht dar, sondern ist eine von der Stadt B. eingegangene Bindung, die nicht zu einer Einschränkung des Eigentums ausgestaltet wurde, was an sich möglich gewesen wäre. Das Berufungsgericht will aus den Bestimmungen des § 3 Abs. 2 des Gesetzes und des § 22 der Durchführungsverordnung vom 7. Dezember 1934 (RGBl. I S. 1237), daß die

Nutzung von Baumpflanzungen an der Straße regelmäßig den bisherigen Eigentümern und Nutzungsberechtigten zu überlassen sei, wenn sie nicht Träger der Straßenbaulast waren, entnehmen, daß eine Schädigung Dritter durch das Gesetz möglichst vermieden werden sollte. Es mag sein, daß die Vorschrift aus Billigkeitsgründen dieser Art gegeben wurde. Ihr Vorhandensein bestätigt aber eher, daß der neue Baulastträger von vornherein nicht gebunden ist, als daß sie für eine Bindung spräche. Unmöglich kann man, wie es das Oberlandesgericht tut, den Runderlaß des Generalinspektors für das deutsche Straßenwesen vom 23. März 1937 im Sinne der Bindung verwerten. Der Generalinspektor sagt im Eingange des Erlasses, er habe beim Vollzuge des Gesetzes stets daran festgehalten, daß der Übergang der Unterhaltslast der Straße auf einen anderen Baulastträger für diesen nicht ohne weiteres die Verpflichtung begründe, in alle sich auf die Straße beziehenden und vom früheren Verfügungsberechtigten eingegangenen Vertragsverhältnisse einzutreten. Er weist dann aber, um einen Eingriff in die berechtigten Belange der Kraft- und Wasserwirtschaft zu vermeiden, die nachgeordneten Behörden an, Verträge über die Gestattung der Straßenbenutzung für bestehende Leitungen als fortdauernd wirksam anzuerkennen. Darin kommt deutlich der Standpunkt des Generalinspektors zum Ausdruck, daß trotz fehlender rechtlicher Bindung des neuen Baulastträgers durch frühere Verträge des Eigentümers doch aus Gründen der Zweckmäßigkeit die alten Verträge in den beschriebenen Sonderfällen beachtet werden sollen.

Aus dem Zweck des Gesetzes, im Verkehrsinteresse eine einstweilige Neuregelung des Straßenwesens mit gerechter Lastenverteilung zu geben, und aus seinem Wesen als „Organisationsgesetz" kann keine Bindung des neuen Baulastträgers an nur persönliche Verpflichtungen des Eigentümers entnommen werden, die im Gesetz nirgends vorgeschrieben ist. Es ist auch nicht so, daß der Neuberechtigte mehr Rechte hätte als der Eigentümer selbst. Die Rechte aus dem Eigentum kann er nur in dem Umfang ausüben, wie sie das Eigentum aufweist. Das würde sich tatsächlich auswirken, wenn der Bergschädenverzicht als Grunddienstbarkeit eingetragen gewesen wäre. Die Verneinung der Bindung des Klägers an den von der Stadt B. ausgesprochenen Verzicht beruht auf dem grundlegenden Unterschiede, der im geltenden Recht zwischen schuldrechtlicher Bindung und dinglichem Recht besteht, sowie darauf, daß die Stadt nicht gewillt und nicht befugt war, über Ansprüche zu verfügen, die einem Dritten aus eigenem Recht erwachsen würden. Bloße Billigkeitserwägungen können daran nichts ändern. Übrigens kann nicht anerkannt werden, daß die Ablehnung der Bindung in diesem Falle zu einem mit Treu und Glauben in Widerspruch stehenden Ergebnis führe. Durch den Bergbau geschädigt ist der Kläger, der die Straße instandzuhalten hat. Das Entgelt für den im Vertrage vom 21. Dezember 1931 ausgesprochenen Verzicht ist nicht ihm, sondern der Stadt B. zugeflossen. Da ist es durchaus gerecht, daß er vom Bergwerksbesitzer entschädigt werde. Dieser mag dann aus dem Vergleich seiner damaligen Vertragsgegnerin gegenüber den Anspruch auf Schadloshaltung nach Inhalt des Schlußsatzes in § 2 des Vertrages herleiten. Wenn dort zwar nur von Ansprüchen künftiger Eigentümer die Rede ist, so wird doch der gegenwärtige Fall der durch das Gesetz vom 26. März 1934 dem Kläger zugewiesenen Berechtigung mit darunter fallen. So bestehen auch keine Billigkeitsgründe, die einen Versuch, das Gesetz anders auszulegen, rechtfertigen könnten. Das Recht des Klägers aus § 148 ABG. besteht, ohne daß ihm der von der Stadt B. ausgesprochene Verzicht auf Bergschädenersatz entgegenstände. Daraus ergibt sich die Wiederherstellung des Urteils des Landgerichts.

**RGZ. 155, 394**

**1. Ist der Rechtsweg zulässig für eine Klage, mit der eine preußische Provinz von einem ihrer Kreise die Überlassung von Chausseehäusern verlangt?**

**2. Wie ist der Begriff „besonderes Grundbuchblatt" im § 21 der Durchführungsverordnung zum Gesetz über die einstweilige Neuregelung des Straßenwesens und der Straßenverwaltung zu verstehen?**

**3. Gibt es heute schon einen einheitlichen reichsgesetzlichen Begriff „Straßenzubehör"?**

Gesetz über die einstweilige Neuregelung des Straßenwesens und der Straßenverwaltung vom 26. März 1934 (RGBl. I S. 243) § 3; DurchfVo. dazu vom 7. Dezember 1934 (RGBl. I S. 1237) §§ 12, 21. GVG. § 13.

V. Zivilsenat. Urt. v. 16. Oktober 1937 i. S. Provinz Sachsen (Kl.) w. Saalkreis (Bekl.). V 56/37.

I. Landgericht Halle a. S. II. Oberlandesgericht Naumburg a. S.

Der verklagte Kreis ist Eigentümer zweier Landstraßen I. Ordnung. An der einen liegt in P., an der andern in D. ein Haus, das — ursprünglich als Chausseehaus für die Chausseegelderhebung errichtet und benutzt — später nach dem Wegfall der Chausseegelder von Straßenwärtern des Beklagten bewohnt wurde. Beide Häuser gehören dem Beklagten. Das Haus in P. war bis zum 18. November 1935 im Grundbuch nicht vermerkt; erst an diesem Tage hat es auf Antrag des Beklagten ein Grundbuchblatt für sich allein erhalten. Das Haus in D. war schon vor dem 1. April 1934 im Grundbuch eingetragen, und zwar unter besonderer Nummer im Bestandsverzeichnis eines Grundbuchblatts, auf dem auch Teile der an dem Hause vorüberführenden Straße gebucht waren.

Gestützt auf das Gesetz über die einstweilige Neuregelung des Straßenwesens und der Straßenverwaltung vom 26. März 1934 nimmt die klagende Provinz in ihrer Eigenschaft als neue Trägerin der Straßenbaulast für die beiden Landstraßen nunmehr auch die sich aus dem Eigentum an den erwähnten Häusern ergebenden Rechte der Ausübung nach für sich in Anspruch und klagt auf Herausgabe der Häuser, hilfsweise auf Feststellung, daß ihr die Eigentumsrechte daran der Ausübung nach zustehen.

Beide Vorinstanzen haben die Klage abgewiesen. Die Revision der Klägerin blieb erfolglos.

Gründe:

1. Beide Vorinstanzen haben den Rechtsweg für zulässig erachtet. Das Oberlandesgericht hat diese von Amts wegen zu prüfende Frage zwar nicht für bedenkenfrei erklärt, die bejahende Antwort aber dahin begründet: Weder das Reichsgesetz vom 26. März 1934 selbst, noch die Durchführungsverordnung dazu vom 7. Dezember 1934 enthielten eine Vorschrift, die den vorliegenden Rechtsstreit dem ordentlichen Gerichte entzöge. Entscheidend sei also nach § 13 GVG., ob es sich hier um eine bürgerliche Rechtsstreitigkeit handle. Der Streit gehe um Eigentums- und Besitzrechte an Grundstücken. Möchten auch die Befugnisse, welche die Klägerin für sich in Anspruch nehme, auf einen öffentlich-rechtlichen Übertragungsakt, nämlich das Reichsgesetz vom 26. März 1934, zurückgehen, so behalte doch der Streit inhaltlich seine bürgerlich-rechtliche Natur.

Die Revision läßt diese Begründung gelten. Auch von Amts wegen sind Bedenken gegen die Zulässigkeit des Rechtswegs um so weniger zu erheben, als der Generalinspektor für das deutsche Straßenwesen die Parteien an die ordentlichen Gerichte verwiesen hat. Die bürgerlich-rechtliche Natur des Rechtsstreits ist unverkennbar. Vorschriften, die den Streit an Verwaltungsbehörden oder Verwaltungsgerichte oder andere Stellen verwiesen oder auch nur den ordentlichen Rechtsweg ausschlössen oder beschränkten, sind nicht vorhanden.

2. Die Klägerin hatte im zweiten Rechtszuge die Anwendung des § 3 des Gesetzes vom 26. März 1934 zu ihren Gunsten schon dadurch zu rechtfertigen versucht, daß sie die beiden Häuser als Teile der eigentlichen Straßenkörper ansprach. Dieser Auffassung war der Beklagte entgegengetreten. Das Oberlandesgericht hat sich ihm angeschlossen und die Entscheidung darauf abgestellt, ob die Häuser Straßenzubehör im wegerechtlichen Sinne seien. Dem ist beizutreten. Wie § 21 der Durchführungsverordnung klar erkennen läßt, hat es

dem Gesetzgeber ferngelegen, außerhalb des eigentlichen Straßenkörpers liegende Grundstücke selbst dann, wenn sie Straßenzwecken dienten, als Straßenteile zu behandeln. Er hat vielmehr den althergebrachten Unterschied zwischen der eigentlichen Straße und dem Straßenzubehör in seine Neuregelung übernommen. Dieser Erkenntnis hat sich auch die Revision nicht mehr verschlossen. Denn sie beschränkt sich darauf, die Ansicht des Berufungsgerichts zu bekämpfen, daß die Häuser kein Straßenzubehör seien.

Bei Prüfung der Frage, ob die Häuser als Straßenzubehör anzusehen seien, geht das Oberlandesgericht zu Gunsten der Klägerin davon aus, daß im Falle der Bejahung dieser Frage die Klage wenigstens in Ansehung des Hauses in P. begründet wäre. Es erstreckt also den im § 3 des Reichsgesetzes vom 26. März 1934 verordneten Übergang der Rechte und Pflichten aus dem Eigentum an der Straße rechtsgrundsätzlich auch auf die Rechte und Pflichten aus dem Eigentum am Straßenzubehör. Diese Gesetzesauslegung ist rechtlich nicht zu beanstanden. Rechtsirrig ist es aber, wenn das Berufungsgericht für das Haus in D. eine Ausnahme von der rechtsgrundsätzlichen Regelung schon aus § 21 der Durchführungsverordnung glaubt herleiten zu können. Solange zu unterstellen wäre, daß das Haus in D. Zubehör der Straße sei, würde die Klage in Ansehung dieses Hauses nicht am § 21 scheitern. Das Berufungsgericht meint freilich, für das Haus in D. sei bei dem Inkrafttreten des Gesetzes vom 26. März 1934 und dem der Durchführungsverordnung vom 7. Dezember 1934 „ein besonderes Grundbuchblatt angelegt" gewesen und deshalb sei dieses Grundstück mangels einer Übernahmevereinbarung nicht von dem neuen Träger der Straßenbaulast mit übernommen worden. Diese Ansicht verkennt indessen die Abgrenzung des Begriffs „besonderes Grundbuchblatt" im § 21 DurchfVo. Das Oberlandesgericht versteht den Begriff dahin, daß das außerhalb des Straßenkörpers liegende Grundstück „überhaupt im Grundbuch eingetragen" sei, gleichviel ob die Eintragung auf einem Einzelgrundbuchblatt oder auf einem Gemeinschaftsblatt für Grundstück und Straße erfolgt sein sollte. Denn es sei kein innerer Grund dafür ersichtlich, daß unter dem „besonderen Grundbuchblatt" gerade nur ein Einzelgrundbuchblatt verstanden sein sollte. Dieser Gesetzesauslegung tritt die Revision mit Recht entgegen. Hätte der Gesetzgeber im § 21 DurchfVo. die Grundbuchanlegung als solche ohne Rücksicht auf die Art der Buchung (Gemeinschaftsblatt oder Einzelblatt) für genügend gehalten, so hätte er gewiß nicht von einem „besonderen", sondern schlechthin von „einem" Grundbuchblatt gesprochen. Der Begriff des „besonderen" Blatts steht hier wie in den §§ 3, 4 GBO. ersichtlich im Gegensatz zu dem Begriff des „gemeinschaftlichen" Blattes für mehrere Grundstücke desselben Eigentümers. Sinn und

Zweck der unterschiedlichen Behandlung von Grundstücken, die für sich ein Einzelblatt hatten, und solchen, die auf Gemeinschaftsblättern standen, war beim Erlaß der Durchführungsverordnung offenbar der, die Frage des Übergangs der außerhalb des Straßenkörpers liegenden, als Straßenzubehör in Betracht kommenden Grundstücke möglichst in Anpassung an die Grundbuchlage zu regeln. Grundstücke, die ein Grundbuchblatt mit Straßenparzellen teilten, sollten mit der Straße auf den neuen Träger der Straßenbaulast übergehen; Grundstücke, die im Grundbuch ein Blatt für sich allein besaßen, sollten grundsätzlich von dem Übergang ausgeschlossen und eine abweichende Regelung der besonderen Vereinbarung vorbehalten sein. Da nun aber das Haus in D. kein „besonderes" Grundbuchblatt für sich allein hatte, sondern auf einem „gemeinschaftlichen" Blatt mit Straßenparzellen — wenn auch unter besonderer Nummer des Bestandsverzeichnisses — verbucht war, traf § 21 DurchfVo. dieses Grundstück nicht in dem Sinne, daß sein Übergang mangels anderweitiger Vereinbarung kraft Gesetzes ausgeschlossen gewesen wäre.

3. Das Landgericht hatte seine Auffassung, daß die beiden streitigen Häuser kein Straßenzubehör seien, aus dem § 97 BGB. abgeleitet. Es hatte die Voraussetzungen des bürgerlich-rechtlichen Zubehörbegriffs bei den Häusern verneint. Mit Recht hat sich das Oberlandesgericht diese Erwägung nicht zu eigen gemacht, sondern ist von dem seit altersher bekannten öffentlich-rechtlichen Begriff des Zubehörs oder auch der Zubehörung an öffentlichen Wegen und Straßen ausgegangen. Von diesem Standpunkt aus, den § 21 DurchfVo. ersichtlich teilt und den auch die Revision ausdrücklich gutheißt, gelangt das Oberverwaltungsgericht zur Verneinung der Frage, ob die Häuser Straßenzubehör seien, durch Anwendung der §§ 5, 6 der Wegeordnung für die Provinz Sachsen vom 11. Juli 1891 (Preuß. GS. S. 316), die es vergleicht mit anderen örtlich beschränkten Wegerechten (z. B. für Hannover und für Lauenburg). Die Anwendung der Wegeordnung für die Provinz Sachsen vom Jahre 1891 hält es auch gegenüber dem Reichsgesetz vom 26. März 1934 und der Durchführungsverordnung vom 7. Dezember 1934 für geboten. Es sagt dazu: Wenn es im § 21 DurchfVo. heißt „wenn sie bisher Zubehör waren", so kann das nur bedeuten, „wenn sie nach der örtlich geltenden Auffassung Zubehör waren".

Die Revision hält schon die Auslegung, die das Berufungsgericht den §§ 5, 6 der Wegeordnung für die Provinz Sachsen hat zuteil werden lassen, für rechtsirrig, sieht aber ein, daß ihr ein Revisionsangriff insoweit durch § 549 ZPO. versagt ist. Sie glaubt indessen, jene das Berufungsurteil tragende Auslegung durch das neue Reichsrecht gänzlich ausschalten zu können. Zur Begründung ihres Rechtsstandpunktes führt sie aus: Der Begriff des Straßenzubehörs richte sich heute nicht mehr nach alten örtlichen Wegeordnungen, sondern nur noch nach § 21 DurchfVo. vom 7. Dezember 1934. Ein Zurückgreifen auf jene überholten Sonderrechte sei mit dem Sinn und Zweck der reichsgesetzlichen Neuregelung des deutschen Straßenwesens unvereinbar. Das Reichsgesetz vom 26. März 1934 wolle die Zersplitterung auf diesem Gebiet beseitigen. Wenn es nun einen allgemeinen Begriff wie Straßenzubehör verwende, so sei es undenkbar, ihn bei der Gesetzesanwendung wieder im Sinne verschiedener früherer örtlicher Regelungen aufzuspalten. Spreche auch das Gesetz selbst in seiner Überschrift nur von einer „einstweiligen Neuregelung", so *beziehe sich das „einstweilig"* doch lediglich auf die organisatorischen, nicht auf die materiell-rechtlichen Vorschriften des Gesetzes. Unter Straßenzubehör im Sinne des § 21 DurchfVo. müsse also ein einheitlicher reichsrechtlicher Begriff verstanden werden.

Diese Ausführungen der Revision halten der rechtlichen Nachprüfung nicht stand. So wünschenswert es wohl wäre, daß ein einheitlicher reichsgesetzlicher Begriff des Straßenzubehörs geschaffen und damit den alten zersplitterten Begriffsabgrenzungen der verschiedenen Landesrechte ein Ende gesetzt würde, so wenig kann der Revision zugegeben werden, daß dieses Ziel bereits durch die Reichsgesetzgebung des Jahres 1934 erstrebt und erreicht worden sei. Das Reichsgesetz vom 26. März 1934 ist ein reines Organisationsgesetz; darüber hinaus ist es nur ein einstweiliges Gesetz, das der künftigen Gestaltung des Reichsstraßenrechts nicht vorgreifen will, sondern bewußt eine Lösung gewählt hat, die auf dem bisher bestehenden Rechtszustand aufbaut und alle Möglichkeiten einer endgültigen Neugestaltung dem künftigen Gesetzgeber im Rahmen des Neuaufbaus des Reiches offen läßt (vgl. Pfundtner-Neubert Das neue Deutsche Reichsrecht Teil VIa Nr. 2, Einführung zum Reichsgesetz vom 26. März 1934 S. 2). Daß dem Gesetzgeber des Jahres 1934 die Absicht gefehlt hat, sachlich-rechtliche Grundbegriffe des Straßenrechts, insbesondere den Begriff des Straßenzubehörs, einheitlich für das ganze Reichsgebiet neu zu regeln, ergibt sich eindeutig schon aus dem Gesetz selbst, das solche Fragen überhaupt nicht berührt. Jeden Zweifel in dieser Richtung beseitigen aber auch die §§ 12, 21 DurchfVo. Wenn § 12 vorschreibt, daß der Umfang der Straßenbaulast sich weiterhin bis zur Regelung durch ein Reichsgesetz nach den landesgesetzlichen Bestimmungen richtet, so kann der Gesetzgeber nicht daran gedacht haben, dem bisher geltenden Landesrecht gerade zur Frage des Straßenzubehörs, einer Frage, die mit dem Umfang der Straßenbaulast untrennbar verknüpft ist, den Garaus zu machen und dieses Gebiet von sich aus einheitlich neu zu ordnen. Und ebenso spricht § 21 für das Fehlen einer solchen Absicht. Denn die hier getroffene Regelung, die darauf abstellt, was „bisher Straßenzubehör war", wäre unverständlich, wenn der Reichsgesetzgeber mit den alten Zubehörregelungen des Landesrechts hätte aufräumen und das bisher geltende Partikularrecht insoweit durch ein neues Reichsrecht hätte ersetzen wollen. Ist aber die Straßenzubehörfrage nach wie vor auf Grund des in Kraft gebliebenen Landesrechts zu entscheiden, so scheitert die Revision an der unangreifbaren Auslegung, die das Berufungsgericht für die §§ 5, 6 der Wegeordnung für die Provinz Sachsen vom 11. Juli 1891 gefunden hat.

**RGZ. 155, 370**

**1. Traf bei selbständigen Gutsbezirken die öffentlich-rechtliche Verpflichtung zur Wegeunterhaltung den Gutsbesitzer persönlich?**

**2. Begründete ein zum Ausbau eines Weges aufgenommenes Darlehen eine privatrechtliche Verpflichtung des Gutsbesitzers?**

**3. Sind mit der Auflösung des Gutsbezirks privatrechtliche Verbindlichkeiten des Gutsbesitzers, namentlich soweit sie zur Erfüllung ihm zufallender öffentlich-rechtlicher Aufgaben eingegangen waren, erloschen oder auf die aufnehmende Gemeinde kraft Gesetzes übergegangen?**

Preuß. Landgemeindeordnung für die sieben östlichen Provinzen vom 3. Juli 1891 (GS. S. 233) — LGO. — § 122. Preuß. Gesetz vom 27. Dezember 1927 (GS. S. 211) §§ 11 flg.

V. Zivilsenat. Urt. v. 29. September 1937 i. S. H. (Bekl.) w. Kreis W. (Kl.). V 262/36.

I. Landgericht Neuruppin. II. Kammergericht Berlin.

Für den Kläger ist im Grundbuch von H. eine Sicherungshypothek von 8000 GM eingetragen. Eigentümer des belasteten Grundbesitzes ist der Beklagte. Der Kläger verlangt von diesem persönlich und aus dem belastenden Grundbesitz die Zahlung der gesicherten Forderung. Der Beklagte lehnt den Anspruch ab und begehrt mit der Widerklage die Verurteilung des Klägers zur Einwilligung in die Löschung der Hypothek. Dem Streit der Parteien liegt folgender Sachverhalt zugrunde:

Der belastete Grundbesitz, das Rittergut H., bildete früher einen selbständigen Gutsbezirk, dessen Gutsvorsteher der Beklagte war. Später ist gemäß § 11 des preußischen Gesetzes vom 27. Dezember 1927 der Gutsbezirk aufgelöst und mit der Landgemeinde B. vereinigt worden. Die einzige Wegeverbindung des Ritterguts mit der Außenwelt stellte von jeher der Gemeindeweg B.-H. dar, ein wegen seines schlechten Zustandes nur schwer befahrbarer Sandweg. Nach jahrelangen Erörterungen über eine vornehmlich im Interesse des Gutes H. liegende und deshalb vom Beklagten angestrebte Verbesserung des Weges kam es zwischen den Parteien zu Verhandlungen über die Aufbringung der zu einer Pflasterung des Weges erforderlichen Kosten. Der Kreisausschuß des Klägers beschloß, dem Beklagten hierfür ein Darlehen von 8000 RM aus Kreismitteln zur Verfügung zu stellen. Zur Sicherung der Darlehensforderung wurde die vorbezeichnete Hypothek für den Kläger eingetragen. Unter Verwendung des Darlehens wurde der Weg gepflastert.

Der Beklagte vertritt die — vom Kläger abgelehnte — Auffassung, *daß es sich bei der Schuld aus dem Darlehen nicht um eine ihn persön*lich treffende, private Verpflichtung, sondern um die Wegebaulast des früheren Gutsbezirks handele, die mit der Eingemeindung von H. auf die Landgemeinde B. übergegangen sei. Soweit er Verpflichtungen übernommen habe, sei dies lediglich in seiner Eigenschaft als Gutsvorsteher geschehen. Das Landgericht hat der Klage stattgegeben und die Widerklage abgewiesen. Das Kammergericht hat im gleichen Sinn erkannt. Die Revision des Beklagten blieb erfolglos.

Aus den Gründen:

Auszugehen war von § 122 LGO. Nach Abs. 1 das. war für den Bereich eines selbständigen Gutsbezirks der Besitzer des Gutes (persönlich) zu den Pflichten und Leistungen verbunden, die den Gemeinden für den Bereich ihres Gemeindebezirks im öffentlichen Interesse gesetzlich obliegen. Dazu gehört auch die Wegebaupflicht. Der Gutsbezirk bildete — von hier nicht in Betracht kommenden Ausnahmen abgesehen (vgl. Genzmer LGO. 5. Aufl. S. 214) — keinen körperschaftlichen Verband und besaß daher keine eigene Rechtspersönlichkeit. Für den Gutsbezirk als solchen konnte folglich der Beklagte als Gutsvorsteher privatrechtliche Verpflichtungen, sei es auch zur Erfüllung öffentlichrechtlicher Aufgaben, nicht begründen. Hat der Beklagte von dem Kläger zum Ausbau der Straße H.-B. ein Darlehen erhalten und zur Sicherung des Anspruchs auf Rückzahlung eine Hypothek an seinem Grundbesitz bestellt, dann ist die daraus erwachsene schuldrechtliche und dingliche Verpflichtung rechtsnotwendig in seiner Person entstanden. Denn eine andere Person, die insoweit hätte Schuldner werden können, gab es nicht. Die Revision bemüht sich deshalb vergeblich, aus dem Zweck der Darlehensaufnahme und aus einer dem § 122 LGO. fremden Unterscheidung zwischen Gutsvorsteher und Gutsbesitzer nachzuweisen, daß die mit der Klage geltend gemachten privatrechtlichen Verpflichtungen nicht in der Person des Beklagten entstanden seien. Ebenso wie solche privatrechtlichen Verpflichtungen erwuchsen für den Bereich des Gutsbezirks auch öffentlichrechtliche Lasten, wie die vom Beklagten übernommene Pflicht zur Unterhaltung des ausgebauten Weges, in seiner als des Gutsbesitzers Person.

Mit der Auflösung des Gutsbezirks H. (§ 11 des Gesetzes vom 27. Dezember 1927) sind privatrechtliche Verbindlichkeiten des Beklagten, auch soweit sie zur Erfüllung der nach § 122 LGO. dem Gutsbesitzer zufallenden öffentlichrechtlichen Aufgaben eingegangen sein sollten, weder erloschen noch auf die Landgemeinde B., mit der der Gutsbezirk vereinigt worden ist, kraft Gesetzes übergegangen (Preuß. OVG. Bd. 39 S. 109 [116]). Ob diese Gemeinde den Beklagten von derartigen Verbindlichkeiten künftig einmal ganz oder teilweise zu befreien hätte, ist eine im vorliegenden Rechtsstreit nicht zu beantwortende Frage. Das ist Sache des Auseinandersetzungsverfahrens nach § 12 des genannten Gesetzes. In diesem Verfahren scheint der Kreisausschuß nach einem dem Regierungspräsidenten erstatteten Bericht seines Vorsitzenden vom 1. Juli 1930 die Last der künftigen Unterhaltung des Weges H.-B. der Gemeinde auferlegt, dagegen einen weiteren Ausgleich abgelehnt zu haben. Das Verfahren ist jetzt bei dem Regierungspräsidenten anhängig und bis zur Entscheidung des vorliegenden Rechtsstreits ausgesetzt worden. Das private Gläubigerrecht des Klägers wird aber durch den Ausgang dieses Verfahrens nicht berührt ...

In der Revisionsverhandlung hat der Beklagte auch die Ansicht vertreten, die Hypothek sei nichtig, weil sie nach dem Inhalt der Eintragungsbewilligung in Wahrheit zur Sicherung von Straßenbaukosten bestellt sei. Zur Widerlegung genügt die Verweisung auf den zweifelsfreien Wortlaut der Eintragungsbewilliung. Denn dieser ergibt aus sich allein heraus, auch ohne Berücksichtigung des voraufgegangenen Kreisausschußbeschlusses und der ihn bekanntgebenden Mitteilung des Landrats an den Beklagten, daß die Hypothek nicht die Erfüllung einer öffentlichrechtlichen Pflicht des Beklagten zu Straßenbauleistungen, sondern die Rückerstattung eines zu deren Aufbringung von ihm aufgenommenen Darlehens sichern sollte (vgl. JW. 1932 S. 1062 Nr. 3).

**RGZ. 155, 161**

**1. Gelten im Sinne des § 1 des Preußischen Wegereinigungsgesetzes alle öffentlichen Wege in der geschlossenen Ortslage als überwiegend dem inneren Verkehr dienend? Zum Begriff der geschlossenen Ortslage.**

**2. Sind die verfassungsmäßigen Vertreter einer Stadtgemeinde verpflichtet, nach schwerem Unwetter für die Wiederherstellung der Verkehrssicherheit der Straßen zu sorgen?**

Preuß. Gesetz über die Reinigung öffentlicher Wege (Wegereinigungsgesetz) vom 1. Juli 1912 (GS. S. 187) § 1. BGB. §§ 31, 89, 823.

VI. Zivilsenat. Urt. v. 17. Juni 1937 i. S. Stadt L. (Bekl.) w. B. (Kl.).
VI 21/37.

I. Landgericht Koblenz. II. Oberlandesgericht Köln.

Der Kläger stürzte am 2. Mai 1934 gegen 11 Uhr vormittags in L. mit dem Fahrrad und zog sich einen Schenkelhalsbruch zu, als er im Begriff war, von der rechtsrheinischen Landstraße, die in L. den Straßennamen Hindenburgdamm trägt, in die von rechts einmündende Gymnasialstraße einzubiegen. Er nimmt die Beklagte auf Schadensersatz in Anspruch, weil sie die ihr obliegende Pflicht zur Reinigung der Straße vernachlässigt und dadurch sein Ausgleiten mit dem Fahrrad auf einer mit Staub überdeckten Schlammschicht verschuldet habe.

Das Landgericht wies die Klage ab. Das Oberlandesgericht stellte fest, daß die Beklagte verpflichtet sei, dem Kläger allen Schaden zu ersetzen, der ihm in Zukunft noch erwachsen werde, und erklärte seine Ansprüche auf Erstattung von Heilungskosten und sonstigen Aufwendungen, Ersatz von Erwerbsverlust und Schmerzensgeld dem Grunde nach für gerechtfertigt.

Die Revision der Beklagten hatte keinen Erfolg.

Gründe:

1. Das Berufungsgericht sieht auf Grund der Beweisaufnahme als erwiesen an: Am Vormittag des 2. Mai 1934 sei bis zum Unfall des Klägers der Hindenburgdamm überhaupt nicht gereinigt worden. Infolgedessen habe sich dort an der Unfallstelle noch die Schlammschicht befunden, die nach einem am Abend vorher über L. niedergegangenen schweren Unwetter zurückgeblieben sei. Die Schlammschicht sei an ihrer Oberfläche getrocknet und mit Staub bedeckt gewesen, so daß sie wie die Straßenoberfläche ausgesehen habe und der Kläger sie nicht ohne weiteres als Schlammschicht habe erkennen können. Unter der Oberfläche sei der Schlamm aber noch weich und zäh gewesen, und darin sei das Fahrrad ausgerutscht. Da der Kläger mit dieser Gefahr nicht habe zu rechnen brauchen, verneint das Berufungsgericht jedes Verschulden auf seiner Seite und führt den Unfall allein auf die Vernachlässigung der Reinigungspflicht zurück. Es nimmt an, daß die sogenannte polizeimäßige Reinigung, welche die Beseitigung der Schlammschicht erforderte, Pflicht der Beklagten gewesen sei. Diese sei zwar weder früher Träger der Straßenbaulast für die Provinzialstraße gewesen, noch sei sie jetzt deren Träger für den Teil der Straße, auf dem die Unfallstelle liege, da die sogenannte Ortsdurchfahrt im Sinne des § 2 Abs. 2 des Reichsgesetzes über die einstweilige Neuregelung des Straßenwesens und der Straßenverwaltung vom 26. März 1934 (RGBl. I S. 243) erst etwa 100 m von der Unfallstelle entfernt beginne. Aber nach § 1 Abs. 1 Satz 1 des Wegereinigungsgesetzes liege die polizeimäßige Reinigung der Gemeinde ob. Auf die Ausnahmebestimmung

des § 1 Abs. 2 Satz 1 („Die polizeimäßige Reinigung beschränkt sich auf Wege, die überwiegend dem inneren Verkehr der Ortschaft dienen") könne die Beklagte sich nicht berufen, da nach den auf Grund einer Ortsbesichtigung getroffenen Feststellungen die Unfallstelle sich innerhalb der geschlossenen Ortslage befinde und dem inneren Verkehr der Ortschaft diene. Allerdings möge der durchlaufende Fernverkehr zur Reisezeit und insbesondere an Ausflugstagen im Sommer größer sein als der Verkehr, der sich von auswärts nach L. und innerhalb von L. selbst abspiele; aber im Sinne des § 1 Abs. 2 des Wegereinigungsgesetzes seien alle öffentlichen Wege in der geschlossenen Ortslage als überwiegend dem inneren Verkehr der Ortschaft dienend und deshalb als der Reinigungspflicht unterfallend anzusehen. Da die Beklagte durch Ortssatzung vom 5. August 1931 rechtswirksam die Reinigungspflicht auf die Eigentümer der angrenzenden Grundstücke, hier die Deutsche Reichsbahn übertragen, vertraglich aber der Reichsbahn gegenüber die Reinigung gegen eine jährliche Vergütung wieder übernommen habe, sei sie für die Versäumung der Reinigung verantwortlich. Die in der Versäumnis liegende Fahrlässigkeit falle nicht nur dem Vorarbeiter, sondern auch den verfassungsmäßigen Vertretern der Beklagten zur Last (§§ 31, 89 BGB.), da diese sich um die Beseitigung der durch das ungewöhnlich schwere Unwetter hervorgerufenen erheblichen Störungen selbst hätten kümmern müssen und nicht alles dem Ermessen des Vorarbeiters hätten überlassen dürfen.

Die Revision rügt eine Verkennung des Rechtsbegriffs der geschlossenen Ortslage im Sinne des § 1 Abs. 2 und 3 des Wegereinigungsgesetzes und meint, eine geschlossene Ortslage sei danach nur insoweit anzunehmen, als die betreffende Straße mit Wohnhäusern angebaut sei und diese Wohnhäuser im wesentlichen in räumlichem Zusammenhang ständen. Von dem ersten dieser beiden Erfordernisse sagt aber das Gesetz in dem den Begriff der geschlossenen Ortslage bestimmenden Abs. 3 des § 1 nichts. Nach dieser Bestimmung ist nicht jede Straße besonders zu betrachten, sondern zu fragen, ob in einer Ortschaft oder in einem Ortsteil die Wohnhäuser im wesentlichen in räumlichem Zusammenhang liegen. Das Dazwischenliegen nicht umfangreicher anderer Grundstücke, auch unbebauter, steht der Annahme eines solchen Zusammenhangs nicht entgegen (vgl. Hecht-Hellich Gesetz über die Reinigung öffentlicher Wege 3. Aufl. Bem. s, t, u zu § 1). Es ist deshalb nicht ausgeschlossen, daß eine Straße, an der überhaupt keine Wohnhäuser stehen, trotzdem in die „geschlossene Ortslage" fällt. Das gilt nicht nur von Straßen, an denen andere als Wohnhäuser stehen, sondern auch von Straßen, die innerhalb von öffentlichen Anlagen verlaufen, sofern nur diese alle innerhalb desjenigen Teiles der Ortschaft, der als geschlossene Ortslage in dem obigen Sinne zu bezeichnen ist, liegen und den räumlichen Zusammenhang der Wohnhausstraßen nicht wesentlich unterbrechen. Das hat das Berufungsgericht nicht verkannt. Und es liegt kein Rechtsfehler darin, wenn es in Würdigung der von ihm festgestellten örtlichen Verhältnisse annimmt, daß die Stadt L. sich mit ihrem geschlossenen Ortsteil bis an den Rhein erstreckt und daß Uferpromenade und Eisenbahnüberführung die Stadt vom Rhein nicht trennen, sondern Teile der geschlossenen Ortschaft bilden, die am Rhein liegt. Ohne Rechtsirrtum hat deshalb das Berufungsgericht verneint, daß der Hindenburgdamm außerhalb der geschlossenen Ortslage verlaufe oder, wie in dem Falle der von der Revision angezogenen Entscheidung des preußischen Oberverwaltungsgerichts (OVG. Bd. 74 S. 347), nur auf der einen Seite mit der inneren Ortslage in Zusammenhang stehe.

Weiter rügt die Revision als rechtsirrig die Auslegung, die das Berufungsgericht unter Berufung auf eine andere Entscheidung des Oberverwaltungsgerichts (Bd. 68 S. 318) der Vorschrift des § 1 Abs. 2 Satz 1 des Wegereinigungsgesetzes gibt, indem es mit dem Oberverwaltungsgericht annimmt, daß im Sinne dieser Vorschrift alle in der geschlossenen Ortslage liegenden öffentlichen Wege als überwiegend dem inneren Verkehr dienend anzusehen seien. Der Revision ist zuzugeben, daß die Fassung der Bestimmung der Auslegung Raum gibt, es könne bei allen öffentlichen Wegen, auch denjenigen innerhalb der geschlossenen Ortslage, die Reinigungsbedürftigkeit, d. h. die Zugehörigkeit zu den Wegen, deren Reinigung die Polizeibehörde im Falle des Bedürfnisses vorschreiben kann, nur dann anerkannt werden. wenn die Prüfung im Einzelfalle ergebe, daß der Weg „überwiegend" dem inneren Verkehr der Ortschaft diene (so Kammergericht in KGJ. Bd. 46 S. 349, Bd. 47 S. 357). Aber es ist doch mit dem Berufungsgericht und Hecht-Hellich a. a. O., Bem. m zu § 1, der aus dem Zweck und der Entstehungsgeschichte des Gesetzes hergeleiteten Ansicht des Oberverwaltungsgerichts der Vorzug zu geben. Wie dieses in OVG. Bd. 68 S. 322 ff. überzeugend dargelegt hat, ging die Absicht des Gesetzgebers dahin, daß die öffentlichen Wege innerhalb der geschlossenen Ortslage ohne weiteres als überwiegend dem inneren Verkehr der Ortschaft dienend und deshalb als reinigungsbedürftig anzusehen sein sollten. Der erste Regierungsentwurf (Drucks. d. Herrenhauses 1910 Nr. 21) ging nach seiner Begründung davon aus, daß die polizeimäßige Reinigung im Falle des Bedürfnisses bei Ortsstraßen nach dem schon damals geltenden Recht gefordert werden könne und einer Begründung nur bei anderen öffentlichen Wegen, insbesondere solchen außerhalb der Ortschaften bedürfe. In den für die Einschaltung des Abs. 2 in den § 1 grundlegenden Verhandlungen der Kommission des Herrenhauses im Jahre 1910 (Drucks. a. a. O. Nr. 98) richteten sich die Bedenken nur darauf, daß bei den außerhalb der Ortschaften gelegenen Wegen und bei ländlichen Verhältnissen, bei denen es an einer geschlossenen Ortslage häufig fehle, die Befugnisse der Polizeibehörde zu weit gingen. Es wurde aber kein Zweifel darüber laut, daß bei Wegen innerhalb der geschlossenen Ortslage die polizeimäßige Reinigung im Falle des Bedürfnisses von der Polizeibehörde ohne weiteres gefordert werden könne. Dem entsprach deutlich der von der Herrenhaus-Kommission zu § 1 vorgeschlagene Zusatz, der sich ausdrücklich nur auf Wege außerhalb der Ortslage bezog. Der Regierungsentwurf von 1911 (Drucks. d. Herrenhauses 1911 Nr. 22) sollte den in der ersten Beratung hervorgetretenen Wünschen Rechnung tragen. Er wich allerdings in der Fassung von dem Vorschlage der Herrenhaus-Kommission ab. Aber ebenso wie der Entwurf von 1910 ging auch der Entwurf von 1911 und weiter der von 1912 (Drucks. d. Preuß. Hauses der Abgeordneten 21. Legislaturper., V. Session, 1912/13 Nr. 51) von der Auffassung aus, daß die innerhalb der geschlossenen Ortslage gelegenen Ortsstraßen und Wege eben wegen des an ihnen bestehenden Anbaues ohne weiteres als überwiegend dem inneren Verkehr dienend und deshalb reinigungsbedürftig anzusehen seien. In den Kommissions- und Plenarverhandlungen der beiden Häuser des Landtages ist nichts hervorgetreten, was dieser Auffassung entgegenstände. Mit Recht berücksichtigt deshalb das Oberverwaltungsgericht bei der Auslegung des Abs. 2 des § 1, daß der Gesetzgeber die schon bestehende Reinigungsbedürftigkeit der öffentlichen Wege innerhalb der geschlossenen Ortslage nicht hat beseitigen wollen, und es ist dem Oberverwaltungsgericht auch darin beizustimmen, daß der eigentlich anordnende Inhalt des wenig glücklich gefaßten zweiten Absatzes in seinem zweiten Satz liegt. Daß die Auslegung des Oberverwaltungsgerichts richtig ist, ergibt auch die Erwägung, daß die gegenteilige Auslegung zu Ergebnissen führt, die das Gesetz vom 1. Juli 1912 nicht gewollt haben kann. Es würde nicht nur, wie das Berufungsgericht hervorhebt, bei kleineren Ortschaften, durch die eine große Verkehrsstraße läuft, bei dem häufig starken Kraftwagenverkehr sehr oft die polizeimäßige Reinigungspflicht der Gemeinden zu verneinen sein, sondern es würde auch in höchst unzweckmäßiger Weise für die Wege in der geschlossenen Ortslage an einem zweckmäßigen, einfachen Verfahren fehlen, in dem die Frage, welche dieser Wege überwiegend dem inneren Verkehr der Ortschaft dienen, zu entscheiden wäre. Daß das Gesetz das in den Sätzen 2 und 3 des Abs. 2 geregelte Beschlußverfahren nur für die Wege außerhalb der geschlossenen Ortslage eingeführt hat, ist nur zu erklären aus dem Willen des Gesetzes, daß für die Wege in der geschlossenen Ortslage jene Frage keiner Entscheidung bedarf, weil diese Wege sämtlich als überwiegend dem inneren Verkehr dienend angesehen werden sollen. Danach unterliegt die Annahme des Berufungsgerichts, daß der Beklagten die polizeimäßige Reinigung an der Unfallstelle oblag, keinem rechtlichen Bedenken.

2. Die von der Revision gegen die Annahme einer Fahrlässigkeit der verfassungsmäßigen Vertreter erhobenen Bedenken sind nicht

begründet. Die Anforderungen, die das Berufungsgericht an die Pflichten dieser Vertreter stellt, sind nicht überspannt... Es ist dem Berufungsgericht darin beizustimmen, daß sich einer der verfassungsmäßigen Vertreter der Beklagten nach dem „furchtbaren" Unwetter, wie es die Beklagte selbst bezeichnet, um die Wiederherstellung der Verkehrssicherheit der Straßen hätte kümmern müssen. Diese Verpflichtung bestand auch dann, wenn der Vorarbeiter F. zuverlässig war und die Anweisung erhalten hatte, bei Unwetter seine ganze Kolonne zur Wegereinigung einzusetzen. Hätten die Vertreter der Beklagten sich um die Wiederherstellung der Verkehrssicherheit gekümmert, so hätten sie die Beseitigung der für den 1. Mai errichteten, den Verkehr lediglich störenden Tribüne usw. zurückstellen und zuerst für die Wiederherstellung der Verkehrs*sicherheit* der Straßen sorgen müssen...

Was schließlich die Frage der Verstopfung des Kanalablaufs an der Unfallstelle anlangt, so legt das Berufungsgericht ohne Rechtsirrtum der Beklagten zur Last, daß mit Rücksicht auf diese bekannte Verstopfung sofort hätte festgestellt werden müssen, ob dort nach dem Unwetter etwas geschehen müsse. Wenn im angefochtenen Urteil auch nicht ausdrücklich festgestellt worden ist, daß die Verstopfung den Vertretern der Beklagten, dem Bürgermeister und dem Stadtbaurat, bekannt gewesen sei, so hat doch ersichtlich das Berufungsgericht dies mit den Worten, die seit mindestens vier Monaten bestehende Verstopfung „sei bekannt gewesen", feststellen wollen. Im übrigen würde es eine Vernachlässigung ihrer Pflicht, für die Reinigung der Stadt zu sorgen, bedeutet haben, wenn sie sich so wenig um den Zustand der Straßen bekümmert hätten, daß ihnen eine so lange bestehende Verstopfung des Ablaufs nicht hätte auffallen müssen. Daß die Reinigung des Ablaufs nach § 1 Abs. 1 Satz 2 des Wegereinigungsgesetzes dem Wegeunterhaltungspflichtigen zur Last fiel, kann die Beklagte nicht entschuldigen. Verletzte jener diese Reinigungspflicht, so war es Sache der Beklagten, ihn zur Öffnung des Ablaufs aufzufordern, um die Ursache für die Verschlammung der Straße zu beseitigen. Solange aber die Verstopfung nicht beseitigt war, bestand die Reinigungspflicht an der Straßenoberfläche. Im übrigen würde es, wie das Berufungsgericht mit Recht sagt, an der Haftung der Beklagten gegenüber dem Kläger nichts ändern, wenn auch der Wegeunterhaltungspflichtige dem Kläger für den Schaden haften sollte.

**RGZ. 1, 171**

**Ist eine Stadtgemeinde, welche nach § 13 des Gesetzes vom 2. Juli 1875 wegen Entziehung oder Beschränkung des von der Festsetzung einer neuen Fluchtlinie betroffenen Grundeigentumes zu entschädigen hat, verpflichtet, behufs Feststellung der Entschädigung die Einleitung**

**des durch die §§ 24 flg. des Gesetzes vom 11. Juni 1874 angeordneten Administrativverfahrens zu beantragen?**

Gesetz über die Entziehung von Grundeigentum vom 11. Juni 1874 §§ 16, 24 ff. 30, 32 (GS. S. 221).

Gesetz, betreffend die Anlegung und Veränderung von Straßen und Plätzen in Städten und ländlichen Ortschaften, vom 2. Juli 1875 §§ 13, 14 (GS. S. 561).

II. Hilfssenat. Urt. v. 15. Januar 1880 i. S. P. (Kl.) w. Stadtgem. K. (Bekl.) Rep. Va. 113/79.

I. Stadtgericht Königsberg i. Pr. *II. Ostpreußisches Tribunal daselbst.*

Im Sommer 1876 ist von dem Magistrat zu Königsberg i. Pr. zum Zwecke der Straßenverbreiterung eine Baufluchtlinie festgesetzt worden, durch welche das in der Wassergasse daselbst belegene Grundstück des Kaufmanns P. betroffen wurde. Dieser hat darauf das auf seinem Grundstück befindliche Gebäude bis zu der festgesetzten Fluchtlinie zurückgezogen, der Magistrat aber die freigelegte Fläche in Besitz genommen, pflastern lassen und zur Wassergasse gezogen.

Der Magistrat erkannte die Verpflichtung der Stadtgemeinde, den P. dieserhalb zu entschädigen, an, weigerte sich aber behufs Feststellung der Entschädigung die Einleitung des durch die §§ 24 ff. des Gesetzes vom 11. Juni 1874 angeordneten Administrativverfahrens zu beantragen, und stellte dem P. mittels Schreiben vom 5. Juli 1877 anheim, seinen Entschädigungsanspruch im Rechtswege geltend zu machen.

Demzufolge wurde P. klagbar, beantragte aber:

die Stadtgemeinde zu verurteilen, in Gemäßheit der §§ 24 und 56 lit. a des Gesetzes vom 11. Juni 1874 den Antrag auf Feststellung der Entschädigung bei dem Präsidenten der Königlichen Regierung zu Königsberg anzubringen.

Diesem Antrage gemäß verurteilte der erste Richter die Beklagte. Auf deren Appellation wies der zweite Richter die Klage ab.

Infolge der von dem Kläger eingelegten Revision ist das erste Erkenntnis wiederhergestellt.

Aus den Gründen:

„Es steht fest, daß die von dem Magistrat festgesetzte Baufluchtlinie das Gebäude des Klägers betroffen hat, und daß der Kläger sein Grundstück bis zur Fluchtlinie von dem Gebäude freigelegt hat. Es handelt sich also um eine Entschädigung, welche dem Kläger nach § 13 Nr. 2 des Gesetzes vom 2. Juli 1875 wegen Entziehung seines von der Festsetzung der neuen Fluchtlinie betroffenen Grundeigentums zu gewähren ist. Der § 14 a. a. O. bestimmt aber ausdrücklich, daß für die Feststellung derartiger Entschädigungen die §§ 24 ff. des Gesetzes über Enteignung von Grundeigentum vom 11. Juni 1874 zur Anwendung kommen, und diese Paragraphen schreiben ein geregeltes, bei der betreffenden Administrativbehörde zu beantragendes Verfahren vor. Die Ansicht der Beklagten, daß dieses Verfahren nur dann eintreten soll, wenn der betroffene Grundeigentümer sein Grundstück bis zur Fluchtlinie freizulegen sich weigert, findet weder in dem § 14, noch sonst in dem Gesetz vom 2. Juli 1875 einen Anhalt und kann jedenfalls nicht daraus gefolgert werden, daß auch wegen Vollziehung der Enteignung auf das Gesetz vom 11. Juni 1874 §§ 24 ff. bezuggenommen ist.

Allerdings bestimmt der § 24 des Gesetzes vom 11. Juni 1874, daß das administrative Verfahren von dem Unternehmer in Antrag zu bringen ist, und daraus folgt, daß das Verfahren nicht eingeleitet werden kann, wenn der Unternehmer nicht einen darauf gerichteten Antrag stellt, keineswegs aber, daß es in einem Falle, wie dem vorliegenden, lediglich in dem Belieben der Beklagten, als der Unternehmerin, steht, ob sie das gedachte Verfahren beantragen will, oder nicht. Daß das Gesetz vom 11. Juni 1874 die Einleitung des Administrativverfahrens von dem Antrage des Unternehmers und nicht auch von dem des Expropriaten abhängig macht, erklärt sich hinreichend durch die aggressive Stellung, welche es dem Unternehmer anweist. Da nach § 32 a. a. O. die Enteignung erst ausgesprochen werden darf, wenn die festgestellte Entschädigungs- oder Kautionssumme gezahlt oder hinterlegt ist, so liegt es in den Fällen der Enteignung nach Maßgabe des Gesetzes vom 11. Juni 1874 in der Regel allein in dem Interesse des Unternehmers, daß die Entschädigung festgestellt wird. Geschieht dies nicht, so erfolgt auch keine Enteignung. Anders verhält es sich da, wo eine Entschädigung unter Umständen, wie den vorliegenden, beansprucht wird. Der Kläger hat, nachdem er die erlangte Freilegung seines Grundstückes bewirkt hat, ein Recht darauf zu verlangen, daß die Entschädigung nach Vorschrift des Gesetzes, also nach Vorschrift des § 14 a. a. O. festgestellt werde, und da hierzu die Stellung eines Antrages seitens der Beklagten erforderlich ist, so steht ihm auch das Recht zu, zu verlangen, daß die Beklagte diesen Antrag stelle. Die Verpflichtung derselben, das in den §§ 24 ff. des Gesetzes vom 11. Juni 1874 vorgeschriebene Verfahren zu beantragen, folgt aus ihrer Verpflichtung, den Kläger nach Maßgabe des Gesetzes zu entschädigen, nachdem sie das freigelegte Grundstück zur Straße gezogen hat.

Die Aktenstücke des preußischen Abgeordnetenhauses aus dem Jahre 1875, auf welche die Beklagte sich beruft, enthalten nichts, was ihre Auslegung des § 14 des Gesetzes vom 2. Juli 1875 zu rechtfertigen geeignet wäre. Die Nr. 23 der Drucksachen teilt die Regierungsvorlage mit, welche aber in dem korrespondierenden § 11 den hier in Frage stehenden ersten Absatz des § 14 noch nicht enthält. Die Nr. 279 und 404 geben Entwürfe des Gesetzes nach den Beschlüssen des Abgeordnetenhauses. In denselben hat der § 14 bereits seine gegenwärtige Fassung, Motive sind ihnen aber nicht beigefügt.

Wenn auch dem Apellationsrichter darin beizutreten wäre, daß der § 16 des Gesetzes vom 11. Juni 1874 auf die Festsetzung der nach § 13 des Gesetzes vom 2. Juli 1875 zu gewährenden Entschädigung analog in Anwendung zu bringen ist, so würde daraus immer nur folgen, daß je nach Verabredung der Beteiligten die Feststellung der Entschädigung auch sofort im Rechtswege erfolgen kann. Die Beteiligten müßten also über den einzuschlagenden Weg einverstanden sein. Vorliegend sind aber die Parteien gerade darüber in Streit, ob die Entschädigung sofort im Rechtswege, oder zunächst im Administrativverfahren festgestellt werden soll. Da der Magistrat der beklagten Stadtgemeinde mittels Schreiben vom 5. Juli 1877 auf die Einleitung des Administrativverfahrens zu provozieren abgelehnt und dem Kläger anheimgestellt hat, gegen die Beklagte auf Entschädigung zu klagen, nimmt der Appellationsrichter unter Anwendung des § 16 auf den vorliegenden Fall an, daß dem Kläger der Rechtsweg nicht zu versagen gewesen wäre, wenn er seinen Klageantrag sofort auf Zahlung einer bestimmten Entschädigung gerichtet hätte. Die Richtigkeit dieser Ansicht kann dahingestellt bleiben. Jedenfalls wäre es ein Fehlschluß, wenn man daraus weiter folgern wollte, daß dem Kläger kein Recht zusteht, die Einleitung des Administrativverfahrens zu verlangen. Aus der von der Beklagten gleichfalls in Bezug genommenen Nr. 6 der Drucksachen des preußischen Abgeordnetenhauses von 1871/1872, welche den Regierungsentwurf zu dem Gesetz vom 11. Juni 1874 enthält, ergibt sich zwar, daß dieser im Falle des § 16 bloß eine Feststellung der Entschädigung im Rechtswege zulassen wollte. Nach dem, was der bereits von dem ersten Richter erwähnte Kommentar von Bähr und Langerhans zu dem Gesetz vom 11. Juni 1874 über die Entstehungsgeschichte des § 16 (Seite 60 Anmerkung 4) mitteilt, war jedoch die Kommission des Abgeordnetenhauses der Ansicht, daß den Beteiligten die Wohltat einer vorgängigen kostenfreien, administrativen Festsetzung, wenn sie dieselbe begehren, nicht entzogen werden dürfe, und darauf erhielt der § 16 seine gegenwärtige Fassung. Dies spricht entschieden gegen die Auffassung der Beklagten, welche daraus, daß das Administrativverfahren von dem Unternehmer zu beantragen ist, schließen zu wollen scheint, dasselbe sei lediglich im Interesse des Unternehmers vorgeschrieben. Jedenfalls haben dabei auch die Interessen derjenigen berücksichtigt werden sollen, welche in Rücksicht auf das gemeine Wohl Eigentumsrechte aufzugeben genötigt sind. Für sie erfolgt im Administrativverfahren die Festsetzung der Entschädigung kostenfrei, und der Unternehmer hat sogar, wenn er sich bei dieser Festsetzung nicht beruhigt, sondern den Rechtsweg beschreitet, nach § 30 a. a. O. unter allen Umständen die Kosten erster Instanz zu tragen. Überhaupt gewährt das Administrativverfahren Vorteile, welche der Interessent nicht hat, wenn er sofort mit einer bestimmten Entschädigungsforderung vor Gericht auftritt, und diese Vorteile dürfen dem Kläger durch die ungerechtfertigte Weigerung der Beklagten, das Administrativverfahren zu beantragen, nicht verkümmert werden."

**RGZ. 2, 279**

**Ist die Gemeinde, wenn sie zum Zwecke der Herstellung einer neuen Fluchtlinie ein Gebäude teilweise enteignet, auf Verlangen des Eigentümers unter allen Umständen verpflichtet, das gesamte Gebäude einschließlich der Gebäudefläche gegen Entschädigung zu übernehmen?**

Gesetz v. 2. Juli 1875 betr. die Anlegung und Veränderung von Straßen und Plätzen in Städten und ländlichen Ortschaften § 13 (GS. S. 561).

Gesetz v. 11. Juni 1874 über die Enteignung von Grundeigentum § 9 (GS. S. 221).

II. Hilfssenat. Urt. v. 24. Juni 1880 i. S. J. (Kl.) w. H. (Bekl.) Rep. Va. 385/79.

I. Kreisgericht Herford. II. Appellationsgericht Paderborn.

Für die Holländerstraße der Stadt Herford war eine neue Straßenfluchtlinie festgesetzt. Diese nahm acht Quadratmeter des mit einem Hause bebauten Grundstückes des Klägers, und zwar in der Richtung der ganzen Vorderfront des Hauses, in Anspruch. Bei dem zum Zwecke der Enteignung dieser Fläche eingeleiteten Verfahren verlangte Kläger die Übernahme des ganzen Gebäudes. Die Regierung zu Minden lehnte jedoch in ihrer Entscheidung vom 8. Mai 1878 dieses Verlangen ab und setzte statt dessen außer der Entschädigung für die acht Quadratmeter eine solche für die infolge der Enteignung notwendig gewordenen baulichen Veränderungen und für die Wertsverminderung des Restgebäudes fest. Kläger beschritt den Rechtsweg; er beantragte Verurteilung der Stadtgemeinde zur Übernahme des ganzen Gebäudes gegen angemessene Entschädigung. Das erste Gericht hat dem Antrage gemäß, das zweite Gericht hat auf Abweisung erkannt. Auf die Revision des Klägers ist das erste Erkenntnis wiederhergestellt, aus folgenden

G r ü n d e n :

„Der Appellationsrichter hält den Anspruch des Klägers, daß Beklagte sein g a n z e s G r u n d s t ü c k übernehme, für hinfällig, weil Kläger nicht behauptet habe, daß das Restgrundstück nach den baupolizeilichen Vorschriften des Ortes zur Bebauung nicht geeignet sei. Er stützt sich auf § 13 Abs. 3 des Gesetzes vom 2. Juli 1875. Hierbei übersieht er aber, daß Kläger die Übernahme des g a n z e n G r u n d s t ü c k e s seitens der Beklagten gar nicht verlangt, daß dessen Anspruch vielmehr nur auf Übernahme des ganzen H a u s e s Nr. 2 auf dem Holland gerichtet ist. Kläger stützt seinen Anspruch auf § 9 Abs. 3 des Enteignungsgesetzes vom 11. Juni 1874.

Es ist zu untersuchen, in welchem Verhältnis die gedachten beiden Gesetze zueinander stehen.

Das Enteignungsgesetz führt sich im § 1 mit den Worten ein:

Das Grundeigentum kann nur aus Gründen des öffentlichen Wohles für ein Unternehmen, dessen Ausführung die Ausübung des Enteignungsrechtes erfordert, gegen vollständige Entschädigung entzogen oder beschränkt werden.

Bestimmte Gründe des öffentlichen Wohles sind hier nicht bezeichnet. Das Gesetz bezieht sich also, soweit nicht Reichsrecht entgegensteht, auf jede Enteignung oder Eigentumsbeschränkung aus Gründen des öffentlichen Wohles, soweit nicht an anderer Stelle dieses Gesetzes ausdrücklich Ausnahmen vorgeschrieben sind. Letzteres ist aber nur hinsichtlich der Enteignung im Interesse der Landeskultur, im Interesse des Bergbaues und im Interesse der Landestriangulation der Fall, indem im § 57 bestimmt ist, daß das Gesetz auf sie keine Anwendung finde.

Zu den Enteignungen und Eigentumsbeschränkungen aus Gründen des öffentlichen Wohles gehören aber auch diejenigen, welche zum Zwecke der Geradelegung und Erweiterung öffentlicher Wege vorzunehmen sind. Bedürfte dieser Satz noch der Bestätigung durch das Gesetz selbst, so ist diese in § 3 gegeben. Nach § 2 nämlich erfolgt die Enteignung auf Grund Königlicher Verordnung. Nun bestimmt aber § 3, daß es einer solchen nicht bedarf, wenn öffentliche Wege gerade gelegt oder erweitert werden, oder wenn Privatwege in öffentliche umgewandelt werden sollen, vorausgesetzt, daß das dafür in Anspruch genommene Grundeigentum außerhalb der Städte und Dörfer belegen und nicht mit Gebäuden besetzt ist; in diesem Falle wird die Zulässigkeit der Enteignung von der Bezirksregierung (Landdrostei) ausgesprochen. Mit den Grundsätzen von der Gesetzesinterpretation würde es unvereinbar sein, aus dem Umstande, daß für die Geradelegung oder Verbreiterung von öffentlichen Wegen, wenn das in Anspruch genommene Grundeigentum innerhalb der Städte oder

Dörfer liegt oder mit Gebäuden besetzt ist, keine besondere Bestimmung getroffen ist, zu schließen, daß das Gesetz auf diesen Fall überhaupt keine Anwendung finde. Aus diesem Umstande darf nur gefolgert werden, daß es zur Enteignung Königlicher Verordnung bedürfen sollte. Von selbst verstand sich, daß in diesem Falle das ganze Gesetz in allen einzelnen Teilen zur Anwendung gebracht werden mußte.

Wenn daher im folgenden Jahre, am 2. Juli 1875, ein besonderes Gesetz, betreffend die Anlegung und Veränderung von Straßen und Plätzen in Städten und ländlichen Ortschaften, erlassen wurde, so fand dieses, was die Enteignung betrifft, einen vollständig geregelten Gesetzeszustand vor. Auch hat es denselben keineswegs vollständig aufgehoben. Denn es bestimmt in § 19 nur:

Alle den Bestimmungen dieses Gesetzes entgegenstehenden allgemeinen und besonderen gesetzlichen Vorschriften werden hierdurch aufgehoben.

Es ist daher weiter zu prüfen, inwiefern die Bestimmungen des Enteignungsgesetzes denen des Gesetzes von 1875 entgegenstehen.

Die Entschädigung selbst anlangend, enthält n u r § 13 des Gesetzes von 1875 dieserhalb Bestimmungen. Im ersten Absatz ist eine wesentliche Abänderung des Enteignungsgesetzes, und zwar des oben wiedergegebenen § 1 desselben, enthalten, welcher bestimmt, daß das Grundeigentum n u r gegen vollständige Entschädigung entzogen oder beschränkt werden kann. Der § 13 bestimmt in Abs. 1 entgegengesetzt, daß Entschädigung n u r in drei dort ganz genau bestimmten Fällen gefordert werden kann. Trotz dieser allgemeinen Fassung betrifft die Abänderung und der Gegensatz nur die Beschränkung des Grundeigentumes. Denn falls es um die Abtretung von Grundflächen für den öffentlichen Verkehr — um die Entziehung des Grundeigentumes — sich handelt (Fall Nr. 1), ist jedesmal Entschädigung zu gewähren. Dieselbe ist aber auch außer dem Falle der Abtretung zu gewähren, wenn der Grundeigentümer ein mit Gebäuden besetztes Grundstück bis zur neuen Straßenfluchtlinie von Gebäuden freilegt und dasselbe gemäß des Planes nicht wieder bebauen darf (Fall 2), und ferner, wenn nach dem Plane eine auf eine bestehende Straße stoßende oder sie schneidende Straße angelegt werden soll, und der Eigentümer eines an die bestehende Straße angrenzenden Bauplatzes diesen in der Fluchtlinie der neuen Straße bebaut (Fall 3). In allen diesen Fällen wird Entschädigung wegen der zu Straßen und Plätzen „bestimmten Grundfläche" für Entziehung des Grundeigentumes gewährt. Entschädigung wird aber ferner gewährt, wenn und soweit der Grundeigentümer ein mit Gebäuden besetztes Grundstück von Gebäuden bis zu der von der Straßenfluchtlinie abweichenden

Baufluchtlinie freilegt; in diesem Falle erhält derselbe aber nur eine für die Beschränkung des Eigentumes zu bemessende Entschädigung (§ 13 Abs. 2).

Durch alle diese Bestimmungen wird die Frage betreffs der Art und Höhe der Ansprüche des Grundeigentümers nicht berührt. Auf diese bezieht sich zunächst die Verweisung im Abs. 2 auf § 12 des Enteignungsgesetzes betreffs der Entschädigung für die bloße Beschränkung des Eigentumes. Gedachter § 12 aber bestimmt nur, daß die Entschädigung nach denselben Grundsätzen zu bestimmen sei, wie für die Entziehung des Eigentums, und trifft Vorsorge für den Fall, daß die Nachteile bei Anordnung der Beschränkung nicht im voraus abgeschätzt werden können.

Sodann enthalten Abs. 3, 4 des § 13 des Gesetzes von 1875 folgende Bestimmung:

> In allen obengedachten Fällen (Fälle 1—3 des Abs. 1) kann der Eigentümer die Übernahme des ganzen Grundstückes verlangen, wenn dasselbe durch die Fluchtlinie entweder ganz oder so weit in Anspruch genommen wird, daß das Restgrundstück nach den baupolizeilichen Vorschriften des Ortes nicht mehr zur Bebauung geeignet sei. Bei den Vorschriften dieses Paragraphen ist unter der Bezeichnung Grundstück jeder im Zusammenhang stehende Grundbesitz des nämlichen Eigentümers begriffen.

Anderweitige Bestimmungen über die Art und Höhe der Ansprüche des Grundeigentümers — über die Grundsätze der Entschädigung — enthält das Gesetz von 1875 an keiner Stelle. Schon hierdurch ist die Annahme ausgeschlossen, daß das Gesetz, soweit es nicht ausdrücklich auf das Enteignungsgesetz Bezug nimmt, die Enteignung und die Entschädigungsfrage vollständig selbständig und ohne Rücksicht auf das Enteignungsgesetz ordne. Denn es würde in bezug auf die Entschädigungsfrage vollkommen lückenhaft sein. Vielmehr ergibt sich, daß nach dieser Richtung hin auf das Enteignungsgesetz als das die Enteignung im allgemeinen regelnde Gesetz zurückgegangen werden muß, und daß dieses so weit zur Anwendung kommt, als ihm nicht die Bestimmungen des Gesetzes von 1875 entgegenstehen. Eine Bestätigung dessen ergibt sich auch aus § 14, indem dieser, wie oben bemerkt ist, auf die §§ 24 ff. des Enteignungsgesetzes verweist, § 25 des letzteren aber im letzten Absatz der Ansprüche aus § 9 (des Enteignungsgesetzes) ausdrücklich gedenkt.

Das Enteignungsgesetz behandelt nun die Entschädigungsfrage in Titel II „Von der Entschädigung“ (§§ 7—14). Es erübrigt daher nur, zu prüfen, ob die oben wiedergegebene Bestimmung des § 13 des Gesetzes von 1875 einer der Bestimmungen des Titels II entgegensteht. Von diesen kann hier nur § 9 in Erwägung kommen. Derselbe bestimmt:

1. Wird nur ein Teil von einem Grundstück in Anspruch genommen, so kann der Eigentümer verlangen, daß der Unternehmer das Ganze gegen Entschädigung übernimmt, wenn das Grundstück durch die Abtretung so zerstückelt werden würde, daß das Restgrundstück nach seiner bisherigen Bestimmung nicht mehr zweckmäßig benutzt werden kann.
2. Trifft die geminderte Benutzbarkeit nur bestimmte Teile des Restgrundstückes, so beschränkt sich die Pflicht zur Übernahme auf diese Teile.
3. Bei Gebäuden, welche teilweise in Anspruch genommen werden, *umfaßt diese Pflicht jedenfalls* das gesamte Gebäude.
4. Bei den Vorschriften dieses Paragraphen ist unter der Bezeichnung „Grundstück" jeder im Zusammenhang stehende Grundbesitz des nämlichen Eigentümers begriffen.

Der Paragraph sondert ganz scharf zwei Fälle. Die Abs. 1, 2 handeln von der Inanspruchnahme eines Teiles von Grundstücken, Abs. 3 betrifft die Inanspruchnahme eines Teiles von Gebäuden. Im ersten Falle kann die Übernahme des Ganzen (des Restgrundstückes) oder weiterer Teile nur unter gewissen Voraussetzungen, im zweiten Falle dagegen kann die Übernahme des Ganzen (des gesamten Gebäudes) unter allen Umständen verlangt werden.

Aus dem Wortlaut des Abs. 3 des § 13 des Gesetzes von 1875 kann nicht entnommen werden, daß demselben der § 9 des Enteignungsgesetzes entgegenstehe, was nur dann klar vorläge, wenn es hieße:

In allen obengedachten Fällen kann der Eigentümer die Übernahme des ganzen Grundstückes n u r verlangen, wenn ...

Statt dessen heißt es: „er kann verlangen, wenn ...". Der Wortlaut: „des ganzen Grundstückes", „daß das Restgrundstück ... nicht mehr zur Bebauung geeignet ist", welches letztere nur bei einem nicht bebauten Grundstück gesagt werden kann, ergibt dagegen, daß der Absatz sich lediglich auf den Fall des Verlangens der Übernahme des ganzen Grundstückes bezieht, indem der Absatz nur für diesen Fall die Voraussetzung fixiert, bei deren Vorhandensein das Verlangen als ein gesetzlich begründetes zu erachten ist. Für den vorliegenden Prozeß kann es nun dahingestellt bleiben, ob diese Voraussetzung die einzige den Anspruch begründende sein soll, oder ob sie als eine fernere der in § 9 des Enteignungsgesetzes aufgestellten Voraussetzung hinzugefügt ist.

Was dagegen den zweiten im § 9 des Enteignungsgesetzes gedachten Fall betrifft, daß nämlich ein Gebäude nur teilweise in Anspruch genommen wird, so wird derselbe von § 13 Abs. 3 des Gesetzes von 1875 gar nicht berührt. Demselben steht daher die

Bestimmung des § 9 Abs. 3 des Enteignungsgesetzes in keiner Weise entgegen. Mithin kommt letztere Vorschrift auch in allen denjenigen Fällen, in welchen nach § 13 Abs. 1 des Gesetzes von 1875 Entschädigung gefordert werden kann, zur Anwendung. Gelangt man zu diesem Resultat schon aus den Worten des Gesetzes, so bedarf es eines Eingehens auf die legislatorischen Vorarbeiten nicht. Übrigens ist zu bemerken, daß dieselben dieser Auffassung an keiner Stelle widersprechen.

Im gegenwärtigen Prozesse liegt der erste der drei Fälle des § 13 Abs. 1 des Gesetzes von 1875 vor. Es wird die zu Erweiterung einer Straße bestimmte *Grundfläche des Klägers* auf Verlangen der Beklagten für den öffentlichen Verkehr in Anspruch genommen. Kläger will es inhaltlich der Entscheidung der Königlichen Regierung zu Minden vom 8. Mai 1878 abtreten. Das Grundstück ist mit einem Gebäude besetzt. Dieses wird nur teilweise in Anspruch genommen. Kläger verlangt aber, daß Beklagte das ganze Gebäude gegen Entschädigung übernehme. Nach dem Vorhergehenden ist dieser Anspruch gesetzlich brgründet. In der gegenwärtigen Instanz hat Kläger seinen Klagantrag dahin erläutert, daß er principaliter die Übernahme des Gebäudes, einschließlich des Grund und Bodens, soweit es auf diesem steht, verlange. Es könnte zwar scheinen, als ob das Enteignungsgesetz, indem es von Übernahme des ganzen Gebäudes im Gegensatz zur Übernahme des Restgrundstückes spricht, mit diesem Gegensatz zugleich habe ausdrücken wollen, daß der Unternehmer das Gebäude nur auf den Abbruch zu übernehmen verpflichtet sei. Gegen solche Annahme spricht aber, daß der Gegensatz eine ganz andere, nämlich die oben entwickelte Bedeutung hat. Außerdem ergibt sich aus dem oben allegierten § 25 Abs. 7 des Enteignungsgesetzes, daß der § 9 überall nur eine Grundstücksübernahme betrifft; denn hier wird zwischen Restgrundstücken und Gebäuden nicht unterschieden. Jeder Zweifel löst sich aber aus dem Berichte der Kommission des Abgeordnetenhauses.

Vgl. Anl. zu den stenographischen Berichten 1871/72 Bd. 3 S. 1209.

Die Kommission hatte dem § 11 (jetzt § 9) des Entwurfes zum Enteignungsgesetz von 1871 den Abs. 3 neu hinzugefügt. In dem Berichte heißt es:

> Der § 11 statuiert eine weitere Ausnahme (nämlich von der Regel, daß nur das zur Anlage zu verwendende Grundeigentum zu enteignen ist) zugunsten des Eigentümers für den Fall, daß ein verbleibendes Restgrundstück für ihn keinen erheblichen Wert mehr behält. Da soll der Unternehmer nicht mit Zahlung der vollen Entschädigung für den seinerseits nur in Anspruch genommenen Teil fortkommen, vielmehr zur Mitübernahme des ganzen Restgrundstückes verpflichtet werden. Die Kommission fand dies billig und

akzeptierte den Gedanken des Entwurfes, indem sie ihn redaktionell etwas anders faßte. Das gebrauchte Wort „jedenfalls" im letzten (jetzt dritten) Absatz soll ausdrücken, daß bei Enteignung eines Gebäudeteiles die Vorschrift dieses Paragraphen sich stets auf das ganze Gebäude bezieht, daß unter Umständen aber auch noch sonstiges Areal, das mit dem Gebäude in Verbindung steht, darunter fallen kann.

Dieses ergibt, daß die Kommission unter „Gebäude" das Bauwerk einschließlich des Areales, auf welchem es steht, verstanden hat. Es hat unter Umständen auch gestattet werden sollen, daß der Eigentümer die Übernahme auch noch weiteren Areales verlangen könne. Dieses hätte aber keinen Sinn, wenn der Eigentümer nur die Übernahme des Bauwerkes auf den Abbruch hätte verlangen dürfen. Die Abs. 1—3 sind Gesetz geworden und ist dieses im Zweifel so auszulegen, wie der Verfasser des Gesetzes es verstanden hat. Ist demnach der Klaganspruch in demjenigen Sinne, wie Kläger ihn als prinzipalen nach seiner Erläuterung in dieser Instanz hat feststellen lassen wollen, gerechtfertigt, so versteht sich auch von selbst, daß der Tenor des hiernach wiederherzustellenden ersten Erkenntnisses in gleichem Sinne zu verstehen ist."

**RGZ. 5, 214**

**Kann in Fällen, wo infolge der Festsetzung einer Straßenfluchtlinie eine bebaute Fläche bestimmt ist, Teil der Straße zu werden, der Eigentümer Abtretung gegen Entschädigung verlangen auf das bloße Erbieten hin, die Fläche freizulegen?**

Preuß. Gesetz vom 2. Juli 1875 § 13.

II. Zivilsenat. Urt. v. 25. März 1881 i. S. R. (Kl.) w. Stadt Krefeld (Bekl.). Rep. II. 299/80.

I. Bezirksgericht Düsseldorf. II. Oberlandesgericht Köln.

Die für eine neu projektierte Straße in Krefeld festgesetzte Fluchtlinie traf einen Teil des Fabrikgebäudes von R. Dieser reichte zunächst ein Gesuch ein, worin er um die Erlaubnis zu Erweiterungsbauten, die über die Fluchtlinie hinaus sich erstrecken sollten, nachsuchte und erhob, nachdem dieses Gesuch abschläglich beschieden worden war, Klage gegen die Stadtgemeinde auf Entschädigung. Diese Klage wurde in zwei Instanzen abgewiesen und der Kassationsrekurs verworfen aus folgenden

Gründen:

„In Erwägung, daß das Klagebegehren nicht etwa darauf gerichtet ist, eine Feststellung desjenigen Betrages herbeizuführen, welchen die beklagte Stadtgemeinde für den von ihr zum Zwecke einer neuen

Straßenanlage zu erwerbenden Teil des klägerischen Grundstückes dann zu zahlen haben werde, wenn die gesetzlichen Voraussetzungen für eine Übernahme dieses Stückes durch die Stadt eingetreten sein würden;

daß vielmehr Kläger verlangt:
die Beklagte solle angehalten werden, sofort sein ganzes Grundstück gegen Zahlung eines noch zu bestimmenden Preises zu übernehmen; in zweiter Reihe aber, dieselbe solle jetzt schon eine Entschädigung für die jenem Grundstücke durch die Fluchtlinie der beabsichtigten neuen Straße auferlegten Beschränkungen bezahlen;

In Erwägung, daß, was das erste Klagebegehren betrifft — abgesehen von der von dem Appellationsrichter nicht geprüften Frage, ob im vorliegenden Falle die besonderen Voraussetzungen einer Übernahme des ganzen Grundstückes nach § 13 Abs. 3 des Gesetzes vom 2. Juli 1875 als vorhanden erachtet werden könnten — die Klage deshalb abgewiesen worden ist, weil überhaupt die gesetzlichen Voraussetzungen einer Übernahmepflicht der Stadtgemeinde nicht vorhanden seien, hierin aber eine Gesetzesverletzung nicht gefunden werden kann;

daß nämlich nach § 13 Abs. 1 Ziff. 1 des erwähnten Gesetzes es in der Regel von dem Ermessen der Gemeinde abhängt, ob und wann sie die für eine neue Straße bestimmten Grundstücke an sich ziehen will, die seitherigen Eigentümer aber nur in den beiden unter Ziff. 2. 3 aufgeführten Fällen berechtigt sind, ihrerseits das Begehren um Übernahme der Grundstücke durch die Gemeinde zu stellen;

daß Ziff. 3 hier nicht in Frage kommen kann, aber auch die Voraussetzungen der Ziff. 2 von dem Appellationsrichter mit Recht als nicht vorhanden erachtet worden sind, weil es an dem Erfordernisse einer Freilegung der zur Straße bestimmten Bodenfläche fehlt;

daß zwar der Kläger zu behaupten versucht: der wirklichen Freilegung des Bodens müsse die von seiten des Grundeigentümers abgegebene Zusage der Freilegung gleich geachtet werden;

daß jedoch, wenn hiermit gemeint sein soll, die Gemeinde könne im Wege einer solchen Zusage durch den Eigentümer genötigt werden, sobald es ihm beliebt, dessen Bodenfläche nebst dem darauf stehenden Gebäude gegen entsprechende Vergütung zu erwerben, dieser Anspruch mit § 13 Ziff. 1, welcher die Wahl des Zeitpunktes einer solchen Erwerbung in das Ermessen der Gemeinde stellt, unvereinbar und daher unbegründet wäre;

daß vielmehr im Falle der Ziff. 2 ebenso wie in dem der Ziff. 3 von seiten der Gemeinde nur für die Bodenfläche Vergütung zu leisten ist, auf deren Wiederbebauung, bzw. Neubebauung verzichtet werden muß, und dieser Anspruch im Falle der Ziff. 2 nach dem klaren

Wortlaute des Gesetzes durch eine vorgängige wirkliche Niederlegung der auf der abzutretenden Bodenfläche befindlichen Gebäude bedingt ist;

daß diese Auslegung des Gesetzes auch in dessen Entstehungsgeschichte lediglich eine Stütze findet, indem der jetzige § 13 in dem Regierungsentwurfe also lautete:

,§ 10. Eine Entschädigung können diejenigen, welche durch die Feststellung der Fluchtlinie (§§ 1. 4. 6) in der Freiheit zu bauen eingeschränkt werden, wegen dieser Einschränkung nicht fordern.

Wenn jedoch die von der Bebauung ausgeschlossene Grundfläche für den öffentlichen Verkehr in Anspruch genommen wird, so muß in Ermangelung einer gütlichen Einigung das Enteignungsverfahren eingeleitet werden.

Dasselbe muß in Fällen, in denen die Fluchtlinie ein bebautes Grundstück durchschneidet, schon dann geschehen, wenn wegen derselben der Wiederaufbau von Gebäuden in den früheren Grenzen oder der Ausbau innerhalb der alten Fluchtlinie versagt wird.'

daß zur Begründung der vom Abgeordnetenhause herrührenden jetzigen Fassung des § 13 aber in dem Kommissionsberichte insbesondere folgendes gesagt ist:

,Die von dem Regierungsentwurfe vorgesehenen Fälle, in denen Entschädigung zu gewähren, finden sich in den Nrn. 1. 2 des § 13 der Kommission wieder',

und sodann nach Erörterung der neuen Bestimmung unter Nr. 3 weiter:

,Besagen die bisher erörterten Sätze, daß in bestimmten Fällen eine Entschädigung zu leisten, so folgt nun die Frage, w a n n eine solche zu leisten ist. Der Regierungsentwurf gibt zur Antwort: dann, wenn wegen der neuen Fluchtlinie der Wiederaufbau von Gebäuden in den früheren Grenzen oder der Ausbau innerhalb der alten Fluchtlinie versagt wird. In der Kommission ward von einer Seite diese Bestimmung verteidigt und der Wunsch hinzugefügt, daß vorläufig nur eine Rente gewährt, die Zahlung der vollen Entschädigung aber bis dahin ausgesetzt werde, wo die Grundfläche wirklich in Anspruch genommen werde. Die Mehrheit der Kommission ging indessen davon aus: es komme nicht darauf an, daß der Grundeigentümer sage, er w o l l e bauen, sondern, daß er dies durch die Tat beweise; sonst habe er es lediglich in der Hand, selber den Zeitpunkt der Entschädigung willkürlich herbeizuführen; er brauche nur, wie das vielfach geschehen, einen Baukonsens nachzusuchen, von dem er sicher sei, daß er ihm nicht erteilt werde. Aus dieser Erwägung ging die Fassung der Schlußworte in den Nrn. 2. 3 hervor',

welche Ausführungen keinen Zweifel an der Richtigkeit der oben erwähnten Gesetzesauslegung übrig lassen.

In Erwägung, was das eventuelle Klagebegehren betrifft, daß auch dessen Abweisung durchaus gerechtfertigt ist, da der § 13 des Gesetzes, wie sich sowohl aus dessen Wortlaut als auch dessen eben erörterter Entstehungsgeschichte zweifellos ergibt, einen Entschädigungsanspruch wegen Beschränkung der Verfügungsgewalt über ein in der Hand des Eigentümers bleibendes Grundstück durch ein neues Straßenprojekt nur ganz ausnahmsweise, nämlich nur in dem ebenfalls eine vorgängige Niederlegung eines Gebäudes voraussetzenden, übrigens hier gar nicht vorliegenden besonderen Falle des Abs. 2 Satz 2 zuläßt..."

**RGZ. 6, 295**

**1. Treten die für Städte und ländliche Ortschaften angeordneten Bebauungspläne schon mit der behördlichen Feststellung oder erst mit der amtlichen Veröffentlichung in Wirksamkeit?**

**2. Sind unter den im § 13 des Gesetzes, betr. die Anlegung und Veränderung von Straßen und Plätzen in Städten und ländlichen Ortschaften, vom 2. Juli 1875 benannten „neuen Fluchtlinien" nur die auf Grund dieses Gesetzes vorgeschriebenen Fluchtlinien zu verstehen oder auch die bereits früher durch ältere Bebauungspläne festgestellten?**

Gesetz vom 2. Juli 1875 § 13 (GS. S. 561).
ALR. I. 8 §§ 66 ff.

V. Zivilsenat. Urt. v. 14. Januar 1882 i. S. L. (Kl.) w. Stadtgemeinde Charlottenburg (Bekl.). Rep. V. 733/81.

I. Landgericht II Berlin. II. Kammergericht daselbst.

Dem Kläger wurde im Jahre 1877 von den Verwaltungsbehörden die Erlaubnis zur Errichtung von Gebäuden auf seinem zu Charlottenburg gelegenen Grundstücke versagt, weil der als Baustelle in Aussicht genommene Teil dieses Grundstückes bereits in dem Bebauungsplane für Charlottenburg vom 26. Juli 1862 zu einem öffentlichen Platze bestimmt worden war. Dieser Bebauungsplan ist nicht veröffentlicht worden. Kläger will bei der Erwerbung des Grundstückes im Jahre 1871 von demselben keine Kenntnis gehabt haben. Er verlangt jetzt von der Stadtgemeinde Charlottenburg Entschädigung. Vom Landgericht II zu Berlin ist er abgewiesen worden. Dagegen hat das Kammergericht die Beklagte verurteilt, den Kläger für die Versagung des Baukonsenses zu entschädigen und die Ermittelung dieser Entschädigung einem besonderen Verfahren vorbehalten. Die Revision der Beklagten ist zurückgewiesen.

Gründe:

„Der Bebauungsplan für die Stadt Charlottenburg, welcher die Baubeschränkungen für das Grundstück des Klägers enthält, ist im Jahre 1862 festgestellt worden. Erst nachher hat der Kläger angeblich im Jahre 1871 das Grundstück erworben. Hieraus entnimmt die Beklagte und Revisionsklägerin den Einwand, daß der Kläger jedenfalls nicht der Beschädigte sei, weil die angebliche Wertsverminderung des Grundstückes schon vorher eingetreten sei und Kläger also das Grundstück mit der Belastung überkommen habe. Der Einwand ist nicht begründet. Der Bebauungsplan vom Jahre 1862 ist nach der Feststellung des Berufungsrichters nicht veröffentlicht worden. Über den Begriff und den Zweck eines solchen Bebauungsplanes äußern sich die Motive zum Gesetze vom 2. Juli 1875,

vgl. Anlage zu den stenogr. Berichten über die Verhandl. des Hauses der Abgeordneten *(Session von 1875) Bd. 1,* Aktenst. Nr. 23 S. 291,

wie folgt:

Ein Bebauungsplan ist — — — nichts anderes als die Feststellung von Fluchtlinien im voraus nach einem einheitlichen Plane, welcher die Richtung der Straßen, die Anlegung öffentlicher Plätze usw. in Obacht nimmt; er gibt nichts anderes, als eine geordnete Gruppierung derjenigen Linien, welche bei der Bebauung der einzelnen Grundstücke in dem von dem Plane umfaßten Gebiete von der Polizeibehörde auch dann, wenn ein solcher Bebauungsplan nicht vorhanden wäre, in den speziellen Baufällen anzuweisen sein würden. Die Aufstellung eines Bebauungsplanes, welche als ein wirkliches Bedürfnis für diejenigen Ortschaften, die in lebhafter Entwickelung begriffen sind, und in denen eine rege Bautätigkeit bereits hervorgetreten oder doch mit Sicherheit zu erwarten ist, angesehen werden muß, entspricht und dient in gleicher Weise den Interessen der Privatgrundeigentümer, wie den allgemeinen Bedürfnissen des Gemeinwesens. Sie hat den Zweck, einmal die Grundeigentümer und das bauende Publikum von vornherein mit den Anforderungen bekannt zu machen, welche aus polizeilichen Rücksichten bezüglich der Baulinien gestellt werden müssen, und sodann diejenigen Verhandlungen und Weiterungen zu ersparen, welche in Ermangelung eines Bebauungsplanes bei Ermittelung der polizeilich vorzuschreibenden Baufluchtlinien in den einzelnen Fällen notwendig sein würden.

Aus dem hier angegebenen Zwecke eines solchen Bebauungsplanes ist ersichtlich, daß er amtlich veröffentlicht werden muß, weil erst mit seiner Veröffentlichung für die Beteiligten erkennbar wird, daß derselbe den maßgebenden Willen der zuständigen Verwaltungsbehörden enthält. Der veröffentlichte Bebauungsplan bewirkt sofort die Belastung der betroffenen Grundstücke mit der Servitut des öffentlichen Rechtes. Bei unterlassener Veröffentlichung tritt die Eigentumsbeschränkung und die damit verbundene Wertsverminderung des Grundstückes erst in dem Augenblicke ein, in welchem die zuständige Behörde eine Bauerlaubnis versagt und damit die bis dahin als innere Angelegenheit behandelte Anordnung zur Kenntnis der Beteiligten bringt. Der Berufungsrichter leitet die Notwendigkeit einer Publikation daraus her, daß der Bebauungsplan einer Polizeiverordnung gleichstehe. Er befindet sich damit in Widerspruch mit der Entscheidung des Oberverwaltungsgerichtes vom 6. Februar 1879 (Entsch. Bd. 5 S. 381).

Vgl. auch Erk. des preuß. Obertrib. vom 1. Juli 1869 (Striethorst, Archiv Bd. 75 S. 217); Erk. desselben Gerichtshofes vom 21. Februar 1877 (Entsch. Bd. 79 S. 363).

Es kann dahingestellt bleiben, ob die Ausführung des Berufungsrichters die zutreffende ist. Auch wenn ein Bebauungsplan nur als polizeiliche Anordnung aufgefaßt wird, kann er nicht eher Wirkung äußern, bevor nicht die zuständige Behörde denselben veröffentlicht und damit als ihren Willen zur Kenntnis der Beteiligten gebracht hat. Daß dies im vorliegenden Falle nicht geschehen ist, hat der Berufungsrichter tatsächlich festgestellt. Die Beschädigung ist also erst mit der dem Kläger versagten Bauerlaubnis eingetreten und er, nicht sein Vorbesitzer, ist zur Erhebung des Schadensanspruches befugt.

Dieser Anspruch ist auch an sich begründet. Aus den Vorschriften der §§ 74. 75 ALR. Einl., §§ 29 ff. I. 8, aus § 4 des Gesetzes vom 11. Mai 1842 (GS. S. 192) und aus Art. 9 der Verfassungsurkunde vom 31. Januar 1850 ergibt sich, daß derjenige, welcher seine besonderen wohlerworbenen Rechte und Vorteile dem Wohle des gemeinen Wesens aufzuopfern genötigt wird, von dem, in dessen Interesse diese Aufopferung geschieht, Entschädigung zu fordern berechtigt ist, und das preuß. Obertribunal hat in Anwendung dieses Grundsatzes in wiederholten Entscheidungen die Stadtgemeinden zur Entschädigung der Eigentümer städtischer Grundstücke für verpflichtet erklärt, denen Baubeschränkungen auferlegt worden waren.

Vgl. die Erkk. vom 27. Februar 1865, vom 31. Mai 1866, vom 10. Juli 1877 (Entsch. des preuß. Obertrib. Bd. 53 S. 35, Bd. 56 S. 21, Bd. 80 S. 34) und vom 29. November 1877 (Striethorst, Archiv Bd. 99 S. 255).

Die Revisionsklägerin erachtet den Entschädigungsanspruch durch den § 13 des Gesetzes vom 2. Juli 1875 für ausgeschlossen. Im Eingange dieses Paragraphen wird bestimmt:

Eine Entschädigung kann wegen der nach den Bestimmungen des § 12 eintretenden Beschränkung der Baufreiheit überhaupt nicht, und wegen Entziehung oder Beschränkung des von der Festsetzung neuer Fluchtlinien betroffenen Grundeigentumes nur in folgenden Fällen gefordert werden —

und es werden demnächst nur drei Fälle als zur Entschädigung berechtigend aufgeführt, deren tatsächliche Voraussetzungen gegenwärtig nicht festgestellt sind. Es ist dem Berufungsrichter darin beizutreten, daß der hier gebrauchte Ausdruck ‚neue Fluchtlinien' nur diejenigen Fluchtlinien begreift, welche auf Grund des Gesetzes vom

2. Juli 1875 festgesetzt worden sind, nicht aber die schon vorher angeordneten. Das Gesetz wurde inhalts der Motive veranlaßt durch die fortgesetzten Klagen der großen und in lebhaftem Aufschwunge begriffenen Ortschaften darüber, daß die Verpflichtung, für die Herstellung und den Unterhalt von Straßen und Plätzen zu sorgen, ihnen eine Last aufbürdet, die immer drückender werde und, falls nicht im Wege der Gesetzgebung Abhilfe geschafft werde, zum sicheren Ruin der Kommunen führen müsse.

Vgl. die Anlage zu den stenogr. Berichten a. a. O. S. 289.

Vor Erlaß des Gesetzes gebührte die Anordnung der Fluchtlinien in den Städten lediglich den Polizeibehörden (§§ 66 ff. ALR. I. 8). Diese Befugnisse wurden durch das neue Gesetz in erheblichem Maße eingeschränkt. Nunmehr liegt die Feststellung der Baufluchtlinien, über welche nach den bisherigen Vorschriften der Gemeindevorstand nur gehört wurde, gerade hauptsächlich diesem Gemeindevorstande im Einverständnisse der Gemeinde, allerdings unter Zustimmung der Polizeibehörden ob (§§ 1. 5. 6. 7 des Gesetzes vom 2. Juli 1875). Der projektierte Bebauungsplan wird demnächst von dem Gemeindevorstande zu jedermanns Einsicht offengelegt. Jedem Beteiligten steht innerhalb vier Wochen die Berechtigung zu, Einspruch zu erheben (§ 7). Über die erhobenen Einwendungen wird zwischen dem Gemeindevorstande und dem Beschwerdeführer verhandelt und, soweit hierdurch nicht eine Erledigung herbeigeführt wird, entscheidet der Kreisausschuß (§ 8). Gegen dessen Entscheidung ist noch eine Beschwerde bei dem Bezirksrate gestattet (§ 16). Nach Erledigung aller Anstände stellt der Gemeindevorstand den Plan förmlich fest, legt ihn zur Einsicht jedermanns offen und macht dies ortsüblich bekannt (§ 8). Dieses ordnungsmäßige Verfahren unter Zuziehung der Beteiligten bürgt für eine gerechtere Würdigung ihrer Interessen, als die früheren einseitigen Anordnungen der Polizeibehörden. Bei den auf Grund des gegenwärtigen Verfahrens angeordneten Fluchtlinien ist eine Verletzung begründeter Rechte weniger möglich, als früher, und es rechtfertigt sich dementsprechend bei solchen Unterlagen auch, wenn das Gesetz die Entschädigungsverpflichtung der Gemeinden im Vergleiche zu früher erheblich beschränkt. Hieraus ergibt sich, daß diese Entschädigungseinschränkungen nicht auch bei älteren Fluchtlinien maßgebend sein können, die unter ganz anderen Voraussetzungen festgestellt worden sind.

Zutreffend verweist der Berufungsrichter auch noch auf den engen Zusammenhang, in welchem der § 13 mit dem vorhergehenden § 12 steht. Im § 12 wird bestimmt, daß in einem nach Maßgabe dieses Paragraphen zu errichtenden und zu publizierenden Ortsstatute die Errichtung von Wohngebäuden an Straßen und Straßenteilen untersagt werden darf, welche noch nicht gemäß der baupolizeilichen Bestimmungen des Ortes für den öffentlichen Verkehr und den Anbau fertig hergestellt sind. Wenn nun im § 13 der Entschädigungsanspruch ‚wegen der nach den Bestimmungen des § 12 eintretenden Beschränkungen der Baufreiheit', also auf Grund von Anordnungen, die erst nach Erlaß des Gesetzes möglich sind, gänzlich ausgeschlossen und gleichzeitig in demselben Satze ‚wegen Entziehung oder Beschränkung des von der Feststellung neuer Fluchtlinien betroffenen Grundeigentumes' auf wenige Fälle beschränkt wird, so ist hierin allerdings mit dem Berufungsrichter ein fernerer Grund zu finden, daß unter diesen neuen Fluchtlinien ebenfalls nur solche zu verstehen sind, die auf Grund dieses neuen Gesetzes festgestellt worden sind.

Das preußische Obertribunal hat in dem Erkenntnisse vom 18. Juni 1878,

vgl. Entsch. des preuß. Obertrib. Bd. 82 S. 126 namentlich S. 131. 132,

ausgeführt, daß das in den §§ 13. 14 des Gesetzes vom 2. Juli 1875 vorgeschriebene Verfahren behufs Feststellung der dem Grundeigentümer zu gewährenden Entschädigung dann keine Anwendung finde, wenn der Entschädigungsanspruch schon vor dem Inkrafttreten dieses Gesetzes bestand, sich aber über die Frage nicht ausgesprochen, ob der § 13 des Gesetzes auf Entschädigungsansprüche Anwendung findet, welche erst nach Erlaß des Gesetzes hervorgetreten sind, aber ihren Grund in Fluchtlinien haben, die schon vor dem Gesetze festgestellt worden waren.

Friedrichs gelangt in der Abhandlung, ‚Das Gesetz, betreffend die Anlegung und Veränderung von Straßen und Plätzen in Städten und ländlichen Ortschaften vom 2. Juli 1875' S. 54 zu der Annahme, daß unter den neuen Fluchtlinien in § 13 nur die nach dem Gesetze auf Grund desselben festgestellten zu verstehen sind. Er folgert dies auch aus dem Entwurfe des Gesetzes in folgender Weise: „In demselben (in dem Entwurfe) war der Abs. 1 des § 10, welchem gegenwärtig § 13 entspricht, folgendermaßen gefaßt: ‚Eine Entschädigung können diejenigen, welche durch die Feststellung der Fluchtlinien (§§ 1. 4. 6) in der Freiheit zu bauen eingeschränkt werden, wegen dieser Einschränkung nicht fordern.' Die Verweisung auf die §§ 1. 4. 6 schnitt jeden Zweifel darüber ab, daß die ganze Bestimmung wegen der Entschädigungspflicht, für welche die Regel in dem Abs. 1 enthalten, nur für die in Gemäßheit des Gesetzes festgestellten Fluchtlinien gegeben werden sollte." Nun lassen aber weder die Verhandlungen der Kommission noch die des Abgeordnetenhauses selbst irgendwie erkennen, daß man in diesem Punkte von der Regierungsvorlage hat abweichen wollen; und andererseits wäre dies doch eine so wesentliche Veränderung gewesen, daß man unmöglich mit Stillschweigen hätte darüber hinweggehen können.

Hiernach erscheint die Revisionsbeschwerde nicht gerechtfertigt."

**RGZ. 7, 273**

**Kann dem Verlangen des Eigentümers einer an öffentlicher Straße belegenen, von einer neu festgestellten Fluchtlinie durchschnittenen und dadurch gänzlich unbebaubar gewordenen Baustelle, ihm dieselbe gegen Entschädigung abzunehmen, entgegengehalten werden, daß die Entschädigung nach § 13 Nr. 3 des Gesetzes vom 2. Juli 1875 von einer Bebauung des Grundstückes in der Fluchtlinie der neuen Straße abhängig sei?**

V. Zivilsenat. Urt. v. 23. September 1882 i. S. Stadtgemeinde B. (Bekl.) w. K. u. Gen. (Kl.). Rep. V. 457/82.

I. Landgericht I Berlin. II. Kammergericht daselbst.

Kläger besitzen Grundstücke an der R.-Straße in B., die von der Stadtbahn getrennt sind und von der Fluchtlinie einer längs dieser Bahn planmäßig projektierten neuen Straße durchschnitten werden. Das eine von diesen Grundstücken wird dadurch in dem Maße zu der künftigen Straße in Anspruch genommen, daß der verbleibende Rest nicht mehr bebaut werden darf. Kläger haben deshalb die Beklagte wegen Übernahme des ganzen Grundstücks belangt. Die Beklagte widersprach, indem sie einwandte, daß die R.-Straße keine öffentliche Straße, das in Rede stehende Grundstück kein selbständiges, sondern ein mit dem übrigen Grundbesitze der Kläger zusammenhängendes und der Anspruch überhaupt nicht begründet sei.

Der erste Richter erkannte nach dem Klagantrage. Der zweite Richter erkannte auf die Berufung der Beklagten bestätigend. In den Gründen seiner Entscheidung ist angenommen, daß die Voraussetzungen eines Anspruches nach § 13 Nr. 3 und Abs. 3 daselbst des Gesetzes vom 2. Juli 1875, das ist ein unbebautes, zum Bebauen geschicktes, an bestehender und für den Anbau fertiggestellter Straße belegenes, von der Fluchtlinie einer neu anzulegenden Straße betroffenes Grundstück, vorliegen, und daß der sich auf Abs. 4 daselbst stützende Einwand, daß das Grundstück nur ein mit dem Gesamtgrundstück Bd. 18 Nr. 1295 des Grundbuches zusammenhängender Teil des letzteren und danach bebaut sei, unbegründet sei, weil dasselbe einerseits durch die notorisch öffentliche R.-Straße, andererseits durch die Stadtbahn von dem übrigen Grundkomplex getrennt, der Zusammenhang mit diesem dadurch aufgehoben und der Komplex dadurch in vier selbständige Grundstücke im Sinne der Vorschrift zerlegt sei. Es ist dann weiter festgestellt, daß der von der Fluchtlinie nicht betroffene Rest des Grundstückes nicht bebauungsfähig, der Baukonsens den Klägern auch verweigert sei, und gefolgert, daß die verlangte Abnahme des ganzen Grundstückes nicht versagt werden könne.

Beklagte legte die Revision ein und beantragte Aufhebung des Berufungsurteils und Abweisung der Klage; Kläger trugen auf Zurückweisung der Revision an. Das Reichsgericht erkannte auf Zurückweisung des Rechtsmittels aus folgenden

Gründen:

„Die Revisionsbeschwerden vermissen zunächst die zur Anwendung der Vorschrift des § 13 Nr. 3 des Gesetzes vom 2. Juli 1875 erforderliche genügende Feststellung, daß die R.-Straße nicht bloß eine öffentliche Verkehrsstraße, sondern auch zum Anbau fertiggestellt gewesen sei. Dieser Vorwurf ist nicht begründet; denn nach der erstrichterlichen, in dem angegriffenen Urteil gebilligten Feststellung ist die R.-Straße eine öffentliche, zwei andere Straßen verbindende Straße, die bereits längst bebaut ist, und liegen alle Voraussetzungen des § 13 Nr. 3 a. a. O. vor, und nach dem Tatbestande hat die Beklagte selbst angegeben, daß die R.-Straße zur Zeit der Feststellung der neuen Fluchtlinie nach verschiedenen Seiten bereits mit Gebäuden besetzt gewesen sei.

Die Beschwerden vermissen ferner die in dem Schlußsatze des § 13 Nr. 3 a. a. O. enthaltene Voraussetzung, ‚daß die Bebauung — des von der Fluchtlinie betroffenen Grundstückes — in der Fluchtlinie der neuen Straße erfolge', mit der Ausführung, daß die Bestimmung des Abs. 3 a. a. O. mit der vorerwähnten Bestimmung in Widerspruch trete, wenn man sie dahin auffasse, daß die Abnahme des von der Fluchtlinie betroffenen Baugrundstückes gegen Entschädigung auch dann gefordert werden könne, wenn eine Bebauung nicht erfolge. Es fragt sich, ob ein solcher unlösbarer Widerspruch vorhanden ist.

Nach § 11 des Gesetzes vom 2. Juli 1875 tritt mit Offenlegung des gehörig festgestellten Bebauungsplanes die Beschränkung des Eigentümers durch ein Versagungsrecht hinsichtlich der von ihm über die Fluchtlinie hinaus geplanten Bauten und das Enteignungsrecht der Gemeinde hinsichtlich der zu Straßen und Plätzen bestimmten Grundflächen ein. Nach § 13 Abs. 1 a. a. O. kann für diese Enteignung oder Beschränkung nur Entschädigung gefordert werden: Nr. 1 im Falle der von der Gemeinde verlangten Abtretung solcher Grundflächen, ferner Nr. 2 im Falle der Freilegung bebauter Grundstücke von vorhandenen Gebäuden bis zur neuen Fluchtlinie und Nr. 3,

wenn die Fluchtlinie an bestehender Straße belegene Baustellen trifft und deren Bebauung in der Fluchtlinie der neuen Straße erfolgt.

Der Abs. 2 a. a. O. bestimmt, daß die Entschädigung in allen Fällen für die Entziehung des Grundeigentumes an der zur Straße bestimmten Grundfläche gewährt wird,

Abs. 3, daß in allen obengedachten Fällen der Eigentümer die Übernahme seines ganzen Grundstückes fordern könne, wenn dasselbe ganz oder bis auf einen nach den Polizeivorschriften unbebaubaren Teil zur Straße bestimmt ist.

Nach § 14 wird die Feststellung der Entschädigung und die Vollziehung der Enteignung in Gemäßheit des Expropriationsgesetzes bewirkt.

Aus dem Zusammenhange dieser Vorschriften läßt sich nur entnehmen, daß § 13 Abs. 1 von dem Eintritte der Entschädigungspflicht für die Fälle handelt, in denen Grundstücke überhaupt oder bebaute Grundstücke und Bauplätze an Straßen von den neuen Fluchtlinien getroffen, d. i. durchschnitten werden, Abs. 3 von dem Eintritte der Abnahmepflicht in den Fällen, in welchen solche Grundstücke ganz oder bis auf einen unbebaubaren Teil durch die neuen Fluchtlinien beansprucht werden. Wenn nun § 13 Abs. 1 Nr. 3 die Entschädigung für ein von der Fluchtlinie abgeschnittenes Baugrundstück von der Bebauung desselben in der Fluchtlinie, d. h. von der Bebauung des dem Eigentümer verbleibenden Restgrundstückes, abhängig macht, Abs. 3 aber für diesen Fall bestimmt, daß, wenn diese Bebauung nach Polizeivorschriften nicht erfolgen könne, die Pflicht zur Abnahme des ganzen Grundstückes eintrete, so kann in diesem letzteren Satze nur eine die Entschädigungspflicht für betroffene Baustellen anderweit regulierende und durch die gänzliche Unbenutzbarkeit derselben motivierte Modifikation der Bestimmung des Abs. 1 Nr. 3 gesehen werden und nicht ein unerträglicher Widerspruch zwischen den beiden Vorschriften. Denn das Gesetz kann die Entschädigungs- und Enteignungpflicht — § 14 a. a. O. — nicht gleichzeitig von der Unmöglichkeit der Bebauung und von der tatsächlichen Bebauung abhängig machen wollen.

Die Materialien über die Entstehung des Gesetzes führen zu einer anderen Auslegung desselben nicht. In dem Regierungsentwurfe (Drucksachen des Abgeordnetenhauses 1875 Bd. 1) fehlte die Bestimmung des Abs. 1 Nr. 3 ganz, ebenso wie die der Abs. 3 und 4. Die Motive wollten die Entschädigungspflicht für Baubeschränkung in Ansehung unbebauter Grundstücke überhaupt erst anerkennen, wenn die Fläche für den öffentlichen Verkehr in Anspruch genommen war; der Kommissionsbericht (Bd. 4 S. 279) erachtete eine Ausnahme hiervon geboten bei an fertiggestellten Straßen liegenden Bauplätzen, weil denselben diese Eigenschaft schon durch die Feststellung der Fluchtlinien entzogen werde und den Eigentümern nicht zugemutet werden könne, auf die Entschädigung bis zur Verwirklichung des Straßenprojektes zu warten. Dessenungeachtet wurde die Frage erörtert, ob — wie der Entwurf bei Abs. 1 Nr. 2 wollte — die Entschädigung schon mit Versagung des

Baukonsenses zum Bau innerhalb der alten Fluchtlinie gefordert werden könne. Die Kommission war der Meinung, daß der Eigentümer den Zeitpunkt der Entschädigung nicht durch die bloße Behauptung, bauen zu wollen, herbeiführen könne, sondern dies durch die Tat beweisen müsse, da er sonst nur den Baukonsens in sicherer Erwartung der Verweigerung desselben nachzusuchen brauche. Hierauf beruhte die Einfügung der Schlußsätze zu Abs. 1 Nr. 2 und 3; zugleich wurden aber die Bestimmungen Abs. 3 und 4 in Anwendung des § 9 des Enteignungsgesetzes hinzugefügt. Hieraus ergibt sich wohl, daß der Schlußabsatz von Nr. 3 a. a. O. bezweckt, als Beweis der *tatsächlichen* Bauabsicht das Bebauen des von der Fluchtlinie betroffenen Grundstückes auf der verbliebenen Restfläche zu erfordern, weil dieser Beweis durch Bauen auf der zur Straße bestimmten Fläche selbstverständlich nicht geführt werden kann, nicht aber, daß auch nur daran gedacht werden konnte, einen solchen Beweis auch da zu erfordern, wo ein Bauen unmöglich war. Vielmehr verbot sich bei solcher Sachlage die beabsichtigte Beschränkung des in dem Kommissionsberichte geltend gemachten Prinzipes von selbst, und dem ist in der Bestimmung des Abs. 3 und deren Verbindung mit Abs. 1 Nr. 3 Ausdruck gegeben.

Nach dem allen besteht im vorliegenden Falle, in dem die Bebauung des klägerischen Grundstückes wegen dessen Bestimmung zur Straße versagt ist, und auch dessen Bebauung in der Fluchtlinie nicht erfolgen kann, die sonstigen Bedingungen des § 13 Nr. 3 a. a. O. auch vorhanden sind, in Gemäßheit des Abs. 3 a. a. O. das Recht der Kläger auf Übernahme des ganzen Grundstückes, und war die Revision zurückzuweisen."

**RGZ. 8, 237**

**Die Entschädigung für die im Wege der Zwangsenteignung erfolgende Entziehung eines Bauplatzes ist auch dann, wenn die Baufreiheit bezüglich desselben zur Zeit des Verlangens der Abtretung gemäß § 11 des Gesetzes vom 2. Juli 1875 aufgehoben war, mit Rücksicht auf die Bauplatzeigenschaft festzustellen.**

I. Zivilsenat. Urt. v. 18. August 1882 i. S. Stadtgemeinde Frankfurt a. M. (Kl.) w. D. (Bekl.) Rep. I. 39/82.

I. Landgericht Frankfurt a. M. II. Oberlandesgericht daselbst.

Aus den Gründen:

„Der Ansicht der Vorderrichter, daß die von der Beklagten an die klagende Stadtgemeinde abzutretende Liegenschaft ..., ungeachtet der bisherigen Benutzung derselben als Gärtnerei und Gartenland, behufs Feststellung der Entschädigung als Bauplatz abzuschätzen sei, ist auch in dritter Instanz beizustimmen.

Daß dieselbe die Eigenschaft eines zur Bebauung geeigneten Grundstückes infolge ihrer Lage an der Ecke der Souchaystraße und des Niederräder Fußweges, eines schon lange bestehenden und fahrbaren Weges, schon vor dem im Jahre 1873 festgestellten, eine Verbreiterung der Souchaystraße und des Niederräder Fußweges in sich schließenden Bebauungsplan gehabt hat, unterliegt nach den unbestritten gebliebenen tatsächlichen Angaben in dem Gutachten der Sachverständigen vom 30. August 1878 keinem Zweifel.

Die klagende Stadtgemeinde behauptet aber, daß das Grundstück diese Eigenschaft zu dem für die Feststellung der Entschädigung maßgebenden Zeitpunkt nicht mehr gehabt habe, weil durch die im Jahre 1873 erfolgte Feststellung der Straßen- und Baufluchtlinie und das auf Grund des § 12 des Gesetzes vom 2. Juli 1875 erlassene Ortsstatut vom 28. April 1876 (Anzeigeblatt der städtischen Behörden zu Frankfurt a. M. 1876 S. 198) die Baufreiheit aufgehoben und hiermit die Benutzung des Grundstückes als Bauplatz ausgeschlossen gewesen sei. Daraus, daß das Grundstück nicht mehr Bauplatz sei, für die Beschränkung der Baufreiheit aber nach § 13 des Gesetzes vom 2. Juli 1875 keine Entschädigung gewährt werde, zieht Klägerin den Schluß, daß bei Abschätzung des Wertes desselben die frühere Bauplatzeigenschaft nicht in Anschlag gebracht werden dürfe.

Wenn es nun auch richtig ist, daß das Grundstück zu dem gedachten Zeitpunkte als Bauplatz nicht mehr zu gebrauchen war, weil sowohl die Straßenfluchtlinie als die von derselben zurückweichende Baufluchtlinie dasselbe durchschneidet und der hinter der Baufluchtlinie gelegene Rest des Grundstückes seiner räumlichen Beschaffenheit nach für sich allein nicht bebaut werden konnte und ohnehin infolge des Ortsstatuts nicht bebaut werden durfte, so ergibt sich doch hieraus nicht der von der Klägerin gezogene Schluß.

Maßgebend für die Festsetzung der Entschädigung ist das Gesetz vom 11. Juni 1874 über die Enteignung von Grundeigentum, welches auch in den unter das Gesetz vom 2. Juli 1875 fallenden Enteignungsfällen nicht allein hinsichtlich des Verfahrens bei Feststellung der Entschädigung, sondern auch bezüglich der Höhe derselben Anwendung findet, soweit nicht etwas davon Abweichendes im Gesetze vom 2. Juli 1875 vorgeschrieben ist (vgl. Entsch. des RG.'s in Zivils. Bd. 2 S. 283).

Nach § 8 des Gesetzes vom 11. Juni 1874 besteht die Entschädigung für die Abtretung in dem vollen Werte des abzutretenden Grundstückes. Bei Abschätzung desselben ist die bisherige Benutzungsart, wenngleich gemäß § 10 a. a. O. zu berücksichtigen, doch nicht ausschließlich maßgebend, da sie nur als Beweismittel für die Benutzbarkeit des Grundstückes in Betracht kommt und die Möglichkeit einer vorteilhafteren anderen Benutzungsweise daneben in Anschlag zu bringen ist. Der Wert der Liegenschaft der Beklagten wurde daher, wenngleich sie bisher nur als Gärtnerei und Gartenland benutzt war, doch durch ihre Tauglichkeit als Bauplatz mitbestimmt. Wäre die Abtretung derselben, was der klagenden Gemeinde freistand, zur Zeit der Feststellung des neuen Bebauungsplanes alsbald verlangt worden, so hätte ihr Wert als Bauplatz bei Bemessung der Entschädigung in Anschlag gebracht werden müssen. Dadurch aber, daß das Verlangen der Abtretung auf eine spätere Zeit verschoben worden ist, hat die Entschädigungspflicht der Klägerin sich nicht dahin verändert, daß ohne Rücksicht auf die Bauplatzeigenschaft nur der nach der bisherigen Benutzungsart berechnete Wert zu ersetzen wäre. Zwar ist es richtig, daß bei Ermittlung der Entschädigung für Entziehung des Grundeigentums der Wert maßgebend ist, welchen dasselbe zur Zeit der Enteignung hat. Auch ist nicht zu bezweifeln, daß etwaige zu dieser Zeit bestehende gesetzliche Eigentumsbeschränkungen zu berücksichtigen sind, sofern der Wert des Grundstückes dadurch beeinträchtigt wird. Allein es ist unstatthaft, dies auch auf solche Beschränkungen anzuwenden, welche gerade durch die neue Anlage veranlaßt sind, deren Ausführung die Enteignung ermöglichen soll. Das Gesetz vom 11. Juni 1874 § 10 Abs. 2 schreibt vor, daß eine Wertserhöhung, welche das abzutretende Grundstück erst infolge der neuen Anlage erhält, bei Bemessung der Entschädigung nicht in Anschlag kommen soll. Hieraus ist der Grundsatz abzuleiten, daß überhaupt nur der seitherige Wert des abzutretenden Grundstückes maßgebend sein und eine jede erst durch die neue Anlage herbeigeführte Veränderung dieses Wertes unberücksichtigt bleiben soll. Daher ist auch eine dadurch herbeigeführte Wertsverminderung außer Anschlag zu lassen und insbesondere auch eine gesetzliche Eigentumsbeschränkung nicht zu berücksichtigen, wenn sie unmittelbar oder mittelbar erst infolge der neuen Anlage eingetreten ist. Dieser Zusammenhang mit der neuen Anlage besteht jedenfalls hinsichtlich der Beschränkung der Baufreiheit, welche den zur Verbreiterung der Souchaystraße und des Niederräder Fußweges bestimmten sowie den zwischen der Straßen- und Baufluchtlinie gelegenen Teil des Grundstückes dadurch betroffen hat, daß über die Fluchtlinie hinausgehende Bauten nach § 11 des Gesetzes vom 2. Juli 1875 versagt werden konnten. Was den hinter der Baufluchtlinie gelegenen Rest des Grundstückes betrifft, so kann dahingestellt bleiben, ob auch die durch das Ortsstatut vom 28. April 1876 auf Grund des § 12 des Gesetzes vom 2. Juli 1875 bewirkte Beschränkung der Baufreiheit als eine Folge der neuen Anlage zu betrachten und aus d i e s e m Grunde bei der Schätzung nicht zu berücksichtigen war. Es kommt darauf nicht an, weil, wie feststeht, nach Feststellung der Baufluchtlinie der Rest des

Grundstückes wegen Mangels der erforderlichen Tiefe als Bauplatz nicht mehr verwendet werden konnte und diese Entziehung der Bauplatzeigenschaft unzweifelhaft eine Folge der neuen Straßenanlage ist.

Somit führen die Grundsätze des Gesetzes vom 11. Juni 1874 dahin, daß die frühere Bauplatzeigenschaft mit Recht bei der Abschätzung berücksichtigt worden ist, in welcher Beziehung kein Unterschied zu machen ist zwischen dem Teile der Liegenschaft, dessen Abtretung die klagende Gemeinde verlangt hat, und dem Reste derselben, dessen Übernahme von der Beklagten auf Grund des § 9 Abs. 1 des Gesetzes vom 11. Juni 1874 oder des als Anwendung dieses § 9 erscheinenden vorletzten Absatzes des § 13 des Gesetzes vom 2. Juli 1875 verlangt worden ist.

Es bleibt daher nur noch zu untersuchen, ob das Gesetz vom 2. Juli 1875 und insbesondere der von der klagenden Gemeinde für ihre Ansicht in Bezug genommene § 13 desselben etwas enthält, was der Anwendung des Gesetzes vom 11. Juni 1874 in der hier fraglichen Beziehung entgegensteht. Dies ist zu verneinen. Der § 13 a. a. O. entscheidet, ob und unter welchen Voraussetzungen in den unter das Gesetz vom 2. Juli 1875 fallenden Enteignungsfällen Entschädigung wegen Entziehung oder Beschränkung des Grundeigentumes gefordert werden kann. Was dagegen die Höhe der Entschädigung betrifft, so findet sich darüber im § 13 Abs. 2 a. a. O. nur die Bestimmung, daß dieselbe in allen Fällen wegen der zu Straßen und Plätzen bestimmten Grundfläche nicht nach den für die Entschädigung wegen Beschränkung, sondern nach den für die Entschädigung wegen Entziehung des Grundeigentumes geltenden Grundsätzen — abgesehen von dem hier nicht in Betracht kommenden Falle des § 13 Nr. 2 — gewährt werden soll. Bezüglich der im gegenwärtigen Rechtsstreite zu entscheidenden Frage, ob bei Bemessung der Entschädigung für Entziehung des Grundeigentumes die Bauplatzeigenschaft des Grundstückes in Anschlag zu bringen sei, kann demnach aus § 13 a. a. O. nicht das mindeste entnommen werden.

Die aus diesen Gründen für richtig zu erachtende Entscheidung der Vorrichter widerstreitet auch keineswegs den Zwecken, welche das Gesetz vom 2. Juli 1875 verfolgt. Allerdings waltete bei Erlaß desselben die Absicht ob, die Lasten zu erleichtern, welche aus der Anlegung und Veränderung von Straßen und Plätzen den Gemeindekassen erwachsen. Es wurde deshalb gegen die Regel des Gesetzes vom 11. Juni 1874 §§ 21, 42, wonach von dem Enteignungsrechte binnen bestimmter Zeit bei Vermeidung des Erlöschens desselben Gebrauch gemacht werden muß, den Gemeinden die Wahl des Zeitpunktes freigestellt, zu welchem sie nach Feststellung des Bebauungsplanes die zur Ausführung desselben nötigen Abtretungen verlangen wollen, so daß die Berechtigung einer Entschädigungsforderung in der Regel erst dann entsteht, wenn die von der Bebauung ausgeschlossene Grundfläche tatsächlich für den öffentlichen Verkehr in Anspruch genommen wird. Fern lag es dagegen den Gesetzgebungsfaktoren, die Begünstigung der Gemeinden so weit auszudehnen, daß sie im Widerspruche mit dem obersten Grundsatze des Enteignungsrechtes von der Verpflichtung befreit worden wären, für die Entziehung des Grundeigentumes vollständige Entschädigung durch Ersatz des Wertes desselben zu gewähren. Vielmehr ist in den Motiven der Staatsregierung zum Gesetzentwurfe hervorgehoben, daß das Gesetz ‚*die Interessen der Privateigentümer* in gleicher Weise wie diejenigen der Gemeinde zu wahren und zu berücksichtigen sucht'. Das Interesse der Eigentümer von Bauplätzen würde aber zugunsten der Gemeinden schwer verletzt, wenn es dem Belieben der letzteren überlassen wäre, durch Verschiebung des Verlangens der Abtretung auf einen Zeitpunkt, wo die gesetzliche oder durch Ortsstatut bewirkte Beschränkung der Baufreiheit bereits eingetreten ist, die Entschädigung für Bauplätze auf den Betrag herabzumindern, welcher dem Werte des Grundstückes ohne Rücksicht auf seine Tauglichkeit als Bauplatz entspricht. Die vom Gesetze bezweckte Ausgleichung der Interessen der Gemeinden und der Grundeigentümer ergibt sich dadurch, daß, wenn auch das Grundstück die Naturaleigenschaft eines Bauplatzes durch die Beschränkung der Baufreiheit verliert, es doch den Wert eines solchen bezüglich der bei der Abtretung zu gewährenden Entschädigung behält. Von dieser Unterstellung ging auch die mit Beratung des Gesetzentwurfes beauftragte Kommission des Abgeordnetenhauses aus, auf deren Vorschlag die Fassung des § 13 des Gesetzes vom 2. Juli 1875 beruht. Als dieselbe vorschlug, die im Entwurfe der Regierung nicht enthaltene Nr. 3 des gedachten § 13 aufzunehmen, bemerkte der Kommissionsbericht (Verhandlungen des Abgeordnetenhauses 1875, Anlagenaktenstück 279 Bd. 3 S. 1707) zur Rechtfertigung dieses Vorschlages: ‚Hier handelt es sich um eine Grundfläche, die vom Eigentümer mit Recht als Bauplatz anzusehen war. Diese Eigenschaft wird ihr nunmehr ganz oder zum Teile genommen. Man wird nicht verlangen können, daß der Eigentümer ohne Entschädigung abwartet, bis die Gemeinde ihr Projekt verwirklicht und ihm dann den Preis für die abzutretende Fläche zahlt.' Offenbar ist hierbei, wie auch der zweite Hilfssenat des Reichsgerichtes in einem Erkenntnisse vom 18. Dezember 1879 in Sachen B. wider Gemeinde R. Rep. 102/79 anerkannt hat, unterstellt, daß, wenn es zur Gewährung der Entschädigung kommt, die Höhe derselben, ungeachtet der mit Offenlegung des Bebauungsplanes eingetretenen Beschränkung der Baufreiheit, nach der dem Grundstücke beiwohnenden Eigenschaft als Bauplatz zu bemessen ist, gleichviel ob die Gemeinde die Abtretung (§ 13 Nr. 1) oder der Grundeigentümer (nach § 13 Nr. 3 oder Abs. 3) die Übernahme verlangt.

Die Oberappellation war demnach auf Kosten der Oberappellantin zu verwerfen."

**RGZ. 8, 298**

**1. Steht demjenigen, welchem ein Terrain von der Gemeinde als „Bauterrain" verkauft ist, wenn demnächst der Gemeindevorstand, von der durch § 1 des Gesetzes vom 2. Juli 1875 erteilten Befugnis Gebrauch machend, eine neue Straßenanlage festsetzt, durch welche jenem Terrain die Bauqualität entzogen wird, das Recht zu, die Auflösung des Kaufvertrages zu fordern?**

**2. Kann dem bezüglichen Anspruche des Käufers wirksam der Einwand entgegengesetzt werden, daß der Gemeindevorstand bei der fraglichen Festsetzung als öffentliche Behörde gehandelt habe und deshalb eine Haftung der Gemeinde nicht begründet sei?**

II. Zivilsenat. Urt. v. 3. November 1882 i. S. Firma S. (Kl.) w. Stadtgemeinde A. (Bekl.). Rep. II. 346/82.

I. Landgericht Aachen. II. Oberlandesgericht Köln.

Die beiden vorstehenden Fragen sind in Übereinstimmung mit dem Urteile zweiter Instanz, und zwar die erstere bejahend, die zweite verneinend entschieden, aus folgenden

Gründen:

„Das Oberlandesgericht stellt zunächst tatsächlich fest, daß die Beklagte durch den Akt vom 15. Mai 1873 die fragliche Parzelle dem S. als ‚Bauterrain' verkauft habe, daß diese Qualität aber, welche nach der Absicht der Kontrahenten eine wesentliche Eigenschaft des Vertragsobjektes bildete, ohne die S. dasselbe nicht erworben haben würde, durch die spätere, zufolge Bekanntmachung vom 15. Februar 1879 festgestellte Straßenanlage demselben entzogen worden sei. Wenn nun das Oberlandesgericht auf Grund dieser tatsächlichen Unterlage den Käufer S. für berechtigt erachtet hat, die Auflösung des abgeschlossenen Vertrages zu fordern, so ist damit in keiner Weise gegen Gesetze verstoßen. Was die rechtliche Grundlage des Anspruches von S. betrifft, so liegt zwar ein Fall der Gewährleistung wegen Eviktion (Code civil Artt. 1626 flg.) nicht vor, da nicht behauptet wird, daß demselben wegen Rechtsmangels — propter vitium in jure transferentis — der Besitz der Sache ganz oder teilweise entzogen sei, oder eine solche Entziehung drohe, und es findet ferner Art. 1641 Code civil hier schon um deswillen keine Anwendung, weil derselbe verborgene Mängel, welche der

Kaufgegenstand zur Zeit des Vertrages hatte, voraussetzt. Wohl aber treten die allgemeinen Regeln über Erfüllung der Verträge und die rechtlichen Folgen der Nichterfüllung derselben ein. Im vorliegenden Falle war die Verkäuferin verpflichtet, die Eigenschaft des Kaufobjektes als Bauterrain zu prästieren, und es kann mit Grund von derselben nicht behauptet werden, daß es gegen die Vorschrift des Art. 1135 a. a. O. verstoße, wenn diese Verbindlichkeit nach einer Frist von etwa sechs Jahren seit dem Vertragsabschlusse gegen sie geltend gemacht wurde. Die Stadtgemeinde A. hat nun dieser Verpflichtung, deren Erfüllung das Bestehen des Kaufgeschäftes bedingte, durch Festsetzung der neuen Straßenanlage zuwidergehandelt, S. war daher berechtigt, die Auflösung des Vertrages zu verlangen (Artt. 1184 und 1639 Code civil). Sind daher auch die vom Oberlandesgericht bezogenen Gesetzesbestimmungen hier nicht unmittelbar maßgebend, so ist doch die Entscheidung desselben gerechtfertigt.

Dem gegenüber kann auch die genannte Gemeinde sich auf das Gesetz vom 2. Juli 1875 mit Erfolg nicht berufen. Richtig ist es allerdings, daß nach § 1 desselben der Gemeindevorstand berechtigt war, die Festsetzung der in Rede stehenden Straßenanlage nach Maßgabe der Vorschriften des Gesetzes zu bewirken, und daß ferner, insoweit diese eine Entziehung oder Beschränkung der Baufreiheit des betroffenen Grundeigentums zur Folge hatte, eine Entschädigung dafür der Regel nach nicht, vielmehr nur unter den Voraussetzungen der Nrn. 2 und 3 des § 13 a. a. O. zu leisten war. Das bezogene Gesetz hat aber keine rückwirkende Kraft und konnte deshalb, wie das Oberlandesgericht zutreffend hervorhebt, dem Käufer S. seinen auf dem früheren Vertrage beruhenden wohlerworbenen Anspruch nicht entziehen.

Auch die weitere Ausführung, daß der Gemeindevorstand bei Festsetzung der mehrerwähnten Straßenanlage, was vom Oberlandesgericht übersehen worden sei, als öffentliche Behörde gehandelt habe und deshalb eine Haftung der Gemeinde nicht begründet sei, kann nicht als zutreffend erachtet werden. In dem einen und anderen Falle, welche hier in Betracht kommen, hat, wie feststeht, letztere durch ihre gesetzlichen Vertreter gehandelt, welche, nachdem früher die fragliche Parzelle dem S. als Bauterrain verkauft war, demnächst von der ihnen durch das bezogene Gesetz erteilten Befugnis Gebrauch machten und die fragliche, das Kaufobjekt entwertende, Straßenanlage festsetzten. Mochte nun auch diese Festsetzung, welche unmittelbar das Vermögensinteresse der Gemeinde berührte, zugleich einen öffentlichrechtlichen Charakter haben, immerhin ist es, was das Oberlandesgericht ausdrücklich feststellt, ein freier, durch keinen äußeren Zwang herbeigeführter Willensakt, durch welchen die Gemeinde sich mit ihrer auf dem früheren Vertrage beruhenden Verbindlichkeit in Widerspruch gesetzt hat. Mit Recht ist daher letztere vor dem Oberlandesgericht für die Folgen dieses Konfliktes verantwortlich erachtet."

**RGZ. 17, 199**

**Inwieweit sind Streitigkeiten über die Verpflichtung zur Sicherstellung von Gemeindeabgaben dem ordenlichen Rechtswege entzogen?**

IV. Zivilsenat. Urt. v. 8. Juli 1886 i. S. Stadtgemeinde Weißenfels (Kl.) w. Witwe O. (Bekl.) Rep. IV. 117/86.

I. Landgericht Naumburg a. S. II. Oberlandesgericht daselbst.

Das in Ausführung der §§ 12. 15 des Gesetzes vom 2. Juli 1875 (GS. S. 561) erlassene Ortsstatut der Stadt Weißenfels verpflichtet diejenigen Grundbesitzer, welche in einer von der Stadt neu anzulegenden Straße Gebäude errichten, der Stadtgemeinde gewisse Kosten der Straßenanlage und Einrichtung zu erstatten (§ 1). Die Zahlung soll (§ 10) vor Erteilung der Bauerlaubnis erfolgen oder, wenn dann der Betrag noch nicht feststeht, durch Hinterlegung von Geld oder depositalfähigen Papieren nach Bestimmung der städtischen Verwaltung sichergestellt werden.

Die Beklagte hat im Jahre 1883 ein Wohnhaus an der Naumburger Chaussee, einer Provinzialstraße in der Feldmark Weißenfels, errichtet. Die Stadtgemeinde Weißenfels hat deshalb gegen dieselbe Klage erhoben mit dem Antrage,

die Beklagte zu verurteilen, ihr zur Sicherung der Kosten der Straßenpflasterung vor ihrem neuerbauten Hause an der Naumburger Chaussee eine Kaution von 1517,40 M in barem Gelde oder in depositalfähigen Papieren zu bestellen.

Beide Vorinstanzen haben die Klage abgewiesen. Auf die Revision der Klägerin hat das Reichsgericht den Rechtsweg für unzulässig erklärt.

Gründe:

"Der Beitrag zu den Kosten der Freilegung, ersten Einrichtung, Entwässerung und Beleuchtungsvorrichtung einer neu anzulegenden Straße, welcher nach § 15 des Gesetzes vom 2. Juli 1875 durch Ortsstatut den an die Straße bauenden Eigentümern auferlegt werden kann, bildet einen Beitrag zur Deckung eines Bedürfnisses, für welches die Gemeinde aufzukommen hat. Es ist, wie das angeführte Gesetz vorschreibt, nach einem bestimmten, im voraus gegebenen Maßstabe (der Länge der die Straße berührenden Eigentumsgrenzen) und auf eine im voraus bestimmte Klasse von Gemeindegliedern (die Eigentümer der an die Straße grenzenden Grundstücke, sobald sie dort Gebäude errichten) zu verteilen, hat somit die Eigenschaften einer (indirekten) Gemeindesteuer. Das Ortsstatut, der einzige Rechtstitel, auf welchen der Klaganspruch gestützt wird, bezeichnet ihn nicht als solche (§ 10 ‚öffentliche Gemeindeabgaben'), sondern die städtischen Behörden, welche das Statut mit Zustimmung der zuständigen Aufsichtsbehörde erlassen haben, stützen die Befugnis zu dessen Erlaß auch in dessen Einleitung ausdrücklich mit auf den die Befugnis zur Erhebung städtischer Steuern regelnden § 53 der Städteordnung vom 30. Mai 1853. Von dieser Beurteilung einer gleichartigen, auf Ortsstatut beruhenden Abgabe *geht auch schon* das Urteil des Reichsgerichts, IV. Zivilsenat, vom 24. März 1881 (Stadt Königsberg gegen Skroblin Rep. IV. 616/81) aus. Über die Verbindlichkeit zur Entrichtung öffentlicher Abgaben gestattete schon das Allgemeine Landrecht (T. II. Tit. 14 § 78) der Regel nach keinen Prozeß; die Anwendbarkeit dieser Vorschrift auf Gemeindeabgaben folgte aus den §§ 36. 41 der Verordnung vom 26. Dezember 1808 und ist in der Rechtsprechung der zuständigen Behörden stets angenommen worden.

Vgl. außer dem angeführten Erkenntnisse des Reichsgerichtes auch das vom 21. Februar 1881 (Entsch. des RG.'s in Zivils. Bd. 4 S. 213) und die dort angezogenen Erkenntnisse des vormaligen preußischen Obertribunales; ferner Erkenntnis des preußischen Kompetenzgerichtshofes vom 10. Mai 1879 (Ministerialblatt für die innere Verwaltung 1879 S. 210).

Nur die Fälle des § 79 T. II Tit. 14 des Allgemeinen Landrechtes (Abgabenbefreiung aus besonderen Gründen: Verträgen, Privileg und Verjährung, sowie Prägravation) und ferner die der §§ 9. 10 des Gesetzes vom 24. Mai 1861 waren auf den Rechtsweg gewiesen.

An die Stelle dieser Vorschriften sind jetzt die Bestimmungen in den §§ 18. 160 des Zuständigkeitsgesetzes vom 1. August 1883 getreten, in welchen es heißt:

§ 18. Auf Beschwerden und Einsprüche, betreffend:

1. das Recht zur Mitbenutzung der öffentlichen Gemeindeanstalten ...
2. die Heranziehung oder die Veranlagung zu den Gemeindelasten,

beschließt der Gemeindevorstand.

Gegen den Beschluß findet die Klage im Verwaltungsstreitverfahren statt.

Der Entscheidung im Verwaltungsstreitverfahren unterliegen desgleichen Streitigkeiten zwischen Beteiligten über ihre in dem öffentlichen Rechte begründete ... Verpflichtung zu den in Abs. 1 bezeichneten ... Lasten.

§ 160. In den Fällen der §§ ... 18 ... des gegenwärtigen Gesetzes ... ist die Zuständigkeit des Kreis- (Stadt-) Ausschusses, des Bezirksausschusses und des Oberverwaltunggerichtes auch insoweit begründet, als bisher durch § 79 ALR. II. 14 bzw. §§ 9. 10 des Gesetzes über die Erweiterung des Rechtsweges vom 24. Mai 1861 ... der ordentliche Rechtsweg für zulässig erklärt war.

Der Grundsatz, daß die Entscheidungen, unbeschadet aller privatrechtlichen Verhältnisse, ergehen (§ 7 des Gesetzes über die allgemeine Landesverwaltung vom 30. Juli 1883), bleibt hierbei unberührt.

Diese Vorschriften lassen keinen Zweifel darüber, daß Streitigkeiten über die Entrichtung von Gemeindeabgaben der Zuständigkeit der ordentlichen Gerichte entzogen und den Verwaltungsgerichten zugewiesen sind, mit der einzigen aus dem letzten Absatze des § 160 a. a. O. sich ergebenden Einschränkung. Was von Streitigkeiten über die Entrichtung der Gemeindeabgaben gilt, muß auch von Streitigkeiten über die Verpflichtung zu deren Sicherstellung gelten, soweit diese letztere Verpflichtung nicht auf ein privatrechtliches Verhältnis gestützt oder aus einem dem Privatrechte angehörigen Grunde bestritten wird. Das ist aber vorliegend nicht der Fall; Klage und Einreden bewegen sich auf dem Gebiete des öffentlichen Rechtes, dem der Anwendbarkeit des Ortsstatutes auf den Streitfall.

Anders lag der der diesseitigen Entscheidung vom 9. Juli 1885 in Sachen Wendriner wider die Stadtgemeinde Breslau (Rep. IV. 186/85) zugrunde liegende Rechtsfall. Dort handelte es sich zwar gleichfalls um eine Kaution für allgemeine, den öffentlichen Lasten beizuzählende, auf Grund eines in Gemäßheit des Gesetzes vom 2. Juli 1875 errichteten Statutes zur Einziehung gestellte Auflagen. Allein in jenem Falle hatte der Beklagte der Stadtgemeinde die Kaution zur protokollarischen Erklärung bestellt. Hierin sah das Berufungsgericht eine unter den Parteien getroffene Vereinbarung und erklärte aus diesem Grunde den Rechtsweg für zulässig. Die Revision wurde zurückgewiesen, weil das durch die Vereinbarung begründete Rechtsverhältnis dem Privatrechte angehöre, es sich somit nicht um eine allgemeine gesetzliche Abgabe an den Staat oder an die Gemeinde handele, sondern um einen auf privatrechtlichem Fundamente ruhenden Anspruch.

Die Sache Gambke wider die Stadtgemeinde Liegnitz (Rep. IV. 475/85) betraf die Rückforderung einer Kaution, welche der Kläger auf Grund eines in Gemäßheit des Gesetzes vom 2. Juli 1875 errichteten Ortsstatutes behufs Deckung des Kaufpreises für Straßenbauterrain im Verwaltungszwangswege mit Vorbehalt bezahlt hatte. Das Berufungsgericht hatte angenommen, daß zwar die zur Sicherheit einer erst künftig entstehenden öffentlichen Abgabe dienende Kaution nicht öffentlicher, sondern privatrechtlicher Natur sei, daß sie aber hinterher den Charakter der Kaution verloren habe und eine öffentliche Abgabe geworden sei. Die Annahme erklärte das diesseitige Urteil vom 24. Mai 1886 als auf unanfechtbar tatsächlicher Grundlage beruhend und sprach demzufolge aus, daß, wenn danach die Kaution ihre ursprüngliche Natur verloren und nach ihrem dem Kläger bekannten Zwecke die Eigenschaft einer gezahlten öffentlichen allgemeinen Abgabe angenommen habe, ihr auch die Befreiung vom ordentlichen Rechtswege zustatten komme. Die nur bedingt ausgesprochene Gleichstellung von Kaution und Abgabe in bezug auf Befreiung von dem ordentlichen Rechtswege beruht in diesem Falle auf den tatsächlichen Feststellungen des Berufungsgerichtes, die eine rechtliche Erörterung über das Wesen der Kaution überflüssig machten.

Hiernach war wegen Unzulässigkeit des Rechtsweges das Berufungsurteil aufzuheben und, unter Abänderung des landgerichtlichen Urteiles, die Klage abzuweisen."

## RGZ. 17, 245

**Ist der Rechtsweg zulässig bei Streitigkeiten über die Beitragspflicht der angrenzenden Grundeigentümer zu den Kosten einer von der Gemeinde hergestellten Straßenanlage, insbesondere über die Repartition der Zinsen aus dem zum Erwerbe des Straßenterrains ausgelegten Kapitale?**

III. Zivilsenat. Urt. v. 11. Februar 1887 i. S. B. (Kl.) w. Stadt W. (Bekl.) Rep. III. 306/86.

I. Landgericht Kassel. II. Oberlandesgericht daselbst.

Aus den Gründen:

„Durch § 4 des Straßenbaustatutes der Stadtgemeinde W. ist bestimmt, daß, wenn von der Gemeinde neue Straßen angelegt werden, die Eigentümer der angrenzenden Grundstücke, sobald sie Gebäude an der Straße errichten, verpflichtet seien, der Gemeinde die von ihr für die Anlage aufgewendeten Kosten zu erstatten. Die Anlegung und Unterhaltung von Straßen ist eine dem öffentlichen Recht angehörende Obliegenheit der Gemeinde, die in § 4 a. a. O. vorgesehenen Kostenbeiträge dienen daher zur Erfüllung einer öffentlich-rechtlichen Pflicht der Beklagten; sie sind zu entrichten von allen Besitzern der angrenzenden Grundstücke, welche Gebäude errichten, also von einer gewissen Klasse der Ortseinwohner, nicht von einzelnen individuell bestimmten Personen; sie entspringen dem kommunalen Besteuerungsrecht, sollen nach § 12 des Statutes, falls vor ihrer Entrichtung der Eigentümer des Grundstückes wechselt, auf den neuen Eigentümer übergehen und werden erforderlichen Falles auf dem Wege der Administrativexekution eingezogen. Beiträge solcher Art sind, wie das Reichsgericht schon in mehrfachen Entscheidungen ausgesprochen hat, als Kommunalabgaben zu betrachten, welche gleich den Staatssteuern dem öffentlichen Recht angehören und ebenso wie diese durch § 78 ALR. II. 14 vom Rechtswege ausgeschlossen sind.

Der im gegenwärtigen Prozeß in Frage stehende Beitrag ist dem Kläger abgefordert worden als der auf seinen Anteil fallende Ersatz von Zinsen, welche beklagte Gemeinde aus dem Kapital berechnet, *das sie zur Erwerbung* des für eine neue Straße nötigen Terrains ausgelegt hat. Ohne Zweifel fällt nach dem vorhin Bemerkten ein Streit darüber, ob und in welchem Maße dieser Kapitalaufwand auf dem in § 4 des Ortsstatutes vorgezeichneten öffentlich-rechtlichen Wege gedeckt werden dürfe, nicht der Entscheidung des ordentlichen Richters anheim. In gleicher Weise muß aber auch ein Streit über die Repartition von Zinsen aus jenem Kapital beurteilt werden, wenn die Zinsen, wie im vorliegenden Falle, als ein Teil der der Gemeinde für eine Straßenanlage erwachsenen und ihr gemäß § 4 des Statutes zu ersetzenden Gesamtkosten gefordert sind und dementsprechend einem angrenzenden Eigentümer ein verhältnismäßiger Beitrag auferlegt wurde. Die auf Rückersatz eines solchen Beitrages gerichtete Klage ist mit Recht wegen Unzulässigkeit des Rechtsweges zurückgewiesen worden."

**RGZ. 29, 158**

**Ist für den Entschädigungsanspruch der an einer unbebauten Straße angrenzenden Eigentümer, welche der an die polizeiliche Bauerlaubnis geknüpften Auflage folgend den in die Fluchtlinie fallenden Teil ihres Grundstückes freigelegt haben, der Rechtsweg zulässig?**

Preuß. Straßengesetz vom 2. Juli 1875 § 15.
Gerichtsverfassungsgesetz § 13.
Preuß. Zuständigkeitsgesetz vom 1. August 1883 § 18.

V. Zivilsenat. Urt. v. 13. Januar 1892 i. S. der Stadtgemeinde Berlin (Bekl.) w. W. (Kl.) Rep. V. 226/91.

I. Landgericht I Berlin. II. Kammergericht daselbst.

Die Revision ist zurückgewiesen worden aus folgenden, das Sachverhältnis wiedergebenden

Gründen:

„Nach dem vom Berufungsrichter in Bezug genommenen Tatbestande des ersten Urteiles hat Kläger behauptet, er sei vom April

1884 bis zum Oktober 1888 eingetragener Eigentümer des in Berlin, Linienstraße 111 und Elsasser Straße 64—65, belegenen Grundstückes gewesen. Wie die Instanzrichter weiter feststellen, wurde durch den Bebauungsplan von 1861 eine neue Fluchtlinie für die Elsasser Straße festgestellt. Als Kläger nun im Jahre 1885 sein Grundstück an der Elsasser Straße bebauen wollte, wurde ihm in dem Bauerlaubnisschein des Polizeipräsidiums vom 1. September 1885 infolge Verlangens der in städtischer Verwaltung stehenden örtlichen Straßenbaupolizeiverwaltung die Bedingung gestellt, den in die vorgedachte Fluchtlinie fallenden Teil seines Grundstückes freizulegen und zum *öffentlichen Verkehr an die Beklagte* abzutreten. Kläger hat diesem Verlangen durch Freilegung von 90 qm entsprochen, welche von der Beklagten als Bürgersteig hergestellt sind und dem öffentlichen Verkehr dienen. Kläger verlangt jetzt Entschädigung für das freigelegte Land von der Beklagten; letztere bestreitet diesen Anspruch unter Berufung auf § 14 des auf Grund des § 15 des Gesetzes vom 2. Juli 1875 für Berlin am 7. März 1877 erlassenen, am 19. desselben Monats bestätigten Ortsstatutes II, welcher wörtlich lautet:

> „Von den Grundtücken, welche in einer zur Zeit des Erlasses dieses Statutes schon vorhandenen, bisher unbebauten Straße oder einem solchen Straßenteile liegen, ist, sobald diese Grundstücke an der Straße bebaut werden, das zur Freilegung der Straße in der durch den Bebauungsplan oder sonst in vorgeschriebener Weise festgestellten Breite erforderliche Terrain bis zur Mittellinie der Straße unentgeltlich abzutreten usw."

Vorweg stellt aber Beklagte der Klage die Einrede der Unzulässigkeit des Rechtsweges entgegen. Die Einrede ist in den Vorinstanzen verworfen worden; die deswegen eingelegte Revision erscheint unbegründet.

Die Frage der Zuständigkeit in einem Falle der vorliegenden Art ist vom Reichsgericht bisher nicht entschieden. Namentlich irrt der Berufungsrichter, wenn er sich in dieser Beziehung auf das Bd. 22 S. 285 ff. der Entsch. in Zivils. abgedruckte Urteil des erkennenden Senates stützen zu können meint. Jene Entscheidung erklärt den Rechtsweg gegenüber dem U n t e r n e h m e r einer Straße für zulässig, weil die von den Unternehmern auf Grund eines gemäß § 15 des Gesetzes vom 2. Juli 1875 erlassenen Ortstatutes zu fordernden Leistungen im Gegensatz zu den Beiträgen der Angrenzer den Charakter der Gemeindesteuer nicht haben. In dem vom Berufungsrichter ferner angezogenen, Bd. 23 S. 279 der Entsch. in Zivils. abgedruckten Urteile ist ein Ausspruch über die Zulässigkeit des Rechtsweges überhaupt nicht enthalten; aus welchen Gründen der Rechtsweg in jenem

Falle stillschweigend für zulässig erachtet worden ist, ist nachträglich nicht zu erörtern.

Für die im gegenwärtigen Falle zu treffende Entscheidung ist § 18 des preuß. Zuständigkeitsgesetzes vom 1. August 1883, welchen die Beklagte für sich geltend macht, maßgebend. Derselbe lautet in seinem hier in Betracht kommenden Teil wie folgt:

„Auf Beschwerden und Einsprüche, betreffend:

1. usw.,

2. die Heranziehung oder die Veranlagung zu den Gemeindelasten beschließt der Gemeindevorstand.

Gegen den Beschluß findet die Klage im Verwaltungsstreitverfahren statt."

Da durch die Zuständigkeit der Verwaltungsgerichte nach § 13 G.V.G. der Rechtsweg ausgeschlossen wird, bleibt nur zu untersuchen, ob der Fall des mitgeteilten § 18 vorliegt.

Wenn der Beklagten zugegeben werden kann, daß auch die Hergabe von Grund und Boden und die Einrichtung desselben zur Straße, sofern solche von den angrenzenden Eigentümern durch das auf Grund des § 15 des Gesetzes vom 2. Juli 1875 erlassene Ortsstatut als Naturalleistungen gefordert werden, wenn auch nicht unter den Begriff der Gemeinde*steuer*, so doch unter den offenbar weiteren Begriff der Gemeinde*lasten* fällt, so kommt es weiter darauf an, ob im vorliegenden Fall eine „Heranziehung" oder „Veranlagung" zu dieser Gemeindelast erfolgt ist. Der Unterschied dieser beiden Begriffe ist nach der Wortbedeutung und dem Sprachgebrauch darin zu finden, daß durch die Heranziehung über die Frage *ob*, durch die Veranlagung über die Frage, *nach welchem Maßstabe* und *in welcher Höhe* die Gemeindeglieder zu den Gemeindelasten beizutragen haben, entschieden wird. Beides, Heranziehung und Veranlagung, gehört im Geltungsbereich der Städteordnung vom 30. Mai 1853 (vgl. § 56 Nr. 1, 4, 9) zu den Geschäften des Magistrates, sofern dafür nicht nach § 59 derselben besondere Deputationen und Kommissionen gebildet sind, und unterliegt jedenfalls nach § 9 derselben der Selbstverwaltung der Gemeinde. Heranziehung und Veranlagung zu den Gemeindelasten stellen sich daher immer als eine Handlung dar, welche von der Gemeinde oder deren Organen ausgeht und sich unmittelbar ohne die Dazwischenkunft anderer Behörden oder Korporationen an den Beitragspflichtigen richtet. Wenn § 18 des Zuständigkeitsgesetzes einen Beschluß des Gemeindevorstandes auf geführte Beschwerde oder erhobenen Einspruch vorsieht, so ist damit als Unterlage für das Verwaltungsstreitverfahren eine Kollegialentscheidung nach erfolgter Sachprüfung geschaffen, die sich besonders da als notwendig erweist, wo die

Heranziehung zur Gemeindelast von einer besonderen Deputation beschlossen oder nach dem eingeführten Geschäftsgange zunächst von einem einzelnen Magistratsmitglied angeordnet wird. Sie ist aber auch da vorgeschrieben und zweifellos am Platze, wo in kleineren Gemeinden der kollegialische Gemeindevorstand die Heranziehung beschlossen hat, um demselben die Möglichkeit zu gewähren, vor Eintritt des Verwaltungstreitverfahrens den einzelnen Fall nochmals individuell unter Berücksichtigung der Gegenausführungen des Herangezogenen zu prüfen.

Mag man nun auch diesen im Gesetz ausdrücklich vorgeschriebenen Beschluß nur als *eine formelle Prozeßvoraussetzung für das* Verwaltungsstreitverfahren erachten, in dessen Ermangelung das Verwaltungsgericht die Klage abweisen müßte, so bildet doch die Heranziehung durch die Gemeinde die materielle Grundlage für die Zuständigkeit der Verwaltungsgerichte. Betreffs der Form der Heranziehung kann man möglichst weit gehen; man mag selbst die Einforderung einer Steuer, die Aufforderung zu einer Leistung durch einen Gemeindeboten für eine Heranziehung halten: immer aber wird eine Handlung der Gemeinde selbst oder eines Organes derselben gefordert werden müssen. Nur gegen eine solche Handlung ist Beschwerde oder Einspruch an den Gemeindevorstand denkbar.

In der vom Polizeipräsidium, einer Staatsbehörde, erteilten Bauerlaubnis ist eine Handlung der Gemeinde oder eines Gemeindeorganes nicht zu finden und Beschwerde über dieselbe beim Gemeindevorstand nicht zulässig. Hieran wird dadurch nichts geändert, daß der Bauerlaubnis die Bedingung der Freilegung auf Verlangen der örtlichen Baupolizeiverwaltung hinzugefügt ist. Denn einerseits ist dieses Verlangen nicht unmittelbar an den Kläger gerichtet, sondern lediglich Gegenstand der Verhandlung unter den beteiligten Behörden: andererseits ist die örtliche Straßenbaupolizeiverwaltung, auch wenn ihre Handhabung dem Bürgermeister übertragen ist, kein Organ der städtischen Selbstverwaltung, sondern eine mit Ausübung der staatlichen Polizeigewalt betraute Behörde. Die gedachten polizeilichen Verfügungen mögen zwar sehr wirksame Mittel sein, den Anspruch der Gemeinde auf Freilegung des Straßenlandes zu erzwingen; sie erlangen aber auch durch diese ihre tatsächliche Wirkung nicht die rechtliche Bedeutung einer von der Gemeinde bewirkten Heranziehung zu der Gemeindelast.

Liegt hiernach eine Heranziehung des Klägers zu den Gemeindelasten seitens der Gemeinde nicht vor, so ist die Zuständigkeit der Verwaltungsgerichte aus den vorher mitgeteilten Bestimmungen der Abs. 1, 2 des § 18 des Zuständigkeitsgesetzes nicht begründet. Der Versuch, dieselbe auf den dritten Absatz dieses Paragraphen zu gründen, kann keinen Erfolg haben, weil dieser nur von Streitigkeiten „zwischen Beteiligten" über Verpflichtungen zu den Gemeindelasten handelt, zu den Beteiligten aber die Gemeinde, deren Stellung zu diesen in Abs. 1, 2 geregelt ist, nicht gerechnet werden kann.

Beklagte hat weiter das Schreiben der städtischen Baudeputation vom 22. Juni 1885 als Veranlagung zu der fraglichen Gemeindelast bezeichnet. Dieses Schreiben geht allerdings von einem Organ der Gemeinde aus; man kann auch davon absehen, daß es nicht an den Kläger selbst, sondern an den Justizrat F., der sich als dessen Beauftragter mit der Baudeputation in Verbindung gesetzt hatte, gerichtet ist. In seinem Inhalte ist jedoch eine Heranziehung oder Veranlagung zu der durch das Ortsstatut begründeten Gemeindelast nicht zu finden. Denn wenn auch der Schluß des Schreibens lautet:

> „Mit Rücksicht auf § 15 a. a. O. und den darauf gestützten § 14 des Ortsstatutes vom 19. März 1877 hat die Hergabe des Terrains und dessen Regulierung ohne Entgelt zu erfolgen",

so bildet dieser Satz doch nur einen Teil des zwischen F. und der Baudeputation geführten Briefwechsels, welcher mit dem von F. in dem Briefe vom 10. April 1885 auf Grund des § 15 des Gesetzes vom 2. Juli 1875 gestellten Verlangen beginnt, den Kläger für das angeblich schon damals freigelegte Land zu entschädigen. Der Zurückweisung dieses Entschädigungsanspruches in dem Schreiben vom 22. Juni 1885 kann trotz des mitgeteilten Schlußsatzes die Bedeutung einer Heranziehung zu der Gemeindelast der unentgeltlichen Freilegung um so weniger beigelegt werden, als die V e r p f l i c h t u n g zu dieser Leistung nach § 15 des Gesetzes vom 2. Juli 1875 und § 14 des Ortsstatutes überhaupt erst entstand, sobald Kläger an dem neuen Straßenteil ein Gebäude errichtete. Hätte Kläger in der Tat schon vorher das fragliche Land freigelegt, so kann dahingestellt bleiben, ob und welchen Anspruch er aus diesem Umstand gegen die Beklagte geltend machen kann; jedenfalls besteht keine Vorschrift, welche für solchen Anspruch das Verwaltungs- oder Verwaltungsstreitverfahren eröffnete oder sonst den Rechtsweg ausschlösse.

Betrachtet man die Frage der Zutändigkeit unabhängig von den bezüglichen Ausführungen der Beklagten, so richtet sich die Klage gegen die der polizeilichen Bauerlaubnis beigefügte, den Kläger beschwerende Auflage. Dem Kläger stand gegen diese polizeiliche Verfügung nach §§ 127, 128 des preuß. Gesetzes über allgemeine Landesverwaltung vom 30. Juli 1883 der Weg der Beschwerde oder der Klage im Verwaltungsstreitverfahren offen; er war aber nicht gezwungen, diesen zu beschreiten, wenn er sich davon keinen Erfolg versprach. Es stand ihm vielmehr frei, sich der polizeilichen Verfügung zu unterwerfen, ohne daß seine Rechtslage dadurch eine andere wurde, als wenn die Beschwerde oder Klage angestellt und zurückgewiesen wäre. In dem einen wie in dem anderen Fall konnte er gemäß § 4 des Gesetzes vom 11. Mai 1842 Entschädigung fordern, wenn er behauptete, daß die polizeiliche Verfügung ein solcher Eingriff in sein Privatrecht sei, für welchen nach den Vorschriften über Aufopferung der Rechte des einzelnen im Interesse des Allgemeinen Entschädigung gewährt werden muß. Da seine Klage zweifellos in diesem Sinne zu verstehen ist, so findet nach der ausdrücklichen Vorschrift des § 4 über die Entschädigungspflicht und über die Höhe der Entschädigung der Rechtsweg statt.

Ist hiernach für den Klageanspruch an sich der Rechtsweg zulässig, so wird die Zuständigkeit der Gerichte, welche durch die Erhebung der Klage begründet ist, dadurch nicht wieder aufgehoben, daß die Einrede der Beklagten sich auf den öffentlich-rechtlichen Grund des Ortsstatutes stützt."

**RGZ. 30, 234**

**Wer hat im Verhältnisse zwischen Käufer und Verkäufer diejenigen Kosten der ersten Einrichtung einer städtischen Straße, welche durch Ortsstatut auf Grund des § 15 des Fluchtliniengesetzes vom 2. Juli 1875 den an der Straße bauenden Anliegern auferlegt sind, dann zu tragen, wenn zur Zeit der Veräußerung das Gebäude errichtet, die Einrichtung der Straße aber noch nicht vollendet ist?**

V. Zivilsenat. Urt. v. 30. November 1892 i. S. H. (Bekl.) w. H (Kl.) Rep. V. 183/92.

I. Landgericht I Berlin. II. Kammergericht daselbst.

Aus den Gründen:

„Der Kläger hat vom Beklagten ein Haus in Berlin für 400 000 Mark gekauft. Übergabe und Auflassung sind erfolgt, der Preis ist berichtigt. Das Haus liegt an der vollständig regulierten F.'straße und an der noch nicht regulierten L.'straße und hat nach beiden Straßen Ausgänge. Der Kläger behauptet, die polizeiliche Erlaubnis zur Anlegung der Ausgänge nach der L.'straße sei dem Beklagten nur unter der Bedingung erteilt worden, daß er für die ihm zur Last fallenden Kosten der Regulierung dieser Straße eine Kaution von 4200 Mark erlege. Das habe der Beklagte nicht getan; ihm selbst sei dann gegen Erlegung einer Kaution von 7100 Mark vorbehaltlich der Einforderung des erforderlichen Mehrbetrages die Erlaubnis zur Beibehaltung der Ausgänge erteilt worden. Zur Zeit des Vertragsschlusses hätten sonach die Ausgänge zur L.'straße rechtlich nicht bestanden, die Polizeibehörde habe deren Zumauerung verlangen können. Deshalb habe das Haus einen Minderwert von 100 000 Mark gehabt, den der Beklagte erstatten müsse, weil er beim Vertragsschlusse nicht mitgeteilt habe, daß ihm die Anlegung der Ausgänge nur unter einer von ihm nicht erfüllten Bedingung gestattet worden sei. Unter Vorbehalt des Mehranspruches hat der Kläger hiernach die Verurteilung des Beklagten zur Zahlung von 7100 Mark nebst Zinsen seit der Klagezustellung beantragt.

Der Beklagte hat entgegnet, der Kläger habe beim Kauf gewußt, daß die L.'straße noch nicht gepflastert sei; er habe dem Kläger vor und beim Abschluß des Vertrages gesagt, daß er, Kläger, die *Straßenregulierungskosten tragen und für die Pflasterkosten* Kaution stellen müsse, womit der Kläger einverstanden gewesen sei. Daß die Polizeibehörde berechtigt gewesen sei, die Türen zuzumauern, wurde betritten ...

Der Berufungsrichter hat dem Kläger einen Eid auferlegt; für den Fall der Eidesleistung soll der Beklagte zur Zahlung des eingeklagten Betrages verurteilt werden gegen Abtretung der Rechte des Klägers auf die von ihm beim Magistrat hinterlegte Kaution. Die Entscheidung ist wie folgt begründet:

Die Errichtung des Hauses an der noch nicht regulierten L.'straße sei an sich statthaft gewesen; doch sei nach dem Berliner Ortsstatut vom März 1877 (§§ 1, 7) die Bauerlaubnis abhängig gewesen von der Zahlung der anteiligen Kosten für die Regulierung der L.'straße, und sie sei dem Kläger unzweifelhaft erteilt worden gegen die Verpflichtung zur Stellung einer Kaution (für den zur Zeit des Baues seinem Betrage nach noch nicht feststehenden Regulierungskostenbeitrag). Ob nun wegen der unterbliebenen Stellung dieser Kaution die Baupolizei die Zumauerung der Ausgänge zu der noch nicht regulierten Straße habe verlangen können, bedürfe nicht der Erörterung. Den eigentlichen Gegenstand des Rechtsstreites bilde die Pflicht zur Erstattung der anteiligen Regulierungskosten. Diese Pflicht, obwohl jedem an einer neu angelegten Straße liegenden Grundstücke aufhaftend, sei vorliegend eine für Sachen derselben Art ungewöhnliche Last (§ 335 ALR I, 5), weil nach den Bestimmungen des Ortsstatutes der Kläger habe annehmen können, daß die Regulierungskosten, bzw. die Kaution schon berichtigt seien, da dies bei Erteilung der Bauerlaubnis zu erfolgen habe. Der Beklagte sei deshalb verpflichtet gewesen, davon, daß die Berichtigung noch rückständig sei, dem Kläger beim Abschluß des Kaufes Mitteilung zu machen. Habe er das nicht getan und der Kläger die Last nicht übernommen, so hafte der Beklagte für Beseitigung der Last oder für den aus dem Bestehen der Last sich ergebenden Minderwert des Grundstückes. Daher komme es auf den darüber dem Kläger angetragenen Eid an, daß der Beklagte die Mitteilung gemacht und daß der Kläger zur Übernahme der Last sich bereit erklärt habe. Werde der Eid geleistet, so habe der Beklagte dem Kläger denjenigen Betrag zu erstatten, den dieser für die Ablösung der nicht übernommenen Last werde aufwenden müssen. Sofern dies mehr sein werde als 7100 Mark, sei darauf nicht geklagt worden. Möchte es weniger sein, so habe der Kläger Anspruch auf Erstattung des überschießenden Teiles der von ihm eingezahlten Kaution, und diesen Anspruch müsse er dem Beklagten gegen die (diesem zunächst obliegende) Erstattung der vollen 7100 Mark abtreten.

*Der gegen diese Entscheidung in erster Linie* erhobene Revisionsangriff, daß etwas anderes zuerkannt sei, als der Kläger fordere, ist nicht begründet." (Wird näher ausgeführt, dann heißt es zur Sache selbst:)

„Die durch das Berliner Ortsstatut vom 7./19. März 1877 auf Grund des § 15 des Gesetzes vom 2. Juli 1875 den Besitzern der an einer von der Stadtgemeinde angelegten neuen Straße grenzenden Grundstücke auferlegte Verpflichtung, der Stadtgemeinde gewisse Kosten der Straßenanlage zu erstatten, sobald sie ein Gebäude an der Straße errichten, hat nicht fortlaufende Leistungen zum Gegenstand, sondern wird der Regel nach durch eine einmalige Zahlung erfüllt. Wenn nun auch die Stadtgemeinde berechtigt sein mag, wegen ihres Anspruches sich an den Besitzer zu halten, so entscheidet sich doch im Verhältnis zwischen Käufer und Verkäufer die Frage, wer die Zahlung zu leisten habe, nach dem Zeitpunkte, in welchem die Zahlungspflicht entstanden ist. Die §§ 180—182 ALR. I, 11, wenn auch nicht unmittelbar auf den vorliegenden Fall anwendbar, lassen das leitende Prinzip zweifellos erkennen. Wie für die Rückstände der in regelmäßigen Perioden wiederkehrenden öffentlichen Abgaben und Lasten (§ 182) der Verkäufer haftet, wenn die Rückstände in die Zeit vor der Übergabe treffen, und wie der Verkäufer die aus außerordentlichem Anlasse zur Hebung kommenden, auf einer öffentlich-rechtlichen Verpflichtung des Grundstückes beruhenden Leistungen dann zu tragen hat, wenn die Verbindlichkeit zu deren Entrichtung schon vor der Übergabe vorhanden gewesen ist (§§ 180, 181), und zwar dieses, obwohl in dem einen wie in dem anderen Falle die dauernde Verpflichtung selbst, in welcher die einzelne Leistung ihren Ursprung hat, auf den Käufer übergeht, ohne daß der Verkäufer (von dem Falle der Ableugnung oder der besonderen Vereinbarung abgesehen) eine Vertretung dafür zu leisten hat (§ 175 a. a. O.), so muß auch, wenn die auf dem Grundstück ruhende öffentlich-rechtliche Verpflichtung durch eine einmalige Leistung sich vollständig erledigt, diese Leistung demjenigen der beiden Kontrahenten zur Last fallen, in dessen Besitzzeit die Verpflichtung zu derselben entstanden ist. Die Verpflichtung zur Entrichtung des hier fraglichen Beitrages zu den Anlagekosten der Straße entsteht aber nach der mit dem Gesetze vom 2. Juli 1875 übereinstimmenden Vorschrift des Ortsstatutes durch die Errichtung eines Gebäudes an der neuen Straße. Ob zu dieser Zeit die Höhe des Beitrages schon feststeht, oder ob diese Feststellung, sei es, weil die Aufwendungen, auf deren anteiligen Ersatz die Stadtgemeinde Anspruch hat, von ihr selbst noch nicht oder nicht vollständig gemacht sind, sei es, weil nur die Berechnung und Verteilung der Beiträge noch aussteht, erst später erfolgen kann, hat nur auf die Fälligkeit, nicht auf das Bestehen der Zahlungspflicht desjenigen Besitzers Einfluß, in dessen Besitzzeit die Errichtung des Gebäudes fällt; ebenso wie in dem in § 181 a. a. O. gewählten Beispiele für die Entstehung der Verpflichtung zu einem außerordentlich auszuschreibenden Feuerversicherungsbeitrag nur der Eintritt des Brandschadens, nicht aber die spätere Ermittlung der Höhe des Schadens und die danach sich bestimmende Verteilung und Ausschreibung der Beiträge als maßgebend bezeichnet ist. Daraus rechtfertigt sich zugleich die weitere Vorschrift des Ortsstatutes, daß, wenn zur Zeit der Errichtung des Gebäudes die Höhe der Beiträge noch nicht feststeht, von dem Grundstücksbesitzer eine, ihrer Höhe nach vom Magistrate zu bestimmende Kaution erfordert werden kann, welche der Besitzer zur Sicherung seiner eigenen Zahlungsverbindlichkeit, nicht zur Sicherung von Verpflichtungen eines etwaigen künftigen Grundstücksbesitzers und für diesen bestellt.

Hiernach kann es nicht als rechtsirrtümlich bezeichnet werden, daß der Berufungsrichter im vorliegenden Falle die der Stadtgemeinde gegenüber auf den Kläger übergegangene Verpflichtung zur Leistung des Straßenkostenbeitrages und der Kaution für diesen Beitrag als eine ungewöhnliche Last bezeichnet, in dem Sinne nämlich, daß der Kläger die schon zur Besitzzeit des Beklagten durch die Errichtung des Gebäudes entstandene Zahlungsverbindlichkeit als getilgt oder mindestens als durch Kaution gedeckt und somit als für ihn nicht mehr bestehend ansehen durfte. Daß er die Last nur in diesem Sinne als eine ungewöhnliche ansehe, obwohl er anerkennt, daß an sich jedes an einer neuen Straße belegene Grundstück für die Straßenregulierungskosten nach Maßgabe des Ortsstatutes hafte, gibt der Berufungsrichter dadurch zu erkennen, daß er die trotz der bestehenden Verpflichtung vom Beklagten nicht geschehene Zahlung oder Sicherstellung als eine rückständige bezeichnet.

Ist hiernach im Verhältnisse der Parteien untereinander der Beklagte zur Tragung des Straßenkostenbeitrages und somit zur Gewährleistung für dasjenige, was dem Kläger gegenüber die Stadtgemeinde gefordert und weiterhin zu fordern hat, verpflichtet, so ist auch der weiteren Folgerung des Berufungsrichters beizutreten, daß der Beklagte von seiner Gewährleistungspflicht nicht durch die bloße Anzeige, daß er seiner Zahlungs- oder Kautionspflicht noch nicht genügt habe, sondern nur dadurch befreit wurde, daß der Kläger diese Verpflichtung vertragsmäßig übernahm. Insoweit, und da die Übernahme der Verpflichtung nach § 10 des Gesetzes vom 5. Mai 1872 auch ohne Aufnahme in den schriftlichen Kaufvertrag gültig geschehen konnte, hat der Berufungsrichter den dem Kläger hinsichtlich der Übernahme der Verpflichtung angetragenen Eid mit Recht für erheblich erklärt." ...

**RGZ. 31 273.**

**1. Verhältnis des Fluchtliniengesetzes zum Enteignungsgesetze. Kann der Eigentümer in den Fällen des § 13 des ersteren die Übernahme des ganzen Grundstückes nur dann verlangen, wenn das Restgrundstück nicht mehr zur Bebauung geeignet ist, oder auch dann, wenn dasselbe nach seiner Bestimmung nicht mehr zweckmäßig benutzt werden kann (§ 9 des Enteignungsgesetzes)?**

**2. Anfang der Verzinsung der Eigentumsentschädigung.**

V. Zivilsenat. Urt. v. 6. Mai 1893 i. S. R. (Kl.) w. Stadtgemeinde St. (Bekl.) Rep. V. 10/93.

I. Landgericht Stettin. II. Oberlandesgericht daselbst.

Aus den Gründen:

„Der ursprüngliche, inzwischen verstorbene Kläger, Theaterdirektor O. R. zu St., war Eigentümer des Grundstückes Birkenallee Nr. 22 daselbst, auf welchem außer anderen Gebäuden das im Jahre 1884 abgebrannte Thaliatheater stand. Dieses Grundstück wird durch die von der Beklagten auf Grund des unter dem 4. Juni 1885 festgestellten Bebauungsplanes durchgeführte Verlängerung der Löwestraße derart durchschnitten, daß auf beiden Seiten des neuen Straßenteiles Restparzellen liegen bleiben. Durch Beschluß des Bezirksausschusses zu St. vom 1. November 1888 ist die Entschädigung für die zur Verlängerung der Löwestraße erforderliche Parzelle des vorgedachten Grundstückes von 4,50 a auf 13 500 M. festgesetzt, Kläger aber mit seinen weiteren Ansprüchen, insbesondere mit dem auf Übernahme des ganzen Grundstückes Nr. 22 und seines an dasselbe angrenzenden Grundstückes, abgewiesen. Kläger hat deshalb den Rechtsweg beschritten. In erster Instanz ist Beklagte zur Übernahme des ganzen Grundstückes Birkenallee Nr. 22 im Flächeninhalte von 26,50 a verurteilt und die Entschädigung auf 84 756 M. festgesetzt.

Das Berufungsgericht hat die Beklagte nur zur Entschädigung für den zur Verlängerung der Löwestraße erforderlichen Grundstücksteil von 4,50 a in Höhe von 13 500 M. verurteilt, der Klägerin aber Zinsen vom 1. Dezember 1888 bis 4. Juli 1889 zugesprochen.

Es handelt sich auch für die Revisionsinstanz um folgende, in dem Berufungsurteile getrennt behandelte Punkte:

A. Übernahme des Restgrundstückes von 22,10 a, . . .

D. Anfang der Zinspflicht.

Die von der Klägerin in vollem Umfange ihrer ursprünglichen Anträge eingelegte Revision ist zu A. . . . und D. begründet.

Zu A. Die Entscheidung der Frage, ob die Beklagte verpflichtet ist, das ganze Grundstück Birkenallee Nr. 22 oder doch wenigstens die von der neuen Fluchtlinie teilweise in Anspruch genommenen Gebäude zu übernehmen, hängt davon ab, ob bei Teilenteignungen auf Grund des Fluchtliniengesetzes vom 2. Juli 1875 ausschließlich der § 13 dieses Gesetzes oder neben demselben § 9 des Enteignungsgesetzes vom 11. Juni 1874 anzuwenden ist. Mit der Entscheidung dieser Rechtsfrage beschäftigt sich schon das Erkenntnis des II. Hilfssenates des Reichsgerichtes vom 24. Juni 1880;

vgl. Entsch. des RG.'s in Zivils. Bd. 2 S. 279;

dasselbe beschränkt sich jedoch, der Lage des damaligen Falles entsprechend, auf den Ausspruch, daß § 9 Abs. 3, nach welchem bei Gebäuden, die teilweise in Anspruch genommen werden, die Übernahmepflicht jedenfalls das gesamte Gebäude erfaßt, neben § 13 zur Anwendung kommt; es entscheidet nicht die weitergehende Frage, ob in den Fällen des § 13 die Übernahme des ganzen Grundstückes nur dann verlangt werden kann, wenn das Restgrundstück nach den baupolizeilichen Vorschriften des Ortes nicht mehr zur Bebauung geeignet ist, oder außerdem gemäß § 9 Abs. 1 des Enteignungsgesetzes auch dann, wenn das Restgrundstück nach seiner bisherigen Bestimmung nicht mehr zweckmäßig benutzt werden kann.

Der Wortlaut des § 13 des Fluchtliniengesetzes steht der Entscheidung im letzteren Sinne zum mindesten nicht entgegen; denn der Eingang des Abs. 3:

,In allen obengedachten Fällen kann der Eigentümer die Übernahme des ganzen Grundstückes verlangen, wenn usw.'

läßt, wie schon in dem Erkenntnisse des II. Hilfssenates (a. a. O. S. 284) hervorgehoben, in keiner Weise erkennen, daß die Unbebaubarkeit die ausschließliche Voraussetzung für den Anspruch auf Übernahme sein soll, wie dies leicht durch die Einfügung des Wortes „nur“ vor „verlangen“ hätte ausgedrückt werden können. Andererseits muß auch der § 19 des Fluchtliniengesetzes, durch dessen Abs. 1 alle den Bestimmungen dieses Gesetzes entgegenstehenden allgemeinen und besonderen gesetzlichen Vorschriften aufgehoben werden, außer Betracht bleiben, weil eine Aufhebung des, einen weiteren sachlichen Geltungskreis umfassenden Enteignungsgesetzes durch das Fluchtliniengesetz nicht erfolgen konnte, für seine Anwendung neben demselben aber der allgemeine Gesichtspunkt entscheidend ist, daß das besondere Gesetz dem allgemeinen vorgeht. Dahingestellt mag auch bleiben, ob daraus, daß im § 14 des Fluchtliniengesetzes betreffs der Feststellung der Entschädigung und der Vollziehung der Enteignung auf die §§ 24 flg. des Enteignungsgesetzes verwiesen, im letzten Absatz des § 25 des letzteren aber auch eine Bestimmung wegen Geltendmachung des Anspruches aus § 9 getroffen ist, mit dem II. Hilfsenat die Anwendbarkeit des letzteren auf die Fälle des Fluchtliniengesetzes gefolgert werden kann.

Vgl. Entsch. des R.G.'s in Zivils. Bd. 2 S. 283.

Die Frage ist vielmehr in Ermangelung positiver Gesetzesaussprüche aus dem Verhältnis beider Gesetze zu einander sowohl nach ihrem Gesamtinhalt als insbesondere nach der Bedeutung der Vorschriften des § 13 des einen und des § 9 des anderen Gesetzes zu lösen.

Insofern das Fluchtliniengesetz in seinem § 11 den Grundeigentümern bei Neubauten eine Beschränkung auferlegt und den Gemeinden das Recht gewährt, ihnen die für Straßen und Plätze bestimmten Grundflächen zu entziehen, schafft es, da die Beschränkung und Entziehung als durch Gründe des öffentlichen Wohles gerechtfertigt anzusehen ist,

vgl. Entsch. des R.G.'s in Zivils. B. 2 S. 280,

eine besondere Art von Enteignungsfällen (§ 1 des Enteignungsgesetzes), eine Ausnahme von den gewöhnlichen Fällen der Enteignung dahin, daß die Zulässigkeit der Enteignung nicht durch Königliche Verordnung ausgesprochen, der Plan nicht durch Entscheidung der Staatsbehörden festgestellt wird (§§ 2 flg. §§ 15 flg. des Enteignungsgesetzes), an Stelle der Königlichen Verordnung und der behördlichen Entscheidung vielmehr eine durch das Gesetz geregelte, mehr oder minder autonome Entschließung der Gemeindeorgane tritt. Während nun das Fluchtliniengesetz die an Stelle der Zulassung der Enteignung und der Planfeststellung tretende Fluchtlinienfestsetzung in den §§ 1—10 eingehend ordnet und ihr die von Rechts wegen eintretende Wirkung des § 11 beilegt, wird die Frage der Entschädigung nur in §§ 13. 14 des Gesetzes behandelt. Schon diese dürftige Behandlung im Vergleiche mit dem von der Entschädigung in materiell rechtlicher Beziehung handelnden zweiten Titel des Enteignungsgesetzes rechtfertigt die Annahme, daß die materiellen Vorschriften des Enteignungsgesetzes auch auf die Fälle des Fluchtliniengesetzes Anwendung finden müssen.

Vgl. Entsch. des R.G.'s in Zivils. Bd. 2 S. 283.

Es würde sonst z. B. jede Vorschrift darüber fehlen, daß die Entschädigung in Geld zu gewähren ist (§ 7 des Enteignungsgesetzes), daß sie in dem vollen Werte des Grundstückes besteht (§ 8 desselben), daß unter Umständen auch Nebenberechtigte besonders zu entschädigen sind (§ 11 desselben). Eine solche Lücke kann der Gesetzgeber unmöglich gewollt haben. Der Handelsminister Dr. Achenbach hat denn auch bei der ersten Lesung des Fluchtliniengesetzes im Abgeordnetenhause das Verhältnis desselben zu dem Enteignungsgesetz treffend dahin gekennzeichnet: „Die Vorlage enthält die Bestimmung, daß nach Maßgabe des (Enteignungs-)Gesetzes verfahren werden muß, die allgemeinen Grundsätze werden daher ... in Anwendung treten, und es liegt kein Bedürfnis vor, in den gegenwärtigen Entwurf eine bestätigende oder abändernde Bestimmung jenes erst eben ergangenen Gesetzes aufzunehmen."

Vgl. Stenographische Berichte der Verhandlungen des Abgeordnetenhauses von 1875 S. 77.

Wenn nun auch die Kommission des Abgeordnetenhauses eine „genauere Anführung der Bestimmungen des Enteignungsgesetzes, welche bezüglich der Entschädigungen und der Vollziehung der Enteignung in Betracht kommen können", für geboten erachtete und deshalb an Stelle der im Entwurf für genügend erachteten allgemeinen Verweisung auf das Enteignungsverfahren den § 14 Abs. 1 setzte (Nr. 279 der Drucksachen des Abgeordnetenhauses von 1875), so ist daraus doch nicht zu entnehmen, daß die Anwendbarkeit der materiellen Grundsätze über die Entschädigung, für die diese Änderung keinen Ersatz bot, ausgeschlossen werden sollte. Aus dem allgemeinen Verhältnis beider Gesetze zu einander muß vielmehr gefolgert werden, daß die materiellen Vorschriften des Enteignungsgesetzes auf die Fälle des Fluchtliniengesetzes insoweit anzuwenden sind, als die betreffende Frage im Fluchtliniengesetz nicht anders geregelt ist.

Was nun insbesondere das Verhältnis des § 13 des letzteren zu § 9 des Enteignungsgesetzes betrifft, so bezeichnet § 13 unter Ziff. 1. 2. 3 diejenigen Fälle, in welchen allein wegen Entziehung oder Beschränkung des von der Festsetzung neuer Fluchtlinien betroffenen Grundeigentumes Entschädigung gefordert werden kann, und gibt in seinem vorletzten Absatz in allen diesen Fällen den Anspruch auf Übernahme des ganzen Grundstückes, welcher nach der Stellung des § 9 im System des Enteignungsgesetzes einen Teil der Entschädigung bildet, vgl. Gruchot, Beiträge Bd. 35 S. 1116,

wenn das Restgrundstück nach den baupolizeilichen Vorschriften des Ortes „nicht mehr zur Bebauung geeignet ist". Der § 13 Abs. 3 gewährt seinen Schutz also nur denjenigen Grundstücken, die a) früher zur Bebauung geeignet waren und b) infolge der neuen Fluchtlinie nicht mehr zur Bebauung gegeignet sind. Er schützt nicht, behandelt überhaupt nicht diejenigen Grundstücke, die c) früher nicht zur Bebauung geeignet waren oder d) auch nach Festsetzung der neuen Fluchtlinie zur Bebauung geeignet bleiben. Zu den Fällen unter c) würden z. B. Grundstücke gehören, welche früher zwar *nicht zur Bebauung geeignet* waren, aber durch ihre anderweitige Bestimmung, z. B. als Garten, einen Nutzen gewährten, den sie nach Abschneidung eines Teiles durch die neue Fluchtlinie nicht mehr gewähren können. Zu den Fällen unter d) würden solche Grundstücke gehören, welche zwar nach wie vor der neuen Fluchtlinie bebaut werden können, in ihrem ursprünglichen Umfange aber eine vorteilhaftere Benutzung zuließen, sei es, wie im vorliegenden Falle, durch eine besondere Art der Bebauung (Theater), sei es durch eine ganz anders geartete Benutzung, z.B. zu einer Handelsgärtnerei. In allen diesen Fällen würde — unabhängig von der hier erörterten Streitfrage — der Eigentümer auf Grund des § 8 Abs. 2 des Enteignungsgesetzes einen Anspruch auf Ersatz des Minderwertes des Restgrundstückes haben, einen Anspruch, welcher, wenn dies etwa ganz entwertet wird, sogar bis zum vollen Werte des Restgrundstückes gehen würde; allein § 9 des Enteignungsgesetzes gibt dem Eigentümer, falls das Restgrundstück nach seiner bisherigen Bestimmung nicht mehr zweckmäßig benutzt werden kann, den weiteren Anspruch auf Übernahme des ganzen Grundstückes. Es soll dem Eigentümer nicht zugemutet werden, sich erst die Enteignung eines Teiles seines Grundstückes gefallen zu lassen und dann vor die Wahl gestellt zu werden, das Restgrundstück entweder zu verkaufen oder zu einer ganz anderen Bestimmung zu benutzen. Daß dieser Schutz der bestehenden Verhältnisse, welchen das allgemeine Gesetz bei Teilenteignung gewährt, in den Fällen des Fluchtliniengesetzes entzogen sein soll, ist nirgends ausgesprochen, der Fall der Unbenutzbarkeit nach der bisherigen Bestimmung in § 13 desselben überhaupt nicht behandelt. Fehlte der 3. Abs. des § 13 im Gesetz ganz, so würde der Eigentümer nach § 9 des Enteignungsgesetzes Übernahme des ganzen Grundstückes dann, aber auch nur dann, verlangen können, wenn er das Restgrundstück nach seiner bisherigen Bestimmung nicht mehr zweckmäßig benutzen könnte. Diese Einschränkung könnte bei der Anwendung auf Grundstücke, die an Straßen in Städten oder ländlichen Ortschaften liegen, leicht zu eng erscheinen, da solche

Grundstücke neben ihrer jeweiligen Bestimmung in der Regel die Möglichkeit bieten, sie als Baustellen zu benutzen, diese Benutzungsfähigkeit aber oft, wenn auch keineswegs immer, von höherer Bedeutung sein wird, als die augenblickliche Benutzungsart. Es lag deshalb nahe, da, wo Eingriffe in das Grundeigentum gerade zum Zwecke der Anlegung oder Veränderung von Straßen erleichtert werden, denjenigen besonders zu schützen, der durch diese Anlegung oder Veränderung gehindert wird, sein Eigentum gerade in dieser Richtung als Baustelle auszunutzen. Unter diesen Gesichtspunkten ist es erklärlich, daß das Fluchtliniengesetz den Eigentümern von Baustellen einen Schutz gewährt, den sie nach § 9 des Enteignungsgesetzes nicht hatten, da das bloße Geeignetsein zur Bebauung sich nicht mit der bisherigen Bestimmung deckt.

Vgl. Gruchot, Beiträge Bd. 35 S. 1102.

Daraus kann aber nicht gefolgert werden, daß der Schutz der bisherigen Bestimmung, den § 9 des Enteignungsgesetzes allgemein gibt, bei Enteignungen auf Grund des Fluchtliniengesetzes fortfällt. Dies kann insbesondere auch nicht aus der im übrigen anerkannten Absicht des Gesetzgebers, die Lasten der Gemeinden bei Anlegung oder Veränderung von Straßen zu erleichtern,

vgl. Entsch. des R.G.'s in Zivils. Bd. 8 S. 241,

hergeleitet werden. Diese Absicht hat ihre genügende Verwirklichung darin gefunden, daß für die ortsstatutarische Baubeschränkung des § 12 überhaupt keine Entschädigung zu leisten ist, daß nach § 15 die Anlieger durch Ortsstatut zu den Kosten der Straßenanlage herangezogen werden können, und daß nach § 13 die Fälligkeit der zu zahlenden Entschädigungen nicht schon im Augenblick der von Rechts wegen eingetretenen Baubeschränkung, sondern erst dann eintritt, wenn das Straßenland für den öffentlichen Verkehr abgetreten wird, und die Grundstücke bis zur Fluchtlinie freigelegt oder in der Fluchtlinie bebaut werden. Daneben eine weitere Vergünstigung der Gemeinden zum Nachteil der Eigentümer auch da, wo sie im Gesetz nicht zum Ausdruck gelangt ist, aus der dem Gesetz im ganzen zugrunde liegenden Absicht herzuleiten, ist nicht statthaft.

Ist hiernach davon auszugehen, daß die Vorschriften des § 9 des Enteignungsgesetzes durch § 13 Abs. 3 des Fluchtliniengesetzes für den Bereich des letzteren nicht ersetzt, sondern ergänzt sind, daß also der Eigentümer in den Fällen des § 13 die Übernahme des ganzen Grundstückes sowohl dann verlangen kann, wenn das Restgrundstück nicht mehr zur Bebauung geeignet ist, als auch dann, wenn dasselbe nach seiner bisherigen Bestimmung nicht mehr zweckmäßig benutzt werden kann, so unterliegt es weiter auch keinem Zweifel, daß insbesondere Abs. 3 des § 9 auch für Teilenteignungen auf Grund des Fluchtliniengesetzes gilt. Dies würde, auch wenn man von der selbständigen Begründung in dem Erkenntnisse des II. Hilfssenats absieht, schon aus der Stellung der Vorschrift innerhalb des § 9 folgen. War das Grundstück nämlich mit Gebäuden besetzt, so ist dies seine bisherige Bestimmung im Sinne des Abs. 1; können die Gebäude nicht mehr bestehen, so ist die Übernahmepflicht gegeben. Der Abs. 2 des § 9 beschränkt dieselbe, falls die geminderte Benutzbarkeit nur bestimmte Teile des Grundstückes trifft, auf diese Teile; der Abs. 3 schränkt die Teilung wiederum insoweit ein, als Gebäude, welche teilweise in Anspruch genommen werden, jedenfalls ganz übernommen werden müssen, d. h. es tritt bei Gebäuden die Übernahmepflicht des Abs. 1 unbeschränkt durch den Abs. 2 in Kraft.

Das Berufungsurteil unterliegt, da es im Widerspruch mit den vorigen Ausführungen die Verpflichtunng zur Übernahme des ganzen Grundstückes nur auf Grund des von ihm für ausschließlich anwendbar erachteten § 13 geprüft hat, der Aufhebung. . . .

Zu D. Zinsen von der Entschädigungssumme hatte der erste Richter der Klägerin nur vom Tage der Enteignung ab zugesprochen, während Klägerin solche vom 1. Juni 1885 ab fordert. Der Berufungsrichter hat die Anschlußberufung der Klägerin bezüglich der Zinsen insoweit für begründet erachtet, daß er ihr Zinsen vom 1. Dezember 1888, dem Tage der Zustellung des Beschlusses des Bezirksausschusses, ab zugesprochen hat.

Der Berufungsrichter nimmt an, daß die Besitzeinweisung der Beklagten sich schon im Jahre 1885, als auf Grund des neuen Bebauungsplanes der Konsens zur Errichtung eines neuen Theaters verweigert wurde, vollzogen habe, und hält den Zinsanspruch an sich, da niemand Sache und Kaufgeld zugleich nutzen soll (§ 109 A.L.R. I. 11), schon vom 1. Juni 1885 an für begründet. Nur deshalb, weil damals der Betrag des von der Beklagten zu zahlenden Kaufpreises noch nicht in der vorgeschriebenen Weise festgestellt gewesen sei, hat er den Anfangspunkt der Verzinsung auf den Tag der Zustellung der Entscheidung des Bezirksausschusses verlegt.

Dem kann nicht beigetreten werden. Wenn, wie in der Rechtsprechung anerkannt ist, der frühere Beginn der Verzinsungspflicht nach der Vorschrift der allgemeinen Gesetze und insbesondere des vom Berufungsrichter angezogenen § 109 durch § 36 des Enteignungsgesetzes nicht ausgeschlossen ist, so fehlt es an jedem rechtlichen Grunde, dem Eigentümer die Verzinsung des Kaufgeldes, die er aus diesem Gesichtspunkt zu fordern hat, bis zu dem, von seiner Einwirkung nicht abhängigen Zeitpunkt der Feststellung der Entschädigung durch die Verwaltungsbehörde zu versagen. Denn wenn auch die Höhe der Enteignungsentschädigung erst durch diesen Beschluß, endgültig sogar erst durch den Ablauf der Frist zur Beschreitung des Rechtsweges oder durch rechtskräftige richterliche Entscheidung, festgesetzt wird, so steht doch die Verpflichtung zur Zahlung eines Kaufgeldes schon vorher fest, und die gesetzliche Bestimmbarkeit desselben ist der Bestimmtheit gleich zu achten (§§ 46 flg. A.L.R. I. 11). Die Entscheidung des Berufungsrichters würde nur von dem in der landrechtlichen Rechtsprechung und Wissenschaft nicht anerkannten Gesichtspunkt der Entschädigung aus einer unerlaubten Handlung (§ 66 ALR. I. 16) zu rechtfertigen sein." ...

**RGZ. 32, 202**

**1. Inwiefern hat die Festsetzung von Fluchtlinien nach den Vorschriften des Gesetzes vom 2. Juli 1875 Einfluß auf schon vor Geltung dieses Gesetzes begründete öffentlich-rechtliche Baubeschränkungen und den durch deren Auferlegung entstandenen Entschädigungsanspruch?**

**2. Ist bei Feststellung der Entschädigung für die im Wege der Enteignung erfolgende Entziehung eines Grundstückes die Bauplatzeigenschaft desselben auch dann zu berücksichtigen, wenn die Baufreiheit schon vor Geltung des Gesetzes vom 2. Juli 1875 durch eine auf Grund der älteren Gesetzgebung auferlegte Baubeschränkung aufgehoben war?**

**3. Von welchem Zeitpunkt ab ist die nach § 75 Einleitung §§ 29 flg. A.L.R. I. 8 für Entziehung oder Beschränkung des Eigentumes zu zahlende Entschädigung zu verzinsen?**

V. Zivilsenat. Urt. v. 28. Oktober 1893 i. S. B. (Kl.) w. die Stadtgemeinde Berlin (Bekl.). Rep. V. 202/93.

I. Landgericht I Berlin. II. Kammergericht daselbst.

Das klägerische Grundstück, welchem auf Grund des Berliner Bebauungsplanes von 1862 durch polizeiliche Verfügung vom 19. Juli 1865 eine Baubeschränkung auferlegt war, ist von der Beklagten zur Ausführung des auf Grund des Gesetzes vom 2. Juli 1875 festgesetzten Bebauungsplanes vom Jahre 1888 im Wege der Enteignung erworben. Der Berufungsrichter hat die dem Kläger als Eigentümer des enteigneten Grundstückes zustehende Entschädigung ohne Rücksicht auf dessen angebliche Bauplatzeigenschaft festgetellt, dem Kläger aber als Cessionar der Erben des Vorbesitzers K. eine Entschädigung von 114 804 Mark für die im Jahre 1865 auferlegte Baubeschränkung nebst Zinsen seit der Klagezustellung zugesprochen. In der Revisionsinstanz verlangte Kläger mit seinem Hauptantrage Erhöhung der Enteignungsentschädigung unter Berücksichtigung der Bauplatzeigenschaft, mit einem Eventualantrage Verzinsung der 114 804 Mark schon vom 19. Juli 1865 ab. Das Reichsgericht hat gemäß dem Eventualantrage erkannt.

Aus den Gründen:

„Die ... Revision ist zwar nicht hinsichtlich des vom Revisionskläger gestellten Hauptantrages, wohl aber hinsichtlich des eventuellen Antrages begründet.

1. Die Entscheidung über den Hauptantrag hängt wesentlich davon ab, ob der dem Kläger zu vergütende Grundstückswert mit oder ohne Berücksichtigung der seinem Grundstücke auf Grund des Berliner Bebauungsplanes von 1862 durch polizeiliche Verfügung vom 19. Juli 1865 auferlegten Baubeschränkung zu bemessen ist. Darüber, daß die Beklagte auch zur Entschädigung für diese Baubeschränkung verpflichtet ist, waltet kein Streit ob. Der Anspruch auf letztere Entschädigung würde, auch wenn er schon dem Vorbesitzer des Klägers erwachsen wäre, dennoch dem Kläger als Cessionar der K.schen Erben zustehen. Seine Legitimation und die Zulässigkeit der Verbindung dieses von ihm eventuell erhobenen Anspruches mit dem auf die Enteignungsentschädigung gerichteten Prinzipalanspruche ist vom Berufungsrichter anerkannt. Die vorhin aufgeworfene Frage bleibt aber dennoch von Erheblichkeit, weil von Entscheidung derselben der für die Feststellung der Entschädigung maßgebende Zeitpunkt abhängig ist.

Die Frage hat den erkennenden Senat bereits in dem zwischen der jetzigen Beklagten und den Rechtsvorgängern des Klägers, den K.schen Erben, verhandelten Rechtsstreite beschäftigt. Daß jener Vorprozeß weder den Einwand der Rechtshängigkeit noch den der rechtskräftig entschiedenen Sache begründet, hat der Berufungsrichter zugunsten des Klägers angenommen. Dadurch wird indessen nicht ausgeschlossen, daß die Rechtsgrundsätze, welche der erkennende Senat in dem in jener Sache ergangenen Revisionsurteile vom 16. November 1889 (Rep. V. 183/89) ausgesprochen hat, auch auf die vorliegende Sache Anwendung finden. In jenem Vorprozesse verlangten die Geschwister K. als damalige Eigentümer des fraglichen Grundstückes Entschädigung für Versagung einer von ihnen im Jahre 1880 nachgesuchten Bauerlaubnis. Beklagte erhob gegen diesen Anspruch den Einwand, daß das Grundstück schon durch die polizeiliche Verfügung von 1865, um welche es sich auch im gegenwärtigen Prozesse handelt, die Bebaubarkeit verloren habe. Das Revisionsgericht erachtete diesen Einwand für erheblich, indem es sich auf den schon in der Entscheidung des Reichsgerichtes vom 14. Januar 1862,

vgl. Entsch. des R.G.'s in Zivils. Bd. 6 S. 295,

ausgesprochenen und seither festgehaltenen Grundsatz stützte, „daß ein nicht veröffentlichter städtischer Bebauungsplan die davon betroffenen Grundstücke mit der öffentlich-rechtlichen Servitut der Unbebaubarkeit zwar nicht schon durch seine Existenz, wohl aber von dem Augenblicke an belastet, in welchem die zuständige Behörde eine Bauerlaubnis verweigert und damit die bis dahin als innere Angelegenheit behandelte Anordnung zur Kenntnis der Beteiligten bringt". Es wurde dabei vorausgesetzt, daß eine Belastung des Grundstückes in seinem ganzen Umfange mit der Servitut der Unbebaubarkeit durch die polizeiliche Verfügung eintrat. „Denn, war dies der Fall", so heißt es in den Urteilsgründen, „so konnte aus der im Jahre 1880 den Klägern gegenüber erfolgten Versagung der Erlaubnis diesen selbst ein Anspruch auf Entschädigung nicht erwachsen, ebensowenig aber konnte ihnen dies Faktum zur Begründung desjenigen Schadensanspruches dienen, welcher etwa im Jahre 1865 ihrem Erblasser entstanden war. Denn nur dafür könnten die Kläger als Erben ihres Vorbesitzers Entschädigung verlangen, was ihrem Erblasser durch den Bebauungsplan und dessen Anwendung im gedachten Falle entzogen worden ist, also für die im Jahre 1865 eingetretene Verminderung des Wertes und der Bebauungsfähigkeit des Grundstückes und den infolge dieser Verminderung ihnen entgangenen Nutzen, der aber nicht nach dem Maßstabe eines von ihnen zu einer Zeit, wo die Servitut schon auf dem Grundstücke lastete, und überhaupt unter veränderten Verhältnissen aufgestellten Bauprojektes bemessen werden kann, sondern nur nach den Verhältnissen, wie sie zu der Zeit, wo die Beschränkung dem Grundstücke auferlegt wurde, bestanden. D e r S c h a d e n w a r m i t d e m I n k r a f t t r e t e n d e s B e b a u u n g s p l a n e s f ü r d a s G r u n d s t ü c k d e r K l ä g e r e i n g e t r e t e n , d a d u r c h d i e E n t s c h ä d i g u n g s - f o r d e r u n g d e f i n i t i v e r w a c h s e n. Durch spätere Handlungen und Projekte der Eigentümer konnte letztere nicht modifiziert, insbesondere nicht über den ursprünglichen Umfang ausgedehnt werden. Für die Höhe einer aus dem Rechte des Erblassers zu erhebenden Schadenforderung könnten daher nur die Verhältnisse von 1865 maßgebend sein, nicht aber das von dem Kläger im Jahre 1879 aufgestellte Bauprojekt."

Das Revisionsgericht erkannte . . . in jenem früheren Falle auf Zurückverweisung der Sache in die Berufungsinstanz, weil damals noch nicht festgestellt war, daß dem Erblasser der Kläger in dem Bescheide von 1865 eröffnet worden, sein Grundstück sei in seiner g a n z e n A u s d e h n u n g zur Anlage eines in dem Bebauungsplane projektierten Platzes bestimmt. „Diese Behauptung", heißt es, „ist erheblich; denn ist sie richtig, so ergibt sich daraus nicht bloß, daß der Erblasser der Kläger von der Existenz des Bebauungsplanes, soweit er das ihm gehörige Grundstück betraf, amtlich in Kenntnis gesetzt worden ist, sondern es liegt darin auch eine Anwendung des Bebauungsplanes durch die kompetente Behörde, indem der von letzterer dem Erblasser der Kläger erteilte Bescheid das Grundstück in seinem ganzen Umfange weiteren, eine dauernde Bebauung bezweckenden Projekten des Eigentümers verschloß. In einem solchen Falle kann der Umfang, in welchem das Grundstück mit der Servitut der Unbebaubarkeit belastet worden, nicht nach dem Umfange des konkreten Bauprojektes, sondern nur nach dem Inhalte der darauf ergangenen polizeilichen Verfügung bemessen werden."

Die in dem Vorprozesse fehlende Feststellung hat der Berufungsrichter im jetzigen Prozesse getroffen. Er hat die polizeiliche Verfügung vom 19. Juli 1865 in ihrem erheblichen Wortlaute im Tatbestande wiedergegeben und in den Urteilsgründen dahin ausgelegt, daß dem K. außer der Versagung des von ihm eingereichten, nur einen Teil der Grundstücksfläche umfassenden Bauprojektes „als der maßgebende Wille der zuständigen Verwaltungsbehörde eröffnet worden ist, daß das ganze Grundstück nicht mehr bebaut werden dürfe", mit anderen Worten, daß „das ganze Grundstück nach Maßgabe eines bereits aufgestellten Bebauungsplanes für unbebaubar erklärt" ist. Der Berufungsrichter befindet sich im Einklange mit der vorher mitgeteilten Begründung des Reichsgerichtsurteils vom 16. November 1889, wenn er nach dieser Feststellung „das Grundstück in seinem ganzen Umfange weiteren, eine Bebauung bezweckenden Projekten des Eigentümers entzogen und sonach mit der öffentlichrechtlichen Servitut der Unbebaubarkeit belastet" erachtet. Aus den oben mitgeteilten Gründen des gedachten Urteiles ergibt sich aber auch weiter, daß mit dem Zeitpunkte, in welchem diese Servitut dem Grundstücke auferlegt wurde, also im Jahre 1865, für den damaligen Eigentümer desselben, K., die Entschädigungsforderung wegen dieser Beschränkung definitiv erwuchs, daß für die Höhe derselben nur die Verhältnisse des Jahres 1865 maßgebend sein können, daß insbesondere spätere Handlungen und Projekte nicht geeignet sind, dieselbe abzuändern. Daraus folgt, daß Kläger aus eigenem Rechte Entschädigung für das Grundstück nur als ein unbebaubares, als Rechtsnachfolger des K. aber Entschädigung für die Baubeschränkung nur nach Maßgabe der Verhältnisse des Jahres 1865 fordern kann.

Nun liegt allerdings zwischen der 1865 eingetretenen Beschränkung und der Enteignung, um deren Entschädigung es sich jetzt handelt, der Berliner Bebauungsplan von 1888, dem der erste Richter unter Bezugnahme auf das Reichsgerichtsurteil vom 27. März 1889,

vgl. Entsch. des R.G.'s in Zivils. Bd. 23 S. 283,

die Bedeutung beilegt, daß die „nach Maßgabe und unter der Herrschaft des Gesetzes vom 2. Juli 1875 durch den Plan vom Jahre 1888 festgestellten Fluchtlinien stets als neue im Sinne dieses Gesetzes anzusehen seien, gleichviel, ob schon vorher ein Bebauungsplan bestanden habe oder nicht, ob die Fluchtlinien des Planes von 1862 mit denjenigen vom Jahre 1888 übereinstimmten oder nicht, und daß der Bebauungsplan von 1888 daher als ein neuer erachtet werden müsse".

Es fragt sich, ob diese den Plan von 1862 und die auf Grund desselben erlassenen polizeilichen Verfügungen mit allen ihren Konsequenzen als unwirksam betrachtende Auffassung oder die entgegengesetzte Auffassung des Berufungsrichters die zutreffende ist.

Das Urteil vom 27. März 1889 enthält nun zwar die vom ersten Richter angezogene Stelle. Die knappe Fassung der Urteilsgründe mag auch der Möglichkeit einer größeren Tragweite derselben Raum geben. Der erkennende Senat hat indes bereits in dem auch vom Berufungsrichter angezogenen Urteile vom 4. Juni 1890 (Rep. V. 83/90) eingehend nachgewiesen, daß in jenem älteren Urteile, in welchem es sich nur um die vom Kläger verlangte Einleitung des Enteignungsverfahrens handelte, eine Entscheidung dahin, daß Entschädigungsansprüche, welche auf Grund des älteren Planes bestanden, durch die Publizierung des jüngeren aufgehoben oder in ihrem Umfange gemindert worden seien, nicht enthalten sei, daß insbesondere unter den Erleichterungen, welche sich die Gemeinden *für die Zukunft* auf Grund des Gesetzes vom 2. Juli 1875 verschaffen können, „nicht die völlige oder teilweise Befreiung der Gemeinden von solchen Verpflichtungen verstanden worden sei, welche durch *in der Vergangenheit* liegende Tatsachen bereits begründet und bis zur Publikation des neuen Planes nicht erfüllt worden waren". Das Urteil vom 4. Juni 1890, in welchem es sich wie im vorliegenden Falle um den Einfluß eines nach dem Gesetze vom 2. Juli 1875 in Kraft getretenen Bebauungsplanes auf eine schon vor dem Gesetze bestandene Baubeschränkung handelt, bezeichnet es aber auch als rechtsirrtümlich „daß der durch die Verfügung vom 12. Juni 1875 seinem vollen Umfange nach entstandene und nach Aufstellung des neuen Bebauungsplanes nach wie vor unverändert gebliebene Schade von diesem letzteren Zeitpunkte ab nicht mehr eine Folge jener Verfügung, sondern" — nach der Auffassung des damaligen Berufungsrichters — „eine Folge des neuen Bebauungsplanes war". Es verneint letzteres selbst in dem damals vorliegenden Falle, daß der neuere Plan das Bauverbot formell aufhob, findet insbesondere keine Wiederherstellung der Baufreiheit darin, wenn das alte Bauverbot sofort durch ein neues von gleichem Inhalte ersetzt wird, und fährt wörtlich fort: „Sowenig daher die ohne Veränderung der Gesetzgebung etwa beliebte

Wiederholung eines älteren Bauverbotes die Wirkung haben könnte, daß für den Umfang der Entschädigungspflicht die Zeitumstände zur Zeit der Wiederholung des Verbotes an Stelle der Umstände aus der Zeit des ersten Verbotes maßgebend würden, sowenig kann der Umstand, daß die Gesetzgebung zur Zeit der Wiederholung den Entschädigungsanspruch ausschließt, die aus dem älteren Verbote nach damaliger Gesetzgebung entstandene Entchädigungspflicht aufheben oder beschränken."

An den in dieser Entscheidung vertretenen Rechtsgrundsätzen ist festzuhalten, und somit in vorliegender Sache der Auffassung des Berufungsrichters vor der des ersten Richters der Vorzug zu geben. Daraus folgt aber weiter, daß das Grundstück, welches mit der Servitut der Unbebaubarkeit einmal belegt ist, und dessen Eigentümer für die dadurch eingetretene Beschränkung entweder entschädigt ist oder doch einen unabänderlichen Entschädigungsanspruch erworben hat, nur mit dieser Belastung veräußert, im Enteignungsverfahren nur unter Berücksichtigung derselben geschätzt werden kann.

Dem steht auch das Urteil des I. Zivilsenates des Reichsgerichtes vom 18. August 1882,

vgl. Entsch. des R.G.'s in Zivils. Bd. 8 S. 237,

nicht entgegen. Demselben ist, soweit es sich um Bebauungspläne handelt, die auf Grund des Gesetzes vom 2. Juli 1875 zutande gekommen sind, unbedingt beizutreten. Durch dieses Gesetz sind die Gemeinden insofern erleichtert, als ihnen wegen der nach § 11 mit Offenlegung des Fluchtlinienplanes eintretenden Beschränkung eine Entschädigung zunächst überhaupt nicht auferlegt ist, so daß sie Bebauungspläne mit voller Wirkung erlassen können, ohne vor der Abtretung oder Freilegung der davon betroffenen Flächen zu irgendwelcher Gegenleistung verpflichtet zu sein. Die von dem Gesetze nach den Motiven desselben beabsichtigte Ausgleichung der Interessen der Eigentümer einerseits, der Gemeinden andererseits, würde vereitelt werden, wenn es den Gemeinden freistände, die zu erwerbenden Grundstücke zunächst durch Auferlegung der Baubeschränkung zu entwerten und dann zu um so billigerem Preise zu erlangen. Das führt mit Notwendigkeit dazu, die Offenlegung des Planes und die demnächstige Enteignung ohne Rücksicht auf die zwischen beiden liegende Zeit als e i n e n Eingriff in das Privateigentum aufzufassen, welcher durch die Offenlegung des Planes vorbereitet, durch die Enteignung vollendet wird. Von diesem Gesichtspunkt aus ist es gerechtfertigt, die Wertsminderung, welche das enteignete Grundstück im übrigen Verkehre schon durch die Offenlegung des Fluchtlinienplanes erlitt, in Anwendung des dem § 10 Abs. 2 des Enteignungsgesetzes vom 11. Juni 1874 zu Grunde liegenden Gedankens bei der Bemessung der Enteignungsentschädigung nicht in Anschlag zu bringen. Anders liegt die Sache bei Baubeschränkungen, die vor dem Gesetze vom 2. Juli 1875 im Geltungsbereiche des Allgemeinen Landrechtes wirksam geworden sind. Die §§ 74, 75 Einl., §§ 29 flg. A.L.R. I. 8 und § 4 des Gesetzes vom 11. Mai 1842 gaben schon vor Erlaß der preußischen Verfassungsurkunde dem Eigentümer, der seine besonderen Rechte zum besten des Gemeinwesens einschränken mußte, einen Entschädigungsanspruch. Wenn dieser Anspruch, wie in dem oben mitgeteilten Reichsgerichtsurteile vom 4. Juni 1890 des näheren ausgeführt ist, durch die Veränderung der Gesetzgebung nicht aufgehoben oder beschränkt werden kann, so fehlt es auch an jeder Veranlassung, die auf Grund der älteren Gesetze eingetretene, bereits vergütete oder noch zu vergütende Beschränkung bei der nach dem Fluchtliniengesetze erfolgenden Enteignung unberücksichtigt zu lassen. Die Baubeschränkung auf Grund der landrechtlichen Gesetzgebung kann nicht als ein einheitlicher Akt mit der erst auf Grund des Fluchtliniengesetzes stattfindenden Enteignung aufgefaßt werden.

Nun bezieht sich zwar die erwähnte Vorentscheidung des I. Zivilsenates des Reichsgerichtes auf eine Baubeschränkung, die wenigstens teilweise schon im Jahre 1873 eingetreten war. Ein Widerspruch der jetzigen Entscheidung mit jener früheren liegt jedoch nicht vor, weil diese nicht auf Grundlage der landrechtlichen Gesetzgebung ergangen ist, sondern den früheren Rechtszustand der Stadt Frankfurt a. M. zur Voraussetzung hat; aber auch ferner, weil sie nicht einen Fall betrifft, in welchem für die ältere Baubeschränkung eine Entschädigung gewährt, oder ein Entschädigungsanspruch als begründet anerkannt oder gar, wie vorliegend, in der Person eines Dritten entstanden war. Andere Senate des Reichsgerichtes sind zwar der Entscheidung des I. Zivilsenats gefolgt, doch beziehen sich die betreffenden Urteile, soweit ermittelt, auf Fälle der Baubeschränkung nach § 11 des Fluchtliniengesetzes.

Vgl. Entsch. des R.G.'s in Zivils. Bd. 28 S. 271; Gruchot, Beiträge Bd. 37 S. 125. . . .

2. Da die Höhe der vom Berufungsrichter für das Jahr 1865 zugesprochenen Entschädigung im übrigen nicht angefochten, eine Beschwerde in dieser Beziehung auch nicht ersichtlich ist, handelt es sich nur noch um den mit dem eventuellen Revisionsantrage verfolgten Zinsenpunkt. Der Berufungsrichter hat Zinsen nur seit der Klagezustellung zugesprochen, Kläger fordert Zinsen vom 19. Juli 1865 ab, sowohl auf Grund des Art. 9 der Verfassungsurkunde, als auch auf Grund des § 109 A.L.R. I. 11, als auch endlich als Nutzungsentschädigung.

Der Berufungsrichter fehlt prozessual, wenn er den vom Kläger in erster Instanz angetretenen Beweis, daß das Grundstück im Falle der Baumöglichkeit sowohl bei gemeingewöhnlichem Gebrauche der Sache, wie auch bei dem besonderen Gebrauche zu Gastwirtschaftszwecken einen Mehrnutzen von jährlich über 12 000 Mark gebracht haben würde, um deswillen unberücksichtigt läßt, weil Kläger die Nutzungsentschädigung mit mindestens fünf Prozent des entzogenen Bauwertes oder auch unter Bezugnahme auf das im Jahre 1880 zurückgewiesene Bauprojekt berechnet hat. Die vom Berufungsrichter selbst nur mit der Beschränkung „etwa" geforderte Berechnung nach Maßgabe eines 1865 aufgestellten Bauprojektes ist jedenfalls nicht die einzige Art, die entgangenen Nutzungen zu berechnen. Der Berufungsrichter hätte sich hiernach der Aufnahme des angetretenen Sachverständigenbeweises nicht entziehen dürfen. Rechtfertigen sich schon hierdurch die Aufhebung des Berufungsurteiles und die Zurückverweisung der Sache an das Berufungsgericht, so kann doch auch die materielle Behandlung der Zinsfrage in dem angefochtenen Urteile nicht gebilligt werden. Bei der anderweitigen Verhandlung und Entscheidung ist vielmehr von folgenden Grundsätzen auszugehen:

Schon vor Erlaß des Enteignungsgesetzes vom 11. Juni 1874 und schon vor der preußischen Verfassung, deren Art. 9 eine Entziehung oder Beschränkung des Eigentums aus Gründen des öffentlichen Wohles nur gegen v o r g ä n g i g e Entschädigung gestattet, galt im preußischen Staate und gilt heute noch der durch §§ 74. 75 Einl., §§ 29 flg. A.L.R. I.8 begründete Schutz des Privateigentums. Das gemeinschaftliche Wohl soll danach zwar den Rechten des einzelnen Bürgers vorgehen (§ 74 Einl.), der Staat soll aber denjenigen, der seine besonderen Rechte dem Wohle des gemeinen Wesens (§ 75 Einl.) oder auch seiner Mitbürger (§§ 29. 30 I. 8) aufzuopfern genötigt wird, vollständig schadlos halten (§ 75 Einl., § 31 I. 8).

Der Eigentümer muß sich also zwar die Wegnahme oder Einschränkung seiner Sache oder seines Rechtes gefallen lassen, er soll aber durch die Aufopferung der konkreten Sache keinen Wertsverlust an seinem Vermögen erleiden. Daraus folgt mit Notwendigkeit, daß ihm an Stelle der aufgeopferten Sache im Augenblick der Aufopferung deren Wert vergütet werden muß, und ebenso im Augenblicke der Auferlegung einer Beschränkung der dadurch verursachte Minderwert der Sache. Der Ersatzanspruch ist also mit dem Augenblicke der Hingabe der Sache oder der Auferlegung der Beschränkung fällig. Er ist nach den angezogenen landrechtlichen Vorschriften zunächst gegen den Staat gegeben; es ist aber in Wissenschaft und Rechtsprechung als unzweifelhaft anerkannt, daß, sofern die Aufopferung nicht im Interesse des Staatsganzen, sondern im Interesse eines engeren Gemeinwesens gefordert wird, nicht der Staat, sondern das Gemeinwesen, zu dessen Vorteile die Aufopferung gereicht, zum Ersatze verpflichtet ist. Wenn nun auch der Vorteil den Grund bildet, aus welchem diese Verpflichtung der engeren Gemeinwesen, insbesondere der Städte, hergeleitet worden ist, so kann doch daraus für den einzelnen Fall nicht mit dem Berufungsrichter gefolgert werden, daß die Gemeinde sich etwa erst von dem Augenblicke an, wo sie wirkliche Vorteile genießt, hinsichtlich der Entschädigung im Verzuge befindet. Der Entschädigungsanspruch des Eigentümers, welcher mit der Wegnahme oder Beschränkung seiner Sache oder seines Rechtes entsteht, kann sich nicht verschieden gestalten, je nachdem der Eingriff in sein Eigentum *im Interesse* des Staatsganzen oder im Interesse eines engeren Gemeinwesens geschieht ... In mehreren Urteilen des erkennenden Senates ist den Eigentümern, je nach der Art der Substanziierung ihres Anspruches, teils eine Nutzungsentschädigung für die Zeit der Bauverhinderung unter Zugrundelegung einer fünfprozentigen Verzinsung des Baustellenwertes (Urteil vom 19. März 1887 Rep. V. 1/87), teils Verzinsung nach Analogie des § 109 A.L.R. I. 11 vom Augenblicke der Freilegung eines zur Verbreiterung der Straße bestimmten Grundstückes (Urteil vom 12. November 1890 Rep. V. 156/90) oder vom Augenblicke der Verweigerung der Bauerlaubnis (Urteil vom 6. Mai 1893 Rep. V. 10/93) zugesprochen.

Könnte hiernach schon jetzt nach dem eventuellen Revisionsantrage erkannt werden, so steht dem doch die ... unter den Parteien noch streitige Tatsache entgegen, daß der Rechtsvorgänger des Klägers, K., von der ihm widerruflich erteilten Bauerlaubnis Gebrauch gemacht haben soll. Würde diese Tatsache erwiesen, so könnte Kläger die Nutzungsentschädigung jedenfalls nicht in Gestalt der fünfprozentigen Verzinsung des Baustellenwertes seit 1865 fordern; ob in anderer Gestalt und in anderem Maße, kann mangels der dazu erforderlichen Unterlagen jetzt nicht geprüft werden."

**RGZ. 32, 345**

**Auf Grund eines gemäß § 15 des Gesetzes vom 2. Juli 1875 erlassenen Ortsstatutes hat die Stadtgemeinde bei der Zwangsversteigerung eines Hausgrundstückes einen Beitrag zu den Straßeneinrichtungskosten liquidiert und aus den Kaufgeldern vorweg gezahlt erhalten. Ein infolgedessen ausgefallener Hypothekengläubiger greift die Forderung der Stadtgemeinde als unberechtigt an und klagt auf Herauszahlung.**

**Ist der Rechtsweg vor den ordentlichen Gerichten zulässig?**

V. Zivilsenat. Urt. v. 17. Februar 1894 i. S. Stadt B. (Bekl.) w. B. (Kl.). Rep. V. 284/93.

I. Landgericht I Berlin. II. Kammergericht daselbst.

Die oben aufgeworfene Frage ist verneint worden aus folgenden

Gründen:

„Bei der Verteilung der Kaufgelder eines zur Zwangsversteigerung gezogenen Hausgrundstückes an der Brückenallee zu Berlin hat die beklagte Stadtgemeinde auf Grund des gemäß § 15 des Gesetzes vom 2. Juli 1875 (betreffend die Anlegung usw. von Straßen usw.) erlassenen Ortsstatutes II vom 7./19. März 1877 einen Pflasterungskostenbeitrag von 1969,21 M liquidiert und ist damit zur Hebung gelangt. Der Kläger, welchem bei Nichtberücksichtigung des Liquidates der Beklagten dieser Betrag zur teilweisen Deckung einer Hypothekenforderung zugefallen sein würde, klagt auf Herauszahlung von 1969,21 M nebst Zinsen, indem er die Rechtmäßigkeit des Liquidates der Beklagten angreift, weil 1. die Brückenallee nicht zu den Straßen gehöre, auf welche das Ortsstatut vom 7./19. März 1877 anwendbar sei, auch die Pflasterung der Brückenallee, zu welcher der Beitrag gefordert wird, nicht zu der ersten Einrichtung der Straße gehöre; 2. der Beitrag zu den Pflasterungskosten nur einen unzulässigerweise unter Vorbehalt einer Nachforderung eingeforderten Teil der Straßeneinrichtungskosten bilde, deren Gesamtbetrag noch nicht feststehe. Die Beklagte hat den Einwand der Unzulässigkeit des Rechtsweges vor den ordentlichen Gerichten erhoben." (Beide Instanzrichter haben den Einwand verworfen. Die Klage ist vom ersten Richter abgewiesen, vom zweiten Richter aus materiellen Gründen für begründet erachtet.)

„... Auf die Begründung des Berufungsurteiles in der Sache selbst konnte nicht eingegangen werden, weil mit der Revisionsklägerin der Rechtsweg vor den ordentlichen Gerichten als unzulässig anzusehen ist.

Nach konstanter Rechtsprechung,

vgl. die Nachweisung bei Friedrichs, Gesetz vom 2. Juli 1875, 3. Aufl., S. 145 zu 10,

gehören diejenigen Beiträge zu den Kosten der ersten Einrichtung einer Straße, zu welchen die Besitzer der anliegenden Grundstücke nach § 15 des Gesetzes vom 2. Juli 1875 durch Ortsstatut verpflichtet werden können, zu den öffentlichen Gemeindelasten. Daß unter diese insbesondere der von der Beklagten bei der Zwangsversteigerung liquidierte Betrag fällt, ist unter den Parteien nicht streitig, auch von den Vorderrichtern nicht bezweifelt worden. Über die Verbindlichkeit zur Entrichtung öffentlicher Abgaben findet nach § 78 ALR. II. 14 der Rechtsweg nicht statt; das galt schon nach §§ 36. 41 der Verordnung vom 26. Dezember 1808 insbesondere auch von den Gemeindelasten. Durch die §§ 18. 34 des Zuständigkeitsgesetzes vom 1. August 1883 ist für Streitigkeiten in bezug auf Gemeindelasten das Verwaltungsstreitverfahren eröffnet, und zwar nicht bloß, wie der Revisionsbeklagte geltend gemacht hat, für Streitigkeiten zwischen 'Beteiligten' über ihre öffentlichrechtliche Verpflichtung zu den Gemeindelasten, sondern in erster Reihe (§ 18 Abs. 1 Ziff. 2 und Abs. 2) für Streitigkeiten zwischen der Gemeinde und den zu Gemeindelasten Herangezogenen oder Veranlagten. Den letzteren ist dabei die Rolle der Kläger zugeteilt, indem die Klage im Verwaltungsstreitverfahren nur zugelassen ist zur Anfechtung eines die Beschwerde oder den Einspruch des Herangezogenen verwerfenden Beschlusses des Gemeindevorstandes. Nach § 13 GVG. schließt das Verwaltungsstreitverfahren den Rechtsweg vor den ordentlichen Gerichten aus. Der auf diese Vorschriften gestützte Einwand der Unzulässigkeit des Rechtsweges vor den ordentlichen Gerichten wird durch die einzige Erwägung des Berufungsrichters, daß die vorliegende Frage einen Gegenstand des Privateigentums des Klägers, einen Kondiktionsanspruch, betreffe, oder, wie der erste Richter, dessen Begründung der Berufungsrichter für zutreffend erklärt, es ausdrückt, daß der Anspruch des Klägers auf Herausgabe dessen, was der Beklagten auf Grund des (Verteilungs-) Planes gezahlt worden, eine bürgerliche Rechtsstreitigkeit sei, nicht ausgeschlossen. Denn nicht für alle bürgerlichen Rechtsstreitigkeiten sind nach § 13 GVG. die ordentlichen Gerichte zuständig, sondern nur für diejenigen bürgerlichen Rechtsstreitigkeiten, für welche nicht die Zuständigkeit von Verwaltungsbehörden oder Verwaltungsgerichten begründet ist, oder reichsgesetzlich besondere Gerichte bestellt oder zugelassen sind, und für bürgerliche Rechtsstreitigkeiten, welche die Beschwerde über Heranziehung zu den Gemeindelasten zum Gegenstande haben, ist eben durch die preußische Gesetzgebung die Zuständigkeit der Verwaltungsgerichte begründet. Daß der Streit im vorliegenden Falle in Form einer Klage auf Herausgabe des Empfangenen (einer Kondiktion) auftritt, ist für die nach der Materie des Streites sich bestimmende Zuständigkeit einflußlos. Der Streit über die Verpflichtung zu einer öffentlichen Last kann sogar wegen des dem Staate und den Gemeinden zustehenden Vollstreckungsrechtes nur durch Klage des zu der Last Herangezogenen vor die zur Entscheidung berufene Behörde, mag es das ordentliche oder das Verwaltungsgericht oder eine Verwaltungsbehörde sein, gebracht werden, sei es vor Erfüllung der geforderten Leistung durch negative Feststellungsklage, sei es, und das ist der häufigste Fall, durch Rückforderungsklage. Nur diese Formen der Klage und vornehmlich die Rückforderungsklage hat denn auch das Gesetz vom 1. August 1883 da im Auge, wo es für Streitigkeiten über öffentlichrechtliche Verpflichtungen die Verwaltungsgerichte zur Entscheidung beruft, z. B. § 18 letzter Abs., § 34 vorletzter Abs., § 56 Abs. 6. Auch da, wo Streitigkeiten über eine öffentlichrechtliche Abgabepflicht zur Zuständigkeit der ordentlichen Gerichte gehören, ist die Form der Klage regelmäßig die der Klage auf

Erstattung. Der Grund für die Zuständigkeit der ordentlichen Gerichte liegt aber nicht in dieser Form der Klage, sondern darin, daß die betreffende Landesgesetzgebung entweder für diese Materie überhaupt andere Behörden nicht für zuständig erklärt,

vgl. Entsch. des RG.'s in Zivils. Bd. 5 S. 34, Bd. 11 S. 65, Bd. 16 S. 37,

oder, wie in Preußen durch das Gesetz vom 24. Mai 1861 und die späteren sich daran anschließenden Gesetze geschehen ist, für Streitigkeiten über gewisse Arten von öffentlichen Abgaben (Stempel, Erbschaftssteuer) ausnahmsweise den Rechtsweg vor den ordentlichen Gerichten eröffnet hat.

Auch dadurch wird die Zuständigkeit der ordentlichen Gerichte nicht begründet, daß die Klage nicht von dem Grundeigentümer, welcher von der Beklagten für abgabepflichtig erachtet wird, sondern von dem infolge der Berichtigung der Abgabe aus den Kaufgeldern mit einem Teile seiner Hypothekenforderung ausgefallenen Gläubiger angestellt worden ist. Der Anspruch selbst, der darauf gestützt wird, daß nach öffentlichem Rechte ein Fall der Abgabepflicht des Grundeigentümers nicht oder noch nicht vorliege, ist derselbe, welcher dem Grundeigentümer zustehen würde. Das Hypothekenrecht, zu dessen Geltendmachung die Klage von dem Gläubiger angestellt ist, gibt diesem nur das Recht, an Stelle des Grundeigentümers dessen Anspruch auf Erstattung des angeblich zu Unrecht Erhobenen gegen die Beklagte geltend zu machen, dient ihm der Beklagten gegenüber nur zur Legitimation, kann ihm aber eine dem Grundeigentümer selbst versagte Klage vor den ordentlichen Gerichten ebensowenig geben, als etwa eine solche durch die Zession eines seiner Materie nach vor den ordentlichen Gerichten nicht verfolgbaren Anspruches würde zulässig gemacht werden können. Eine zutreffende Analogie bieten die Vorschriften in § 134 KO., nach welchem,

vgl. v. W i l m o w s k i , Konkursordnung Anm. 8 zu § 134,

insbesondere auch angenommen werden muß, daß der Konkursgläubiger, welcher eine zum Konkurse angemeldete vollstreckbare Forderung an den Gemeinschuldner aus dem Rechte des letzteren angreifen will, dies im Verwaltungs- oder Verwaltungsstreitverfahren tun muß, wenn dem Gemeinschuldner nur dieser Weg offen gestanden haben würde. Dagegen kann nicht etwa daraus, daß durch §§ 764. 765 ZPO. der dem Verteilungsplane widersprechende Gläubiger auf den Weg der Klage verwiesen wird, und daß für diese Klage, wenn sie innerhalb derjenigen Frist erhoben wird, innerhalb welcher sie die Ausführung der Verteilung aufzuhalten geeignet ist, ein besonderer Gerichtsstand begründet ist, die Folgerung gezogen werden, daß durch die Beziehung, in welcher die Streitigkeiten über die bei der Verteilung zu berücksichtigenden Forderungen zu dem Verteilungsplane und dessen Ausführung stehen, die Zulässigkeit des Rechtsweges habe begründet werden sollen für Streitigkeiten, welche sonst zur Zuständigkeit der ordentlichen Gerichte nicht gehören. Die erwähnten Vorschriften können vielmehr nur den Fall treffen, in welchem Klagerechte vor den ordentlichen Gerichten überhaupt bestehen. Der Kläger würde sonach, wenn er sogleich im Kaufgelderbelegungstermine der Abgabenforderung der Beklagten widersprochen hätte, diesen Widerspruch nur vor den für Streitigkeiten dieser Art zuständigen Behörden haben verfolgen können, und das nämliche muß um so mehr gelten für die erst nach Ausführung der Verteilung erhobene Klage. Es kann sich freilich fragen, ob nicht der Kläger, nachdem er nach Inhalt des übrigens von ihm als unrichtig angefochtenen Protokolles über die Kaufgelderbelegung die Auszahlung des Liquidates der Beklagten genehmigt hat, zur Begründung seines Erstattungsanspruches die Voraussetzungen einer condicto indebiti (Irrtum) nachzuweisen haben wird. Allein dadurch würde dem Hauptbestandteile des Klagegrundes, dem Nichtbestehen der öffentlichrechtlichen Abgabepflicht, nur ein weiterer nebensächlicher Bestandteil hinzutreten, welcher für die Zuständigkeitsfrage nicht bestimmend ist.

Vgl. Entsch. des RG.'s in Zivils. Bd. 25 S. 306; Entsch. des Oberverwaltungsgerichtes Bd. 18 S. 169 ff., Bd. 23 S. 131 ff."

**RGZ. 33, 233**

**1. Kann der vor Zustimmung der Stadtverordneten und der Ortspolizeibehörde erfolgten Mitteilung einer von dem Magistrate beschlossenen Fluchtlinie an den Grundbesitzer die Bedeutung einer nach § 7 des Gesetzes vom 2. Juli 1875 erlassenen Bekanntmachung beigelegt werden?**

**2. Wird das Verlangen der Stadtgemeinde auf Abtretung der zu Straßen und Plätzen bestimmten Grundflächen (§ 13 Ziff. 1 des Gesetzes vom 2. Juli 1875) dadurch ersetzt, daß diese Flächen infolge polizeilicher Anordnung oder Vorschrift zur Herstellung der Straße verwendet worden sind und als Teil der Straße tatsächlich dem öffentlichen Verkehr dienen?**

V. Zivilsenat. Urt. v. 18. April 1894 i. S. Reichspostfiskus (Kl.) w. die Stadtgemeinde Burg (Bekl.). Rep. V. 355/93.

I. Landgericht Magdeburg. II. Oberlandesgericht Naumburg a. S.

Im Jahre 1888 hatte der Kläger ein in der Stadt Burg an der Ecke der Kammacherstraße und des Marktes belegenes bebautes Grundstück zum Zwecke der Errichtung eines neuen Postgebäudes erworben. Unterm 27. Februar 1889 richtete der von der örtlichen Postbehörde mit Aufnahme eines Situationsplanes und Eintragung der für die genannte Straße und den Markt „eventuell" festgesetzten Fluchtlinie beauftragte Maurermeister O. unter Beifügung eines Situationsplanes ein Schreiben an den Magistrat, enthaltend die Bitte, „die neue Fluchtlinie recht bald feststellen zu wollen". Der Magistrat übersandte hierauf mittels Schreibens vom 6. März 1889 den Situationsplan, in dem die neuen Fluchtlinien rot eingezeichnet waren, der Postbehörde; in dem Übersendungsschreiben heißt es: „Dem Kaiserlichen Postamte teilen wir ergebenst mit, daß wir die neuen Baufluchtlinien der Kammmacherstraße festgesetzt haben, wie folgt." ... Das in dem Gesetze vom 2. Juli 1875 vorgeschriebene Verfahren für die Festsetzung neuer Fluchtlinien hatte damals noch nicht stattgefunden. Erst am 12. Mai 1890 genehmigten die Stadtverordneten den Plan. Am 3. Juni 1890 gab die Polizeiverwaltung ihre Zustimmung, worauf am 21. Juli 1890 die erste Offenlegung (§ 7 dieses Gesetzes) und am 2. März 1891 die förmliche Feststellung des Planes erfolgte. Inzwischen war das auf dem Grundstücke stehende alte Gebäude abgebrochen worden, und es hatte der Kläger den Baukonsens bei der Polizeiverwaltung nachgesucht, der ihm unterm 7. Juni 1890 zu Händen des mit der Bauleitung beauftragten Baumeisters erteilt wurde mit der Aufforderung, sich die durch Beschluß der städtischen Behörden festgestellte Fluchtlinie vor Inangriffnahme des Baues durch den Stadtbaumeister vorweisen zu lassen, und ferner mit dem Auftrage, den Bürgersteig an der Kammacher Straße sowie am Markte in der näher angegebenen Breite und Art herzustellen. Durch die Innehaltung der neuen Fluchtlinie bei Ausführung des Baues ist der zwischen der alten und neuen Fluchtlinie liegende Teil des klägerischen Grundstückes unbebaut geblieben und ist demnächst zur Herstellung des Bürgersteiges verwendet worden.

Der Kläger glaubt für das infolge der Fluchtlinienfestsetzung der Bebauung entzogene, gegenwärtig dem öffentlichen Verkehr dienende Land nach Maßgabe des Gesetzes vom 2. Juli 1875 Entschädigung verlangen zu dürfen und hat, da die Beklagte den Entschädigungsanspruch zur Zeit nicht anerkennt, Klage erhoben mit dem in zweiter Instanz dahin modifizierten Antrage: die Beklagte zu verurteilen, ihm für die von dem Postgrundstücke abgeschnittene Fläche von 306,85 Quadratmetern schon jetzt Entschädigung zu gewähren und behufs Ermittelung der ihm zu gewährenden Entschädigung die Einleitung des gesetzlichen Verfahrens gemäß §§ 24 flg. des Gesetzes vom 11. Juni 1874 in Antrag zu bringen. Kläger ist mit seiner Klage in beiden Vorinstanzen abgewiesen und seine Revision zurückgewiesen worden.

Gründe:

„Der Anspruch des Klägers auf eine im Enteignungsverfahren festzustellende Entschädigung gründet sich lediglich auf das Gesetz vom

2. Juli 1875. Nach § 13 dieses Gesetzes kann wegen Entziehung oder Beschränkung des von der Festsetzung neuer Fluchtlinien betroffenen Grundeigentums Entschädigung nur in drei bestimmten Fällen gefordert werden, von denen hier nur die beiden ersten in Betracht kommen, nämlich: 1. wenn die zu Straßen und Plätzen bestimmten Grundflächen auf Verlangen der Gemeinde für den öffentlichen Verkehr abgetreten werden; 2. wenn die Straßen- oder Baufluchtlinie vorhandene Gebäude trifft, und das Grundstück bis zur neuen Fluchtlinie von Gebäuden freigelegt wird. Was zunächst diesen zweiten Fall betrifft, so hängt die Entscheidung lediglich davon ab, welche Bedeutung der Kundgebung des Magistrats in dem Schreiben vom 6. März 1889 beigelegt wird. Denn als die endgültige Festsetzung der Fluchtlinie der Kammacher Straße erfolgt war und gemäß § 8 a. a. O. veröffentlicht wurde, traf sie kein Gebäude des Klägers mehr, da damals schon das der Fluchtlinie folgende neue Postgebäude im Bau begriffen war.

Nun hat zwar das Reichsgericht die Vorschriften der §§ 13 und 14 a. a. O. (zugunsten der Stadtgemeinde) auch dann für anwendbar erachtet, wenn vor Offenlegung des förmlich festgesetzten Planes, jedoch nach der im § 7 a. a. O. vorgeschriebenen ersten Veröffentlichung ein Baukonsens nachgesucht und wegen Überschreitung der im Bebauungsplane enthaltenen Fluchtlinie versagt worden ist.

Vgl. Entsch. des R.G.'s in Zivils. Bd. 21 S. 212.

Es kann auch keinem Bedenken unterliegen, daß einer gemäß Abs. 2 des § 7 a. a. O. in Einzelfällen an den Grundeigentümer erlassenen Mitteilung die gleiche Bedeutung beigemessen werden muß, als der ersten Veröffentlichung des Bebauungsplanes. Es fragt sich aber, ob diejenige Mitteilung, die dem Kläger durch das Schreiben vom 6. März 1889 und die gleichzeitige Einzeichnung der neuen Fluchtlinie in den von dem Maurermeister O. eingezeichneten Lageplan gemacht wurde, eine solche ist, wie sie der Abs. 2 des § 7 als Ersatz für die erste Offenlegung des Planes gestattet. Der Berufungsrichter hat das mit Recht verneint.

Der Berufungsrichter spricht der erwähnten Antwort des Magistrates auf die Anfrage des Maurermeisters O. die Eigenschaft eines innerhalb des gesetzlich vorgeschriebenen Verfahrens getätigten Aktes zunächst aus dem Grunde ab, weil damals noch sowohl die Zustimmung der Gemeinde (der Stadtverordneten) als auch der Polizeiverwaltung gefehlt habe (§§ 1 und 7 a. a. O.). Dem ist beizutreten.

Wenn die Einschränkung, welche das Grundeigentum durch die Feststellung von Fluchtlinien erleidet (§ 11 des Gesetzes), schon vor dem in diesem Paragraphen bestimmten Zeitpunkte vorläufig in Geltung treten soll, so kann diese Wirkung nur an den Eintritt eines bestimmten Stadiums des gesetzlich vorgeschriebenen Verfahrens geknüpft werden, und zwar an denjenigen Zeitpunkt, wo durch Offenlegung — oder Spezialbekanntmachung — des gemäß § 1 des Gesetzes festgesetzten Planes derselbe den Einwendungen der Beteiligten freigegeben wird. In welcher Weise diese Bekanntmachung zu erfolgen hat, bestimmt das Gesetz. Bis diese Kundmachung in der vorgeschriebenen Art erfolgt ist, ist der Plan als nicht vorhanden anzusehen, auch dann nicht, wenn er schon vor der formellen Kundgebung zur Kenntnis der Beteiligten gelangt, ja selbst dann nicht, wenn er den Anlaß zur Versagung einer von einem Beteiligten nachgesuchten Bauerlaubnis gegeben hätte.

Vgl. Entsch. des R.G.'s in Zivils. Bd. 28 S. 276.

Mag also auch, wie die Revision geltend macht, die vom Gesetze vorgeschriebene Zustimmung der Gemeinde und der Ortspolizeibehörde als ein der Kontrolle der Beteiligten sich entziehendes Internum der Gemeindeverwaltung angesehen werden, und mag ferner durch die ihm erteilte Auskunft der Kläger veranlaßt worden sein, den Neubau unter Freilassung der durch die ihm mitgeteilte neue Fluchtlinie abgeschnittenen Fläche aufzuführen, so folgt daraus noch nicht, daß die fragliche Auskunft als Kundmachung der beschlossenen Fluchtlinie im Sinne des § 7 Abs. 2 a. a. O. erteilt worden ist. So wenig nach damaliger Sachlage, wo noch nicht einmal das erste Stadium der Fluchtlinienfestsetzung beschritten war (§ 1 des Gesetzes), der Magistrat sofort zu einer Offenlegung des Planes gemäß § 7 Abs. 1 hätte schreiten können, so wenig konnte er mit der dem Kläger erteilten Auskunft den Zweck verfolgen, den die im § 7 vorgeschriebene Bekanntmachung hat, nämlich die Beteiligten in den Stand zu setzen, innerhalb einer Ausschlußfrist ihre Einwendungen gegen den Plan zu erheben. In der Tat entbehrt auch, worauf der Berufungsrichter mit Recht Gewicht legt, das Schreiben vom 6. März 1889 der im § 7 des Gesetzes vorgeschriebenen Aufforderung zur Anbringung etwaiger Einwendungen. ...

Wenn also auch der Kläger durch die ihm gewordene Mitteilung veranlaßt worden ist, in der neuen Fluchtlinie zu bauen und die darüber hinausliegenden Teile seines Grundstückes frei zu lassen, so kann er doch einen Entschädigungsanspruch auf § 13 Abs. 2 a. a. O. nicht stützen, weil zu jener Zeit die aus der Fluchtlinienfestsetzung sich ergebende Beschränkung des Grundeigentumes weder endgültig eingetreten noch, wie in dem Falle der oben erwähnten Reichsgerichtsentscheidung (Bd. 21 S. 212), vorläufig in Wirksamkeit gesetzt war. Als sodann am 7. Juni 1890 dem Kläger die nachgesuchte

Bauerlaubnis durch die Polizeiverwaltung erteilt wurde, war die erste Offenlegung des Bebauungsplanes auch noch nicht erfolgt; es würde daher, selbst wenn in der an die Bedingung der Innehaltung der neuen Fluchtlinie geknüpften Bauerlaubnis eine Beschränkung des Klägers enthalten wäre, ein hieraus etwa herzuleitender Entschädigungsanspruch nicht auf das Gesetz vom 2. Juni 1875 gestützt werden können.

Vgl. Entsch. des R.G.'s in Zivils. Bd. 28 S. 276.

Auch die Voraussetzungen des § 7 Abs. 1 sind vom Berufungsrichter mit Recht verneint worden. Die beklagte Gemeinde hat die Abtretung der zur Straße (und dem Markte) bestimmten Flächen bisher nicht verlangt. In der Mitteilung vom 6. März 1889 kann ein solches Verlangen ebensowenig gefunden werden, wie in der Fluchtlinienfestsetzung selbst, auch wenn man, worauf die Revision Gewicht legt, in Betracht zieht, daß nach der örtlichen Baupolizeiordnung die unbebaut bleibenden Landstreifen zur Herstellung des Bürgersteiges, also für den öffentlichen Verkehr verwendet werden mußten und verwendet worden sind. Ebensowenig vermag die dem Kläger von der Polizeiverwaltung bei Erteilung des Baukonsenses gestellte Bedingung, den Bürgersteig in der dort angegebenen Weise herzustellen, das Abtretungsverlangen der Gemeinde zu ersetzen.

Vgl. Friedrichs, Das Gesetz vom 2. Juli 1875 zu §§ 13 und 14 Anm. 6 S. 103/4, 3. Aufl.

Auch die infolgedessen eingetretene tatsächliche Einverleibung der fraglichen Flächen in die Straße bzw. den Marktplatz, deren Bestandteil der Bürgersteig bildet, kann dem Falle nicht gleichgestellt werden, daß die zur Straße bestimmten Flächen auf Verlangen der Gemeinde abgetreten werden. Der in dem von Friedrichs a. a. O. erwähnten Urteile des Reichsgerichtes, 2. Hilfssenates, ausgesprochenen entgegengesetzten Ansicht konnte nicht beigetreten werden. Die Inanspruchnahme der Flächen für den öffentlichen Verkehr durch die Polizeigewalt bedingt noch keinen Wechsel im Eigentume, der Bürgersteig kann auch im Eigentume der Straßenanlieger stehen, welches in diesem Falle mit einer öffentlichrechtlichen Servitut belastet ist. Entsteht aus dieser Belastung ein Entschädigungsanspruch gegen die Gemeinde, so kann dieser nur auf § 75 Einl. z. A.L.R., nicht aber auf die Vorschriften des Gesetzes vom 2. Juli 1875 gegründet werden. Einen Zwang gegen die Gemeinde, die Abtretung des Eigentumes zu verlangen, kennt dieses Gesetz (abgesehen von den Fällen der Ziff. 2 und 3 des § 13) nicht."...

**RGZ. 34, 242**

**Findet die gemäß § 11 des Gesetzes vom 2. Juli 1875 eintretende „Beschränkung des Grundeigentümers, daß Neubauten, Um- und Ausbauten über die Fluchtlinie hinaus versagt werden können", auf bereits konsentierte und angefangene Bauten Anwendung?**

V. Zivilsenat. Urt. v. 22. September 1894 a. S. B. Sch. (Kl.) w. Stadtgemeinde Breslau (Bekl.). Rep. V. 101/94.

I Landgericht Breslau. II. Oberlandesgericht daselbst.

In einem Vorprozesse ist auf die Feststellungsklage des Klägers die beklagte Stadtgemeinde rechtskräftig verurteilt worden, dem Kläger den Schaden zu ersetzen, der ihm durch die Verweigerung des Baukonsenses, betreffend die bauliche Verbindung des Grundstückes Katharinenstraße 3, Ziegengasse 8 mit dem Grundstücke Neumarkt 9 zu einem einheitlichen Warenhause, entstanden ist. Diesen Schaden hat der Kläger im gegenwärtigen Prozesse liquidiert, und zwar in doppelter Weise: einmal entsprechend der Wertsteigerung, welche beide Grundstücke durch ihre Vereinigung zu einem einheitlichen Warenhause erfahren haben würden, sodann unter Zugrundelegung des Mehraufwandes, der ihm infolge der Vereitelung des Bauprojektes in seinem Geschäfte erwachse.

Die Klage ist in beiden Vorinstanzen abgewiesen. Auf die Revision des Klägers ist die Begründung des Berufungsurteiles, soweit sie sich auf die oben aufgestellte Rechtsfrage bezieht, gebilligt, aus einem anderen Grunde aber das Urteil aufgehoben worden.

Aus den Gründen:

... „Der Berufungsrichter hat in Übereinstimmung mit dem ersten Richter den Kläger abgewiesen, weil, auch wenn dem Kläger der unterm 6. März 1890 nachgesuchte Baukonsens erteilt worden wäre, — was nach dem gewöhnlichen Geschäftsgange bis zum 15. April 1890 hätte geschehen können, — der Bau bis zum 20. Mai 1890 — dem Tage der (ersten) Offenlegung des Bebauungsplanes — nicht hätte fertiggestellt werden können. Mit diesem Zeitpunkte sei die Polizeibehörde in der Lage gewesen, den „Ausbau" des Hauses zu verhindern, und es sei anzunehmen, daß dieselbe dem Kläger gegenüber, wenn er ungeachtet des Schreibens des Magistrates vom 19. April 1890, durch welches er von der bevorstehenden Festsetzung der Fluchtlinie in Kenntnis gesetzt wurde, den Bau betrieb, von den ihr zustehenden Befugnissen Gebrauch gemacht und die Fortsetzung des Baues untersagt haben würde. Der Kläger würde sonach, selbst wenn ihm die Bauerlaubnis rechtzeitig erteilt worden wäre, seine Absicht, ein einheitliches Warenhaus zu errichten, nicht erreicht haben. Hiermit falle die Grundlage der Schadensberechnung des Klägers.

Der Behauptung des Klägers, daß er durch besondere Beschleunigung des Baues hätte bewirken können, daß das Haus vor der ersten Offenlegung des Planes unter Dach gebracht worden wäre, hat der Berufungsrichter die Beachtung versagt. Gegen die Ablehnung des in dieser Beziehung angetretenen Beweises richten sich vornehmlich die Angriffe der Revision. ...

Die entscheidende Rechtsfrage ist ... dahin zu fassen, ob die „Beschränkung des Grundeigentümers, daß Neubauten, Um- und Ausbauten über die Fluchtlinie hinaus versagt werden können", — die nach § 11 des Gesetzes vom 2. Juli 1875 zwar e n d g ü l t i g erst nach der förmlichen Feststellung und Offenlegung (§ 8 a. a. O.) des Planes eintritt, nach feststehender Praxis des Reichsgerichtes aber ... schon mit der ersten Offenlegung (§ 7 a. a. O.) vorläufige Wirksamkeit erlangt, — auch auf die F o r t s e t z u n g konsentierter und angefangener Bauten bezogen werden muß dergestalt, daß k r a f t d i e s e r V o r s c h r i f t die erteilte Bauerlaubnis zurückgezogen und dadurch die Vollendung eines angefangenen Baues, gleichviel in welcher Lage derselbe sich befinde, verhindert werden kann.

Diese Frage war mit dem Berufungsrichter zu bejahen. Es war hierbei davon auszugehen, daß der Bauunternehmer durch die Erteilung der polizeilichen Bauerlaubnis ein unwiderrufliches und unentziehbares R e c h t auf die Ausführung des Baues nach Maßgabe der erteilten Erlaubnis nicht erwirbt. „Die Polizeibehörde, bei welcher der Baukonsens nachgesucht wird (A.L.R. I 8 § 67 flg.), hat zu prüfen, ob der Ausführung des beabsichtigten Baues ein Hindernis des öffentlichen Rechtes entgegensteht, und, sofern dies z u r Z e i t d e r P r ü f u n g nicht der Fall ist, den Baukonsens zu erteilen. Durch den Baukonsens wird danach dem Bauunternehmer kein neues Recht verliehen, vielmehr nur ausgesprochen, daß dem Rechte des Eigentümers, seinen Grund und Boden mit Gebäuden zu besetzen (§ 65 a. a. O.), zur Zeit der Genehmigung Hindernisse des öffentlichen Rechtes nicht entgegenstehen. Treten noch vor der Ausführung des Baues nachträglich solche Hindernisse ein, so kann der Behörde die Befugnis zur Zurücknahme oder Abänderung des erteilten Konsenses ebensowenig abgesprochen werden, wie im Falle der Veränderung der Verhältnisse bei sonstigen polizeilichen Verfügungen. Diese in der vom Berufungsrichter erwähnten Entscheidung des Reichsgerichtes vom 17. Oktober 1892 (Rep. VI. 135/92) ausgesprochenen Sätze treffen auch den vorliegenden Fall. Es kann aber bei Anwendung derselben r e c h t s g r u n d s ä t z l i c h keinen Unterschied begründen, ob bei Eintritt des Hindernisses mit dem Baue schon begonnen war oder nicht. In diesem wie in jenem Falle wird die der ursprünglichen Versagung gleichstehende Zurücknahme der Bauerlaubnis durch die gesetzliche Eigentumsbeschränkung des § 11 des Gesetzes vom 2. Juli 1875 gedeckt.

Ist aber dem Berufungsrichter grundsätzlich darin beizutreten, daß die Eigentumsbeschränkung des § 11 des Gesetzes auch gegenüber einem (mit polizeilicher Erlaubnis) schon in Angriff genommenen Baue wirksam wird, so kann es rechtlich auch keinen Unterschied machen, in welchem Stadium der während seiner Ausführung von einer Fluchtlinienfestsetzung betroffene Bau sich befindet, und es muß dem Berufungsrichter ferner auch darin beigestimmt werden, daß auch der innere Ausbau eines schon unter Dach gebrachten Gebäudes unter die Vorschrift des § 11 a. a. O. fällt, sofern dadurch die Ausführung des inzwischen festgesetzten Bebauungsplanes verzögert oder erschwert werden würde.

Aus diesem Gesichtspunkte erscheint die Ablehnung des vom Kläger über die Möglichkeit einer beschleunigten Herstellung des Baues (im Rohbau) angetretenen Beweises gerechtfertigt.

Bleiben sonach die tatsächlichen Erwägungen und Feststellungen des Berufungsrichters, daß der von dem Kläger geplante Bau vor Offenlegung der neuen Fluchtlinie nicht hätte fertig gestellt werden können, und daß unter den obwaltenden Umständen die Polizeibehörde die Fortführung und Vollendung des Baues durch Zurücknahme der Bauerlaubnis verhindert haben würde, unerschüttert, so folgt daraus, daß bei der Liquidation seines Schadens der Kläger nicht davon ausgehen konnte, daß er, wenn die Polizeibehörde ihm die erbetene Bauerlaubnis (nach dem gewöhnlichen Geschäftsgange) rechtzeitig erteilt hätte, die geplante Verbindung seiner beiden Grundstücke zu einem einheitlichen Warenhause nach M a ß g a b e s e i n e s B a u p r o j e k t e s ausgeführt haben würde. Damit ist der vom Kläger aufgestellten Schadensberechnung der Boden entzogen, und es war trotz der rechtskräftigen Verurteilung der Beklagten im Vorprozesse der Berufungsrichter nicht in der Lage, die l i q u i d i e r t e Entschädigung dem Kläger ganz oder in einem Minderbetrage zuzusprechen." . . .

(Es wird dann weiter ausgeführt: es sei damit nicht ausgeschlossen, daß dem Kläger durch die Versagung der nachgesuchten Bauerlaubnis anderweit ein Schaden entstanden sei, und es sei Pflicht des Berufungsrichters gewesen, daraufhin das gesamte Vorbringen des Klägers zu prüfen. Dieser Prüfung habe sich der Berufungsrichter nicht unterzogen).

**RGZ. 34, 250**

**1. Findet der § 13 Abs. 1 Ziff. 3 des Gesetzes vom 2. Juli 1875 auch Anwendung auf den Fall einer erheblichen Erbreiterung einer vor der Festsetzung der neuen Fluchtlinie bereits bestandenen Straße?**

**2. Kann im Falle des § 13 Abs. 1 Ziff. 2 des bezogenen Gesetzes der Eigentümer, dessen von der Fluchtlinie getroffenes Grundstück nur teilweise bebaut ist, nach der Freilegung von Gebäuden sofortige Entschädigung nur für das bebaut gewesene Terrain oder auch für das unbebaute Terrain beanspruchen?**

II. Zivilsenat. Urt. v. 30. November 1894 i. S. L. (Kl.) w. Stadtgemeinde Köln (Bekl.). Rep. II. 248/94.

I. Landgericht Köln. II. Oberlandesgericht daselbst.

Aus den Gründen:

„1. Der Klageanspruch auf Entschädigung im Enteignungsverfahren für die Parzelle a, b, c, d des der Klage beigefügten Situationsplanes war in der ersten Instanz ausschließlich und in der Berufungsinstanz in zweiter Linie auf den § 13 Abs. 1 Ziff. 3 des Baufluchtliniengesetzes vom 2. Juli 1875 gestützt. Sowohl das Landgericht wie das Oberlandesgericht haben indessen die Voraussetzungen dieser Bestimmung aus zutreffenden Gründen um deswillen als vorliegend nicht angenommen, weil die von der beklagten Stadtgemeinde durch den Bebauungsplan von Köln-Ehrenfeld festgesetzte, hier in Frage stehende Straßenfluchtlinie nicht diejenige einer neu anzulegenden Straße, sondern diejenige der zu erbreiternden Dechenstraße ist. In letzterer Hinsicht stellt das Berufungsgericht fest, daß diese Straße vor der Festsetzung der neuen Fluchtlinie nicht nur für den öffentlichen Verkehr und den Anbau fertig gestellt, sondern auch zum großen Teil auf der dem klägerischen Garten gegenüberliegenden Seite schon angebaut gewesen sei. Eine Ausdehnung der Ausnahmebestimmung des § 13 Abs. 1 Ziff. 3 a. a. O. über den an sich klaren Wortlaut hinaus auch auf die Fälle der Erbreiterung von bestehenden Straßen erscheint aber auch dann nicht zulässig, wenn, wie vorliegend, die Erbreiterung eine sehr erhebliche (17,52 Meter) ist, und danach insoweit der Grund, weshalb der Gesetzgeber in den Fällen der Ziff. 3 dem Grundeigentümer einen sofortigen Entschädigungsanspruch gegenüber der Gemeinde gewähren zu müssen geglaubt hat, gegeben sein mag. Die Revision hat denn auch einen hierauf bezüglichen Angriff gegen das Urteil des Oberlandesgerichtes nicht erhoben.

2. In der Berufungsinstanz ist der klägerische Anspruch in erster Linie auf den § 13 Abs. 1 Ziff. 2 des bezogenen Gesetzes

gegründet worden. Die Entscheidung des Berufungsgerichtes, daß hierin eine unzulässige Klageänderung nicht zu finden sei, ist nach § 242 C.P.O. nicht anfechtbar.

Zur Sache stellt das Oberlandesgericht tatsächlich fest, daß auf dem klägerischen Grundstück innerhalb der neuen Fluchtlinie, also auf der neu projektierten Straßenfläche, ein allerdings unbedeutendes (wesentlich zu Gartenzwecken dienendes) Gebäude, welches abgerissen worden sei, gestanden habe, und daß das zum Ersatze dienende Gebäude nicht rückwärts hinter das alte, sondern seitwärts von demselben an der neuen Fluchtlinie errichtet worden sei, so daß das abgerissene Gebäude auch nicht zum Teil auf derjenigen Fläche (a, b, c, d des Planes zur Klage) gestanden hat, für welche der Entschädigungsanspruch erhoben wird. Bei dieser Sachlage entbehrt aber der Klaganspruch auch nach § 13 Ziff. 2 a. a. O. der Begründung.

Wenn auch die gemäß dieser Bestimmung, nach Freilegung des von der Fluchtlinie getroffenen bebauten Grundstückes von Gebäuden, seitens der Gemeinde sofort zu gewährende Entschädigung, wie dieses der Abs. 2 daselbst ergibt, nicht wegen der eingetretenen Baubeschränkung, sondern wegen Entziehung zu erfolgen hat, so ist doch anzunehmen, daß sich diese Entschädigungsverbindlichkeit im wesentlichen auf den bebaut gewesenen Teil des Grundstückes, auf dessen Wiederbebauung oder Neubebauung nach der Freilegung verzichtet werden muß, sowie etwaiges Zubehör zu den Gebäuden beschränkt. Es folgt dieses, wenngleich nicht aus dem Wortlaute, der eine Bestimmung über den Umfang des fraglichen Anspruches in räumlicher Beziehung für den Fall, daß ein Grundstück nur teilweise bebaut ist, nicht enthält, so doch aus der Entstehungsgeschichte des Gesetzes, insbesondere den Motiven und dem Kommisionsberichte.

Das Fluchtliniengesetz steht grundsätzlich auf dem Standpunkt, daß für diejenigen Beschränkungen des Eigentums, welche aus der Verpflichtung, die durch den Fluchtlinienplan zu künftigen Straßen bestimmten Grundflächen unbebaut liegen zu lassen, sich ergeben, Entschädigung nicht gewährt werden soll.

Vgl. § 13 Abs. 1; Stenographischer Bericht des Abgeordnetenhauses 1873/74 Anlage Nr. 23 S. 13. 14. Nr. 279 S. 1707.

Dieser Grundsatz erleidet Ausnahmen nur in den im § 13 Abs. 1 Ziff. 1—3 bestimmten Fällen. Was insbesondere die Ziff. 2 anlangt, so sollte nach dem Regierungsentwurfe (§ 10) in dem Falle, wenn die Fluchtlinie ein bebautes Grundstück durchschneidet, der Entschädigungsanspruch begründet sein, sobald wegen derselben der Wiederaufbau schon bestandener Gebäude oder der Ausbau innerhalb der alten Fluchtlinie untersagt würde, vgl. Stenographischer Bericht des Abgeordnetenhauses 1873/74 a. a. O. Nr. 23 S. 5. 23.

Wenngleich hierdurch zunächst nur der Zeitpunkt fixiert wurde, wann die Entschädigung gefordert werden konnte, so ergab sich daraus doch die Voraussetzung und der Grund des Anspruches, nämlich die Unmöglichkeit, bebaut gewesenes Terrain fernerhin zu Bauzwecken ausnützen zu können. Die Komission des Abgeordnetenhauses war hiermit im Prinzip einverstanden; sie ging gleichfalls davon aus, daß es hart erscheinen würde, wenn man den betroffenen Grundeigentümer ohne Entschädigung lassen wolle, falls die neue Baufluchtlinie vorhandene Gebäude treffe, bezüglich welcher fortan jeder Aus-, Um- oder Neubau in der alten Fluchtlinie untersagt werden könne.

Vgl. Stenographischer Bericht a. a. O. Nr. 279 S. 1707.

Die Kommission war aber der Ansicht, daß, was den Zeitpunkt anlange, wann die Entschädigung gefordert werden könne, es nicht auf die Zeit der Verweigerung des Baukonsenses ankommen könne, weil sonst der Eigentümer es lediglich in der Hand habe, durch Stellung des Antrages auf Erteilung der Bauerlaubnis, von dem er sicher wisse, daß sie verweigert werden müsse, selbst den Zeitpunkt der Entschädigung willkürlich herbeizuführen; er müsse durch die Tat beweisen, daß er bauen wolle. Aus diesem Grunde wurde in Ziff. 2 bestimmt, daß die Entschädigung gefordert werden könne, wenn das Grundstück bis zur neuen Fluchtlinie von Gebäuden freigelegt werde,

vgl. Stenographischer Bericht a. a. O. S. 1708.

Hieraus folgt aber, daß diese Bestimmung über die „Freilegung des Grundstückes von Gebäuden" nicht die Bedeutung hat, die Berechtigung des Eigentümers in räumlicher Hinsicht zu fixieren.

Es ist danach anzunehmen, daß, da der Grund des unter den Voraussetzungen des § 13 Ziff. 2 des Gesetzes vom 2. Juli 1875 gegebenen Entschädigungsanspruches lediglich in der Unmöglichkeit der Wiederbebauung liegt, derselbe auch auf das Grundstück, soweit dasselbe bebaut war, beschränkt ist und insbeondere nicht auf das nebenliegende Terrain desselben Eigentümers, welches weder bebaut ist, noch Zubehör des bebauten Teiles bildet, ausgedehnt werden kann.

Die Revision hat zwar, indem sie gleichzeitig aufstellt, daß der Anspruch des Klägers, wenn auch zur Zeit nur für die Parzelle a, b, c, d des Planes geltend gemacht, doch für das ganze innerhalb der neuen Fluchtlinie nach der Dechenstraße zu gelegene klägerische Eigentum begründet sei, sich auf den § 13 Abs. 4 a. a. O. berufen, welcher bestimmt, daß „bei den Vorschriften dieses Paragraphen unter der Bezeichnung Grundstück jeder im Zusammenhange stehende Grundbesitz des nämlichen Eigentümers begriffen sei". Es ist dieses indessen nicht durchschlagend. Der Abs. 4 a. a. O. ist ebenso wie der vorhergehende Abs. 3 von der Kommission des Abgeordnetenhauses dem Gesetze eingefügt, und zwar sind sie dem § 9 des Enteignungsgesetzes vom 11. Juni 1874 entnommen. Nach dem Kommissionsberichte,

vgl. Stenographischer Bericht a. a. O. S. 1708,

hat diese Übernahme lediglich die Anwendung der Vorschriften des § 9 a. a. O. auf die hier vorliegenden Fälle des Fluchtliniengesetzes bezweckt. Der mit dem Abs. 4 des § 13 gleichlautende Abs. 4 des § 9 des Enteignungsgesetzes betrifft aber nur die Rechtsverhältnisse bezüglich des dem Enteigneten verbleibenden Restgrundstückes; derselbe soll außer Zweifel stellen, daß für die Begründung der eventuellen Pflicht zur Übernahme des Ganzen jeder (nicht nur der örtliche, sondern auch der wirtschaftliche) Zusammenhang des betreffenden Grundbesitzes des nämlichen Eigentümers genügen soll. Danach kann der fraglichen Bestimmung auch für das Fluchtliniengesetz eine andere Bedeutung, als dieselbe im Enteignungsgesetze hat, nicht beigelegt werden; insbesondere erscheint es ausgeschlossen, dieselbe auf die, auf einem ganz anderen Gebiete liegenden Ziff. 2 und 3 des § 13 des ersteren Gesetzes anzuwenden und diesen dadurch eine nach den vorbezogenen Gesetzesmaterialien nicht beabsichtigte Tragweite zu geben. Es ist anzuerkennen, daß bei dieser Annahme die Wortfassung des Gesetzes nicht korrekt ist. In dem mehr bezogenen Abs. 4 des § 13 müßte es anstatt „Bei den Vorschriften dieses Paragraphen usw." heißen „Bei den Vorschriften des Absatzes 3 usw."; indessen erklärt sich dieses durch die wörtliche Übernahme aus dem Enteignungsgesetz.

Der Anspruch des Klägers kann somit, da die Parzelle a, b, c, d, für welche allein die Entschädigung beansprucht wird, nach den oben erwähnten Feststellungen weder bebaut war noch Zubehör zu dem abgerissenen Gebäude gebildet hat, auch nicht auf den § 13 Abs. 1 Ziff. 2 mit Erfolg gegründet werden und ist mit Recht von den Vorinstanzen zurückgewiesen worden."

**RGZ. 46, 282**

**1. Findet ein auf Grund des § 12 des Gesetzes, betr. die Anlegung und Veränderung von Straßen und Plätzen in Städten und ländlichen Ortschaften, vom 2. Juli 1875 erlassenes Ortsstatut und die daraufhin erlassene Polizeiverordnung, wodurch gewisse Anforderungen an**

**eine zum Anbau fertig gestellte Straße gemacht werden, auch auf Wohngebäude Anwendung, mit deren Errichtung an der Straße bereits vor Erlassung des Ortsstatutes mit polizeilicher Erlaubnis begonnen worden war?**

**2. Kann bei nachträglicher Aufhebung eines auf Grund eines solchen Ortsstatutes erlassenen polizeilichen Bauverbotes wegen der bestandenen zeitweiligen Beschränkung der Ausübung des Eigentumsrechtes Entschädigung nach den Grundsätzen des Eigentumsrechtes verlangt werden?**

II. Zivilsenat. Urt. v. 1. Juni 1900 i. S. Zivilgemeinde N. (Bekl.) w. L. (Kl.). Rep. II. 55/00.

I. Landgericht Saarbrücken. II. Oberlandesgericht Köln.

Am 1. Mai 1885 erhielt der Kläger die polizeiliche Erlaubnis zum Bau eines Wohnhauses auf seinem Eigentum in der verklagten Gemeinde. Am 24. Februar 1886 wurde für diese Gemeinde in Anwendung des § 12 des preußischen Straßenfluchtliniengesetzes vom 2. Juli 1875 ein Ortsstatut, und an demselben Tage eine Polizeiverordnung erlassen, welche gewisse Anforderungen an die zum Anbau fertiggestellten Straßen stellten. Dem Kläger, der vor dem Inkrafttreten des Ortsstatutes den Bau seines Wohnhauses an einer solchen Straße bereits begonnen hatte, wurde nunmehr mit Rücksicht auf das Ortsstatut durch Verfügung vom 27. März 1886 die Fortsetzung des Baues untersagt. Als er im Herbst 1892 die Bauarbeiten wieder aufnahm, untersagte ihm die Polizeibehörde die Fortführung des Baues wiederum, weil dem Weiterbau das Ortsstatut vom 24. Februar 1886 entgegenstehe und der Bau auch einer bereits im Jahre 1870 getroffenen Fluchtlinienfestsetzung widerspreche. Die gegen das Verbot eingelegte Beschwerde wurde vom Regierungspräsidenten zurückgewiesen. Auf erhobene Verwaltungsstreitklage setzte aber das Oberverwaltungsgericht die erwähnten polizeilichen Verfügungen außer Kraft, da die Fluchtlinienfestsetzung von 1870 rechtsunwirksam sei und das Ortsstatut auf den bereits vor seinem Inkrafttreten in der Ausführung begriffenen Bau keine Anwendung finde. Der Kläger stellte sein Haus im Jahre 1896 fertig und erhob sodann gegen die Gemeinde N. Klage auf Entschädigung. Der Klaganspruch wurde dem Grunde nach zugesprochen und die Revision gegen das Berufungsurteil zurückgewiesen.

Aus den Gründen:

. . . Das Oberlandesgericht hat mit Recht zunächst geprüft, ob nicht dem Klaganspruch die Bestimmungen des Gesetzes, betr. die Anlegung und Veränderung von Straßen, vom 2. Juli 1875 entgegenstehen, wonach Bauten über die Fluchtlinie hinaus versagt werden können, und ferner durch Ortsstatut — und zwar ohne Bewirkung eines Entschädigungsanspruches — festgestellt werden kann, daß an Straßen, welche noch nicht gemäß den baupolizeilichen Bestimmungen des Ortes für den öffentlichen Verkehr und den Anbau fertiggestellt sind, Wohngebäude mit Ausgang nach der Straße nicht errichtet werden dürfen (§§ 11, 12, 13 dieses Gesetzes). Es hat aber die Anwendbarkeit dieser Gesetzesvorschriften verneint, weil das Oberverwaltungsgericht in Berlin auf die vom Kläger im Verwaltungsstreitverfahren auf Aufhebung des polizeilichen Bauverbots erhobene Klage entschieden hat, daß dem vom Kläger bereits in Angriff genommenen Bau eines Wohnhauses Beschränkungen aus diesem Gesetze nicht entgegenständen, der Kläger vielmehr das Recht zur Ausführung des Baues gehabt habe, diese Entscheidung der zuständigen Verwaltungsbehörde aber für das Zivilgericht bindend sei. Ob diese Ansicht des Berufungsrichters zu billigen ist, oder ob hinsichtlich der Entschädigungsfrage nur der verfügende Teil der oberverwaltungsgerichtlichen Entscheidung für den Zivilrichter bindend, das Vorhandensein der Voraussetzungen für die Anwendbarkeit jener Bestimmungen des Gesetzes von 1875 von letzterem aber selbständig zu prüfen ist, kann dahingestellt bleiben. Denn wenn man auch letzteres für zutreffend erachten wollte, so würde doch sachlich dem Ausspruch des Oberverwaltungsgerichts beizutreten sein, und zwar ohne daß es einer Konfliktserhebung gegen das in den Entsch. des RGs. in Zivils. Bd. 34 S. 242 veröffentlichte Urteil des V. Zivilsenates des Reichgerichtes bedarf, da es sich in jener Entscheidung um einen Fall der Baubeschränkung durch einen gemäß dem Gesetz von 1875 nachträglich festgestellten Fluchtlinienplan handelte (§ 11), während gegenwärtig ein bereits vor dem Gesetz von 1875 bestandenes Alignement und ein auf Grund dieses Gesetzes erlassenes Ortsstatut (§ 12) in Frage steht.

Daß die Anwendbarkeit dieses Gesetzes nicht auf das Alignement von 1870 gestützt werden kann, unterliegt keinem Bedenken; § 13 in Verbindung mit § 10 Abs. 1 ergibt, daß die betreffenden Vorschriften über Entschädigung nur für die in Gemäßheit dieses Gesetzes festgestellten Fluchtlinien gegeben sind.

Vgl. Entsch. des RGs. in Zivils. Bd. 6 S. 295.

Zu Zweifeln gibt dagegen die Frage Anlaß, ob ein gemäß dem bezogenen § 12 erlassenes Ortsstatut seine Wirksamkeit auch auf solche Wohngebäude erstreckt, mit deren Errichtung nach eingeholter polizeilicher Genehmigung schon vor seinem Erlaß begonnen worden ist.

Vgl. die Literatur bei F r i e d r i c h s , Gesetz betr. Anlegung der Straßen 4. Aufl. S. 98.

Weder der Wortlaut des § 12 noch der auch für das bisherige rheinische Rechtsgebiet als zutreffend anzuerkennende Satz, daß durch den Baukonsens dem Bauunternehmer kein neues Recht verliehen, sondern nur ausgesprochen wird, daß dem Recht des Eigentümers, seinen Grund und Boden mit Wohngebäuden zu besetzen, zur Zeit der Genehmigung Hindernisse des öffentlichen Rechtes nicht entgegenstehen, geben in dieser Beziehung einen sicheren Anhalt; daß aber rechtsgrundsätzlich es keinen Unterschied mache, ob bei Inkrafttreten des Ortsstatutes mit dem Bau schon b e g o n n e n war oder nicht, kann in dieser Allgemeinheit nicht zugegeben werden, da erst durch die polizeiliche Genehmigung der Eigentümer auch r e c h t l i c h in die Lage kommt, von der ihm an sich gesetzlich zustehenden Baubefugnis Gebrauch machen zu können, und, wenn er demgemäß v o r dem Eintritt eines öffentlich-rechtlichen Hindernisses davon Gebrauch gemacht hat, die Bauerlaubnis rechtswirksam geworden ist, was nicht der Fall ist, wenn zu dieser Zeit der Bau noch nicht begonnen war. Die Vorschrift des § 12 ergibt, daß ein Ortsstatut auf Gebäude, welche bei seinem Inkrafttreten bereits errichtet s i n d , keine Anwendung findet; w a n n aber ein Gebäude als e r r i c h t e t anzusehen ist, unterliegt oft erheblichen Zweifeln. Dazu kommt, daß ein in der Ausführung begriffenes Wohngebäude nicht derart in zwei Teile gespalten werden kann, daß nur der bei Inkrafttreten des Ortsstatutes noch unvollendete Teil von demselben getroffen würde, der bereits ausgeführte Teil aber davon unberührt bliebe; denn ein nach einem genehmigten Plan projektiertes Gebäude bildet ein einheitliches zusammenhängendes Ganzes; eine Abänderung des noch nicht ausgeführten Teiles würde in vielen Fällen dazu führen, den Bauunternehmer zu zwingen, entweder den schon gebauten Teil unvollendet stehenzulassen, oder ihn wieder niederzulegen, oder ihn mit erheblichen Kosten abzuändern; ein Ergebnis, welches einem geordneten Rechtszustand widerspricht, und welches in Wirklichkeit dem neu eintretenden Ortsstatut rückwirkende Kraft beilegt. Jedenfalls würde hierfür der Bauunternehmer keinerlei Entschädigung erhalten, da der § 13 a. a. O. j e d e Entschädigung wegen der nach den Bestimmungen des § 12 eintretenden Beschränkung der Baufreiheit ausschließt; es kann aber nicht angenommen werden, daß das Gesetz dies auch dann gewollt habe, wenn der Unternehmer nach den V o r s c h r i f t e n d e s b e s t e h e n d e n B a u r e c h t e s den Bau auszuführen schon begonnen hat. Erwägt man noch, daß § 15 des Gesetzes, welcher die Vorschriften für den weiteren Inhalt des Ortsstatutes vorsieht, die betreffenden Lasten den an die Straße angrenzenden Eigentümern erst d a n n auferlegt, s o b a l d sie Gebäude an derselben errichten, und damit unzweideutig zum Ausdruck bringt, daß der Beginn der Gebäudeerrichtung entscheidend ist, und Eigentümer, die bereits früher mit einer Bauausführung angefangen haben, nicht von diesen Lasten getroffen werden, so erweist sich die Verneinung jener Frage als zutreffend, und steht sonach auch von diesem Gesichtspunkte aus das Gesetz von 1875 dem Entschädigungsanspruch des Klägers nicht entgegen. . . .

Die Feststellung der Entschädigungsverpflichtung der Beklagten, worüber der Rechtsweg gemäß § 4 des Gesetzes vom 11. Mai 1842 zugelassen ist, ist von dem Oberlandesgericht ohne Rechtsirrtum erfolgt. Zunächst ist die Passivlegitimation der Beklagten gegeben, da in ihrem Interesse das den Kläger schädigende Bauverbot ergangen war. Sodann stellt ein solches Bauverbot, wie in den Gründen des Berufungsurteils zutreffend dargetan, einen solchen Eingriff in Privatrechte dar, für welchen nach den gesetzlichen Vorschriften über Aufopferung der Rechte und Vorteile des Einzelnen im Interesse des Allgemeinen Entschädigung gewährt werden muß. Mit Unrecht greift die Beklagte diese Begründung deshalb an, weil der Kläger ihr in Wirklichkeit kein Recht abgetreten habe, vielmehr seit der Entscheidung des Oberverwaltungsgerichtes wieder im Besitze des Rechtes zu bauen sei und dasselbe seitdem auch verwirklicht habe, daher höchstens § 6 des vorbezogenen Gesetzes in Frage stehen könne. Indem Art. 544 Code civil den Grundsatz aufstellt, daß der Eigentümer seine Sache auf die unbeschränkteste Weise benutzen und darüber verfügen kann, und Art. 545 Code civil daran unmittelbar anschließend vorschreibt, daß niemand gezwungen werden kann, sein Eigentum abzutreten, es sei denn des öffentlichen Nutzens wegen und gegen angemessene Entschädigung, muß als eine Eigentumsabtretung im Sinne des letzteren Artikels auch die nur zeitweise Beschränkung in der Ausübung eines Eigentumsrechtes angesehen werden. Der Art. 9 der preußischen Verfassungs-Urkunde bestimmt denn auch, daß das Eigentum unter gewissen Voraussetzungen entzogen oder beschränkt werden kann, und das Enteignungsgesetz vom 11. Juni 1874 sieht nicht nur Entziehung, sondern auch den Fall der Beschränkung, und zwar dauernder und bloß vorübergehender Beschränkung, des Grundeigentums unter Entschädigung vor (§§ 1, 2, 4, 12). Dadurch, daß das Bauverbot wieder aufgehoben worden ist, wird die bis dahin bestandene Beschränkung nicht ungeschehen gemacht, sondern nur hinsichtlich ihrer Dauer begrenzt, was die Entschädigungspflicht an sich nicht berührt, sondern nur für die, im vorliegenden Fall noch nicht zu entscheidende Höhe der Entschädigung wegen Verzögerung des Baues von Bedeutung ist. . . .

**RGZ. 48, 336**

**Ist die Entschädigung für Grundstücksteile, welche nach einem festgesetzten Fluchtlinienplane zu Straßenland bestimmt waren und nach § 11 des Fluchtliniengesetzes vom 2. Juli 1875 seit der Fluchtlinienfestsetzung nicht mehr bebaut werden durften, bei der Enteignung, soweit es sich um ihre Eigenschaft als Bauland handelt, nach dem Werte zu bemessen, den sie als Bauland zur Zeit der Fluchtlinienfestsetzung hatten, oder nach demjenigen Werte, den sie ohne die Bestimmung des § 11 als Bauland zur Zeit der Enteignung gehabt haben würden?**

VII. Zivilsenat. Urt. v. 1. März 1901 i. S. Stadt M. (Bekl.) w. v. E. (Kl.). Rep. VII. 1/01.

I. Landgericht Münster. II. Oberlandesgericht Hamm.

Diese Frage ist von dem Reichsgericht dahin beantwortet worden, daß bei der Bewertung der enteigneten Flächen als Bauland nur der Zeitpunkt der Fluchtlinienfestsetzung, nicht derjenige der Enteignung in Betracht gezogen werden darf. Die Gründe lauten folgendermaßen:

. . . Die Beklagte macht geltend, daß dem Kläger als Entschädigung nur der Wert gewährt werden dürfe, den die Grundstücke am 13. August 1877, d. i. bei Erlaß des Ortsstatutes (richtiger: bei Festsetzung der Fluchtlinie), einschließlich des Wertes der damals allen dortigen Grundstücken innewohnenden allgemeinen Bebauungsmöglichkeit gehabt hätten, und daß ferner nur noch derjenige Wert Berücksichtigung finden könne, den die Grundstücke zur Zeit der Abgabe zur Straße als nicht bebauungsfähige erlangt haben könnten. Der Berufungsrichter verwirft diesen Standpunkt der Beklagten. Er meint, derselbe finde in den Gesetzen keine Stütze; nach § 8 des Enteignungsgesetzes bestehe die Entschädigung in dem vollen Werte des abzutretenden Grundstücks, und nach § 10 Abs. 2 könne nur die Werterhöhung nicht in Anschlag gebracht werden, die das abzutretende Grundstück erst infolge der neuen Anlage erhalte. Diese Bestimmungen fänden auch auf die auf Grund des Gesetzes vom 2. Juli 1875 § 13 veranlaßten Enteignungen und zu leistenden Entschädigungen Anwendung, die der Grundeigentümer erst geltend machen könne, wenn die zu den Straßen und Plätzen bestimmten Grundstücksteile auf Verlangen der Gemeinde abgetreten würden. Maßgebend sei hiernach für die bei Enteignungen auf Grund beider Gesetze zu leistenden Entschädigungen der Wert der Grundstücke zur Zeit der Enteignung, und zwar der Wert, den sie damals gehabt hätten, ohne daß die Anlage, für die enteignet werde, ihren Wert erhöht habe; diese Anlage sei im vorliegenden

Falle allein der Ausbau und die Verbreiterung der städtischen Straße. Zu berücksichtigen sei derjenige Wert, den die Grundstücke zur Zeit der Enteignung, und nicht der, den sie zur Zeit der Festsetzung der Fluchtlinien als Grundstücke mit Bauplatzeigenschaft hätten, die an der nicht ausgebauten städtischen Straße, der Südstraße, lägen.

Den gleichen Standpunkt hat auch schon der erste Richter eingenommen. Demgemäß hat er den Gutachtern die Frage vorgelegt, wie hoch der volle Wert der abzutretenden Flächen zu schätzen sei, wenn der Umstand, daß sie nach den Bebauungsplänen von 1877 und 1897 mit Gebäuden nicht besetzt werden dürften, keine Berücksichtigung fände, und hat alsdann den Wert, den die Gutachter unter dieser Voraussetzung als vorhanden angenommen haben, nämlich den von 14 M. für das Quadratmeter, dem Kläger als Entschädigung zugesprochen. Es kann hiernach kein Zweifel darüber obwalten, daß die Grundstücke nach ihrem gegenwärtigen Werte als Bauland, das jedoch an einer noch nicht ausgebauten Straße belegen ist, geschätzt worden sind, und daß dieser Wert als Entschädigung festgesetzt ist.

Dieser Entscheidung des Berufungsgerichtes kann nicht beigetreten werden. Der erkennende Senat hat bereits in einem früheren Urteil, nämlich in demjenigen vom 10. Oktober 1899 i. S. H. w. Stadtgem. E., Rep. VI a 57/99, zu der erörterten Frage in einem der Ansicht des Berufungsgerichtes entgegengesetzten Sinne Stellung genommen. Damals war die Fluchtlinienfestsetzung 1887, die Enteignung 1896 erfolgt, und der Grundstückseigentümer verlangte, daß der Wert der abzutretenden Fläche als Bauland nach dem Zeitpunkt der Enteignung, nicht nach dem der Fluchtlinienfestsetzung bemessen werde. Der Berufungsrichter hatte ihn mit diesem Anspruch nicht gehört, sondern hatte den Wert, den das Grundstück bei der Fluchtlinienfestsetzung als Bauland gehabt hatte, zugrunde gelegt. Die Revisionsbeschwerde des Grundstückseigentümers hierüber wurde zurückgewiesen. Es heißt in bezug hierauf in dem angeführten Urteil:

„Ebenso ist auch die Revision des Klägers zurückzuweisen, soweit mit derselben in Rücksicht darauf, daß bei der Abschätzung der Zeitpunkt der Enteignung, also das Jahr 1896, zugrunde zu legen sei, die Zusprechung des mit der Klage geforderten Entschädigungskapitals verlangt wird. Soweit der Kläger hiermit hat geltend machen wollen, daß die Bewertung der enteigneten Flächen als Bauplatz in Hinblick auf den erwähnten Zeitpunkt habe erfolgen müssen, steht ihm die im Jahre 1887 geschehene Fluchtlinienfestsetzung entgegen. Die Vorinstanz hat zutreffend im Anschluß an die von ihr angezogenen Reichsgerichtsentscheidungen angenommen, daß ein Grundstück, welches vor Festsetzung der Fluchtlinie bereits die Eigenschaft eines Bauplatzes besaß, auch bei einer erst später erfolgten Enteignung als Bauterrain zu entschädigen sei, wenngleich es infolge jener Fluchtlinienfestsetzung die Bauplatzeigenschaft schon geraume Zeit verloren hatte, und es ist mit Recht daraus gefolgert, daß bei der Enteignung nur der zur Zeit der Fluchtlinienfestsetzung der Fläche als Bauplatz beiwohnende Wert zu vergüten sei."

An dem in dieser Entscheidung ausgesprochenen Grundsatz muß festgehalten werden. Von dem Zeitpunkt der Fluchtlinienfestsetzung an haben die für das künftige Straßenland bestimmten Grundstücksteile auf Grund der gesetzlichen Bestimmung des § 11 des Fluchtliniengesetzes dauernd die ihnen bisher beiwohnende Eigenschaft als Bauland für die Zukunft verloren. Es ist daher rechtlich nicht möglich, sie zur Zeit der Enteignung als gegenwärtiges Bauland einzuschätzen; denn sie sind solches gegenwärtig nicht mehr. Was die Fluchtlinienfestsetzung nicht bewirken konnte und sollte, war, ihnen die Baulandeigenschaft auch für die Vergangenheit zu nehmen. Sie behielten also den Wert, den sie als Bauland zur Zeit der Fluchtlinienfestsetzung hatten; anderes ist auch in der Entscheidung des Reichsgerichts,

Entsch. desselben in Zivils. Bd. 28 S. 271,

nicht ausgesprochen; denn damals sollte nach dem Verlangen der enteignenden Stadtgemeinde selbst dieser Wert nicht berücksichtigt werden. Es ist, wie bereits in dem angezogenen Urteil vom 10. Oktober 1899 bemerkt, eine notwendige Folgerung hieraus, daß, soweit es sich um die Einschätzung als Bauland handelt, lediglich der Zeitpunkt der Fluchtlinienfestsetzung maßgebend bleibt; denn zu dem damals vorhandenen Wert können die abzutretenden Flächen in der Zwischenzeit bis zur Enteignung nicht eine weitere Werterhöhung als Bauland hinzuerworben haben, da sie diese Eigenschaft eben endgültig verloren hatten.

Läge in diesem Grundsatz eine Abweichung von der Bestimmung des Enteignungsgesetzes, wonach der volle Wert der abzutretenden Fläche zur Zeit der Enteignung zu vergüten ist, so würde diese Abweichung durch die Bestimmungen des Fluchtliniengesetzes, welches als das spätere und besondere Gesetz den Vorschriften des Enteignungsgesetzes, soweit es mit diesen nicht in Einklang steht, vorgeht,

vgl. Entsch. des RGs. in Zivils. Bd. 31 S. 276,

begründet sein. Allein ganz genau betrachtet, besteht eine solche Abweichung gar nicht. Die abzutretenden Flächen haben ja in Wirklichkeit zur Zeit der Enteignung nicht die Eigenschaft von gegenwärtigem Bauland; es verstößt also nicht gegen den erwähnten

Grundsatz, daß sie nicht als solches eingeschätzt werden. Es handelt sich hierbei in erster Reihe um die Wirkung des § 11 des Fluchtliniengesetzes, welcher die betreffenden Flächen der Bebauung endgültig entzieht. Es ist aber weiter anzunehmen, daß das von dem Berufungsrichter eingeschlagene Verfahren auch mit den Bestimmungen des § 13 des Fluchtliniengesetzes in Widerspruch tritt. Nach dem Inhalt dieser Bestimmungen, der auf den ersten Blick allerdings nicht ganz klar liegt, über dessen Endergebnis indes gegenwärtig Rechtsprechung und Rechtslehre einig sind, wie in dem Urteil des erkennenden Senates vom 22. Mai 1900 in Sachen A. w. die Stadt A., Rep. VII, 50/00, näher festgestellt ist, soll für die Entziehung der Bebaubarkeit nur in dem einzigen Falle Entschädigung gewährt werden, wenn eine von der Straßenfluchtlinie abweichende Baufluchtlinie festgesetzt ist, dieses künftige Vorgartenland mit Gebäuden besetzt ist und der Eigentümer diese Fläche von den daraufstehenden Baulichkeiten freilegt; im übrigen wird jede Entschädigung für solche Baubeschränkung vom Gesetz versagt. Wenn nun die abzutretenden Flächen als gegenwärtiges Bauland bewertet würden, so würde dies auf einer Fiktion beruhen, da sie in Wahrheit diese Eigenschaft nicht besitzen, und in Gestalt dieser Fiktion würde eine Entschädigung des Klägers für die ihm durch § 11 des Gesetzes auferlegte Baubeschränkung, dem § 13 entgegen, in die Erscheinung treten; denn diese Fiktion besagt in ihrem Wesen nichts anderes, als daß der Kläger, obgleich die betreffenden Flächen für ihn infolge der Baubeschränkung Bauland nicht mehr waren, dennoch so entschädigt wird, als wären sie fortdauernd Bauland geblieben.

Der Gesichtspunkt, daß der Grundeigentümer, abgesehen von dem verhältnismäßig seltenen Ausnahmefall des § 13 Abs. 2 Ziff. 2 des Gesetzes vom 2. Juli 1875, die Enteignung selbst nicht herbeiführen kann, sondern warten muß, bis die Stadt solche nach ihrem Ermessen ins Werk setzt, daß er demnach auf den Zeitpunkt der Enteignung keine Einwirkung hat und daher der Stadt gegenüber in eine ungünstige Lage insofern versetzt ist, als er auf die Vergütung für den Wert seines abzutretenden Landes als Bauland zur Zeit der Fluchtlinienfestsetzung oft lange warten muß, kann eine anderweitige Rechtsauffassung nicht begründen. Wäre hierin eine Unbilligkeit zu sehen, so wäre sie vom Gesetz gewollt; übrigens liegt eine solche wohl kaum vor, wenn man berücksichtigt, daß der Eigentümer im übrigen bis zur Enteignung in der Ausnutzung seines Grundstücks nicht gehindert ist und sein übriges Grundstück durch das Unternehmen, infolge dessen ihm jene Beschränkung auferlegt wird, eine ganz außerordentliche Preissteigerung erfährt.

**RGZ. 55, 132**

**Was ist unter der Anlegung einer neuen Straße durch einen Unternehmer nach § 15 des preußischen Fluchtliniengesetzes vom 2. Juli 1875 zu verstehen?**

VII. Zivilsenat. Urt. v. 26. Juni 1903 i. S. D.'er Terraingesellschaft (Kl.) w. Stadtgem. D. (Bekl.). Rep. VII. 136/03.

I. Landgericht Duisburg. II. Oberlandesgericht Hamm.

Die Münzgasse in D. verband zur Zeit der Erlassung des Fluchtliniengesetzes vom 2. Juli 1875 die Beekstraße mit der Steinschegasse. Im Jahre 1894 erfolgte die Festsetzung einer neuen Fluchtlinie zum Zwecke der Verbreiterung der Münzgasse und zum Zwecke ihrer Durchführung von der Steinschegasse nach der Poststraße; an beiden Straßen befanden sich Gebäude, die von der Fluchtlinie getroffen wurden und niederzulegen waren, wenn die beabsichtigte neue Verbindung zwischen Steinschegasse und Poststraße mittels Verlängerung der Münzgasse hergestellt werden sollte. Die Fluchtlinienfestsetzung wurde in den Jahren 1898 und 1899 geändert; doch war die schließliche Festsetzung im wesentlichen eine Wiederherstellung der Fluchtlinie von 1894. Ihr gingen Verhandlungen mit der Klägerin voran. Diese teilte der Beklagten durch Schreiben vom 10. März 1899 mit, daß sie die an die neue Baufluchtlinie der durchzulegenden Münzgasse angrenzenden Grundstücke erworben habe, um diese Straße in kürzester Zeit auszubauen, und in demselben Sinne äußerte sie sich in einem Schreiben vom 18. März 1899, in dem es u. a. heißt, daß ihr Bemühen darauf gerichtet sei, die für die Herstellung des Straßenkörpers erforderlichen Grundstücke in kurzer Zeit frei zu machen, damit die Stadt die Arbeiten für ihre Rechnung ausführen lasse. Es kam demnächst unter dem 7. Juni 1900 zwischen den Parteien ein schriftlicher Vertrag zustande, inhalts dessen sich die verklagte Stadtgemeinde bereit erklärte, die Münzgasse nach einem beigefügten Lage- und Höhenplan herzustellen und zu diesem Zwecke die näher bezeichneten Arbeiten (Entwässerung, Kanalisierung, Pflasterung usw.) für Rechnung der Klägerin zur Ausführung zu bringen. Der § 4 des Vertrages lautete: „Das in die Erbreiterung der Münzgasse fallende Gelände ist von der D.'er Terraingesellschaft an die Stadt zu den öffentlichen Wegen abzutreten und aufzulassen ..." Die Klägerin legte demnächst das für die Herstellung der Münzgasse nach Maßgabe der Fluchtlinienfestsetzung erforderliche Gelände frei; die Beklagte baute die Straße aus und übergab sie dem Verkehr. Die Klägerin forderte Entschädigung: a) für das zur Verbreiterung der bisherigen Münzgasse hergegebene Terrain; b) für den zum Durchbruch der Münzgasse nach der Poststraße freigelegten Grund und Boden, mit 463 Quadratmetern. Der Anspruch zu a) wurde für begründet erkannt und kommt nicht weiter in Betracht; der Anspruch zu b) wurde von den beiden ersten Instanzen abgewiesen. Die Revision ist zurückgewiesen worden aus den folgenden

Gründen:

Dem Verlangen der Klägerin, für das von ihr zum Durchbruch der Münzgasse nach der Poststraße freigelegte und zur Straße bestimmte Gelände nach Maßgabe des § 13 des Fluchtliniengesetzes vom 2. Juli 1875 entschädigt zu werden, begegnet die Beklagte mit dem Einwand, daß die Klägerin als Unternehmerin auf Grund des § 15 des erwähnten Gesetzes und des danach erlassenen Ortsstatutes selbst die Kosten der Freilegung der Straße, also insbesondere des Grunderwerbes, zu tragen und daher Schadensersatz nicht zu fordern habe. Daß der § 4 des zwischen den Parteien geschlossenen Vertrages vom 7. Juni 1900 die Entschädigungsfrage nicht erledigt, ist außer Streit. Nur die Verpflichtung der Klägerin zur Hergabe des für die geplante Straßenanlage erforderlichen Geländes hat festgestellt, jene Frage aber offen gelassen werden sollen. Der § 4 spricht zwar nur von dem zur Erbreiterung der Münzgasse erforderlichen Terrain; es ist aber nach dem sonstigen Inhalt des Vertrages darüber kein Zweifel, daß der Ausdruck „Erbreiterung" auch den Durchbruch der Steinschegasse und der Poststraße in sich schließt; aus der näheren Bestimmung der vertragsmäßig auszuführenden Arbeiten (vgl. namentlich § 1 Nr. 1) ergibt sich, daß es sich um die ganze Strecke von der Beekstraße bis zur Poststraße handelt. Ob die Klägerin für das abzutretende Gelände von der Beklagten Ersatz fordern kann, ist hiernach nicht aus dem Vertrag, sondern aus den Normen des Fluchtliniengesetzes und des dazu erlassenen Ortsstatuts zu entnehmen. Die §§ 12, 13 des Ortsstatuts schreiben vor, daß, wenn „ein Unternehmer oder die Adjazenten einer im Bebauungsplan festgestellten Straße oder eines Teiles einer solchen deren Anlegung auf ihre Kosten bewirken wollen", sie die Genehmigung der Stadtvertretung nachzusuchen haben, und daß die erteilte Genehmigung die Antragsteller zur Herstellung der Straße nach Maßgabe der Genehmigung verpflichtet. Ob aus dieser ortsstatutarischen Bestimmung und der demgemäß erteilten Genehmigung ein im Rechtswege verfolgbarer Anspruch der Stadtgemeinde auf Herstellung der Straße gegen den sich weigernden Unternehmer entspringt, kann dahingestellt bleiben.

Vgl. Urt. d. V. Zivilsenats v. 22. September 1888, Entsch. des RGs. in Zivils. Bd. 22 S. 285, andrerseits Friedrichs, Fluchtliniengesetz 4. Aufl. S. 243 ff.

Soviel ist sicher und wird auch von der Revision nicht in Abrede genommen, daß, wenn ein Unternehmer die Straße wirklich angelegt und die Stadt sie übernommen und dem Verkehr übergeben hat, von einer Pflicht der Stadt zur Entschädigung keine Rede sein kann. Der Unternehmer hat das Straßenland weder auf Verlangen der Gemeinde abgetreten (§ 13 Ziff. 1 des Fluchtliniengesetzes), noch im Sinne des § 13 Ziff. 2 für die von der Gemeinde zu erbauende Straße freigelegt, sondern sich selber im eigenen Interesse für die Straßenanlage bereit gestellt, so daß nunmehr jedenfalls das Ortsstatut durchgreift, wonach die Gemeinde einem Unternehmer die Kosten des für eine öffentliche Straße übereigneten Geländes nicht zu erstatten hat. Die Revision erhebt denn auch nur nach einer anderen Richtung den doppelten Angriff, daß der Berufungsrichter einmal zu Unrecht eine Straßenanlage im Sinne des § 15 des Gesetzes und der §§ 12 ff. des Ortsstatutes als vorliegend angesehen, und daß er ferner den Begriff des Unternehmers verkannt habe. Beide Rügen sind nicht begründet.

Das Gesetz gewährt dafür keinen Anhalt, daß der § 15 nur auf unbebaute Straßenterrains, das sog. Stadterweiterungsgebiet, Anwendung finde. Die ortsstatutarische Festsetzung der Unternehmerpflichten ist zugelassen „bei der Anlegung einer neuen oder bei der Verlängerung einer schon bestehenden Straße, wenn solche zur Bebauung bestimmt ist". Es kommt also nur darauf an, ob eine neue Straße angelegt oder — was dem rechtlich gleich steht — eine vorhandene Straße verlängert, d. h. ob aus einem Gelände, das bisher kein für den Verkehr und für den Anbau bestimmter Weg innerhalb einer Ortschaft war, ein solcher Weg gemacht wird. Daß dieses Gelände mit Gebäuden besetzt war, ist ohne Belang. Es kann dies für die lediglich im Verwaltungswege zu erörternde Frage der Fluchtlinienfestsetzung von Bedeutung sein. Sind die Fluchtlinien aber einmal festgesetzt, so bietet das Gesetz keine Handhabe für eine Unterscheidung zwischen Straßen, deren Fluchtlinien vorhandene Gebäude treffen, und solchen, bei denen es nicht der Fall ist. Entscheidend ist immer nur, ob es sich um eine Verwandlung von — bebautem oder unbebautem — Terrain in einen dem straßenmäßigen Verkehr dienenden Weg handelt. Ist hierzu die Beseitigung von Gebäuden erforderlich, so hat der Unternehmer auch diese auf seine Kosten zu bewirken. Im vorliegenden Falle konnte der Berufungsrichter ohne Rechtsirrtum annehmen, daß der Durchbruch der Münzgasse die Anlegung einer neuen Straße darstelle; auf dem jetzt als Straße ausgebauten Grund und Boden war vorher keine Straße; er war mit Gebäuden besetzt; es ist also eine neue Straße entstanden, gleichviel ob man ihr einen besonderen Namen gibt oder sie verlängerte Münzgasse nennt. Auch das ist gleichgültig, daß die für die Zwecke der neuen Anlage abgebrochenen Gebäude an der Steinschegasse bzw. Poststraße lagen; ihr Abbruch erfolgte für die neue Straße, nicht für eine Veränderung der längst vorhandenen Steinschegasse und Poststraße. Demgemäß kommt nur noch in Frage, ob dem Berufungsrichter daraus ein Vorwurf zu machen ist, daß er die Klägerin als Unternehmerin behandelt hat. Auch diese Frage ist zu verneinen. Gesetz und Ortsstatut geben keine Bestimmung des Unternehmerbegriffs. Immerhin deutet letzteres darauf hin, daß man — entsprechend dem Sprachgebrauch — beim Unternehmer an denjenigen zu denken hat, auf dessen Entschließung die neue Straßenanlage zurückzuführen ist, und für dessen Rechnung sie erfolgt, welchen also das wirtschaftliche Ergebnis des Werkes nach der Seite des Gewinnes und des Verlustes trifft. Von diesem Gesichtspunkte aus ist die Annahme des Berufungsrichters, daß die Klägerin Unternehmerin der neuen Straßenanlage sei, nicht zu beanstanden. Es ist der Revision zuzugeben, daß die Fluchtlinienfestsetzung den Beginn der Anlegung der neuen Straße bezeichnet. Damit ist aber nicht gesagt, daß die Gemeinde selbst auch den wirklichen Ausbau in die Hand nehmen werde, und es ist insbesondere der Zeitpunkt des Ausbaues noch völlig ungewiß. Die Fluchtlinienfestsetzung eröffnet lediglich die Möglichkeit, daß entweder die Gemeinde die Straße herstellt, oder einem mit dem entsprechenden Erbieten an sie herantretenden Unternehmer die Erlaubnis zur Herstellung auf seine Kosten erteilt.

Vgl. Entsch. des Preuß. Oberverwaltungsgerichts Bd. 41 S. 134.

Das letztere ist, wie der Berufungsrichter auf Grund des Vertrages vom 7. Juni 1900 und der ihm vorangegangenen Verhandlungen ohne rechtlichen Verstoß feststellt, im vorliegenden Falle geschehen. Mag vielleicht ursprünglich die Beklagte selbst den Ausbau der Straße beabsichtigt und auch einem gewissen H. den Bau eines Eckhauses an der Poststraße und der verlängerten Münzgasse innerhalb der Fluchtlinie von 1898 gestattet haben, so ist doch nach der schließlichen und maßgebenden Gestaltung der Dinge diese Absicht nicht verwirklicht worden. Die Klägerin ist es gewesen, die erklärt hat, daß sie die an die projektierte Straße angrenzenden Grundstücke erworben habe, um diese Straße in kürzester Zeit auszubauen; auf ihr Ersuchen ist die Fluchtlinienfestsetzung wieder geändert worden. Sie spricht in dem Schreiben vom 18. März 1899 von ihrer Absicht, das Unternehmen in möglichster Eile zu betreiben, und von ihrem Bemühen, die zur Herstellung des Straßenkörpers erforderlichen Grundstücke in kurzer Zeit frei zu machen, damit die Stadt diese Arbeiten (d. i. die Herstellungsarbeiten) für ihre Rechnung ausführen lasse. Demnächst ist der Vertrag geschlossen. Die Klägerin hat hiernach nicht bloß, wie die Revision meint, die an die neue Straße grenzenden Grundstücke neu bebauen, sondern die Straße selbst herstellen wollen, damit sie bauen und den durch die Anlage der Straße erhofften Gewinn ziehen könne. Daß die Ausführung der Arbeiten von der Stadt übernommen worden ist, beseitigt nicht den Unternehmerbegriff, weil die Übernahme nicht für eigene, sondern für Rechnung der Klägerin geschehen ist.

Vgl. Entsch. des Preuß. Oberverwaltungsgerichts Bd. 26 S. 77.

Damit ist unzweideutig ausgedrückt, daß die Straßenanlage eine Angelegenheit der Klägerin, nicht der Beklagten, war, und daß diese, indem sie die Straße ausbaute, das Unternehmen der ersteren förderte, nicht aber kraft eigener Entschließung den neuen Verkehrsweg zum demnächstigen Anbau eröffnete. Die Revision legt darauf Gewicht, daß im Vertrage nicht zwischen der erbreiterten und der verlängerten Münzgasse unterschieden werde, und daß, weil die Klägerin in Ansehung jener nicht Unternehmerin im Sinne des § 15 des Gesetzes sei, sie als solche auch nicht für diese gelten könne. Der Schluß trifft nicht zu. Das Unternehmen bezieht sich auf die Erbreiterung und Verlängerung der Münzgasse als Ganzes; aber die Folgen in Beziehung auf die Entschädigungspflicht sind in Ermangelung besonderer Abreden für beide Teile der Münzgasse verschieden. Nur zur Anlage einer neuen Straße hat der Unternehmer das erforderliche Gelände auf seine Kosten freizulegen; im übrigen entscheidet der § 13 a. a. O. . . .

**RGZ. 56, 4**

**Preuß. Fluchtlinienrecht. — Rechtsnatur der Verträge von Gemeinden mit Bauinteressenten über den Dispens von dem ortsstatutarischen Anbauverbot gemäß § 12 FluchtlG. an unfertigen Straßen. Privatrechtliche Vertragsfreiheit der Gemeinden.**

*Alter Leitsatz:*

*Ist die Gemeinde, die nach § 12 des preußischen Fluchtliniengesetzes vom 2. Juli 1875 ein Ortsstatut erläßt, verpflichtet, die Ausnahmen von dem Bauverbote lediglich von den statutarisch von vornherein, wenigstens in ihren Umrissen, genau zu bestimmenden Bedingungen abhängig zu machen, und steht es ihr nicht frei, beliebige, auch im Statute nicht vorgesehene Vereinbarungen über die Errichtung von Bauten an projektierten Straßen mit dem Anlieger zu treffen?*

VII. Zivilsenat. Urt. v. 10. November 1903 i. S. P. (Bekl.) w. Stadt F. (Kl.). Rep. VII. 265/03.

I. Landgericht Frankfurt a. M. II. Oberlandesgericht daselbst.

Die Polizeiverordnung vom 13. August 1880 setzt für die Stadt F. die Bedingungen im einzelnen fest, unter denen eine Straße in baupolizeilicher Hinsicht als fertiggestellt gelten soll. Gemäß § 12 des Fluchtliniengesetzes vom 2. Juli 1875 war bereits unter dem 23. Mai 1876 ein von Aufsichtswegen bestätigtes Ortsstatut für die Stadt F. erlassen, nach dessen Art. 3 an den in die Bebauungspläne aufgenommenen Straßen und Straßenteilen Wohngebäude mit einem Ausgange nach diesen Straßen nur errichtet werden dürfen, wenn letztere den baupolizeilichen Bestimmungen gemäß fertiggestellt sind. Der Art. 4 lautet: „Ausnahmen in Einzelfällen können mit Rücksicht auf die Bestimmung, örtliche Lage oder sonstige Verhältnisse der beabsichtigten Bauten von dem Magistrat im Einvernehmen mit der Stadtverordnetenversammlung gestattet werden." Der Beklagte grenzte mit seinem im Grundbuche des 16. Bezirks der Stadt F. Bd. 3 Bl. 157 verzeichneten Grundstück, auf dem sich ein Fabrikgebäude mit Wohnhaus befand, an die M.er Landstraße und W.straße (jetzt H.straße). Beide Straßen waren noch nicht völlig fertiggestellt im Sinne der Polizeiverordnung vom 13. August 1880. Der Beklagte beabsichtigte im Jahre 1893 die Errichtung eines Portier-Wohnhauses neben dem Fabikgebäude. Der Magistrat der Stadt F. genehmigte den Bau unter einer Reihe von Bedingungen, die in dem Reverse vom 17. Mai 1893 enthalten waren. Sie bezogen sich auf die Abtretung von Land für die M.er Landstraße, auf die Zahlung bzw. Sicherstellung von Straßen-Herstellungs- und -Unterhaltungskosten und auf die Errichtung von näher bezeichneten geschlossenen und dauernd geschlossen zu haltenden Einfriedigungen nach der W.- (H.-) Straße. Ferner schloß der Beklagte wegen eines Anbaues an sein Fabrik- und Wohngebäude mit der Klägerin unter dem 6./7. August 1896 einen Vertrag, nach welchem ihm unter Bezugnahme auf den Art. 4 des Ortsstatutes vom 28. April 1876 der Anbau gegen Übernahme einer Reihe von Verpflichtungen gestattet wurde. Insbesondere wurde ihm in § 8 des Vertrages untersagt, ohne Erlaubnis der Klägerin andere Grundstücke oder Grundstücksteile mit dem Baugrundstücke wirtschaftlich zu vereinigen und in der näher bezeichneten Straßenfront nach der W.straße Türen oder Ausgänge anzulegen. Der Beklagte führte die Bauten aus. Sie entsprachen, wie in zweiter Instanz nicht mehr bestritten war, dem Reverse bzw. dem Vertrage insofern nicht, als nicht überall den Abmachungen entsprechende geschlossene Einfriedigungen vorhanden waren, und als die Einfriedigung nach der M.er Landstraße zu über die vorgeschriebene Linie hinaus in ein anderes Grundstück des Beklagten verlegt war. Die Klägerin klagte infolgedessen auf Herstellung des vertragsmäßigen Zustandes; der Beklagte aber begehrte Abweisung der Klage und erhob Widerklage auf Feststellung des Nichtbestehens der ihm angesonnenen Verpflichtung. Das Landgericht erkannte nach dem Klageantrag mit der Maßgabe, daß die Einfriedigung nach der H.straße bis zu deren Fertigstellung im Sinne der Polizeiverordnung vom 13. August 1880 geschlossen zu halten sei; die Widerklage wurde abgewiesen. Das Oberlandesgericht wies die Berufung des Beklagten zurück. Auch seine Revision ist zurückgewiesen, aus folgenden

Gründen:

1. Die klagende Stadtgemeinde fordert vom Beklagten die Erfüllung der von ihm vertragsmäßig — durch die Urkunden vom 17. Mai 1893 und 6./7. August 1896 — übernommenen Verpflichtungen, soweit sie sich auf die Art der Errichtung der in den Urkunden näher bezeichneten Baulichkeiten beziehen. Hierbei handelt es sich nicht um die Übernahme öffentlich-rechtlicher Verpflichtungen oder um die Heranziehung zu solchen, sondern um Abmachungen lediglich privatrechtlicher Natur, die zwischen den Gemeindeorganen (nicht der Baupolizeibehörde) und dem Beklagten getroffen worden sind. Sie regeln die Beziehungen des Beklagten als Anliegers an sog. projektierten Straßen zu der Stadt, die bei der Ausführung solcher Straßen und dem Anbau an ihnen erheblich beteiligt ist, und schränken die dem Beklagten grundsätzlich zustehende Befugnis, sein Grundeigentum mit Gebäuden zu besetzen, zugunsten der Klägerin in bestimmter Richtung ein. Der Anlaß zu diesen Abmachungen liegt freilich im öffentlichen Rechte, nämlich in dem Ortsstatute vom 23. Mai 1876, welches die Stadt F. in Ausübung des ihr durch § 12 des Fluchtliniengesetzes verliehenen Hoheitsrechtes beschlossen hat. Das in Art. 3 des Statutes ausgesprochene Bauverbot und dessen Einschränkung in Art. 4 bedingte für den Beklagten als Eigentümer bebauungsfähiger, an projektierten Straßen belegener Grundstücke, die er bestimmungsgemäß auszunutzen beabsichtigte, die Anbahnung von Verhandlungen mit der Stadt. Ihr Abschluß ist indessen kein Akt des öffentlichen Rechtes, sondern ein den Normen des bürgerlichen Rechtes unterliegender Vertrag, eine auf dem freien Willen beider Teile beruhende Übereinkunft, mittels deren sie Leistung und Gegenleistung dergestalt gegeneinander ausgetauscht haben, daß die Stadtgemeinde den beabsichtigten Anbau an die noch nicht fertiggestellten Straßen genehmigt, der Beklage dagegen die in den Urkunden näher aufgeführten Verbindlichkeiten übernommen hat. Daß derartige Abmachungen sich nicht auf öffentlich-rechtlichem, sondern auf zivilrechtlichem Gebiete bewegen, ist auch allgemein anerkannt.

Vgl. Friedrichs, Kommentar zum Fluchliniengesetz 4. Aufl. Anm. 8 zu § 12 S. 127....

Der Berufungsrichter hat die gegen den Rechtsbestand der Abmachungen aus § 12 des Fluchtliniengesetzes entnommene Einwendung des Beklagten verworfen. Dagegen richtet sich der Hauptangriff der Revision. Es wird geltend gemacht, daß nicht, wie mißverständlich vom Berufungsrichter angenommen werde, die Ungültigkeit des Art. 4 des Ortsstatutes habe behauptet werden sollen; der Sinn der vorinstanzlichen Ausführungen sei der gewesen, daß die Stadt durch das Fluchtliniengesetz, also kraft öffentlichen Rechtes, gezwungen werde, durch das Ortsstatut die Ausnahmen von dem Bauverbote des Art. 3 und mithin die Bewilligung des Anbaues allein von den in dem Ortstatute von vornherein, wenigstens in ihren Umrissen, genau zu bestimmenden Bedingungen abhängig zu machen, und daß es ihr daher nicht gestattet sei, beliebige, im Statute nicht vorgesehene Vereinbarungen in betreff der Bauten an projektierten Straßen zu treffen. Es soll also gegenüber den Verträgen, deren privatrechtliche Natur im übrigen anscheinend von der Revision nicht verkannt wird, geltend gemacht werden, daß sie gegen das öffentliche Recht verstießen und deshalb unverbindlich seien. Der Angriff ist nicht begründet. Es kann zunächst nicht anerkannt werden, daß das Fluchtliniengesetz den Gemeinden die Verpflichtung auferlegt, in dem nach § 12 Abs. 2 zu erlassenden Ortsstatute die Bedingungen oder Grundsätze festzustellen, unter denen sie Ausnahmen von dem Bauverbote zulassen. Weder aus dem Wortlaute noch aus der Entstehungsgeschichte des Gesetzes geht hervor, daß die privatrechtliche Bewegungsfreiheit der Gemeinden irgendwie hat eingeschränkt werden sollen. Der § 12 Abs. 1 gestattet den Gemeinden den Erlaß eines Ortsstatutes, nach welchem der Anbau von Wohngebäuden an projektierten, d. h. für den öffentlichen Verkehr und den Anbau noch nicht gemäß den polizeilichen Bestimmungen fertiggestellten Straßen mit einem Ausgange nach diesen unzulässig ist. Nach Abs. 2 hat das Ortsstatut die näheren Bestimmungen innerhalb der Grenzen vorstehender Vorschrift festzusetzen. Das Bauverbot darf also nicht auf fertiggestellte Straßen, auf andere Gebäude als Wohngebäude, auf Wohngebäude ohne Ausgang auf die Straße ausgedehnt werden. Im übrigen haben die Gemeinden freie Hand in der Ausgestaltung des Bauverbots, insbesondere hinsichtlich der Straßen und Gebäude, für welche es gelten soll, auch hinsichtlich der Einschränkungen und Ausnahmen, die gemacht werden sollen. In letzterem Punkte ist es den Gemeinden unverwehrt, die Bedingungen im Statute zu bezeichnen, unter denen sie von der Anwendung des Bauverbotes absehen wollen, entweder so, daß sie nur berechtigt, oder so, daß sie auch verpflichtet sind, die Bauerlaubnis bei Erfüllung der gesetzten Bedingungen zu erteilen. Eine nähere Bestimmung ist es aber auch, wenn die Baulustigen auf den Weg der Verhandlungen mit der Gemeinde verwiesen werden, und diese sich vorbehält, Dispense nach ihrem Ermessen, namentlich nach vertragsmäßiger Übernahme von ihr im einzelnen nach Lage des Falles zu formulierender Verpflichtungen, zu erteilen. Aus der Entstehungsgeschichte des Gesetzes (mitgeteilt von Reinarz im Preußischen Verwaltungsblatt Jahrg. 18 S. 393 ff. — dessen sonstige Ausführungen erheblichen Bedenken unterliegen; vgl. gegen ihn die Aufsätze von Anschütz u. Löhlein a. a. O. 19 S. 277, 305) ist eine abweichende Meinung des Gesetzgebers nicht zu entnehmen. Der § 12 beruht auf einem Beschlusse der Kommission des Abgeordnetenhauses. Der Abgeordnete Zelle wünschte entgegen dem Regierungskommissar die Worte „nähere Bestimmungen" beizubehalten, indem er ausführte, daß im Ortsstatute auch die Anlegung ganz neuer Straßen in Betracht gezogen werden könne. Daraus ist ebensowenig etwas zugunsten der Revision zu folgern, wie aus dem Kommissionsbericht, wo es nur heißt, daß im § 12 von einem Ortsstatute die Rede sei, d. h. von der Befugnis der Gemeinden, die ohne das Verbot nicht auszukommen vermeinen, dasselbe zu erlassen; daß den Einwohnern durch solche Maßnahmen der Gemeindebehörde nicht zu nahe getreten werde, dafür bürgten zur Genüge die Vorschriften der Al. 2 und 3 (die von der Bestätigung und Bekanntmachung des Statutes handeln). Es ist also davon keine Rede gewesen, daß die Gemeinden sich selbst statutarisch an Bedingungen binden müßten, unter denen sie vom Bauverbote dispensieren könnten, sofern sie dieses nicht unbedingt erlassen wollten. Der § 12 ist demnächst im Plenum widerspruchslos angenommen. Die Praxis hat bisher niemals die Gültigkeit solcher allgemeinen Vorbehalte, wie sie in dem Statute der Klägerin sich finden, bezweifelt.

> Vgl. Friedrichs a. a. O. S. 126, 127 und das dort S. 263 abgedruckte Ortsstatut I für die Stadt Berlin vom 8. Oktober 1875, dessen § 2 fast wörtlich mit dem Art. 4 des F.er Statutes übereinstimmt.

Ein Übergriff der Gemeinden wurde in dem Erlasse des Bauverbotes überhaupt befürchtet und deshalb dessen Bestätigung von Aufsichtswegen vorgeschrieben. Wenn aber den Gemeinden einmal gestattet ist, das Bauen in dem Umfange des § 12 gänzlich zu untersagen, so fehlt es an einem Grunde, sie an der Festsetzung von Ausnahmen nach ihrem Gutdünken zu hindern und sie zur bestimmten Formulierung der Ausnahmen zu zwingen. Es würde dies, worauf auch die Vorinstanzen hinweisen, eine lästige, durch nichts gerechtfertigte Fessel für die Gemeinden sein, die bei Erlaß des Statutes nicht alle

Gestaltungen der Verhältnisse, namentlich auch für die Zukunft, zu übersehen vermögen. Brauchte hiernach die Klägerin den Art. 4 ihres Statutes nicht anders, als geschehen, zu fassen, so ist es auch weiter nicht richtig, daß Vereinbarungen, die außerhalb des Rahmens der durch das Statut besonders zugelassenen Ausnahmen liegen, mit zwingendem Rechte in Widerspruch träten. Die Revision scheint davon auszugehen, daß die Klägerin nach dem Wortlaute dieses Statutes den Dispens vom Bauverbote nur von Bedingungen abhängig machen dürfe, die mit der Bestimmung, der örtlichen Lage oder den sonstigen Verhältnissen der beabsichtigten Bauten zusammenhängen. Abgesehen davon, daß der Mangel eines solchen Zusammenhangs nicht ohne weiteres erkennbar ist, kann auch an der Gültigkeit von Vereinbarungen nicht gezweifelt werden, die im Statute nicht vorgesehen sind. Selbst wenn gemäß dem Statut ein Rechtsanspruch auf Erteilung der Bauerlaubnis nach Erfüllung der dort festgelegten Bedingungen bestände, würde damit doch nicht die privatrechtliche Vertragsfreiheit der Gemeinde und des Baulustigen beseitigt sein. Es steht kein Gesetz entgegen, daß der Grundstückseigentümer unter Verzicht auf seinen Anspruch die Frage der Bauerlaubnis im Wege der Vereinbarung mit der Gemeinde anderweit regele. Eine solche Vereinbarung ist nur nach den Normen des bürgerlichen Rechtes, z. B. wegen Irrtums oder Zwanges, anfechtbar, wovon im vorliegenden Falle nicht die Rede ist....

**RGZ. 62 193**

**Ist der Anspruch auf Feststellung, daß das auf Grund des preußischen Fluchtliniengesetzes geltend gemachte Enteignungsrecht in Ansehung gewisser Grundstücke nicht bestehe, und auf Verurteilung, daß der Gegner sich jeden Eingriffs in das Eigentum an diesen Grundstücken enthalte, im Rechtswege verfolgbar?**

VII. Zivilsenat. Urt. v. 22. Dezember 1905 i. S. Sch. u. Gen. (Kl.) w. Stadtgemeinde B. (Bekl.). Rep. VII. 4/05.

I. Landgericht Potsdam. II. Kammergericht Berlin.

Unter dem 8. Juni 1899 wurde von dem Magistrat der Stadt B. ein den sog. Marienberg betreffender Bebauungsplan förmlich festgestellt und offengelegt, dies auch ortsüblich bekanntgemacht. In Ausführung dieses Planes nahm die Beklagte mehrere den Klägern gehörige Parzellen in Anspruch, und es wurde auf ihren Antrag das Entschädigungsfeststellungsverfahren eingeleitet, das durch den am 27. April 1903 zugestellten Beschluß des Bezirksausschusses zu P. seinen Abschluß fand. Die Kläger begehrten im Rechtswege die Erhöhung der ihnen zugebilligten Beträge, machten aber außerdem geltend, daß der Bebauungsplan der Rechtswirksamkeit ermangle, weil er nicht zum Zwecke der Freihaltung des das Denkmal auf dem Marienberg umgebenden Geländes aufgestellt sei; auch sei gegen den § 4 des Fluchtliniengesetzes und das Regulativ vom 28. Mai 1876 verstoßen, und endlich gehöre das Gelände etwa zum vierten Teil zur Domgemeinde B., welche eine Fluchtlinienfestsetzung nicht vorgenommen habe. Die Kläger beantragten deshalb einmal die Erhöhung der ihnen vom Bezirksausschuß gewährten Entschädigung, sodann aber auch die Feststellung, daß die Beklagte nicht berechtigt sei, die näher bezeichneten Flächen ihnen im Wege der Enteignung wegzunehmen, und die Verurteilung der Beklagten, sich jeden Eingriffs in ihr, der Kläger, Eigentum zu enthalten.

Die Beklagte erhob dem letzteren Begehren gegenüber die Einrede der Unzulässigkeit des Rechtsweges, bestritt auch, daß der Bebauungsplan unwirksam sei, und verlangte ihrerseits im Wege der Widerklage die Herabsetzung der Entschädigung. Das Landgericht erkannte dahin, daß die Beklagte nicht berechtigt sei, den Klägern die erwähnten Parzellen im Wege der Enteignung wegzunehmen, und wies im übrigen Klage und Widerklage ab. Das Kammergericht wies dagegen auf die Berufung und die Anschlußberufung der Parteien die Klage, soweit sie auf Aberkennung des Enteignungsrechts der Beklagten gerichtet war, ab und verwies die Sache zur Verhandlung und Entscheidung über die Höhe der Entschädigung an das Gericht erster Instanz zurück. Die Revision ist zurückgewiesen.

Gründe:

Für die Revisionsinstanz kommt nur der Anspruch der Kläger auf Feststellung, daß der Beklagten das Enteignungsrecht in Ansehung der streitigen Parzellen nicht zustehe, und auf Verurteilung zur Unterlassung jeden Eingriffs in ihr Eigentum in Betracht. Dieser Anspruch wird damit begründet, daß das von der Beklagten auf Grund der Fluchtlinienfestsetzung vom Jahre 1899 geltend gemachte Enteignungsrecht nicht bestehe, weil jene Festsetzung unwirksam sei. Es ist also darauf geklagt, daß die Beklagte das Enteignungsverfahren gemäß den §§ 11, 13, 14 des Fluchtliniengesetzes vom 2. Juli 1875 nicht betreiben dürfe. Über einen solchen Anspruch kann im Rechtswege nicht entschieden werden, wie auch das Kammergericht mit einer nicht haltbaren Einschränkung, auf welche noch zurückzukommen ist, angenommen hat. Das Enteignungsrecht der Gemeinden nach Maßgabe des Fluchtliniengesetzes erwächst unmittelbar aus dem Gesetze selbst; der nach § 2 des Enteignungsgesetzes vom 11. Juni 1874 für sonstige Fälle der Entziehung oder Beschränkung von Grundeigentum erforderlichen königlichen Verordnung bedarf es nicht. Die im Enteignungsgesetz als erster Abschnitt des Verfahrens vorgesehene Planfeststellung (§§ 15 flg.) wird für das Gebiet des Fluchtliniengesetzes durch das Verfahren wegen Feststellung der Fluchtlinien ersetzt. Es dient der Ermittlung und Bezeichnung der für die beabsichtigte Anlage benötigten Grundstücke und spielt sich innerhalb der Gemeinde- und Ortspolizeibehörden ab. Den Beteiligten wird Gelegenheit gegeben, ihre Interessen nach der ersten Offenlegung des Planes wahrzunehmen; über etwaige Einwendungen entscheidet der Kreis- bzw. Bezirksausschuß (§§ 7, 8 des Fluchtliniengesetzes). Das Verfahren endet mit der förmlichen Feststellung und Offenlegung des Planes (§ 8 a. a. O.). Die Feststellung der Entschädigung und die Vollziehung der Enteignung erfolgt nach den §§ 24 flg. des Enteignungsgesetzes (§ 14 des Fluchtliniengesetzes). Der Antrag, der unter Umständen im Klagewege erzwungen werden kann, wird von der Gemeinde beim Regierungspräsidenten bzw. beim Polizeipräsidenten in Berlin gestellt, welcher nach Prüfung der gesetzlichen Voraussetzungen des Entschädigungsverfahrens die kommissarische Erörterung und die schließliche Entscheidung über die zu gewährende Entschädigung durch den Bezirksausschuß herbeiführt. Die Grundlage der Entscheidung ist ein gesetzmäßig aufgestellter Fluchtlinienplan; nur die durch einen solchen betroffenen Grundstücke braucht der Eigentümer gegen vollständige Entschädigung abzutreten. Über das Vorhandensein dieser Grundlage haben aber lediglich die Verwaltungsbehörden zu befinden, die erst nach Entscheidung der Vorfrage in bejahendem Sinne in eine Erörterung des Entschädigungspunktes einzutreten haben. Der Rechtsweg ist nur gegen den Entschädigungsfeststellungsbeschluß eröffnet (§ 30 des Enteignungsgesetzes): die Frage, ob das Enteignungsrecht gegeben ist, und ob die für dessen Ausübung getroffenen Bestimmungen, insbesondere rücksichtlich der Planfeststellung oder der Festsetzung der Fluchtlinien, beobachtet sind, ist dem ordentlichen Richter entzogen, wie denn nicht er, sondern der Bezirksausschuß (das Polizeipräsidium) die Enteignung ausspricht (§§ 32, 34 des Enteignungsgesetzes). Die Gerichte haben allein über die Entschädigung (einschließlich einiger Nebenpunkte) unter Zugrundelegung der Zulässigkeit der Enteignung in bezug auf das von der Verwaltungsinstanz bewertete Grundeigentum zu urteilen. Die Fluchtlinienfestsetzung ist für sie die unverrückbare Grundlage des Verfahrens auf Feststellung der Entschädigung und Vollziehung der Enteignung.

Vgl. Entsch. des RGs. in Zivils. Bd. 43 S. 359.

Die Statthaftigkeit der auf dem Fluchtlinienplan beruhenden Enteignung kann in dem gerichtlichen Verfahren nicht wieder zum Gegenstand der Erörterung gemacht werden. Die gegenteilige Annahme würde zu dem unmöglichen Ergebnis führen, daß, wenn in den sog. Dringlichkeitsfällen (§ 34 des Enteignungsgesetzes) die Enteignung vor Erledigung des Rechtsweges vollzogen wird, sie hinterher durch eine die Fluchtlinienfestsetzung für ungültig erklärende Entscheidung des Gerichts wieder rückgängig gemacht werden könnte. Es ist daher ausgeschlossen, daß die von den Klägern gegen die Fluchtlinienfestsetzung vorgebrachten Einwendungen vor dem nur mit der privatrechtlichen Seite der Enteignung befaßten Prozeßrichter irgendwie zum Austrag gebracht werden dürften. Der Berufungsrichter hatte demgemäß auch nicht zu prüfen, ob die Festsetzung der Fluchtlinien für die im Bezirk der Domgemeinde belegenen Grundstücke den gesetzlichen Anforderungen entspreche. Die Bemängelungen der Kläger waren in der Verwaltungsinstanz zu verfolgen. Nachdem diese den Fluchtlinienplan für eine genügende Grundlage des Entschädigungsfeststellungsbeschlusses erachtet hat, kann darüber vor den Gerichten nicht mehr gestritten werden. Dabei ist es unerheblich, ob es sich um wesentliche, das formgerechte Zustandekommen des Fluchtlinienplanes in Frage stellende Mängel handelt. Man kann auch nicht mit der Revision sagen, daß der Rechtsweg deshalb zulässig sei, weil sich der erhobene Anspruch als ein rein privatrechtlicher, auf dem Eigentum beruhender und dessen Schutz gegen Eingriffe der Beklagten bezweckender darstelle; er sei vielleicht, wenn diese Eingriffe kraft öffentlichen Rechts gestattet seien, materiell unbegründet. Wäre der Anspruch in solcher Art zu kennzeichnen, so würde der Standpunkt der Revision zu billigen sein.

Vgl. Entsch. des RGs. in Zivils. Bd. 22 S. 288, Bd. 30 S. 246, Urteile des Reichsgerichts bei G r u c h o t Bd. 37 S. 1075, Bd. 40 S. 400, 630.

Aber es ist nicht richtig, daß das Enteignungsrecht als eine dem öffentlichen Recht angehörende Zwangsbefugnis des Staates oder desjenigen, dem es vom Staate verliehen ist, erst durch eine E i n r e d e der Beklagten in den Prozeß eingeführt ist. Die Klage war unmittelbar auf Aberkennung dieses Rechts und auf Unterlassung der durch Ausübung desselben drohenden Eingriffe gerichtet. Damit war der richterlichen Kognition nicht der vermögensrechtliche Eigentumsanspruch (das Eigentum war gar nicht streitig), sondern lediglich die Befugnis der Beklagten unterbreitet, das Grundeigentum der Kläger nach Maßgabe der Fluchtlinienfestsetzung vom Jahre 1899 für sich verwenden zu dürfen. Dieser Anspruch wird auch nicht dadurch dem Rechtswege zugänglich, daß er, worauf die Revision hinweist, in zweiter Instanz auf die Vorschriften des Bürgerlichen Gesetzbuchs über den Schadensersatz wegen unerlaubter Handlungen gestützt ist. Denn die unerlaubte Handlung wird in der Ausnutzung des angeblich ungültigen Fluchtlinienplanes gefunden; der Beklagten wird die Geltendmachung des Enteignungsrechts zum Vorwurf gemacht und von ihr gefordert, daß sie von dem bereits bis zum Entschädigungsverfahren gediehenen Plan keinen Gebrauch mache, vielmehr das Eigentum der Kläger unangetastet lasse. Über dieses Verlangen ist im Rechtswege nicht zu erkennen. Der Richter darf nicht sagen, daß das Enteignungsrecht nicht bestehe, und daß deshalb die Grundstücke der Kläger diesen zu verbleiben hätten; mithin hat er die Entscheidung abzulehnen.

Vgl. Entsch. des RGs. in Zivils. Bd. 24 S. 38.

Mit den vorstehenden Erwägungen soll nicht gesagt sein, daß die Rechtsgültigkeit eines Fluchtlinienplanes unter keinen Umständen der Nachprüfung durch den ordentlichen Richter unterliege. Es ist sehr wohl denkbar, daß auch diese Frage als Inzidentpunkt Gegenstand der richterlichen Entscheidung wird.

Vgl. das Urteil des II. Zivilsenats des Reichsgerichts vom 3. November 1899, abgedruckt im Preußischen Verwaltungsblatt Bd. 21 S. 209.

Ebenso kann der Verwaltungsrichter in die Lage kommen, über die Wirksamkeit eines Bebauungsplanes zu befinden.

Entsch. des Oberverwaltungsgerichts Bd. 25 S. 387.

Der gegenwärtige Fall ist indessen anders gestaltet, wie sich aus dem Ausgeführten ohne weiteres ergibt. . . .

**RGZ. 63, 1**

**Was ist bei der Enteignung zur Anlegung städtischer Straßen unter der „neuen Anlage" zu verstehen, deren Einfluß auf den Wert des abzutretenden Grundstücks bei der Bemessung der Entschädigung nicht in Anschlag kommen soll?**

Preuß. Enteignungsgesetz vom 11. Juni 1874 § 10 Abs. 2.
Preuß. Fluchtliniengesetz vom 2. Juli 1875 § 11.

VII. Zivilsenat. Urt. v. 27. Februar 1906 i. S. H. u. Gen. (Kl.) w. Stadtgem. M. (Bekl.). Rep. VII. 257/05.

I. Landgericht Münster. II. Oberlandesgericht Hamm.

Die Kläger besaßen im Süden der Stadt M. ein früher von zwei Feldwegen, der Scheibenstraße A (nördlich) und dem Dahlweg (östlich), begrenztes Grundstück. In einem 1896/97 festgestellten Bebauungsplan war die Umwandlung dieser Feldwege in städtische Straßen vorgesehen und sind die Fluchtlinien festgesetzt. Die Scheibenstraße A, jetzige Augustastraße, wurde alsbald in Angriff genommen; die Kläger traten dazu bereits im Jahre 1898 einen Streifen von ihrem Grundstück ab. Im Jahre 1901 wurde sodann der hier fragliche Teil des Dahlwegs als städtische Straße ausgebaut, und hierbei den Klägern ein 123 qm großer Streifen enteignet. Gegen die Entschädigungsfeststellung des Bezirksausschusses beschritten dieselben den Rechtsweg. Streitig war unter anderem die Frage, ob die enteignete Fläche als Bauland oder nur als Gartenland zu entschädigen sei. Das Landgericht entschied die Frage zugunsten, das Oberlandesgericht zuungunsten der Kläger. Das Berufungsurteil wurde aufgehoben.

Aus den Gründen:

...Die Kläger machen geltend, durch die Herstellung der Augustastraße im Jahre 1898 sei ihr ganzes Grundstück an derselben bebaubar geworden; bei der Enteignung vom Jahre 1901/2 sei ihnen also nicht, wie der Bezirksausschuß angenommen, Gartenland (im Werte von 10,50 M.), sondern Bauland (im Werte von 24 M. für das Quadratmeter) entzogen worden. Das Landgericht hat sich diesen Standpunkt der Kläger angeeignet und demgemäß die Entschädigung um 1660,50 M. erhöht. Dabei hat es den Grundsatz des § 10 Abs. 2 des Enteignungsgesetzes, wonach eine Werterhöhung, die das abzutretende Grundstück erst infolge der neuen Anlage erhält, bei der Bemessung der Entschädigung nicht in Anschlag kommt, wohl in Erwägung gezogen. Es erachtet aber diesen Grundsatz auf die durch die Herstellung der Augustastraße entstandene Werterhöhung nicht für anwendbar, weil für das gegenwärtige Verfahren als „neue Anlage" im Sinne des § 10 Abs. 2 des Enteignungsgesetzes nur der Dahlweg, nicht auch die Augustastraße anzusehen sei.

Das Oberlandesgericht hat die Kläger ... mit ihrem Verlangen ... abgewiesen ... Es führt aus, die Auffassung des Landgerichts, daß die Augustastraße und der Dahlweg je für sich als neue Anlage zu gelten hätten, sei zu mißbilligen. Ein Bebauungsplan sei nicht lediglich als Summe einzelner Straßenfluchtpläne anzusehen, sondern als ein organisches Ganzes, zwischen dessen einzelnen Teilen ein innerer Zusammenhang bestehe. Deshalb könnten die durch die Fluchtlinienfestsetzung des Planes bewirkten Wertsteigerungen nur als Wirkungen des Planes in seiner Gesamtheit, nicht als Wirkungen einer einzigen in dem Plane enthaltenen Straßenfluchtlinie in Betracht kommen. Zu dieser Beurteilung nötige auch die Erwägung, daß andernfalls die Eigentümer, deren Grundstücke von mehreren Fluchtlinienfestsetzungen betroffen würden, den Eigentümern anderer Grundstücke gegenüber einen erheblichen Gewinn machen würden. Entgegen der Absicht des Gesetzes, zu verhüten, daß die Enteignung für den Enteigneten zu einer Gewinnquelle werde, würde hierdurch die Spekulation mit Eckgrundstücken zum Nachteile der Stadtgemeinden oder der Unternehmer von Straßenanlagen begünstigt werden. Hiergegen ist zu bemerken, daß das Verlangen der Kläger, daß das enteignete Trennstück als Bauland bewertet werde, allerdings nicht gerechtfertigt ist. Denn als im Jahre 1898 die Augustastraße hergestellt wurde, stand die Fluchtlinie für den später ausgeführten Teil des Dahlwegs bereits fest; und es war demnach das jetzt enteignete Trennstück schon damals gemäß § 11 des Fluchtliniengesetzes vom 2. Juli 1875 mit der öffentlichrechtlichen Last der Unbebaubarkeit über die Fluchtlinie hinaus behaftet. Diese Beschränkung war als rechtliche Folge der Fluchtlinienfestsetzung für den Dahlweg eingetreten, gleichgültig ob die Festsetzung im nämlichen Bebauungsplan, wie diejenige für die Augustastraße, oder ob sie in einem besonderen Verfahren, ob sie gleichzeitig oder früher oder später als die Festsetzung für die Augustastraße erfolgt war. Die Tatsache einer bestehenden Fluchtlinie für den Dahlweg verhinderte mit rechtlicher Notwendigkeit die Umwandlung des Trennstücks in Bauland, gleichgültig ob man die Herstellung des Dahlwegs mit dem Landgericht als eine besondere neue Anlage, oder, wie das Oberlandesgericht, zusammen mit der Augustastraße als eine einzige neue Anlage ansieht. Hiergegen verstößt das landgerichtliche Urteil, und auch dem Berufungsgerichte scheint dieser Gesichtspunkt entgangen zu sein, da es ihn nicht berührt. Dagegen spricht allerdings hohe Wahrscheinlichkeit dafür, daß durch die Herstellung der Augustastraße das gesamte ihr benachbarte Gelände, insbesondere die Grundstücke am unregulierten Dahlweg, eine Werterhöhung im allgemeinen, auch in ihrer Eigenschaft als unbebaubares Gartenland, erfahren haben, und an dieser allgemeinen Wertsteigerung nahm auch das enteignete Trennstück teil. Für die Entscheidung der Frage nun, ob a u c h d i e s e Wertsteigerung außer Ansatz zu bleiben hat, kommt es darauf an, was man bei der allmählichen Ausführung eines mehrere Straßen umfassenden Bebauungsplanes unter der „neuen Anlage" zu verstehen hat, deren werterhöhende Wirkung bei der Festsetzung der einzelnen Enteignungsentschädigungen außer Ansatz bleiben muß. Das Landgericht beantwortet diese Frage durch die Aufstellung des R e c h t s g r u n d s a t z e s: Jede Straße ist für sich ein selbständiges Unternehmen, eine besondere neue Anlage, während das Berufungsgericht den R e c h t s g r u n d s a t z aufstellt: Alle im nämlichen Bebauungsplan vorgesehenen Straßen (und Plätze) bilden ein einheitliches Unternehmen, eine einzige neue Anlage im Sinne des § 10 Abs. 2 des Enteignungsgesetzes vom 11. Juni 1874. In dieser scharfen Zuspitzung kann weder die eine noch die andere Begriffsbestimmung für zutreffend erachtet werden. Zwar ist im § 15 des Fluchtliniengesetzes, woselbst im Abs. 1 von dem „Unternehmer der neuen Anlage", im Abs. 2 von den Kosten der „gesamten Straßenanlage" die Rede ist, unter der neuen Anlage unzweifelhaft nur die einzelne gerade ausgeführte Straße, jede Straße als Anlage für sich, zu verstehen.

Vgl. Entsch. des Oberverwaltungsgerichts vom 21. Februar 1898 Nr. 361, IV; v. Strauß u. Torney, Komm. zum Fluchtliniengesetz 5. Aufl. S. 232.

Allein diese für die Kostenverteilung gegebene Bestimmung kann nicht ohne weiteres auf die Anwendung des § 10 des Enteignungsgesetzes übertragen werden. Wenn mehrere Straßen nach ihrer ganzen Anlage, nach dem Zuge des sich darin entfaltenden Verkehrs und ähnlichen Gesichtspunkten in einem inneren Zusammenhange, einem gegenseitigen Abhängigkeitsverhältnisse zueinander stehen, so können sie sehr wohl als eine Anlage, ihre Herstellung als ein Unternehmen erscheinen. Eine solche Einheit als rechtlich notwendig aber schon deshalb anzunehmen, weil die Straßen im nämlichen Bebauungsplane vorgesehen sind, wie dies das Berufungsgericht tut, das geht zu weit. Was das Berufungsgericht über die Aufstellung größerer Bebauungspläne, über die von den Gemeinden hierbei zu beachtenden Gesichtspunkte, über den organischen Zusammenhang der einzelnen Teile des Planes ausführt, mag in der Regel zutreffen. Allein daraus folgt noch nicht, daß auch die Ausführung des ganzen Planes nur ein einziges und einheitliches Unternehmen ist. Bebauungspläne werden „nach dem voraussichtlichen Bedürfnisse der näheren Zukunft" aufgestellt. Diese kann sehr erhebliche Zeiträume umfassen; zwischen der Ausführung der ersten und der letzten der im Plane vorgesehenen Straßen können Jahrzehnte liegen. Der Plan kann Straßen umfassen, deren alsbaldige Ausführung einem dringenden Verkehrsbedürfnisse entspricht und deshalb von der Gemeinde selbst ins Werk gesetzt wird, und wieder andere, an deren Herstellung hauptsächlich nur die angrenzenden Grundeigentümer interessiert sind, denen deshalb die Bestimmung des Zeitpunktes der Herstellung überlassen werden kann. Die eine Straße kann die vorgängige, gleichzeitige oder alsbaldige Ausführung einer anderen zur notwendigen Voraussetzung oder Folge haben, wenn nicht die Anlage verfehlt sein soll; bei anderen Straßen kann dieser innere Zusammenhang fehlen. Die gebotene Abwägung dieser tatsächlichen Verhältnisse kann nicht durch die Bezugnahme darauf, daß ja die mehreren Straßen in einem Bebauungsplane festgesetzt sind, ersetzt werden. Ein einheitlicher Plan kann sehr wohl eine ganze Reihe selbständiger Unternehmungen umfassen. Dies zeigt sich deutlich an den älteren Bebauungsplänen aus der Zeit vor Erlassung des Fluchtliniengesetzes, insbesondere an den durch königliche Kabinettsorder festgestellten Berliner Bebauungsplänen. Daß auch diese nicht zufällig zusammengewürfelt, sondern nach wohldurchdachten Gesichtspunkten aufgestellt waren, ist zweifellos. Ihre allmähliche Ausführung aber ist noch nie und nirgends als ein einheitliches Unternehmen angesehen worden. Nun waren freilich jene Pläne nicht veröffentlicht. Allein wie die Veröffentlichung sollte bewirken können, daß die allmähliche Ausführung des Planes rechtlich als ein Unternehmen anzusehen wäre, während sie ohne Veröffentlichung in mehrere Unternehmungen zerfiele, ist nicht wohl abzusehen. Richtig ist nur so viel, daß die Ausführung des einzelnen Unternehmens mit der Offenlegung des Planes beginnt, daß demnach auch von diesem Zeitpunkte an die werterhöhenden Wirkungen des Unternehmens, der neuen Anlage, zu beurteilen sind. Von dieser zeitlichen Einheit des einzelnen Unternehmens ist aber die sozusagen räumliche Einheit mehrerer Unternehmungen wohl zu unterscheiden. Diese Erwägungen führen zu der Entscheidung, daß es in jedem einzelnen Falle von den besonderen, nötigenfalls unter Zuziehung von Sachverständigen zu prüfenden Verhältnissen abhängt, ob die Herstellung mehrerer Straßen eine Anlage bildet oder nicht. Von besonderer Bedeutung wird hierbei der zeitliche Zusammenhang der Ausführung sein. Zusammengehörige Straßen werden wohl in der Regel auch gleichzeitig oder unmittelbar nacheinander ausgeführt werden. Bleibt nach Herstellung der einen Straße die andere noch jahrelang zurückgestellt, so scheint dies gegen ein nahes Abhängigkeitsverhältnis zu sprechen. Von diesen, bisher vom Berufungsgericht nicht gewürdigten Gesichtspunkten aus bedarf die Sache nochmaliger Prüfung. Hierbei mag noch bemerkt werden, daß die Befürchtung ungesunder Spekulation besonders mit Eckgrundstücken, die das Berufungsgericht verwertet hat, um die Notwendigkeit seiner Auffassung zu begründen, nicht so schwer ins Gewicht fällt. In der Hauptsache ist der Spekulation, wie oben gezeigt, durch die Festsetzung einer Fluchtlinie der Boden entzogen. Bisher unbebaubare Flächen, die künftig zur Straße fallen sollen, können von da an nicht mehr Baulandseigenschaft erlangen. Wenn aber den Eigentümern die allgemeine Wertsteigerung des unbebaubaren Landes zugute kommt, so ist dies nichts Unberechtigtes. Denn diesem ihrem Vorteile steht der Vorteil der Gemeinde gegenüber, daß es von ihr abhängt, den Zeitpunkt der Enteignung zu bestimmen. Die Auffassung, daß es eine nach den Verhältnissen des jeweiligen Einzelfalles zu beantwortende Tatfrage ist, um die es sich hier handelt, ist auch der bisherigen Rechtsprechung des Reichsgerichts nicht fremd. So hat der V. Zivilsenat in einem Urteil vom 30. März 1887 (Bolze, Praxis des Reichsgerichts Bd. 4 Nr. 976) die tatsächliche Feststellung gebilligt, daß die Verbreiterung der neuen Friedrichstraße und die Anlegung der Kaiser-Wilhelm-Straße in Berlin Teile derselben neuen Anlage seien. Freilich ist beizufügen, einmal, daß jene Unternehmungen gleichzeitig ausgeführt wurden, sodann, daß derselbe Senat in einem Urteil vom 19. Oktober 1889 (Bolze, a. a. O. Bd. 9 Nr. 568) auch die gegenteilige Annahme bezüglich der nämlichen Straßen gebilligt hat....

**RGZ. 63, 105**

**Alter Leitsatz (geänderte Fassung):**

**Zum Begriff der Polizeiverfügung. Rechtlicher Charakter von Bedingungen in polizeilichen Bauerlaubnisscheinen, durch welche die Zulassung des Baues an einer noch nicht fertiggestellten Straße von der Einzahlung einer Geldsumme bei der Stadtkasse abhängig gemacht wird, die demnächst auf die ortsstatutarischen bzw. Kanalbaubeiträge angerechnet werden soll. Zulässigkeit des Rechtsweges für den Anspruch auf Rückerstattung der Summe.**

Preuß. Baufluchtliniengesetz vom 2. Juli 1875 § 12.
G.V.G. § 13.

VII. Zivilsenat. Urt. v. 27. März 1906 i. S. Stadtgem. D. (Bekl.) w. Z. (Kl.). Rep. VII. 335/05.

I. Landgericht Düsseldorf. II. Oberlandesgericht Köln.

Der Kläger suchte im Frühjahr 1903 bei der Polizeiverwaltung in D. um die Erteilung der Bauerlaubnis für einen Bau nach, der auf einem an der Oststraße und der Steinstraße daselbst liegenden Grundstück errichtet werden sollte. Durch Verfügung der Polizeiverwaltung vom 11. April 1903 wurde die Erlaubnis erteilt, jedoch u. a. an die Bedingung geknüpft, „daß der vom Gemeindevorstand gestellten Anforderung gemäß vor Beginn der Bauarbeiten bei der Stadtkasse die Einzahlung eines Betrags von 17 150 M erfolgt, den der Gemeindevorstand demnächst auf die zu entrichtenden ortsstatutarischen bzw. Kanalbaubeiträge in Anrechnung bringen wird". Nach Einzahlung des erwähnten Betrags beantragte der Kläger die Verurteilung der verklagten Stadtgemeinde zur Rückzahlung von 1800,96 M mit der Behauptung, er habe die Zahlung in dem Irrtum geleistet, der Betrag von 17 150 M sei für die an der Steinstraße gelegenen Hausfronten eingefordert; es seien in ihm aber Beträge von 1316,96 und 484 M für die an der Oststraße gelegene Front enthalten; die Einforderung dieser Beträge sei unzulässig, weil die Oststraße eine historische Straße darstelle. Die Beklagte erhob die Einrede der Unzulässigkeit des Rechtsweges mit der Ausführung, daß die Verfügung der Polizeibehörde nur durch Beschwerde im Aufsichtswege oder durch Klage im Verwaltungsstreitverfahren anzufechten sei. Der erste Richter verwarf diese Einrede nach Beschränkung der Verhandlung auf dieselbe durch Zwischenurteil. Die Berufung der Beklagten blieb erfolglos. Auf ihre Revision ist die Klage wegen Unzulässigkeit des Rechtsweges abgewiesen, aus folgenden

Gründen:

„Das Ortsstatut der Stadt D. vom 5. April 1898 bestimmt im § 10: „An Straßen oder Straßenteilen, die noch nicht in Gemäßheit der baupolizeilichen Bestimmungen für den öffentlichen Verkehr und den Anbau fertiggestellt sind, dürfen Wohngebäude, die nach diesen Straßen einen Ausgang haben, nur unter den vom Gemeindevorstand im Einverständnis mit der Ortspolizeibehörde mit Rücksicht auf das öffentliche bzw. das Gemeindeinteresse vorzuschreibenden Bedingungen gestattet werden."

Der Berufungsrichter führt zunächst aus, die in dem Bauerlaubnisschein vom 11. April 1903 enthaltene Anordnung bezüglich der Einzahlung des Betrags von 17 150 M sei gemäß § 12 des Fluchtliniengesetzes vom 2. Juli 1875 und dem auf diesem beruhenden § 10 des Ortsstatuts der Stadt D. vom 5. April 1898 erlassen. Der Kläger habe Zahlung geleistet, um eine von dem Gemeindevorstand im Einverständnisse mit der Ortspolizeibehörde mit Rücksicht auf das öffentliche, bzw. Gemeindeinteresse vorgeschriebene Bedingung zu erfüllen, unter der er die Bauerlaubnis für den Neubau an einer Straße erhalten habe, die noch nicht in Gemäßheit der baupolizeilichen Bestimmungen für den öffentlichen Verkehr und den Anbau fertiggestellt gewesen sei.

Er verneint sodann den polizeilichen Charakter des Bauerlaubnisscheines in bezug auf die erwähnte Anordnung mit folgenden Ausführungen. Eine polizeiliche Verfügung liege nur dann vor, wenn die Polizeibehörde eine in ihrer Zuständigkeit als Inhaberin der Polizeigewalt begründete Maßnahme in Ausübung ihrer eigenen Rechte erlassen habe, nicht hingegen, wenn die Polizeibehörde, von eigener sachlicher Prüfung und Entscheidung absehend, lediglich Anordnungen anderer Behörden zur Ausführung bringe. Wenn die verklagte Gemeinde nun auch, wie sie ausführe, den Weg, die Bedingungen der in Rede stehenden Art durch Polizeiverfügung zu stellen, allgemein gewählt habe, um die Zuständigkeit der ordentlichen Gerichte für Rückforderungsansprüche auszuschließen, so sei doch anzunehmen, daß die Polizeiverwaltung nur die Maßnahmen habe treffen wollen, die das Gesetz und das dieses ergänzende Ortsstatut gestatte. Nach § 10 des Ortsstatuts habe der Gemeindevorstand sich zwar hinsichtlich der zu stellenden Bedingungen mit der Ortspolizeibehörde ins Einverständnis zu setzen, aber nicht die Polizeibehörde, sondern der Gemeindevorstand habe dem Unternehmer die Bedingungen vorzuschreiben, unter denen die Bauerlaubnis erteilt werde. Selbst wenn daher der Wortlaut des Bauerlaubnisscheines zu der Annahme führe, daß die Polizeiverwaltung ihrerseits eine Bedingung gestellt habe, so wäre damit die Polizeibehörde doch lediglich für den Gemeindevorstand, nicht in Ausübung eigenen Rechts, tätig geworden. Dann liege soweit keine polizeiliche Verfügung vor, wie die in Rede stehende Bedingung reiche. Die Anforderung zur Zahlung sei vielmehr ein mittels der Polizeibehörde von dem Gemeindevorstand abgegebenes Vertragsangebot. Dies habe der Kläger durch seine Zahlung angenommen, wohingegen die Beklagte auf ihr Recht, die Bauerlaubnis zu verweigern, verzichtet habe. Dieser Vertrag, der sich auf zivilrechtlichem Gebiet bewege, sei der Rechtsgrund der Zahlung.

Diese Ausführungen konnten nicht gebilligt werden.

Der in nicht bemängelter Abschrift vorgelegte Bauerlaubnisschein vom 11. April 1903 stellt sich schon in seiner äußeren Form als eine Verfügung der Polizeiverwaltung dar und läßt klar erkennen, daß die Polizeibehörde die Bedingung der Einzahlung des Betrags von 17 150 M, von welcher die Bauerlaubnis abhängig gemacht ist, in Ausübung eigener Befugnis gestellt hat, wenn sie hierbei auch einer Anforderung des Gemeindevorstandes gefolgt ist. Die Gründe, aus denen die Vorinstanz diesem Teile des Erlaubnisscheines den polizeilichen Charakter abspricht, sind unzutreffend. Nach § 12 Abs. 1 des Straßen- und Baufluchtliniengesetzes vom 2. Juli 1875 kann durch Ortsstatut festgestellt werden, daß an Straßen oder Straßenteilen, welche noch nicht gemäß den baupolizeilichen Bestimmungen des Orts für den öffentlichen Verkehr und den Anbau fertiggestellt sind, Wohngebäude, die nach diesen Straßen einen Ausgang haben, nicht errichtet werden dürfen. Die in Rede stehende Bedingung der dem Kläger erteilten Bauerlaubnis ist, wie auch der Berufungsrichter annimmt, auf Grund dieser Gesetzesvorschrift und des offensichtlich auf derselben beruhenden § 10 des Ortsstatuts vom 5. April 1898 gestellt worden. Die auf Grund des § 12 des Straßen- und Baufluchtliniengesetzes erlassenen ortsstatutarischen Bestimmungen bilden aber einen Bestandteil des für die Gemeinde geltenden öffentlichen Baurechts und sind, ebenso wie die baupolizeilichen Bestimmungen im engeren Sinne, von der Polizeibehörde bei der Entscheidung auf die ihr vorgelegten Baugesuche zu beachten. Vgl. Entsch. des preuß. Oberverwaltungsgerichts Bd. 34 S. 412. Demnach ist aber davon auszugehen, daß die Polizeibehörde, indem sie die Bedingung der Einzahlung des erwähnten Betrags stellte, in Wahrnehmung eigener Berechtigung und Verpflichtung handelte. Hieran kann der Umstand, daß jene Bedingung im finanziellen Interesse der Gemeinde gestellt war, nichts ändern. Müssen die Gründe für die Versagung von Baugenehmigungen auch sonst im allgemeinen immer polizeiliche sein, so kann sich doch gerade bei Bauten, bei denen die Bauverbotsbefugnis der Gemeinde gemäß § 12 des Straßen- und Baufluchtliniengesetzes in Betracht kommt, aus den auf Grund dieser Vorschrift erlassenen ortsstatutarischen Bestimmungen ergeben, daß die polizeiliche Genehmigung an die Erfüllung von Bedingungen zu knüpfen ist, die nicht dem polizeilichen Gebiet angehören. Vgl. Entsch. des preuß. Oberverwaltungsgerichts Bd. 33 S. 421. In dem § 10 des Ortsstatuts der Stadt D. vom 5. April 1898 ist bestimmt, daß an noch nicht fertiggestellten Straßen Wohngebäude, die nach diesen Straßen einen Ausgang haben, nur unter den vom Gemeindevorstand im Einverständnis mit der Ortspolizeibehörde mit Rücksicht auf das öffentliche bzw. das Gemeindeinteresse vorzuschreibenden Bedingungen gestattet werden. Da der Gemeindevorstand seine Einwilligung in die Errichtung des vom Kläger geplanten Neubaues von der erwähnten Einzahlung abhängig machte, lag es der Polizeibehörde ob, die polizeiliche Bauerlaubnis an die entsprechende Bedingung zu knüpfen, sofern sie es nicht vorzog — was nicht der Fall war —, es dem Kläger zu überlassen, vorab eine bezügliche Vereinbarung mit der Gemeinde zu treffen und den Nachweis der Einwilligung der letzteren in die Errichtung des Baues zu erbringen. Demgemäß und mit Rücksicht auf den klaren Wortlaut des Bauerlaubnisscheines verdient die Auffassung des Berufungsrichters, die Polizeibehörde habe, soweit jene Bedingung in Betracht komme, nicht in Ausübung eigenen Rechts gehandelt, ihre Tätigkeit habe sich insoweit darauf beschränkt, dem Kläger ein Vertragsangebot des Gemeindevorstandes zu übermitteln, keine Billigung.

Der Kläger hat nun zwar noch geltend gemacht, die Anordnung der Polizeibehörde, daß der angegebene Geldbetrag vor Beginn des Baues gezahlt werden müsse, werde mit der erhobenen Klage nicht angegriffen. Durch die im Bauerlaubnisschein gestellte Bedingung sei dem Kläger aufgegeben worden, vor der Bauausführung einen Vertrag mit dem Gemeindevorstand wegen dessen Verzichts auf das Bauverbot abzuschließen. Die Zahlung sei demnach als eine freiwillige, aus einem privatrechtlichen Rechtsgrunde erfolgte anzusehen. Diese Ausführungen finden jedoch durch die obigen diesseitigen Erwägungen ihre Widerlegung und stehen mit dem unstreitigen Sachverhalte nicht in Einklang. Zwischen dem Kläger und dem Gemeindevorstand haben Verhandlungen über einen Verzicht auf das Recht des Bauverbots gegen Zahlung eines auf die demnächst von dem Kläger zu entrichtenden ortsstatutarischen bzw. Kanalbaubeiträge in Anrechnung zu bringenden Betrags nicht stattgefunden. Die Zahlung des Betrags von 17 150 M ist lediglich in Erfüllung der polizeilicherseits gemachten Auflage geleistet. Die Klage, mit welcher Rückzahlung eines Teils jenes Betrags gefordert wird, richtet sich somit gegen die polizeiliche Anordnung. Diese ist aber der Anfechtung im ordentlichen Rechtswege entzogen.

**RGZ. 63, 174**

**Besteht die Enteignungspflicht der Gemeinde nach § 13 Abs. 1 Ziff. 2 und 3 des preußischen Fluchtliniengesetzes vom 2. Juli 1875 auch dann, wenn eine Baustelle durch die Fluchtlinie einer neuen Querstraße ganz, oder bis auf einen unbebaubaren Rest in Anspruch genommen wird?**

VII. Zivilsenat. Urt. v. 20. April 1906 i. S. Gemeinde L. (Bekl.) w. B. (Kl.). Rep. VII. 376/05.

I. Landgericht Bochum. II. Oberlandesgericht Hamm.

Die Frage ist bejaht aus folgenden

Gründen:

„Nach § 11 des Fluchtliniengesetzes vom 2. Juli 1875 erhält die Gemeinde mit der Offenlegung eines Fluchtlinienplanes das Recht, die nach dem Plane für Straßen und Plätze bestimmte Grundfläche dem Eigentümer zu entziehen; es ist ihr aber nicht die Pflicht auferlegt, dieses Recht alsbald oder binnen bestimmter Frist auszuüben. Doch läßt das Gesetz Ausnahmen zu. In den im § 13 Abs. 1 unter Ziff. 2 und 3 bezeichneten Fällen kann der Eigentümer verlangen, daß ihm die Gemeinde die zu Straßen (und Plätzen) bestimmte Grundfläche gegen Entschädigung abnimmt, und daß sie das Entschädigungsfeststellungsverfahren nach §§ 24 flg. des Enteignungsgesetzes vom 11. Juni 1874 beantragt. Insoweit besteht eine Enteignungspflicht der Gemeinde. Die Erfüllung dieser Pflicht fordert der Kläger vorliegendenfalls bezüglich seines Grundstücks. Dieses Grundstück ist unbebaut, aber an sich zur Bebauung geeignet; es liegt an der längst bestehenden anbaufertigen Kaiserstraße, und es wird von der Fluchtlinie der neuanzulegenden Sedanstraße durchschnitten. Insoweit liegen die Voraussetzungen des § 13 Abs. 1 Ziff. 3 des Fluchtliniengesetzes vor. Dagegen kann der Kläger das weitere Erfordernis, daß „die Bebauung (des Restgrundstücks) in der Fluchtlinie der neuen Straße erfolgt", nicht erfüllen, weil das ihm an der Kaiserstraße verbleibende Restgrundstück zu klein ist, als daß es überhaupt noch bebaut werden könnte. Es fragt sich, ob die Enteignungspflicht der Gemeinde trotzdem besteht. Das Landgericht hatte die Frage verneint; das Berufungsgericht bejaht sie im Anschluß an das — in den Entsch. in Zivils. Bd. 7 S. 273 abgedruckte — Urteil des Reichsgerichts, V. Zivilsenats, vom 23. September 1882. Dieses Urteil zieht zur Ergänzung des § 13 Abs. 1 Ziff. 3 den Abs. 3 des § 13 heran; es findet im Abs. 3 „eine die Entschädigungspflicht für betroffene Baustellen anderweit regulierende Modifikation der Bestimmung des Abs. 1 Ziff. 3". Hiergegen wendet sich die Revision, im wesentlichen unter Wiederholung der von v. Strauß u. Torney in Friedrichs Kommentar zum Fluchtliniengesetz (5. Aufl. S. 148 flg.) hervorgehobenen Bedenken. Es wird ausgeführt, die Ansicht des V. Senats des Reichsgerichts lege dem Abs. 3 des § 13 eine Bedeutung bei, die er nach dem Bau und der Entstehungsgeschichte des Gesetzes nicht haben könne. Der Abs. 3 bezwecke nicht eine Ergänzung oder Änderung des Abs. 1, sondern eine Ergänzung der entsprechenden Bestimmungen im § 9 des Enteignungsgesetzes. Mit der Frage, ob und in welchem Zeitpunkt die Gemeinde zur Enteignung zu schreiten verpflichtet sei, habe der Abs. 3 nichts zu tun.

Die Revision muß ohne Erfolg bleiben. Das Gewicht der erhobenen Bedenken soll nicht verkannt werden. Allein wenn man ihnen auch im vollen Maße Rechnung trägt, so führt dies nur zu einer teilweise von der des V. Senats abweichenden Begründung der Entscheidung, nicht zu einer abweichenden Entscheidung der streitigen Frage selbst. Zunächst ist zu bemerken, daß der Abs. 3 keineswegs ohne alle Bedeutung für die vorliegende Streitfrage ist. Nach Abs. 3 kann der Eigentümer die Übernahme des ganzen Grundstücks verlangen, wenn dasselbe durch die Fluchtlinie entweder ganz oder bis auf einen nicht mehr zur Bebauung geeigneten Rest in Anspruch genommen wird. Dieses Recht hat er „in allen obenerwähnten Fällen", d. i. in allen Fällen des Abs. 1, also auch im Fall des Abs. 1 Ziff. 3. Der Fall gänzlicher oder fast gänzlicher Inanspruchnahme des Grundstücks muß demnach von der Ziff. 3 des Abs. 1 mitumfaßt sein, denn anderenfalls könnte das Recht des Abs. 3 vom Eigentümer niemals in einem Falle der Ziff. 3 des Abs. 1 ausgeübt werden. Mit anderen Worten: Der Abs. 3 setzt voraus, daß die Enteignungspflicht der Gemeinde nach Abs. 1 Ziff. 3 auch dann besteht, wenn das Grundstück durch die Fluchtlinie ganz oder bis auf einen unbebaubaren Rest in Anspruch genommen wird. Insofern enthält der Abs. 3 einen wichtigen Behelf für die Auslegung der Ziff. 3 des Abs. 1, für die Ermittlung der Tragweite dieser letzteren Bestimmung. Zu dem gleichen Ergebnis gelangt man aber auch, wenn man den Abs. 1 Ziff. 3 für sich und außer Zusammenhang mit dem Abs. 3, aber an der Hand der — in dem Urteil des V. Senats vom 23. September 1882 in ihren wesentlichen Zügen mitgeteilten — Entstehungsgeschichte des Gesetzes betrachtet. Es kann im allgemeinen auf das erwähnte Urteil Bezug genommen werden; doch mögen zur

Ergänzung hier noch einige Bemerkungen über den Grund und die Tragweite der in Abs. 1 Ziff. 3 gesetzten Bedingung („wenn die Bebauung in der Fluchtlinie der neuen Straße erfolgt") Platz finden.

Die Ziff. 3 wurde dem Gesetzentwurf von der Kommission des Abgeordnetenhauses aus Billigkeitsgründen eingefügt. Wenn eine Baustelle an bestehender Straße durch die Fluchtlinie einer neuen Straße für diese neue Straße in Anspruch genommen wird, insoweit also die bisherige Bebauungsfähigkeit verliert, so soll dem Eigentümer nicht zugemutet werden, zu warten, bis die Gemeinde die Abtretung verlangt; der Eigentümer soll selbst berechtigt sein, die Abnahme der zur Straße bestimmten Fläche gegen Entschädigung zu fordern. Daß hierbei nichts darauf ankommen kann, ob das betroffene Grundstück ganz oder nur zum Teil für die Straße bestimmt ist, und ob der nicht zur Straße fallende Teil groß oder klein ist, bebaubar bleibt oder unbebaubar wird, ist eigentlich selbstverständlich. Das Gesetz macht denn auch einen derartigen Unterschied nicht, und der Kommissionsbericht bemerkt ausdrücklich, die Entschädigung (gemeint ist der Anspruch auf Enteignung gegen Entschädigung) solle dem Eigentümer gewährt werden, wenn das Grundstück ganz oder zum Teil in Anspruch genommen wird. Insoweit ist also Sinn und Wortlaut der Ziff. 3 des Abs. 1 ganz klar; die Enteignungspflicht tritt ein ohne Rücksicht auf die Größe und Beschaffenheit des verbleibenden Restgrundstücks.

Die Billigkeit erfordert dagegen nicht, daß die Enteignungspflicht der Gemeinde als sofortige und unmittelbare Folge der Fluchtlinienfestsetzung eintritt. Zunächst steht die Fluchtlinie nur auf dem Papier, an der Benutzung der betroffenen Fläche in bisheriger Weise ist der Eigentümer nicht gehindert. Erst wenn er daran geht, das bisher unbebaute Grundstück wirklich als Baustelle auszunutzen (oder das bebaut gewesene neu zu bebauen), stößt er auf die durch die Fluchtlinie aufgerichtete Schranke, und erst in diesem Zeitpunkt muß billigerweise sein Anspruch auf Enteignung fällig werden. Die Vereitlung der baulichen Ausnutzung, die ohne die Fluchtlinie nicht nur möglich gewesen, sondern voraussichtlich auch wirklich ausgeführt worden wäre, ist demnach nach dem Grundgedanken des Gesetzes die eigentliche, aber nicht ausgesprochene Bedingung für die Fälligkeit des Anspruchs. Dem Gesetzgeber erwuchs nun die Aufgabe, eine bestimmte Tatsache zu bezeichnen, die als Beweis des ernstlichen Bauwillens des Eigentümers gelten solle. Der Regierungsentwurf hatte (zur jetzigen Ziff. 2) vorgeschlagen, die Enteignungspflicht eintreten zu lassen, wenn die Erlaubnis zum Bauen innerhalb der alten Fluchtlinie versagt wird. Der Kommission des Abgeordnetenhauses schien dies nicht genügend; sie erwog, daß die Nachsuchung der Bauerlaubnis nichts beweise, da der Eigentümer ja zum voraus wisse, daß sie ihm verweigert werde. Es komme nicht darauf an, daß der Eigentümer sage, er wolle bauen, sondern daß er dies durch die Tat beweise. Hiervon ausgehend forderte sie bei der Ziff. 2 Freilegung des Grundstücks von Gebäuden bis zur neuen Fluchtlinie, und bei der Nr. 3 „die Bebauung in der Fluchtlinie der neuen Straße". Es fällt nun sofort in die Augen, daß diese Bedingung dem Grundgedanken des Gesetzes insofern nicht gerecht wird, als sie nicht auf alle in Betracht kommenden Fälle paßt. Sie setzt begrifflich ein bebautes Restgrundstück voraus. Auf den Fall dagegen, daß das Grundstück ganz oder bis auf einen unbebaubaren Rest zur Straße bestimmt ist, ist diese Bedingung schlechthin unanwendbar, für diesen Fall ist sie nicht gesetzt und kann sie nicht gesetzt sein. Wenn nun in der Literatur und von der Revision hieraus gefolgert wird, das Gesetz habe in Fällen der vorliegenden Art den Enteignungsanspruch des Eigentümers an eine unmögliche Bedingung geknüpft, der Anspruch sei deshalb hinfällig, so entbehrt diese Folgerung der Begründung. Richtig ist nur so viel, daß der Gesetzgeber nach seinem leitenden Gedanken den Anspruch an eine Bedingung hätte knüpfen sollen, deren Erfüllung als Beweis für den ernstlichen Bauwillen des Eigentümers gelten könnte, und daß dies vermutlich nur aus Versehen unterblieben ist. Welche Bedingung der Gesetzgeber aufgestellt hätte, wenn der Punkt zur Sprache gekommen wäre, das kann niemand wissen. Sicher ist aber so viel, einmal daß dies keinesfalls die jetzt im Gesetze stehende Bedingung gewesen wäre, und zweitens, daß die Aufstellung einer Bedingung für die hier streitigen Fälle im Gesetz selbst unterblieben ist. Die einzig zulässige Folgerung aus dieser Unterlassung ist die, daß hier der Enteignungsanspruch überhaupt an keine weitere Bedingung geknüpft ist, die Fälligkeit des Anspruchs also in der Tat als unmittelbare Folge der Fluchtlinienfestsetzung eintritt. Nach alledem wäre das Verlangen des Klägers auf Einleitung des Entschädigungsfeststellungsverfahrens auch dann als begründet anzusehen, wenn der Abs. 3 des § 13 überhaupt nicht im Gesetz stünde. Jenes Verlangen leitet seine gesetzliche Berechtigung nicht aus dem Abs. 3, sondern aus dem Abs. 1 Nr. 3 des § 13 ab.

Der Klageanspruch freilich, wie er vorliegend erhoben ist, kann nicht nur auf den Abs. 1 gestützt werden, denn dieser gewährt (in Verbindung mit § 14) dem Eigentümer nur das Recht, die Gemeinde zur Ausübung ihres Enteignungsrechts anzuhalten. Das Verlangen der Übernahme des Restgrundstücks dagegen hat seine Grundlage allerdings im Abs. 3 des § 13 und im § 9 des Enteignungsgesetzes. Diese Frage aber gehört streng genommen überhaupt nicht in den gegenwärtigen Rechtsstreit. Den Antrag auf Übernahme des ganzen Grundstücks hat der Eigentümer im Verwaltungsverfahren zu stellen, und erst gegen die dort ergehende Entscheidung steht ihm nach § 30 des Enteignungsgesetzes der Rechtsweg offen. Dort kommt der Abs. 3 des § 13 zur Geltung.

Vgl. Urteil des V. Zivilsenats vom 27. Mai 1891 in der Jurist. Wochenschr. S. 403 und Gruchot's Beiträge Bd. 35 S. 1116.

Der auf Übernahme des nicht zur Straße bestimmten Grundstücksteils gerichtete Antrag hätte deshalb abgewiesen werden können." ...

**RGZ. 68, 135**

**Was ist unter dem Verlangen der Gemeinde zu verstehen, daß eine von der Fluchtlinienfestsetzung betroffene Grundfläche für den öffentlichen Verkehr abgetreten werde?**

Preuß. Fluchtliniengesetz vom 2. Juli 1875 § 13 Nr. 1.

VII. Zivilsenat. Urt. v. 17. März 1908 i. S. Sch. u. Gen. (Kl.) w. Stadtgemeinde P. (Bekl.). Rep. VII. 276/07.

I. Landgericht Posen. II. Oberlandesgericht daselbst.

Die Kläger waren seit dem 31 Mai 1897 Eigentümer des Grundstückes Band 8 Blatt 234 des Grundbuches von P.-L. Sie behaupten, daß zu diesem Grundstücke die Parzelle Kartenblatt 1 Nr. 1162/191 im Flächeninhalte von 1074 qm gehöre, die nach dem Jahre 1897 zur Herstellung des Marktplatzes von der demnächst in der Stadt P. durch Eingemeindung aufgegangenen Gemeinde L. verwendet worden sei. Klagend beantragten sie deshalb, die Beklagte zu verurteilen, bei der zuständigen Bezirksregierung schriftlich und unter Beobachtung der im § 24 Ent.-Ges. vorgesehenen Vorschriften einen Antrag auf Enteignung jener Parzelle und auf Festsetzung der Entschädigung zu stellen. Die Beklagte begehrte Abweisung der Klage; sie bestritt das Eigentum der Kläger an der Parzelle, die von jeher als öffentlicher Weg behandelt worden sei.

Die Vorinstanzen erkannten auf Abweisung der Klage. Der Revision der Kläger wurde stattgegeben.

Gründe:

... Die Klage ist lediglich auf das Fluchtliniengesetz vom 2. Juli 1875 gestützt. Der Berufungsrichter weist sie ab, da § 13 Nr. 2, 3 überhaupt nicht und § 13 Nr. 1 deshalb nicht anwendbar sei, weil es an dem Verlangen der Gemeinde, die bezeichnete Fläche für den öffentlichen Verkehr abzutreten, fehle. Die Revision rügt mit Recht Verletzung des § 13 Nr. 1 des Fluchtliniengesetzes.

Von vornherein ist es fraglich, ob dieses Gesetz für den vorliegenden Fall maßgebend ist. Die §§ 13, 14 FlLGes. beziehen sich nur auf Entschädigungen, die infolge der Festsetzung von Fluchtlinien gemäß dem neuen Gesetze gefordert werden.

Vgl. Entsch. des RGs. in Zivils. Bd. 6 S. 295; Friedrichs FlLGes. (5. Aufl., bearb. von Strauß und v. Torney) Anm. zu §§ 13, 14 S. 138.

Aus den Tatbeständen der Vorderurteile ist nicht zu ersehen, ob das für den Marktplatz in L. verwendete Stück Land für diesen Zweck durch die von der Gemeinde vollzogene Festsetzung einer Fluchtlinie auf Grund des Gesetzes vom 2. Juli 1875 in Aussicht genommen war. Wenn daher der Berufungsrichter ohne weiteres davon ausgeht, daß dies geschehen sei, so fehlt es an der erforderlichen tatsächlichen Grundlage für diese Annahme. Ist die Einverleibung nach Maßgabe einer älteren Fluchtlinie oder auch ohne Rücksicht auf irgendeine Fluchtlinienfestsetzung erfolgt, so würde nur ein Anspruch nach § 75 der Einleitung zum Allgemeinen Landrecht gegeben sein, der nicht erhoben ist.

Wenn aber die Annahme des Berufungsrichters zutrifft und also eine neuere das Streitstück umfassende Fluchtlinienfestsetzung vorgenommen ist, so gehen die Anforderungen zu weit, die der Berufungsrichter an das Verlangen der Gemeinde im Sinne des § 13 Nr. 1 stellt. Es ist richtig, daß die bloß tatsächliche Einverleibung der fraglichen Fläche in den Marktplatz, insbesondere lediglich auf Anordnung der Polizeibehörde, nicht jenes die Enteignungs- und Entschädigungspflicht der Gemeinde begründende Verlangen darstellt.

Vgl. Entsch. des RGs. in Zivils. Bd. 33 S. 233.

Andererseits sagt jedoch das Gesetz nicht, daß das Verlangen ein ausdrückliches sein müsse, wie es der Berufungsrichter fordert. Es muß genügen, wenn das Verhalten der Gemeindeorgane in Ansehung einer von der Fluchtlinie getroffenen Fläche unzweideutig erkennen läßt, daß diese Fläche für den öffentlichen Verkehr in Anspruch genommen werde, daß nunmehr die zunächst nur eine Beschränkung der Baufreiheit bedingende Fluchtlinie endgültig verwirklicht und die von ihr betroffene Fläche für die Straße abgetreten werden solle. Wollte man Handlungen der Gemeinde, auch wenn sie nur in der angegebenen Absicht vollzogen sein können, nicht genügen lassen und immer ein wörtliches Begehren gegenüber dem Eigentümer fordern, so würde dieser an der Verfolgung seiner Rechte in einer mit dem Zwecke des Gesetzes unvereinbaren und durch diesen nicht gebotenen Weise gehindert sein. Nur darauf kommt es an, daß eine Willensbetätigung der Gemeinde vorliegt, die im Sinne des Abtretungsverlangens auszulegen ist.

Vgl. Entsch. des RGs. in Zivils. Bd. 61 S. 322.

Ein solches Verlangen wird nicht dadurch ausgeschlossen, daß die Gemeinde das Eigentum des anderen an der Fläche bestreitet und sich selbst für die Eigentümerin hält, wofern nur klar ist, daß sie die Fläche unter allen Umständen, auch für den Fall, daß sie einem anderen gehöre, zu Straßenzwecken verwendet wissen will. Von diesen Gesichtspunkten aus ist das Vorbringen der Kläger, daß die Gemeinde L. den angeblich ihnen gehörenden Landstreifen zur Herstellung des Marktplatzes verwendet habe, zu prüfen, und damit dies geschehe — wenn überhaupt Raum für die Anwendung des Fluchtliniengesetzes ist —, war die Sache, unter Aufhebung des Berufungsurteils, zur anderweiten Verhandlung und Entscheidung in die Vorinstanz zurückzuverweisen. Dabei wird auch die Frage des Privateigentumes der Kläger an dem Landstreifen, die nur nebenher und nicht erschöpfend behandelt ist, von neuem zu erörtern sein. Soweit sie verneint wird, ist selbstverständlich der erhobene Anspruch unhaltbar.

**RGZ. 69, 68**

**1. Findet die Stempelbefreiung aus § 4 e des preußischen Stempelsteuergesetzes vom 31. Juli 1895 auf diejenigen freiwilligen, an die Gemeinde erfolgenden Veräußerungen der in einem Fluchtlinienplan zu Straßen und Plätzen bestimmten Grundflächen Anwendung, die nach der vorläufigen, aber vor der endgültigen Planfeststellung vorgenommen werden?**

**2. Ist den preußischen Gemeinden mit Erlaß des Fluchtliniengesetzes vom 2. Juli 1875 allgemein ein für allemal das Recht zur Enteignung des zu Straßen und Plätzen erforderlichen Grund und Bodens verliehen, oder erlangen sie dieses Recht erst mit dem Zeitpunkt der endgültigen Planfeststellung?**

VII. Zivilsenat. Urt. v. 20. März 1908 i. S. Stadtgemeinde K. (Kl.) w. preuß. Fiskus (Bekl.). Rep. VII. 272/07.

I. Landgericht Königsberg i. Pr. II. Oberlandesgericht daselbst.

Die Klägerin hatte durch Gemeindebeschluß vom 13. Februar 1900 einen Fluchtlinienplan für einen neuen Platz festgesetzt, durch den mehrere Grundstücke vollständig in Anspruch genommen wurden. Der Plan erhielt am 16./21. März 1900 die Zustimmung der Ortspolizeibehörde, wurde am 6. April 1900 gemäß § 7 des Fluchtliniengesetzes öffentlich ausgelegt und am 4. Mai 1900 förmlich festgestellt. Die vom 8. Mai 1900 datierte Bekanntmachung des Planes erfolgte am 13. Mai 1900 durch die Zeitungen. Infolge gütlicher Einigung mit den betreffenden Eigentümern wurden, während das Fluchtlinienfestsetzungsverfahren noch schwebte, nämlich am 30. und 31. März 1900, der Klägerin die vorbezeichneten Grundstücke aufgelassen. Die Klägerin nahm für diese Auflassungen auf Grund des § 4 e des Stempelsteuergesetzes vom 31. Juli 1895 Stempelfreiheit in Anspruch. Das Amtsgericht in Königsberg, das diesen Standpunkt zunächst als berechtigt angesehen hatte, änderte später seine Ansicht und erforderte im Jahre 1905 den tarifmäßigen Stempel für jene Auflassungen. Auf Beschwerde der Klägerin hob das Landgericht diese Stempelansätze auf. Die weitere Beschwerde des Oberstaatsanwalts hatte den Erfolg, daß dieser Beschluß vom Kammergericht aufgehoben, und die Beschwerde der Klägerin gegen die amtsgerichtlichen Beschlüsse zurückgewiesen wurde. Nachdem die Klägerin die erforderten Stempelbeträge entrichtet hatte, forderte sie diese mit Klage zurück, wurde jedoch von der ersten und zweiten Instanz abgewiesen. Auf die Revision der Klägerin wurde das Berufungsurteil aufgehoben, und der Beklagte dem Klageantrage gemäß verurteilt, aus folgenden

Gründen:

„Die Ansicht des Berufungsgerichts ist, kurz gefaßt, folgende: die Vorschrift des § 4 e des Stempelsteuergesetzes vom 31. Juli 1895, wonach von der Stempelsteuer befreit sind „Urkunden wegen Besitzveränderungen, denen sich die Beteiligten aus Gründen des öffentlichen Wohls zu unterwerfen gesetzlich verpflichtet sind (Enteignungen), ohne Unterschied, ob die Besitzveränderung selbst durch Enteignungsbeschluß oder durch freiwillige Veräußerungsgeschäfte bewirkt wird", habe zur Voraussetzung, daß bereits zur Zeit der Besitzveränderung eine formelle Verpflichtung der Beteiligten zur Abtretung des veräußerten Gegenstandes vorliege. Danach trete im Falle der Verleihung des Enteignungsrechtes durch Königliche Verordnung die Stempelfreiheit für freiwillige Veräußerungen bereits ein, sobald die vorläufige Planfeststellung erfolgt sei; denn in diesem Falle sei die rechtliche Grundlage der Besitzveränderung in der das Enteignungsrecht verleihenden königlichen Verordnung gegeben. Anders liege dagegen die Sache im Falle der Enteignung nach Maßgabe des Fluchtliniengesetzes vom 2. Juli 1875. Nach § 11 dieses Gesetzes erhalte nämlich die Gemeinde das Recht, die durch die festgesetzten Straßenfluchtlinien für Straßen und Plätze bestimmten Grundstücke den Eigentümern zu entziehen, erst mit dem Tage, an welchem die Offenlegung des endgültig festgestellten Planes erfolge; demgemäß seien im Falle der Anwendung des Fluchtliniengesetzes freiwillige Veräußerungen der von der Fluchtlinienfestsetzung betroffenen Grundstücke nicht schon nach der vorläufigen, sondern erst nach der endgültigen Planfeststellung stempelfrei.

Diese Auffassung kann in den wesentlichen Punkten nicht geteilt werden.

Auszugehen ist von der Bestimmung des § 11 Satz 2 Fluchtlin.Ges. Da das Berufungsgericht hinsichtlich des Verständnisses dieser Vorschrift dem im Beschwerdeverfahren erlassenen kammergerichtlichen Beschluß beigetreten ist und zur Begründung des Berufungsurteils auf dessen Inhalt Bezug genommen, also die Ausführungen jenes Beschlusses zu den seinigen gemacht hat, so sind diese Ausführungen im nachfolgenden als solche des Berufungsgerichts behandelt. Das Berufungsgericht macht hiernach zu diesem Punkte das Nachstehende geltend: das Enteignungsgesetz vom 11. Juni 1874 behandele in seinem ersten Titel „die Zulässigkeit der Enteignung". Nach § 2 erfolge die Entziehung und dauernde Beschränkung des Grundeigentums regelmäßig auf Grund königlicher Verordnung, welche den Unternehmer und das Unternehmen, zu dem das Grundeigentum in Anspruch genommen werde, bezeichne. Dieser Ausspruch durch Allerhöchste Entschließung sei der Akt, durch den der Unternehmer das generelle Enteignungsrecht erlange. Die Feststellung des Planes ergänze den Plan über die Zulässigkeit der Enteignung durch Spezialisierung des Enteignungsrechts, indem sie die von der Enteignung betroffenen Grundstücke bestimme. Das Fluchtliniengesetz vom 2. Juli 1875 sehe von dem Ausspruche der Zulässigkeit der Enteignung durch Allerhöchste Entschließung ab; es lege das Befinden über diese Zulässigkeit unter gesetzlichen Voraussetzungen in die Hand der betreffenden Gemeinde. Nachdem das Berufungsgericht hierauf den Inhalt der §§ 1, 5, 7, 8 und 11 Fluchtlin. Ges. dargelegt hat, schließt es hieran die weitere Ausführung: aus dieser gesetzlichen Ordnung ergebe sich, daß nach dem Fluchtliniengesetz erst die Offenlegung des förmlich festgestellten Planes der Gemeinde das die Entziehung des Grundeigentums betreffende Enteignungsrecht verleihe; erst mit dem Beginn dieser Offenlegung seien die Beteiligten nach dem Gesetz verpflichtet, sich der aus Gründen des öffentlichen Wohls für angezeigt erachteten Besitzveränderung zu unterwerfen. An einer späteren Stelle heißt es sodann noch: abwegig sei die Auffassung, daß das Fluchtliniengesetz als solches den Titel für die Eigentumsentziehung darstelle. Auf dem Gesetze beruhe die Entziehung ebenso in den gewöhnlichen Fällen der Enteignung, wie in denen nach Maßgabe des Fluchtliniengesetzes. Um aber auf Grund des Gesetzes die Beteiligten im konkreten Falle zur Hergabe ihres Eigentums zu verpflichten, bedürfe es noch eines besonderen Ausspruchs. Zu diesem Ausspruch sei nach dem Enteignungsgesetz nur der Träger der Krone, nach dem Fluchtliniengesetz die Gemeinde berufen, und nach dem letzteren Gesetz erfolge eben der die Beteiligten verpflichtende Ausspruch durch die dem Gemeindevorstand übertragene Offenlegung des förmlich festgestellten Planes.

Die Anschauungen, die in diesen Erörterungen bezüglich des Fluchtliniengesetzes, insbesondere des § 11 Satz 2, niedergelegt sind, sind nicht zutreffend. Die Rechtslage ist die folgende: der Staat hat die Macht der Enteignung. Unter welchen Voraussetzungen, durch welche Organe des Staates, zu wessen Gunsten und in welchem Verfahren diese Macht auszuüben ist, ist in Preußen durch das Gesetz bestimmt. Danach besteht zunächst der schlechthin für jede Enteignung geltende, im Art. 9 der Verfassungsurkunde aufgestellte und im § 1 Enteign.Ges. vom 11. Juni 1874 wiederholte Grundsatz, daß die Enteignung nur aus Gründen des öffentlichen Wohles erfolgen darf. Weiter ist für den Regelfall im § 2 Enteign.Ges. bestimmt, daß dem Träger der Krone die nach Maßgabe jener Direktive zu fassende Entschließung darüber zustehen soll, 1. ob Gründe des öffentlichen Wohls es als gerechtfertigt erscheinen lassen, daß überhaupt für ein bestimmtes Unternehmen die Enteignung zur Anwendung gelange, 2. ob demjenigen Unternehmer, der darum nachgesucht hat, das Enteignungsrecht zu verleihen sei. Wird durch Entschließung der Krone einem bestimmten Unternehmer für ein bestimmtes Unternehmen das Enteignungsrecht verliehen, so bedeutet dies, daß der Unternehmer gegen die vom Gesetz mit der Vollziehung der Enteignung, also mit dem eigentlichen Enteignungsakt, betrauten Staatsorgane (Bezirksausschuß, Polizeipräsidium in Berlin) einen öffentlich-rechtlichen Enteignungsanspruch des Inhalts erlangt hat, daß sie bezüglich der für sein Unternehmen erforderlichen Grundstücke zu seinen Gunsten die Enteignung aussprechen, d. h. ihm unter Beseitigung (Vernichtung) des Eigentumsrechts der bisherigen Eigentümer das Eigentum daran verleihen, wenn bestimmte Voraussetzungen erfüllt sind. Diese Voraussetzungen sind: 1. daß die der Enteignung zu unterwerfenden Grundstücke in einem gesetzlich geordneten Verfahren endgültig festgestellt worden sind, 2. daß die Entschädigung hierfür endgültig (oder in gewissen Fällen wenigstens vorläufig) festgesetzt worden ist, 3. daß diese Entschädigung gezahlt oder hinterlegt worden ist.

Aus dieser Gestaltung der Dinge erhellt in erster Reihe, daß die Erwägung des Berufungsrichters, auch in den gewöhnlichen Fällen beruhe die Entziehung des Grundeigentums (d. h. die Enteignung) auf dem Gesetze, nur teilweise richtig ist. Auf dem Gesetze beruht es, daß der Unternehmer auf Grund des ihm verliehenen Enteignungsrechts die Enteignung der im Planfeststellungsverfahren bestimmten Grundstücke herbeiführen kann; auf dem Gesetze beruht es auch, daß das Enteignungsrecht überhaupt durch königliche Verordnung verliehen wird; allein nicht auf dem Gesetze, sondern lediglich auf der betreffenden königlichen Verordnung, die das Enteignungsrecht im einzelnen Falle verliehen hat, beruht es, daß gerade dieser einzelne bestimmte Unternehmer das Enteignungsrecht erlangt hat. Lediglich auf diese Tatsache kommt es aber an, wenn dem Erwerb des Enteignungsrechts durch königliche Verordnung der Erwerb durch Gesetz gegenübergestellt wird. Aus der dargelegten Gestaltung der Verhältnisse ergibt sich weiter, daß die von dem Berufungsgericht vorgenommene Gleichstellung des Trägers der Krone im gewöhnlichen Verfahren mit der Gemeinde im Fluchtlinienverfahren unzutreffend ist. Der Träger der Krone verleiht im gewöhnlichen Enteignungsverfahren in Ausübung staatshoheitlicher Gewalt einem Unternehmer das Enteignungsrecht; die Gemeinde dagegen ist im Fluchtlinienverfahren, was das Berufungsgericht nicht berücksichtigt hat, selbst die Unternehmerin. Der Gedanke ist daher ausgeschlossen, daß es Wille und Absicht des Gesetzes gewesen sein könnte, im Fluchtlinienverfahren der Unternehmerin die Machtbefugnis zu übertragen, sich selbst das Enteignungsrecht zu verleihen. Die Ausführung des Berufungsgerichts, welche dahin geht, um im konkreten Falle die Beteiligten zur Hergabe ihres Eigentums zu verpflichten, bedürfe es noch eines besonderen Ausspruchs, der im gewöhnlichen Falle durch den Träger der Krone, im Fluchtlinienverfahren durch die Gemeinde, und zwar durch die Offenlegung des endgültig festgestellten Planes, erfolge, ist daher schon aus dem vorstehend angegebenen Grunde verfehlt, ganz abgesehen davon, daß auch der mit dem Worte „noch" angedeutete Grundgedanke dieser Ausführung sich auf einer unrichtigen Bahn bewegt, sowie ferner abgesehen davon, daß die Offenlegung des förmlich festgestellten Planes durch den Gemeindevorstand überhaupt keinen Ausspruch, und daher auch keinen materiell-rechtlichen, enthält, sondern lediglich einen Formalakt darstellt, an den gewisse rechtliche Folgen geknüpft sind. Zu dem allem tritt noch hinzu, daß es jeder praktischen Erwägung widerstreiten würde, wenn die Gemeinde nicht im Beginn, sondern, wie es nach der Ansicht des Berufungsgerichts der Fall ist, erst am Schlusse des endgültig beendigten Planfeststellungsverfahrens über die Zulässigkeit der Enteignung zu „befinden" haben würde.

In Wahrheit sind nur miteinander in Parallele zu stellen, auf der einen Seite die königl. Verordnung, auf der anderen Seite das Gesetz. Nur in bezug auf diese beiden ist ein Vergleich überhaupt möglich. Im einzelnen gleichen und unterscheiden sich beide Fälle folgendermaßen. Auch das Fluchtliniengesetz verleiht das Enteignungsrecht bestimmten Unternehmern, aber nicht, wie die königl. Verordnung, einem einzelnen bestimmten Unternehmer, sondern Unternehmern einer ganz bestimmten Art, nämlich den sämtlichen Gemeinden der Monarchie. Ferner gewährt auch das Fluchtliniengesetz das Enteignungsrecht für bestimmte Unternehmungen, aber nicht, wie die königl. Verordnung, für ein einzelnes bestimmtes Unternehmen, sondern für alle Unternehmungen einer ganz bestimmten Art, nämlich für die Unternehmungen der Anlegung und Veränderung von Straßen und Plätzen. Einer Erörterung ist nur die Frage fähig, ob dieses Enteignungsrecht den Gemeinden schon mit Erlaß des Fluchtliniengesetzes allgemein ein für allemal verliehen worden ist, so daß sie es seitdem besitzen, und, wenn sie von der Enteignung im Einzelfall Gebrauch machen, damit nur ein ihnen bereits allgemein zustehendes Recht ausüben, oder ob ihnen das Enteignungsrecht erst in jedem Einzelfall, und zwar erst mit dem Zeitpunkt der Offenlegung des endgültig festgestellten Fluchtlinienplanes, anfällt. Der Berufungsrichter vertritt, wenn man von seiner im vorstehenden behandelten Beurteilung der Verhältnisse im übrigen absieht, die Ansicht, daß letzteres der Fall ist. Es ist ihm zuzugeben, daß sich hierfür der Wortlaut des § 11 Satz 2 Fluchtl,Ges. und der Ort, wo diese Bestimmung in das Gesetz eingestellt ist, geltend machen läßt. Allein dem Wortlaut und der Stellung der Bestimmung im Aufbau des Gesetzes kann entscheidende Bedeutung nicht beigemessen werden. Bekanntlich ist die Fassung des Fluchtliniengesetzes in einzelnen Teilen nicht glücklich ausgefallen. Das gilt auch von der hier in Rede stehenden Bestimmung des § 11 Satz 2. Der Wille des Gesetzgebers hat daselbst einen unzureichenden, weil zu engen Ausdruck gefunden, indem in irreführender Weise mit einem unbedingt notwendigen Bestandteil ein überflüssiger Ausspruch vermischt worden ist. Ein die Rechtslage völlig aufklärendes Licht wird auf diese Dinge durch den Bericht der Kommission des Abgeordnetenhauses zum § 11 geworfen. Es heißt dort (Aktenstücke des Abgeordnetenhauses 1875 Nr. 279 S. 1706): der § 11 der Kommissionsanträge (d. i. § 11 des Gesetzes) sei neu. In den vorhergehenden Paragraphen seien die Stadien festgestellt, welche das Verfahren der Fluchtlinie zu durchlaufen habe. Das Recht der Privaten sei durch die §§ 7 und 8 gewahrt; der hier zugelassene Rekurs könne in die höheren Instanzen verfolgt werden; damit, so wäre die einstimmige Meinung der Kommission, sei die Frage, ob die Enteignung zulässig sei, entschieden, und es könnten unmöglich noch die Vorschriften der §§ 1—23 des Enteignungsgesetzes vom 11. Juni 1874 zur Anwendung kommen. Der § 2 daselbst schreibe vor, daß die Entziehung und dauernde Beschränkung des Grundeigentums durch königl. Verordnung erfolge. Unberechenbar würden nun die Verlegenheiten und die unnützen Kosten der Gemeinden, wenn sie nach mühsamer Durchführung des Planes durch die vorgeschriebenen Stadien den größten Teil desselben mittels Verhandlungen mit den Interessenten realisiert hätten und dann an einen Punkt kämen, wo die Aus- und Durchführung plötzlich durch einen ganz neuen Faktor verhindert werden könnte. Trotz dieser Ausführungen habe der

Regierungskommissar die Zustimmung der königl. Staatsregierung nicht zu erklären vermocht. Gerade deshalb, um diese so äußerst wichtige Frage nicht im Gesetz unentschieden zu lassen, habe die Kommission es für nötig gehalten, die ihr eigentlich selbstverständlich erscheinenden Sätze, die sie im § 11 formuliert habe, in das Gesetz aufzunehmen.

Durch diesen Inhalt des Kommissionsberichts wird folgendes dargetan: es war der übereinstimmende Wille der Kommission des Abgeordnetenhauses und der Staatsregierung, daß den Gemeinden das Enteignungsrecht zum Zwecke der Anlegung von Straßen und Plätzen unmittelbar kraft Gesetzes zustehen solle; eine Meinungsverschiedenheit bestand nur insoweit, als die Kommission der Ansicht war, daß dieser Wille des Gesetzes sich schon ohne weiteres aus dessen Inhalt ergebe, während die Staatsregierung die Meinung vertrat, daß das nicht der Fall sei, und daß daher ohne eine entsprechende ausdrückliche Bestimmung zur Ausübung des Enteignungsrechts dessen Verleihung durch königl. Verordnung auch hier notwendig sei. Unzweifelhaft hatte die Staatsregierung mit ihrer Auffassung Recht. Aus der Struktur und Tendenz des Gesetzentwurfs folgte allerdings, daß in dessen Richtung die Abstandnahme von dem Erlasse einer königl. Verordnung für jeden Einzelfall und die allgemeine Verleihung des Enteignungsrechts durch das Gesetz gelegen war. Dem Gesetzentwurf lag nämlich die Anschauung zugrunde, daß die Anlegung und Veränderung von Straßen und Plätzen Unternehmungen seien, die überhaupt und grundsätzlich als solche des öffentlichen Wohles zu betrachten seien. Der Beschluß darüber aber, ob im Einzelfall die Anlegung oder Veränderung einer Straße oder eines Platzes zu geschehen habe, sollte nach dem Gesetzentwurf den Gemeinden unter Mitwirkung der Ortspolizeibehörde allein maßgeblich zustehen, wobei nur den beteiligten Privatpersonen unter Gewährung einer verwaltungsbehördlichen Entscheidungsinstanz hinsichtlich der Wahrnehmung ihrer Interessen die Möglichkeit der Ausübung eines gewissen Einflusses, insbesondere auf die spezielle Plangestaltung, eingeräumt wurde.

Mit dieser Ordnung der Dinge wäre es allerdings unverträglich gewesen, wenn das Enteignungsrecht noch erst durch königl. Verordnung hätte erworben werden müssen; denn die königl. Entschließung erfolgt auf Grund der s a c h l i c h e n Prüfung, ob für dieses einzelne Unternehmen aus Gründen des öffentlichen Wohls das Enteignungsrecht zu erteilen sei. Das ist der neue Faktor, von dem der Bericht der Kommission des Abgeordnetenhauses spricht. Entschied der Träger der Krone dahin, daß das Enteignungsrecht nicht zu gewähren sei, weil das Unternehmen d i e s e r Straßenanlegung oder Veränderung nicht dem öffentlichen Wohle diene, so konnte damit die Aus- und Durchführung des von der Gemeinde nach dem Gesetz maßgeblich beschlossenen Unternehmens verhindert werden. Hiernach lag es allerdings in der folgerichtigen Entwicklung des Grundgedankens und des Inhalts des Gesetzes, daß den Gemeinden ohne weiteres kraft Gesetzes das Enteignungsrecht für die angegebenen Zwecke zustehen müßte; jedoch diese Erwägung allein hätte, ohne eine entsprechende ausdrückliche Erklärung, nicht genügt, formelle gesetzliche Geltung für sich zu beanspruchen. Deshalb war es notwendig, daß der von der Kommission des Abgeordnetenhauses, nach der Anlage des Gesetzes sachlich mit Recht für selbstverständlich erachtete, entsprechende ausdrückliche Ausspruch in das Gesetz aufgenommen wurde.

Aus dieser Untersuchung, insbesondere aus dem, was bezüglich der königl. Verordnung erörtert ist, ergibt sich, daß im § 11 Satz 2 des Gesetzes als notwendiger Bestandteil eine allgemeine Bestimmung enthalten ist, deren Inhalt, — indem von einer gesetzgeberisch genauen Formulierung hier abzusehen ist — sich sachlich dahin fassen läßt: durch dieses Gesetz wird den Gemeinden allgemein (ein für allemal) das Recht der Enteignung desjenigen Grundeigentums verliehen, das zur Anlegung und Veränderung von Straßen und Plätzen erforderlich ist. Was die Stellung dieser Bestimmung in dem System des Gesetzes anlangt, so hätte sie richtiger an den Anfang des Gesetzes gehört, anstatt in den § 11. Mit diesem Inhalt des § 11 Satz 2 ist in der Fassung des Gesetzes etwas verbunden worden, was eines besonderen Ausdrucks nicht bedurft hätte, nämlich der Ausspruch, daß die Gemeinde erst mit dem Zeitpunkt der endgültigen Planfeststellung das Recht erlange, den einzelnen bestimmten Grundeigentümern die durch die endgültige Planfeststellung für die Straßen und Plätze bestimmten Grundflächen zu entziehen. Es ist selbstverständlich und liegt in der Natur der Dinge begründet, daß dieses Recht, d. h. mit anderen Worten: die Anwendung des allgemeinen für das Unternehmen bestehenden Enteignungsrechts auf die einzelnen bestimmten Grundstücke, die zu dem Unternehmen erforderlich sind, dem Unternehmer nicht eher zustehen kann, als bis diese Grundstücke in einem gesetzlich geordneten Verfahren endgültig festgestellt sind. Daher gilt genau dasselbe auch für das gewöhnliche Enteignungsverfahren; auch hier erlangt der Unternehmer das Recht, den einzelnen Eigentümern die durch den Plan für das Unternehmen bestimmten einzelnen Grundflächen zu entziehen, erst mit der endgültigen Feststellung des Planes. Dieser selbstverständliche Satz ist im Enteignungsgesetz nur nicht ausgesprochen.

Das Endergebnis der vorstehenden Erörterung ist folgendes: die Fassung des Satzes 2 des § 11 darf nicht zu der Annahme verleiten, daß den Gemeinden das allgemeine Enteignungsrecht für die Anlegung von Straßen und Plätzen erst in jedem Einzelfall, und zwar nach dem Zeitpunkt der Offenlegung des endgültig festgestellten Fluchtlinienplanes, anfiele. Für eine solche Ordnung der Dinge fehlt jeder sachliche Grund, und ebenso fehlt auch jeder sachliche Anhalt dafür, daß sie in der Absicht des Gesetzes gelegen hätte. Der Satz 2 des § 11 ist vielmehr dahin zu verstehen, daß darin der leitende Grundgedanke des hier in Betracht kommenden Teils des Gesetzes hat zum Ausdruck gebracht werden sollen, der nämlich, daß den Gemeinden kraft dieses Gesetzes ein- für allemal das allgemeine Recht der Enteignung für die im Gesetz angegebenen Zwecke zustehen solle.

An zweiter Stelle handelt es sich um Auslegung der Befreiungsvorschrift in § 4 e des Stempelsteuergesetzes vom 31. Juli 1895. Für das Verständnis dieser Bestimmung sind die Vorschriften der §§ 43, 16 und 17 des Enteignungsgesetzes heranzuziehen Der § 43 ist allerdings durch die Bestimmung in § 35 Abs. 1 des Stempelsteuergesetzes vom 31. Juli 1895 aufgehoben, wie der erkennende Senat bereits früher ausgesprochen hat (Gruchot, Bd. 44 S. 1001). Der Versuch der Revision, die fortdauernde Geltung jener Bestimmung auf die Vorschrift des § 4 h des Stempelsteuergesetzes zu stützen, ist von der Hand zu weisen, da der § 4 h zweifellos andere Fälle im Auge hat. Indessen ist der frühere Rechtszustand auch noch für den heutigen von wesentlicher Bedeutung; denn das Stempelsteuergesetz vom 31. Juli 1895 hat in der Hauptsache keineswegs die Absicht verfolgt, etwas Neues und Anderes an die Stelle des bisher Bewährten zu setzen, sondern wollte im wesentlichen nur die gesamten auf die Stempelsteuer bezüglichen Bestimmungen kodifizieren. Nach § 43 Enteign.Ges. waren nun die nach § 17 dieses Gesetzes, d. h. die nach der vorläufigen Planfeststellung eintretenden, freiwilligen Veräußerungsgeschäfte über Grundeigentum innerhalb des vorgelegten Planes stempelfrei. Für die Annahme, daß an diesem Rechtszustand durch die Vorschrift des § 4 e des Stempelsteuergesetzes vom 31. Juli 1895 überhaupt etwas, insbesondere aber etwas zuungunsten der beteiligten Unternehmer und Eigentümer, hätte geändert werden sollen, gebricht es sowohl nach dem eben berührten Charakter des Stempelsteuergesetzes, als auch speziell nach der Begründung und den Verhandlungen zu diesem § 4 e schlechthin an jedem Anhalt. Die Worte in § 4 e: „Urkunden über Besitzveränderungen, denen sich die Beteiligten aus Gründen des öffentlichen Wohls zu unterwerfen gesetzlich verpflichtet sind (Enteignungen)“ können hiernach nicht bedeuten, daß die Stempelbefreiung der Urkunden über freiwillige Veräußerungsgeschäfte erst dann eintreten solle, wenn alle Bedingungen der Enteignung für den einzelnen Eigentümer gegeben sind, also wenn der Plan und die Entschädigung endgültig festgestellt, und letztere bezahlt und hinterlegt ist, sondern es muß im Sinne jener Bestimmung das Vorhandensein einer gesetzlichen Verpflichtung der Beteiligten, sich im Fall der Enteignung der Besitzveränderung zu unterwerfen, schon für einen früheren Zeitpunkt angenommen werden. Dieser Zeitpunkt ist nach Maßgabe des bisherigen Rechtszustandes mit der vorläufigen Planfeststellung als eingetreten anzusehen. Alle freiwilligen Veräußerungen, die nach der vorläufigen Feststellung des Planes innerhalb desselben erfolgen, d. h. die in diesem Plan für das Unternehmen bestimmten Grundstücke betreffen, sind daher vom Stempel befreit. Diese Befreiung muß in gleichem Maße, wie für das gewöhnliche Enteignungsverfahren, so auch für das Fluchtlinienverfahren gelten. Beide Verfahren gehen in bezug auf die Planfeststellung vollständig gleichen Schrittes, nur daß die beteiligten Behörden andere sind (Regierungspräsident — Ortspolizeibehörde; Bezirksausschuß — Kreisausschuß). Das Stempelsteuergesetz selbst macht zwischen den beiden Verfahren keinen Unterschied, und sachlich besteht ein solcher ebenfalls nicht. Der Entscheidungsgrund des Berufungsrichters ist in der obigen Untersuchung über die Bedeutung des § 11 Satz 2 Fluchtlin.Ges. beseitigt. Wie im gewöhnlichen Enteignungsverfahren die königliche Verordnung, so stellt im Fluchtlinienverfahren das Fluchtliniengesetz ein für allemal die rechtliche Grundlage für die gesetzliche Verpflichtung der beteiligten Grundbesitzer dar, sich nach der vorläufigen Planfeststellung der Besitzveränderung hinsichtlich der in diesem Plane aufgenommenen Grundstücke zu unterwerfen. Diese Verbindlichkeit tritt im Sinne des Stempelsteuergesetzes im Fluchtlinienverfahren nicht erst mit der endgültigen Planfeststellung ein."

**RGZ. 69, 159**

**1. Kann das Verlangen der Gemeinde auf Abtretung der durch einen Fluchtlinienplan zu Straßen und Plätzen bestimmten Grundflächen (§ 13 Abs. 1 Nr. 1 des preuß. Fluchtliniengesetzes vom 2. Juli 1875) durch Maßnahmen, die sie an diesen Grundflächen vornimmt (Kanalisation usw.), stillschweigend erklärt werden?**

**2. Welche Bedeutung hat in solchem Falle die Behauptung der Gemeinde, daß der Eigentümer der Grundfläche diese schon vorher dem öffentlichen Verkehr gewidmet und den Besitz daran der Gemeinde überlassen habe?**

VII. Zivilsenat. Urt. v. 12. Juni 1908 i. S. Stadtgemeinde Essen (Bekl.) w. L. (Kl.). Rep. VII. 348/07.

I. Landgericht Essen. II. Oberlandesgericht Hamm.

Der Kläger ist Eigentümer mehrerer Parzellen des Gemeindebezirks Essen. Diese Parzellen bilden die Dürerstraße in Essen-West, die unstreitig eine dem öffentlichen Verkehr dienende Straße ist und früher zur Gemeinde Altendorf gehörte, deren Rechtsnachfolger die Beklagte ist. Auf Grund des Fluchtliniengesetzes vom 2. Juli 1875 wurde der die Dürerstraße enthaltende Bebauungsplan von der Gemeinde Altendorf am 21. September 1896 offen gelegt und am 2. Juli 1897 förmlich festgestellt. Der Kläger behauptet nun, er habe diese Parzellen an die Rechtsvorgängerin der Beklagten auf deren Verlangen abgetreten, und zwar habe sie solches Verlangen dadurch zum Ausdruck gebracht, daß sie die Dürerstraße mit Kanalisation sowie mit Gas- und Wasserleitung versehen, und ferner auf Grund ihres Ortsstatuts vom 4. Dezember 1890 gegen Sicherstellung der Kosten für Kanalisation und Pflasterung dem Bauunternehmer F. die Errichtung von fünf Wohnhäusern an der Dürerstraße gestattet habe. Kläger beanspruchte Entschädigung für das nach seiner Angabe von ihm abgetretene Land und beantragte deshalb klagend, die Beklagte zu verurteilen, das Enteignungsverfahren einzuleiten und zu diesem Zwecke bei dem zuständigen Regierungspräsidenten den Antrag auf Feststellung der Entschädigung zu stellen. Die Beklagte beantragte Abweisung der Klage, indem sie bestritt, daß in den vom Kläger angegebenen, nicht in Abrede gestellten Maßnahmen ihrer Rechtsvorgängerin das stillschweigende Verlangen auf Abtretung zu erblicken sei; der Kläger selbst sei es vielmehr gewesen, der bereits vorher die Straße dem öffentlichen Verkehr gewidmet habe. Der erste Richter wies die Klage ab; der zweite gab ihr statt.

Die Revision wurde zurückgewiesen, aus folgenden

Gründen:

Nach § 13 des Fluchtliniengesetzes kann wegen Entziehung des von der Festsetzung neuer Fluchtlinien betroffenen Grundeigentums Entschädigung, abgesehen von zwei anderen, hier nicht in Betracht kommenden Fällen, nur gefordert werden, wenn die zu den Straßen und Plätzen bestimmten Flächen auf Verlangen der Gemeinde für den öffentlichen Verkehr abgetreten werden. Daß dieses Abtretungsverlangen auch stillschweigend erklärt werden kann, ist unzweifelhaft und schon wiederholt vom Reichsgericht anerkannt. Im vorliegenden Falle findet der Berufungsrichter ein solches stillschweigendes Abtretungsverlangen der Gemeinde Altendorf darin, daß sie, nicht etwa auf Antrag oder im Einvernehmen mit dem Sraßeneigentümer, d. i. mit dem Kläger, sondern vielmehr lediglich auf Antrag eines Anliegers, dem an der Straße keinerlei Rechte zustanden, auf ihre Kosten in der Dürerstraße Kanalisation sowie Gas- und Wasserleitung angelegt, und dem vorbezeichneten Anlieger zur Erbauung von fünf Wohnhäusern an der Dürerstraße gegen Sicherstellung der Kosten für Pflasterung und Kanalisation in Gemäßheit des geltenden Ortsstatuts die Genehmigung erteilt hat. Dieser Auffassung kann nur beigepflichtet werden. Mit Recht macht der Berufungsrichter geltend, durch diese Handlungen habe die Gemeinde unzweideutig zum Ausdruck gebracht, daß sie die Straße für den öffentlichen Verkehr gebraucht wissen wolle, und darüber wie eine Eigentümerin verfügt. Damit sind die Erfordernisse des § 13 Nr. 1 Fl.L.G. erfüllt.

Was die Beklagte sowohl in den Vorinstanzen wie in der Revisionsinstanz dagegen vorgebracht hat, trifft die Sache nicht. Sie beruft sich hauptsächlich darauf, daß der Kläger bereits vor den von ihr an der Straße getroffenen Maßnahmen als Eigentümer den Grund und Boden, wie sie sagt, „dem öffentlichen Verkehr gewidmet habe". Allein daraus folgt nichts gegen ihre Entschädigungspflicht. Von der Widmung von Grund und Boden für den öffentlichen Verkehr pflegt gewöhnlich in dem Zusammenhange und in dem Sinne die Rede zu sein, daß erklärt wird, allein dadurch, daß der Eigentümer eines Weges diesen dem öffentlichen Verkehr widme, werde dieser noch nicht zu einem öffentlichen Wege; damit dieser den Anordnungen der Wegepolizeibehörde und der Unterhaltungspflicht des Wegebaupflichtigen unterliege, sei es vielmehr erforderlich, daß diese mit der Widmung des Weges für den öffentlichen Verkehr einverstanden seien, insbesondere also auch der Wegebaupflichtige mit diesem Zuwachs seiner Wegebaupflicht. Über das Verhältnis des Wegeeigentümers zu der wegebaupflichtigen Gemeinde ist damit gar nichts gesagt. Wie dieses beschaffen ist, kann sich allein nach Lage des einzelnen Falles richten. Ist der Wille des Grundeigentümers darauf gerichtet, daß er das Eigentum am Grund und Boden behalten will, so ist damit ein Anspruch gegen die Gemeinde oder den sonstigen Wegebaupflichtigen dahin, daß er Entschädigung für sein Eigentum erhalte, selbstverständlich ausgeschlossen. Die Frage, ob und gegen wen er eventuell einen Anspruch wegen Entschädigung für die ihm entgehende Nutzung des Grund und Bodens erheben kann, kommt hier nicht in Betracht; denn von allen diesen Dingen steht gegenwärtig nichts in Frage. Der vorliegende Fall ist nämlich der häufig vorkommende, daß der Eigentümer von solchem Grund und Boden, der im Ortsbereich gelegen ist, im Interesse der Verwertung seines übrigen Besitzes als Baugelände wünscht, daß auf einem Teile seines Besitzes zur Aufschließung des anderen eine öffentliche Straße angelegt werde. Daß er die Absicht hegen sollte, in solchem Falle Eigentümer des Grund und Bodens zu bleiben, ist gewiß in der Regel nicht anzunehmen; hier ist solche Annahme ausgeschlossen, da der Kläger stets von der „Abtretung" des Grund und Bodens, die demnächst erfolgen solle, gesprochen hat. Wenn in solchem Falle der Eigentümer eines derartigen Grundbesitzes damit einverstanden ist, daß auf dem zur Straße bestimmten Teile die zur Straßenanlage erforderlichen Maßnahmen getroffen werden, während er noch Eigentümer des Grund und Bodens ist, und daß die Straße nach Fertigstellung dem öffentlichen Verkehr übergeben wird, so ist hieraus mit nichten zu schließen, daß er den Grund und Boden dem öffentlichen Verkehr mit dem Willen oder der Wirkung gewidmet habe, daß er für die Verwendung seines Eigentums zur Straße von der Gemeinde keine Entschädigung zu beanspruchen habe. Ob ihm Entschädigung zusteht oder nicht, kann sich nur nach den mit der Gemeinde getroffenen Abmachungen bestimmen. Der Gesichtspunkt der zuerst durch den Kläger erfolgten Widmung der Dürerstraße für den öffentlichen Verkehr, der von der Beklagten jedenfalls seinem sachlichen Kerne nach dahin verwertet werden sollte, daß damit ihre Entschädigungspflicht entfalle, erscheint deshalb als verfehlt. Wenn auch der Kläger, wie die Revision bemerkt, damit selbst die Initiative zu der ihm in seinem eigenen Interesse erwünschten Umgestaltung des Privateigentums in öffentliches Eigentum ergriffen haben sollte, so ist die Folgerung der Revision, daß deshalb hier keiner der Fälle vorliege, in denen ein Privater im Interesse des öffentlichen Wohles seine Rechte aufopfern müsse, ungerechtfertigt.

Ebensowenig hat die Frage für die Entschädigungspflicht der Beklagten Bedeutung, ob schon vor den von der Beklagten an der Dürerstraße getroffenen Maßnahmen eine Besitzübertragung auf sie stattgefunden hat. Der Berufungsrichter legt hierauf Wert, führt indessen aus, daß eine vor jener Maßnahme geschehene Besitzübertragung von der Beklagten selbst nicht behauptet sei, und in der Widmung für den öffentlichen Verkehr eine Besitzübertragung an die Gemeinde nicht zu finden sei. Ob letzteres zutreffend ist, erscheint zweifelhaft; es kommt jedoch hierauf nicht an. Wenn die Gemeinde das den Entschädigungsanspruch zur Fälligkeit bringende Verlangen der Abtretung der zu einer Straße bestimmten Grundflächen für den öffentlichen Verkehr stellt, so ist es für jene Wirksamkeit dieses Verlangens selbstverständlich völlig gleichgültig, ob die Abtretung freiwillig geschieht oder nicht. Nicht minder gleichgültig muß es hierfür aber auch sein, ob die Initiative zur Abtretung von der Gemeinde ausgeht oder von der anderen Seite. Ob die Gemeinde die Besitzabtretung verlangt, und der Eigentümer ihr darauf den Besitz freiwillig überträgt, oder ob dieser der Gemeinde die Besitzübertragung anbietet, und letztere den Besitz übernimmt, kann rechtlich keinen Unterschied begründen. Man darf das Wort „Verlangen" in § 13 Nr. 1 LILG. nicht pressen. Entscheidend ist allein der Sinn dieser Bestimmung, der dahin geht, daß die Eigentümer der zu Straßen und Plätzen bestimmten Grundflächen nicht berechtigt sein sollen, sie den Gemeinden aufzunötigen, solange diese davon zu dem betreffenden Zweck, nämlich zur Herstellung öffentlicher Straßen und Plätze, keinen Gebrauch machen wollen. Geschieht aber letzteres tatsächlich, d. h. verwenden die Gemeinden den zu Straßen und Plätzen bestimmten Grund und Boden zu diesem Zweck, so ist der Entschädigungsanspruch fällig geworden, und es kann dessen Durchführung nicht davon abhängen, ob die Gemeinde formell die Abtretung „verlangt" hat. Ob daher eine Besitzübertragung vor den von der Gemeinde an der Dürerstraße vorgenommenen Maßnahmen ausdrücklich stattgefunden hat, oder ob sie in einer etwa vorher durch den Kläger erfolgten Widmung der Dürerstraße für den öffentlichen Verkehr zu finden wäre, würde den Klageanspruch nicht berühren; er würde dann durch diese Tatsache begründet sein.

Das Schicksal der Klage ist hiernach nur noch von der Beantwortung der Frage bedingt, ob etwa der Kläger verpflichtet ist, den Grund und Boden der Dürerstraße der Beklagten unentgeltlich abzutreten; denn alsdann würde sein Verlangen auf Einleitung eines Entschädigungsfestsetzungsverfahrens gegenstandslos und überflüssig sein. Allein für eine Bejahung dieser Frage ist kein Anhalt gegeben. Die Gemeinde selbst hat niemals mit dem Kläger Grunderwerbsverhandlungen über den zur Dürerstraße bestimmten Grund und Boden gepflogen, und wenn der Kläger anderen, insbesondere einer Kirchengemeinde, gegenüber sich zur unentgeltlichen Hergabe des Straßengeländes verpflichtet haben sollte, so kann die Beklagte daraus kein Recht für sich herleiten, da die Merkmale eines wirksamen Vertrages zugunsten Dritter, nämlich zugunsten der Gemeinde, fehlen.

**RGZ. 74, 18**

**Enteignung von Bauland nach preußischem Rechte. Berechnung der Entschädigung unter Zugrundelegung eines nur gedachten Neubaus. Einfluß eines Bauverbotes, das auf Grund von § 11 des Fluchtliniengesetzes erlassen war.**

Preuß. Enteignungsgesetz vom 11. Juni 1874 § 8.
Preuß. Fluchtliniengesetz vom 2. Juli 1875 § 11.

VII. Zivilsenat. Urt. v. 27. Mai 1910 i. S. Stadtgemeinde T. (Bekl.) w. Sch. (Kl.). Rep. VII. 501/09.

I. Landgericht Tilsit. II. Oberlandesgericht Königsberg.

Das Grundstück des Klägers in der Stadt T. wurde durch eine im Jahre 1882 festgesetzte Fluchtlinie dergestalt getroffen, daß 966 qm in die geplante Straße (Fabrikstraße) fielen und nur der südliche Teil von 29 qm dem Eigentümer verblieb. Im März 1903 erlitt der Kläger einen Brandschaden, der ihn veranlaßte, einen weiteren Teil der Baulichkeiten abzubrechen. Im August 1903 beantragte die Beklagte, indem sie die Abtretung der von der Fluchtlinie getroffenen Grundfläche begehrte, die Feststellung der Entschädigung im Enteignungsverfahren. Der Bezirksausschuß setzte die Entschädigung auf 45 470 M. fest. Der Kläger beantragte im Rechtswege die Erhöhung dieser Summe um 64 530 M., also auf 110 000 M, wogegen die Beklagte widerklagend die Herabsetzung um 17 179 M. forderte.

Das Landgericht sprach unter Abweisung der Widerklage dem Kläger noch 3230 M. nebst Zinsen zu. Das Oberlandesgericht änderte auf die Berufung des Klägers das erste Urteil dahin ab, daß es die Beklagte zur Hinterlegung von noch 12 530 M. nebst Zinsen verurteilte. Die Revision der Beklagten blieb ohne Erfolg.

Gründe:

... Die Revision richtet ihren Hauptangriff dagegen, daß die dem Kläger zugebilligte Entschädigung nach den Erträgen eines fingierten Neubaues berechnet worden sei. Dadurch soll der Berufungsrichter gegen die §§ 8, 10 des Enteignungsgesetzes und gegen die §§ 11, 13 des Fluchtliniengesetzes verstoßen haben.

Richtig ist, daß die Gemeinden durch die auf Grund der Festsetzung der Fluchtlinie eintretende Baubeschränkung (§ 11 FlLGes.) vor Wertsteigerungen infolge von Neubauten, Um- und Ausbauten, die der Eigentümer des von der Fluchtlinie betroffenen Grundstücks bis zu dessen Inanspruchnahme für Straßenzwecke ausführen läßt, geschützt werden sollen. Der bauliche Zustand wird für die künftige Entziehung des Grundeigentums dergestalt festgelegt, daß Veränderungen der in § 11 erwähnten Art ohne die Genehmigung der das Bauverbot handhabenden Polizeibehörde ausgeschlossen sind und die Entschädigung von dem Einflusse solcher Veränderungen freigemacht wird (vgl. Friedrichs, Fluchtliniengesetz, 5. Aufl., Bem. 2 zu § 11 S. 79). Damit tritt der andere Satz, den das Reichsgericht ausgesprochen hat und an dem festzuhalten ist, daß nämlich bei der demnächstigen Enteignung der volle Wert des für den öffentlichen Verkehr bestimmten Grundstücks, wie es zur Zeit der Enteignung vorhanden ist, ohne Rücksicht auf die mit der Fluchtlinienfestsetzung eintretende Baubeschränkung zu ersetzen sei (Entsch. in Zivils. Bd. 53 S. 133), nur in scheinbaren Widerspruch. Das Bauverbot bleibt außer Betracht, soweit es sich um die Frage handelt, ob die entzogene Grundfläche als Bauland zu bewerten ist; sie ist so zu beantworten, als wäre das durch das Fluchtliniengesetz geschaffene rechtliche Hindernis der baulichen Ausnutzung des Grundstücks nicht gegeben.

Aber das Bauverbot äußert seine Wirkung insofern, als der Eigentümer bei Geltendmachung des Verbots rechtlich nicht in der Lage ist, sein Grundstück mit tatsächlich an sich möglichen Neu-, Um- oder Ausbauten zu versehen, und dadurch die Gemeinde den Vorteil erlangt, daß sie solche Bauten nicht zu ersetzen braucht. Deren Kosten bleiben ihr erspart, dafür hat sie nichts zu zahlen (Entsch. des RG. in Zivils. Bd. 55 S. 73).

Wenn die Revision meint, daß bei Ermittelung der Entschädigung nach einem fingierten Neubau, also bei Annahme einer der vollen Ausnutzungsfähigkeit des Grundstücks entsprechenden Bebauung, das Gegenteil der Fall sei, so übersieht sie, daß bei einer solchen Schätzung auch nichts weiter festgestellt wird, als der derzeitige wirkliche Wert des Grundstücks, wie er ist, nicht wie er sein würde, wenn der Neubau tatsächlich ausgeführt wäre. Der Eigentümer erhält nicht den Wert des nur gedachten Gebäudes ersetzt; denn die Kosten der Errichtung dieses Gebäudes, die notwendig aufgewendet werden müssen, um den angemessenen Ertrag zu erzielen, werden in Abzug gebracht (vgl. Gruchot, Beitr. Bd. 37 S. 125, Bd. 38 S. 1097). Dies dürfte nicht geschehen, wenn es sich um ein fertiges Gebäude handelte, das der Eigentümer der Gemeinde zu überlassen hätte; hier ist ein bebautes, nicht bloß ein bebaubares Grundstück Gegenstand der Schätzung, und in der Entschädigungssumme muß der Eigentümer für das erforderliche Baukapital die Deckung finden. Der Revision wäre daher nur zuzustimmen, wenn der Berufungsrichter den Boden der Fiktion verlassen und den Kläger so entschädigt hätte, als wäre der Neubau in Wahrheit errichtet. Dies trifft aber nicht zu . . . Die Baukosten werden ausdrücklich in Abzug gebracht, und es wird auch richtig dem Umstande Rechnung getragen, daß Gebäude schon vorhanden und für den projektierten Neubau teilweise verwendbar waren. Der Berufungsrichter folgt des näheren dem Sachverständigen K., und dieser stellt bei seinem schließlichen Gutachten, das er auf der Berechnung des Ertragswerts aufbaut, die Zinsen der auf 51 154 M. bemessenen Bausumme mit 2557,70 M. in Ausgabe; um diese Zinsen mindert sich der Reinertrag. Daraus geht hervor, daß die Beklagte dem Kläger das zur Straße gezogene Grundstück nur so, wie es zur Zeit der Enteignung beschaffen war, nach Maßgabe jedoch seiner vollen Benutzungsfähigkeit, zu bezahlen braucht. Es wird ihr nicht zugemutet, daß sie den Kläger für einen Neubau, der dem Bauverbote aus § 11 FlLGes. unterlag und weder ausgeführt werden durfte noch ausgeführt ist, entschädige. Aber dafür soll sie ihn nach den allgemeinen Grundsätzen des Enteignungsgesetzes entschädigen, daß ihm ein Grundstück entzogen ist, das in der vom Sachverständigen angenommenen Weise hätte benutzt werden können. Es findet sich keine Sonderbestimmung im Fluchtliniengesetze, die als Maßstab der Entschädigung nur die bisherige Benutzungsart des Grundstücks und nicht die Benutzungsfähigkeit zuließe. Insbesondere steht § 11 des Gesetzes nicht der Berechnung des Ertragswertes eines Grundstücks, das Baulandeigenschaft hat, bei Unterstellung eines möglichen Neubaues entgegen. Das Interesse der Gemeinde wird dadurch gewahrt, daß es infolge der Baubeschränkung zur wirklichen Ausführung des den Wert des Grundstücks und damit den Umfang des Ersatzes steigernden Neubaues nicht kommen kann und darum der Eigentümer den Wert dieses Neubaues nicht ersetzt erhält. Vergütet wird ihm nur der Wert des Grund und Bodens als möglichen und gedachten Trägers des Bauwerks, dessen Kosten abgezogen werden. . . .

**RGZ. 75, 145**

**Kann der Eigentümer eines Grundstücks, der zum Zwecke der Befreiung von dem ortsstatutarischen Bauverbote die sog. Anliegerbeiträge auf Grund eines Vertrages mit der Stadtgemeinde im voraus bezahlt hat, diese Beiträge zurückfordern, wenn demnächst die geplante Straße nicht hergestellt wird?**

Preuß. Fluchtliniengesetz vom 2. Juli 1875 § 12. BGB. § 812.

VII. Zivilsenat. Urt. v. 13. Januar 1911 i. S. Stadtgemeinde F. (Bekl.) w. P. (Kl.) Rep. VII. 336/10.

I. Landgericht Frankfurt a. M. II. Oberlandesgericht daselbst.

Der Kläger beabsichtigte im Jahre 1891, an der unfertigen W.-Straße zu F. ein Fabrikgebäude mit Wohnhaus zu errichten. Die Beklagte machte die Erteilung des Dispenses von dem Bauverbot gemäß den §§ 12, 15 des Fluchtliniengesetzes und ihrer darauf beruhenden Ortsstatuten von der Sicherstellung der dem Kläger als Anlieger zur Last fallenden Straßenherstellungs- und Unterhaltungskosten abhängig. Der Kläger übernahm durch Revers vom 7. April 1892 die geforderte Sicherstellung, erhielt die Bauerlaubnis und ersetzte demnächst die Sicherheitsleistung durch Barzahlung des auf die Front des Gebäudes an der W.-Straße entfallenden Betrages von 3056,40 M. Die Herstellung der W.-Straße wurde indessen in der Folgezeit aufgegeben. Der Kläger hielt sich daher zur Rückforderung des gezahlten Betrages für berechtigt und erhob gegen die Beklagte mit dem entsprechenden Antrag Klage. Die Beklagte vertrat den Standpunkt, daß die Zahlung der Anliegerbeiträge die

Gegenleistung für die von ihr gewährte Befreiung vom Bauverbot sei und daher nicht zurückgefordert werden könne.

Das Landgericht wies die Klage ab. Das Oberlandesgericht erkannte dagegen auf die Berufung des Klägers nach dem Klagantrage. Die Revision der Beklagten hatte keinen Erfolg.

Gründe:

... Um das dem Anbau an der geplanten W.-Straße infolge des ortsstatutarischen Bauverbots entgegenstehende Hindernis zu beseitigen, schloß der Kläger mit der verklagten Stadtgemeinde das sich auf privatrechtlichem Boden bewegende Abkommen, wonach er sich zur Sicherstellung der nach Fertigstellung der Straße auf ihn entfallenden Anliegerbeiträge verpflichtete und sich die Beklagte ihrerseits bereit erklärte, der Baupolizeibehörde gegenüber von dem ihr zustehenden Bauverbot Abstand zu nehmen. Es handelt sich also um einen sog. Baudispensvertrag, der einerseits die Errichtung eines Wohngebäudes an der noch unfertigen Straße ermöglichen und anderseits die Erfüllung der dem Anlieger künftig erwachsenden ortsstatutarischen Verpflichtungen gewährleisten sollte. Von beiden Teilen war sonach in klar erkennbarer Weise vorausgesetzt, daß die noch unfertige Straße ausgebaut werde; nur im Hinblick auf eine neue Straße kann von einem Bauverbot und von der Sicherung künftiger Anliegerbeiträge die Rede sein. Darum läßt sich auch nicht mit der Revision sagen, daß sich die Verpflichtung der Stadt mit dem Verzicht auf das Bauverbot erschöpfe und daß es für die Frage, ob die Stadt die Leistung des Klägers behalten dürfe, nicht darauf ankomme, ob die Straße wirklich gebaut werde. Der Kläger hat nicht schlechthin im Austausch gegen die Befreiung vom Bauverbot eine Summe Geldes bezahlt, sondern er hat die Beklagte, damit sie ihm das Bauen gestatte, wegen der Anliegerbeiträge sichergestellt oder richtiger im voraus befriedigt. Um der neuen Straße willen ist der Vertrag geschlossen; sie bildet die rechtliche Grundlage der zwischen den Parteien getroffenen Abmachungen. Daraus folgt, daß diesen mit der Aufgabe des Straßenbauplanes der Boden entzogen ist. Es steht fest, daß der von der Beklagten erklärte Verzicht auf das Bauverbot gegenstandslos ist und daß Anliegerbeiträge nicht erwachsen können, daß mithin der Vertragszweck nicht erreicht ist. Der Kläger ist daher nach altem wie nach neuem Recht befugt, was er in der nicht erfüllten Erwartung der Herstellung der Straße geleistet hat, zurückzufordern; es befindet sich ohne rechtlichen Grund in den Händen der Beklagten und muß nach den Grundsätzen der rechtlosen Bereicherung wieder herausgegeben werden (§ 812 BGB.)."

**RGZ. 78, 427**

**Preuß. Fluchtlinienrecht.**

*Alter Leitsatz:*

*Kann die Sicherheit, die ein Straßenanlieger für die sog. Anliegerbeiträge auf Grund eines Vertrages mit der Stadtgemeinde zum Zwecke der Bewilligung einer Ausnahme von dem ortsstatutarischen Bauverbote geleistet hat, zurückgefordert werden, wenn das Bauverbot nicht bestand?*

Preuß. Fluchtliniengesetz vom 2. Juli 1875 §§ 12, 15.
BGB. §§ 306, 812ff.

VII. Zivilsenat. Urt. v. 27. Februar 1912 i. S. D. (Kl.) w. Stadtgemeinde Halle (Bekl.). Rep. VII. 409/11.

I. Landgericht Halle a. S. II. Oberlandesgericht Naumburg a. S.

Die frühere Landgemeinde Giebichenstein wurde durch das preuß. Gesetz vom 31. März 1900 (GS. S. 79) mit der Stadtgemeinde Halle a. S. vereinigt. Die R.-Straße gehörte auf der Strecke zwischen der L.-Straße und dem A.-Wege zum Gebiete von Giebichenstein und war nach dem Urteile des Preußischen Oberverwaltungsgerichts vom 14. November 1907 zu dem bezeichneten Teile bereits im Jahre 1900 eine fertige Ortsstraße. Der Kläger beabsichtigte, in den Jahren 1903 und 1904, auf seinen an jenem Straßenteile liegenden Grundstücken Nr. 50 und 51 Wohnhäuser zu errichten. Das Ortsstatut für die Stadt Halle vom 20. November 1888 / 1. April 1896 enthält das dem § 12 des Fluchtliniengesetzes vom 2. Juli 1875 entsprechende Bauverbot. Der Magistrat kann Ausnahmen von dem Bauverbote auf Grund eines mit dem Bauherrn abzuschließenden schriftlichen Vertrages bewilligen. Der Kläger schloß mit der Beklagten am 11. November 1903 und am 6. Oktober 1904 Verträge, inhalts deren er anerkannte, daß er bei Errichtung der geplanten Wohnhäuser zur Leistung der ortsstatutarischen Anliegerbeiträge (§ 15 FlLG.) verpflichtet sei. Er bestellte der Beklagten eine nach einem vorläufigen Anschlage berechnete Sicherheit von 3070 M. und von 3204 M. durch Verpfändung von Sparkassenbüchern, und die Beklagte erklärte, daß sie nach Leistung der Sicherheit und nach der Auflassung des etwa zur Straße abzutretenden Landes die vom Unternehmer beantragte Ausnahme von dem Bauverbote bewillige und die Polizeiverwaltung davon in Kenntnis setzen werde. Der Kläger verlangte demnächst von der Beklagten die Rückgabe der verpfändeten Sparkassenbücher, da die R.-Straße eine sog. historische Straße sei und deshalb die Beklagte eine Sicherheit für Anliegerbeiträge nicht habe fordern dürfen.

Das Landgericht erkannte nach dem Klageantrage. Das Oberlandesgericht wies dagegen auf die Berufung der Beklagten die Klage ab. Der Revision des Klägers wurde stattgegeben und das Urtei der ersten Instanz wiederhergestellt.

Gründe:

Nach dem ... Urteile des Oberverwaltungsgerichts vom 14. November 1907 war der Teil der R.-Straße, auf dem der Kläger in den Jahren 1903 und 1904 Wohnhäuser mit Ausgängen nach der Straße errichten wollte, bereits im Jahre 1900 eine fertige Ortsstraße. Er gehörte damals zum Gebiete der Gemeinde Giebichenstein und war nach den baupolizeilichen Bestimmungen dieses Ortes für den öffentlichen Verkehr und den Anbau fertig hergestellt. Daran konnte auch durch die Eingemeindung von Giebichenstein in die Stadt Halle nichts geändert werden, und deshalb läßt das Oberverwaltungsgericht die Frage unerörtert, ob und in welcher Ausdehnung die R.-Straße nach den für Halle geltenden Bestimmungen als fertige Straße anzusehen gewesen sei.

Vgl. Saran, Das Baufluchtliniengesetz Anm. 18 zu § 12 S. 174.

Es unterliegt keinem Bedenken, der Feststellung des Oberverwaltungsgerichts, obwohl sie in einem Streite zwischen der Beklagten und den Bauunternehmern getroffen worden ist, auch für den gegenwärtigen Prozeß maßgebende Bedeutung beizumessen. Die Beklagte hat sich ihr, wie das Schreiben vom 20. August 1908 und die Bekanntmachung vom 4. März 1908 erkennen lassen, gefügt, und auch der Berufungsrichter sagt, daß die R.-Straße, soweit sie hier in Betracht kommt, dem öffentlichen straßenmäßigen inneren Verkehre gedient habe und zum Anbau bestimmt gewesen sei. Auf diesen Teil der R.-Straße konnte sonach das ortsstatutarische, auf § 12 FlLG. beruhende Bauverbot keine Anwendung finden, was die Beklagte in ihrer Bekanntmachung vom 4. März 1908 auch ausdrücklich erklärt hat.

Vgl. Saran a. a. O.; Friedrichs-v. Strauß und Torney 5. Aufl. Bem. 5e zu § 12 FlLG. S. 122.

Es bestand daher für den Kläger, als er bauen wollte, das aus dem Bauverbote hergeleitete rechtliche Hindernis nicht; die Beklagte durfte seinem Vorhaben unter Berufung auf das Ortsstatut nicht entgegentreten.

Zu untersuchen war also, welchen Einfluß dieser Umstand — das Nichtbestehen des Bauverbots — auf die zwischen den Parteien geschlossenen Verträge vom 11. November 1903 und 6. Oktober 1904 auszuüben vermochte, ob er insbesondere das Verlangen des Klägers auf Rückgewähr der bestellten Sicherheit rechtfertigte. Der Berufungsrichter hält den Umstand für unerheblich. Er meint, daß der Kläger „in genauer Kenntnis der Sachlage die Verpflichtung zur Sicherheitsleistung privatrechtlich übernommen habe", und will damit ersichtlich feststellen, daß sich der Kläger zur Sicherstellung der von ihm geforderten Anliegerbeiträge verpflichtet habe, gleichviel ob das Bauverbot bestand oder nicht bestand, daß mithin der Vertrag die Natur eines Vergleichs habe, wie dies in dem durch das Urteil des erkennenden Senats vom 15. Mai 1906 (Rep. VII. 431/1905, abgedruckt im Preuß. Verwaltungsbl. Bd. 27 S. 736) entschiedenen Falle zutraf. Allein durch diese Annahme setzt sich der Berufungsrichter mit dem sonstigen Sachverhalte und mit seinen eigenen Ausführungen in Widerspruch und verkennt die rechtliche Tragweite der zwischen den Parteien getroffenen Abmachungen. Es erhellt darüber nichts, daß die Parteien vor Abschluß der Verträge darüber gestritten hätten, ob der Beklagten das Recht zustehe, dem Kläger das Bauen an der R.-Straße zu verbieten. Beide Teile gingen vielmehr, wie nach den Tatbeständen der Vorderurteile und nach den vorgelegten Akten der Beklagten ohne weiteres angenommen werden darf, davon aus, daß das Bauverbot bestehe. Der Berufungsrichter bemerkt selbst, daß der Kläger in die vom Magistrat in Anspruch genommene Berechtigung nicht den geringsten Zweifel gesetzt habe. Danach ist durch die Verträge kein Streit erledigt, sie sind formularmäßig im Hinblick auf § 2 des Ortsstatuts geschlossen, wonach Ausnahmen von dem Bauverbote vom Magistrat auf Grund eines schriftlichen Vertrags bewilligt werden dürfen.

Derartige Verträge kommen häufig vor und sind auch vielfach Gegenstand der Erörterung in Theorie und Praxis gewesen.

Vgl. Entsch. des RGs. in Zivils. Bd. 56 S. 4. Entsch. des Oberverwaltungsgerichts Bd. 54 S. 438 und die Übersicht bei Saran a. a. O. S. 194 ff.

Sie bewegen sich — darin ist dem Berufungsrichter zuzustimmen — im wesentlichen auf privatrechtlichem Boden und enthalten gegenseitige Verpflichtungen: der Bauherr verspricht die Zahlung oder Sicherstellung der sog. Anliegerbeiträge, die Gemeinde sagt die Bewilligung der Ausnahme von dem Bauverbote und den Verzicht auf dieses gegenüber der mit der Handhabung des Verbots betrauten Baupolizeibehörde zu. Es kann dahingestellt bleiben, ob die Leistung der Gemeinde, soweit sie in diesem Verzichte besteht, öffentlichrechtlicher Art und ob sie durch die Zwangsvollstreckung nach den Vorschriften der Zivilprozeßordnung erzwingbar ist. Es handelt sich jedenfalls um die vertragsmäßige Beseitigung der dem Bauvorhaben nach der Meinung beider Teile durch das Ortsstatut gezogenen Schranke. Ihretwegen allein wird der Vertrag geschlossen, und nur in ihr findet er seinen Rechtsgrund. Besteht die Schranke in Wirklichkeit nicht, durfte mithin die Gemeinde den Bau nach Maßgabe des § 12 FlLG. nicht verhindern, so entfällt jener Rechtsgrund. Die Gemeinde vermag zwar die von ihr übernommene Erklärung der äußeren Form nach abzugeben, aber inhaltlich ist sie ohne jede Bedeutung und nicht das, was sie nach dem beiderseitigen Vertragswillen sein sollte: die Abstandnahme von einem durch das Gesetz eingeräumten Untersagungsrechte. Nur um dieses Verzichtes willen hat der Bauherr seine Leistung zugesichert. Sie kann ihm nicht angesonnen werden, wenn der Gegenstand des Verzichts in Wahrheit nicht vorhanden war. Die Verpflichtung der Gemeinde ging von vornherein auf eine Willenskundgebung, die als wirksame Aufgabe eines Rechtes nicht erfolgen konnte, also auf etwas Unmögliches, und darum ist der Vertrag nichtig (§ 306 BGB.); das bereits Geleistete kann zurückgefordert werden (§ 812 ff BGB.). Zu demselben Ergebnis gelangt man, wenn man davon ausgeht, daß der Vertrag unter der erkennbar von beiden Teilen als gegeben angesehenen Bedingung des Bestehens des Bauverbots geschlossen war. Eine Anfechtung wegen Irrtums kommt nicht in Betracht, weil nicht bloß der Kläger, sondern auch die Beklagte des Glaubens waren, daß das Bauverbot anwendbar sei.

Der Berufungsrichter meint die Abweisung der Klage auch darauf stützen zu können, daß der Kläger nach den auf § 15 FlLG. beruhenden ortsstatutarischen Bestimmungen zu den Anliegerbeiträgen herangezogen werden dürfe. Es wird erörtert, ob die R.-Straße auf der streitigen Strecke noch unbebaut gewesen sei. Die Frage wird bejaht und daraus die Befugnis der Beklagten hergeleitet, gegen den Kläger aus § 15 FlLG. vorzugehen. Allein diese Erörterungen können ebenso auf sich beruhen, wie die Betrachtungen darüber, ob die R.-Straße als sog. historische Straße zu gelten habe. Erheblich war nur, daß sie zur Zeit der Eingemeindung eine fertig hergestellte, vom Bauverbote nicht betroffene Straße war, und über die öffentlich-rechtliche Verpflichtung des Klägers zur Leistung der ortsstatutarischen Anliegerbeiträge ist im vorliegenden Rechtsstreite überhaupt nicht zu befinden. Wäre selbst diese Verpflichtung begründet, so hat sie doch mit den zur Beseitigung der Bauverbote getroffenen Abmachungen nichts zu tun. Sie wird durch diese und durch die Entscheidung auf die gegenwärtige Klage nicht berührt. Nach dem Ausgeführten sind die Verträge gemäß § 2 des Ortsstatuts zu dem Zwecke der Bewilligung einer Ausnahme vom Bauverbote geschlossen. Es sollte nicht schlechthin eine Sicherheit für künftig geschuldete Beiträge geleistet, sondern durch die Leistung der Verzicht auf das Widerspruchsrecht erkauft werden. Beim Mangel eines solchen Widerspruchsrechts kann die Beklagte aus den Verträgen nicht das Recht herleiten, die Sicherheit zu behalten. Ob sie wegen geschuldeter Beiträge ein Zurückbehaltungsrecht geltend machen könnte (§ 273 BGB.), ist nicht zu prüfen, da eine entsprechende Einrede nicht erhoben ist und zudem über die Fälligkeit derartiger Beiträge nichts erhellt. Die Verteidigung der Beklagten stützt sich lediglich auf die Verträge. Da diese hinfällig sind, so muß die Beklagte die empfangenen Sparkassenbücher, unbeschadet ihrer etwaigen öffentlich-rechtlichen Ansprüche, dem Kläger zurückgeben. . . .

**RGZ. 81, 11**

**Begriff des unbebauten Grundstücks nach § 13 Abs. 1 Nr. 3 des preuß. Fluchtliniengesetzes vom 2. Juli 1875.**

VII. Zivilsenat. Urt. v. 22. November 1912 i. S. G. (Kl.) w. Stadtgemeinde G. (Bekl.). Rep. 283/12.

I. Landgericht Gleiwitz. II. Oberlandesgericht Breslau.

Der Kläger und seine Frau sind Eigentümer eines Grundstücks in T. Dieses liegt mit einer Front von 17,60 m an der von Nordwesten nach Südosten verlaufenden P.-Straße und erstreckt sich von da mehrere hundert Meter in der Richtung nach Südwesten. Im Jahre 1904 wurde die Fluchtlinie der neuen Schulstraße festgestellt. Diese mündet von Süden in die P.-Straße und nimmt den nordwestlichen Teil des klägerischen Grundstücks in einer Breite von 12 m in Anspruch. Das Wohnhaus des Klägers liegt 20,7 m südlich von der P.-Straße und fällt vollständig in die geplante Schulstraße. Kläger beabsichtigte, auf der Fläche wischen der P.-Straße und dem Wohnhaus einen Neubau zu errichten. Nachdem schon im Jahre 1900 ein Baugesuch aus baupolizeilichen Gründen abgelehnt worden war, wurde ein erneutes Gesuch im Jahre 1909 unter Hinweis auf die Fluchtlinie der Schulstraße abgelehnt. Kläger stellte in erster Instanz den Antrag, die Beklagte zu verurteilen, bezüglich desjenigen Teiles des Grundstücks, welcher von der P.-Straße bis zu einer Tiefe von 50 m reicht und von Gebäuden nicht bedeckt ist, das Enteignungsverfahren einzuleiten. Die Klage, die auf § 13 Nr. 2 und 3 FlG. gestützt war, wurde vom Landgericht abgewiesen. Kläger legte Berufung ein, wiederholte den früheren Antrag und beantragte hilfsweise, die Beklagte zur Einleitung des Enteignungsverfahrens bezüglich desjenigen Grundstücksteils zu verurteilen, welcher sich von der P.-Straße bis zu einer Tiefe von 20,7 m erstreckt. Die Berufung hatte keinen Erfolg. In der Revisionsinstanz drang Kläger mit seinem Eventualantrag durch.

Gründe:

„Der Berufungsrichter ist der Meinung, daß dem Kläger ein Anspruch auf Entschädigung nicht zustehe, weil keiner von den Fällen des § 13 FlG. vorliege. Was insbesondere Nr. 3 anbelangt, so hält er deren Voraussetzungen um deswillen nicht für gegeben, weil das Grundstück des Klägers nicht als unbebaut anzusehen sei. Das von der Straßenfluchtlinie der Schulstraße betroffene Grundstück bilde einen im Zusammenhang stehenden Grundbesitz im Sinne des Abs. 4, sei also nach dieser Vorschrift auch ein Grundstück im Sinne des Abs. 1 Nr. 3, und auf diesem Grundstück befänden sich ein Wohnhaus und eine Scheuer. Die Revision rügt, daß dem Grundstück des Klägers die Eigenschaft eines bebauten beigelegt ist. Diese Rüge ist begründet.

Wie bereits an anderer Stelle ausgesprochen ist,

Entsch. des RG. in Zivils. Bd. 34 S. 253, 254,

bezieht sich Abs. 4 des § 13, trotz seines weitergehenden Wortlauts, nur auf den vorhergehenden Abs. 3, nicht auch auf Nr. 2 und 3 des Abs. 1. Er betrifft den Umfang der Entschädigung, die zu leisten ist, wenn die Enteignung vollzogen wird; in Nr. 3 des Abs. 1 handelt es sich dagegen darum, wann Entschädigung verlangt werden kann.

Wird aber von Abs. 4 abgesehen, so kommt jedenfalls demjenigen Teile des klägerischen Grundbesitzes, welcher an der zum Anbau fertiggestellten P.-Straße liegt und noch nicht bebaut ist, die Eigenschaft eines unbebauten Grundstücks im Sinne des Abs. 1 Nr. 3 zu. Nicht das ist entscheidend, ob zusammenhängender Grundbesitz des nämlichen Eigentümers überhaupt noch nicht, sondern ob er in der Fluchtlinie einer bereits fertigen Straße noch nicht bebaut ist.

Vgl. Jur. Wochenschr. 1900 S. 574.

Auch die sonstigen Voraussetzungen der Nr. 3 sind vorhanden. Das Grundstück, soweit es an der P.-Straße liegt, ist unstreitig zur Bebauung geeignet und hätte bebaut werden können, wenn es von der Fluchtlinie der neuen Schulstraße unberührt geblieben wäre. Eine Bebauung in der Fluchtlinie dieser Straße ist zwar nicht erfolgt; eine solche Bebauung ist jedoch auch nicht möglich, weil sich der nicht in die Schulstraße fallende Teil wegen seiner zu geringen Breite nicht mehr zur Bebauung eignet, und dieser Fall steht dem der tatsächlich erfolgten Bebauung gleich.

Entsch. des RG. in Zivils. Bd. 63 S. 174, Bd. 76 S. 160.

Der Antrag auf Einleitung des Enteignungsverfahrens ist also an sich begründet, und es kann sich deshalb nur noch darum handeln, ob die Tiefe des zu enteignenden Grundstücks auf 50 m oder weniger zu bestimmen ist. Kläger ist der Ansicht, daß die Tiefe auf 50 m anzunehmen sei, weil nach den maßgebenden baupolizeilichen Vorschriften an der P.-Straße in dieser Ausdehnung hätte gebaut werden können. Dieser Umstand ist jedoch nicht ausschlaggebend. Es muß vielmehr auch in Betracht gezogen werden, daß 20,7 m von der Fluchtlinie der P.-Straße entfernt schon ein Wohnhaus steht. Das Grundstück, dessen Bebauung dem Kläger durch die Fluchtlinie der neuen Schulstraße unmöglich gemacht ist, kann deshalb von der Fluchtlinie der P.-Straße nur bis zur Tiefe von 20,7 m gerechnet werden. Es würde völlig willkürlich sein, den neben dem bereits vorhandenen Gebäude liegenden und, bis zur Tiefe von 50 m, auch noch den dahinterliegenden Teil des klägerischen Grundbesitzes als *Bestandteil* des Bauplatzes an der P.-Straße und mit diesem als Grundstück im Sinne des Abs. 1 Nr. 3 anzusehen."

**RGZ. 133, 361**

**Darf in Preußen eine Gemeinde ihre Einwilligung zu einer bei der staatlichen Behörde beantragten Bauerlaubnis von Bedingungen wirtschaftlicher Art abhängig machen und insbesondere mit dem Antragsteller Vereinbarungen über die Abtretung der zu Straßen und Plätzen benötigten Grundflächen treffen?**

Preuß. Fluchtliniengesetz vom 2. Juli 1875 (GS. S. 561) — FlLG. — §§ 8, 11, 13. Preuß. Ministerial-Erlaß vom 15. Februar 1887 (Preuß. MinBl. für die innere Verwaltung S. 70). BGB. § 138.

VI. Zivilsenat. Urt. v. 26. Oktober 1931 i. S. Stadtgemeinde Berlin (Kl.) w. A. AG. (Bekl.). VI 285/31.

I. Landgericht I Berlin. II. Kammergericht daselbst.

Die Beklagte ist Eigentümerin eines Hausgrundstücks in der B.-Straße in Berlin, in dem sie ein Weinrestaurant betreibt. Es befinden sich dort Vorgärten, und zwar hat die Beklagte das ebenfalls in ihrem Eigentum stehende, etwa 11 Meter breite Vorgartengelände erhöht, um es als Restaurantterrasse mit zu ihrem Betriebe zu benutzen. Am 22. Juni 1910 reichte die Beklagte einen Plan zur Überdachung der Terrasse mit Zeltleinwand unter Verwendung von Tragsäulen beim Polizeipräsidium in Berlin zur Genehmigung ein. Dieses Gesuch gelangte unter Vermittlung der städtischen Baupolizei an den Magistrat der klagenden Stadtgemeinde zur Äußerung. Die Stadt plante damals eine Verbreiterung der B.-Straße; die neue Straßenlinie sollte in einer Entfernung von 6,66 Meter parallel zur Bauflucht verlaufen. Es fanden dann zwischen den Vertretern der Beklagten und denen der Stadt Verhandlungen statt, die zu einer Einigung dahin führten, daß sich die Beklagte zur sofortigen lastenfreien Auflassung des über 6,66 Meter hinausragenden Geländes sowie auf Verlangen des städtischen Tiefbauamts auch zu dessen Übergabe und Freilegung verpflichtete, während der Magistrat seine Einwilligung zur Überdachung der ganzen Terrasse versprach. Diese Verpflichtung der Beklagten wurde am 18. Juli 1910 zur Niederschrift des städtischen Urkundsbeamten in der Weise erklärt, daß der Vertreter der Beklagten ein Angebot zur Auflassung, Übergabe und Freilegung machte „wenn uns (der Beklagten) die Erlaubnis zur Überdachung der Terrasse vor den genannten Grundstücken erteilt wird". Dieses Angebot nahm ein Bevollmächtigter der Klägerin in derselben Urkunde an. Unter Mitteilung der von der Beklagten eingegangenen Verpflichtung erklärte die städtische Polizeiverwaltung die Genehmigung zur Überdachung der Terrasse in einem Schreiben an das Polizeipräsidium vom 26. Juli 1910, worauf dieses unter dem 30. Juli 1910 die baupolizeiliche Erlaubnis erteilte und in die darüber ausgestellte Urkunde auch die erwähnte Verpflichtung der Beklagten aufnahm. Später, nach Behauptung der Klägerin im Jahre 1925, wurde die Straßenflucht anderweit 8,66 Meter vor der Bauflucht festgesetzt, so daß den Anliegern und der Beklagten 2 Meter mehr an Vorgärten verblieben, als im Jahre 1910 vorgesehen war.

Mit der Klage fordert die Klägerin die Verurteilung der Beklagten, ihr von dem näher bezeichneten Grundstück einen an der Straße gelegenen Streifen von etwa 2,10 Meter Breite des jetzigen Vorgartens, der über 8,66 Meter von der Bauflucht hinaus liege, aufzulassen, zu übergeben und freizulegen. Die Beklagte wendet u. a. ein, es sei nicht zulässig und verstoße gegen die guten Sitten, daß die Klägerin ihre Zustimmung zu der von der Beklagten erbetenen baupolizeilichen Genehmigung von der Zuwendung privatrechtlicher Vorteile abhängig gemacht habe.

Die Klage wurde in den beiden ersten Rechtszügen abgewiesen. Die Revision der Klägerin führte zur Aufhebung und Zurückverweisung.

Gründe:

Das Kammergericht begründet seine Entscheidung im wesentlichen wie folgt. Die Verpflichtung der Beklagten zur lastenfreien Auflassung des streitigen Geländes stelle eine abstrakte Verpflichtung im Sinne des § 780 BGB. dar. Dem liege jedoch eine Vereinbarung der Parteien zugrunde, wonach sich der Magistrat als Gegenleistung für diese Verpflichtung mit der Genehmigung zur Überdachung der Terrasse einverstanden erklärt habe. Es sei anerkannten Rechtens, daß eine baupolizeiliche Erlaubnis wegen ihrer öffentlichrechtlichen Natur nicht zum Gegenstand einer privatrechtlichen Abmachung gemacht werden könne. Nun sei zwar die von der Beklagten nachgesuchte Bauerlaubnis vom Polizeipräsidenten als

Träger der staatlichen Baupolizei erteilt und dieser habe an der Verhandlung vom 18. Juli 1910 und an dem zugrunde liegenden Abkommen nicht teilgenommen. Aber auch die regelmäßig erforderliche Zustimmung zu der Bauerlaubnis bilde einen Hoheitsakt der Klägerin, für den lediglich öffentlichrechtliche Gesichtspunkte maßgebend sein dürften. Die Klägerin handle sittenwidrig, wenn sie sich für die Vornahme einer Amtshandlung sehr erhebliche private Vorteile gewähren lasse. Danach sei die dem Schuldversprechen der Beklagten vom 18. Juli 1910 zugrunde liegende Vereinbarung für unzulässig und sittenwidrig zu erachten und nach § 138 BGB. nichtig. Das somit ohne Rechtsgrund gegebene Versprechen könne die Beklagte nach §§ 812, 817 BGB. zurückfordern, und dieser Anspruch stehe dem Klaganspruch rechtsvernichtend gegenüber.

Der Revision ist stattzugeben. Wäre die Einwilligung der Stadt in die vom Polizeipräsidium ausgesprochene baupolizeiliche Erlaubnis ein dieser rechtlich gleichzusetzender reiner Hoheitsakt, so möchte allerdings der allgemeine Satz anzuwenden sein, daß eine Behörde für die Erfüllung einer amtlichen Aufgabe eine ehebliche geldwerte Vergütung nur insoweit beanspruchen darf, als das gesetzlich zugelassen ist (vgl. RGZ. Bd. 132 S. 178 und das gerade den Fall der Bauerlaubnis behandelnde Urteil RGZ. Bd. 51 S. 417, besonders S. 421/422). Allein das Kammergericht hat die rechtliche Bedeutung der von der Stadt erforderten und abgegebenen Erklärung vom 26. Juli 1910 verkannt. Die Revision behauptet — und, soviel zu ersehen, besteht unter den Beteiligten darüber kein Zweifel — daß die Baufluchtlinie unter Freilassung eines Vorgeländes in der B.-Straße seit langer Zeit feststeht (vgl. § 1 Schlußsatz, § 11 FlLG). Schon aus diesem Grunde hätte die Erlaubnis zur Bebauung des Vorgartens versagt werden können. Der Klägerin lag aber noch besonders daran, den Teil des Vorgartens von der Bebauung freizuhalten, den sie bei der beabsichtigten Veränderung der Straßenfluchtlinie als Straßenland gebrauchen würde (§ 11 Satz 2, § 13 FlLG.). Wie weit der Plan zur Veränderung der Straße im Jahre 1910 schon fortgeschritten war, hat der Berufungsrichter nicht festgestellt. Zur sicheren Beurteilung der Sach- und Rechtslage hätte es jedoch der Aufklärung namentlich darüber bedurft, ob der Plan zur Verlegung der Straßenfluchtlinie schon im Sinne des § 8 FlLG. offengelegt worden und damit die im § 11 das. verordnete Baubeschränkung in Kraft getreten war. Aber schon die Aufstellung des neuen Fluchtlinienplans berechtigte die Klägerin, mit den Anliegern privatrechtliche Verträge abzuschließen, die den Erwerb der zur Straße bestimmten Grundflächen zum Ziele hatten (RGZ. Bd. 56 S. 4 und RGUrt. v. 8. Juli 1912 VI 556/11). Das Kammergericht will der Klägerin das freie Vertragsrecht deshalb absprechen, weil als Gegenleistung für das Schuldversprechen der

Beklagten eine Amtshandlung der Stadt vereinbart und gewährt worden sei. Dem ist nicht beizutreten, auch wenn man mit dem Berufungsgericht den § 11 FlLG. für anwendbar hält. Die Baubeschränkung in § 11 Satz 1 steht im inneren Zusammenhange mit Satz 2 das., wonach die Gemeinden das Recht erhalten, die für Straßen und Plätze bestimmten Grundflächen nötigenfalls im Wege der Enteignung (§§ 13, 14 des Gesetzes) zu erwerben (RGZ. Bd. 69 S. 68, Bd. 128 S. 29, vgl. auch Bd. 132 S. 69). Danach hat die Baubeschränkung den Zweck, den Gemeinden in ihrem wirtschaftlichen Interesse den Erwerb des in den künftigen Straßenzug fallenden Geländes zu erleichtern oder dabei wenigstens Erschwerungen zu verhindern (OVG. Bd. 69 S. 396; Saran Bem. 2 und 3 zu § 11 FlLG.; von Strauß und Torney Bem. 2 zu § 11 FlLG.). Nun gehört die Entscheidung über Baugesuche in Berlin zur Zuständigkeit des Polizeipräsidiums. Eine Mitwirkung der Stadt Berlin hierbei ist im Gesetze nicht vorgesehen. Erst ein allgemeiner Erlaß der Minister des Innern und der öffentlichen Arbeiten vom 15. Februar 1887 (Preuß. MinBl. für die innere Verwaltung S. 70) hat zu § 11 FlLG. (vgl. § 20 das.) angeordnet, daß die Polizeibehörden in eine Prüfung derartiger Baugesuche erst dann eintreten sollen, wenn die Einwilligung der Gemeinde zu dem beabsichtigten Bau nachgewiesen wird. Wie der Ministerial-Erlaß im Abs. 1 hervorhebt, verfolgt die Vorschrift im § 11 Satz 1 FlLG. den Zweck, die Gemeinden dagegen zu schützen, daß der Wert der zu Straßenzwecken bestimmten Grundstücke durch bauliche Veränderungen gesteigert werde und so die Gemeinden genötigt würden, bei der demnächstigen Abtretung des Geländes höhere Entschädigungen zahlen zu müssen, als im Zeitpunkt der Fluchtlinienfestsetzung erforderlich gewesen wäre. Hieraus folgt, daß die Einholung der Zustimmung der Gemeinden zu den Baugesuchen aus dem Grunde angeordnet wurde, damit sie ihre wirtschaftlichen und finanziellen Belange wahren könnten. Bei Erteilung oder Verweigerung der Zustimmung hatte die Klägerin in ihrer Eigenschaft als Trägerin von Vermögensrechten zu handeln. Es liegt also im Rahmen des Gesetzes und der dazu erlassenen ministeriellen Anordnungen und ist rechtlich an sich nicht zu beanstanden, daß die Klägerin ihre Einwilligung zu der von der Beklagten beantragten Bauerlaubnis von Bedingungen wirtschaftlicher Art abhängig machte.

Das Berufungsurteil kann daher mit der bisherigen Begründung nicht aufrechterhalten werden. Es wird aber zu prüfen sein, ob sich etwa die Klägerin unter Mißbrauch der ihr zustehenden obrigkeitlichen Gewalt oder ihrer Machtstellung übermäßige Vorteile verschafft hat, und ob deshalb ein Verstoß gegen § 138 BGB. in Frage kommt (vgl. auch Abs. 3 des Ministerial-Erlasses vom 15. Februar 1887).

**RGZ. 134, 25**

**Zur Rechtswirksamkeit eines Vertrags, durch den der Eigentümer eines Hausgrundstücks den in die Fluchtlinie fallenden Grundstücksteil freihändig an die Stadtgemeinde veräußert.**

RVerf. Art. 153. BGB. §§ 119, 138, 242. Preuß. Fluchtliniengesetz §§ 7, 8, 11, 13. NotVo. v. 5. Juni 1931 (RGBl. I S. 279) Teil 6 Kapitel III §§ 1 bis 7.

V. Zivilsenat. Urt. v. 24. Oktober 1931 i. S. H. Gesellschaft mbH. (Kl.) w. Stadtgemeinde K. (Bekl.). V 284/30.

I. Landgericht Krefeld. II. Oberlandgericht Düsseldorf.

Die Klägerin ist Eigentümerin eines in K. an der Ecke Neußer- und Kanalstraße gelegenen Hauses. Im Jahre 1903 wurde zur Verbreiterung der Neußerstraße ein Fluchtlinienplan, durch den ein etwa 1 m breiter Streifen des Hauses an dieser Straße von rund 24 qm Flächeninhalt weggeschnitten wurde, nach § 8 Satz 3 des preußischen Fluchtliniengesetzes (FlLG.) förmlich festgestellt, offengelegt und ortsüblich bekanntgemacht.

Im Jahre 1913 wurde ein weiterer Fluchtlinienplan zur Regelung der Ecke Kanalstraße und Neußerstraße aufgestellt. Dieser Plan sah eine Fluchtlinie vor, durch den ein Flächeninhalt von 61 qm vom Hause der Klägerin an beiden Straßen fortgenommen wurde. Der Plan wurde durch Bekanntmachung vom 4. Dezember 1913 gemäß § 7 FlLG. offengelegt. Die Klägerin brachte fristgemäß eine Einwendung an. Verhandlungen zwischen den Parteien über die Erledigung der Einwendung und über die Regelung der Entschädigung für das in die Fluchtlinie fallende Gelände blieben zunächst erfolglos. Im Oktober 1923 reichte die Klägerin bei der Baupolizeibehörde ein Baugesuch ein, das bauliche Änderungen des Hauses im Untergeschoß und ersten Stock und eine Toreinfahrt an der Kanalstraße vorsah. Die Behörde genehmigte den Bau der Toreinfahrt zunächst vorläufig auf jederzeitigen Widerruf, machte dann aber auf Betreiben der Beklagten mit Rücksicht auf den Fluchtlinienplan vom Jahre 1913 vom Widerrufsrecht Gebrauch, versagte die Baugenehmigung und ließ die bereits begonnenen Arbeiten zwangsweise einstellen. Demnächst kam es wegen der Einwendung der Klägerin gegen den Fluchtlinienplan vom Jahre 1913 und wegen der Zurücknahme des Bauverbots zu Verhandlungen zwischen den Parteien. Sie führten dazu, daß die Klägerin der Beklagten am 8. Dezember 1923 folgendes Vertragsangebot machte: Die Beklagte sollte das Recht erhalten, vom 1. Januar 1944 ab die nach dem Fluchtlinienplan zur Verbreiterung der Neußer- und der Kanalstraße bestimmten Streifen des Grundstücks der Klägerin gebäudefrei für 300 GM. je qm zu erwerben; die Klägerin sollte mit Zustimmung der Beklagten die nachgesuchte Bauerlaubnis bekommen und ihre Einwendung gegen den Fluchtlinienplan zurückziehen. Die Beklagte nahm das Vertragsangebot am 17. Dezember 1923 an. Die Klägerin erhielt die Bauerlaubnis und nahm ihre Einwendung gegen den Fluchtlinienplan zurück. Der Plan wurde gemäß § 8 FlLG. am 22. August 1927 förmlich festgestellt und offengelegt und am 25. August 1927 ortsüblich bekanntgemacht.

Die Klägerin hat den Vertrag vom 8./17. Dezember 1923 durch ein Schreiben an die Beklagte vom 3. November 1927 angefochten und begehrt mit der Klage die Feststellung seiner Nichtigkeit. Das Landgericht hat der Klage stattgegeben. Das Oberlandesgericht hat sie abgewiesen. Die Revision der Klägerin hatte keinen Erfolg.

Gründe:

1. Die Klägerin glaubt, die Nichtigkeit des Vertrags zunächst aus § 138 Abs. 1 BGB. herleiten zu können. Das Berufungsgericht hat diese Ansicht mißbilligt. Es stellt fest, daß die Klägerin die im Oktober 1923 nachgesuchte Bauerlaubnis nicht ohne die Einwilligung der Beklagten erlangen konnte und daß der Vertrag den doppelten Zweck verfolgte, der Klägerin diese Einwilligung zu verschaffen, der Beklagten aber die Durchführung des Fluchtlinienplans vom Jahre 1913 ohne Enteignungsverfahren durch freihändigen Erwerb der erforderlichen Grundfläche zu einem vertraglich im voraus festgesetzten Preise zu ermöglichen. Ein solcher Vertrag wäre, so führt das Berufungsgericht aus, sittenwidrig und nichtig, wenn die Beklagte dabei ihre behördliche Machtstellung mißbraucht hätte, um die in die Fluchtlinie fallende Grundfläche zu einem unangemessen niedrigen Preise zu erlangen, und wenn sie im Bewußtsein dieses Vorteils ihren Zweck durch rücksichtslose Handhabung ihres Rechts erreicht hätte, die Zustimmung zu dem Bauvorhaben der Klägerin zu versagen. Eine Feststellung in diesem Sinne zu treffen, lehnt aber das angefochtene Urteil in tatsächlicher Würdigung der Gesamtumstände des Falles ab.

Die Revision führt dazu aus: Die Klägerin sei beim Vertragsschluß in einer Zwangslage gewesen. Die Beklagte habe freilich das Recht gehabt, bei der Baupolizeibehörde auf den Widerruf der zunächst nur unter Vorbehalt erteilten Baugenehmigung und nach dem Widerruf auf die Einstellung der Umbauarbeiten hinzuwirken. Mit diesen Maßnahmen sei es ihr aber „doch eigentlich gar nicht ernst gewesen". Angekommen sei es ihr vielmehr auf die Zurücknahme der Einwendung der Klägerin gegen den Fluchtlinienplan und auf die Vereinbarung über den Übergang des in die Fluchtlinie fallenden Eigentums der Klägerin zur Vermeidung einer Enteignung. Es gehe nun aber nicht an, daß sich die Beklagte ihren allein nach pflichtgemäßen Ermessen unter Berücksichtigung größtenteils öffentlichrechtlicher Gesichtspunkte zu treffenden Entschluß über die Zustimmung zum Bauvorhaben der Klägerin „habe abkaufen lassen", daß sie ihre amtliche Handlungsweise „zum Gegenstand eines Handelsgeschäfts gemacht habe", zumal mit einem Bürger, dessen Zwangslage sie gekannt habe.

Der Angriff dringt nicht durch. Die Ansicht der Revision, daß es der Beklagten mit ihren gegen die Durchführung des Bauvorhabens der Klägerin gerichteten Maßnahmen vor dem Vertragsschluß vom Dezember 1923 nicht ernst gewesen sei, entbehrt jeder tatsächlichen Grundlage, ist auch von der Klägerin in den Vorinstanzen nicht vertreten worden. Sie will wohl auch nur zum Ausdruck bringen, daß jene Maßnahmen nicht in der Verhinderung des Baues ihren Endzweck fanden, sondern, daß sie ein Mittel zu einem anderen Zweck — der Bereinigung der Fluchtlinienangelegenheit — darstellten. Dadurch wird ihre Ernstlichkeit nicht berührt. Der Revision kann aber auch darin nicht beigetreten werden, daß sich die Beklagte ihr amtliches Handeln in der Baugenehmigungssache in rechtlich bedenklicher Weise durch Zugeständnisse in der Fluchtlinienangelegenheit habe „abkaufen" lassen. Die Revision scheint hier Gedankengängen zu folgen, wie sie gelegentlich in der Rechtsprechung des Reichsgerichts (z. B. RGZ. Bd. 132 S. 174) über die grundsätzliche Unzulässigkeit der Erteilung von amtlichen Genehmigungen gegen Ausbedingung von geldwerten Gegenleistungen entwickelt worden sind. Solche Gedankengänge können im vorliegenden Fall aber nicht Platz greifen. Die Beklagte hat sich für die Zustimmung zur Baugenehmigung keine Gegenleistung ausbedungen. Sie hat vielmehr lediglich ihre Zustimmung von der vertraglichen Regelung der Fluchtlinienangelegenheit abhängig gemacht. Insoweit findet ihr Verhalten seine Rechtfertigung in den §§ 7, 11 FlLG. Durch die Bekanntmachung vom 4. Dezember 1913 war das Grundstück der Klägerin einer (vorläufigen) Baubeschränkung zugunsten der Beklagten unterworfen worden (RGZ. Bd. 21 S. 216, Bd. 34 S. 243, Bd. 128 S. 27, 29). Wenn nun die Beklagte auf ihr durch die Beschränkung begründetes gesetzliches Recht, die Zustimmung zu einem Umbau des Hauses zu versagen, nur verzichten wollte, falls zugleich die Fluchtlinienfrage dahin bereinigt wurde, daß die Einwendung der Klägerin gegen den Fluchtlinienplan wegfiel und die Möglichkeit, das in die Fluchtlinie fallende Gelände freihändig zu erwerben, für die Beklagte vertraglich feststand, so verquickte sie nicht in unzulässiger

Weise zwei getrennte amtliche Angelegenheiten miteinander, sondern sie trug durch die Verbindung der beiden innerlich zusammengehörigen Dinge dem Zweck des § 11 FlLG. in verständiger und rechtlich einwandfreier Weise Rechnung. Daß sich die Klägerin durch den Beginn der Umbauarbeiten vor der endgültigen Entscheidung über die Baugenehmigung für die Vertragsverhandlungen mit der Beklagten in eine gewisse Zwangslage gebracht haben mag, muß sie sich selbst zuschreiben. Nach den Feststellungen des Berufungsurteils ist diese Zwangslage von der Beklagten nicht durch ein „Diktat" unbilliger Vertragsbedingungen ausgenutzt worden. Für § 138 Abs. 1 BGB. ist deshalb kein Raum.

2. Die Klägerin glaubt weiterhin den Vertrag unter dem Gesichtspunkt des Wegfalls der Geschäftsgrundlage beseitigen zu können. Sie behauptet, beide Vertragsparteien seien beim Vertragsschluß stillschweigend davon ausgegangen, daß die Beklagte ohne Entschädigungspflicht die Zustimmung zum Umbau des Hauses habe versagen können. Diese beiderseitige Ansicht sei, wie sich erst durch das Urteil des Reichsgerichts vom 28. Februar 1930 (RGZ. Bd. 128 S. 18) herausgestellt habe, im Hinblick auf Art. 153 Abs. 2 RVerf. rechtsirrig gewesen.

Auch damit kann die Revision nicht zum Ziel gelangen. Das Berufungsgericht stellt fest, daß die Parteien beim Vertragsschluß an einen Entschädigungsanspruch der Klägerin gegen die Beklagte wegen eines Bauverbots überhaupt nicht gedacht, geschweige denn darüber verhandelt haben. Wenn es daraus folgert, daß die Parteien die Rechtsauffassung, ein solcher Anspruch fehle, nicht zur Geschäftsgrundlage des Vertrags gemacht, daß sie vielmehr den Vertrag ohne Rücksicht auf die Entschädigungsfrage geschlossen und den etwa bestehenden Entschädigungsanspruch der Klägerin durch den Vertrag nicht beseitigt haben, so kann in dieser Schlußfolgerung kein Rechtsirrtum erblickt werden. Aber selbst dann, wenn die Klägerin mit ihrer Ansicht Recht hätte, daß die Auffassung, die Beklagte dürfe entschädigungsfrei die Zustimmung zu dem Bauvorhaben der Klägerin versagen, zur Geschäftsgrundlage des Vertrags gemacht worden sei, so wäre nicht ersichtlich, inwiefern diese Geschäftsgrundlage durch das erwähnte Urteil des Reichsgerichts erschüttert worden sein sollte. Es kann dahingestellt bleiben, ob für die Beurteilung dieser Frage die §§ 1 bis 7 im III. Kapitel des 6. Teils der Zweiten Verordnung des Reichspräsidenten zur Sicherung von Wirtschaft und Finanzen vom 5. Juni 1931 (RGBl. I S. 279) heranzuziehen sind und ob durch den damit vollzogenen gesetzgeberischen Eingriff in die vom Reichsgericht für das frühere Recht aufgestellten Grundsätze die Rechtsstellung der Klägerin in Ansehung der Geschäftsgrundlage des Vertrags verschlechtert werden konnte und verschlechtert worden ist. Denn auch wenn der Klägerin zugebilligt werden könnte, sich für die Frage der Geschäftsgrundlage nach wie vor auf den Boden des früheren Rechts zu stellen, darf nicht übersehen werden, daß für dieses Recht durch das Urteil des Reichsgerichts vom 28. Februar 1930 die Vorschrift des § 13 FlLG., wonach für die aus den §§ 7, 8, 11 sich ergebenden Bauverbote grundsätzlich keine Entschädigung gefordert werden kann, nicht allgemein, sondern nur in beschränktem Umfang für reichsverfassungswidrig erklärt ist. Die Gültigkeit der Vorschrift wurde ausdrücklich insoweit anerkannt, als entweder der Fluchtlinienplan beim Inkrafttreten der Reichsverfassung bereits endgültig gemäß § 8 Satz 3 bekanntgemacht war oder als der erst nach Inkrafttreten der Reichsverfassung von einer Baubeschränkung aus §§ 7, 8, 11 betroffene Grundstückseigentümer durch die Ausnahmefälle der Nummern 1 bis 3 des Abs. 1 im § 13 in die Lage versetzt worden ist, wenn auch nicht sofort, so doch später eine Entschädigung nach Maßgabe des Enteignungsgesetzes zu erzwingen. Die Beklagte beruft sich nun — anscheinend mit Recht — darauf, daß schon durch den im Jahre 1903 endgültig festgestellten ersten Fluchtlinienplan das Grundstück der Klägerin von einer Baubeschränkung ergriffen worden sei, welche die Versagung der Baugenehmigung im Jahre 1923 gerechtfertigt hätte, und daß daher für die Entschädigungsfrage im Falle der Versagung der Genehmigung nur auf das alte preußische Recht, nicht auf Art. 153 Abs. 2 RVerf. hätte zurückgegriffen werden können. Die gegenteilige Ansicht der Klägerin, daß die Bauerlaubnis nur mit Rücksicht auf den im Dezember 1923 erst vorläufig, noch nicht endgültig bekanntgemachten zweiten Fluchtlinienplan vom Jahre 1913 hätte versagt werden können, entbehrt nach den Feststellungen des Berufungsgerichts über Art und Umfang des Umbaues der tatsächlichen und rechtlichen Begründung. Aber auch wenn die Ansicht der Klägerin insoweit zutreffen sollte, müßte sich diese entgegenhalten lassen, daß ihr § 13 Abs. 1 Nr. 2 die Möglichkeit eröffnete, nach Freilegung ihres Grundstücks bis zur Fluchtlinie des Planes vom Jahre 1913 die Entschädigung nach dem Enteignungsgesetz zu erzwingen, daß sie also auch bei Zugrundelegung des Reichsgerichtsurteils vom 28. Februar 1930 keinen Entschädigungsanspruch auf der Grundlage des Art. 153 Abs. 2 RVerf., sondern nur die nach dem älteren preußischen Recht begründeten Ansprüche hatte. Nach diesem Recht stand ihr beim Abschluß des Vertrags vom Dezember 1923 kein Anspruch auf Entschädigung im Falle der Versagung der Bauerlaubnis zu. Das Fluchtliniengesetz und das Enteignungsgesetz eröffneten ihr vielmehr lediglich eine Aussicht auf künftige Entschädigung nach Eintritt neuer tatsächlicher Voraussetzungen. Aus § 75 Einl. ALR. hatte sie keinen Anspruch, weil der Fluchtlinienplan vom Jahre 1913 zur Zeit der Einreichung des Baugesuchs schon nach § 7 FlLG. bekanntgemacht war (RGZ. Bd. 26 S. 265, Bd. 28 S. 275, Bd. 126 S. 356). Die Vertragsparteien sind also im Dezember 1923 auch dann, wenn die Sachdarstellung der Klägerin als richtig unterstellt wird, in der Entschädigungsfrage von keiner falschen Geschäftsgrundlage ausgegangen.

3. Die Klägerin hat den Vertrag schließlich wegen Irrtums angefochten. Sie behauptet, ihr Geschäftsführer L. habe beim Vertragsschluß eine falsche Vorstellung vom Verlauf der Fluchtlinie durch das Grundstück gehabt und sei über die Größe der im Vertrag der Beklagten zum freihändigen Erwerb angestellten Fläche im Irrtum gewesen. Das Berufungsgericht hat der Anfechtung den Erfolg versagt. In erster Linie verneint es einen die Anfechtung rechtfertigenden Irrtum beim Geschäftsführer der Klägerin; hilfsweise erklärt es die Anfechtung aber auch für verspätet. Die Revision wendet sich ohne Erfolg gegen diese Begründung.

Das Berufungsgericht hält für nicht erwiesen die Behauptung der Klägerin, ihr Geschäftsführer sei beim Vertragsschluß davon ausgegangen, daß die Fluchtlinie nur 80 bis 90 cm in das Haus hineinschneide und daß deshalb eine nur verhältnismäßig geringe Grundstücksfläche zum Vertragspreise der Beklagten zu überlassen sei. Es stellt fest, daß L. den Vertrag namens der Klägerin geschlossen hat, ohne sich eine deutliche und bestimmte Vorstellung über den Verlauf der Fluchtlinie gebildet zu haben, wenn er dabei auch den völlig unbestimmten und jeder tatsächlichen Unterlage entbehrenden Gedanken gehegt haben möge, die Einwirkung der Fluchtlinie auf das Grundstück sei nicht erheblich. Jedenfalls hat sich dieser Gedanke — so fährt das Urteil fort — in ihm nicht zu einer deutlichen und bestimmten Vorstellung verdichtet, die ihn zum Abschluß des Vertrags veranlaßt und in einer Weise beherrscht hätte, daß er an ihre Richtigkeit unbedingt glaubte. Wenn das Berufungsgericht aus diesen von der Revision nicht beanstandeten, einwandfrei getroffenen tatsächlichen Feststellungen den Schluß zieht, daß sich die Klägerin nicht auf einen für den Vertragsschluß ursächlichen Irrtum über den Inhalt ihrer Willenserklärungen berufen könne, so ist darin kein Rechtsirrtum zu erblicken. Die Klägerin hat nach jenen Feststellungen ihre eigene, ihr bewußte Ungewißheit über die Größe der vom Vertragsschluß betroffenen Grundstücksfläche nicht für wichtig genug gehalten, um den Vertragsschluß in Frage zu stellen. Objektiv ist diese Fläche durch den Fluchtlinienplan vom Jahre 1913 eindeutig bestimmt. Subjektiv hat die Klägerin sie ohne Irrtum, wenn auch auf innere Klarheit verzichtend, aufs Geratewohl in ihren Vertragswillen aufgenommen.

Im übrigen hat der Berufungsrichter aber auch die Rechtzeitigkeit der Anfechtung mit Recht verneint. Er stellt fest, daß die Klägerin vor dem 3. November 1927 keine Anfechtungserklärung abgegeben hat. Er unterstellt zu ihren Gunsten, daß sie erst Anfang September — nicht schon im Juni — 1927 vom Verlauf der Fluchtlinie des Plans vom Jahre 1913 bestimmte Kenntnis erhalten habe. Die Bedenken der Revision gegen diese Unterstellung und die Rüge aus § 286 ZPO. wegen Übergehung des Beweisantritts der Klägerin mit dem Zeugen Rechtsanwalt G. sind nicht stichhaltig. Die Klägerin selbst hat in beiden Vorinstanzen vorgetragen, sie habe durch die am 25. August 1927 veröffentlichte endgültige Bekanntmachung des Fluchtlinienplans und um diese Zeit Kenntnis von der Fluchtlinie erhalten. Ihr Geschäftsführer L. hat das bei seinen Vernehmungen bestätigt. Hiernach kann es keinem Zweifel unterliegen, daß die Klägerin nach erlangter Kenntnis vom Inhalt des Fluchtlinienplans noch mindestens zwei Monate bis zur Anfechtung des Vertrags hat verstreichen lassen. Zutreffend hält das Berufungsgericht diese Anfechtung für nicht unverzüglich erklärt (§ 121 BGB.). Unter Berufung auf das Zeugnis des Rechtsanwalts G. hat die Klägerin Beweis dafür angetreten, daß sie noch bis zum 3. November 1927 die Notwendigkeit, den Vertrag wegen Irrtums anzufechten, nicht durchschaut habe, sondern der Ansicht gewesen sei, auch die Beklagte sei beim Vertragsschluß entgegen den beurkundeten Erklärungen nicht von der im Fluchtlinienplan von 1913 vorgesehenen Fluchtlinie ausgegangen und der Vertrag sei deshalb wegen Nichtübereinstimmung des beiderseitigen wahren Willens mit den beiderseits abgegebenen Erklärungen auch ohne Anfechtung hinfällig. Damit beruft sie sich aber nicht auf einen Mangel der Kenntnis des Anfechtungsgrundes in Ansehung ihrer Willenserklärungen, sondern auf einen ausschließlich ihr zur Last fallenden und von ihr zu vertretenden Rechtsirrtum über die Anfechtungsbedürftigkeit des Vertrags. Dieser Irrtum schließt ein schuldhaftes Zögern mit der Anfechtungserklärung nicht aus.

Die Klägerin scheint nachträglich zu der Ansicht gelangt zu sein, daß sie beim Vertragsschluß im Dezember 1923 unüberlegt gehandelt habe, als sie, um die Bauerlaubnis zu erlangen, sich mit der — übrigens von ihr selbst als angemessen anerkannten — Vertragsvergütung für den in die Fluchtlinie fallenden Grundstücksteil begnügte und damit auf anderweitige Entschädigungsansprüche aus dem Fluchtliniengesetz (§ 13 flg.) und dem Enteignungsgesetz verzichtete. Daraus kann sie aber nicht das Recht herleiten, sich von dem ihr unbequem gewordenen Vertrag loszusagen und auf die preisgegebenen Ansprüche zurückzugreifen.

**RGZ. 134, 251**

**Kann der Eigentümer eines unbebauten Grundbesitzes von der Stadtgemeinde die Übernahme des ganzen Besitzes verlangen, wenn der überwiegende Teil durch einen Fluchtlinienplan zur Freifläche erklärt ist?**

Preuß. Fluchtliniengesetz vom 2. Juli 1875 § 13. Notverordnung vom 5. Juni 1931 (RGBl. I S. 279) Teil 6 Kapitel III.

V. Zivilsenat. Urt. v. 5. Dezember 1931 i. S. F. (Kl.) w. Stadtgemeinde D. (Bekl.). V 206/31.

I. Landgericht Düsseldorf. II. Oberlandesgericht daselbst.

Der Kläger ist Eigentümer eines aus 32 rechtlich selbständigen Parzellen bestehenden, räumlich zusammenhängenden, unbebauten Grundbesitzes in D. Am 7. September 1926 hat die Beklagte einen Fluchtlinienplan förmlich festgestellt, offengelegt und bekannt gemacht. Durch den Plan sind 28 Parzellen des Klägers zur Freifläche (Erholungs- und Kinderspielplatz) erklärt worden. Zwei weitere Parzellen sind teilweise der Freifläche zugeschlagen, teilweise als Vorgartengelände vorgesehen. Die letzten beiden Parzellen sind von dem Plan nicht berührt. Der Kläger verlangt, gestützt auf § 13 Abs. 3 in Verb. mit Abs. 1 Nr. 3 FlLG., von der Beklagten die Übernahme seines ganzen Grundbesitzes und klagt auf Einleitung des Entschädigungs-Feststellungsverfahrens, hilfsweise auch des Enteignungsverfahrens. Seine Klage ist in allen Rechtszügen abgewiesen worden.

Gründe:

Das Berufungsgericht lehnt die Anwendung des § 13 Abs. 1 Nr. 3 FlLG. ab, weil bei dem gegebenen Tatbestand die gesetzliche Voraussetzung nicht erfüllt sei, daß die Fluchtlinie einer neu anzulegenden Straße den Grundbesitz des Klägers treffe. Es stellt fest, daß im Fluchtlinienplan vom 7. September 1926 keine neue Straße vorgesehen ist. Das genügt zur Verneinung der Anwendbarkeit der bezeichneten Vorschrift. Dort wird mit klaren Worten verlangt, daß im Fluchtlinienplan die Fluchtlinie einer neuen Straße festgestellt ist. Ob die Ansicht des Klägers zutrifft, daß später zwischen den als Vorgärten vorgesehenen Parzellenteilen und dem zur Freifläche erklärten Gelände doch noch eine neue Straße angelegt werden müßte, oder ob die vom Berufungsgericht gebilligte, von der Revision angegriffene Meinung der Beklagten richtig ist, daß dort keine neue Straße nötig sei, kann auf sich beruhen. Solange nicht die Fluchtlinie einer neuen Straße planmäßig festgestellt ist, scheidet § 13 Abs. 1 Nr. 3 FlLG. aus.

Die Revision vertritt aber die Ansicht, daß in dieser Vorschrift das Wort „Straße" nicht eng auszulegen, sondern weit auszudehnen sei. Sie meint insbesondere, daß nach dem Gesetzeszweck und nach den Grundsätzen der Gesetzesanalogie auch die im Fluchtlinienplan festgestellte Neuanlegung eines Platzes durch Erklärung zur Freifläche der Vorschrift zu unterstellen sei. Der Berufungsrichter lehnt diese Ansicht ab. Er weist zutreffend darauf hin, daß sich die Rechtsprechung des Reichsgerichts (RGZ. Bd. 34 S. 250, Bd. 76 S. 160; RGUrt. vom 9. Februar 1917 VII 387/16) schon vor der Änderung des Fluchtliniengesetzes durch das Wohnungsgesetz vom 28. März 1918 (PrGS. S. 23) gegen die von der Revision vertretene erweiternde Auslegung der Ausnahmevorschrift des § 13 Abs. 1 Nr. 3 FlLG. ausgesprochen hat. Diese Rechtsprechung ist im Schrifttum gebilligt worden (Luther Enteignungsgesetz und Fluchtliniengesetz 2. Aufl. S. 366 Anm. 12; Saran Fluchtliniengesetz 2. Aufl. S. 298 Anm. 8d; v. Strauß und Torney-Saß Fluchtliniengesetz 6. Aufl. S. 190). Sie zu verlassen, gibt die Gesetzesänderung vom Jahre 1918 keinen Anlaß. Mit Recht hebt das Berufungsgericht hervor, daß das Gesetz von 1918 die Vorschriften im § 13 Abs. 1 Nr. 3 und Abs. 3 FlLG. überhaupt nicht geändert, sondern sich darauf beschränkt hat, im Abs. 1 Nr. 1 und im Abs. 2 den dort schon im alten Gesetzestext neben den Straßen erwähnten Plätzen den Klammerzusatz „auch Gartenanlagen, Spiel- und Erholungsplätzen" zu geben. Wenn es daraus folgert, daß der Gesetzgeber den Abs. 1 Nr. 3 nach wie vor nur auf Straßen und nicht auf Plätze angewendet wissen wollte, so ist darin kein Rechtsirrtum zu erblicken. Die Entstehungsgeschichte des Gesetzes vom 28. März 1918 bietet keinen Anhalt für die Auffassung der Revision. Der Regierungsentwurf und seine Begründung (Drucks. des Hauses der Abgeordneten 1916/18 Bd. 4 S. 2371, 2377) ergeben nichts für den Willen des Gesetzgebers, in stillschweigender Erweiterung der äußerlich bestehenbleibenden Fassung des § 13 Abs. 1 Nr. 3 FlLG. auch bei dieser Vorschrift Plätze (Freiflächen) den Straßen gleichzustellen. In den Kommissionsberatungen ist die vom Regierungsentwurf vorgeschlagene Änderung des § 13 Abs. 1 Nr. 1 und Abs. 2 ohne Erörterung angenommen worden (Drucks. des Hauses der Abgeordneten Bd. 6 S. 3622, 4004). Niemand hat also, soweit ersichtlich, daran gedacht, den Geltungsbereich des § 13 Abs. 1 Nr. 3 im Sinne der Ansicht der Revision auszudehnen. Bei einer Freiflächenplanung kann daher der betroffene Eigentümer nur über die — im vorliegenden Einzelfall nicht in Betracht kommende — Nr. 1, nicht über die Nr. 3 des Abs. 1 zur Beschreitung des im Abs. 3 vorgesehenen Weges gelangen.

Die Revision glaubt schließlich in der Notverordnung vom 5. Juni 1931 Teil 6 Kap. III § 3 eine Stütze für den Klaganspruch zu finden.

Auch damit kann sie indessen keinen Erfolg haben. Sie geht in ihren Ausführungen stillschweigend von der Rechtsgültigkeit der in der Notverordnung enthaltenen Vorschriften aus und meint, deren Anwendung in der Revisionsinstanz stehe auch der Umstand nicht entgegen, daß die Verordnung erst in der Zeit zwischen der letzten mündlichen Verhandlung vor dem Berufungsgericht und der Verkündung des Berufungsurteils ergangen sei. Ob und inwieweit sich gegen diese Auffassung Bedenken erheben lassen, bedarf hier keiner Erörterung. Denn der Kläger kann auch von diesem Standpunkt aus mit der Revision schon deshalb nicht durchdringen, weil der Entschädigungsanspruch aus der Notverordnung wesensverschieden ist *von dem auf § 13 Abs. 3 FlLG. gestützten Klaganspruch.* Der Anspruch aus der Notverordnung geht, wie die Revision nicht verkennt, seinem materiellen Rechtsgehalt nach zurück auf den in der Rechtsprechung des Reichsgerichts (RGZ. Bd. 128 S. 18, Bd. 132 S. 69) anerkannten Anspruch aus Art. 153 RVerf., den die Notverordnung im Interesse des Städtebaues einschränken soll (Meyer in DJZ. 1931 Sp. 1166 und in JW. 1931 S. 2215). Nun hat aber der Kläger, wie er selbst betont und wie das Berufungsurteil folgerichtig feststellt, einen aus der verfassungsmäßigen Garantie des Eigentums fließenden Entschädigungsanspruch bis zum Ende des Berufungsverfahrens absichtlich nicht verfolgt. Als neuen Anspruch darf er ihn in der Revisionsinstanz nicht mehr in den Rechtsstreit einführen. Diesem Versuch stehen die zwingenden Vorschriften des Prozeßrechts (§§ 559, 561 ZPO.) im Wege. Auf eine nähere Prüfung des neu erhobenen Anspruchs, bei der übrigens der Abs. 6 des § 3 NotVo. a. a. O. nicht zu übersehen wäre, kann daher nicht eingegangen werden.

**RGZ. 135, 261**

**1. Verliert der Grundstückseigentümer den Anspruch auf eine Enteignungsentschädigung, wenn er das von einer Freiflächenausweisung betroffene Grundstück freihändig an die Gemeinde veräußert?**

**2. Sind die in der Notverordnung vom 5. Juni 1931 enthaltenen Vorschriften über die Gewährung von Entschädigung für Freiflächenausweisungen auch insoweit rechtsgültig, als sie sich rückwirkende Kraft beilegen?**

**3. Zur Auslegung dieser Vorschriften.**

RVerf. Art. 153. Zweite Verordnung des Reichspräsidenten zur Sicherung von Wirtschaft und Finanzen v. 5. Juni 1931 6. Teil Kapitel III §§ 3, 4 (RGBl. I S. 279, 309). Preuß. Fluchtliniengesetz (FlLG.) §§ 7, 8.

V. Zivilsenat. Urt. v. 27. Februar 1932 i. S. F. GmbH. (Kl.) w. Stadtgemeinde Berlin (Bekl.). V 302/31.

I. Landgericht I Berlin. II. Kammergericht daselbst.

Die Klägerin war früher Eigentümerin eines Grundstücks in Berlin-Schöneberg, das an der Straße bebaut war und dessen übrigen Teil ein großer parkähnlicher Garten einnahm. Die Beklagte plante seit dem Jahre 1925 die Anlage eines umfangreichen Erholungsparks, in den der Gartenteil dieses Grundstücks der Klägerin und mehrere Nachbargrundstücke einbezogen werden sollten. Im September 1926 wurde der Klägerin der Entwurf zu einem Fluchtlinienplan übersandt, der die für den Erholungspark erforderliche Freifläche auswies. Der Plan wurde von der Beklagten am 25. Mai und 28. September 1927 beschlossen, der Klägerin am 24. Oktober 1927 mitgeteilt und vom 1. bis 28. November 1927 gemäß § 7 FlLG. offengelegt. Die Klägerin erhob Einwendungen. Sie hatte am 22. Oktober 1927 ein Bauvorprojekt für das Grundstück bei der Baupolizei zur Prüfung eingereicht. Die Baugenehmigung wurde ihr mit Rücksicht auf den Fluchtlinienplan durch Bescheid vom 19. Dezember 1927 versagt. Sie legte gegen den Bescheid Beschwerde ein. Eine Entscheidung über die Einwendungen und über die Beschwerde unterblieb indessen, weil die Parteien in Kaufverhandlungen eintraten. Die Verhandlungen waren erfolgreich. Am 13. Juni 1928 nahm die Beklagte ein Angebot der Klägerin vom 11. April 1928 an, wonach diese das ganze Grundstück für 400000 RM. an die Beklagte verkaufte. Die Auflassung erfolgte am 13. Juli 1928. Die Klägerin nahm die Einwendungen gegen den Fluchtlinienplan und die Beschwerde gegen die Versagung der Baugenehmigung zurück. Die Beklagte wurde als Eigentümerin eingetragen.

Zu einer Feststellung und Offenlegung des Fluchtlinienplans gemäß § 8 Satz 3 FlLG. kam es nicht. Die Beklagte hob vielmehr den Plan, soweit das früher der Klägerin gehörige Grundstück zur Freifläche erklärt war, im Frühjahr 1929 auf und bebaute einen erheblichen Teil des planmäßig als Freifläche vorgesehenen Geländes mit einem Schwimmbade. Im Januar 1931 gab sie den Freiflächenplan vom Jahre 1927 gänzlich auf.

Nachdem die Klägerin von dem Urteil des Reichsgerichts vom 28. Februar 1930 (RGZ. Bd. 128 S. 18)[1]) und von einem gerade ihren Fall behandelnden Aufsatz in der Zeitschrift „Das Grundeigentum" (1930 S. 275) Kenntnis erlangt hatte, erklärte sie der Beklagten am 24. April und 5. Mai 1930 die Anfechtung des Kaufvertrags vom 11. April/13. Juni 1928 wegen Irrtums und arglistiger Täuschung. Die Beklagte wies die Anfechtung zurück.

---

[1]) In dieser Sammlung V. Gruppe Bd. Staatsrecht, Öffentliches Recht, Allgemeines S. 165.

Die Klägerin behauptet, der im Jahre 1928 vereinbarte Grundstückskaufpreis habe wegen der Freiflächenausweisung des Fluchtlinienplans vom Jahre 1927 weit unter dem Werte gelegen, den das Grundstück ohne die Freiflächenausweisung gehabt und beim Verkauf erzielt hätte. Sie klagt auf Zahlung von zunächst 30 000 RM. und stützt diesen Anspruch auf 1. ungerechtfertigte Bereicherung der Beklagten nach erfolgreicher Anfechtung des Kaufvertrages, 2. unerlaubte Handlung der Beklagten durch arglistige Täuschung beim Vertragsschluß, 3. Rechtspflicht der Beklagten zur Gewährung einer Enteignungsentschädigung.

Das Landgericht hat unter Ablehnung der Klagegrundlagen zu 1 und 2 den Klaganspruch aus der Begründung zu 3 gemäß Art. 153 Abs. 2 RVerf. dem Grunde nach für gerechtfertigt erklärt. Gegen dieses Urteil hat die Beklagte Berufung eingelegt mit dem Ziel auf Abweisung der Klage. Die Klägerin hat Anschlußberufung eingelegt mit dem Antrag, ihren Anspruch ohne Einschränkung auf die Grundlage von 3 dem Grunde nach für gerechtfertigt zu erklären, hilfsweise mit der Maßgabe, daß der Anspruch erst am 6. Juni 1933 fällig sei (Notverordnung vom 5. Juni 1931 Teil 6 Kap. III § 4 Nr. 1).

Das Kammergericht hat die Klage im vollen Umfange abgewiesen. Die Revision der Klägerin führte zur Aufhebung und Zurückverweisung.

Gründe:

Das Berufungsgericht geht mit einwandfreien, von der Revision nicht bemängelten Feststellungen davon aus, daß die Klägerin beim Abschluß des Kaufvertrags vom 11. April/13. Juni 1928 weder in einem rechtserheblichen Irrtum sich befunden hat noch von der Beklagten arglistig getäuscht worden ist. Es verneint daher zutreffend Bereicherungs- und Schadenersatzansprüche der Klägerin aus den §§ 119, 123, 812, 818, 826 BGB. Damit erledigen sich die Klagegrundlagen zu 1 und 2.

Die Begründung aber, mit der das Berufungsgericht der Klagegrundlage zu 3 die Berechtigung abspricht, hält der Revision nicht stand. Das angefochtene Urteil verneint den Anspruch der Klägerin auf eine Enteignungsenschädigung aus zwei Gründen, von denen jeder für sich, wenn er frei von Rechtsirrtum wäre, das Ergebnis rechtfertigen würde. Es führt aus:

1. Durch den im Kaufvertrag festgesetzten Kaufpreis seien alle der Klägerin aus der Freiflächenausweisung des Fluchtlinienplans etwa erwachsenen Enteignungsschäden mit abgegolten und erledigt worden.

2. Ein Anspruch auf eine Enteignungsentschädigung wegen der Freiflächenausweisung sei für die Klägerin nicht entstanden, weil

a) die aus der ersten Offenlegung des Fluchtlinienplans (§ 7 FlLG.) folgende vorläufige Eigentumsbeschränkung als solche noch keinen Entschädigungsanspruch für eine Wertminderung des Grundstücks begründe; b) die Klägerin nicht hinreichend dargelegt habe, daß ihr durch die Ablehnung ihres Bauvorhabens ein „konkreter" Schaden erwachsen sei; c) die Notverordnung vom 5. Juni 1931 der Klägerin nur dann einen Anspruch geben würde, wenn dargelegt wäre, daß ihr durch eine „konkrete" Beschränkung der baulichen Ausnutzung des Grundstücks ein Schaden erwachsen sei; an dieser Darlegung fehle es.

Diese Ausführungen greift die Revision erfolgreich an.

Zu 1: Die Ansicht, daß die Klägerin durch den Abschluß des Kaufvertrags mit der Beklagten auch alle Ansprüche auf Vergütung für etwa entstandenen Enteignungsschaden vertraglich aufgegeben habe, ist in dem angefochtenen Urteil nicht ausreichend begründet. Es wird dort nur gesagt: Die durch den erstmalig offengelegten Fluchtlinienplan mit der Eigentumsbeschränkung der Unbebaubarkeit eines Grundstücksteils beschwerte und von einer Enteignung des Grundstücksteils bedrohte Klägerin habe das Grundstück an die durch die Eigentumsbeschränkung begünstigte Beklagte veräußert, ohne irgendeinen Vorbehalt wegen der aus der Eigentumsbeschränkung erwachsenen Ansprüche zu machen. Das rechtfertige die Beurteilung, daß der Kaufvertrag die rechtlichen Beziehungen der Parteien wegen des Grundstücks endgültig habe klären und daß insbesondere auch alle aus der Eigentumsbeschränkung etwa erwachsenen Enteignungsschäden durch den Kaufpreis hätten abgegolten und erledigt sein sollen. Wäre die Klägerin selbst anderer Auffassung gewesen, so hätte sie ihre Ansprüche alsbald geltend gemacht und wäre nicht erst nach der Veröffentlichung im Frühjahr 1930 damit hervorgetreten. Dieses Verhalten beweise, daß nicht ein beim Vertragsschluß im Jahre 1928 getroffener Vorbehalt für den Enteignungsschaden, sondern nur das Urteil des Reichsgerichts vom 28. Februar 1930 und der dadurch herbeigeführte Wandel der Rechtsanschauung der Klägerin den Anlaß zu ihrem Vorgehen gegen die Beklagte gegeben habe.

Diese Begründung würde nur dann die Annahme eines vertraglichen Ausschlusses von Ansprüchen der Klägerin auf Vergütung eines Enteignungsschadens stützen, wenn feststände, daß den Vertragsparteien im Jahre 1928 das Bestehen solcher Ansprüche bekannt war oder daß sie doch mit der Möglichkeit ihres Bestehens rechneten. Eine dahingehende Feststellung hat aber der Berufungsrichter nicht einwandfrei getroffen. Er geht nicht ein auf die Darstellung der Klägerin, die behauptet hatte, daß sie die Freiflächenausweisung ohne weiteres als für sich verbindlich betrachtet, von etwaigen daraus folgenden Entschädigungsansprüchen erst durch die Veröffentlichung des Urteils des Reichsgerichts vom 28. Februar 1930 Kenntnis erhalten und gerade mangels früherer Kenntnis solcher Ansprüche das Grundstück viel zu billig an die Beklagte verkauft habe. Aber auch die Beklagte, deren Darstellung das Berufungsgericht sich zu eigen macht, behauptet nicht, daß die Parteien im Jahre 1928 das Bestehen von Ansprüchen der Klägerin auf eine Enteignungsentschädigung als sicher oder möglich vorausgesetzt und diese Voraussetzung zur Grundlage und zum Inhalt ihrer Willensbildung gemacht hätten. Sie gibt vielmehr nur ihrer Meinung dahin Ausdruck, daß „natürlich" auch alle Ansprüche, die die Klägerin aus Anlaß des Fluchtlinienverfahrens an die Vertragsgegnerin „etwa glauben mochte stellen zu können", durch den Kaufvertrag erledigt und durch den Kaufpreis abgegolten sein sollten. Unter diesen Umständen fehlt eine genügende tatsächliche Grundlage für die rechtliche Annahme, daß die Klägerin Enteignungsansprüche, die beide Parteien als bestehend oder doch als möglich vorausgesetzt hätten, durch den Abschluß des Kaufvertrags aufgegeben hätte. Wußte die Klägerin, wie sie behauptet und wie mangels einer gegenteiligen Feststellung des Berufungsgerichts zu ihren Gunsten zu unterstellen ist, bis 1930 nichts von solchen Ansprüchen, sondern glaubte sie bis dahin, sich wehrlos der Freiflächenausweisung des Fluchtlinienplans unterwerfen zu müssen, so können die vom Berufungsrichter betonten Tatsachen, daß sich die Klägerin beim Vertragsschluß im Jahre 1928 keine Enteignungsansprüche vorbehalten hat und daß sie erst 1930 mit ihnen hervorgetreten ist, nicht zur Begründung einer im Abschluß des Kaufvertrags liegenden vertraglichen Erledigung jener Ansprüche verwertet werden. Denn das Verhalten der Klägerin erklärt sich dann einfach aus dem Wandel ihrer Rechtsanschauung, den auch das Berufungsgericht erwähnt, der aber für sich allein keinen Rückschluß dahin gestattet, daß die Klägerin im Jahre 1928 Enteignungsansprüche als durch den vereinbarten Kaufpreis abgegolten und erledigt angesehen hätte, der vielmehr unter Umständen sogar gegen eine solche Willensrichtung bei ihr sprechen könnte. Jedenfalls bedarf diese Frage einer weiteren tatsächlichen Aufklärung, ehe sie rechtlich abschließend beurteilt werden kann.

Zu 2: Die Beantwortung der Frage, ob die Klägerin einen gesetzlichen Anspruch auf eine Enteignungsentschädigung wegen der im Fluchtlinienplan vom Jahre 1927 für ihr Grundstück vorgesehenen Freiflächenausweisung hat, hängt zunächst von einer Klarstellung des anzuwendenden Rechts ab. Das Berufungsgericht hat die während des zweiten Rechtszuges erlassene Notverordnung vom 5. Juni 1931 herangezogen, die dieses Rechtsgebiet neu regelt. Die Revision bekämpft deren Anwendbarkeit. Gestützt auf die Aufsätze von J s a y in der Zeitschrift „Das Grundeigentum" (1931 S. 674 und S. 1166, 1932 S. 9 und S. 103) vertritt sie die Ansicht, daß Teil 6 Kap. III § 3 der Verordnung, soweit ihm rückwirkende Kraft für Enteignungen vor dem 6. Juni 1931 beigelegt ist, verfassungswidrig und damit rechtsungültig sei. Dieser Ansicht ist nicht beizutreten.

J s a y spricht der Notverordnung insoweit die Rechtsgültigkeit ab, als sie sich nicht darauf beschränkt, Ansprüche auf eine Enteignungsentschädigung nach Art. 153 RVerf. für die Zukunft zu versagen, sondern vorschreibt, daß auch für die Vergangenheit bis zum 13. August 1919 zurück solche Ansprüche entfallen. Er meint, Entschädigungsansprüche aus Enteignungen, die bis zum Erlaß der Verordnung bereits vollzogen waren, stellten verfassungsmäßig erworbene Rechte dar und könnten nicht rückwirkend durch eine Verordnung aus Art. 48 Abs. 2 RVerf. endgültig wieder ausgeschlossen werden. Es mag dahingestellt bleiben, ob und inwieweit diese Rechtserwägungen beachtlich erscheinen können gegenüber Vorschriften, welche in der Tat früher begründete Ansprüche rückwirkend beseitigen sollen. Als Vorschriften dieser Art kämen außerhalb des Gebiets der Freiflächenausweisungen die §§ 1, 2 NotVo. a. a. O. in Betracht. § 3 gehört aber nicht zu ihnen. Denn die Bestimmungen, die hier für die Freiflächenausweisungen getroffen sind, verfolgen nicht das Ziel, auf diesem bis dahin höchst unklaren Rechtsgebiet (J s a y a. a. O. 1931 S. 674) verfassungsmäßig gewährleistete und bereits erworbene Eigentumsansprüche zu beseitigen, sondern sie wollen im Gegenteil zugunsten des Eigentümers solche Ansprüche in bestimmter und klarer Form neu einführen (M e y e r in JW. 1931 S. 2215 und in DJZ. 1931 Sp. 1166; J s a y a. a. O. 1931 S. 675). Wenn und soweit der betroffene Grundstückseigentümer im § 3 eine Rechtsgrundlage für einen Anspruch auf angemessene Entschädigung findet, kann keine Rede davon sein, daß ihm ein früher etwa durch Art. 153 Abs.2 RVerf. zugebilligter Entschädigungsanspruch nachträglich genommen werde und daß deshalb die Frage der Rechtsgültigkeit einer derartigen Rechtsentziehung auftauche. Dies steht im Einklang mit den grundsätzlichen Erwägungen des Reichsgerichts im Urteil vom 28. Februar 1930. Dort ist (RGZ. Bd. 128 S. 33) die Reichsverfassungsmäßigkeit landesrechtlicher Vorschriften nur insoweit in Zweifel gezogen worden, als diese Vorschriften dem Enteigneten jede Möglichkeit nahmen, auf eigenes Betreiben zu einer Entschädigung zu gelangen (vgl. auch RGZ. Bd. 134 S. 25). Daß reichsrechtliche Normen, mögen sie im Wege der ordentlichen Gesetzgebung oder im Wege der Notverordnung erlassen sein, der Reichsverfassung gegenüber nicht unfreier dastehen als das Landesrecht, ergibt sich schon aus Art. 153 Abs. 2 Satz 2 RVerf. Nun ist es im vorliegenden Falle aber nicht richtig, daß § 3 NotVo. die von der Freiflächenausweisung betroffene Klägerin entschädigungslos dem Eingriff der Beklagten aussetzte. Vielmehr hält die Ansicht des Berufungsgerichts, daß der Klägerin durch diese Vorschrift ein früher etwa vorhandener Entschädigungsanspruch abgeschnitten würde, der rechtlichen Nachprüfung nicht stand.

Das Berufungsgericht geht zutreffend vom Absatz 1 des § 3 aus. Hier wird als Voraussetzung für einen Entschädigungsanspruch bei einer Freiflächenausweisung verlangt, daß durch die Ausweisung eine Bebauung des betroffenen Grundstücks „auf die Dauer" ausgeschlossen ist. Das Berufungsgericht meint, daß eine Ausweisung der Freifläche „auf die Dauer" im vorliegenden Fall nicht stattgefunden habe. Näher begründet wird diese Ansicht nicht. Nach den ihr vorangehenden Ausführungen des Urteils ist aber anzunehmen, daß sie aus der nur „vorläufigen" Wirkung der ersten Offenlegung des Fluchtlinienplans nach § 7 FlLG. hergeleitet ist. Das Berufungsgericht scheint also anzunehmen, daß eine dem § 3 Abs. 1 NotVo. genügende Freiflächenausweisung immer erst dann vorliege, wenn die „endgültige" Feststellung und Offenlegung des Fluchtlinienplans nach § 8 FlLG. vollzogen ist. Diese Rechtsauffassung entspricht nicht dem Wortlaut und dem Sinn der Verordnung. Das folgt schon aus dem Absatz 2 des § 3. Dort ist die Entstehung des Entschädigungsanspruchs aus Absatz 1 ausdrücklich in den Zeitpunkt gelegt, in dem die Freiflächenausweisung nach den landesgesetzlichen Vorschriften zum ersten Male öffentlich bekanntgemacht oder nach diesen Vorschriften dem Grundstückseigentümer mitgeteilt worden ist. Jsay (a. a. O. 1932 S. 11) hat also Recht, wenn er dem Berufungsurteil entgegenhält, der Begriff „auf die Dauer" im § 3 Abs. 1 NotVo. decke sich nicht mit dem Begriff „endgültig" in den §§ 8, 11 FlLG. und bilde keinen Gegensatz zum Begriff der „vorläufigen" Eigentumsbeschränkung gemäß § 7 FlLG. Auch eine „vorläufige" Beschränkung nach § 7 FlLG. kann die Bebauung des Grundstücks „auf die Dauer" gemäß § 3 Abs. 1 NotVo. ausschließen. Im Sinne der letztgenannten Vorschrift liegt ein dauernder Ausschluß der Bebauung bei jeder Freiflächenausweisung vor, die nicht als eine zeitlich nur beschränkte, vorübergehende Maßnahme geplant, sondern dazu bestimmt ist, auf lange Sicht, für die ferne Zukunft hin die Bebauung der für den öffentlichen Gebrauch vorgesehenen, der Volksgesundheit und Volkserholung gewidmeten Grundflächen zu verhindern. Daß nun die Beklagte die seit 1925 geplante, Mitte 1927 beschlossene und Ende 1927 erstmalig offengelegte Freiflächenausweisung bezüglich des Grundstücks der Klägerin etwa nur als eine vorübergehende Maßnahme angesehen und das bei der Offenlegung des Fluchtlinienplans ersichtlich gemacht hätte, wird vom Berufungsgericht nicht festgestellt. Mangels einer solchen Feststellung entbehrt aber die Ansicht, daß die Freiflächenausweisung nicht die Wirkung gehabt habe, eine Bebauung des Grundstücks der Klägerin „auf die Dauer" auszuschließen, einer hinreichenden tatsächlichen Grundlage. Der Revisionsrichter muß daher zugunsten der Klägerin unterstellen, daß die Freiflächenausweisung des erstmalig Ende 1927 öffentlich bekanntgemachten und der Klägerin mitgeteilten Fluchtlinienplans rechtlich genügte, um das Verlangen nach einer angemessenen Entschädigung gemäß § 3 Abs. 1 Satz 1 und Abs. 2 NotVo. zu begründen.

Der Entschädigungsanspruch aus diesen Vorschriften wird nun allerdings, nachdem die Freiflächenausweisung im Jahre 1929 aufgehoben worden ist, eingeschränkt durch § 3 Abs. 4 NotVo., der im inneren Zusammenhang mit § 3 Abs. 1 Satz 2 steht. Die Klägerin kann danach nur insoweit eine Entschädigung verlangen, als sie während der Dauer der Freiflächenausweisung in der zur Zeit des Eintritts der Beschränkung tatsächlich ausgeübten oder nach Lage der Verhältnisse möglichen Benutzungsart beschränkt worden ist. Das Berufungsgericht verneint eine solche Beschränkung in der ausgeübten oder möglichen Benutzungsart des Grundstücks mit folgender Begründung: Die Klägerin könne nur für eine „konkrete" Beschränkung der baulichen Ausnutzung Entschädigung verlangen. Ihr Vorbringen gebe aber keinen hinreichenden Anhalt für das Vorliegen einer Schädigung durch Ablehnung ihres Bauvorprojekts. Nach den Erfahrungen auf dem Baumarkt hätten sich Bauten, die in der Zeit um 1928 herum in Berlin aufgeführt seien, häufig für den Ausführenden verlustreich gestaltet. Zudem sei zu berücksichtigen, daß die Klägerin das abgelehnte Bauvorhaben selbst als Bauvorprojekt zur Prüfung eingereicht habe. Ob die sichere Ablehnung eines solchen Vorprojekts, dessen endgültige Gestaltung noch in keiner Weise feststehe, Ansprüche wegen seiner Ablehnung zeitigen könne, müsse um so zweifelhafter erscheinen, als im vorliegenden Falle die Ablehnung noch keine endgültige gewesen sei und die Klägerin selbst von der Durchführung ihres Beschwerdeverfahrens und der Klärung der Frage im Verwaltungswege Abstand genommen habe.

Auch diese Begründung begegnet durchgreifenden rechtlichen Bedenken. Sie wird dem Vortrag der Klägerin nicht gerecht und engt den Entschädigungsanspruch aus § 3 Abs. 4 NotVo. über den Gesetzesinhalt hinaus ein. Die Klägerin ist nach den bisherigen Feststellungen des Berufungsgerichts während der Dauer der Freiflächenausweisung des Fluchtlinienplans vom Jahre 1927 als Grundstückseigentümerin von Ende Oktober 1927 bis Mitte 1928 in der — soweit ersichtlich — nach Lage der Verhältnisse möglichen Benutzungsart, nämlich in der freien Bebauung ihres Grundstücks beschränkt gewesen. Die Beschränkung war, wie nach den vorangehenden Ausführungen zu unterstellen ist, als eine solche anzusehen, die „auf die Dauer“ die Bebauung ausschloß. Mehr verlangt das Gesetz für die Art der Beschränkung auch zur Begründung des Entschädigungsanspruchs aus § 3 Abs. 4 NotVo. nicht (vgl. Meyer in JW. 1931 S. 2216). Erforderlich für die Entstehung des Anspruchs ist weiterhin nur noch, daß die Beschränkung eine Wertminderung des Grundstücks und damit einen ersatzfähigen Schaden für den Eigentümer herbeigeführt hat. In dieser Hinsicht hatte die Klägerin behauptet: Durch die ihrem Grundstück auferlegte Bebauungsbeschränkung sei dessen Verkehrswert um etwa zwei Drittel gesunken. Deshalb sei sie gezwungen gewesen, das Grundstück zu einem sonst ganz unangemessen billigen Preise an die Beklagte zu verkaufen. Für das Grundstück ohne Baubeschränkung seien ihr von anderen Kaufliebhabern in derselben Zeit mehr als 1 000 000 RM. geboten worden. Sie sei also durch die mit der Freiflächenausweisung verbundene Baubeschränkung geschädigt in Höhe des Unterschieds zwischen dem billigen Preise von 400 000 RM., den sie angesichts der Beschränkung beim Verkauf an die Beklagte erzielt habe, und dem angemessenen Preise, den sie ohne die Beschränkung beim Verkauf an andere oder auch an die Beklagte erzielt hätte. Die Beklagte hatte diese Behauptung bestritten. Das Berufungsgericht ist auf sie nicht eingegangen, weil es sein Augenmerk nur auf den „konkreten“ Schaden gerichtet hat, welcher der Klägerin aus der noch nicht einmal abschließenden Versagung der Genehmigung ihres Bauvorprojekts etwa entstanden sein könnte. Diese Betrachtungsweise ist aber — auch darin ist Jsay (a. a. O. 1932 S. 11) beizutreten — zu einseitig und rechtlich fehlsam. Daß eine die Bebauung eines Grundstücks auf die Dauer ausschließende Freiflächenausweisung schon für sich allein ohne Rücksicht auf ein „konkretes“ Bauvorhaben des Eigentümers zu einer entschädigungspflichtigen Wertminderung des sonst frei bebaubaren Grundstücks führen kann, ist nach der Fassung der Notverordnung nicht zu bezweifeln (vgl. insbesondere § 3 Abs. 3). Diese Wertminderung gibt dem Eigentümer auch dann den Entschädigungsanspruch, wenn sie beim Verkauf des Grundstücks in Gestalt des geringeren Kaufpreises zur nachteiligen Wirkung für ihn gelangt. Denn der dem Verkäufer durch den verminderten Erlös erwachsene Schaden ist ursächlich bedingt durch die aus der Freiflächenausweisung herrührende Bebauungsbeschränkung, für deren schädigende Folgen der Grundstückseigentümer nach dem Willen des Gesetzgebers schadlos gehalten werden soll (Jsay a. a. O. 1931 S. 675). Es ist somit einstweilen nicht einzusehen, warum der Klägerin bei Zugrundelegung ihres unter Beweis gestellten Vorbringens ein Entschädigungsanspruch nach der Notverordnung versagt werden müßte. Gerade dann, wenn die rückwirkende Kraft des § 3 anerkannt wird, darf der durch eine zeitlich zurückliegende Freiflächenausweisung benachteiligte Grundstückseigentümer mit dem Entschädigungsanspruch im Ergebnis nicht schlechter gestellt werden, als wenn ihn der Eigentumseingriff des Fluchtlinienplans erst nach dem Inkrafttreten der Notverordnung getroffen hätte. Folgt man der Sachdarstellung der Klägerin, deren Richtigkeit vor der Hand zu unterstellen ist, so wäre ihr, wenn der Fluchtlinienplan vom Jahre 1927 erst nach dem 5. Juni 1931 erstmalig öffentlich bekanntgemacht oder ihr mitgeteilt worden wäre, der Weg des § 3 Abs. 3 NotVo. eröffnet gewesen. Auf diesem Wege wäre sie mit Sicherheit entweder zur vollen Vergütung für das Grundstück ohne Rücksicht auf seine Wertminderung durch die Freiflächenausweisung oder zur Aufhebung der Freiflächenausweisung und damit zur freien Verfügung über ihr unbeschränktes Eigentum gelangt. Sie darf nun aber nicht schon deshalb schlechter gestellt und jedes Entschädigungsanspruchs entkleidet werden, weil ihr die Behinderung ihres Bauvorhabens vom Jahre 1927 vielleicht nicht schädlich gewesen sein mag und weil sie sich — nach ihrem Vortrag ohne die Vorstellung von gegenwärtigen oder zukünftigen Entschädigungsansprüchen — im Jahre 1928 entschlossen hat, der Beklagten das Grundstück zu einem im Hinblick auf die Baubeschränkung wesentlich herabgesetzten Preise zu überlassen. Nach der Klagebegründung, die allerdings noch der weiteren tatsächlichen Nachprüfung in der Berufungsinstanz nach Maßgabe der vorstehenden Rechtsausführung bedarf, ist der Klägerin ein Entschädigungsanspruch aus § 3 Abs. 4 NotVo. nicht ohne weiteres zu versagen. Der Rechtsstreit war daher zur anderweiten Verhandlung und Entscheidung an das Kammergericht zurückzuverweisen. Sollte die erneute Prüfung des Streitstoffs zur Bejahung eines Entschädigungsanspruchs dem Grunde nach führen, so wird für dessen Fälligkeit, Bemessung und Durchführung auch § 4 NotVo. zu beachten sein.

## RGZ. 140, 107

**Fluchtlinienrecht. — Entschädigung wegen Entziehung oder Beschränkung des Grundeigentums durch Festsetzung neuer Fluchtlinien. Aktivlegitimation für den Entschädigungsanspruch bei Eigentumswechsel.**

*Alter Leitsatz:*

*Wann entsteht der auf Grund der Abtretung der Grundfläche (oder ihrer Freilegung) nach § 13 Abs. 1 Nr. 1 und 2 des preußischen Fluchtliniengesetzes vom 2. Juli 1875 erwachsende Entschädigungsanspruch? Geht er von selbst auf den Nachfolger im Grundstückseigentum über?*

VII. Zivilsenat. Urt. v. 10. März 1933 i. S. W. (Kl.) w. Stadtgemeinde Berlin (Bekl.). VII 335/32.

**I. Landgericht I Berlin. — II. Kammergericht daselbst.**

Der Kläger kaufte im Jahre 1926 von dem Vorbesitzer V. das Grundstück B.-Straße 123 in Berlin-Wilmersdorf und wurde 1928 als Eigentümer im Grundbuch eingetragen. Dieses Grundstück war durch einen in den Jahren 1891 bis 1893 errichteten Fluchtlinienplan derart betroffen, daß die Straßenfluchtlinie eine Parzelle der Vorderfront abschnitt und zum Straßenland zog. V. hatte diese abgeschnittene Parzelle bereits 1893 von Gebäuden freigelegt; seitdem befindet sie sich im Besitz der verklagten Stadtgemeinde und dient als Straße. Im November 1931 hat der Kläger die Parzelle der Beklagten übereignet, nach längeren Verhandlungen mit ihr über die Auflassung und über Grund und Höhe ihrer Entschädigungspflicht. Im Laufe dieser Verhandlungen hatten sich im Oktober 1931 die Parteien dahin geeinigt, daß das fragliche Straßenland bis zum Haussockel sofort aufgelassen werden, die Entschädigung aber nachträglicher Feststellung im ordentlichen Rechtsweg vorbehalten bleiben sollte.

Der Kläger, der die Ansicht vertritt, die Beklagte sei verpflichtet, ihm nach § 13 des preußischen Fluchtliniengesetzes vom 2 Juli 1875 (GS. S. 561) eine Entschädigung, und zwar für Bauland, zu gewähren, hat nach der erwähnten Einigung vom Oktober 1931 den Anspruch auf die Enteignungsentschädigung geltend gemacht. Zur Begründung dieses Anspruchs hat er sich sowohl auf das Gesetz als auch auf das Abkommen vom Oktober 1931 berufen.

Das Landgericht hat nur einen Anspruch auf Grund der Einigung als gerechtfertigt angesehen, diesen aber auch nur insoweit, als der Kläger eine Entschädigung für Abtretung von Straßenland verlangen könne, und hat den Klaganspruch in dieser Begrenzung dem Grunde nach für gerechtfertigt erklärt, im übrigen aber die Klage abgewiesen. Gegen dieses Urteil hat der Kläger Berufung eingelegt. Er hat in erster Reihe beantragt, die Beklagte zur Zahlung eines vom Gericht nach Anhörung von Sachverständigen festzusetzenden Kapitalbetrages zu verurteilen, hilfsweise den Anspruch auf Entschädigung für Bauland dem Grunde nach für gerechtfertigt zu erklären. Das Kammergericht hat die Berufung zurückgewiesen. Auch die Revision des Klägers blieb erfolglos

Gründe:

Das Kammergericht hat die beiden zur Begründung der Klage geltend gemachten Gesichtspunkte völlig unabhängig voneinander behandelt. Der Revisionskläger räumt ein, daß er gegen die Beurteilung des Abkommens vom Oktober 1931 von seiten des Berufungsgerichts, das ihm aus dem Grunde dieser Einigung nur eine

Entschädigung für Abtretung von Straßenland zubilligt, nichts einwenden kann. Er verfolgt aber mit seinen beiden Anträgen weiterhin die Auffassung, daß er darüber hinaus auf Grund des Fluchtliniengesetzes die Entschädigung der abgeschnittenen Parzelle als Bauland beanspruchen könne.

Das Kammergericht ist der Ansicht, daß ein Entschädigungsanspruch auf Grund dieses Gesetzes dem Kläger überhaupt nicht, sondern nur dem Voreigentümer des Gundstücks V. zustehe. Der Revision würde nun nicht nur bei Billigung dieses Standpunktes der Erfolg zu versagen sein, sondern auch dann, wenn dem Kläger zwar auch auf Grund des Gesetzes ein Entschädigungsanspruch für die abgeschnittene Parzelle zustände, dieser aber keinesfalls höher wäre als der ihm bereits zuerkannte Anspruch auf Entschädigung der Abtretung für Straßenland, da der Kläger dann durch die Urteile der Vorinstanzen nicht beschwert wäre.

In erster Reihe ist aber der Ansicht des Kammergerichts beizutreten. Der Kläger hat in den Vorinstanzen zur Begründung seiner gegenteiligen Meinung besonders den subjektiv-dinglichen Charakter des Entschädigungsanspruchs betont, der deshalb mit dem Grundstückseigentum auf den neuen Eigentümer übergehe. Mit der Revision hat er sich dagegen namentlich auch darauf berufen, daß infolge der Einheitlichkeit des Fluchtlinienverfahrens, von der Festsetzung der Fluchtlinie an bis zum endgültigen Übergang des Grundstücks auf die Gemeinde durch die Umschreibung im Grundbuch, der Entschädigungsanspruch ein einheitlicher sei und daß er daher nur von demjenigen geltend gemacht werden könne, der im zuletzt gedachten Zeitpunkt Grundstückseigentümer sei. Beide Gesichtspunkte können nicht als zutreffend angesehen werden.

Das Fluchtliniengesetz will, wie sein § 13 klar ergibt, Entschädigung wegen Entziehung oder Beschränkung des von der Festsetzung neuer Fluchtlinien betroffenen Grundeigentums nur in ganz beschränktem Umfang, nämlich nur in den dort erwähnten Fällen gewähren; und zwar sind diese Bestimmungen maßgebend sowohl für die Voraussetzungen, auf Grund deren die Entschädigung zu gewähren ist, als auch für die Zeitpunkte, in denen der Entschädigungsanspruch erwächst, wie endlich auch für die Personen, zu deren Gunsten er entsteht. Insbesondere gewährt das Fluchtliniengesetz — ebenso wie für die ausdrücklich erwähnte Beschränkung der Baufreiheit nach § 12 — keine Entschädigung für die nach § 11 bereits mit Offenlegung des Plans (Fluchtlinien- oder Bebauungsplan), also vor den aus § 13 ersichtlichen Zeitpunkten eingetretene Beschränkung des Grundeigentums, wennschon auch in ihr eine Enteignung im weiteren Sinne liegt. Gleicherweise kommt nach dem Gesetz keine Entschädigung in Betracht für Rechtsakte, die zeitlich nach den in § 13 aufgeführten Ereignissen liegen. Im vorliegenden Fall hat nun bereits im Jahre 1893 V., der Vorgänger des Klägers im Grundstückseigentum, die durch den Fluchtlinienplan abgeschnittene Parzelle von Gebäuden freigelegt, so daß also der Fall des § 13 Abs. 1 Nr. 2 FlLG. gegeben war. Es wird aber auch anzunehmen sein — worauf es jedoch nicht ausschlaggebend ankommt —, daß zeitlich unmittelbar daran anschließend der Fall der Nr. 1 das. vorliegt, indem V. entsprechend dem Verlangen der Gemeinde (damals noch Wilmersdorf) ihr den Geländestreifen für die öffentliche Benutzung abgetreten hat; denn unstreitig ist geichfalls schon im Jahre 1893 die abgeschnittene Parzelle von der Gemeinde — ihrem Wunsche gemäß, weil sie sie zur Straße ziehen wollte — mit Einwilligung des V. in Besitz genommen und als Straßenteil (Bürgersteig) hergestellt worden. Diese tatsächliche einverständliche Überlassung der nach dem Plan zur Straße bestimmten Fläche „für die öffentliche Benutzung", eben als Straße, muß ebenso wie die Freilegung von Gebäuden laut § 13 Abs. 1 Nr. 2 FlLG. als die „Entziehung des Grundeigentums" angesehen werden, für die nach Abs. 2 das. die Entschädigung gewährt wird. Dementsprechend muß aber die Entschädigung auch sofort mit dem Zeitpunkt der Abtretung oder der sogar schon vorher erfolgten Freilegung gewährt werden; jedenfalls kann sie sofort verlangt werden (vgl. von Strauß und Torney-Saß Straßen- und Baufluchtgesetz 6. Aufl. Anm. 5 zu §§ 13 bis 14 a, S. 182). Es ist also nicht richtig, daß im Sinne des Fluchtliniengesetzes ein derart einheitliches Verfahren bis zur Auflassung des betreffenden Grundstücks und zu seiner grundbuchlichen Umschreibung auf die Gemeinde anzunehmen sei, daß erst der letztere Zeitpunkt über den Entschädigungsanspruch, seine Entstehung und die Person des Berechtigten entscheide. Vielmehr ist das für die Entstehung des Anpruchs wesentliche Verfahren schon in dem Zeitpunkt der Freilegung und der Abtretung auf Grund dieser Tatsachen so weit gediehen, daß der Entschädigungsanspruch entstanden ist; und zwar ist er dann naturgemäß den zu diesen Zeitpunkten im Eigentum des Grundstücks befindlichen Personen erwachsen, denen gegenüber eben im Sinne des Fluchtliniengesetzes die zu entschädigende Entziehung des Grundeigentums stattfindet.

Es ist aber auch abzulehnen, daß dieser hiernach in der Person des V. durch die Freilegung und weiter durch die Abtretung der Grundfläche entstandene Entschädigungsanspruch etwa kraft Gesetzes (denn eine Forderungsabtretung hat unstreitig nicht stattgefunden) auf den Kläger übergegangen sei. Mit der Erwähnung des „subjektiv-dinglichen Charakters" des Entschädigungsanspruchs meint der Kläger offenbar die Dinglichkeit eines Rechts im Sinne des § 125

Pr. ALR. I 2, daß nämlich die Befugnis zur Ausübung des Rechts mit einer Sache, ohne Rücksicht auf bestimmte Personen, verbunden ist. Das Allgemeine Landrecht (a. a. O. §§ 125 bis 130) kennt sowohl subjektiv-dingliche als auch objektiv-dingliche Rechte, je nachdem die Berechtigung mit der Sache verbunden ist oder die Berechtigung die Sache zum Gegenstande hat (Recht auf die Sache). Nach Reichsrecht sind dagegen unter Sachenrechten — der Ausdruck dingliche Rechte wird vom Bürgerlichen Gesetzbuch nicht gebraucht — allein Rechte von Personen an Sachen zu verstehen, während nur ausnahmsweise — in den Fällen der §§ 1018, 1094 Abs. 2, § 1105 Abs. 2 BGB. — die subjektive Beziehung zur Sache eine Rolle spielt (vgl. dazu RGRKomm. 6. Aufl. § 96 Anm. 1). Für die Annahme eines subjektiv-dinglichen Rechts muß aber eine einwandfreie gesetzliche Grundlage gegeben sein; auch nach § 130 a. a. O. ist das Vorliegen eines subjektiv-dinglichen Rechts als eine Besonderheit anzusehen. Die natürliche Betrachtungsweise spricht jedenfalls dafür, daß ein einfach auf eine Geldleistung gerichteter Anspruch, der zugunsten einer bestimmten Person durch gewisse Enteignungstatsachen (im weiteren Sinne) gegen eine andere Person entstanden ist, wie ein solcher durch §§ 13, 14 FlLG., verbunden mit §§ 7, 8, 24 ff. preuß. EntG., festgestellt wird, ein persönlicher Anspruch ist, der auch bei dieser Person bis zu seiner Befriedigung verbleibt. Daß gerade für Entschädigungsansprüche auf Grund des Fluchtliniengesetzes im Gegensatz hierzu anzunehmen sei, ein einmal für eine bestimmte Person erwachsener Anspruch gehe bei einer Veräußerung des betroffenen Grundstücks ohne weiteres, ohne eine besondere darüber getroffene Vereinbarung, auf den Erwerber des Grundstücks über, dafür fehlt jede rechtliche Grundlage. Keine der einschlagenden Gesetzesbestimmungen — §§ 13, 14 FlLG. und die dort angezogenen §§ 24 ff. EntG. — ergibt etwas für die subjektiv-dingliche Natur des Entschädigungsanspruchs, die einen selbsttätigen Übergang auf den neuen Grundstückseigentümer rechtfertigen würde.

Auch den zum Fluchtliniengesetz ergangenen Entscheidungen des Reichsgerichts ist nichts Gegenteiliges zu entnehmen. Insbesondere läßt sich hierfür nicht das schon vom Berufungsgericht berücksichtigte Urteil vom 25. Februar 1908 (im wesentlichen abgedruckt im Recht 1908 S. 342) verwerten. Dieses Urteil ist vielmehr mit dem Kammergericht dahin zu verstehen, daß bis zur Enteignung oder bis zu den sonstigen in § 13 FlLG. bezeichneten Zeitpunkten ein Entschädigungsanspruch aus diesem Gesetz nicht außerhalb des Eigentums am Grundstück, sondern eben nur infolge der Eingriffe in das Eigentum für den Eigentümer (gegebenenfalls übrigens auch für andere im Zeitpunkt der Eingriffe Berechtigte) entstehen kann; dagegen ist aus der Erwähnung des „lediglich persönlichen Anspruchs" auf Grund des § 75 Einl. z. ALR. und der Bezeichnung der Ansprüche aus dem Fluchtliniengesetz als „dem Grundstück immanent" nicht herzuleiten, daß das Reichsgericht den letzteren Ansprüchen einen subjektiv-dinglichen Charakter habe beilegen wollen, zumal da es ausdrücklich sagt: „immanent bis zum Eintritt der in § 13 bezeichneten Ereignisse". Anderseits wird z. B. im Urteil vom 15. November 1904 (abgedr. PrVerwBl. Bd. 26 S. 525) ganz deutlich von den selbständigen obligatorischen Entschädigungsansprüchen geredet, die vom Grundeigentum völlig losgelöst seien.... Was die Entscheidung vom 15. November 1904 anlangt, so beziehen sich deren Gründe, mag auch der Kläger seinen Anspruch auf § 75 Einl. z. ALR. gestützt haben, ganz deutlich auf das Fluchtliniengesetz, so daß die Ansicht der Revision, es handle sich hier nur um eine Entscheidung zu § 75 a. a. O., nicht stichhaltig ist....

Auf Grund des Fluchtliniengesetzes steht also dem Kläger kein Entschädigungsanspruch für die bereits im Jahre 1893 zur Straße gezogene Parzelle zu, sondern ein solcher ist nur dem V. erwachsen und bei ihm verblieben. Ob dieser den Anspruch jetzt noch gegen die Beklagte geltend machen kann oder ob etwa Verjährung eingetreten ist, hat für die gegenwärtige Entscheidung keine Bedeutung.

Ob man trotzdem noch zu einer gesetzlichen Entschädigung für den Kläger außerhalb des Fluchtliniengesetzes wegen der im Sinne dieses Gesetzes höchstens noch formalen Überlassung des schon völlig ausgehöhlten und daher nicht mehr entschädigungsfähigen Eigentums an der Parzelle mittels ihrer Auflassung und der daran anschließenden Umschreibung im Grundbuch gelangen könnte, braucht nicht weiter erörtert zu werden. Der Kläger hat seinen Anspruch außer auf das Abkommen nur auf das Fluchtliniengesetz gestützt; das mag zwar nicht hindern, ihn auch nach einer sonst einschlagenden Gesetzesbestimmung für gerechtfertigt anzusehen, und es könnte insofern vielleicht eine Anwendung des Art. 153 RVerf. als einer dem Fluchtliniengesetz vorgehenden Vorschrift in Frage kommen. Aber dem würde jedenfalls jetzt die schon vor dem Erlaß des Berufungsurteils ergangene Verordnung des Reichspräsidenten zur Sicherung von Wirtschaft und Finanzen vom 5. Juni 1931 entgegenstehen, und außerdem könnte es sich hierbei höchstens noch um eine Entschädigung für Straßenland handeln, wodurch nach dem im Eingang der Gründe Gesagten für die Revision nichts gewonnen wäre....

**RGZ. 148, 338**

**Preuß. Fluchtlinienrecht. — Rechtsformen der Verpflichtung von Unternehmern einer Straßenanlage im Sinne des § 15 FluchtlG., insbesondere die Rechtsnatur sog. „Unternehmerverträge".**

*Alter Leitsatz:*

*Ist der Rechtsweg zulässig für die Geltendmachung von Ansprüchen aus einem Vertrag, den eine (preußische) Gemeinde mit einem Unternehmer über die Ausführung einer Straßenanlage abgeschlossen hat? Ist dafür der Erlaß eines Ortsstatuts nach § 15 des preuß. Fluchtliniengesetzes von Bedeutung?*

Preuß. Fluchtliniengesetz vom 2. Juli 1875 (GS. S. 561) in der Fassung von Art. 1 des preuß. Wohnungsgesetzes vom 28. März 1918 (GS. S. 23) — FlLG. — § 15. GVG. § 13.

VII. Zivilsenat. Urt. vom 20. September 1935 i. S. G. (Bekl.) w. Landgemeinde H. (Kl.). VII 42/35.

I. Landgericht Münster. — II. Oberlandesgericht Hamm.

Auf Grund der §§ 12 und 15 FlLG. und des § 13 der westfälischen Landgemeindeordnung vom 19. März 1856 (GS. S. 265) hat die Gemeinde H. in Westfalen unterm 5. November 1906 ein Ortsstatut betreffend die Bebauung in dieser Gemeinde erlassen, das ordnungsgemäß vom Bezirksausschuß bestätigt und vom Amtmann des Amts St. M. veröffentlicht worden ist. Darin ist u. a. bestimmt:

c) Anlage und Unterhaltung neuer im Bebauungsplan festgestellter Straßen durch Unternehmer oder Anlieger.

§ 15. Wenn Unternehmer oder Anlieger eine im Bebauungsplan festgestellte Straße oder einen Teil einer solchen anlegen wollen, ist dazu, abgesehen von der baupolizeilichen Genehmigung, die Genehmigung der Gemeindeverordnetenversammlung nachzusuchen . . .

§ 16. Erklären sich die Unternehmer oder Anlieger zur Ausführung einer Straßenanlage gemäß der erteilten Genehmigung bereit oder nehmen sie die Ausführung tatsächlich in Angriff, so sind sie verpflichtet, die Straßenanlage innerhalb der gestellten Frist zu vollenden, widrigenfalls die erforderlichen Arbeiten von dem Gemeindevorstande für Rechnung des Verpflichteten ausgeführt werden können.

Das zur Straßenanlage erforderliche Gelände ist vor Beginn der Arbeiten zur Herstellung der Straße an die Gemeinde kostenlos zu übereignen und pfandfrei zu stellen . . .

e) Allgemeine Bestimmungen.

§ 19. Die Entscheidung darüber, wann Straßen . . . als für den öffentlichen Verkehr und den Anbau fertiggestellt sind, richtet sich nach dem Inhalte der bezüglichen baupolizeilichen Vorschriften.

An demselben Tage hat die Ortspolizeibehörde des Amtes St. M. eine Polizeiverordnung erlassen, in deren § 1 Bestimmungen darüber getroffen sind, wann eine Straße für den öffentlichen Verkehr und für den Anbau als fertiggestellt zu erachten sei. Dazu gehört hiernach insbesondere die Übereignung der zur Straße innerhalb der Straßenfluchtlinie erforderlichen Grundfläche an die Gemeinde und die Ebnung und Befestigung der Straße „bzw." des Fahrdammes in bestimmter Weise, sowie die Herstellung von Bürgersteigen aus bestimmten Baustoffen.

Der Beklagte ist Eigentümer der früher B.-, nun Albert-Leo-Schlageter-Straße genannten Straße in H., die er selbst angelegt hat, um Bauplätze zu gewinnen. Durch einen Beschluß der Gemeindeversammlung der Klägerin vom 31. Januar 1927 wurde ihm die Genehmigung zum Ausbau dieser Straße erteilt; in diesem Beschluß heißt es: „Licht- und Hauptwasserleitung legt die Gemeinde an. Im übrigen hat der Antragsteller den Weg ordnungsgemäß wie im Ortsstatut vorgesehen auszubauen, wobei die Gemeinde sich einstweilen mit der Befestigung, die der Amtsbaumeister für ausreichend hält, zufrieden gibt." Der Beklagte ebnete darauf die Straße, brachte sie in gleiche Höhe mit den durch sie verbundenen Straßen und befestigte sie mit Kesselasche, legte aber keine Rinnen und Bordsteine an. Die Klägerin legte durch die Straße die Hauptlicht- und Wasserleitungen; sie erhebt von den Anliegern eine einmalige Umlage von 20 RM für das laufende Meter Straßenfront.

Die Klägerin behauptet, der Beklagte habe in den dem Beschluß vom 31. Januar 1927 folgenden Jahren die Bedingung, unter der ihm in diesem Beschluß die Genehmigung zur Straßenanlegung erteilt worden sei, nicht eingehalten; er habe die Straße trotz mehrfacher Aufforderungen nicht dem Ortsstatut entsprechend ausgebaut. Deshalb habe die Gemeindevertretung am 11. Juli 1932 beschlossen, die weitere Erteilung von Bauerlaubnissen von dem Abschluß eines notariellen Vertrags abhängig zu machen, in dem sich der Beklagte zum Ausbau der Straße nach den Vorschriften des Ortsstatuts und zur Übertragung des Eigentums daran auf die Klägerin verpflichtete. Einen dementsprechenden Vertrag haben die Parteien am 18. Juli 1932 vor einem Notar geschlossen. Darin heißt es:

> In der Gemeinde H. (Klägerin) befindet sich die B.straße, die zum größten Teil insoweit fertiggestellt ist, als Schlacken aufgefahren sind. Es liegen jetzt drei Baugesuche von solchen Baulustigen vor, welche an der B.straße anbauen wollen. Die Gemeindevertretung der Gemeinde H. will die Genehmigung zur Errichtung dieser Bauten nur erteilen, wenn sich Herr Gutsbesitzer G. (Beklagter) der Gemeinde H. gegenüber in rechts-

wirksamer Urkunde verschiedenen Verpflichtungen unterwirft, die in dem heutigen Protokoll niedergelegt werden sollen.

Zu diesem Zweck gibt Herr G. folgende verpflichtende Erklärungen ab, welche die unter 2 und 3 aufgeführten Herren namens der von ihnen vertretenen Gemeinde H. annehmen:

1.

Herr G. ist verpflichtet, innerhalb eines Jahres vom 1. August 1932 ab unentgeltlich den Grund und Boden, welcher für die B.straße erforderlich ist, an die Gemeinde H. zu Eigentum zu übertragen.

2.

Die B.straße muß Herr G. auf seine eigenen Kosten in folgender Weise ausbauen und fertigstellen, und zwar innerhalb Jahresfrist, vom 1. August 1932 an gerechnet . . . (Folgen nähere Angaben über den Ausbau der Straße.)

Den sich aus diesem Vertrag ergebenden Verpflichtungen ist der Beklagte nicht nachgekommen.

Die Klägerin begehrt mit der Klage, daß der Beklagte verurteilt werde, die genannte Straße auf seine Kosten unter Aufsicht des Amtsbaumeisters so auszubauen und fertigstellen zu lassen, wie dies in Nr. 2 des Vertrags vom 18. Juli 1932 bestimmt ist.

Der Beklagte tritt dem mit der Ausführung entgegen, der Vertrag sei nichtig, weil er gegen § 15 FlLG. verstoße. Er habe den Vertrag wegen Irrtums angefochten, weil beide Parteien irrig davon ausgegangen seien, daß die Klägerin die Genehmigung zur Ausführung von Bauten an der Straße noch verweigern könne, während sie hierzu nicht mehr berechtigt gewesen sei, weil sie die Straße in dem von ihm erstellten Zustand als fertige Straße abgenommen habe; die Klägerin habe auch Ausnahmen von den Bedingungen der §§ 1 und 2 des Ortsstatuts für die Straße bereits allgemein bewilligt. Ein Irrtum des Beklagten über die Geschäftsgrundlage, wegen dessen er den Vertrag angefochten habe, liege auch darin, daß beide Parteien angenommen hätten, der Beklagte sei ohnehin zum Ausbau der Straße verpflichtet, was nicht zugetroffen habe. Er sei auch von den gesetzlichen Vertretern der Gemeinde über diese Verpflichtung wie auch sonst über seine Rechte und Pflichten arglistig getäuscht worden. Jedenfalls hätten die gesetzlichen Vertreter der Gemeinde ihm gegenüber ihre Amtspflicht verletzt; die Klägerin sei deshalb verpflichtet, ihm den dadurch entstandenen Schaden zu ersetzen, indem sie ihn von der Verpflichtung zum vertragsmäßigen Ausbau der Straße freistelle.

Landgericht und Oberlandesgericht haben nach der Klage erkannt. Die Revision des Beklagten führte zur Aufhebung und Zurückverweisung an die Vorinstanz.

Gründe:

Da die Revisionssumme fehlt, war die Nachprüfung des angefochtenen Urteils auf die von der Revision erhobene Rüge der Unzulässigkeit des Rechtswegs zu beschränken.

Das Berufungsgericht hat den Rechtsweg für zulässig erachtet mit einer Begründung, die der rechtlichen Nachprüfung nicht standhält. Es meint, Vereinbarungen zwischen einer Gemeinde und einem Baulustigen „oder Unternehmer", durch welche die Gemeinde Ausnahmen von einem bestehenden Bauverbot gegen Übernahme gewisser Leistungen durch den anderen Teil bewillige, bewegten sich nach ständiger Rechtsprechung nicht auf öffentlich-rechtlichem, sondern auf bürgerlich-rechtlichem Gebiet. Eine solche Vereinbarung erblickt das Berufungsgericht in dem Vertrag vom 18. Juli 1932. Es entnimmt sie der Einleitung des Vertrags im Zusammenhang mit §§ 1 und 2 des Ortsstatuts der Klägerin vom 5. November 1906. Der Beklagte habe die im Vertrag vom 18. Juli 1932 bezeichneten Verpflichtungen übernommen, um eine Ausnahme von dem Bauverbot zu erwirken.

Das Berufungsgericht hat die rechtliche Bedeutung des Vertrags verkannt. Es hat nicht etwa Feststellungen darüber getroffen, was die Parteien erklärt haben, oder den Inhalt ihrer Erklärungen ausgelegt, sondern es hat die ihrem Wortlaut und Inhalt nach insoweit feststehenden Erklärungen unter einen Rechtsbegriff eingereiht, unter den sie nicht gehören. Dazu ist es gelangt, indem es gewisse einleitende Sätze zu diesem Vertrag für die rechtliche Beurteilung des Vertrags heranzog, mit der sie nichts zu tun haben.

Das Berufungsgericht behandelt nämlich den erwähnten Vertrag rechtlich so, als ob es sich um die Genehmigung eines Baugesuchs des Beklagten handelte, welcher die Bestimmungen des § 1 des Ortsstatuts, die ihrerseits auf § 12 FlLG. beruhen, entgegenstünden, so daß nur durch die Bewilligung einer Ausnahme (§ 2 des Ortsstatuts) dem Baugesuch stattgegeben werden könnte. Eine derartige Annahme widerspricht aber den vom Berufungsgericht getroffenen Feststellungen. Danach ist von dem Beklagten als „Baulustigem" überhaupt nicht die Rede. Deshalb kam auch die Bewilligung einer „Ausnahme" im Sinne des § 2 des Ortsstatuts für ihn gar nicht in Frage. Vielmehr wollte die Klägerin durch den Vertrag gerade die volle Erfüllung der Voraussetzungen des § 1 des Ortsstatuts sicherstellen. Nach jenen Feststellungen war der Beklagte Unternehmer einer Straßenanlage im Sinne des § 15 FlLG. und der §§ 15 und 16 des Ortsstatuts der Klägerin. Er hatte die Straße angelegt, um Bauplätze zu gewinnen. Feststellungen, welche die Annahme gestatteten, daß der Beklagte als Unternehmer einer Straßenanlage (§ 15 FlLG. und §§ 15, 16 des Ortsstatuts) und zugleich als Baulustiger oder Bauunternehmer im Sinne des § 12 FlLG. und der §§ 1, 2 des Ortsstatuts in Frage gekommen sei, sind nicht getroffen worden, ebensowenig darüber, daß er als solcher oder für solche Unternehmer um Befreiung von dem Bauhindernis des § 1 des Ortsstatuts nachgesucht hätte. Ob der Beklagte als Unternehmer eines Straßenbaues damit weitere Zwecke verfolgte, ob er insbesondere damit eigene Grundstücke „baureif" machen und verkaufen wollte oder solche bereits als „baureif" verkauft hatte, kommt für seine Eigenschaft als Unternehmer im Sinne des § 15 FlLG. und der §§ 15 und 16 des Ortsstatuts nicht in Betracht. Das Berufungsgericht hat, wie die Revision zutreffend rügt, zwei voneinander tatsächlich und rechtlich völlig verschiedene Begriffe des Unternehmers, den von Bauten an einer neu angelegten Straße und den des Baues einer neu zu erstellenden Straße (§ 12 gegen § 15 FlLG., §§ 1, 2 gegen §§ 15, 16 des Statuts), miteinander verwechselt. Nach seinen eigenen Feststellungen konnte es sich aber bei dem Beklagten nur um einen Unternehmer der letzten Art handeln, für den nicht ein „Dispens" von einem Bauverbot, sondern die Festlegung des näheren Inhalts und Umfangs einer Verpflichtung in Frage kam, wie sie gemäß § 15 FlLG. durch Ortsstatut oder im übrigen durch Vereinbarung der Gemeinde mit dem Unternehmer diesem auferlegt werden kann. Diese grundlegende Verkennung des rechtlichen Wesens des Vertrags vom 18. Juli 1932 ist für die Beantwortung der Frage nach der Zulässigkeit des Rechtswegs durch das Berufungsgericht ursächlich gewesen.

Die bisher vom Berufungsgericht getroffenen Feststellungen gestatten aber dem Revisionsgericht nicht, von sich aus diese Frage abschließend zu beantworten. Vielmehr sind dazu weitere Erörterungen tatsächlicher Natur erforderlich, wie sich aus nachstehenden Ausführungen ergeben wird.

Nach § 15 FlLG. k a n n durch Ortsstatut festgesetzt werden, daß bei der Anlegung einer neuen Straße, wenn sie zur Bebauung bestimmt ist, von dem Unternehmer der neuen (Straßen-) Anlage gewisse Leistungen gefordert werden. Es kann ihm die Freilegung der Straße, ihre erste Einrichtung, die Entwässerung und die Beleuchtungsvorrichtung der Straße in einer dem Bedürfnis entsprechenden Weise auferlegt werden. Es kann ihm auch die Unterhaltung der Straße auf eine beschränkte Zeit oder ein Beitrag zu deren Kosten zur Last gelegt werden. Das alles, aber auch nicht mehr, k a n n durch Ortsstatut auferlegt werden; einseitig kann es n u r durch Ortsstatut, nicht etwa z. B. durch eine Polizeiverordnung, auferlegt werden. Im übrigen aber steht der Gemeinde der Weg freier Vereinbarung offen, und zwar liegt eine solche freie Vereinbarung auf bürgerlich-rechtlichem Gebiet (vgl. v. Strauß-Torney-Saß Bem. 15 zu § 15 FlLG. S. 328, 329). Wird die Leistungspflicht, deren Umfang so durch das Gesetz beschränkt ist, durch Ortsstatut auferlegt, dann wird dadurch ein öffentlich-rechtliches Verhältnis geschaffen (vgl. v. Strauß-Torney-Saß a.a.O. S. 326, 327); die Leistung kann dann im Verwaltungszwangsverfahren als Gemeindelast (§ 18 Nr. 2 und § 34 Nr. 2 des preuß. Zuständigkeitsgesetzes vom 1. August 1883, GS. S. 237) erzwungen werden. An dieser auch von dem genannten Erläuterungswerk a.a.O. angenommenen Auffassung, die der V. Zivilsenat des Reichsgerichts in einem Urteil vom 4. November 1914 (V 248/14) ausgesprochen und seither vertreten hat, hält der Senat fest. . . .

Über die so umgrenzte, durch das Ortsstatut bereits geschaffene öffentlich-rechtliche Leistungspflicht des (Straßenbau-)Unternehmers kann nun aber auch ein dem öffentlichen Recht angehöriger Vertrag geschlossen werden, der etwa die Einzelleistungen des besonderen Falles regeln mag, die ein für alle Fälle anzuwendendes Ortsstatut nicht regeln kann, ein Vertrag, der insbesondere bei Nichterfüllung bestimmter Einzelleistungen das Verwaltungszwangsverfahren zuläßt und im einzelnen ermöglicht. Ein solcher „Unternehmervertrag im engeren Sinn", wie ihn das vorgenannte Erläuterungswerk (a.a.O. S. 329) nennt, ist nicht zu verwechseln mit einer anderen Art von Vertrag über die Bedingungen eines (Unternehmer-)Straßenbaues, welcher der freien Vereinbarung zwischen Gemeinde und Unternehmer entspringt und wobei auf die Auferlegung und Umgrenzung der obengenannten Leistungspflicht durch ein Ortsstatut verzichtet oder doch von einer solchen abgesehen wird. Ein solcher Vertrag gehört dann dem bürgerlichen Recht an.

Nun hatte die Klägerin unter dem 5. November 1906 ein Ortsstatut erlassen. Sie hat sich dabei auf die §§ 12 und 15 FlLG. bezogen, von welchen Bestimmungen nach dem Ausgeführten hier nicht, wie das Berufungsgericht meint, § 12, sondern § 15 in Betracht kommt. Die Auslegung dieses Ortsstatuts als einer nicht revisiblen Norm ist Sache des Tatrichters. Er muß prüfen, ob durch die §§ 15, 16 des Statuts die in § 15 FlLG. inhaltlich umgrenzte Pflicht dem (Straßenbau-)Unternehmer überhaupt auferlegt oder ob nicht vielmehr gerade in diesem Statut die Begründung einer solchen Pflicht und die Bestimmung ihres Inhalts im einzelnen der freien Vereinbarung in der Form vorbehalten worden ist, daß Bedingungen aufgestellt werden, von deren Annahme die Genehmigung abhängen solle. Er muß die Bedeutung des § 19 des Statuts im Zusammenhang mit dessen § 16 und mit der Polizeiverordnung und die Frage prüfen, ob es möglich war, den Umfang und näheren Inhalt der durch § 15 FlLG. eingeschränkten Pflichten, die dem Unternehmer durch Ortsstatut auferlegt werden können, dem jeweiligen Inhalt von Polizeiverordnungen in Form eines sog. Blanketts zu überlassen. Denn auch wenn ein Ortsstatut auf Grund des § 15 FlLG. erlassen wurde, so war die Gemeinde damit noch nicht gehalten, darin die Leistungen, die § 15 aufzählt, dem Straßenbauunternehmer schon aufzuerlegen; vielmehr konnte auch ein Statut noch der freien bürgerlich-rechtlichen Vereinbarung jeden Spielraum vorbehalten. Das Statut konnte aber auch, ausdrücklich oder dem Sinne nach, jene Leistungen grundsätzlich bereits dem Unternehmer der Straße in der Weise auferlegen, daß nur noch Einzelheiten dem bereits erwähnten „Unternehmervertrag im engeren Sinn" vorbehalten wurden; dann gehörte dieser Vertrag dem *öffentlichen* Recht an.

Das Berufungsgericht hat sich mit diesen Fragen noch nicht befaßt. Ihre Beantwortung erfordert tatsächliche Erörterungen und vor allem die tatrichterliche Auslegung des Ortsstatuts. Alles das muß vom Tatrichter noch geklärt werden. Erst dann kann die Bedeutung der einzelnen Verhandlungen von Gemeindeorganen oder Gemeindeangestellten mit dem Beklagten und ihrer Erklärungen ihm gegenüber richtig beurteilt werden, insbesondere auch, was die Anwendung des § 65 der westfälischen Landgemeindeordnung vom 19. März 1856 betrifft. Erst dann kann auch die Rechtsnatur des Vertrags vom 18. Juli 1932 ermittelt werden. War dem Beklagten durch das Ortsstatut eine Leistungspflicht des durch § 15 FlLG. begrenzten Inhalts noch nicht auferlegt, war also eine öffentlich-rechtliche Leistungspflicht des Beklagten noch nicht begründet worden, oder schien es beiden Beteiligten zweifelhaft, ob sie bereits begründet war und mit welchem Inhalt, dann würde die Annahme naheliegen, daß man mit dem Vertrag vom 18. Juli 1932 eine Regelung habe treffen wollen, die von dem Bestehen einer durch das Ortsstatut begründeten öffentlich-rechtlichen Leistungspflicht des Beklagten überhaupt absah und die Verpflichtung des Unternehmers der Straßenanlage auf eine privatrechtliche Grundlage zu stellen bezweckte (vgl. v. Strauß-Torney-Saß a.a.O. S. 328 Abs. 2). War aber nicht das Bestehen einer durch das Ortsstatut begründeten öffentlich-rechtlichen Leistungspflicht des Beklagten selbst, sondern nur deren Umfang im einzelnen noch zweifelhaft oder streitig, dann könnte es sich um einen dem Gebiete des öffentlichen Rechts angehörigen Unternehmervertrag im engeren Sinne (vgl. oben und die bereits angeführte Stelle bei v. Strauß-Torney-Saß S. 329 Abs. 2) handeln, der nur dazu bestimmt gewesen wäre, die bereits öffentlich-rechtlich im Rahmen des § 15 FlLG. durch das Ortsstatut begründete Leistungspflicht entsprechend diesem Statut im einzelnen festzulegen und für das Verwaltungszwangsverfahren die nötige Klarheit zu schaffen. Die Form der notariellen Vertragsurkunde würde solcher Annahme nicht notwendig widersprechen, da es auch notariell beurkundete „Verträge" verwaltungsrechtlichen Inhalts geben kann.

Gelangt das Berufungsgericht bei erneuter Prüfung der Sach- und Rechtslage nach den hier erörterten Gesichtspunkten wieder zu dem Ergebnis, das es im vorliegenden Urteil, aber ohne ausreichende Begründung, niedergelegt hat, daß nämlich der Beklagte zum Ausbau der Straße in der von der Klägerin geforderten Weise bereits aus dem Ortsstatut und auf Grund einer öffentlich-rechtlichen, im Verwaltungszwangsverfahren erzwingbaren Last verpflichtet gewesen sei, dann muß es allerdings besonders erforschen, was die Vertragschließenden bezweckten, als sie am 18. Juli 1932 einen Vertrag schlossen, durch den sich der Beklagte einer Verpflichtung unterwarf, der er ohnehin schon unterworfen gewesen ist, und zwar aus öffentlichem Recht. Dann würde zu prüfen sein, ob es sich, was diese Verpflichtung betrifft, nur um eine besonders wirksame — notariell bekräftigte — A n e r k e n n u n g der bereits bestehenden öffentlich-rechtlichen Pflicht handeln sollte, eine Annahme, der die Form des notariellen Vertrags nicht notwendig entgegenstünde; dann wäre ein zweiseitiges Verwaltungsrechtsgeschäft anzunehmen. Aber es kommen für die erneute Prüfung des Sachverhalts durch den Tatrichter auch noch andere Möglichkeiten in Betracht, die hier aufzustellen weder möglich noch nötig ist. Zu solchen Möglichkeiten mag auch die gehören, daß die Parteien des Vertrags, gleichviel, wie die Rechtslage sei, eben wegen der Streitigkeiten und vielleicht auch Zweifel, die sich aus der bisherigen Entwicklung der Angelegenheit ergeben haben mochten, unter allen Umständen einen sicheren Rechtsboden nunmehr hätten schaffen wollen und daß sie das in den Formen eines dem bürgerlichen Recht angehörigen Vertrags erreichen zu können geglaubt haben, wie immer sich die Rechtslage bisher gestaltet haben möge, daß sie also von dem, was etwa bisher gegolten haben möchte, bewußt hätten absehen wollen. In einem solchen Fall würde kein Bedenken bestehen, den Rechtsweg für zulässig zu erachten. Aber auch eine derartige Annahme erlauben die bisherigen Feststellungen des Berufungsgerichts nicht; dieses geht ja vielmehr davon aus, der Beklagte sei schon bis zum Vertrag vom 18. Juli 1932 auf Grund öffentlichen Rechts durch das Statut zum Ausbau der Straße in der von der Klägerin geforderten Weise verpflichtet gewesen; er habe das auch ebenso wie die Klägerin gewußt.

Erst wenn hiernach die tatsächlichen Voraussetzungen und der Inhalt des Vertrags vom 18. Juli 1932 geklärt sein werden, wird die Rechtsnatur dieses Vertrags und damit die Zulässigkeit des Rechtswegs abschließend bejaht oder verneint werden können.

Sollte allerdings das Berufungsgericht bei der ihm obliegenden Auslegung des Ortsstatuts oder auf Grund sonst neu getroffener tatsächlicher Feststellungen zu dem Ergebnis kommen, daß eine Auferlegung der Verpflichtung im Sinne des § 15 FlLG. durch das Ortsstatut nicht erfolgt ist, dann wäre die Frage zu klären, ob und durch welche Vereinbarungen — denn nur um solche könnte es sich dann handeln — die Verpflichtung von dem Beklagten übernommen worden ist. Dann allerdings wäre anzunehmen, daß sich solche Vereinbarungen auf bürgerlich-rechtlichem Gebiete bewegen (vgl. Germershausen-Seydel Wegerecht und Wegeverwaltung in Preußen 1932 Bd. 1 S. 484 Nr. 3 u. S. 485), wie schon ausgeführt worden ist. Die Feststellungen des Berufungsgerichts zusammen mit denen des Landgerichts lassen übrigens bisher überhaupt nicht erkennen, inwiefern sich die Verpflichtung zum Ausbau der Straße in der nunmehr im Vertrag vom 18. Juli 1932 festgelegten Art auf das Ortsstatut gründet; denn dieses bezieht sich in § 19 lediglich für die Begriffsbestimmung, wann eine Straße als fertiggestellt zu erachten sei, auf die jeweils geltenden örtlichen baupolizeilichen Vorschriften, die ihrerseits (§ 1 b und c der Polizeiverordnung vom 22. Juli 1907) diesen Begriff festlegen. Ob bei dieser Rechtslage das Ortsstatut dem Straßenbauunternehmer die Ausführung des Straßenausbaues in der im Vertrag festgelegten Form bereits auferlegt hat, das wird nach alledem erst noch zu prüfen sein. Die Beantwortung all dieser Fragen und damit die nach der Zulässigkeit des Rechtswegs ist auf Grund der bisherigen tatsächlichen Erörterungen des Berufungsgerichts noch nicht möglich.

**RGZ. 150, 103**

**Preuß. Fluchtlinienrecht.**

*Alter Leitsatz:*

*Zum Begriff des „Wohngebäudes" und des „Ausgangs" nach einer noch nicht für den öffentlichen Verkehr und den Anbau fertig hergestellten Straße im Sinne des preußischen Fluchtlinienrechts.*
*Gehören die „baupolizeilichen Bestimmungen des Orts", die für die Fertigstellung von Straßen maßgebend sind, zu den Vorschriften, auf deren Verletzung die Revision gestützt werden kann?*

Preuß. Fluchtliniengesetz vom 2. Juli 1875 (GS. S. 561) in der Fassung von Art. 1 des preuß. Wohnungsgesetzes vom 28. März 1918 (GS. S. 23) — FlLG. — § 12. ZPO. §§ 549, 550.

VII. Zivilsenat. Urt. v. 24. Januar 1936 i. S. Stadtgemeinde A. (Bekl.) w. Firma B. & Co. (Kl.). VII 174/35.

I. Landgericht Aachen. — II. Oberlandesgericht Köln.

Auf dem Grundstück Jülicher Straße Ecke (geplante) Lombardenstraße in A., auf dem seit 50 Jahren eine andere Fabrik gestanden hatte, errichtete die Klägerin im Jahre 1928 einen Fabrikneubau mit zwei Pförtnerwohnungen. Die verklagte Stadtgemeinde hatte zunächst die Erlaubnis zur Errichtung des Neubaues gemäß § 1 ihrer Ortssatzung vom 7. November 1876, ergangen auf Grund der §§ 12 und 15 FlLG., versagt. Jener § 1 lautet:

> An Straßen und Straßenteilen, welche noch nicht für den öffentlichen Verkehr und den Anbau fertiggestellt, namentlich noch nicht der bestimmten Höhenlage entsprechend geebnet, gepflastert, mit Entwässerungs- und Kanalanlagen sowie mit Bürgersteigen versehen sind, dürfen Wohngebäude, welche nach diesen Straßen einen Ausgang haben, nicht errichtet werden.
>
> Ausnahmen hiervon können nur vom Gemeindevorstand im Einverständnisse mit der Stadtverordnetenversammlung, welche zugleich die näheren Bedingungen festsetzt, gestattet werden.

Später war aber die Bauerlaubnis erteilt worden, nachdem sich die Klägerin verpflichtet hatte, die Ausbaukosen für die anliegenden Straßenteile zu tragen. Nach dieser Abmachung zahlte die Klägerin an die Beklagte 37 726,50 RM, wovon ihr 4959,73 RM zurückvergütet worden sind. Ferner übertrug sie der Beklagten in Anrechnung auf die Baukosten ein ihr gehöriges Gebäude, das in die Straßenfluchtlinie der Jülicher Straße und der Lombardenstraße fiel, zu Eigentum, wofür ein Betrag von 26 578 RM eingesetzt wurde.

Die Klägerin macht geltend, ihre Leistungen an die Beklagte seien ohne Rechtsgrund bewirkt worden. Denn diese sei nicht befugt gewesen, ihr die Bauerlaubnis zu versagen. Einmal sei das Bauverbot in § 1 der Ortssatzung vom 7. November 1876 ungültig, weil ihm die erforderliche Bestimmtheit fehle, auch deshalb, weil es insofern über den durch § 12 FlLG. gezogenen Rahmen hinausgehe, als es keinen Hinweis auf baupolizeiliche Bestimmungen enthalte. Abgesehen davon hätten aber auch die Voraussetzungen jenes Bauverbots nicht vorgelegen. Der von der Klägerin errichtete Neubau sei kein Wohngebäude im Sinne des § 12 FlLG. und des § 1 der Ortssatzung gewesen. Weiter sei die Jülicher Straße mit dem hier in Frage kommenden Straßenteil — abgegrenzt durch die Thomashofstraße und den Reichsbahnhof A.-Nord — nicht mehr unter jene Vorschriften gefallen, sondern schon längst gemäß den maßgeblichen baupolizeilichen Bestimmungen fertig, sogar schon zur Zeit des Inkrafttretens der Ortssatzung als städtische Ortsstraße vorhanden, also eine sog. „historische Straße" gewesen, auf die jene nicht anwendbar sei. Soweit aber der Neubau an der Lombardenstraße liege, habe ein Bauverbot nicht ausgesprochen werden können, weil diese Straße nur „projektiert" sei und weil der Neubau keinen Ausgang nach dieser Straße besitze.

Die Klägerin hat mit der im April 1933 erhobenen Klage von ihrer Rückforderung zunächst einen Teilbetrag von 20 000 RM nebst Zinsen geltend gemacht.

Die Beklagte hat den erhobenen Bereicherungsanspruch bestritten, weil die Voraussetzungen dafür fehlten; er sei auch deshalb unbegründet, weil die Klägerin nach § 15 FlLG. zu den geleisteten Zahlungen verpflichtet und ihr am 21. September 1934 ein entsprechender Veranlagungsbescheid über 21 743,22 RM zugestellt worden sei.

Das Landgericht hat die Beklagte antragsgemäß verurteilt.

Im Berufungsverfahren hat die Beklagte noch vorgetragen, auf Grund des vollstreckbaren Veranlagungsbescheides vom 21. September 1934 über 21 743,22 RM stehe ihr notfalls ein Zurückbehaltungsrecht gegenüber der Klagforderung zu. Hilfsweise hat sie die veranlagte Gegenforderung zur Aufrechnung gestellt. Die Klägerin hat gegenüber der Aufrechnung darauf hingewiesen, daß wegen der aufgerechneten Forderung ein Verwaltungsstreitverfahren schwebe, mit dem Hinzufügen, sie erkenne die Aufrechnung nur mit Rücksicht auf die aus § 75 des preuß. Kommunalabgabengesetzes vom 14. Juli 1893 (GS. S. 152) folgende Zahlungsverpflichtung an. Sie hat demgemäß beantragt, die Berufung der Beklagten zurückzuweisen und „festzustellen, daß der Klaganspruch an sich begründet, aber durch die von der Beklagten erklärte, von der Klägerin unter Vorbehalt der Rückforderung des Gezahlten anerkannte Aufrechnung erledigt sei."

Das Oberlandesgericht hat die Berufung der Beklagten mit der Maßgabe zurückgewiesen, daß es den Klaganspruch zur Hauptsache für erledigt erklärte, und hat die Kosten des Rechtsstreits der Beklagten auferlegt. Die Revision der Beklagten führte zur Aufhebung und Zurückverweisung.

Gründe:

1. Die Annahme, daß Verträge der vorliegenden Art von privatrechtlicher Natur sind und daß deshalb für die Rückforderung des auf Grund eines solchen Vertrags, aber grundlos Geleisteten der Rechtsweg zulässig sei, unterliegt keinem rechtlichen Bedenken (vgl. die Entscheidungen des erkennenden Senats in JW. 1934 S. 1650 Nr. 10 und in RGZ. Bd. 148 S. 338, sowie über die Zulässigkeit von Bedingungen, unter denen eine Gemeinde bereit ist, von dem ihr nach § 12 FlLG. zustehenden Bauverbot Abstand zu nehmen: Entscheidungen des Preuß. Oberverwaltungsgerichts OVG. Bd. 39 S. 355 und OVG. Bd. 53 S. 403).

2. Der Vorderrichter geht davon aus, das von der Beklagten auf Grund der Ortssatzung vom 7. November 1876 ausgesprochene Bau-

verbot sei schon deswegen nicht berechtigt gewesen, weil es sich bei der geplanten Errichtung eines Neubaues nicht um ein Wohngebäude im Sinne des § 12 FILG. an einer gemäß den baupolizeilichen Bestimmungen noch nicht fertiggestellten Straße gehandelt habe. In dieser Meinung sind die beiden Instanzgerichte einig im Bewußtsein, daß sie damit im Widerspruch stehen zur Rechtsprechung des Preußischen Oberverwaltungsgerichts.

Nach der Feststellung des Berufungsgerichts ist der Neubau der Klägerin ein geräumiges, vierstöckiges Gebäude, worin mehr als 1000 Arbeiter beschäftigt sind. Stadtauswärts schließt der Bau an die Jülicher Straße mit einer Toreinfahrt an, die auf den Fabrikhof führt. Über dieser Toreinfahrt befinden sich die in zwei Stockwerken liegenden Pförtnerwohnungen. Diese Wohnungen haben rechts und links der Toreinfahrt je einen Ausgang nach der Jülicher Straße sowie Ausgänge zu den Fabrikräumen und zum Fabrikhof. Im Treppenaufgang der — von der Jülicher Straße aus gesehen — rechten Wohnung befindet sich im Erdgeschoß das Pförtnergelaß, von dem aus eine Tür in die angrenzenden Fabrikräume und eine andere auf den Durchgang zum Fabrikhof führt. Aus dieser den Plänen entsprechenden Bauweise schließt der Vorderrichter, daß der die Pförtnerwohnungen enthaltende Gebäudeteil nicht lediglich dazu errichtet worden ist, um Wohnungen für die Pförtner zu schaffen, sondern, „daß die Errichtung so wie geschehen erfolgt ist in zweckmäßigster Ausnutzung des gesamten bis an die Lombardenstraße reichenden Gebäudes". Denn hinter dem „Wohngebäude" liege der Fabrikhof mit den Verladerampen. Zu dem Fabrikhof müsse eine möglichst kurze, gerade und raumsparende Zufahrt von der Straße führen, und zwar von der Jülicher Straße, da die Lombardenstraße auch jetzt noch nicht vorhanden, sondern nur geplant sei. An dieser Zufahrt müsse auch der zum Aufenthalt des Pförtners bestimmte Raum liegen, weil bei solchen Betrieben der Pförtner dauernd an der Zufahrt sein, die An- und Abfahrten überwachen und darauf achten müsse, daß kein Unbefugter den Fabrikhof betrete. Demnach gehörten Zufahrt und Pförtnergelaß zur Fabrik. Wie der Vorderrichter weiter feststellt, enthält das Erdgeschoß des hier in Betracht kommenden Gebäudes weiter nichts. Insoweit könne also — so sagt er weiter — das Gebäude nicht als Wohngebäude bezeichnet werden. Eine Fabrik im Ausmaße der von der Klägerin errichteten erfordere die ständige Anwesenheit mindestens e i n e s Pförtners. Die Pförtnerwohnungen seien daher ebenso erforderlich und insbesondere derart betriebsverbunden und betriebsnotwendig wie Räume für die Geschäftsführung. Wenn also die Klägerin über dem zur Fabrik gehörenden Erdgeschoß Pförtnerwohnungen eingerichtet habe, so seien damit Betriebsräume, also ein einheitliches Ganzes, geschaffen. Es sei deshalb nicht angängig, einen Unterschied zwischen Fabrik und Wohnung zu machen; denn es komme auf das einheitliche Ganze an, und dieses sei eben eine Fabrik. In dem „Wohngebäude" wohnten auch nicht irgendwelche Menschen auf Grund Eigentums oder Mietvertrags, wegen derer etwa die Beklagte genötigt sein könnte, einen bestimmten Zustand der Straße herzustellen, sondern Arbeiter des Unternehmens, betriebsverbundene Menschen, die einen Teil ihres Lohnes durch Gewährung der Wohnräume erhielten und erhalten müßten. Hinsichtlich der Herrichtung der Straße habe die Beklagte keine anderen Pflichten, als sie ihr schon durch den Verkehr der anderen Arbeiter auferlegt seien. Das Gesetz bezwecke, zu verhindern, daß eine Gemeinde gezwungen werde, aus polizeilichen Rücksichten eine Straße herzustellen, für deren Ausbau zur Zeit kein Bedürfnis bestehe. Dieser Zweck hindere nicht, dem hier in Betracht kommenden Gebäude die Eigenschaft eines Wohngebäudes abzusprechen.

Die Revision verweist demgegenüber auf die Rechtsprechung des Oberverwaltungsgerichts und die des Reichsgerichts sowie auf die herrschende Meinung im Schrifttum. Danach liege ein Wohngebäude im Sinne des § 12 FlLG. dann vor, wenn in dem Gebäude Wohnräume, d. h. zum Bewohnen bestimmte oder benutzte Räume vorhanden seien. Auch Fabrik- und Geschäftsräume seien Wohngebäude in diesem Sinne, wenn beim Gewerbebetrieb beschäftigte Angestellte oder Arbeiter darin wohnten, und es komme nicht darauf an, ob die Bestimmung zum Wohnen für das Gebäude als Ganzes überwiege.

Der Revision ist in diesem Punkte beizutreten. Es entspricht der Verwaltungsübung in Preußen, die sich darin auf die ständige Rechtsprechung des Oberverwaltungsgerichts stützen kann, für das in § 12 FlLG. zugelassene und ortsgesetzlich eingeführte Bauverbot als ausreichend anzusehen, daß das geplante Gebäude auch nur teilweise zum Wohnen benutzt wird, eine Untersuchung darüber aber abzulehnen, ob die Bestimmung zum Wohnen für das Gebäude als Ganzes überwiegt. Nach der Rechtsprechung des Oberverwaltungsgerichts genügt es, wenn sich überhaupt Wohnräume oder auch nur e i n solcher in dem geplanten Gebäude befinden sollen (Entscheidung des Preußischen Oberverwaltungsgerichts in PrVBl. Bd. 3 S. 93 = OVG. Bd. 8 S. 315). Das ist auch der Standpunkt, den das Schrifttum überwiegend zu dieser Frage einnimmt. Dabei hat man erwogen, es möge zweifelhaft sein, ob nicht unter besonderen Umständen, wenn nämlich die Bestimmung und Benutzung zum Wohnen gegenüber dem Hauptzweck vollständig in den Hintergrund tritt, der Charakter als Wohngebäude verneint werden könnte; indessen biete dafür das Gesetz kaum einen genügenden Anhalt; ein solches Gebäude bleibe zum Teil immer noch Wohngebäude, und es sei nicht abzusehen, weshalb dieser Teil, der unzulässig wäre, falls er als ein selbständiges

Gebäude errichtet würde, durch die Verbindung mit einem anderen Bauwerk dem Verbot entzogen sein solle (vgl. Meyer-Saß Straßen- und Baufluchtliniengesetz 7. Aufl. [1934] § 12 Bem. 5a S. 144). Das Reichsgericht hat — entgegen der Auffassung der Revision — zu dieser Frage, soweit ersichtlich, noch keine Stellung genommen. Die von der Revision bezeichnete Entscheidung vom 2. November 1914 V 191/14, abgedr. in JW. 1915 S. 102 Nr. 19, behandelt eine andere Frage, nämlich die, ob auch Gebäude, die ausschließlich einem Gewerbebetrieb dienen, schon deshalb als Wohngebäude im Sinne des § 12 FlLG. gelten können, weil sie ebenfalls zum längeren Aufenthalt von Menschen bestimmt sind, was — entsprechend dem gewöhnlichen Sprachgebrauch — verneint wird.

Indessen muß die in der verwaltungsgerichtlichen Rechtsprechung und im Fachschrifttum vorherrschende Meinung gebilligt werden. Lediglich die Bestimmung des Gebäudes, als Wohngebäude zu dienen, ist entscheidend. In welchem Umfang das Wohnen darin stattfinden soll, ist unerheblich, und es kann — entgegen der Meinung der Vordergerichte — auch nicht darauf ankommen, ob der Wohnzweck gegenüber der Hauptbestimmung des Gebäudes, zum Gewerbebetrieb zu dienen, wesentlich zurücktritt und ob die geplanten Wohnräume nur zum Wohnen solcher Personen bestimmt sind, welche „betriebsverbunden" sind, deren ständige Anwesenheit und Mitarbeit im Gewerbebetrieb auch zweckmäßig oder gar unentbehrlich ist. Der Begriff des Wohngebäudes im Baufluchtliniengesetz erhält seine besondere Bedeutung aus dem Zweck, den der Gesetzgeber mit der Einfügung der Bestimmung des § 12 im Auge gehabt hat. In dem Entwurf eines Gesetzes, betreffend die Anlegung und Bebauung von Straßen und Plätzen in Städten und ländlichen Ortschaften, den die Preußische Regierung dem Abgeordnetenhause am 28. Januar 1875 vorgelegt hat (Anlagen zu den Sten. Ber. des Abg.-Hauses, 2. Session der 12. Legislaturperiode 1875 Bd. 1, Aktenstück Nr. 23 S. 287) war eine dem jetzigen § 12 entsprechende Vorschrift noch nicht enthalten. Der Gesetzentwurf war veranlaßt durch fortgesetzte Klagen der in lebhaftem Aufschwung begriffenen größeren Ortschaften darüber, daß die Verpflichtung, für die Herstellung und Unterhaltung von Straßen und Plätzen zu sorgen, ihnen eine Last aufbürde, die immer drückender werde und, wenn nicht Abhilfe geschaffen werde, zum Zusammenbruch der Gemeinden führen müsse (Begründung das. S. 289). Die erst bei den Ausschußberatungen eingefügte Vorschrift des § 12 bezweckt (ebenso wie § 15), die Gemeinde vor der Gefahr zu schützen, Straßen, deren künftige Anlegung zwar in Aussicht genommen, für deren sofortige Fertigstellung aber einstweilen kein wirtschaftliches Bedürfnis vorhanden ist, schon vor Eintritt der wirtschaftlchen Bedürfnisse aus polizeilichen Rücksichten fertig herstellen zu müssen, weil vereinzelte Anbauten daran vorzeitig stattgefunden haben (RG. Gruch. Bd. 30 S. 1037). Der Bericht der X. Kommission zur Vorberatung des Gesetzentwurfs vom 22. April 1875 (Sten. Ber. a.a.O. Bd. 3, Aktenstück Nr. 279 S. 1704 ff.) besagt darüber (S. 1707):

> Namentlich größere Städte haben die Erfahrung gemacht, daß an projektierten, noch nicht für den öffentlichen Verkehr fertiggestellten Straßen, oftmals weit entfernt von den schon vorhandenen Gebäuden, Wohngebäude errichtet werden. Dann entsteht hinsichtlich der letzteren und ihrer Bewohner ein förmlicher Notstand. Die Straße wird bei schlechtem Wetter unwegsam, die Häuser sind bei Feuersgefahr nicht durch die Spritzen zu erreichen, die mangelhafte Entwässerung erzeugt Unreinlichkeit und Krankheiten, die unteren Teile der Gebäude passen nicht zu der Höhenlage, welche die Straße später erhält, usw. Aus polizeilichen Rücksichten sieht die Stadt sich gezwungen, wegen solcher Bauten mit großen Kosten eine Straße herzustellen, die noch nicht nötig war und vielleicht zu einem beträchtlichen Teile, zwischen den alten Bauanlagen und diesen neuen Wohngebäuden, noch lange unangebaut bleibt. Polizei und Gemeinde haben sich schon in einigen Städten gezwungen gesehen, das Verbot zu erlassen und praktisch durchzuführen, welches hier durch § 12 des neuen Gesetzes für die Landesteile, wo die gesetzliche Basis zweifelhaft ist, legalisiert werden soll.

Der somit klarliegende Zweck des Gesetzes rechtfertigt die Auffassung, der Ausdruck „Wohngebäude" in § 12 sei in dem strengen Sinne zu begreifen, daß es genüge, wenn in dem zu errichtenden Gebäude nur irgendwelche Wohnräume vorhanden sind, gleichviel in welchem Umfange dies der Fall ist und ohne Rücksicht darauf, ob die Gemeinde gerade hierdurch schon im Augenblick zu besonderen Maßnahmen gezwungen wäre. Denn die Vorschrift will offenbar jede Einwirkung auf die Benutzung einer unfertigen Straße treffen, die durch die Inanspruchnahme der anliegenden Grundstücke zu Wohnungszwecken verursacht werden kann (vgl. K r e n z l i n in PrVBl. Bd. 31 [1910] S. 778), und die Gemeinde davor schützen, zu baulichen Maßnahmen gezwungen zu werden, bevor die Zeit dazu entsprechend den wirtschaftlichen Bedürfnissen nach ihrem eigenen pflichtmäßigen Ermessen gekommen ist. Es ist hierbei auch zu berücksichtigen, daß in allen Fällen, wo ein Gebäude teils zu Wohnzwecken, teils zu amtlichen oder geschäftlichen Zwecken dienen soll, Meinungsverschiedenheiten über das Vorwiegen des einen oder des anderen Zweckes entstehen können, daß hierbei unübersehbare und unabgrenzbare Abstufungen möglich sind und mit dem Merkmal des „Überwiegens" eine für die Handhabung des Gesetzes verwertbare Regel nicht gewonnen werden kann. Auf jeden Fall einer Ausnahmebewilligung würden sich spätere Unternehmer berufen, gleichviel ob die Lage die gleiche ist oder nicht, und die Gemeindeverwaltung würde sich bei nicht durchaus gleichmäßiger Handhabung Vorwürfen, Angriffen und sonstigen Schwierigkeiten ausgesetzt sehen, die nur dann vermieden werden können, wenn einheitlich bei allen Neubauten das Vorhandensein von Wohnräumen irgendwelcher Art für die Notwendigkeit der Bauerlaubnis ausschlaggebend ist. Das allgemeine Wohl muß jedenfalls nach dem alten Wahrspruch, daß „gemeiner Nutz vor sonderlichem geht", auch in dieser Beziehung den persönlichen Belangen einzelner vorgehen.

3. Weiter ist der Berufungsrichter der Meinung, das von der Beklagten ausgesprochene Bauverbot sei auch deshalb nicht berechtigt gewesen, weil es sich — soweit die Jülicher Straße in Betracht komme — nicht um den Anbau an einer Straße oder an einem Straßenteil gehandelt habe, „welche noch nicht gemäß der baupolizeilichen Bestimmungen des Orts für den öffentlichen Verkehr und den Anbau fertiggestellt" gewesen seien (§ 12 Abs. 1 FlLG.). Ob eine Fertigstellung einer Straße oder eines Straßenteils im Sinne dieser Vorschrift vorliegt, läßt sich nur nach den dazu ergangenen Baupolizeiverordnungen beurteilen. Diese hat der Berufungsrichter ins Auge gefaßt und sich danach seine Überzeugung gebildet, daß die Jülicher Straße eine „historische Straße" im Sinne der baupolizeilichen Bestimmungen der Stadt A. sei und daß namentlich die Fertigstellung der in dieser Beziehung vornehmlich umstrittenen Bürgersteige zur Zeit der Versagung der Bauerlaubnis seit langem vollendet gewesen sei. Hierbei handelt es sich in der Hauptsache um tatsächliche Feststellungen, die in der Revisionsinstanz nicht nachgeprüft werden können. Soweit die Entscheidung in diesem Punkte auf der Anwendung und Auslegung der die baupolizeilichen Bestimmungen enthaltenden Polizeiverordnungen für den Stadtbezirk A. beruht, besteht ebenfalls keine Möglichkeit zu ihrer Nachprüfung; denn diese Verordnungen gehören nicht zu den Vorschriften, auf deren Verletzung die Revision gestützt werden kann (§§ 549, 550; RG.Urt. vom 19. November 1935 VII 80/35). Auf die in diesem Zusammenhang erhobenen Verfahrensrügen kann es nicht ankommen (RG. JW. 1933 S. 2582 Nr. 3).

4. Auf den Zustand der Jülicher Straße käme es aber nicht an, wenn es zuträfe, daß das Fabrikgrundstück (Wohngebäude) der Klägerin außer dem Hausausgang nach jener Straße auch einen solchen nach der Lombardenstraße hat. Denn diese Straße ist, wie unstreitig feststeht, noch nicht fertig im Sinne des § 12 Abs. 1 FlLG. Hierzu sagt das Berufungsurteil, es könne dahingestellt bleiben, ob die aus einem zu den Akten überreichten Lichtbild ersichtliche Vorrichtung als ein Ausgang schlechthin angesehen werden müsse; denn

jedenfalls handle es sich nicht um einen Ausgang im Sinne des § 12 FlLG. Nach dieser Vorschrift und ihrem Zweck könne unter Ausgang nur eine Vorkehrung verstanden werden, welche die Möglichkeit zu einem derartigen Verkehr eröffne, daß eine Gemeinde durch diesen Verkehr zum Ausbau der Straße genötigt werden könne. Weiter verweist der Berufungsrichter darauf, das Lichtbild und die Baupläne zeigten, daß sich nach der gesamten Anlage der Fabrik der ganze Verkehr von und zu ihr über die Jülicher Straße vollziehe, ja sich nur über diese Straße vollziehen könne, weil die Lombardenstraße überhaupt nicht vorhanden, sondern erst vorgesehen und vor allem von dem Bau der Klägerin mit einer Mauer abgesperrt sei.

Mit Recht wird von der Revision diese Stellungnahme des Berufungsurteils insoweit beanstandet, als es für den Begriff des Ausgangs nicht darauf ankommen kann, ob durch die vorhandene Durchbrechung der Mauer tatsächlich ein Verkehr von und zu der Fabrik stattfindet. Entscheidend ist vielmehr allein, ob es sich um eine Mauerdurchbrechung handelt, die für den Verkehr nach außen bestimmt ist. Unter den Ausgängen, welche die Vorschrift des § 12 FlLG. im Auge hat, sind nicht nur Hauptausgänge zu verstehen, vielmehr kommen auch alle neben den Hauptausgängen vorhandenen Ausgänge als solche in Betracht, z. B. Hofausgänge und Ladenausgänge. Allerdings gilt dies nicht für jede Durchbrechung der Mauer, durch die ein Mensch hindurchschlüpfen kann, aber doch für alle die, welche für den Verkehr des Hauses nach außen hin bestimmt sind (OVG. PrVBl. Bd. 20 S. 192; Meyer-Saß a.a.O. § 12 Bem. 7 S. 149). Die Beklagte hatte dargelegt, daß das Gebäude der Klägerin nach der Lombardenstraße zu nicht nur eine Verladerampe, sondern außerdem ein zweiflügeliges Tor zu ebener Erde besitze. Da der Berufungsrichter Feststellungen hierüber nicht getroffen hat, muß für die Revisionsinstanz unterstellt werden, daß ein Ausgang des Gebäudes nach der Lombardenstraße vorhanden war. Es kommt dann nur noch darauf an, ob diese Straße zur Zeit der Versagung der Bauerlaubnis noch nicht gemäß den baupolizeilichen Bestimmungen der Stadt für den öffentlichen Verkehr und den Anbau fertiggestellt worden war. Dies bezeichnet der Vorderrichter an sich als unstreitig; er ist aber trotzdem der Meinung, daß auch in dieser Beziehung die bezeichnete Voraussetzung der Zulässigkeit der Bauverbots nicht gegeben sei, weil die Lombardenstraße „überhaupt noch nicht vorhanden, sondern erst vorgesehen und vor allem von dem Bau der Klägerin mit einer Mauer abgesperrt sei". Auch in dieser Beziehung ist der Sachverhalt noch nicht genügend aufgeklärt, um ihn abschließend rechtlich beurteilen zu können.

Die Beklagte hatte vorgetragen, daß in dem maßgebenden Zeitpunkt die Lombardenstraße nicht nur geplant, sondern auch mit ihrer

Anlegung begonnen gewesen sei; so seien die Anschlußstücke und Kurven von der Jülicher Straße zur Lombardenstraße, wenn auch nur vorläufig, angedeutet gewesen und es habe somit wahrgenommen werden können, daß es sich um ein Eckgrundstück handelte, zumal sich daran der freie Bahnhofsplatz anschloß. In der Tat ist der Zustand, in dem sich die Lombardenstraße zur Zeit der Versagung der Bauerlaubnis befunden hat, unter Umständen von wesentlicher Bedeutung. Unrichtig ist es, die Unzulässigkeit des Bauverbots — wie es das Berufungsgericht tun will — damit zu begründen, daß noch keine Straße vorhanden gewesen sei. Die Straße braucht, um das Bauverbot nach § 12 FlLG. zu rechtfertigen, keine öffentliche Straße der Gegenwart zu sein. Es genügt im allgemeinen, daß es sich um eine „projektierte" Straße, um eine Straße der Zukunft handelt. Dazu gehören insbesondere die in einen Bebauungsplan aufgenommenen oder durch Festsetzung von Fluchtlinien als neue Anlagen gekennzeichneten Straßen, sofern nur bei der Gemeindebehörde der ernstliche Wille besteht, sie in absehbarer Zeit für den öffentlichen Verkehr und den Anbau fertig herzustellen. Anderseits muß es auch, ohne daß förmliche Bebauungspläne aufgestellt oder Fluchtlinien festgesetzt sind, genügen, wenn man es mit einer in der Entstehung begriffenen Straße zu tun hat, wenn also bestimmte äußere Merkmale vorliegen, aus denen zu erkennen ist, daß mit dem Ausbau der Straße schon begonnen ist oder in naher Zukunft begonnen werden soll. Lassen sich hierfür auch keine allgemein gültigen Regeln aufstellen, so wird doch für die Frage der Zulässigkeit eines Bauverbots gemäß § 12 FlLG. als das Wesentliche ins Auge zu fassen sein, ob der Weg demnächst dem öffentlichen straßenmäßigen Verkehr dienen soll oder wenigstens die Entwicklung eines solchen Verkehrs nach den gegegebenen Umständen unvermeidlich sein wird (OVG. PrVBl. Bd. 26 S. 167, S. 219, und Bd. 37 S. 400; vgl. auch M e y e r - S a ß a.a.O. § 12 Bem. 3 S. 129 bis 135). Unter diesen Gesichtspunkten wird der Berufungsrichter den Sachverhalt neu prüfen und dabei die Darstellung, welche die Beklagte hierzu gegeben hat, ins Auge fassen müssen. Dabei wird auch aufzuklären sein, welche Bewandtnis es mit der Absperrung der Lombardenstraße vom Bau der Klägerin mit einer Mauer hat, wann und mit welcher Bestimmung diese Mauer errichtet worden ist, insbesondere ob sie nicht nur vorübergehenden Zwecken gedient hat.

**RGZ. 154, 385**

**Preuß. Fluchtlinienrecht. — Privatrechtliche Sicherheitsleistung für künftig geschuldete Anliegerbeiträge zwecks Erlangung der Befreiung vom ortsstatutarischen Bauverbot. Rückforderung der Sicherheits-**

**leistung bei Nichtbestehen des Bauverbotes. Begriff der historischen Straße. Annahme einer solchen im Falle von Eingemeindungen.**

*Alter Leitsatz:*

*1. Kann die in Form einer Höchstbetragshypothek bestellte Sicherheit, die ein Straßenanlieger für Anliegerbeiträge auf Grund eines Vertrags mit der Stadtgemeinde zwecks Erlangung einer Ausnahme von dem ortsstatutarischen Bauverbot geleistet hat, zurückgefordert werden, wenn sich herausstellt, daß der Anbau an der Straße einem Bauverbot nicht unterlag?*

*2. Zum Begriff der historischen Straße.*

*3. Schließen bloße Zweifel an der Verpflichtung zur Leistung deren Rückforderung nach § 814 BGB. aus?*

Preuß. Fluchtliniengesetz vom 2. Juli 1875 (GS. S. 561) — FlLG. — §§ 12, 15. BGB. §§ 306, 780, 781, 812, 814.

V. Zivilsenat. Urt. v. 24. April 1937 i. S. K. (Kl.) w. Stadtgemeinde B. (Bekl.). V 24/37

I. Landgericht Breslau. — II. Oberlandesgericht daselbst.

Der Kläger ist Eigentümer eines in B. an der Ecke der Heidauer Straße und der Eichenallee gelegenen Grundstücks. Dieses hatte früher zum Gutsbezirk Kl.-H. gehört und war im Jahre 1925 dem Gemeindebezirk Kl.-H. zugelegt worden. Im Jahre 1928 wurde die Landgemeinde Kl.-H. mit der Stadtgemeinde B., der Beklagten in diesem Rechtsstreit, vereinigt. Um dieselbe Zeit beantragte der Kläger bei der Baupolizeibehörde in B. die Genehmigung zur Errichtung eines Wohnhauses. Die genannte Behörde legte das Gesuch dem Magistrat vor. Dieser ließ dem Kläger eröffnen, daß für sein Grundstück nach § 1 des Ortsstatuts vom 12. Juni 1891 ein Bauverbot bestehe, daß aber nach § 2 des Statuts Befreiung hiervon unter gewissen Bedingungen gewährt werden könne. Der Kläger hatte, wie er vorträgt, bereits alle Vorbereitungen für den Bau getroffen und mußte sich deshalb diesen Bedingungen fügen. Zu Protokoll eines städtischen Beamten erklärte er am 23. Juli 1928:

> Ich erkenne an, daß die Straßen, an die das Grundstück grenzt, noch nicht anbaufähig hergestellt sind, und daß der Magistrat daher der Baugenehmigung auf Grund des Gesetzes vom 2. Juli 1875 und des Ortsstatuts vom 12. Juni 1891 widersprechen kann. Um die ausnahmsweise Genehmigung zu erhalten, verpflichte ich mich für mich und meine Rechtsnachfolger, der Stadtgemeinde . . . a) die anteiligen, nach §§ 3 ff. des Ortsstatuts vom 12. Juni 1891 zu berechnenden Straßenanlagekosten sofort nach Anforderung zu erstatten, sobald die mein Grundstück berührenden Straßen erstmalig nach . . . der Bauordnung vom 20. Mai 1926 . . . anbau-

fähig hergestellt worden sind, b) das vor der geplanten Fluchtlinie liegende Straßenland . . . an die Stadtgemeinde unentgeltlich . . . aufzulassen. . . .

In derselben Urkunde versprach der Kläger der Beklagten die Eintragung einer Sicherungshypothek zum Höchstbetrag von 12 600 RM „für die anteiligen, nach §§ 3 ff. des Ortsstatuts vom 12. Juni 1891 zu berechnenden Kosten, sobald die Stadtgemeinde B. die an das Grundstück grenzenden Straßen . . . erstmalig anbaufähig herstellt." Die Hypothek wurde eingetragen. Der Magistrat erklärte der Baupolizeibehörde, daß er gegen die Erteilung der Baugenehmigung nichts (mehr) einzuwenden habe. Der Kläger erhielt darauf die beantragte Genehmigung und führte den geplanten Bau aus. . . .

Der Kläger hat die der Hypothek zugrunde liegende Anerkennungs- und Verpflichtungserklärung als nicht geschuldet zurückgefordert und die Verurteilung der Beklagten zur Einwilligung in die Löschung der Hypothek beantragt. Zur Begründung der sowohl auf § 894 wie auf § 812 BGB. gestützten Klage hat er vorgetragen, die Beklagte habe die Baugenehmigung zu Unrecht verweigert, weil die Heidauer Straße schon seit Inkrafttreten des Baufluchtliniengesetzes eine sogenannte historische Straße gewesen sei, auf die ein ortsstatutarisches Bauverbot nicht habe erstreckt werden dürfen. . . . Die Beklagte hat den Ausführungen des Klägers widersprochen, den Einwand aus § 814 BGB. erhoben und die Abweisung der Klage beantragt. . . .

Das Landgericht hat der Klage stattgegeben, das Oberlandesgericht sie abgewiesen. Die Revision des Klägers führte zur Aufhebung und Zurückverweisung.

Aus den Gründen:

1. . . .

2. . . . Der Kläger erblickt in der von ihm abgegebenen Anerkennungs- und Verpflichtungserklärung eine durch Vertrag erfolgte Anerkennung des Bestehens eines Schuldverhältnisses im Sinne des § 812 Abs. 2 BGB. Die Berechtigung dieser — nicht rechtsgrundsätzlich unvertretbaren — Meinung ist vom Tatrichter bislang nicht erörtert worden. Trifft sie zu, so ergibt sich folgende Rechtslage:

Hätte die Beklagte, weil es sich bei der Heidauer Straße etwa um eine historische Straße handelte, ein Bauverbot gegenüber dem Kläger nicht aussprechen dürfen, so hätte der Kläger die vertragliche Anerkennungs- und Verpflichtungserklärung ohne Rechtsgrund abgegeben und könnte sie nach § 812 Abs. 2 BGB. zurückfordern. Mit der Rückforderung entfiele der Schuldgrund für die Hypothekbestellung und erwüchse dem Kläger gegenüber der Beklagten ein Recht auf Herausgabe ihrer grundbuchmäßigen Rechtsstellung (§ 812 Abs. 1

BGB.). Auch könnte der Kläger das gleiche Ziel mit der Grundbuchberichtigungsklage verfolgen. Aus berechtigter Rückforderung der ohne Rechtsgrund abgegebenen vertraglichen Anerkennungs- und Verpflichtungserklärung würde folgen, daß die Forderung, zu deren Sicherung die Hypothek bestellt war, weder gegenwärtig der Beklagten zusteht noch künftig für sie entstehen kann. Denn die Hypohek sollte nach der ihr gegebenen Bestimmung nur einen als Gegenleistung für den Verzicht auf das angebliche Bauverbot vertraglich begründeten, nicht aber einen unabhängig hiervon etwa aus § 15 FlLG. in Verbindung mit § 17 des Ortsstatuts sich ergebenden künftigen Anspruch der Beklagten sichern. Die Hypothek wäre also kraft der Rückforderung gemäß § 812 Abs. 2 BGB. aus einer vorläufigen, auflösend bedingten Grundschuld eine endgültige und unbedingte Grundschuld des Klägers geworden und damit der Grundbuchberichtigungsanspruch des Klägers ausgelöst worden.

Sollte dagegen die Anerkennungs- und Verpflichtungserklärung nach der dem Berufungsgericht vorzubehaltenden tatsächlichen und rechtlichen Würdigung nicht als Leistung im Sinn des § 812 Abs. 2 BGB. bewertet und deshalb nicht selbständig zurückgefordert werden können, so wäre deshalb die Rechtslage für den Kläger doch nicht weniger günstig. Die Anerkennungs- und Verpflichtungserklärung wäre dann zwar nur ein unselbständiger Bestandteil eines sogenannten kausalen, den Bestimmungsgrund in sich selbst tragenden Geschäfts. Die Beklagte hätte dann aber mit dem Verzicht auf ein Bauverbot ein ihr nicht zustehendes Recht aufgegeben. Ihre darauf gerichtete Zusage hätte auf etwas rechtlich Unmögliches abgezielt. Der Vertrag wäre nach § 306 BGB. nichtig, und der Kläger könnte die allein auf Grund dieses Vertrags bewirkte streitige Leistung, die Hypothek, nach § 812 Abs. 1 BGB. von der Beklagten herausverlangen (RGZ. Bd. 78 S. 427).

Dagegen wäre die Berechtigung des Klaganspruchs entgegen der Meinung der Revision nicht schon daraus herzuleiten, daß nach der Rechtsprechung des Preußischen Oberverwaltungsgerichts (RVerwBl. 1934 S. 81) die Verpflichtung vorgängiger Sicherstellung demnächst fälliger Anliegerbeiträge dem öffentlichen Abgabenrecht fremd ist und deshalb auch durch Ortsstatut nicht gültig begründet werden kann. Daraus ergäbe sich noch keine Beschränkung der Befugnis des Klägers, sich privatrechtlich, wie geschehen, zu hypothekarischer Sicherstellung einer vertraglich übernommenen Beitragsleistung zu verpflichten.

3. Das Berufungsgericht stand mithin vor den beiden Fragen, ob der Beklagten das im Jahre 1928 von ihr beanspruchte Recht zum Bauverbot zustand und — verneinendenfalls — ob der Kläger das

Nichtbestehen dieses Rechtes kannte (§ 814 BGB.). Keine dieser beiden Fragen, deren dem Kläger ungünstige Beantwortung jeweils für sich der Klage den Rechtsboden entziehen müßte, hat in dem angefochtenen Urteil ihre erschöpfende, die Gewähr für richtige Rechtsanwendung bietende Beantwortung gefunden.

a) Der Prüfung, ob ein Bauverbot bestand, hat sich das Berufungsgericht nach der dem Urteil zu diesem Punkt gegebenen Hauptbegründung deshalb enthoben geglaubt, weil der Kläger, statt gegen die Versagung oder bedingte Erteilung der Bauerlaubnis mit den verwaltungsmäßigen Rechtsbehelfen anzugehen, in einem privatrechtlichen Abkommen mit der Beklagten die Rechtmäßigkeit der polizeilichen Verfügungen anerkannt habe. Mit dieser Begründung hat das Berufungsgericht seine Aufgabe verkannt. Die Rechtmäßigkeit polizeilicher Verfügungen steht nicht zur Erörterung. Auch der (mit der Baupolizeibehörde nicht zu verwechselnde) Magistrat der Beklagten hat dem Kläger keine Verpflichtungen kraft Amtes „auferlegt". Der Klagvortrag ergibt eindeutig, daß der Kläger sich gegen die mit der Beklagten getroffene, auf privatrechtlichem Gebiet liegende Vereinbarung, nicht aber gegen irgendeine polizeiliche oder sonstige behördliche Verfügung wendet. Inwiefern er in seinem Angriff gegen diese Vereinbarung durch die Versäumung von Rechtsbehelfen gegen Verwaltungsmaßnahmen behindert sein sollte, ist nicht zu erkennen. Die Frage, ob ein Bauverbot bestand, ist eine Vorfrage, die, obwohl ihr Gegenstand auf öffentlich-rechtlichem Gebiet liegt, von dem Berufungsgericht geprüft und beantwortet werden muß, damit über den zulässigerweise im Rechtsweg verfolgten privatrechtlichen Anspruch des Klägers auf Einwilligung der Beklagten in die Hypothekenlöschung entschieden werden kann. Die Berechtigung dieses Anspruchs hängt, wie die Revision mit Recht sagt, davon ab, ob der in den Formen des bürgerlichen Rechts bestellten Hypothek die zu ihrer rechtswirksamen Entstehung nötige Forderung zugrunde liegt oder jemals zugrunde liegen kann.

. . .

Die Gründe, aus denen das Berufungsgericht den Bestand eines Bauverbots für nicht widerlegt erachtet hat, beschränken sich auf die nachfolgenden Erwägungen: Nach § 1 des Ortsstatuts vom 12. Juni 1891, das in Kl.-H. schon bei Baubeginn gegolten habe, bestehe das Bauverbot auch für solche Straßen, die beim Inkrafttreten des Ortsstatuts vom 4. Juli 1876 die Eigenschaft einer anbaufähigen städtischen Straße noch nicht besessen hätten. Wenn es also auch zutreffen möge, daß die Heidauer Straße und die Eichenallee, wie der Kläger in das Wissen des früheren Amtsvorstehers Th. stelle, schon immer zur Bebauung und für den inneren Verkehr des Ortes bestimmt gewesen seien, so habe der Kläger doch keinen Beweis dafür angetreten, daß der hier in Betracht kommende Teil der genannten Straßen, der überdies bis zum Jahr 1925 zum Gutsbezirk gehört habe, bereits im Jahr 1876 als anbaufähige städtische Straße gedacht gewesen sei. — Danach beruht das angefochtene Urteil auf der Erwägung, der Kläger habe ohne Befreiung von dem Bauverbot in § 1 des Ortsstatuts vom 12. Juni 1891 auf seinem Grundstück ein Wohngebäude nicht errichten dürfen, weil die angrenzenden Straßenteile im Jahre 1876 noch nicht als anbaufähige städtische Straßen gedacht gewesen seien. Diese Erwägung aber erweist sich als rechtsirrig.

Ob die das Grundstück des Klägers begrenzenden Straßen zu den historischen gehörten und deshalb von einem nach § 12 FlLG. erlassenen ortsstatutarischen Bauverbot nicht betroffen werden konnten, mußte nach der bei der Eingemeindung (1928), nicht nach der im Jahre 1876 bestehenden Sachlage beurteilt werden. Denn erst von der Eingemeindung ab gewann das Ortsstatut der Beklagten vom 12. Juni 1891 Geltung für die bezeichneten Straßen. Waren sie zur Zeit der Eingemeindung bereits historische Straßen, so verloren sie diese Eigenschaft durch die Änderung ihrer kommunalen Zugehörigkeit auch dann nicht, wenn sie etwa weit hinter dem Zustand zurückblieben, der nach den polizeilichen Vorschriften des neuen Gemeinwesens erfordert wurde. Anderenfalls würden bei Vereinigung einer Landgemeinde mit einer Großstadt alle Straßen der ersteren, selbst wenn sie seit Jahrhunderten als fertige Ortsstraßen bestehen, unter der häufig obwaltenden Voraussetzung, daß sie den in der Stadtgemeinde geltenden höheren Anforderungen nicht genügen, wieder zu unfertigen Straßen herabsinken. Ein solches nicht annehmbares Ergebnis würde selbst durch ihm etwa förderliche Bestimmungen des Eingemeindungsvertrags nicht geschaffen werden können. . . . Denn so wenig wie ein Ortsstatut kann ein Eingemeindungsvertrag ein Bauverbot auf bestehende historische Straßen ausdehnen. . . .

Das Berufungsgericht scheint ferner geneigt gewesen zu sein, den an das Grundstück des Klägers angrenzenden Straßenteilen die Eigenschaft historischer Straßen schon deshalb abzusprechen, weil sie bis zum Jahr 1925 zu einem Gutsbezirk gehörten. Auch in einem Gutsbezirk können historische Straßen entstehen. Allerdings ergeben sich daraus zunächst keine Rechtsfolgen, weil die Eigenschaft als historische Straße nur gegenüber einem nach § 12 FlLG. erlassenen ortsstatutarischen Bauverbot wirkt und in einem Gutsbezirk eine derartige ortsstatutarische Bestimmung nicht erlassen werden kann. Das ändert sich aber, wenn die Straßen aus dem Gutsbezirk ausscheiden und einem Gemeindebezirk zugelegt werden. Nach dem

Berufungsurteil ist dies mit den das Grundstück des Klägers begrenzenden Straßen bei der Eingemeindung von Kl.-H. nach B. im Jahre 1928 geschehen. Damit hätte die vom Kläger behauptete Eigenschaft als historische Straßen gegenüber den gleichzeitig eingeführten Vorschriften in den §§ 1 und 2 des Ortsstatuts vom 12. Juni 1891 zu wirken begonnen (vgl. zu vorstehendem v. Strauß und Torney-Saß Straßen- und Baufluchtengesetz 7. Aufl. S. 124, 138, 142/3; Preuß. OVG. Bd. 69 S. 377; RGZ. Bd. 78 S. 427).

Mit der vom Berufungsgericht gegebenen Begründung läßt sich deshalb die Klage, soweit sie sich gegen den Bestand des Bauverbots wendet, nicht schlagen. Das angefochtene Urteil muß, weil darin, wie unter b) noch zu erörtern sein wird, auch die Anwendbarkeit des § 814 BGB. nicht stichhaltig begründet ist, aufgehoben werden. Sollte es bei der notwendigen neuen Erörterung in der Vorinstanz weiterhin darauf ankommen, ob die das Grundstück des Klägers begrenzenden Straßenteile in dem maßgeblichen Zeitpunkt als historische Straßen anzusehen waren, so wird das Berufungsgericht unter erschöpfender Würdigung der Parteibehauptungen und nach Erhebung der danach erforderlichen und angebotenen Beweise, geeignetenfalls auch nach Einnahme des richterlichen Augenscheins und nach Einholung eines Gutachtens, von neuem über den Charakter der Straßen zu befinden haben. Im Anschluß an die bereits erwähnte Entscheidung des Preußischen Oberverwaltungsgerichts ist unter einer historischen Straße eine fertige Ortsstraße, d. h. eine Straße zu verstehen, die für den inneren örtlichen Verkehr von Haus zu Haus und für den regelmäßigen Anbau bestimmt ist, auch in ihrer Entwicklung als solche Straße nach den jeweilig bestehenden Bedürfnissen und den als maßgebend angenommenen Grundsätzen im wesentlichen zu einem Abschluß gekommen ist. Dabei bestimmen sich die in dem betreffenden Gemeinde- oder Gutsbezirk bestehenden Bedürfnisse und geltenden Grundsätze nach den Verhältnissen, wie sie sich bei dem mit der Eingemeindung verbundenen Inkrafttreten des Ortsstatuts vom 12. Juni 1891 vorfanden. In kleinen Landgemeinden werden unter Umständen schon Straßen von primitiver Beschaffenheit als fertige Ortsstraßen anzuerkennen sein (Saran Baufluchtliniengesetz 2. Aufl. S. 220). Der Mangel einer Befestigung der Straßen im Sinn des § 12 des Eingemeindungsvertrags steht deshalb dem Charakter als historische Straßen nicht unbedingt entgegen. Ob unter dem im Tatbestand als unstreitig hingestellten Mangel ausbaufähiger Anlegung der betreffenden Straßen etwas anderes als das — vielleicht erst anläßlich der Eingemeindung empfundene — Fehlen ausreichender Befestigung zu verstehen und daraus insofern etwas gegen die Eigenschaft als historische Straßen zu schließen ist, bedarf der Aufklärung. Für den gegenwärtigen Verfahrensabschnitt muß davon ausgegangen werden, daß damit nur gesagt sein sollte, die Straßen seien noch nicht gemäß den in B. geltenden baupolizeilichen Bestimmungen im Sinn des § 12 FlLG. für den öffentlichen Verkehr und den Anbau fertig hergestellt. Dessenungeachtet könnten die Straßen immer noch historische Straßen und als solche einem Bauverbot nicht zugänglich gewesen sein.

Sollten die das Grundstück des Klägers begrenzenden Straßenteile als historische anzuerkennen sein, so käme es nicht darauf an, ob die Beklagte unerachtet der vom Kläger abgegebenen Anerkennungs- und Verpflichtungserklärung die von ihm versprochenen Leistungen etwa auf Grund des insoweit auf § 15 FlLG. sich stützenden § 17 ihres Ortsstatuts fordern könnte. Die Vorschrift in § 12 FlLG. ist nicht dazu bestimmt, den Gemeinden die Erstattung der Kosten für die Befestigung schon vorhandener, zur Bebauung bestimmter Straßen zu sichern (v. Strauß und Torney-Saß a.a.O. S. 121; Preußisches Oberverwaltungsgericht im RVerwBl. 1934 S. 81). Erheblich wäre nur, daß die Straßen bei Einführung des Ortsstatuts der Beklagten vom 12. Juni 1891, d. h. bei der Eingemeindung, vom Bauverbot nicht betroffen wurden. Damit entfiele — unbeschadet der Ausführungen unter b) — das Recht der Beklagten auf die Hypothek. Der Vertrag, der ihr dieses Recht gewährte, ist gemäß § 2 ihres Ortsstatuts zwecks Erlangung einer Ausnahme von dem Bauverbot geschlossen worden. Es sollte, wie es in der einen ähnlichen Fall behandelnden Entscheidung in RGZ. Bd. 78 S. 427 (432) heißt, von dem Kläger nicht schlechthin eine Sicherheit für künftig geschuldete Anliegerbeiträge geleistet, sondern durch die Leistung der Verzicht der Beklagten auf das Bauverbot erkauft werden. Hatte sie kein Widerspruchsrecht, so kann sie den Fortbestand der ihr um ein Nichts gewährten Sicherheit nicht beanspruchen. Über eine etwa bestehende öffentlich-rechtliche Verpflichtung des Klägers zur Leistung ortsstatutarischer Beiträge ist in dem vorliegenden Rechtsstreit nicht zu entscheiden, da weder das Nichtbestehen einer solchen Verpflichtung zur Klagbegründung gehört noch die Beklagte, soviel ersichtlich, aus dem Bestehen dem Klaganspruch eine begründete Einrede entgegenzusetzen vermag.

b) Zur Anwendbarkeit des § 814 BGB. ist im Berufungsurteil nur gesagt, sofern der Kläger etwa geltend machen wolle, er habe die Hypothek in Kenntnis der Tatsache bestellt, daß die Beklagte darauf keinen Anspruch erheben könne, scheide die Rückforderung schon nach § 814 BGB. aus. Diese Begründung läßt eine nähere Würdigung des vorgetragenen Sachverhalts vermissen und deshalb nicht erkennen, ob das Berufungsgericht bei Anwendung der behandelten Vorschrift von richtiger Rechtsauffassung ausgegangen ist.

Der Kläger hat vorgetragen, er habe im Jahre 1928 die von der Beklagten geforderten Erklärungen nur abgegeben, weil damals alle Vorbereitungen zum Bau bereits getroffen gewesen seien und er keine andere Möglichkeit gehabt habe, die Baugenehmigung zu erlangen. Die Beklagte hat erwidert, danach habe der Kläger gewußt, daß er zur Abgabe der Anerkennungserklärung und des Leistungsversprechens sowie zur Hypothekbestellung nicht verpflichtet gewesen sei; ein Rückforderungsrecht stehe ihm deshalb nicht zu. Es wäre Aufgabe des Berufungsgerichts gewesen, die Berechtigung dieser Folgerung der Beklagten, die sich allein auf den vorstehend wiedergegebenen Klagvortrag gründet, durch Auslegung der Erklärung des Klägers zu prüfen und zu erörtern. Diese Erklärung ist keineswegs eindeutig mit dem Berufungsgericht dahin zu verstehen, der Kläger habe den Charakter der angrenzenden Straßen als historische erkannt und gewußt, daß für solche Straßen das ortsstatutarische Bauverbot der Beklagten nicht gelte; er habe aber dennoch, um mit dem Bau nicht warten zu müssen, der Beklagten den Verzicht auf ein nicht geltendes Bauverbot mit dem Versprechen zur Entrichtung von Anliegerbeiträgen in beträchtlicher Höhe und durch Sicherstellung einer entsprechenden Forderung der Beklagten gewissermaßen abkaufen wollen. Die Erklärung des Klägers kann auch dahin aufgefaßt werden, daß er Zweifel an der Rechtslage gehegt, auf ihrer derzeitigen Klärung aber, um den bereits vorbereiteten Bau nicht aufzuhalten, nicht bestanden, sondern geglaubt habe, die Austragung der Meinungsverschiedenheit mit der Beklagten, da er zunächst nicht leisten, sondern nur eine Sicherheit bestellen sollte, ohne Nachteil der Zukunft vorbehalten zu können. In diesem Fall wäre, da Zweifel an der Verpflichtung zur Leistung deren Rückforderung nicht ausschließen, die behandelte Vorschrift nicht anwendbar. Beweispflichtig für den Einwendungstatbestand des § 814 BGB. wäre die Beklagte; ein verbleibender Zweifel daran, wie die Erklärung des Klägers zu deuten wäre, ginge zu ihren Lasten. In dieser Richtung fehlt bisher eine tatrichterliche Prüfung. Bei ihrer Vornahme wird nicht außer acht bleiben dürfen, daß die Beklagte selber noch in dem vorliegenden Rechtsstreit die Eigenschaft der betreffenden Straßenteile als historische leugnet, daß sie also dem Kläger die Kenntnis einer Tatsache unterstellt, deren Wahrheit sie — als die darüber mutmaßlich weit besser Unterrichtete — nach wie vor verneint. Es wird sich deshalb fragen, ob die Beklagte angesichts dieser Haltung den Einwand aus § 814 BGB. überhaupt ernsthaft erhoben und vertreten haben will und — verneinendenfalls — ob sich die Klage auch aus Wegfall der Geschäftsgrundlage begründen ließe.

**RGZ. 2, 234**

**1. Sind bei der Berechnung der Entschädigung im Falle der Enteignung von Grundstücksteilen nur solche Nachteile des Restgrundstückes in Betracht zu ziehen, welche im ursächlichen Zusammenhange mit der Tatsache der Enteignung stehen, oder auch diejenigen, welche dem Restgrundstück durch die spätere Benutzung der enteigneten Fläche und die auf derselben errichteten Anlagen erwachsen, insbesondere auch solche Nachteile, welche dem Grundbesitzer auch dann entstanden sein würden, wenn ihm nichts enteignet wäre?**

**2. Sechsmonatliche Frist zur Beschreitung des Rechtsweges.**
**Ist die im § 30 des Enteignungsgesetzes vom 11. Juni 1874 bestimmte sechsmonatliche Frist eine Präklusivfrist oder eine Verjährungsfrist? — Ist dieselbe nur im Falle des nach dem angeführten Gesetze, oder auch im Falle des auf Grund früherer Gesetze eingeleiteten Enteignungsverfahrens maßgebend?**

**3. Berechnung des Mehrwertes einzelner Teile der enteigneten Fläche.**

**Ist es zur Begründung der Klage auf Erhöhung der Entschädigungssumme für die enteignete Fläche genügend, einen Teil der Fläche herauszugreifen und für diesen einen besonderen Wert ohne Rücksicht auf den Wert der ganzen enteigneten Fläche zu berechnen?**

III. Hilfssenat. Urt. v. 26. Mai 1880 i. S. N. (Kl.) w. Oberschl. Eisenb. (Bekl.) Rep. Vb, 35/80.

I. Stadtgericht Breslau. II. Appellationsgericht daselbst.

Zum Zwecke der Erbauung der Breslauer Verbindungsbahn ist auf Antrag der Beklagten dem Kläger durch Regierungsbeschluß vom 27. August 1868 ein Areal enteignet, welches einen Teil mehrerer zusammenhängender zwischen der Gräbschener Chaussee und dem Gabitzer Wege liegender Ackerstücke des Klägers bildete. Kläger ist mit der im Regierungsbeschluß festgestellten Entschädigung nicht zufrieden. Er behauptet, daß das enteignete Areal zum Teil Bauplatzeigenschaft gehabt habe und mehr wert gewesen sei, als nach der festgestellten Summe auf diesen Teil zu berechnen sei. Ferner verlangt er . . . Entschädigung dafür, daß die enteignete Fläche zur Herstellung eines Teiles des Eisenbahndammes benutzt sei, hierdurch aber ein Teil des ihm verbliebenen Areals seine Bauplatzeigenschaft verloren habe; dieser Teil liege nämlich innerhalb des sog. Feuerrayons längs der Bahn, dürfe daher nicht mehr bebaut werden. Endlich stützt er noch eine Forderung von . . . auf die Behauptung, daß der Gabitzer Weg in einiger Entfernung von seinen Grundstücken nicht in seiner bisherigen Richtung unter dem Bahndamm unterführt sei.

Das übrige aus den

Gründen:

... 1. Was die Revision des Klägers betrifft, so behauptet derselbe, durch die Enteignung bezüglich der ihm verbliebenen Grundstücksteile in doppelter Weise beschädigt zu sein. Einmal sei es in Gemäßheit des Ministerialreskriptes vom 4. Dezember 1847 untersagt, innerhalb des sog. Feuerrayons, d. h. innerhalb einer näher angegebenen Entfernung von der nächsten Schiene, Neubauten aufzuführen. Kläger geht bei seiner Berechnung davon aus, daß die Grundstücke längs der Gräbschener Chaussee bis auf eine Tiefe von 25 Ruten Bauplatzeigenschaft und soweit einen Wert von 150 M. pro Rute gehabt hätten. Danach berechnet er den Flächeninhalt, welcher von den Grundstücken Nr. 50, 53/54, 55 in den Rayon falle, auf 205,19 Ruten. Er behauptete ferner, daß dieses Areal infolgedessen nur Ackerwert, und zwar nur in Höhe von 10 M. pro Rute habe. Letzteren Betrag zieht er von dem Bauplatzwert, 150 M. pro Rute, ab, und verlangt Zahlung der Differenz mit 28 726,60 M. nebst Zinsen. Ferner behauptet er, daß die sämtlichen von der Enteignung betroffenen Grundstücke Nr. 50—58 längs des Gabitzer Weges — eines öffentlichen, die sog. verlängerte Zimmerstraße bildenden Weges —, soweit sie ihm verblieben, ebenfalls in einer Tiefe von 25 Ruten mit 700,23 Ruten ihre Bauplatzeigenschaft dadurch verloren hätten, daß die Eisenbahn auf einem Damm angelegt, die Unterführung unter demselben aber nicht in der Richtung des Weges, sondern in weiterer Entfernung angelegt sei, so daß der jenseits liegende Teil des Weges nur auf einem Umwege zu erreichen sei. Dieses hindere aber die Veräußerung der Grundstücke als Bauplätze; dieselben seien nur noch als Ackerstücke zu benutzen und zu verwerten, so daß ihr Wert nur 15 M. pro Rute betrage. Kläger berechnet die Differenz zwischen ihrem Werte als Baugrundstücke (150 M. pro Rute) und ihrem nunmehrigen Werte auf 94 531,05 M. und verlangt Zahlung dieser Differenz mit Zinsen.

Was die Forderung des Schadens, welcher durch den Feuerrayon verursacht sein soll, betrifft, so führt der Appellationsrichter aus, daß das Ministerialreskript vom 7. Januar 1875 das Bauverbot aufgehoben, den Bau innerhalb des Rayons nur von einer besonderen polizeilichen Erlaubnis abhängig gemacht und zugleich bestimmt habe, daß die Erteilung der Erlaubnis erfolgen müsse, wenn bestimmte Bedingungen erfüllt würden. Kläger könne daher nur Ersatz der Nachteile fordern, welche ihm durch die Erfüllung dieser Bedingungen erwüchsen. Was aber die Entwertung der Flächen am Gabitzer Wege anbelange, so habe Kläger keinen Anspruch auf Ersatz, weil er kein wohlerworbenes Recht darauf gehabt habe, daß der Straßenplan der Stadt Breslau hinsichtlich der verlängerten

Zimmerstraße unverändert bleibe, und weil die zuständige öffentliche Wegebehörde die Abschneidung derselben und ihre Umschaffung in einen mehrfach sich biegenden Weg genehmigt habe.

Die Abweisung dieser beiden Forderungen ist gerechtfertigt.

Allerdings kommt vorliegend das Gesetz vom 3. November 1838 zur Anwendung. Nach § 11 desselben erfolgt die Enteignung nach Vorschrift der §§ 8—11 ALR. I, 11. Nach § 9 ALR. I, 11 ist nicht bloß auf den gemeinen, sondern auch auf den außerordentlichen Wert Rücksicht zu nehmen. Für die beiden hier in Rede stehenden Forderungen kann sich nur fragen, ob sie bei Berechnung des außerordentlichen Wertes in Betracht kommen. Nun bestimmt § 114 ALR. I, 2:

> Der außerordentliche Wert einer Sache erwächst aus der Berechnung des Nutzens, welchen dieselbe nur unter gewissen Bestimmungen oder Verhältnissen leisten kann.

Zu solchen gewissen Verhältnissen gehört auch der Zusammenhang enteigneter Grundstücksteile mit dem übrigen Grundbesitz des Eigentümers. Das enteignete Areal hat infolge örtlichen oder wirtschaftlichen Zusammenhanges mit dem Ganzen einen gewissen Mehrwert für den Eigentümer. denn es stellt entweder die Verbindung mit dem übrigen Grundbesitz her, oder es erleichtert, indem es eben mit diesem ein zusammenhängendes größeres Ganzes bildet, die wirtschaftliche oder sonstige Benutzung des Ganzen. Durch die Enteignung wird entweder die Verbindung unterbrochen, oder die Benutzung des verbliebenen Grundbesitzes beeinträchtigt. Alle diese Nachteile bilden die sog. „Durchschneidungs"- bzw. „Deformationsnachteile". Der Besitz der enteigneten Flächen hatte also für den Grundbesitzer denjenigen besonderen Nutzen, welcher dem Werte nach den Nachteilen entspricht, die dem Grundeigentümer entstehen, wenn er die Grundstücksteile missen muß. Dieser außerordentliche Wert ist mithin bei der Abschätzung zu berücksichtigen. Solches ist auch in der Judikatur stets angenommen. Ferner ist in derselben stets angenommen, daß es bei Berechnung des Wertes auf den Zeitpunkt der Enteignung ankommt. Darüber aber, welche einzelnen Nachteile in Berechnung zu ziehen, besteht keine konstante Praxis. Es ist entschieden worden, daß es nur auf solche Nachteile ankomme, welche durch die Enteignung, die Entziehung des Eigentums, herbeigeführt würden. In anderen Entscheidungen ist davon ausgegangen, daß auch diejenigen Nachteile zu berücksichtigen seien, welche dem Grundbesitzer durch die späteren Anlagen auf dem enteigneten Grund und Boden und durch deren Benutzung seitens des Unternehmers entständen. Die letztere Ansicht hat aber keinen gesetzlichen Anhalt. Nach § 75 der Einleitung zum ALR. ist derjenige, welcher seine besonderen Rechte und Vorteile dem Wohle des gemeinen Besten aufzuopfern genötigt wird, zu entschädigen. Das (besondere) Recht des Grundbesitzers bis zur Enteignung war die freie Benutzung des enteigneten Areals zu allen seinen Zwecken. Auf Grund des § 75 a. a. O. ist er bei der Enteignung für alle Nachteile zu entschädigen, welche ihm dadurch entstehen, daß er die Fläche nicht mehr benutzen kann, mit anderen Worten: er ist für die Nachteile zu entschädigen, welche mit der Entziehung des Grundeigentums in ursächlichem Zusammenhang stehen. Ist aber der Unternehmer einmal Eigentümer der enteigneten Fläche geworden, so hat er alle Rechte des Eigentümers. Er darf sein Eigentum innerhalb der durch das Gesetz, §§ 26—28 I, 8, §§ 36—38 I, 6 ALR. gezogenen Schranken benutzen. Die Berücksichtigung solcher späteren Benutzung bei der Entschädigungsberechnung schließt sich gerade infolge des Grundsatzes aus, daß bei Bemessung der Entschädigung der Zeitpunkt der Enteignung maßgebend ist.

Nun ist es freilich denkbar, daß gewisse, aus der Tatache der Enteignung hervorgehende, durch sie verursachte Nachteile nicht schon bei der Enteignung erkennbar werden. Dahin gehören z. B. die Nachteile, daß die Bewässerung der unterliegenden Grundstücksteile beeinträchtigt wird oder daß dem Grundbesitzer der Zugang zu den ihm verbleibenden, hinter dem enteigneten Areal liegenden Grundstücksteilen erschwert oder daß ihm die Aussicht von seiner Hofesstätte nach denselben durch eine Dammanlage entzogen wird. Alle derartigen Nachteile müssen, wenn sie auch später erst hervortreten, vergütet werden, da sie im ursächlichen Zusammenhang mit der Enteignung stehen; denn sie würden überhaupt nicht eingetreten sein, wenn der Grundbesitzer die freie Verfügung über das enteignete zwischenliegende Areal behalten hätte. Solche Nachteile dagegen, welche durch die Anlage erst später entstehen und in ihrer Art auch entstanden sein würden, wenn die Enteignung lediglich Nachbarland betroffen hätte, wie z. B. eine Benachteiligung durch Licht- und Luftentziehung, bleiben von der Berücksichtigung bei Bemessung des außerordentlichen Wertes ausgeschlossen, weil sie nicht in ursächlichem Zusammenhange mit der Enteignung stehen.

Ausgeschlossen bleiben ferner solche Nachteile, welche lediglich dadurch entstehen, daß der Grundbesitzer infolge der errichteten Anlagen in seinem Eigentum beschränkt wird. Nach §§ 29 bis 31 ALR. I, 8 ist hierfür zwar unter Umständen Entschädigung zu gewähren, aber nicht nur demjenigen, welchem ein Teil seines Grundeigentums enteignet ist, sondern jedem benachteiligten Eigentümer. Daher ist der Rechtsgrund für die Entschädigungspflicht nicht die Enteignung, sondern die Anlage in Verbindung mit den gesetzlichen oder polizeilichen Eigentumsbeschränkungen.

In beiden letztgedachten Beziehungen ist aus dem Eisenbahngesetz von 1838 nichts herzuleiten. Entscheidend sind vielmehr die allgemeinen gesetzlichen Grundsätze. Auch das Enteignungsgesetz vom 11. Juni 1874 enthält in bezug auf die Frage, ob und wieweit bei der Entschädigungsberechnung die späteren Anlagen auf der enteigneten Fläche mitzuberücksichtigen seien oder nicht, keine besonderen Bestimmungen. Soweit muß daher auch bei Enteignungen nach diesem Gesetz auf die allgemeinen gesetzlichen Grundsätze zurückgegangen werden.

Nicht ohne Erheblichkeit sind indessen die letzterem Gesetz zugrunde liegenden parlamentarischen Arbeiten, sofern aus ihnen ersichtlich ist, was man als bestehende, allgemein-rechtliche Grundsätze angenommen hat.

Das Gesetz ist aus der Umarbeitung des Entwurfs vom Jahre 1871 seitens der Kommission des Abgeordnetenhauses, de dato 4. März 1872, hervorgegangen. Der Entwurf lautete in § 7:

Die Entschädigung für die Abtretung des Grundeigentums umfaßt:

1. den gemeinen Wert des abzutretenden Gegenstandes und der entwährten Pertinenzien und Früchte;
2. den Mehrwert, welchen der abzutretende Gegenstand durch seinen Zusammenhang mit anderen Eigentumsteilen oder durch seine bisherige Benutzungsart für den Eigentümer hatte;
3. den Minderwert, welcher durch die Abtretung für den übrigen Grundbesitz des Eigentümers entsteht.

Das folgende betrifft die Nutzungsberechtigten usw. und die Werterhöhung infolge der Anlage. Nach den Motiven sollte durch die gedachten drei Nummern eine Umschreibung der §§ 112—114 ALR. I, 2 gegeben werden; diese wurde für nötig erachtet, weil das Allgemeine Landrecht nur in einem Teile des Staates gelte. — In der Kommission wurde beantragt, den Unternehmer zu verpflichten, das „volle Interesse" zu vergüten, weil der volle Grundstückswert noch nicht diejenige vollständige Entschädigung zu bieten scheine, auf welche der Eigentümer nach dem Gesetz Anspruch habe. Neben dem Grundstückswert seien alle sonstigen Schäden und Nachteile zur Geltung zu bringen, welche mit der Enteignung in einem ursächlichen Zusammenhang stehen. Als Beispiel für das Bedürfnis wurde unter anderem der Fall aufgeführt, daß auf einem zu einer Eisenbahn enteigneten Grundstück eine hohe Dammschüttung angelegt werde, welche demnächst dem expropriierten Eigentümer in seinem Hause Fensterlicht entziehe. Der Regierungsvertreter sprach sich gegen diesen Antrag aus, insbesondere, weil das „Interesse" etwas Unfaßbares sei. Die Mehrheit der Kommission sprach sich ebenfalls gegen denselben aus; man hielt dafür, daß nur aufzuführen sei, was reell von den Taxatoren zugebilligt werden solle. Bezüglich des Beispiels hielt man dafür, daß der Fall mit der Enteignung in keinem ursächlichen Zusammenhang stehe; alle Nachteile, welche durch eine spätere Benutzungsart irgendwie entstehen könnten, ließen sich unmöglich von vornherein übersehen, könnten daher nicht im voraus in den Bereich der Entschädigung gezogen werden. Es sei Sache desjenigen, den solche Benutzungsart dereinst beeinträchtige, hiergegen mit den Mitteln anzukämpfen, welche die allgemeinen Gesetze gewähren. — Andererseits legte man Gewicht darauf, daß die Unterscheidung des Landrechtes vom gemeinen und außerordentlichen Wert in den neuen Landesteilen nicht verständlich sei, ja selbst im Landrecht erfahrungsmäßig zu verschiedenen Auslegungen bezüglich des außerordentlichen Wertes Veranlassung gebe. In Erwägung alles dessen gab die Kommission dem Paragraphen (nunmehr) 8 folgende Fassung:

> Die Entschädigung für die Abtretung des Grundeigentums besteht in dem vollen Wert des abzutretenden Grundstücks, einschließlich der entwährten Zubehörungen und Früchte.
>
> Steht das abzutretende Grundstück mit anderem Grundbesitz desselben Eigentümers im Zusammenhang, so umfaßt die Entschädigung zugleich den Mehrwert, welchen das abzutretende Grundstück durch diesen Zusammenhang hat, sowie den Minderwert, welcher für den übrigen Grundbesitz durch die Abtretung entsteht.

Der § 8 des Gesetzes, wie es zustande gekommen ist, enthält nur redaktionelle Änderungen, von welchen hervorzuheben ist, daß der „Zusammenhang" als ein „örtlicher oder wirtschaftlicher mit dem Ganzen" präzisiert ist.

Weiter bestimmte § 28 des Entwurfs, daß der Rechtsweg gegen die Entscheidung der Regierung innerhalb dreier Jahre zulässig sei. Die Mehrheit der Kommission unterschied: a) Ansprüche, welche in dem vorbereitenden Verfahren zur Sprache gekommen seien, oder, weil der Nachteil erkennbar, doch hätten zur Erörterung gebracht werden können; für solche wurde eine 90tägige Frist zur Beschreitung des Rechtsweges angenommen; b) Nachteile, welche sich von vornherein nicht erkennen lassen, aber sich nachträglich als Folge der Enteignung herausstellten. Es seien solche denkbar, namentlich wenn Wassertriebwerke oder Wasserverhältnisse in Frage kämen. Die gewöhnliche 30jährige Verjährung wurde für zu lang erachtet, man nahm daher eine dreijährige Verjährung an; c) nachbarliche Beschwerden, die sich auf spätere Verwendung des enteigneten Grundstücks bezogen; in betreff dieser wurde ausgesprochen, daß sie mit dem Enteignungsverfahren in gar keinem Zusammenhange ständen und mit den allgemeinen Mitteln der Rechtshilfe binnen den dafür vorgeschriebenen Fristen zur Geltung zu bringen seien. Dementsprechend nahm die Kommission einen besonderen Paragraphen (32) an, welcher lautete:

> Wegen solcher nachteiligen Folgen der Enteignung, welche erst nach dem im § 26 gedachten Termin erkennbar werden, bleibt dem Entschädigungsberechtigten bis zum Ablauf von drei Jahren nach der Besitzeinweisung ein im Rechtsweg verfolgbarer persönlicher Anspruch gegen den Unternehmer.

Der § 31 des Gesetzes ist fast gleichlautend: er weicht nur darin ab, daß statt der Worte „im § 26" die Worte im „§ 25" gesetzt sind und daß ferner der Anfangstermin für den Lauf der Verjährung aus Zweckmäßigkeitsgründen anders bestimmt ist; sie — die Verjährung — beginnt nämlich mit der Ausführung des Teils der Anlage, durch welchen der Grundeigentümer benachteiligt wird. Voraussetzung aber bleibt, daß der Nachteil die Folge der Enteignung ist, mit ihr in ursächlichem Zusammenhang steht.

> Vgl. Anl. zu den stenogr. Berichten über die Verhandlungen des Abgeordnetenhauses 1871/72 Bd. 3 S. 1206—1208, 1217 ff., 1224, 1231.

Hiernach ist unzweifelhaft, daß, was die tatsächlichen Grundlagen für die Höhe der Entschädigung betrifft, eine Abänderung des bisherigen Rechts im Gebiete des Allgemeinen Landrechts nicht beabsichtigt ist; auch ist eine solche an keiner Stelle des Gesetzes zum Ausdruck gebracht. Das bisherige Recht hat, soweit es hier darauf ankommt, eine Abänderung nur in bezug auf die Zulässigkeit der Beschreitung des Rechtsweges und in bezug auf die Verjährung erfahren. Man hatte also — um es zusammenzufassen — angenommen, daß

a) zwar alle Nachteile, welche dem Grundbesitzer durch die Enteignung entstehen und mit ihr in ursächlichem Zusammenhang stehen, auf Grund der Enteignung ersetzt werden müßten;

b) nicht aber solche Nachteile, welche ohne Rücksicht auf die Enteignung durch eine spätere Benutzungsart verursacht werden und als nachbarliche Beschwerden sich herausstellen. Ob hierfür Entschädigung zu leisten, ist nach den allgemeinen Gesetzen zu bestimmen.

Es ergibt sich hieraus, daß in bezug auf diese beiden Punkte die Rechtsanschauungen der gesetzgebenden Faktoren genau mit dem übereinstimmen, was oben als bisher bestandenes Recht entwickelt ist. Insofern ist hierin eine — allenfalls deklarative — Bestätigung jener Ausführung zu finden.

Prüft man hiernach die Entschädigungsforderung für die durch den Feuerrayon herbeigeführte angebliche Entwertung der dem Kläger verbliebenen Grundstücke, so handelt es sich allerdings zunächst um eine nicht schon aus dem Gesetz hervorgehende Eigentumsbeschränkung. Daß und wieweit diese aber in ursächlichem Zusammenhang mit der Tatsache der Enteignung steht, daß und wieweit sie lediglich eine Folge derselben sei, dafür ist nichts beigebracht. Eine solche Einschränkung trifft jeden, welcher Grundeigentum innerhalb des Rayons hat, ohne Rücksicht darauf, ob ihm Grund und Boden zur Bahnanlage entzogen ist oder nicht. Auf die Tatsache der Enteignung kann daher ein Entschädigungsanspruch nicht gegründet werden. Ob Kläger auf die §§ 29—31 ALR. I, 8 einen Entschädigungsanspruch gründen kann, darf hier völlig dahingestellt bleiben, da die Klage nach dieser Richtung hin nicht substanziiert ist, überdies die durch ministerielle Anordnung allgemein angeordnete Baubeschränkung zum Besten des allgemeinen Wesens, nicht aber zum besonderen Vorteile der Beklagten ergangen ist, daher nicht ersichtlich ist, wie gerade die Beklagte entschädigungspflichtig sei.

Die Veränderung in der Richtung des Gabitzer Weges (verlängerte Zimmerstraße) steht ebensowenig mit der Tatsache der Enteignung in ursächlichem Zusammenhang. Auch hier trifft der Nachteil jeden, welcher Grundeigentum an dem gedachten öffentlichen Wege hatte, mag ihm nun Grund und Boden zur Anlage der Bahn enteignet sein oder nicht. Mit Recht führt auch der Appellationsrichter aus, daß Kläger keinerlei wohlerworbenes Recht darauf hatte, daß die Straßenrichtung nicht verändert werde, daß daher auch keinerlei Rechtsbeeinträchtigung vorliege.

Hiernach war die angefochtene Entscheidung auf die Revision des Klägers zu bestätigen.

2. Was die als Revision zu behandelnde Nichtigkeitsbeschwerde der Beklagten betrifft, so erhebt Beklagte die Einrede der Verjährung auf Grund des § 30 des Enteignungsgesetzes vom 11. Juni 1874. Allein mit Unrecht. Der angeführte § 30 schreibt eine Präklusivfrist für die Beschreitung des Rechtsweges gegen die Entscheidung der Bezirksregierung (des Bezirksrates) über die Entschädigung vor. Solche Entscheidung setzt aber ein förmliches kontradiktorisches Verfahren voraus, wie es durch das Enteignungsgesetz geordnet ist. Auf das vor Erlaß dieses Gesetzes eingeleitete Enteignungsverfahren findet der § 30 keine Anwendung

(vgl. § 55 des angeführten Gesetzes und die überzeugenden Ausführungen in den Erkenntnissen des ehemaligen preuß. Obertribunales vom 16. Mai 1879 in Entsch. desselben Bd. 83 S. 278 und vom 27. Oktober 1876, a. a. O. Bd. 78 S. 207). Der Klage würde nur eine 30jährige Verjährung entgegenstehen (Deklaration vom 31. März 1838).

Zur Begründung seines Klaganspruches betreffs der Grundstücke Nr. 50—54 längs der Gräbnerschen Chaussee behauptet Kläger, daß dieselben bis zur Tiefe von 25 Ruten, von der Baufluchtlinie zurückgerechnet, Bauplatzeigenschaft gehabt hätten. Er berechnet die Differenz zwischen dem für die enteigneten Flächen gezahlten Enteignungspreis und ihrem Bauplatzwert auf 31 787,42 M. Die beiden Vorderrichter nehmen auf Grund der Gutachten der von der Beklagten benannten Sachverständigen an, daß die Grundstücke in einer Tiefe von nur 12½ Ruten Bauplatzeigenschaft gehabt hätten, und auf Grund der Gutachten der vom Kläger benannten Sachverständigen, daß die Quadratrute zur Zeit der Enteignung einen Wert von 172,50 M gehabt habe. Der erste Richter berechnet die gedachte Differenz auf 18 801,12 M., spricht dem Kläger diese nebst fünf Prozent Zinsen seit dem 16. Oktober 1868 zu und weist ihn mit der Mehrforderung ab. Beklagte beantragt gänzliche Abweisung.

Diese mußte auch, jedoch nur angebrachtermaßen, erfolgen.

Der Kläger läßt nämlich bei Begründung seiner Klage außer acht, daß das zu Bauplätzen geeignete Areal nicht allein und für sich enteignet, daß es vielmehr nur ein geringer Teil der ganzen enteigneten Fläche ist. Es ist aber unzulässig, einen Teil der enteigneten Fläche herauszugreifen und für diesen einen besonderen Wert ohne Rücksicht auf den Wert des Ganzen zu berechnen. Die enteigneten Flächen sind Teile eines im Zusammenhang stehenden Grundbesitzes desselben Eigentümers. Die Berechnung der geleisteten Entschädigung mag sich aus verschiedenen Positionen zusammensetzen. Rechtlich aber erscheint die Summe dieser Positionen als eine einheitliche, nämlich als die Entschädigung für das gesamte, dem zusammenhängenden Grundbesitz entzogene Areal. Ist der Grundbesitzer mit dieser Gesamtentschädigung nicht zufrieden, weil nach seiner Meinung einzelne wesentliche Rechnungsfaktoren unberücksichtigt geblieben oder falsch berechnet sind, so hat er eine vollständig neue, der von ihm behaupteten Sachlage entsprechende Berechnung aufzustellen. Ergibt sich diese im Laufe des Prozesses als richtig und stellt sich bei derselben ein höherer Entschädigungsbetrag heraus, als welcher gezahlt ist, so ist sein Klaganspruch in bezug auf diese Differenz berechtigt. In solcher Weise ist aber die vorliegende Klage nicht substanziert."

**RGZ. 5, 248**

**1. Was bezeichnet der Ausdruck „voller Wert" in § 8 Abs. 1 des Enteignungsgesetzes vom 11. Juni 1874?**

**2. Inwieweit kann der bisherige Eigentümer eines enteigneten Grundstückes auch Nachteile aus dem Unternehmen, für welches die Enteignung erfolgt ist, erstattet verlangen?**

**3. Sind Nachteile aus der Enteignung auch dann als Folgen derselben im Rechtssinne anzusehen und dem bisherigen Eigentümer zu erstatten, wenn dieser sie verschuldet hat?**

Enteignungsgesetz vom 11. Juni 1874 §§ 1, 8, 10, 31.
ALR. I. 2 § 114; I. 5 §§ 285—287; I. 6 § 7.

II. Hilfssenat. Urt. v. 23. Mai 1881 i. S. N. (Kl.) w. Fiskus (Bekl.).
Rep. Va. 826/80.

I, Kreisgericht Graudenz. II. Oberlandesgericht Marienwerder.

Aus den Gründen:

Dem Kläger ist von einem größeren Grundstücke, auf welchem er Ziegelei betrieb, zu einem Eisenbahnunternehmen des Beklagten eine unbebaute Teilfläche von 69,37 Ar für 4340,40 M. enteignet. Er verlangt eine höhere Entschädigung, weil die Enteignung den Wert des Restgrundstückes, auf welchem sich die Ziegeleigebäude befinden, um 30 000 M vermindert und ihm den Gewinn entzogen habe, welchen er aus dem Ton- und Sandlager der enteigneten Fläche durch Ziegelbereitung hätte erzielen können.

Der Appellationsrichter hat das erste, die Klage in der angebrachten Art abweisende Erkenntnis bestätigt. Die Rüge des Klägers, daß hierdurch die §§ 8, 10, 12, 14 des Enteignungsgesetzes vom 11. Juni 1874 verletzt seien, erscheint nicht begründet.

Der § 1 desselben gestattet die Enteignung von Grundeigentum allerdings nur gegen „vollständige Entschädigung", welche nach § 8 Abs. 1 in dem „vollen Werte" des abzutretenden Grundstückes einschließlich der enteigneten Zubehörungen und Früchte besteht.

Daß dies immer nur deren gemeiner Wert sei, also das, was dafür bei regelmäßigem Geschäftsverkehr zur Zeit der Enteignung auch durch freiwilligen Verkauf als „Preis" (pretium) hätte erzielt werden können,

vgl. Bähr und Langerhans, Das Gesetz über Enteignung usw. S. 33 f.,

kann nicht als zutreffend anerkannt werden, ganz abgesehen davon, daß ein solcher gemeiner Wert sich unter Umständen überhaupt nicht sicher ermitteln läßt.

„Vollständige Entschädigung" bezeichnet vielmehr ebenso wie „vollständige Genugtuung" als juristisch technischer Ausdruck den Ersatz aller Vermögensnachteile, welche jemand infolge eines beschädigenden Ereignisses erleidet, mit anderen Worten aller Vorteile, welche ihm durch dasselbe entzogen sind, mit Einschluß des entgangenen Gewinnes, die Vergütung seines gesamten, wenn schon nur objektiv (ohne Rücksicht auf bloßen Affektionswert) zu bestimmenden Interesses (vgl. §§ 285—287 ALR. I. 5; § 7 I. 6).

Unter „vollem Werte" als Gegenstand vollständiger Entschädigung ist danach hier der Inbegriff jener Vorteile zu verstehen, im Gegensatz zu dem beschränkteren gemeinen der höhere individuelle Wert, welchen die enteigneten Gegenstände für ihren damaligen Eigentümer vermöge seiner besonderen Verhältnisse hatten, das volle (objektiv bestimmte) Interesse eben dieses Eigentümers (vgl. § 114 ALR. I. 2).

Auch mit der Bestimmung des § 8 Abs. 2 des Gesetzes vom 11. Juni 1874 über Mehrvergütung wegen individuellen Zusammenhanges der enteigneten Fläche und mit der des § 31 a. a. O. über Nachvergütung der erst durch spätere Anlagen erkennbaren Folgen der Enteignung erscheint die Annahme, daß nur der gemeine Wert zu erstatten sei, nicht vereinbar. Ebenso ist der Versuch, sie aus den Verhandlungen der Gesetzesfaktoren zu rechtfertigen,

vgl. Bähr und Langerhans, S. 20 f.,

gegenüber dem Inhalte des publizierten Gesetzes unzulässig, ganz abgesehen davon, daß die Regierungsmotive zum Entwurf desselben ebenfalls das volle Interesse der Eigentümer („die Differenz zwischen dem Zustande ihres Vermögens vor und nach der Expropriation") als den Gegenstand der denselben gebührenden Vergütung deutlich bezeichnen (S. 21 a. a. O.).

Allein immerhin liegt es in der besonderen Natur einer Beschädigung durch Sachentziehung, daß dabei der gemeine Wert der Sache in erster Linie berücksichtigt und der Regel nach als ausreichender Ersatz für den Eigentümer angesehen wird.

Vgl. die Erkenntnisse des III. Zivilsenates des Reichsgerichts vom 27. Januar und 4. Juni 1880 im preuß. Justizministerialbl. von 1880 S. 161, und von 1881 S. 27.

Ein Anspruch auf weitere Entschädigung bedarf deshalb immer besonderer Begründung und Klarstellung.

Der Klaganspruch entbehrt derselben.

Die Feststellung einer Entschädigungsforderung und ihres Umfanges ist vor allem durch die genaue Bestimmung des zum Ersatze verpflichtenden beschädigenden Ereignisses (im Gegensatz zu anderen schädlichen Tatsachen) bedingt, weil sie nur auf die nachteiligen Folgen dieses Ereignisses, nur auf solche Nachteile, welche mit demselben im ursächlichen Zusammenhang stehen, sich erstrecken kann. Das Enteignungsgesetz bezeichnet als dieses Ereignis lediglich die „Abtretung des Grundeigentums" (§ 8 Abs. 1) und daher als Gegenstand der Vergütung nur die „nachteiligen Folgen der Enteignung" (§ 31 Abs. 1). Als Folgen derselben (als damit ursächlich zusammenhängend) können aber immer nur solche Nachteile angesehen werden, welche ohne die Enteignung erweislich nicht eingetreten wären.

Auch die Nachteile des Unternehmens, für welches die Enteignung erfolgt ist, z. B. Schäden aus der Anlage oder dem Betriebe einer Eisenbahn, sind deshalb nach dem Enteignungsgesetz keineswegs unbedingt, sondern nur insoweit zu vergüten, als sie den bisherigen Eigentümer nicht getroffen hätten, wenn ihm nichts oder weniger enteignet wäre.

Dieser ursächliche Zusammenhang mit der Enteignung ist bei dem Eisenbahnbau auf der enteigneten Teilfläche eines größeren Grundstückes, durch welchen das Restgrundstück unbebaubar oder sonst benachteiligt wird, dann nicht zu vermissen, wenn festgestellt werden kann, daß ein gleicher Nachteil ohne die Enteignung, namentlich bei Ausführung des Baues auf unmittelbar benachbartem Lande, für die Fläche, welche gegenwärtig das Restgrundstück bildet, entweder überhaupt nicht oder nur in geringerem Umfange herbeigeführt sein würde.

Die enteignete Fläche gewährte hier dem Eigentümer den Vorteil, daß sie ihn gegen den Nachteil des Eisenbahnbaues vollständig oder doch (nach Verhältnis ihrer Größe) mehr oder minder schützte, und auch dieser Vorteil bildet für ihn einen Bestandteil ihres „vollen Wertes". Er kann daher in einem solchen Falle nach dem Enteignungsgesetze entweder jenen Nachteil seinem ganzen Umfange nach oder doch die Differenz zwischen dem wirklichen Nachteile, welchen er durch den auf der enteigneten Fläche ausgeführten Bau erleidet, und dem geringeren Nachteile, welcher ihn im Falle der Ausführung des Baues auf dem Nachbarlande, also auch ohne die Enteignung, betroffen hätte, erstattet verlangen.

Das Enteignungsgesetz sichert ihm dagegen keinen Ersatz für Nachteile des betreffenden Unternehmens zu, wenn diese ohne die Enteignung in derselben Weise eingetreten wären.

Nach der Ausführung des Klägers, wie der Appellationsrichter sie feststellt, soll die Wertverminderung seines Restgrundstückes herbeigeführt sein:

a) durch die Beseitigung der Möglichkeit, sich pachtweise auch von benachbarten Grundstücken Ziegelmaterial zu verschaffen, weil diese durch die Eisenbahn bei dem Mangel eines Verbindungsweges von seiner Ziegelei getrennt seien;

b) durch Entwertung der Ziegeleigebäude usw., da diese mit Rücksicht auf jene Möglichkeit größer angelegt seien, als für das klägerische Grundstück allein erforderlich gewesen sein würde;

c) durch Anlage eines lästigen Weges an der Grenze seines Restgrundstückes;

d) durch die mittels Zwischenlegung der Bahn bewirkte Trennung seiner Ziegelei von der Ortschaft T., deren Einwohner infolgedessen ihren Ziegeleibedarf nicht mehr von der letzteren, wie bisher, sondern von näheren Ziegeleien beziehen.

*Allein von dem Kläger ist nicht dargelegt, daß er mit diesen angeblichen* Schäden aus der Eisenbahnanlage des Beklagten verschont sein würde, wenn dieselbe mit völliger Umgehung seines Grundstückes in der Nähe desselben ausgeführt wäre. An sich läßt sich nur annehmen, daß sie ihm in diesem Falle den Verkehr mit der Ortschaft T. und den jenseits der Bahn belegenen Grundstücken ebenso erschwert, und daß ein an der Grenze seines ungeschmälerten Grundstückes angelegter Weg ihn nicht minder belästigt hätte, wie der an der Grenze seines jetzigen Restgrundstückes.

Es fehlt also an dem notwendigen Nachweis, daß die bezeichneten Nachteile Folgen der Enteignung der fraglichen Teilfläche seien.

Daß das Enteignungsgesetz dem Eigentümer einen unbedingten Entschädigungsanspruch wegen nachteiliger Anlagen des Enteignenden einräume, kann auch aus § 31 desselben nicht hergeleitet werden. Vielmehr ergeben gerade die Eingangsworte dieser Vorschrift, daß bei der zu gewährenden Entschädigung nur die „nachteiligen Folgen der Enteignung" berücksichtigt werden dürfen, die Schäden aus Anlagen also zwar unter Umständen ebenfalls, aber immer nur, soweit sie ohne die Enteignung für den Eigentümer nicht eingetreten wären.

Ein weitergehender Anspruch wegen schädlicher Anlagen kann unter besonderen Voraussetzungen auf die Grundsätze des Nachbarrechtes oder auf andere gesetzliche Bestimmungen, nicht aber auf das Enteignungsgesetz gestützt werden, und steht, sofern er begründet ist, dem Beschädigten auch dann zu, wenn ihm nichts enteignet ist.

Der Appellationsrichter hat sich hiernach der gerügten Verletzungen dadurch, daß er die erwähnten Nachteile unberücksichtigt läßt, nicht schuldig gemacht.

Ebensowenig aber ist dieses durch die Verwerfung des vom Kläger erhobenen Anspruches auf den ihm angeblich entgangenen Gewinn aus seinem Ton- und Sandlager geschehen.

Auch Nachteile aus der Enteignung selbst erscheinen nicht immer im Rechtssinne als Folgen derselben.

Nach § 10 des Enteignungsgesetzes kann die bisherige Benutzungsart des enteigneten Grundstückes bei der Abschätzung desselben nur bis zu demjenigen Geldbetrag Berücksichtigung finden, welcher erforderlich ist, damit der Eigentümer ein anderes Grundstück in derselben Weise und mit gleichem Erfolge (wenn auch nicht gerade ebenfalls als Eigentümer) zu benutzen imstande sei. Er darf also die vorhandene Möglichkeit solcher Benutzung nicht zurückweisen und kann an sich nur den Aufwand, welchen diese erfordert, erstattet verlangen, während ein weiterer Schaden, welchen er dadurch erleidet, daß er von jener Möglichkeit keinen Gebrauch macht, rechtlich nicht als Folge der Enteignung, sondern als Folge seines eigenen Verschuldens erscheint und ihm deshalb nicht ersetzt wird.

Ob die Annahme des Appellationsrichters zutrifft, daß der Kläger imstande sei, ein fremdes Grundstück mit Ziegelmaterial eigentümlich zu erwerben, ist unerheblich. Vielmehr kommt es nach der gedachten Bestimmung nur darauf an, ob ihm der Erwerb ausreichenden Ziegelmaterials aus fremden Grundstücken und zu diesem Zwecke die Benutzung der letzteren möglich ist.

Auch erscheint es unwesentlich, ob er Gelegenheit hat, sich solches Material in dem bisherigen Umfange zu verschaffen. Denn, da er selbst angibt, daß zur Ausnutzung der ihm durch die Enteignung entzogenen Ton- und Sandschicht von 6243,3 Kubikmeter ein zehnjähriger Zeitraum erforderlich sein würde, so hätte er für den Nachteil aus der Enteignung vollen Ersatz, wenn er nur ein gleiches Quantum Ziegelmaterial innerhalb dieses Zeitraumes nach und nach erwerben könnte. Die angebliche Entziehung der Möglichkeit, solches in größerem Umfange zu erlangen, würde nur eine Folge der Eisenbahnanlage des Beklagten, nicht eine Folge der Enteignung sein und ist deshalb dem obigen zufolge hier nicht zu berücksichtigen.

Daß dem Kläger die Möglichkeit offenstehe, sich für den Nachteil der Enteignung durch den Erwerb fremden Ziegelmaterials Ersatz zu verschaffen, hätte der Beklagte im Streitfall zu beweisen. Der Kläger hat aber diese Möglichkeit selbst nicht bestritten, vielmehr ist nach seinen eigenen Angaben nicht zu bezweifeln, daß er imstande ist, teils aus den Grundstücken, welche gegenwärtig durch die Eisenbahn von seiner Ziegelei getrennt werden (wenn auch nur unter Benutzung eines Umweges), teils aus solchen, welche diesseits der Bahn belegen sind, fremdes Ziegelmaterial in dem Umfang des ihm infolge der Enteignung entzogenen Materials zu erwerben und dadurch dieses zu ersetzen.

Er konnte daher an sich nur die hierzu erforderlichen Ausgaben erstattet verlangen.

Sein Anspruch erscheint schon danach als unsubstantiiert. . . .

RGZ. 7, 258

**1. Welcher Abschnitt des Enteignungsverfahrens ist als der für die Wertsermittlung maßgebende Zeitpunkt der Enteignung anzusehen?**

**2. Schätzung enteigneter Ländereien als Baustellen.**

**3. Umfaßt die „volle" Entschädigung der §§ 1. 8 des Enteignungsgesetzes auch das Interesse des Eigentümers dabei, daß er gezwungen wird, einen Teil seines Grundstückes für ein bestimmtes Unternehmen (z. B. zur Eisenbahnanlage) abzutreten?**

**4. Unter welchen Voraussetzungen und in welchem Maße können bei Feststellung des Minderwertes von Restgrundstücken die durch die Anlage und den Betrieb des Unternehmens, besonders einer Eisenbahn, entstehenden Nachteile berücksichtigt werden?**

Enteignungsgesetz v. 11. Juni 1874 §§ 1, 8, 13, 14, 15, 18, 19, 21, 25, 31, 40.

II. Hilfssenat. Urt. v. 21. September 1882 i. S. Berliner Stadtbahn (Bekl.) w. H. (Kl.) Rep. Va. 13/82.

I. Landgericht I Berlin. II. Kammergericht daselbst.

Dem Kläger ist ein Teil seines in den sog. Schöneberger Wiesen bei Berlin belegenen, von ihm zu fünf Baustellen eingeteilten Grundstückes zum Bau der Berliner Stadtbahn enteignet. Gegen die im Verwaltungsverfahren erfolgte Feststellung der Entschädigung für das enteignete Trennstück und den Minderwert des Restgrundstücks hat er den Rechtsweg beschritten. Der erste Richter hat die Entschädigung auf 47 550,90 M festgestellt, der Appellationsrichter aber dieselbe auf Grund des Gutachtens des Sachverständigen H. auf 66 000 M erhöht. Die von der Beklagten eingelegte Revision greift sowohl dieses Gutachten als auch die bei Abgabe und Würdigung desselben maßgebend gewesenen Rechtsgrundsätze an. Die Revision ist vom Reichsgericht für begründet erachtet und das Appellationserkenntnis aufgehoben worden aus folgenden

Gründen:

„Der Appellationsrichter hat seiner Entscheidung das Gutachten des Sachverständigen H. zugrunde gelegt, welches er als ‚im einzelnen durchaus eingehend und genügend motiviert, auch an sich widerspruchsfrei' bezeichnet. Dieser Würdigung kann nicht beigetreten werden.

Bei Schätzung des enteigneten Landes nimmt der Sachverständige H. den vom Kläger angenommenen Einheitspreis von 1000 M für die Quadratrute Vorderland, dem er den Annäherungswert von 70 M für den Quadratmeter gleichsetzt, als ungefähr zutreffend an und schätzt das Hinterland auf 35 M für den Quadratmeter, ohne für alle diese Werte, denen doch die weit niedrigeren Angaben der Beklagten gegenüberstehen, irgendwelche Begründung zu geben. Eine Begründung, die sich — von allen künstlichen Berechnungen und Abschätzungsmethoden abgesehen — seitens eines erfahrenen Sachverständigen doch nach den in der maßgebenden Zeit für Baustellen in gleicher oder ähnlicher Lage bei freihändigen Verkäufen geforderten und bewilligten Preisen aufstellen ließe.

Behufs Schätzung des Minderwertes der Restparzelle A stellt der Sachverständige eine künstliche Berechnung an, indem er von der Bebauung des Grundstücks mit einem dreistöckigen herrschaftlichen Wohnhause ausgeht, den nachteiligen Einfluß der Eisenbahnanlage auf den Mietsertrag dieses Hauses auf 10 Prozent schätzt und diese Ertragsminderung, zu 6 Prozent kapitalisiert, als Minderwert der Baustelle einsetzt. Eine solche Abschätzungsmethode kann zwar nicht als unzulässig verworfen werden, mag vielmehr in manchen Fällen geboten sein; ihre Anwendung setzt aber voraus, einmal, daß die Herstellung des gedachten Gebäudes nicht nur dem Raume nach möglich, sondern auch unter den derzeit vorliegenden Umständen zweckmäßig ist, dann, daß für die bei dem Neubau sich ergebenden, näher zu beschreibenden Wohnungen die in Rechnung gestellten Mietspreise angemessen zu erzielen sind. Nur dann wird das Bedenken der Revisionsschrift, daß, je kostspieliger der Bau gedacht wird, desto höher der Minderwert der Baustelle wird, beseitigt. ...

Das H.sche Gutachten ist hiernach, selbst wenn seine Schätzungen dem wahren Werte entsprechen sollten, doch nicht in der Weise begründet, daß es geeignet wäre, dem Richter als Grundlage für die von ihm zu gewinnende freie Überzeugung zu dienen (§ 40 des Gesetzes vom 11. Juni 1874). Da es an einer anderen zuverlässigen Schätzung fehlt, kann in der Sache noch nicht erkannt werden; vielmehr muß dieselbe gemäß § 3 des Gesetzes vom 20. März 1854 zur anderweiten Erörterung und Entscheidung in die zweite Instanz zurückverwiesen werden. ...

Bei der Instruktion des Sachverständigen und der demnächstigen anderweiten Entscheidung sind die nachstehend festzustellenden Rechtsgrundsätze, durch welche sich zugleich die übrigen Angriffe der Revidentin erledigen, als maßgebend zu beachten.

Die Parteien sind mit dem Appellationsrichter darüber einig, daß es auf den Wert bzw. Minderwert zur Zeit der Enteignung ankomme, streiten indes darüber, welcher Zeitpunkt des Enteignungsverfahrens der entscheidende sei. Wenn Revidentin jetzt unter Berufung auf das Erkenntnis des früheren preußischen Obertribunals vom 13. Juli 1877 (Striethorst, Bd. 99 S. 227) den Satz aufstellt, daß mit der ‚Verstattung zur Expropriation' die Eigentumsentziehung vorbehaltlich der Entschädigung für eingetreten anzusehen sei und Expropriation deshalb auf Werterhöhungen, welche nach diesem Zeitpunkte eintreten, keinen Anspruch gebe, so läßt sich doch aus diesem Satze eine Entscheidung der Frage nicht schöpfen, weil der Ausdruck ‚Verstattung zur Expropriation' keine gesetzliche Bezeichnung eines bestimmten Abschnittes des Enteignungsverfahrens enthält. Zur Erklärung desselben kann auch nicht, wie Revidentin versucht, die ältere Entscheidung des Obertribunals vom 16. Februar 1877 (Striethorst, Bd. 97 S. 158) herangezogen werden, weil diese lediglich den im § 55 des Gesetzes vom 11. Juni 1874 gebrauchten Ausdruck: Einleitung des Enteignungsverfahrens erläutert.

Aus den Gründen der Entscheidung vom 31. Juli 1877 ergibt sich dagegen, daß das Obertribunal als Zeitpunkt der Enteignung diejenige Zeit angesehen hat, zu welcher es nach ausdrücklichen und konkludenten Verfügungen der Verwaltungsbehörde feststeht, daß die Enteignung im konkreten Falle stattfinden wird. Dem ist beizutreten: weder die Einreichung des Planes des Unternehmens zur staatlichen Prüfung und vorläufigen Feststellung (§ 15 des Gesetzes vom 11. Juni 1874), noch der Antrag des Unternehmers auf definitive Feststellung desselben (§ 18), noch die Offenlegung desselben (§ 19), noch die kommissarische Erörterung, sondern die in § 21 vorgeschriebene Entscheidung der Verwaltungsbehörde über den Gegenstand der Enteignung, die Größe und die Grenzen des abzutretenden Grundbesitzes kann die Wirkung haben, den Gegenstand der Enteignung für den konkreten Fall soweit festzustellen, daß es nur noch auf Ermittlung seines Wertes in seinem derartigen Zustand ankommt. Vorher steht überhaupt noch nicht fest, daß und in welchem Umfang ein bestimmter Eigentümer sich die Enteignung bestimmter Grundstücke gefallen lassen muß. Gegen eine arglistige Benutzung einer früheren Wissenschaft von dem Unternehmen und seiner beabsichtigten Richtung behufs Erhöhung des Wertes gibt nur § 13 des Gesetzes für bestimmte, hier nicht vorliegende Fälle einen Schutz.

Hiernach ist der November 1874, in welchem die Offenlegung des Planes stattgehabt haben soll, nicht erheblich; es muß vielmehr bei dem vom Appellationsrichter zugrunde gelegten Zeitpunkt: Dezember 1877 verbleiben. ..

Für diesen Zeitpunkt hat der Appellationsrichter nach der von ihm erforderten amtlichen Auskunft der Berliner Straßenbahnpolizeiverwaltung mit Recht festgestellt, daß die beiden angrenzenden Straßen an den für das klägerische Grundstück in Betracht kommenden Teilen so reguliert gewesen sind, daß der Bebauung nichts im Wege stand. Daran wird auch durch das jetzt von der Beklagten überreichte Schreiben der städtischen Baudeputation vom 2. November 1881 nichts geändert, da dasselbe im Gegenteil ebenfalls damit schließt, daß die Straße Nr. 5 im Jahre 1877 nach den Bedingungen des erst unterm 16. Mai 1879 ausgestellten Pflasterkonsenses reguliert und gepflastert worden sei. Diese tatsächliche Regulierung der Straße, nicht erst die auf Grund derselben mit Fug und Recht zu erwartende polizeiliche Anerkennung dieses Zustandes, kennzeichnet die Straße als bebauungsfähig, gibt den an ihr liegenden Grundstücken in den Augen des Publikums den Wert von Baustellen.

Was den Minderwert der Restparzellen betrifft, so will Beklagte die aus der Anlage und dem Betrieb der Eisenbahn entstehenden oder befürchteten Nachteile, als nicht ‚durch die Abtretung' entstanden, von der Berücksichtigung bei der Wertermittlung ausgeschlossen wissen. Den bezüglichen Ausführungen der Revisionsschrift kann indes nur in beschränktem Maße beigetreten werden.

Der Eigentümer eines Grundstücks hat die freie Verfügung über dasselbe; er kann der Regel nach weder gezwungen werden, es zu verkaufen, noch gar, es an eine bestimmte Person zu einem bestimmten Zwecke zu verkaufen. Insbesondere ist er bei einem Teilverkauf in der Lage, soweit eben sein Grundstück reicht, sich einen lästigen Nachbar fernzuhalten oder doch sich das Interesse an einem solchen unbequemen Nachbar in dem Kaufpreis des Trennstückes mitvergüten zu lassen. Er wird z. B. einen Teil seines Gartens zur Erbauung einer Rauch erzeugenden Fabrik entweder überhaupt nicht oder doch zu einem teuereren Preise verkaufen als etwa zur ferneren Benutzung als Garten. Diese Freiheit der Verfügung wird dem Eigentümer durch das Enteignungsgesetz genommen, welches ihn zwingt, sein Grundstück oder einen Teil seines Grundstücks ‚für ein Unternehmen' abzutreten (§ 1 des Gesetzes vom 11. Juni 1874). Für diese Abtrennung soll er durch den vollen Wert einschließlich des Minderwertes, welcher für den übrigen Grundbesitz durch die Abtretung entsteht, entschädigt werden (§ 8 a. a. O.). Soll diese Entschädigung eine ‚volle' sein, so muß sie auch das Interesse des Eigentümers dabei, daß er gezwungen wird, einen Teil seines Grundstücks gerade für dieses Unternehmen abzutreten, umfassen; das ist eben der Minderwert, welcher für den übrigen Grundbesitz durch diese Abtretung entsteht.

Hiermit stehen die übrigen Bestimmungen des Enteignungsgesetzes keineswegs im Widerspruch. Der § 31 spricht vielmehr ausdrücklich von den Nachteilen, die durch Ausführung der Anlage entstehen, und rechnet dieselben zu den nachteiligen ‚Folgen der Enteignung'. Er macht nicht, wie die Revisionsschrift es darstellt, einen Unterschied zwischen den Folgen von Anlagen, die vollendet oder noch nicht vollendet sind, sondern zwischen solchen Folgen, die zur Zeit der Feststellung der Entschädigung (§ 25) erkennbar waren, und solchen, die erst später erkennbar werden. Indem er für die Geltendmachung der letzteren eine nach der Ausführung der benachteiligenden Anlage beginnende Frist bestimmt, ergibt sich von selbst, daß die bei der kommissarischen Verhandlung schon erkennbaren Folgen bereits in dieser und im Rechtswege geltend gemacht werden können, die später erkennbaren aber von der Erkennbarkeit ab. Das Gesetz setzt keinen Anfangstermin, sondern nur einen Ausschlußtermin für derartige Folgen. Ob und inwieweit die Folgen erkennbar sind, ist eine rein tatsächliche Frage. In einem gewissen Maße sind sie auch vor der Ausführung erkennbar, denn § 15 des Gesetzes verlangt vor jedem weiteren Verfahren die Vorlegung eines — nach den §§ 18, 19 wenigstens im Auszuge offenzulegenden — Plans des Unternehmens, welchem geeignetenfalls sogar ,die erforderlichen Querprofile beizulegen sind'. Daß der nach § 25 im Abschätzungstermin vorzulegende definitive Plan — abgesehen von seiner Beschränkung auf örtliche Bezirke — etwas Minderes als der vorläufige Plan des § 15 enthält, ist aus dem Gesetz nicht zu ersehen. Wäre es aber wirklich der Fall, so ist die Benutzung des vorläufigen Plans bei der Beweisaufnahme doch nirgends ausgeschlossen.

Mit Unrecht beruft sich Revidentin auf die Bemerkung, welche Bähr und Langerhans S. 95, 96 ihres Kommentars der Entstehungsgeschichte des § 31 hinzufügen. Diese bemerken dort vielmehr treffend:

> ,Auch wird bei richtiger Schätzung schon bei der ersten Enteignung eines Teilgrundstücks die Gefahr in Anschlag gebracht werden müssen, welcher der Eigentümer durch beliebige Verwendung der enteigneten Grundfläche in Beziehung auf sein Restgrundstück unterliegt, und dann als Mehrwert des Teilgrundstücks bzw. Minderwert des Restgrundstücks in Rechnung kommen.'

Es ist nun zwar auch der Gedanke angeregt worden, daß unter ,der Anlage' im § 31 nicht die ganze Eisenbahnanlage oder die Anlage des sonstigen Unternehmens, sondern eine der im § 14 gedachten Anlagen gemeint sei.

Allein abgesehen davon, daß diese Anlagen überall sonst im Gesetz (§§ 15, 18, 19, 21) in der Mehrheit und unter Anziehung des § 14 erwähnt werden, im § 31 dagegen von einem ,Teile der Anlage' die Rede ist, wäre es doch nur mit einer äußerst künstlichen Interpretation möglich, unter der benachteiligenden Anlage des

§ 31 eine der nach § 14 zugunsten der benachbarten Grundstücke auszuführenden Anlagen zu verstehen.

Wenn Beklagte rügt, daß die durch den Betrieb entstehenden Schäden, als zukünftige und zur Zeit der Enteignung gar nicht berechenbare, dennoch mit in Rechnung gezogen seien, so kann ihr nur so weit beigetreten werden, daß einzelne künftig zu erwartende Schäden nicht im voraus vergütet werden können. Eine solche Vergütung hat der Appellationsrichter aber nicht zugesprochen; vielmehr ist derselbe, und dies mit Recht, von dem Minderwerte ausgegangen, ‚der sich darin zeigt, daß ein Käufer deshalb gegen früher weniger zu geben bereit ist, weil er weiß, daß das Restgrundstück von der Nachbarschaft der Bahn zu leiden hat'. Dieser durch die in Aussicht stehende Bahnanlage und den erwarteten Betrieb derselben verminderte Verkaufswert der Restgrundstücke ist kein zukünftiger, sondern ein gegenwärtiger Schade. Die Schwierigkeit seiner Schätzung ist eine faktische. Der Gutachter wird bei der Schätzung von den allgemeinen Erfahrungen über Störungen durch den Eisenbahnbetrieb auszugehen haben. Die neuen Anführungen der Revisionsschrift über die vom Minister der öffentlichen Arbeiten angeordneten und beim Bau und Betrieb der Stadtbahn ausgeführten Einrichtungen zur Vermeidung der sonst mit dem Betrieb verbundenen Belästigungen sind unerheblich, weil die *Zeit* der Anordnungen nicht angegeben, also nicht zu erkennen ist, ob dieselbe auf die Schätzung zur Zeit der Enteignung von Einfluß sein konnte. Der bloße *Vorbehalt* solcher Anordnungen im Interesse der Bewohner der benachbarten Grundstücke in der Konzessionsurkunde vom 8. April 1874 erscheint nicht geeignet, auf die Wertschätzung der Restgrundstücke einen Einfluß auszuüben. Müssen hiernach dem Kläger an sich auch die Nachteile vergütet werden, welche aus der Anlage und dem Betrieb der Bahn, für welche die Enteignung erfolgt ist, entstehen, so geht die Entschädigungspflicht, wie schon in einer Reihe von früheren Entscheidungen des Senats, besonders in den in Bd. 2 S. 234 und Bd. 5 S. 248 der Entsch. des RG.s in Zivils. abgedruckten, ausgeführt ist, doch nicht weiter, als der ursächliche Zusammenhang der Nachteile mit der Enteignung reicht, als sich diese Nachteile als Folgen der Enteignung darstellen. *Nachteile, die den Kläger getroffen hätten, wenn ihm nichts enteignet wäre, wenn die Bahn statt über das enteignete Teilstück an der Grenze des ungeteilten Grundstückes entlang geführt wäre, können im Enteignungsverfahren und in dem auf dieses gegründeten Prozesse nicht geltend gemacht werden. Soweit derartige Nachteile ohne die dazwischen liegende Enteignung das klägerische Grundstück zwar auch, aber* nur in geringerem Maße, getroffen haben würden, kann Kläger nur insoweit Entschädigung beanspruchen, als die ihn jetzt treffenden Nachteile größer sind als diejenigen, die auch ohne die Enteignung eingetreten wären.

Von diesem Gesichtspunkte aus wird die Vernehmung des Sachverständigen auch darauf zu richten sein, ob das klägerische Restgrundstück, wenn die Bahn statt über das abgezweigte Trennstück über das nördlich angrenzende Grundstück der Berlin-Hamburger Immobilien-Gesellschaft oder über das westlich angrenzende Grundstück von E. & B. geführt wäre, dennoch unter denselben Belästigungen der Bahnanlage und des Bahnbetriebes, besonders durch Rauch, Geräusch und Erschütterung, in gleichem Maße oder in welchem geringeren Maße gelitten haben würde. Nur für den sich ergebenden Unterschied in dem Maße der Belästigung bzw. für die diesem Unterschiede entsprechende Minderung des Ertrags- oder Kaufwertes kann Kläger Entschädigung auf Grund der Enteignung fordern."

**RGZ. 8, 214**

**1. Unter welchen Voraussetzungen darf enteignetem Ackerlande bei Feststellung der zu gewährenden Entschädigung der höhere Wert von Baustellen beigelegt werden?**

**2. Inwieweit sind bei der Abschätzung eines enteigneten Landgrundstückes die Erträge einer auf demselben betriebenen Ziegelei zu berücksichtigen?**

Preuß. Gesetz v. 11. Juni 1874 §§ 8, 10.

Hilfssenat. Urt. v. 24. Oktober 1882 i. S. Sch. (Kl.) w. Fiskus (Bekl.). Rep. IV a 214/82.

I. Landgericht Schneidemühl. II. Oberlandesgericht Posen

Den klagenden Eheleuten sind von ihrem in unmittelbarer Nachbarschaft der Stadt K. belegenen Landgute verschiedene Flächen für die dasselbe durchschneidende Posen-Schneidemühl-Belgarder Eisenbahn enteignet worden. Nicht zufrieden mit der ihnen durch das Resolut der preußischen Regierung zu Bromberg zugebilligten Entschädigung, haben sie gegen dasselbe den Rechtsweg beschritten und insbesondere für zwei unweit der evangelischen Schule und Kirche von K. und in gerader Verlängerung der Hauptstraße dieser Stadt belegene, bisher als Ackerland benutzte Parzellen, welche sich ihrer Lage und Beschaffenheit nach zu Bauplätzen eigneten, sowie für eine andere Ackerfläche mit Rücksicht auf die in derselben befindliche

Ziegelerde und die Erträge einer von ihnen seit längerer Zeit betriebenen Ziegelei erheblich höhere Werte beansprucht. Der Appellationsrichter hat den Klägern für die erstgedachten Parzellen nur deren Wert als Ackerland und für die letztgedachte Fläche eine hinter ihrem Antrage erheblich zurückbleibende Summe als Entschädigung zugesprochen. Die von ihnen hiergegen eingelegte Revision ist teils zurückgewiesen, teils für gerechtfertigt erachtet aus folgenden, den speziellen Sachverhalt ergebenden

Gründen:

Anlangend 1. die Entschädigung für die als Baustellen qualifizierten, *auf der Zeichnung mit a' und a" bezeichneten Flächen* von 35 bzw. 16 Ar, so war in bezug hierauf den Ausführungen des Appellationsrichters beizutreten. Zwar kommt es für die Bestimmung des nach § 8 des Gesetzes vom 11. Juni 1874 dem Expropriaten zu erstattenden vollen Wertes der enteigneten Grundfläche anerkanntermaßen nicht schlechthin auf die derzeitige Benutzungsart, sondern, sofern solche dem wahren Nutzungswerte des Grundstückes nicht gerecht wird, auf die Benutzungsfähigkeit an. Allein diese Fähigkeit ist der Natur der Sache nach nicht nach bloßen Möglichkeiten zukünftiger Entwickelungen, für welche es zur Zeit noch an der tatsächlichen Grundlage fehlt, sondern nur nach solchen bereits bestehenden Verhältnissen zu bemessen, welche schon jetzt an sich oder in ihrer mit Sicherheit zu erwartenden Fortentwicklung einen Einfluß auf den Kaufwert derartiger Grundstücke auszuüben vermögen. Um ein bisher als Ackerland benutztes Grundstück als Baustelle anzusprechen, genügt hiernach nicht dessen Lage in der Nähe einer Stadt und dessen Beschaffenheit für sich, sondern es muß nach den bestehenden örtlichen Konjunkturen, namentlich der vorhandenen Baulust und dem Mangel geeigneterer Plätze zu deren Befriedigung, die Verwertbarkeit des Grundstückes zu Bauplätzen in naher und bestimmter Aussicht stehen.

Vgl. Striethorst, Archiv Bd. 80 S. 26, Bd. 81 S. 94, Bd. 86 S. 75; Erk. d. RG.'s v. 21. Oktober 1880 in Gruchot's Beitr. Bd. 25 S. 935.

Diesen Anforderungen entspricht die Begründung des klägerischen Anspruches nicht. Die allgemeine Behauptung der Kläger, daß ihnen bereits vor dem Bau der Eisenbahn Offerten zum Kauf der fraglichen Plätze als Baustellen gemacht seien, ist vom Vorderrichter mit Recht für unerheblich erklärt, da sie weder erkennen läßt, ob es sich um ernstliche Bauabsichten gehandelt habe und was deren Verwirklichung in den Weg getreten sei, noch für die gegenwärtige Schätzung irgendeinen Anhalt gewährt. Von den in erster Instanz abgehörten Sachverständigen haben G., F. und B. sich über die Bedürfnisfrage nicht ausgesprochen. Dagegen hat der Gutsbesitzer J. bekundet, daß in der Stadt K. selbst noch Baustellen in verschiedenen Lagen vorhanden seien, und daß ein reger Begehr nach solchen sich dort nicht zeige. Unter diesen Umständen ist es völlig ungewiß, ob und eventuell wann es zur Bebauung dieses außerhalb der Stadt liegenden Terrains gekommen sein und zu welchen Preisen sich Abnehmer gefunden haben würden. Es erscheint daher gerechtfertigt, daß den Klägern nur die offenbar reichlich bemessene Vergütung für die fraglichen Flächen als Ackerland zugesprochen ist.

Was sodann 2. die Entschädigung für das in der abgetretenen Fläche A der Zeichnung befindliche Lehmlager anbetrifft, so ist dem Appellationsrichter darin zuzustimmen, daß die Kläger noch außer dem Werte des fraglichen Planes als Ackerlandes Vergütung für den unter der Ackerkrume befindlichen Lehm verlangen dürfen, da sämtliche Sachverständige darin einverstanden sind, daß durch die Entfernung des Lehmlagers in der Tiefe von 47 cm nur eine zweijährige Ackernutzung verlorengehe, im übrigen aber der Nutzungswert des Ackerlandes nicht beeinträchtigt werde. Denn so zweifelhaft auch in manchen Beziehungen der Begriff des „vollen Wertes" im Sinne des § 8 des Gesetzes vom 11. Juni 1874 sein mag, so kann es doch keinem Bedenken unterliegen, daß darunter der Wert der in einem Grundstücke befindlichen, eine besondere nutzbare Verwendung gestattenden Bodenbestandteile begriffen sein muß, und dies erscheint im vorliegenden Fall um so weniger fraglich, als Kläger sich durch die längst bestehende Einrichtung einer Ziegelei diese Verwertung der Ziegelerde gesichert hatten und nach § 8 a. a. O. auch der durch den wirtschaftlichen Zusammenhang mit dem Restgrundstück bedingte Mehrwert des abzutretenden Teiles bei der Feststellung der Entschädigung in Anschlag zu bringen ist. Hierüber besteht denn auch unter den Parteien kein Streit mehr. Dagegen weichen die vernommenen Sachverständigen über die Grundsätze, nach welchen der gegenwärtige Wert des enteigneten Lehmlagers zu berechnen, aufs erheblichste voneinander ab, und das in dieser Instanz von den Klägern überreichte obenerwähnte Gutachten geht wiederum von einer anderen Auffassung aus. In tatsächlicher Beziehung ist gegenwärtig als unstreitig anzusehen, daß das ganze auf dem klägerischen Gut vorhandene Lehmlager den Betrieb der Ziegelei in dem gegenwärtigen Umfang auf 49 Jahre (vom September 1876 an gerechnet) gestattet haben würde, und daß ein für 15 Betriebsjahre ausreichendes Lehmquantum enteignet ist; ferner, daß bei der bisherigen Fabrikation von 280 000 Ziegelsteinen und einem durchschnittlichen Verkaufspreis von 30 M. für das Tausend an jedem Tausend Steine nach Abzug aller Unkosten 5,80 M., im ganzen also jährlich 1640 M.

verdient werden, wovon dann noch 140 M. für zweijährigen Verlust der Ackernutzung und Melioration des der Ziegelerde beraubten Landes zu kürzen sind, so daß ein jährlicher Verdienst von 1500 M. verbleibt. Während nun in erster Instanz die den Klägern gebührende Entschädigung durch Zusammenrechnung der 15 Jahresnutzungen, beginnend mit dem 17. September 1876 (als dem Tage der Fälligkeit der Vergütung), und Abrechnung von je 5 % der einzelnen Jahresraten bis zu deren Verfalltagen gefunden ist, weicht der zweite Richter auf Grund des Gutachtens des Regierungsbaumeisters L. in zweifacher Weise hiervon ab, indem er einmal nicht den ganzen Reinertrag der Ziegelei, sondern nur den auf 1 M. für das Tausend Steine angenommenen Wert der Ziegelerde als den auf 15 Jahre zu verteilenden Ertrag des Lehmlagers ansieht und sodann die zu vergütende Nutzungsperiode erst nach Ablauf der 34 Jahre, für welche das Lehmlager in den nicht enteigneten Flächen noch ausreicht, beginnen läßt, wogegen er andererseits den Minderwert des den Klägern verbliebenen Grundstückes durch Erhöhung der Amortisationsquote des auf 10 000 M. angenommenen Wertes der Ziegeleigebäude zugunsten der Kläger Rechnung trägt. — In dem als Teil der klägerischen Revisionsschrift bezeichneten Gutachten endlich wird die fragliche Entscheidung auf $^{15}/_{49}$ des gegenwärtigen Wertes des ungeschmälerten Lehmlagers nebst zugehöriger Ziegelei und letzterer auf denjenigen Kapitalsbetrag festgestellt, welcher den Wert einer 49jährigen Rente von 1500 M. am Anfang des ersten Jahres repräsentiert, so daß auch hier wiederum der volle Reinertrag der Ziegelei als maßgebender Faktor in Betracht gezogen ist. Bei Prüfung dieser verschiedenen Schätzungsmethoden ist zu entscheiden, ob wirklich der Ertrag der Ziegelei oder nur der Wert des Lehms, als Rohmaterials für dieselbe, in Anschlag gebracht werden darf. Die Beantwortung dieser Frage[1]) hängt davon ab, ob in dem Ziegeleibetrieb eine Art der Benutzung des Grundstücks oder ein nur äußerlich mit demselben zusammenhängender Gewerbebetrieb zu finden ist. Im vorliegenden Fall trifft ohne Zweifel ersteres zu. Denn es handelt sich um eine einfache ländliche Ziegelei von geringer Leistungsfähigkeit, welche sich auf die Verarbeitung des in dem Grundstück befindlichen Materials ohne weitere Zutaten beschränkt, also den Grund und Boden selbst durch Bearbeitung nutzbar macht. Sie unterscheidet sich nicht wesentlich von der Anlage

[1]) Vgl. Dernburg, Preuß. Privatrecht 3. Aufl. Bd. 1 S. 69; Förster, Theorie usw. 4. Aufl. Bd. 2 S. 172; die Kommentare zu dem Enteignungsgesetz v. 11. Juni 1874 von Bähr u. Langerhans und von Dalcke zu §§ 8 und 10 des Gesetzes; Meyer in Behrend's Zeitschr. Bd. 8 S. 586; Strietfhorst, Archiv Bd. 85 S. 55; Entsch. d. preuß. Ob.-Trib. Bd. 66 S. 27, Bd. 68 S. 132; Gruchot, Beitr. Bd. 19 S. 229; Entsch. d. RG. in Zivils. Bd. 2 S. 284, Bd. 3 S. 239, Bd. 5 S. 248; Preuß. IMBl. v. 1880 S. 164, von 1881 S. 27.

eines Steinbruchs oder eines Torfstichs, welchen niemand die Qualität einer Benutzungsart des Grundstücks absprechen wird. Solchenfalls ist aber nach ausdrücklicher Vorschrift des § 10 Abs. 1 des Gesetzes vom 11. Juni 1874 diese Benutzungsart und der aus ihr resultierende Ertrag bei der Abschätzung bis zu demjenigen Geldbetrage in Berücksichtigung zu ziehen, welcher erforderlich ist, damit der Eigentümer ein anderes Grundstück in derselben Weise und mit gleichem Ertrage benutzen kann. Die von dem Sachverständigen L. gemachte und vom Appellationsrichter adoptierte Unterscheidung zwischen dem aus dem Grundstück gezogenen und dem Unternehmergewinn mag für anders geartete Fälle ihre Berechtigung haben; vorliegend aber entbehrt sie der Begründung, da, abgesehen von dem geringfügigen Betriebskapital, das Grundstück in der Tat die Quelle des ganzen aus der Ziegelei gezogenen Gewinns ist und die persönlichen Leistungen des Eigentümers nicht ins Gewicht fallen. Sodann ist auch der von L. dem Lehm, als Rohmaterial für den Ziegeleibetrieb, beigelegte Wert anscheinend ein willkürlich bemessener. Derselbe würde nur dann als angemessen zu betrachten sein, wenn es feststände, daß Kläger zu diesem Preise Ersatz für den ihnen entzogenen Lehm sich zu verschaffen vermöchten (§ 10 Abs. 1 a. a. O.; Entsch. d. RG.s in Zivils. Bd. 5 S. 248; Erk. d. RG.s v. 27. Januar 1880 im preuß. JMBl. v. 1880 S. 162). Hierüber aber erhellt nicht nur nichts, sondern die Beklagten haben der Behauptung der Kläger, daß sie nicht imstande seien, sich für die enteigneten Grundstücke Ersatz zu verschaffen, nur die Anführung entgegengestellt, daß in den angrenzenden Grundstücken Ackerländereien gleicher Güte vorhanden und käuflich seien, ohne von dem enteigneten Lehmlager das gleiche zu behaupten. Es muß daher die Möglichkeit des Ersatzes vorliegend außer Betracht bleiben, und die Kläger würden durch die Nichtberücksichtigung des vollen Ertrages der Ziegelei einen Vermögensschaden erleiden, welcher sich durch den Wortlaut des Enteignungsgesetzes nicht rechtfertigen ließe und der Tendenz desselben auf reichliche Entschädigung des Expropriaten zuwiderlaufen würde (vgl. die in dem Kommentar von Bähr und Langerhaus mitgeteilten Materialien zu § 8 des Gesetzes, besonders S. 30). Im weiteren kann es auch nicht gebilligt werden, wenn L. die in Betracht kommende Nutzungsperiode erst nach Erschöpfung des den Klägern noch verbleibenden Lehmlagers beginnen läßt. Denn es liegt kein Grund vor, um den enteigneten Teil des Lehmlagers, wie infolgedessen geschieht, zugunsten des Beklagten zu dem minderwertigen zu machen, obschon er doch dem Überreste gleichwertig ist. In den entgegengesetzten Fehler sind die Sachverständigen erster Instanz verfallen. Die richtige Methode ist die in der Anlage der klägerischen Revisionsschrift eingeschlagene, wonach der Wert des Ganzen und hiernach durch eine einfache Verhältnisrechnung der Wert des enteigneten Teiles festgestellt ist, wodurch dann zugleich dem durch diesen wirtschaftlichen Zusammenhang bedingten Mehrwert des enteigneten und dem Minderwert des verbleibenden Teils Rechnung getragen wird.

Vgl. Striethorst, Archiv Bd. 46 S. 79 ff.

Nach diesem allem kann bei diesem Punkte die Entscheidung des Appellationsrichters nicht aufrechterhalten werden. Es enthalten aber auch, wie sich aus Vorstehendem ergibt, die vorliegenden beeidigten Gutachten das zur Feststellung der Entschädigung erforderliche Material noch nicht. Vielmehr scheint es angemessen, die von den Revidenten, zum Teil schon in voriger Instanz, benannten Gutachter, Prof. Dr. Sz. und Regierungsbaumeister H., nach Maßgabe der von ihnen gefertigten schriftlichen Gutachten über den Betrag der den Klägern für das entzogene Lehmlager zu gewährenden Entschädigung eidlich zu vernehmen und zu diesem Behufe die Sache in die zweite Instanz zurückzuweisen. Dabei ist den Sachverständigen, außer dem vorstehend Erläuterten, noch folgendes zur Erwägung zu geben. Wenn auch der gesamte Reinertrag der Ziegelei ein Faktor der vorzunehmenden Abschätzung sein muß, so ist damit doch nicht gesagt, daß der Wert des Lehmlagers durch einfache Zusammenrechnung der noch ausstehenden Jahreserträge unter Berücksichtigung des Interusuriums zu finden sei, wobei auf mögliche Veränderung der Konjunkturen, außergewöhnliche Unfälle und dergleichen keine Rücksicht genommen wird. Vielmehr ist es Sache der Gutachter, sich aus den einzelnen Schätzungsfaktoren und den sonstigen in Betracht kommenden Verhältnissen ein Urteil über den derzeitigen Wert des enteigneten Grundstücks zu bilden, wobei sie an das Ergebnis jener Zusammenrechnung der Erträge durchaus nicht gebunden sind. Dieselben werden daher auch nach dieser Richtung hin ihr Gutachten zu präzisieren und zu motivieren haben. Nach dem Ausfall dieser Beweisaufnahme ist sodann in der Sache anderweit zu erkennen.

**RGZ. 12, 299**

**Ist in Enteignungssachen bei einem Prozesse über die Höhe der Entschädigung eine Erweiterung des Klageantrages auch nach der im § 30 des Enteignungsgesetzes vom 11. Juni 1874 bestimmten sechsmonatlichen Frist zulässig?**

V. Zivilsenat. Urt. v. 14. Januar 1885 i. S. Stadtgemeinde Berlin (Kl.) w. M. (Bekl.) Rep. V. 197/84.

I. Landgericht I Berlin. II. Kammergericht daselbst.

Die von der Klägerin eingelegte Revision ist zurückgewiesen.

Gründe:

„Um die Kürassierstraße in Berlin zu verbreitern, ist ein der Beklagten, Frau M., gehöriges Grundstück von 109 qm Größe enteignet. Durch Beschluß des Polizeipräsidiums zu Berlin vom 9. Oktober 1882 ist die Entschädigung, welche die Stadt Berlin der Beklagten zu zahlen hat, auf 250 M. für den Quadratmeter festgesetzt. Gegen diesen Beschluß haben beide Interessenten den Rechtsweg beschritten. Die Klägerin — Stadt Berlin — verlangt in der Klage, daß die Entschädigung auf 210 M. für den Quadratmeter herabgesetzt werde. Die Beklagte beansprucht dagegen eine Erhöhung auf 280 M. Die zur *Geltendmachung dieser Forderung angestellte* Klage ist durch Gerichtsbeschluß mit der von der Klägerin bereits erhobenen verbunden und demnächst als Widerklage behandelt. Der Antrag in dieser Widerklage geht dahin, der Beklagten und Widerklägerin außer dem vom Polizeipräsidium festgesetzten Betrag noch weitere 3270 M. nebst Zinsen zuzusprechen. Darüber, daß sowohl die Klage als die Widerklage innerhalb der in § 30 des Enteignungsgesetzes vom 11. Juni 1874 bestimmten sechsmonatigen Frist angestellt sind, waltet unter den Parteien kein Streit ob. In der Schlußverhandlung erster Instanz vom 6. Juli 1883 erweiterte Beklagte den Widerklagantrag dahin, daß sie um Verurteilung der Klägerin zur Zahlung von 23 430 M. nebst Zinsen über den vom Polizeipräsidium ihr zugebilligten Betrag bat. Die Klägerin legte gegen diese Erweiterung des Antrags, weil sie erst nach Ablauf der im § 30 a. a. O. bestimmten Frist geschehen ist, Widerspruch ein. Beide Instanzrichter haben jedoch die Erweiterung für zulässig erkannt, und der Berufungsrichter hat die Klägerin auf die Widerklage zur Zahlung von annoch 21 632,32 M. und Zinsen verurteilt. Gegen diese Entscheidung hat Klägerin Revision eingelegt und die Herabminderung der von ihr zu zahlenden Entschädigungssumme auf den ursprünglich in der Widerklage verlangten Betrag von 3270 M. beantragt.

Die Revisionsbeschwerde der Klägerin erscheint nicht begründet.

Das Enteignungsgesetz vom 11. Juni 1874 weist im § 29 die Entscheidung über die dem Enteigneten zu gewährende Entschädigung zunächst der Bezirksregierung zu, gestattet dann aber im § 30 sowohl dem Unternehmer, als den übrigen Beteiligten, gegen den Beschluß der Regierung den Rechtsweg zu beschreiten. Die Entscheidung der Regierung ist sonach nur eine vorläufige. Sie erlangt definitive Geltung erst durch Ablauf der sechsmonatigen Frist oder Verzicht (§ 32 a. a. O.). Wenn dagegen einer der bei der Enteignung Beteiligten rechtzeitig die Entscheidung des Richters anruft, so bildet der hierdurch eingeleitete Rechtsstreit einen Teil des Enteignungsverfahrens. An Stelle des suspendierten Beschlusses der Regierung tritt hinsichtlich der Höhe der Entschädigung das demnächst ergehende rechtskräftige richterliche Urteil.

Für den Prozeß über die Entschädigung gelten nach § 15 Nr. 2 des Einführungsgesetzes zur ZPO. in erster Linie die Landesgesetze, wo solche aber fehlen, die Vorschriften der Zivilprozeßordnung. Die Bestimmung des § 30 Abs. 1 des Enteignungsgesetzes ist nun zwar insofern eine prozessualische, als der Rechtsweg durch Nichteinhaltung der sechsmonatigen Frist verschlossen wird. Dagegen ist in keiner landesrechtlichen Vorschrift ausgesprochen, daß ein Beteiligter, welcher rechtzeitig Klage erhebt, in dem Prozesse eine andere rechtliche Stellung einnehmen soll, als sie die Zivilprozeßordnung jedem Kläger zugewiesen hat. Mit der Beschreitung des Rechtsweges hat vielmehr der Kläger dem Gebote des § 30 a. a. O. genügt. Die ihm als Kläger behufs Herbeiführung des richterlichen Urteils obliegenden Pflichten und zustehenden Rechte richten sich lediglich nach den Bestimmungen der Zivilprozeßordnung. Das gilt insbesondere auch von den Vorschriften über Ausdehnung des Klagantrags. Soweit § 240 ZPO. eine solche Befugnis dem Kläger gewährt, steht sie ihm auch in dem gemäß § 30 des Enteignungsgesetzes eingeleiteten Prozesse zu In der Ausdehnung des Klagantrages liegt nicht die Geltendmachung eines Rechts nach Ablauf der Frist, sondern die Ausübung einer nach jetzigem Recht jedem Kläger zustehenden prozessualen Befugnis. Daß aber die im § 240 Nr. 2 gestattete Erweiterung des Antrages sich nicht bloß auf eine Anfügung neu entstandener Ansprüche, sondern auch auf eine Steigerung des ursprünglichen Antrags bezieht, nehmen die Vorderrichter mit Recht an.

Für diese Ansicht sprechen auch die Entscheidungen des II. und III. Zivilsenates des Reichsgerichts, wonach der Klagantrag ohne Angabe eines bestimmten Quantums, vielmehr nur auf Erhöhung des von der Regierung festgesetzten Betrages der Entschädigung gestellt werden kann.

Vgl. Erk. i. S. der Rheinischen Eisenbahngesellschaft w. Schäfer, Rep. II. 21/83, u. Entsch. des RG.s in Zivils. Bd. 4 S. 386 ff.

Die Zulassung eines so unbestimmten Antrages erscheint nur möglich, wenn man davon ausgeht, daß durch Beschreitung des Rechtsweges der Richter an Stelle der Regierung auf die im Prozesse gewonnenen Grundlagen hin den Wert der enteigneten Sache feststellen soll. Daß der Richter hierbei das vom Kläger geforderte Quantum nicht überschreiten darf, folgt aus der Vorschrift des § 279 ZPO.

Demnach muß die im Laufe der ersten Instanz seitens der Beklagten und Widerklägerin geschehene Erweiterung ihres Prozeßantrags auch nach Ablauf der sechsmonatigen Frist für zulässig erachtet werden.

**RGZ. 13, 244**

**Berechnung der Entschädigungssumme bei Enteignung von Teilgrundstücken; Kausalzusammenhang zwischen der Enteignung und dem ersetzt verlangten Schaden.**

III. Zivilsenat. Urt. v. 17. Juni 1884 i. S. E. (Kl.) w. Unterelbische Eisenbahngesellschaft (Bekl.). Rep. III. 72/84.

I. Landgericht Stade. II. Oberlandesgericht Celle.

Aus den Gründen:

... Dem Kläger ist ein Teil eines zusammenhängenden Besitztums enteignet worden, welches derselbe von seinem Hof aus bewirtschaftet. Er macht nun geltend, daß ihm infolge dieser Enteignung und der auf dem enteigneten Teilstück angelegten Eisenbahn die Bewirtschaftung des verbliebenen Grundstücks dadurch erheblich erschwert worden sei, daß ihm auf der einen Seite die Benutzung eines Fußweges, des sog. Milchsteiges, und auf der anderen Seite der Zugang zu einem öffentlichen Wege, dem sog. alten Triftwege, entzogen und er, Kläger, hierdurch zu Umwegen genötigt sei. Da die größere oder geringere Beschwerlichkeit der Bewirtschaftung eines Grundstücks ganz von selbst auf dessen Wert influiert, so kann der Kläger, wenn seine Behauptung richtig ist, den § 8 des Enteignungsgesetzes vom 11. Juni 1874 für sich anrufen, wonach bei teilweiser Enteignung die dem Expropriaten zu gewährende Entschädigung auch den Minderwert umfaßt, welcher für den ihm verbliebenen Grundbesitz durch die Abtretung entsteht.

Der Berufungsrichter ist jedoch der Ansicht, daß die ebenerwähnte Gesetzesvorschrift nicht zutreffen könne, weil der klägerischerseits geltend gemachte Schaden nicht durch die Abtretung als solche, sondern durch die auf dem abgetretenen Grundstück errichtete Eisenbahnanlage entstanden sei. Diese Ansicht ist rechtsirrtümlich. Wenn die teilweise Enteignung eines Grundstücks zum Zwecke eines Unternehmens erfolgt, welches die Bewirtschaftung des Restgrundstücks beschwerlicher und kostspieliger macht, so ist der für den Enteigneten hierdurch entstehende Schaden als eine Folge der Enteignung selbst anzusehen, durch welche dem bisherigen Eigentümer des Teilgrundstücks das Recht entzogen wird, die seinem übrigen Besitztum nachteilige Anlage zu verhindern. Der Enteignete ist solchenfalls im vollen Maße nur dann entschädigt, wenn ihm sein Interesse daran ersetzt wird, daß er durch die Enteignung gezwungen ist, einen Teil seines Grundstücks zur Ausführung des schädigenden Unternehmens abzutreten.

Vgl. Entsch. des RG.s in Zivils. Bd. 7 S. 262 ff.

Eine andere Erwägung, aus welcher der Berufungsrichter dem Kläger jeden Entschädigungsanspruch absprechen zu müssen vermeint, besteht darin, daß dem Kläger durch die nicht bloß seine, sondern in weiterer Ausdehnung auch andere Grundstücke berührende Eisenbahnanlage der Verkehr mit seinem Restgrundstück erschwert worden sei. Sein Schaden sei daher nicht eine Folge der Enteignung; es veranschauliche sich dies dadurch, daß die gleichen Nachteile auch von solchen Besitzern empfunden werden, die auf beiden Seiten der Bahn Grundstücke besitzen, von denen ihnen nichts enteignet sei, und daß auch Kläger unter Umständen, z. B. wenn der entlang dem klägerischen Grundstück hinführende alte Triftweg zum Bahnkörper benutzt worden wäre, ebenso von den fraglichen Nachteilen betroffen sein würde, auch wenn ihm nichts enteignet worden wäre. Auch diese Erwägungen des Berufungsrichters sind rechtsirrtümlich.

Die Tatsache, daß dem Kläger ein Teilgrundstück enteignet wurde, und seine Behauptung, daß ihm in unmittelbarer Folge hiervon ein Schaden durch erschwerte Bewirtschaftung, mithin durch Wertverminderung seines Restgrundstücks, erwachsen sei, sind an und für sich geeignet, seinen Entschädigungsanspruch zu substanziieren. Beseitigt kann aber dieser Anspruch nicht dadurch werden, daß die Nachbarn des Klägers, welche ähnlichen Schaden durch die Bahnanlagen erleiden, einen gleichen Anspruch zu erheben nicht berechtigt sind. Dies aus dem einfachen Grunde nicht, weil den betreffenden Nachbarn nichts enteignet wurde, weil ihnen gegenüber kein Expropriationsfall vorliegt, weil also diese unter anderen tatsächlichen und rechtlichen Verhältnissen stehen als der Kläger, dessen Anspruch in den obligatorischen Beziehungen wurzelt, welche durch die Enteignung zwischen ihm und der Expropriantin herbeigeführt sind. Auch der von dem Berufungsrichter als möglich hingestellte Umstand, daß der Kläger den gleichen Schaden gehabt hätte, wenn ihm nichts enteignet und die Bahnanlage unmittelbar an der Grenze seines ungeteilten Grundstücks entlang geführt worden wäre, vermag die sofortige Abweisung der Klage nicht zu rechtfertigen. Von dieser fingierten Möglichkeit kann der Anspruch eines Expropriaten nicht abhängig sein, welcher auf Grund der durch das wirklich ausgeführte Bahnunternehmen geschaffenen Verhältnisse erhoben ist und nach Maßgabe dieser Verhältnisse begründet erscheint. Allerdings greift auch bei Expropriationsansprüchen, wie bei allen Arten von Schadenersatzforderungen, der Grundsatz Platz, daß ein Kausalzusammenhang zwischen dem ersetzt verlangten Schaden und der zum Schadenersatz verpflichtenden Tatsache bestehen muß, daher der Anspruch wegfällt, falls erwiesenermaßen der Schaden auch dann eingetreten sein würde, wenn die zum Ersatz verpflichtende Handlung nicht vorgenommen worden wäre. Die bloße Möglichkeit dagegen, daß der Schaden auch ohnedies eingetreten wäre, ist nicht geeignet, die im übrigen begründete Ersatzpflicht auszuschließen. Solange daher im vorliegenden Falle nicht als eine bewiesene Tatsache feststand, daß, falls dem Kläger nicht enteignet worden wäre, der Bahnkörper entlang der Grenze seines ungeteilten Besitztums geführt, und daß dem Kläger durch eine solche Anlage der gleiche Nachteil zugeführt worden wäre, welchen er jetzt geltend macht, war der Berufungsrichter nicht berechtigt, den klägerischen Expropriationsanspruch, so wie geschehen, zurückzuweisen."[1]) ...

**RGZ. 32, 298**

**Inwieweit sind bei Feststellung der Enteignungsentschädigung a) der „individuelle Wert" des enteigneten Grundstücks, b) Umzugs- oder andere Kosten, die dem Eigentümer infolge der Enteignung erwachsen sind, zu berücksichtigen?**

Gesetz vom 11. Juni 1874 §§ 8, 10 Abs. 1.

V. Zivilsenat. Urt. v. 4. November 1893 i. S. B. (Kl. u. Widerbekl.) w. Stadtgemeinde Berlin (Bekl. u. Widerkl.). Rep. V. 175/93.

I. Langericht I Berlin. II. Kammergericht daselbst.

Aus den Gründen:

... Ein weiterer Streitpunkt betrifft die Frage, welche Bedeutung dem Umstande, daß in dem enteigneten Hause das optische Geschäft der Kläger schon seit sechzig Jahren ununterbrochen betrieben worden, bei Bemessung der Enteignungsentschädigung beizulegen ist.

Der Entschädigungsfeststellungsbeschluß des Polizeipräsidiums hat diesem Umstande in der Art Rechnung getragen, daß er den Klägern dafür den zwanzigfachen Betrag der Differenz zwischen dem auf 2367 M geschätzten jährlichen Mietswert ihres Geschäftslokales in dem enteigneten Hause und dem Mietzins von 4200 M, den sie für ein neues Geschäftslokal in derselben Gegend aufwenden mußten, mit 36 660 M zubilligt „als Äquivalent eines mit dem Besitze des Grundstücks untrennbar gewesenen dinglichen Vorteiles, welcher mit der Entäußerung des Grundstücks verloren geht".

Einen anderen Standpunkt hat in betreff dieses im Rechtswege nur von der Beklagten angefochtenen Entschädigungspostens der erste Richter eingenommen, indem er den Klägern zwar eine Ent-

[1]) Ebenso ist erkannt vom I. Zivilsenat i. S. v. R. w. Königl. preuß. Fiskus durch Urteil vom 31. März 1883, und vom III. Zivilsenat i. S. Kr. w. Königl. preuß. Eisenbahnfiskus durch Urteil vom 23. Januar 1885 Rep. III. 265/84.

schädigung dafür zuspricht, daß sie für die neuen Geschäftslokalitäten mehr Mietzins zahlen müssen, als der Mietwert der früheren Geschäftsräume beträgt, diese Entschädigung aber auf den fünffachen Betrag der Differenz beschränkt, da er den den Klägern aus der Notwendigkeit ein teureres Lokal zu mieten, erwachsenden Nachteil als einen nur vorübergehenden erachtet. Des besonderen Umstandes, daß das Geschäft in dem enteigneten Hause schon von alters her betrieben wurde, ist hierbei keine Erwähnung geschehen.

Erst in der Berufungsinstanz ist der gedachte Umstand wieder in den Vordergrund getreten, jedoch nicht, wie im Entschädigungsfeststellungsbeschlusse, in Verbindung mit dem höheren Mietpreis des neuen Geschäftslokales, sondern unabhängig hiervon als ein bei Schätzung des Grundstückswertes zu berücksichtigendes Moment. Demgemäß ist in der Berufungsinstanz Beweis erhoben worden.

(Es folgt die Darstellung des Beweisergebnisses, aus welchem hervorzuheben ist, daß der Sachverständige Baurat D. den aus der langen Dauer des Geschäftsbetriebes in dem nämlichen Lokal herzuleitenden Mehrwert des letzteren auf einen Kapitalbetrag von 7759,20 M schätzte, entsprechend dem f ü n f fachen Betrag der Differenz zwischen dem objektiven Mietswerte und dem durch den gedachten Umstand bedingten höheren Ertragswert.)

„Der Berufungsrichter hat die Schätzung des Sachverständigen D. seiner Entscheidung zu Grunde gelegt ... Ausdrücklich tritt der Berufungsrichter dem Sachverständigen darin bei, daß die aus dem langen Bestehen des klägerischen Geschäftes in demselben Grundstücke sich ergebende Wertserhöhung des letzteren als eine mit der Zeit abnehmende und nach Verlauf von zehn Jahren als geschwunden anzusehen sei.

Wörtlich genommen enthält dieser Satz, wie die Revision mit Recht bemerkt, einen offenbaren Widersinn; denn hatte das Grundstück zur Zeit der Enteignung einen höheren Wert infolge des Umstandes, daß darin seit so langen Jahren das Optikergeschäft betrieben wurde, so würde, wenn die Enteignung nicht stattgefunden hätte, das Grundstück also zunächst im Besitze der Kläger geblieben wäre, jener höhere Wert nicht von Jahr zu Jahr geringer geworden, zuletzt ganz geschwunden sein, sondern hätte eher — unter sonst gleich bleibenden Verhältnissen — sich vergrößern müssen. Gemeint ist natürlich etwas anderes: nämlich, daß der g e s c h ä f t l i c h e N a c h t e i l, den die Kläger dadurch erlitten, daß sie das Geschäft von der altgewohnten und allbekannten Stelle verlegen mußten, im Laufe der Zeit sich ausgeglichen haben würde. Das berührt aber nicht unmittelbar den Grundstückswert und steht nicht im Einklang mit der Annahme des Berufungsrichters, daß durch den hier fraglichen „stadtbekannten" Umstand dem G r u n d s t ü c k e selbst eine charakteristische Eigenschaft verliehen wurde. Betrachtet man jenen Umstand als eine die Benutzungsfähigkeit des Grundstückes, wenn auch nur in einer bestimmten Richtung, steigernde Eigenschaft des Grundstückes, so würde davon in erster Linie der objektive Wert (Verkehrswert) des Grundstückes beeinflußt sein.

Es mag aber bezweifelt werden, ob der Umstand, daß ein Grundstück durch lange Jahre in gleicher Weise benutzt worden ist, als eine demselben anhaftende Eigenschaft angesehen werden kann, und andererseits würde, wenn man das annehmen wollte, dem Interesse der Kläger nicht voll genügt sein, wenn ihnen nur der mit Rücksicht auf diese Eigenschaft bemessene objektive Wert, also derjenige Wert zugesprochen würde, den das Grundstück vermöge seiner besonderen Benutzungsfähigkeit zu einem Optikergeschäft für jeden Besitzer hatte, auch wenn dieser nicht selbst das Geschäft betrieb, und demgemäß „jene Eigenschaft" nur durch Vermietung des Lokales an einen Optiker für sich hätte nutzbar machen können.

Die Frage, inwieweit der langjährige Betrieb des Optikergeschäftes in dem enteigneten Grundstück bei Feststellung der Enteignungsentschädigung zu berücksichtigen sei, ist vielmehr vom Gesichtspunkte des sogenannten individuellen Wertes aus zu beurteilen, das heißt desjenigen Wertes, den das enteignete Grundstück für die Kläger hatte. Daß der nach § 8 des Enteignungsgesetzes zu erstattende volle Wert des abzutretenden Grundstückes den individuellen Wert mitumfaßt, hat der Berufungsrichter ausdrücklich angenommen, und es ist dem mit der aus § 10 Abs. 1 a. a. O. sich ergebenden Einschränkung beizutreten.

Allerdings ist behufs Ermittelung des vollen Wertes eines enteigneten Grundstückes, auf dessen Ersatz der Eigentümer nach § 8 des Enteignungsgesetzes Anspruch hat, zunächst der objektive, das heißt der dem Grundstück an und für sich beiwohnende, durch seine Benutzungsfähigkeit bedingte Wert (der gemeine Wert des § 112 A.L.R. I. 2), festzustellen, und es wird in diesem reichlich zu bemessenden Werte der Eigentümer in der Regel die ihm gebührende „vollständige Entschädigung" (§ 1 a. a. O.) finden. Trifft dies aber in einem gegebenen Falle nicht zu, so würde es eine Verletzung des in § 1 des Enteignungsgesetzes an die Spitze gestellten Prinzipes sein, wenn man dem Eigentümer den Ersatz der durch den gemeinen Wert des Grundstückes nicht gedeckten Nachteile versagen wollte, welche ihm aus der Entziehung seines Eigentumes erwachsen. Diesem Prinzipe wird vollständig nur Rechnung getragen, wenn der Eigentümer den Wert ersetzt erhält, welchen das enteignete Grundstück für ihn hatte. Daß dabei der sogenannte Affektionswert, der Wert der besonderen Vorliebe ausgeschlossen bleibt, liegt in der

Natur der Sache, weil derselbe jeder realen Grundlage entbehrt und nur in der Meinung des Eigentümers besteht (§ 115 a. a. O.). Dagegen nötigt das Prinzip der „vollständigen Entschädigung", bei Bemessung des „vollen Wertes" im Sinne des § 8 des Enteignungsgesetzes alle vermögensrechtlichen Vorteile zu berücksichtigen, die dem Eigentümer aus dem Besitze und der Benutzung des Grundstückes erwachsen und durch die Enteignung entzogen werden. Der Vermögensstand des Eigentümers soll nach der Enteignung kein schlechterer sein, als er vorher war. Dieser Satz bedingt mit Notwendigkeit, daß bei Ermittlung des vollen Wertes des enteigneten Grundstückes neben dem Werte, den dasselbe nach seiner Benutzbarkeit *für jeden Besitzer (Käufer)* haben würde, das besondere vermögensrechtliche Interesse zu berücksichtigen ist, welches der Besitz und die Benutzung desselben für den bisherigen Eigentümer hatte.

Diesen überwiegenden Gründen gegenüber läßt sich auch aus der Entstehungsgeschichte des § 8 des Enteignungsgesetzes eine Einschränkung der Erstattungspflicht auf den objektiven Wert des abzutretenden Grundstückes nicht herleiten.

Vgl. Eger, Gesetz über die Enteignung S. 105 flg.; Baehr und Langerhans, Gesetz über die Enteignung (1. Ausg.) S. 33; dagegen Loebell, Enteignungsgesetz S. 47 flg.; Dernburg, Preußisches Privatrecht 4. Aufl. Bd. 1 S. 73/74.

Auch die Analogie mit dem Kaufe und der Satz, daß die Entschädigung dem Preise zu gleichen habe, den der Eigentümer bei einem unter günstigen Verhältnissen geschlossenen freiwilligen Verkaufe hätte erzielen können, sprechen nicht gegen, sondern für die Berücksichtigung des subjektiven Interesses des Eigentümers. Denn der Kaufpreis bestimmt sich eben durch das beiderseitige Interesse des Käufers und des Verkäufers. Lassen diese sich nicht vereinigen, so kommt eben ein Kauf nicht zustande. Wenn der Verkäufer in einem vom Standpunkt des Käufers vielleicht ganz angemessenen, vielleicht sogar hohen Gebote sein vermögensrechtliches Interesse nicht gewahrt sieht, so wird er zu diesem Preise nicht verkaufen; in seinem Gegengebote aber wird er alle Vorteile, die ihm die Benutzung des Grundstückes gewährt, alle Nachteile, die ihm aus der Veräußerung desselben entstehen, mitveranschlagen.

Vgl. Loebell, a. a. O. S. 48.

Es darf also der Kaufpreis, der bei einem freiwilligen Verkaufe zu erzielen sein würde, nicht lediglich vom Standpunkte des Käufers, sondern muß wesentlich vom Standpunkte des Verkäufers beurteilt werden. Nicht sowohl darauf kommt es an, wieviel ein beliebiger Dritter für das Grundstück hätte geben können, sondern darauf, für wieviel es der Eigentümer, ohne in Vermögensverlust zu geraten, hätte verkaufen können. Nur ein Verkauf, in welchem sein vermögensrechtliches Interesse in jeder Hinsicht gewahrt wird, ist für den Eigentümer ein günstiger zu nennen.

Auf dem Prinzipe, daß dem Eigentümer in dem vollen Werte des enteigneten Grundstückes auch sein Interesse vergütet werden soll, beruht die Bestimmung des ersten Absatzes des § 10 a. a. O., wonach die bisherige Benutzungs a r t des Grundstückes bei der Abschätzung nur bis zu demjenigen Geldbetrage Berücksichtigung finden kann, welcher erforderlich ist, dem Eigentümer ein Ersatzgrundstück zu verschaffen. Diese Bestimmung erkennt das Prinzip selbst an, indem sie seine Anwendung einschränkt. Die Bestimmung hätte keinen Sinn, wenn nicht die Benutzungs a r t des Grundstückes als ein unter Umständen den Wert desselben e r h ö h e n d e s Moment anerkannt wäre. Darunter kann aber nur der Wert, den es für den bisherigen Eigentümer hatte, verstanden sein. Rein o b j e k t i v kann der Wert, der sich aus der bisherigen Benutzungs a r t ergibt, niemals höher sein, als der aus der Benutzungs f ä h i g k e i t abstrahierte Wert. Denn entweder ist die bisherige Benutzungsart die vorteilhafteste, dann entspricht sie eben zugleich der Benutzungs f ä h i g - k e i t, oder das Grundstück kann ausgiebiger und vorteilhafter benutzt werden als bisher, dann greift zugunsten des Eigentümers der h ö h e r e Wert Platz, der sich aus der Benutzungsfähigkeit ergibt. Wenn also im § 10 a. a. O. die bisherige Benutzungsart als ein den Wert erhöhendes Moment vorausgesetzt ist, so kann damit nur der Wert gemeint sein, welchen das Grundstück für den bisherigen Eigentümer hatte, wie sich auch daraus ergibt, daß diesem durch die Entschädigung die Mittel gewährt werden sollen, ein anderes Grundstück in derselben Weise und mit demselben Erfolge zu benutzen. Daß dabei besonders an ein von dem Eigentümer in dem Grundstücke betriebenes Gewerbe gedacht ist, ergibt sich aus der Entstehungsgeschichte des Paragraphen und seinem Verhältnisse zu § 8 der früheren Entwürfe.

Vgl. E g e r, a. a. O. S. 157 flg.

Daß der Ermittelung des Wertes, welchen ein Grundstück infolge des von ihm darin betriebenen Gewerbes für den Eigentümer hatte, nicht der ganze von demselben vermöge seiner Tätigkeit und Befähigung erzielte Geschäftsgewinn zu Grunde gelegt werden kann, ist selbstverständlich, weil ja diese persönlichen Faktoren von der Enteignung unberührt bleiben, wohl aber müssen dem Eigentümer die Vorteile voll vergütet werden, welche ihm das abzutretende G r u n d s t ü c k gerade in Hinsicht auf seinen Geschäftsbetrieb bietet. Als ein solcher Vorteil ist im vorliegenden Falle der Umstand geltend gemacht, daß in dem enteigneten Hause das Geschäft der Kläger seit einer langen Reihe von Jahren betrieben worden ist. Hatte infolgedessen das Grundstück für die Kläger einen höheren Wert, als für einen Dritten (der nicht gerade selbst das Geschäft der Kläger hätte fortsetzen wollen), so muß ihnen dieser höhere Wert vergütet werden. Für die Bemessung dieses höheren Wertes bietet nach § 10 Abs. 1 des Enteignungsgesetzes der Preis eines (gleichviel, ob durch Kauf oder mietsweise beschafften oder zu beschaffenden) Ersatzgrundstückes einerseits die Grenze, andererseits den nächstliegenden Maßstab. Sind die Kläger, um ihr stadtbekanntes Geschäft in einem anderen Lokale derselben Stadtgegend, in dem es so lange bestand, mit gleichem Erfolge fortzuführen, genötigt gewesen, einen höheren Mietszins aufzuwenden, als der objektive Mietswert der früheren Geschäftsräume betrug, so drückt dieser Mehraufwand zugleich den Mehrwert aus, den das enteignete Grundstück für die Kläger hatte, insofern der Fortbesitz desselben den Klägern die Fortführung ihres Geschäftes ohne den erhöhten Mehraufwand dauernd gewährleistete. Der sich hieraus ergebende individuelle Nutzungswert kann aber bei Berechnung des Kapitalwertes des Grundstückes nicht anders behandelt werden, als die Erträgnisse des Grundstückes überhaupt; eine Entschädigung der Vergütung von Vorteilen, die der Besitz des Grundstückes den Klägern dauernd gewährt hat und ferner gewährt haben würde, auf eine Minderzahl von Jahren widerspricht dem Rechtsbegriffe des vollen Wertes im Sinne des § 8 a. a. O., wie ihn der Berufungsrichter selbst aufgestellt hat...

Schon in dem Entschädigungsfeststellungsbeschlusse war den Klägern eine fernere besondere Entschädigung in Höhe von 3160 M für die infolge der Enteignung notwendig gewordenen Umzugs- und Einrichtungskosten zugebilligt worden. Der erste Richter beließ es hierbei, der Berufungsrichter aber hat diesen Posten den Klägern abgesprochen. Er begründet diese Entscheidung durch die Erwägung, daß „alle diejenigen Momente, welche der dinglichen Grundlage entbehren", außer Betracht zu lassen, daß insbesondere rein persönliche Nachteile und Schäden, die dem Eigentümer aus der Enteignung erwachsen sowie alle subjektiven Verhältnisse desselben nicht zu berücksichtigen seien. Der Berufungsrichter geht in der Anwendung dieser Sätze auf den vorliegenden Fall zu weit und verstößt gegen die oben entwickelten Grundsätze über den individuellen Wert. Die dem Expropriaten durch den Verlust seines Eigentumsbesitzes erwachsenden Nachteile haben ihr Korrelat in den Vorteilen, die ihm der Besitz gewährte, und diese Vorteile bilden in ihrer Gesamtheit den Wert, den das enteignete Grundstück für den Eigentümer hatte. Auch hier greift die Analogie mit dem Kaufvertrage Platz. So gewiß ein freiwilliger Verkäufer nicht außer dem stipulierten Kaufpreise noch besonders Ersatz der Umzugs- und ähnlicher Kosten fordern kann, so gewiß wird er bei Stipulierung des Kaufpreises darauf Bedacht nehmen, daß er durch denselben auch Ersatz für die infolge des Verkaufes von ihm zu machenden Aufwendungen erhält. So ist es auch bei der Enteignung. In der Regel wird der Eigentümer durch den reichlich bemessenen Wert des Grundstückes auch für den aus der Abtretung seines Eigentumes für ihn notwendig erwachsenden Aufwand entschädigt sein. Der Richter wird sich aber der Prüfung, ob dies der Fall ist, dann nicht entziehen dürfen, wenn der Eigentümer diesen Aufwand als einen ihm durch die Enteignung verursachten Schaden besonders liquidiert, um so mehr, wenn ihm, wie im vorliegenden Falle, die Enteignungsbehörde eine besondere Entschädigung zugesprochen hat. Dieser Prüfung hat sich der Berufungsrichter nicht unterzogen. Die prinzipielle Aberkennung der für diese Aufwendungen geforderten Entschädigung verletzt den obersten Grundsatz des Enteignungsrechtes, daß das Grundeigentum nur gegen vollständige Entschädigung entzogen werden darf (§ 1 des Enteignungsgesetzes), und steht auch mit § 10 Abs. 1 a. a. O. nicht im Einklange. Der tatsächlich für die Beschaffung eines Ersatzgrundstückes gemachte Aufwand kann nur dann nicht zur Grundlage für die Bemessung des individuellen Grundstückswertes dienen, wenn er, wie in dem Falle der von dem Berufungsrichter in Bezug genommenen Entscheidung des Reichsgerichtes (Rep. V. 102/88) das Maß des Erforderlichen übersteigt.

**RGZ. 39, 273**

**Übernahme des ganzen Gebäudes im Falle einer demselben im Enteignungswege auferlegten Beschränkung in Anwendung der §§ 12, 9 Abs. 3 des Enteignungsgesetzes.**

V. Zivilsenat. Urt. v. 3. April 1897 i. S. Z. (Kl.) w. preuß. Eisenbahnfiskus (Bekl.). Rep. V. 21/97.

I. Landgericht I Berlin. II. Kammergericht daselbst.

Bei der im Jahre 1891 vorgenommenen Verlegung der Eisenbahnstrecke von Berlin nach Pankow wurde der Eisenbahndamm um einige Meter erhöht und eine Unterführung der Garten- und der Liesenstraße in Berlin vorgenommen, die deshalb an ihrer Kreuzung — über welche die Bahn auf einer Brücke führte — gesenkt werden mußten. Auf Antrag des verklagten Eisenbahnfiskus ist gegen die dadurch betroffenen Grundstücke, zu denen auch das Haus des Klägers, Gartenstraße 79, gehörte, das Enteignungsverfahren eingeleitet und durch Enteignungsbeschluß eine entsprechende dauernde Beschränkung des Eigentums ausgesprochen worden, die für das Haus des Klägers darin bestand, daß er die Senkung der Straße mit Bürgersteig vor seinem Hause abschüssig von 1,44 bis 1,78 Meter dulden sollte. Das Haus bestand aus einem Kellergeschoß, 4 Läden zu ebener Erde und 4 Stöcken mit je 4 Wohnungen. Die Senkung hatte zur Folge, daß das Haus seine Zugänglichkeit von der Straße zunächst verlor, daß insbesondere die Läden fast 2 Meter über der Straße zu liegen kamen, dementsprechend auch die Wohnungen, und daß die in den Bürgersteig vorspringenden Kellerbrüstungen (Lichtschächte vor den Kellerfenstern) wegfielen.

Im Enteignungsverfahren ist der Antrag des Klägers auf Übernahme des Hauses durch den Eisenbahnfiskus abgewiesen und dem Kläger eine Entschädigung von 31 993,50 M zugesprochen worden, nämlich 10 756,25 M als Kosten des erforderlichen Umbaues, 2157,25 M für Mietausfälle während des Umbaues und 19 080 M als demnächstiger Minderwert des Hauses. Es ist hierbei vom Polizeipräsidium (der Enteignungsbehörde) ein Umbauprojekt zugrunde gelegt worden, das eine Senkung des bisherigen Erdgeschosses mit den Läden und dem Hofraum auf die bisherige Kellersohle vorsieht, so daß die Keller in Wegfall kommen würden. Der Kläger hat gegen diese Entscheidung den Rechtsweg beschritten und zunächst wieder die Abnahme des Hauses, und zwar gegen eine Entschädigung von 200 000 M — wenn nicht der Beklagte eine Abfindung von weiteren 50 000 M vorziehe —, eventuell eine Erhöhung der Entschädigungssumme um 50 000 M beantragt.

In erster Instanz wurde der Beklagte verurteilt, das Haus gegen eine Entschädigung von 169 680 M zu übernehmen. Beide Parteien legten Berufung ein. Im Laufe der Berufungsinstanz ist das Haus subhastiert worden, und zwar auf Antrag der Polizeibehörde gemäß § 40 ALR. I. 8, weil der Kläger sich weigerte, den im Interesse der öffentlichen Sicherheit notwendig gewordenen Umbau des Hauses vorzunehmen. Der Ersteher St. hat dann das Haus nach seinen eigenen Plänen umgebaut. Mit Rücksicht auf die veränderte Sachlage hielt der Kläger in der Berufungsinstanz seinen Antrag auf Abnahme des Hauses gegen 200 000 M nur als eventuellen aufrecht und beantragte in erster Linie, ihm eine Entschädigung von ferneren 50 000 M zuzusprechen. Diesen Hauptantrag begründete er in doppelter Weise, nämlich außer der Behauptung, daß die Wertverminderung des Hauses um 50 000 M höher als im Enteignungsverfahren geschehen zu veranschlagen sei, mit der Ausführung: daß die Subhastation durch den Abnahmeverzug des Beklagten verschuldet worden sei, und dieser daher nach wie vor den Wert des ganzen Hauses zahlen müsse, der, unter Anrechnung des Subhastationserlöses und der im Enteignungsverfahren festgesetzten Summe, noch 49 921,50 M betrage Der Beklagte beantragte dagegen die gänzliche Abweisung der Klage. Er bestritt nach wie vor, zur Abnahme des Hauses verpflichtet zu sein, folglich auch, daß er sich damit im Verzuge befunden habe, behauptete vielmehr, daß der Kläger auf die Abnahme des Hauses verzichtet und die Subhastation selbst verschuldet habe, was wieder vom Kläger bestritten wurde.

Der Berufungsrichter hat das erste Urteil dahin abgeändert, daß der Beklagte dem Kläger außer den im Enteignungsverfahren festgesetzten 31 993,50 M noch fernere 22 114,50 M zahlen und $^1/_7$ der Kosten tragen solle, während $^6/_7$ der Kosten dem Kläger zur Last fallen.

Auf die Revision des Klägers ist dieses Urteil aufgehoben und die Sache in die Berufungsinstanz zurückverwiesen worden.

Aus den Gründen:

Der Berufungsrichter hat, abweichend vom ersten Richter, den Anspruch des Klägers auf Abnahme des Hauses abgewiesen und dem Kläger nur eine Entschädigungssumme zugesprochen, die aber nicht die Hälfte von der Summe beträgt, die der Kläger verlangt. Es handelt sich auch jetzt zunächst um die Frage, ob der Kläger die Abnahme des Hauses verlangen konnte, weil er auch seinen in erster Linie gestellten Antrag auf Zahlung einer Entschädigungssumme in der im Tatbestand angegebenen Weise mit auf die Ausführung gestützt hat, daß der Beklagte durch seinen Abnahmeverzug die Subhastation des Hauses verschuldet habe und daher dem Kläger ersetzen müsse, was dieser bei rechtzeitiger Abnahme gehabt haben würde. Der Berufungsrichter, der den Anspruch auf Abnahme des Hauses überhaupt für unbegründet erachtete, konnte von diesem Standpunkt aus — wie geschehen — sowohl den behaupteten Abnahmeverzug des Beklagten als auch die umgekehrte Behauptung des Beklagten, daß Kläger selbst die Subhastation verschuldet habe, und die weitere Behauptung des Beklagten, daß der Kläger in näher angegebener Weise auf die Abnahme des Hauses verzichtet habe, unerörtert lassen. Die nötigen tatsächlichen Feststellungen und die Entscheidung hierüber sind jetzt vom Berufungsrichter nachzuholen, da seine verneinende Entscheidung über die Abnahmeverpflichtung des Beklagten nicht gebilligt werden kann und die Sache schon aus diesem Grunde in die Berufungsinstanz zurückverwiesen werden mußte.

Der Berufungsrichter hat seine Entscheidung über den erhobenen Anspruch auf Abnahme des Hauses in folgender Weise begründet. Er führt zunächst aus, daß die gegen das Hausgrundstück des Klägers in Anwendung gebrachte Enteignung nicht einen körperlichen Teil des Grundstückes betroffen, sondern diesem nur eine dauernde Beschränkung auferlegt habe, nämlich die Beschränkung, daß Kläger sich, entgegen der Bestimmung in § 187 ALR. I. 8, die Erniedrigung des Grundes und Bodens (der Straße) innerhalb der in § 187 festgesetzten Entfernung von 3 Fuß von seinem Grundstück gefallen lassen müsse. Daraus wird dann gefolgert, daß der § 9 des Enteignungsgesetzes, der sich nur auf die Enteignung körperlicher Teile eines Grundstücks bezieht und die Bedingungen festsetzt, unter denen ausnahmsweise die Übernahme des ganzen Grundstückes verlangt werden kann, auf den vorliegenden Fall *keine unmittelbare* Anwendung finde. Es wird aber auch die Möglichkeit einer *entsprechenden* Anwendung des § 9 verneint, obwohl der § 12 vorschreibt, daß die Entschädigung für Beschränkungen eines Grundstückes nach denselben Grundsätzen wie für die Entziehung des Grundeigentumes bestimmt werden soll. Der Berufungsrichter nimmt nämlich an, daß die dem Grundstück des Klägers auferlegte Beschränkung nicht direkt zu einer im § 9 vorausgesetzten Zerstückelung des Grundstückes oder des Gebäudes geführt habe, sondern daß die Notwendigkeit eines Umbaues des Hauses unmittelbare Folge einer im öffentlichen Interesse getroffenen polizeilichen Anordnung gewesen, nicht vom Beklagten im Enteignungswege in Anspruch genommen sei, also sich nur als eine mittelbare Folge der Enteignung darstelle und als solche nur einen Entschädigungsanspruch, nicht einen Anspruch auf Übernahme des ganzen Gebäudes begründe. Gebäudeteile seien aber auch nicht einmal in mittelbarer Folge der Straßensenkung angegriffen worden; denn die Behauptung des Klägers, daß bei dem erforderlich gewordenen Umbau die Plinthen (Fußgesims) des Hauses in Wegfall kommen müßten, sei tatsächlich unrichtig, und die allerdings in Wegfall kommenden Kellerbrüstungen könnten nicht als Substanzteile des Hauses angesehen werden.

Es läßt sich nun freilich nicht verkennen, daß es Ausnahmefälle sind, in denen das Enteignungsgesetz (§§ 9 und 12) dem Grundstücksbesitzer das Recht einräumt, die Übernahme auch der von der Enteignung nicht betroffenen Grundstücksteile vom Unternehmer der Enteignung verlangen zu dürfen, und daß aus diesem Grunde die hierauf bezüglichen Bestimmungen streng ausgelegt werden müssen. Aber der Berufungsrichter irrt, wenn er den Übernahmeanspruch im Falle einer auferlegten Eigentumsbesckränkung an die Voraussetzung gebunden glaubt, daß die dadurch angeblich eintretende geringere Nutzbarkeit des Grundstückes den *unmittelbaren*, und überhaupt den *Gegenstand* der Enteignung gebildet haben müsse. Er irrt weiter auch darin, daß er die Notwendigkeit eines Umbaues des klägerischen Hauses nicht als unmittelbare Folge der dem Hause im Wege der Enteignung auferlegten Beschränkung, sondern als unmittelbare Folge der polizeilichen Anordnung des Umbaues ansieht. Auch in dem in § 9 Abs. 1 behandelten Fall der körperlichen Teilenteignung und dadurch herbeigeführten Unverwendbarkeit des

Restes zu seiner bisherigen Bestimmung, für welchen Fall dort ein Anspruch auf Übernahme des ganzen Grundstückes gegeben wird, ist Gegenstand der Enteignung nicht die Verminderung der Nutzbarkeit des Restgrundstückes, sondern der abgetretene Grundstücksteil, gerade so wie im vorliegenden Falle die dem Grundstück des Klägers auferlegte Beschränkung. Die verminderte Nutzbarkeit des nicht enteigneten Restes, an welchen der § 9 Abs. 1 den Übernahmeanspruch anknüpft, ist auch dort lediglich eine Folge der Enteignung, gerade so wie im vorliegenden Falle die Notwendigkeit eines Umbaues des klägerischen Hauses eine Folge der im Wege der Enteignung auferlegten Beschränkung des Hausgrundstückes gewesen ist. *Diese Beschränkung* hatte zur unmittelbaren Folge, daß das Haus seine Zugänglichkeit zur Straße, ja sogar seine Haltbarkeit verlor und umgebaut werden mußte, wenn es wieder bewohnbar gemacht und vor dem Einsturz bewahrt werden sollte. Daß wegen der Einsturzgefahr sich schließlich auch die Polizei ins Mittel legte, ist für die Frage nach der Ursache der Umbaunotwendigkeit ein unerheblicher Umstand.

Die Gründe, aus denen der Berufungsrichter dahin gelangt ist, eine entsprechende Anwendbarkeit der Bestimmungen des § 9 des Enteignungsgesetzes auf den vorliegenden Fall zu verneinen, sind demnach unrichtig.

Darin war dem Berufungsrichter beizutreten, daß eine direkte Anwendung des § 9 ausgeschlossen ist. Es ist dies hervorzuheben gegenüber der Ausführung der Revision, daß die Beseitigung der Plinthen und der Kellerbrüstungen, da ohne sie eine Senkung der Straße nicht möglich gewesen sei, eine teilweise Inanspruchnahme des Gebäudes selbst darstelle und deshalb nach § 9 Abs. 3 ohne weiteres den Anspruch auf Abnahme des ganzen Hauses begründe. Dies ist bezüglich der Plinthen schon aus dem Grunde unrichtig, weil nach Feststellung des Berufungsrichters die Plinthen — mögen sie auch von dem jetzigen Eigentümer bei Vornahme des Umbaues tatsächlich beseitigt worden sein — trotz der Straßensenkung hätten bestehen bleiben können. Und was die Kellerbrüstungen anbelangt, denen der Berufungsrichter die Eigenschaft als Substanz des Hauses abgesprochen hat, so mag es dahingestellt bleiben, ob diese, auf die Bestimmung der Kellerbrüstungen gestützte, Annahme des Berufungsrichters mangels einer Feststellung über die Art der baulichen Verbindung mit dem Hause in tatsächlicher Beziehung genügend begründet worden sei, da in der Beseitigung der Kellerbrüstungen keinesfalls eine teilweise Inanspruchnahme des Gebäudes im Sinne des § 9 Abs. 3 gefunden werden kann. Es kann verständigerweise nicht jede durch eine Enteignung herbeigeführte Beschädigung eines beliebigen bisherigen Bestandteiles eines Gebäudes als eine teilweise Inanspruchnahme des Gebäudes im Sinne des § 9 Abs. 3, mit der die sonstigen Rechtsregeln durchbrechenden Wirkung einer Verpflichtung des Unternehmers zur Übernahme des ganzen Gebäudes, angesehen werden. Von einer Inanspruchnahme des Gebäudes, auch einer nur teilweisen, kann vielmehr höchstens dann gesprochen werden, wenn die bisherige Benutzung des Gebäudes beeinträchtigt wird. Dabei kann dahingestellt bleiben, ob jede Beeinträchtigung der Benutzung hierzu ausreiche, da im vorliegenden Falle durch die Beseitigung der Kellerbrüstungen gar keine Beeinträchtigung in der Benutzung des Hauses eingetreten ist. Die Kellerbrüstungen, die Ummauerung der Lichtschächte vor den Kellerfenstern, hatten ihren Zweck verloren und waren vielmehr nur hinderlich, seitdem durch Senkung der Straße die Lichtschächte selbst überflüssig geworden waren. Eher ließe sich die Frage aufwerfen, ob nicht die Beseitigung der bisherigen Keller im Hause des Klägers eine teilweise Inanspruchnahme des Gebäudes selbst im Sinne des § 9 Abs. 3 enthalte; aber auch diese Frage wäre zu verneinen, weil der § 9 Abs. 3, insoweit es sich um dessen direkte Anwendung handelt, einen Eingriff in die körperliche Unversehrtheit des Gebäudes voraussetzt, und ein solcher Eingriff nicht vorliegt, wenn die früheren Kelleräume bestehenbleiben und nur nicht mehr als Keller benutzt werden können.

Wenn nun auch dem Vorstehenden nach eine körperliche Teilenteignung, an die sich die Wirkung des § 9 anknüpfen ließe, nicht vorliegt, so ist gleichwohl der erhobene Anspruch auf Abnahme des Gebäudes auf Grund des § 12 als berechtigt anzuerkennen. Darnach ist die Entschädigung für Beschränkungen des Grundeigentumes nach denselben Grundsätzen wie für die Entziehung des Grundeigentumes zu bestimmen. Zu diesen Grundsätzen gehört auch der, daß unter gewissen (den in § 9 festgesetzten) Voraussetzungen eine Übernahme auch der nicht enteigneten Teile verlangt werden kann; es unterliegt daher die sinngemäße Anwendbarkeit der Bestimmungen des § 9 auf Fälle des § 12 keinem Zweifel.

Vgl. Loebell, Enteignungsgesetz zu § 12 Anm. 2; Eger, Enteignungsgesetz zu § 12 Anm. 98, Bd. 1 S. 362, zu § 9 Anm. 75 S. 245 flg.

Auch die sinngemäße Anwendbarkeit des Abs. 3 des § 9 auf diese Fälle kann keinem begründeten Bedenken unterliegen, also der Bestimmung, daß bei Gebäuden, welche teilweise in Anspruch genommen werden, die Übernahmeverpflichtung jedenfalls das ganze Gebäude umfasse, wobei es dann auf die im Abs. 1 des § 9 verlangte Voraussetzung: daß das Restgrundstück nach seiner bisherigen Bestimmung nicht mehr zweckmäßig benutzt werden könne, nicht erst ankommt.

Vgl. Eger, a. a. O. Anm. 75 S. 245.

Es würde allerdings zu weit gehen — wie anscheinend die Revision will —, wenn man unterschiedslos in allen Fällen, wo einem Gebäude im Enteignungswege eine Beschränkung auferlegt wird, die Verpflichtung des Unternehmers zur Übernahme des ganzen Gebäudes eintreten lassen wollte, von dem Gedanken aus, daß die Beschränkung allemal eine Teilenteignung darstelle und deshalb, wenn sie ein Gebäude betreffe, unter die Bestimmung des § 9 Abs. 3 falle. Der durch diese Bestimmung verfolgte unbedingte Schutz der Gebäude findet, wie Loebell in Anm. 7 zu § 9 zutreffend sagt, seinen rechtlichen Grund in der Unteilbarkeit der Gebäude; es erscheint darum sowohl bei der sinngemäßen wie bei der direkten Anwendung dieser Bestimmung eine Auslegung derselben geboten, die dieser erkennbaren Absicht des Gesetzgebers gerecht wird. Es ist deshalb zu fragen, ob die Beschränkung des Gebäudes dessen einheitlichen Charakter zerstöre oder doch, wie es oben ausgedrückt wurde, die fernere Benutzbarkeit des Gebäudes beeinträchtige. Daß das aber bei dem Hause des Klägers der Fall gewesen ist, und zwar in sehr erheblichem Maße, kann keinem Zweifel unterliegen. Es mag dahingestellt bleiben, ob schon die höhere Lage der Wohnräume des Hauses gegen früher hierher gerechnet werden dürfe; eine unbestreitbare Verringerung der Benutzbarkeit des Hauses ist jedenfalls dadurch eingetreten, daß es durch die Senkung der Straße seine Keller verloren hat und in weiterer Folge davon keinesfalls so gut wie früher zur Wiedereinrichtung von Läden geeignet ist. Es kommt hinzu, daß das Haus bei der beträchtlichen Tieferlegung der Straße um 1,44 bis 1,78 Meter seine Zugänglichkeit zur Straße völlig einbüßte und diese sowie die Möglichkeit einer zweckmäßigen Weiterbenutzung erst durch einen Umbau wiedergewinnen konnte, der im Enteignungsverfahren auf einen Kostenaufwand von 10 756,25 M eigentlicher Baukosten und von 2157,25 M während des Baues entgehender Mieten geschätzt worden ist, und auch dann noch den Wert des Hauses um 19 080 M gegen früher zurückbleiben ließ. Aber auch damit nicht genug: das Haus war nach der eigenen Darstellung des Beklagten durch die Senkung der Straße in die Gefahr gekommen, einzustürzen, so daß das Zwangsmittel der Subhastation aus § 40 ALR. I. 8 von der Polizei hat in Anwendung gesetzt werden müssen. Es braucht hier nicht untersucht zu werden, ob der an sich richtige Satz, daß die Enteignung den davon betroffenen Grundeigentümer nur zum Dulden der Enteignung, nicht zu einem Tun verpflichte,

vgl. dazu z. B. Loebell, a. a. O. S. 58 in Abs. 3 der Anm. 10 zum § 8, den Eigentümer von jeder, auch der geringfügigsten, Mitwirkung entbinde, wenn eine seinem Gebäude auferlegte Beschränkung irgendwelche Schwierigkeiten für die fernere Benutzung des Gebäudes herbeiführt, die beseitigt werden können. Im vorliegenden Fall handelt es sich um einen Umbau, der so erhebliche Kosten erforderte und ein so bedeutendes Risiko auferlegte, daß, ganz abgesehen von der Vermögenslage des im Armenrecht prozessierenden Klägers, dessen tatsächliche Ausführbarkeit in jedem Falle zweifelhaft erscheinen mußte. Auf derartige Aufwendungen zur Beseitigung eines ihm aufgezwungenen Zustandes braucht sich im Falle des § 9 Abs. 3 des Enteignungsgesetzes kein Eigentümer einzulassen, selbst wenn seine Vermögenslage es ihm gestatten würde.

Da aus diesen Gründen der Anspruch des Klägers auf Abnahme des Hauses an sich als gerechtfertigt erscheint, bedurfte es nicht erst einer Erörterung der Frage, ob nicht auch eine sinngemäße Anwendung der Bestimmung in Abs. 1 des § 9 zu demselben Ergebnis führen müßte....

**RGZ. 62, 268**

**Muß bei der Teilenteignung von Bauland ein für das Restgrundstück von der zuständigen Behörde in gewissem Umfange erteilter Dispens von der baupolizeilichen Bestimmung, daß nur ein bestimmter Teil von jedem Grundstück bebaut werden darf, berücksichtigt werden? Wie ist bei der Teilenteignung von Bauland die Enteignungsentschädigung zu bestimmen?**

VII. Zivilsenat. Urteil v. 9. Januar 1906 i. S. Stadtgemeinde Sch. (Kl.) w. R. (Bekl.). Rep. VII. 77/05.

I. Landgericht II Berlin. II. Kammergericht daselbst.

Zur Verbreiterung der Friedenauer Straße in Sch. waren nach dem Bebauungsplan vom 31. Januar 1899 von zwei dem Beklagten gehörigen, an dieser Straße belegenen Grundstücken zwei Teilflächen erforderlich. Im Jahre 1900 wurde auf Antrag der Klägerin das Enteignungsverfahren bezüglich dieser Grundstücke eingeleitet. Der in diesem Verfahren vernommene Sachverständige schätzte die beiden Flächen auf doppelte Weise. Im Jahre 1835 war eine Verordnung der Regierung zu P. ergangen, wonach Gebäude auf den die damalige Chaussee von B. nach P. begrenzenden Grundstücken 3 m vom äußeren Grabenrande entfernt bleiben mußten. Die Friedenauer Straße in Sch. bildete früher einen Teil der Chaussee. Der Sachverständige legte nun seiner ersten Berechnung die Annahme zugrunde, a) daß die durch diese Regierungsverordnung betroffenen Streifen der klägerischen Grundstücke als Vorgartenland, b) der Rest der zu enteignenden Flächen aber als Bauland zu bewerten seien. Bei der zweiten Berechnung ging er von der Voraussetzung aus, daß das Grundstück erst durch die jetzige Anlage die Eigenschaft als Bauland erlangt habe. Er schätzte für diesen Fall einen Teil als Straßenland und den anderen als früheres Vorgartenland ein. Der Bezirksausschuß hielt die erste Berechnung des Sachverständigen für die zutreffende und sprach dem Beklagten den hieraus sich ergebenden Betrag zu. Die Stadtgemeinde Sch. war dagegen der Meinung, daß die zweite Berechnung des Sachverständigen die richtigere sei, und beantragte im Rechtswege die Entschädigung dementsprechend festzusetzen. Sie machte hierbei auch einen bei dem Bezirksausschuß in P. unter dem 2. Dezember 1897 für die klägerischen Grundstücke erwirkten Dispens von der Baupolizeiverordnung vom 5. Dezember 1892 geltend, nach dessen Inhalt bei der Berechnung der bebauungsfähigen Fläche dieser Grundstücke das abzutretende bisherige Vorgartenland in Anrechnung gebracht werden durfte. Die beiden vorderen Instanzen teilten den Standpunkt des Bezirksausschusses und wiesen die Klage ab.

Das Reichsgericht hat die Berufungsentscheidung aufgehoben aus folgenden

Gründen:

Der Streit der Parteien beschränkt sich in der gegenwärtigen Instanz auf die Frage, ob und welche Wirkung dem vom Bezirksausschuß in bezug auf die klägerischen Grundstücke erteilten Dispense von der Bestimmung des § 3 der Baupolizeiverordnung vom 5. Dezember 1892, wonach (abgesehen von Eckgrundstücken) höchstens $^{5}/_{10}$ der Gesamtfläche bebaut werden dürfen, beizumessen ist. Der Berufungsrichter hat diesem Dispense jede Beachtung versagt. Hiergegen wendet sich die Revision. Wenn nun auch ihrem Angriffe nicht in allen Einzelheiten der Begründung beigetreten werden kann, so muß er doch im Endergebnis Erfolg haben. Der negative Standpunkt des Berufungsrichters kann nicht geteilt werden.

Zunächst kann es keinem ernstlichen Zweifel begegnen, daß die Klägerin berechtigt ist, sich auf diesen Dispens zu berufen. Die Bebauung der Grundstücke ist nach Umfang und Art den Vorschriften der Baupolizeiordnungen unterworfen. Wird zulässigerweise eine Ausnahme von den baupolizeilichen Regelvorschriften durch die zuständige Behörde gestattet, so handelt es sich hierbei um eine objektive Tatsache, auf die sich jeder, der ein berechtigtes Interesse hieran wegen ihrer Wirkungen hat, beziehen kann. Die Sache ist also nicht so zu beurteilen, daß hierbei nur ein solches subjektives Verhältnis des Grundstückseigentümers zur Baupolizeibehörde in Frage stünde, das allein die Person des Eigentümers anginge, und auf das sich, weil es nur höchst persönliche Rechte begründe, Dritte nicht berufen dürften.

Die Frage nun, wie in Fällen der vorliegenden Art die Entschädigung des Eigentümers richtig zu ermitteln ist, stellt ein Problem dar, dessen Lösung erhebliche Schwierigkeiten bereitet. Folgt man der Ansicht des Berufungsrichters, so gelangt man zu einem nicht annehmbaren Ergebnis. Gesetzt, eine Baustelle sei 1000 qm groß. Hiervon sind nach der hier maßgebenden Baupolizeiordnung 500 qm bebaubar. Werden von den 1000 qm 200 qm an der Front enteignet, so ist von der Restfläche von 800 qm gemäß der baupolizeilichen Regelvorschrift nur die Hälfte von 400 qm bebauungsfähig. Wird aber *von dieser Regelvorschrift Dispens dahin erteilt*, daß die enteignete Fläche bei der Bebauung mit in Anschlag gebracht werden darf, so heißt dies nichts anderes, als daß auch auf dem verkleinerten Grundstück von 800 qm ein Haus nicht von 400 qm, sondern von 500 qm Umfang errichtet werden darf. Die Wirkung der Enteignung ist bei solcher Dispenserteilung also lediglich die, daß das in seinem Umfange nach wie vor der Enteignung sich gleichbleibende Haus von der bisherigen Frontlinie um die Tiefe der enteigneten Fläche in das Restgrundstück zurückgeschoben ist, daß die Veränderung also nur in der Verkleinerung des hinter dem Hause gelegenen Hofes besteht bzw. in dem Verlust eines sonst etwa vor dem Hause möglich gewesenen Vorgartens. Vergütet man nun, wie der Berufungsrichter es tut, die enteigneten 200 qm dem Eigentümer als Bauland, d. h. als Land, das mit Baulichkeiten hätte besetzt werden können, so erhöht man dadurch im schließlichen Erfolge über das baupolizeilich vorgeschriebene Maß hinaus die Fläche, die der Eigentümer vor der Enteignung hätte bebauen können. Denn nur ein Haus von 500 qm, wie er es nach der Enteignung auch noch errichten kann, durfte er vor der Enteignung errichten, nicht ein größeres. Gewährt man ihm aber, trotzdem das Haus dieses Maß behalten hat, doch noch Entschädigung für 200 qm Bauland, so läuft dies darauf hinaus, daß er so abgefunden wird, als hätte er vor der Enteignung 700 qm bebauen können. Daß dies Ergebnis nicht richtig sein kann, liegt auf der Hand. Auf der anderen Seite kann es auch nicht zutreffend sein, wenn man, wie die Klägerin, das zu enteignende Land lediglich als Vorgartenland (bzw. als Hof- oder Hinterland) bewerten wollte. Es würde dann der Umstand keine Berücksichtigung finden, daß die Existenz eines Vorgartens bzw. die Existenz eines größeren oder kleineren Hofes auf den Wert des Hauses einwirkt, auch wenn dieses vor und nach der Enteignung gleich groß bleibt. Ferner kann die Tatsache, daß nach der in der Revisionsinstanz weder angegriffenen noch mit Grund angreifbaren Annahme des Berufungsrichters gerade die in Frage stehenden 389 qm bei Nr. 638 und

480,34 qm bei Nr. 654 wirkliches Bauland waren, also hätten bebaut werden können, nicht schlechthin ignoriert werden. Diese und andere einander zum Teil entgegenlaufenden Erwägungen erweisen die Notwendigkeit, ein leitendes einheitliches Prinzip zu finden, welches unter gebührender Berücksichtigung aller in Betracht kommenden Faktoren zu einem angemessenen Ergebnis führt. Als solches kann in manchen Fällen, namentlich wenn es sich um geschlossene Baustellen und abzutrennende Flächen von nur geringem Umfange handelt, die durchschnittliche Wertberechnung nach dem Quadratmeter gelten. Dabei ist auf folgendes hinzuweisen. Heutzutage ist in allen Baupolizeiverordnungen Bestimmung darüber getroffen, daß ein nach einem Verhältnis bestimmter Teil eines jeden Bauplatzes oder einer jeden Baustelle nicht bebaut werden darf. Dieser unbebaubare Teil bildet hiernach ein gesetzlich notwendiges Zubehörstück des bebaubaren Teiles; beide stehen in engster Wechselbeziehung zueinander. Mit der Größe des einen wächst auch die des anderen; mit der Verringerung des einen vermindert sich auch der andere. Es kann danach gerechtfertigt erscheinen, dieses das eigentliche Bauland und das Nichtbauland umfassende Baustellenland als ein einheitliches Ganzes aufzufassen und gemäß der wechselseitigen Werteinwirkung den Wertdurchschnitt des Quadratmeters zur Grundlage der Entschädigung zu wählen (vgl. z. B. Jurist. Wochenschr. 1900 S. 899 Nr. 15). Ob das zur vollen Entschädigung genügen würde, muß der einzelne Fall lehren. Es ist möglich, daß unter Umständen noch ein Zusatz für die durch die Verkleinerung des Grundstücks entstehenden Nachteile hinzutreten muß. In der Regel wird indes ein anderes Prinzip sicherer zum Ziele führen, nämlich dasjenige, wonach erstens der Wert des ganzen Grundstücks als Baugrundstück vor der Enteignung und alsdann der Wert des Restgrundstücks als Baugrundstück festgestellt wird; der Unterschied wird die dem Eigentümer gebührende Entschädigung ergeben. Hierbei ist aber einem Punkte Beachtung zu schenken, nämlich dem Zeitpunkt, nach welchem der Wert des Restgrundstücks als Baugrundstück zu schätzen ist. Es wird regelmäßig keine Unrichtigkeit zur Folge haben und der Einfachheit halber vorzuziehen sein, wenn der Wert, den das Restgrundstück als Baugrundstück nach der Enteignung hat, zugrunde gelegt wird. Allein denkbar ist es, daß unter Umständen diese Berechnung deshalb unrichtig sein kann, weil bei solcher Bewertung bereits der neuen Anlage, für welche die Enteignung erfolgt, ein werterhöhender Einfluß eingeräumt wird. Auf die Ausscheidung dieses Falles ist in den gegebenen Fällen Bedacht zu nehmen.

Ob das im vorstehenden an zweiter Stelle behandelte Prinzip sich schlechthin in allen Fällen als richtig bewährt, mag zwar Zweifeln unterworfen sein. Die Sachlage des gegenwärtigen Falles scheint aber nach dem bisher vorliegenden Material jedenfalls keine Bedenken gegen seine Anwendung zu wecken. Die Berufungsentscheidung, der in dem entscheidenden Punkte nicht beigestimmt werden konnte, mußte daher aufgehoben und die Sache in die Vorinstanz zurückverwiesen werden . . .

**RGZ. 67, 271**

**Wie ist bei Enteignung eines Vorgartens die Entschädigung zu bemessen?**

Preuß. Enteignungsgesetz vom 11. Juni 1874 § 8.

VII. Zivilsenat. Urt. v. 20. Dezember 1907 i. S. R. (Kl.) w. Stadtgemeinde Gr. (Bekl.). Rep. VII. 9/07.

I. Landgericht Glogau. II. Oberlandesgericht Breslau.

Der Kläger war Eigentümer des zu Gr. belegenen Hausgrundstückes Sch.straße 17/Große B.straße 21. Vor dem Hause befand sich nach der Sch.straße zu ein Vorgarten im Flächeninhalt von 84,65 qm. Dieser war zum Zwecke der Verbreiterung der Sch.straße, die auf Grund einer älteren Fluchtlinie erfolgen sollte, von der Beklagten im Wege der Enteignung in Anspruch genommen worden. Durch den Entschädigungsfeststellungsbeschluß des Bezirksausschusses war die dem Kläger zu gewährende Entschädigung auf 3124,87 M. festgesetzt worden. Davon entfielen u. a. auf die Grundentschädigung 634,87 M. (7,50 M. für das Quadratmeter) und auf Mietausfälle infolge der Beseitigung des Vorgartens 500 M. (20 M. jährlich mit 4 v. H. kapitalisiert). Beide Teile beschritten den Rechtsweg. Der Kläger beanspruchte die Erhöhung der Entschädigungssumme, während die Beklagte einen Abstrich begehrte. Die Instanzgerichte entsprachen dem Verlangen des Klägers nur zum Teil. Das Oberlandesgericht bewertete die oben bezeichneten Posten auf zusammen 2575 M. Der Kläger legte Revision ein, die indessen zurückgewiesen wurde.

Aus den Gründen:

„Bei der Berechnung der dem Kläger nach § 8 des Enteignungsgesetzes zu gewährenden Entschädigung legt der Berufungsrichter die bisherige Benutzungsart des enteigneten Teilstückes, nämlich seine Verwendung als Vorgarten für das auf dem Restgrundstück stehende Wohnhaus, zugrunde, indem er feststellt, daß die Berechnung nach dem Maßstabe der Benutzungsfähigkeit des Trennstückes als Teiles einer als Bauland anzusprechenden Gesamtfläche zu einem dem Kläger günstigeren Ergebnisse nicht führen würde. Diese Feststellung ist nicht zu beanstanden und wird auch von der Revision nicht beanstandet.

Es kann sich nur fragen, ob bei der vom Berufungsrichter angewendeten Methode alle in Betracht kommenden Umstände berücksichtigt sind. Die Revision leugnet dies; sie meint, daß dem Kläger für das enteignete Vorgartenland selbst eine Entschädigung überhaupt nicht zugesprochen worden sei oder daß es doch mindestens zweifelhaft erscheine, ob es der Fall sei. Der Angriff beruht indessen auf einer mißverständlichen Auffassung der Erwägungen des Berufungsrichters. Diese gehen nach ihrem Zusammenhange dahin, daß der dem Kläger infolge der Enteignung erwachsene Schade durch die Zubilligung der kapitalisierten Mietausfälle völlig ausgeglichen, daß damit insbesondere auch der Wert der Vorgartenfläche gedeckt sei. Es wird ausgeführt, daß dem Vorgarten außer seiner Bedeutung als mietzinssteigernden Faktors ein sonstiger Wert nicht innegewohnt habe und daß daher dem Kläger nur der Betrag zukomme, der dem Werte der Fläche des Vorgartens als eines der Erhöhung der Sicherheit und Annehmlichkeit der Wohnräume dienenden Geländes entspreche. Jenen Betrag bemißt der Berufungsrichter nach der Einbuße, die das Restgrundstück durch den Verlust des Vorgartens erleidet, und wenn er darüber hinaus nicht noch eine Summe für den Grund und Boden an sich bewilligt, so befindet er sich dabei auf dem Boden sowohl des Enteignungsgesetzes, wie des von ihm in Bezug genommenen Urteils des V. Zivilsenats vom 7. März 1894 (Gruchot Bd. 38 S. 1092). In dem Mietausfall kommt nach der Annahme des Berufungsrichters der Wert des Vorgartens zum ziffernmäßigen Ausdruck, nicht bloß der objektive Wert, sondern auch der Mehrwert, den der Vorgarten als solcher, vermöge seines Zusammenhanges mit dem Wohnhause, besitzt; es tritt aber ferner damit auch der Minderwert, der durch die Abtretung für das Restgrundstück entsteht, in die Erscheinung. Wird in dieser Weise der Wert des enteigneten Trennstückes nach dem Nutzen bemessen, den es durch seine Verwendbarkeit für das Ganze bietet, dessen Teil es war, so bleibt für eine weitere Vergütung kein Raum; der gefundene Betrag umfaßt den vollen Wert der Parzelle einschließlich des bezeichneten Mehr- und Minderwertes, und mehr kann nach § 8 des Enteignungsgesetzes der Enteignete nicht beanspruchen." ...

**RGZ. 129, 394**

**Muß der Enteignete eine Ersatzanlage statt der Geldentschädigung annehmen, wenn die Verwaltungsbehörde im Planfeststellungsbeschluß die Anlage irrig als eine solche im Sinne von § 14 des preuß. Enteignungsgesetzes angesehen und angeordnet hat?**

Preuß. Enteignungsgesetz v. 11. Juni 1874 §§ 7, 14.

VII. Zivilsenat. Urt. v. 8. Juli 1930 i. S. E. Genossenschaft (Bekl.) w. Reichsfreiherr zu F. (Kl.) VII 605/29.

I. Landgericht Essen. II. Oberlandesgericht Hamm.

Die Beklagte hat die Regulierung der alten Emscher betrieben, wobei es sich als notwendig erwies, den Fluß innerhalb des Gemeindebezirks H. in ein neues Bett abzuleiten. Dadurch wurden Flußanliegerrechte des Klägers beeinträchtigt, der bisher das Emscherwasser zur Speisung seines Schloßteichs und der Viehtränken benutzt hatte. Auf Antrag der Beklagten war ihr für das Unternehmen der Emscher-Regulierung das Enteignungsrecht verliehen worden, mit dem sie das Recht erwarb, das zur Ausführung ihrer Regulierungsanlagen erforderliche Grundeigentum im Wege der Enteignung zu erwerben oder dauernd zu beschränken. Die im Enteignungsverfahren vorgenommene Planfeststellung sah u. a. eine Anlage vor, die für die durch die Emscher-Regulierung bedingte Wasserentziehung Ersatz schaffen sollte. Das Wasser sollte mit einer Druckrohrleitung an diejenigen Stellen geschafft werden, wo man es bisher entnommen hatte, und auf diese Weise der frühere Zustand wieder hergestellt werden. Die Anlage sollte aber nur auf Verlangen des Klägers hergestellt werden, weil er sich inzwischen eine andere Wasserzuführung zum Schloßteich durch eine Wasserleitung verschafft hatte. Mit diesen Maßgaben sollte der Kläger die Trockenlegung des alten Emscherbettes dulden. Außerdem waren Eigentumsbeschränkungen im Plane vorgesehen, die mit der Aufführung einer Mauer am alten Emscherbett, der Ausfüllung von Grabenflächen, der Beschaffung von Viehtränken u. dgl. zusammenhingen. Im Entschädigungsverfahren setzte der Bezirksausschuß wegen der letztgenannten Beschränkungen eine Entschädigung von 3998,80 RM. für den Kläger fest, dagegen lehnte er eine Entschädigung für die Wasserentziehung ab, weil der Kläger durch die in der Planfeststellung vorgesehene Anlage einer Druckrohrleitung eine genügende Ersatzanlage erhalte, bei deren Ausführung und dauernder Unterhaltung durch die Beklagte ihm aus der Entziehung des Emscherwassers kein Schaden erwachse.

Der Kläger verlangt im Rechtsweg eine anderweite Festsetzung der Entschädigung, vor allem Schadloshaltung für die Entziehung des Wassers zum Betrage von mindestens 20 000 RM. Auf seinem Antrag, über den Grund dieses Anspruchs vorabzuentscheiden, erkannte das Landgericht durch Teil- und Zwischenurteil dahin, daß die Beklagte verpflichtet sei, den Kläger wegen der Entziehung des Emscherwassers für seinen Schloßteich zu entschädigen. Die Berufung der Beklagten wurde zurückgewiesen. Auch ihre Revision hatte keinen Erfolg.

Gründe:

Grundsätzlich sind zwar Zwischenurteile über den Grund des Anspruchs bei Klagen auf Erhöhung einer Enteignungsentschädigung nicht zulässig, weil die geforderte Erhöhung ihren Grund in der allgemeinen Entschädigungspflicht des Unternehmers aus Anlaß der Enteignung hat und diese Verpflichtung im Regelfall nicht streitig ist (RGZ. Bd. 77 S. 287). Hier aber handelt es sich ausnahmsweise um einen Streit über den Grund des Anspruchs, denn die Parteien streiten darüber, ob sich der Kläger wegen der Entziehung des alten Emscherwassers zur Speisung seines Schloßteichs mit einer Ersatzanlage zufrieden geben muß oder ob er Anspruch auf Geldentschädigung hat. Deshalb war das Grundurteil des Landgerichts zulässig. Die Revision hat insoweit auch keine Angriffe erhoben.

In der Sache selbst kann sich die Beklagte zur Begründung ihres Standpunktes nicht auf die Ergebnisse des zwischen den Parteien geführten Vorprozesses berufen, der durch ein Urteil des Reichsgerichts vom 16. Dezember 1914 rechtskräftig abgeschlossen wurde. Denn dort wurde nur über die Schadenersatzansprüche, die dem Kläger bis zur Enteignung seines Anliegerrechts an der alten Emscher durch die Ableitung des Flusses in das neue Bett erwachsen sind, entschieden, dagegen offen gelassen, wie er wegen der in Rede stehenden Wasserentziehung auf Grund der Enteignung zu entschädigen sei. Dieser Entschädigungsanspruch ist aber nur nach den Vorschriften des preuß. Enteignungsgesetzes vom 11. Juni 1874 zu beurteilen. Deshalb ist es für die Entscheidung des gegenwärtigen Rechtsstreits nicht von Bedeutung, daß im Vorprozeß die Schadensersatzpflicht der Beklagten nur soweit festgestellt worden ist, als der Schaden nicht durch das dem Kläger freigestellte Verlangen nach Herstellung der im Planfeststellungsbeschluß angeordneten Ersatzanlage gemindert werden konnte. Abgesehen von der zeitlichen Verschiedenheit beider Ansprüche ergibt sich auch schon daraus, daß es sich dort um einen Schadensersatzanspruch aus § 823 BGB. handelte, hier aber ein Enteignungsentschädigungsanspruch für die Duldung einer Eigentumsbeschränkung, der nicht die Natur des Schadensersatzes hat, in Frage steht, die Unmaßgeblichkeit der im Vorprozeß ergangenen Entscheidung für diesen Rechtsstreit.

Zwar läßt sich schon der Planfeststellungsbeschluß des Bezirksausschusses darüber aus, ob der Kläger sich die Herrichtung der Druckrohrleitung als Ersatz für die frühere Art der Wasserzuführung zu seinem Schloßteich gefallen lassen muß. Aber für die Entscheidung der Entschädigungsfrage, über die zu befinden nicht die Aufgabe der Planfeststellung war, kommen die in jenem Beschluß niedergelegten Auffassungen nur insofern in Betracht, als der Entschädigungsfeststellungsbechluß sie übernommen hat und auch seinerseits die Druckrohrleitung für eine geeignete und genügende Ersatzanlage erklärt. Denn die Verwaltungsbehörde gründet auch für die Entschädigungsfeststellung ihren Standpunkt darauf, daß der Kläger durch die Veränderung des bisherigen Zustandes keinen Schaden erleide und darum für die Wasserentziehung keine Entschädigung zu fordern habe.

Es kann auf sich beruhen, ob schon die bloße Bereitschaft der Beklagten zur Einrichtung der Anlage den Entschädigungsanspruch des Klägers ausschließen könnte. Denn mit Recht hält es das Berufungsgericht für verfehlt, daß im Verwaltungsverfahren überhaupt die Entschädigungspflicht der Beklagten mit Rücksicht auf die Druckrohrleitung abgelehnt worden ist. Einen Verlust hat der Kläger schon dadurch erlitten, daß ihm die Trockenlegung des alten Emscherbettes die Wasserzuführung vom Flusse nach seinem Schloßteich durch einen Graben genommen hat. Hierfür aber war er nach § 7 des preuß. Enteignungsgesetzes in Geld zu entschädigen. Die Errichtung einer Ersatzanlage brauchte er sich nicht aufdrängen zu lassen (RGZ. Bd. 71 S. 203, Bd. 86 S. 17). Zwar kann dieser Grundsatz dadurch eine tatsächliche Einschränkung erfahren, daß der Schaden durch Anlagen ausgeglichen wird, die der Unternehmer auf Grund des § 14 a. a. O. zu errichten verpflichtet ist, oder daß infolge solcher Anlagen überhaupt kein Schaden entsteht (JW. 1913 S. 220 Nr. 40). Aber um eine Anlage, die für das Grundstück des Klägers oder im öffentlichen Interesse zur Sicherung gegen Gefahren und Nachteile notwendig wäre, handelt es sich bei der streitigen Druckrohrleitung nicht. Sie ist vielmehr als Ersatzanlage für die bisherige Art der Wasserzuführung vorgesehen. Der Entschädigungsgrundsatz des § 7 des Enteignungsgesetzes würde hinfällig, wenn man in solchem Falle durch falsche Einreihung der Anlage unter § 14 das. den Geldentschädigungsanspruch des Enteigneten vernichten könnte. Darum ist es bei der Entschädigungsfeststellung für das Gericht ohne bindende Kraft, wenn die Verwaltungsbehörde bei der Planfeststellung die Druckrohrleitung als eine Anlage im Sinne des § 14 des Enteignungsgesetzes betrachtet und auf Grund dieser Auffassung der Beklagten aufgegeben hat, sie herzurichten, sobald es der Kläger verlangt.

Braucht sich aber hiernach der Kläger die Ersatzanlage nicht aufnötigen zu lassen, so kommt auch die Anwendung des § 254 BGB. zu seinem Nachteil nicht in Frage, sofern diese Vorschrift auf den Entschädigungsanspruch des Enteigneten überhaupt anwendbar sein sollte.

Wieweit bei der Bemessung der dem Kläger zustehenden Geldentschädigung die Möglichkeit einer zweckentsprechenden Zuleitungsanlage zu berücksichtigen sein wird, ist in diesem Abschnitt des Rechtsstreits nicht zu entscheiden. Die Frage gehört in das Betragsverfahren.

**RGZ. 131, 125**

**Wieweit sind bei der Bemessung einer Enteignungsentschädigung künftig zu erwartende Ereignisse zu berücksichtigen?**

Preuß. Enteignungsgesetz v. 11. Juni 1874 § 8.

VII. Zivilsenat. Urt. v. 6. Januar 1931 i. S. D.-D. Kleinbahn-GmbH. (Kl.) w. Ehel, B. (Bekl.). VII 172/30.

I. Landgericht Düsseldorf. II. Oberlandesgericht daselbst.

Durch Ministerialerlaß vom 9. April 1925 war der Klägerin für die Herstellung des Eisenbahnkörpers der von ihr zu betreibenden Kleinbahn das Enteignungsrecht verliehen worden. Im Planfeststellungsbeschluß vom 14. November 1925 stellte der Regierungspräsident zu D. die zu enteignenden Grundstücke fest. Den Beklagten wurde dabei unter Durchschneidung ihres Grundbesitzes eine Fläche von 842 qm entzogen, während ihnen außer dem Lande bei ihrem Gehöft noch ein Grundstücksrest von 4611 qm jenseits des Bahnkörpers verblieb. Am 15. November 1925 wurde die Klägerin in den Besitz des enteigneten Geländes eingewiesen. Durch Beschluß vom 14. August 1926 setzte der Regierungspräsident die den Beklagten zu gewährende Entschädigung auf 23 685,70 RM. fest.

Die Klägerin hält diese Entschädigung für zu hoch und nur 8847 RM. für berechtigt, die sie gezahlt hat. Sie verlangt mit der Klage die Herabsetzung der Entschädigungssumme auf 8847 RM. Die Beklagten halten dagegen die festgesetzte Entschädigung für zu niedrig und begehren widerklagend deren Erhöhung auf 30 276,70 RM.

Das Landgericht hat die Entschädigung auf 26 420,20 RM. erhöht; dementsprechend hat es die Klage abgewiesen und auf die Widerklage die Klägerin zur Zahlung von noch 17 573,20 RM. nebst Zinsen verurteilt. Die Klägerin hat Berufung, die Beklagten haben Anschlußberufung eingelegt. Das Oberlandesgericht hat den Beklagten noch weitere 231 RM. zugesprochen. Die von der Klägerin eingelegte Revision ist zurückgewiesen worden.

Gründe:

Das Berufungsgericht hat den Beklagten u. a. gemäß § 8 Abs. 2 des preuß. Enteignungsgesetzes als Minderwert der Restfläche jenseits des Bahnkörpers 18 380 RM. zugebilligt. Die Revision wendet sich nur gegen diese Post, von der sie bloß 5000 RM. als berechtigt ansieht. Der Vorderrichter ist zu dem Betrage von 18 380 RM. auf folgende Weise gelangt. Er hat im Anschluß an das Gutachten des Sachverständigen A. angenommen, daß der vom Gehöft abgeschnittene Teil des Grundbesitzes der Beklagten (4611 qm jenseits der Bahn) im Rahmen des schon bisher von den Beklagten auf ihrem

Grundstück ausgeübten Gärtnereibetriebes nur mit einem jährlichen Mehraufwand von 919 RM. zu bewirtschaften sei, und er hat diesen Betrag dann zu 5 v. H. kapitalisiert. Dieser Weg zur Feststellung des Minderwerts, der für den dem Enteigneten verbliebenen Grundbesitz — oder, wie hier, für einen Teil davon — durch die Abtretung entsteht, entspricht dem Gesetz und der Rechtsprechung des Reichsgerichts (vgl. bes. das Urteil des erkennenden Senats vom 1. Juli 1910 JW. 1910 S. 847 Nr. 95). Die Revision bekämpft dies auch an sich nicht. Sie wendet sich jedoch, abgesehen von der Beanstandung des der Kapitalisierung zugrunde gelegten Satzes von 5 v. H., dagegen, daß der Berufungsrichter bei Bemessung des Minderwerts der 4611 qm wegen deren erschwerter wirtschaftlicher Benutzung gewisse von ihm angeblich als wahr unterstellte Behauptungen nicht berücksichtigt habe. Die Klägerin hatte nämlich vorgetragen, in zehn Jahren würden die Grundstücksverhältnisse an der in Betracht kommenden Stelle ganz andere sein, die Benutzung der Grundstücke zum Gärtnereibetrieb werde dann nicht mehr in Frage kommen und auch diese Restgrundstücke würden dann in einem bebauten Stadtteil liegen, wobei sie selbst von der Bebauung ausgeschlossen sein würden; für die spätere Zeit kämen also die Wirtschaftserschwernisse für einen Gärtnereibetrieb nicht mehr in Betracht, und das Berufungsurteil habe zu Unrecht diese Wirtschaftserschwernisse als unbeschränkt dauernd seiner Bemessung des Minderwerts zugrunde gelegt. Das Berufungsgericht hat nun allerdings nicht von Behauptungen der Klägerin gesprochen, die es unterstelle; wohl aber hat es Stellung dazu genommen, daß die Sachverständigen des zweiten Rechtszuges ausgeführt hätten, die Entschädigung für Wirtschaftserschwernis komme nur für zehn Jahre in Frage, weil nach dem inzwischen aufgestellten Bebauungsplan der Stadt D. damit zu rechnen sei, daß nach zehn Jahren eine Bebauung der in der fraglichen Gegend gelegenen Ländereien eintreten werde, wobei der Grundbesitz der Beklagten nicht bebaut werden dürfe. Es kann aber auf sich beruhen, ob zwischen dieser Ausführung der Sachverständigen und der Darstellung der Klägerin, wie sie die Revision wiedergibt, noch ein Unterschied insofern besteht, als in der ersteren nicht mit ausgesprochen ist, daß nach zehn Jahren die Benutzung der Grundstücke zum Gärtnereibetrieb in der betreffenden Gegend nicht mehr in Frage komme. Jedenfalls hat das Berufungsurteil die Berücksichtigung dieses Umstandes mit folgender Begründung abgelehnt: Für die Festsetzung der Entschädigung sei der 15. November 1925 als Tag der Besitzeinweisung der Klägerin maßgebend. Damals sei aber der Bebauungsplan der Stadt D. noch nicht rechtskräftig festgestellt gewesen, das sei vielmehr erst inzwischen geschehen. Abgesehen davon könne eine etwa durch den Bebauungsplan eingetretene Baubeschränkung auch deshalb nicht berücksichtigt werden, weil die Beklagten für die Baubeschränkung die ihnen verfassungsmäßig zustehende Entschädigung bisher nicht erhalten hätten, durch die jetzt vollzogene Enteignung aber die Aussicht verlören, diese Entschädigung später bei der von der Gemeinde durchzuführenden Enteignung zu erhalten.

Diese Ausführungen sind, besonders in ihrem ersten Teil, rechtlich zutreffend. Die Entschädigung für die Enteignung hat sich grundsätzlich nach einem bestimmten Zeitpunkt, und zwar nach dem der Zustellung des Entschädigungsfeststellungsbeschlusses, oder wenn die Besitzübertragung früher liegt — wie für den vorliegenden Fall vom *Berufungsgericht festgestellt worden ist* —, *nach deren Zeitpunkt* zu richten (vgl. wegen des letzteren Falles Koffka Enteignungsgesetz 2. Aufl. § 8 Anm. 46, 46a S. 98; Meyer Enteignungsgesetz 3. Aufl. § 8 Anm. I 2 S. 80 und die dort angezogenen Entscheidungen, sowie die Urteile des erkennenden Senats vom 2. Mai 1911 VII 418/10, vom 20. Februar 1925 VI 324/24, vom 28. November 1930 VII 627/29; auch RGZ. Bd. 102 S. 195). Spätere Ereignisse, die von außen herantreten und nicht etwa in der Beschaffenheit des Grundstücks selbst ihre Grundlage haben (wie z. B. die in gewisser Zeit bevorstehende Erschöpfung von Bodenschätzen), müssen dagegen grundsätzlich unberücksichtigt bleiben. Das gilt namentlich auch von einem erst bevorstehenden Bebauungsplan; ganz besonders im gegebenen Falle, wo sich die Ausgestaltung des Plans wie auch seine praktischen Auswirkungen für die einzelnen beteiligten Grundstücke als noch durchaus nicht sichere zukünftige Ereignisse darstellen. (Es folgen noch Ausführungen über die vom Berufungsgericht vorgenommene Kapitalisierung des jährlichen Mehraufwandes von 919 RM. nach dem Satze von 5 v. H.; diese wird nicht beanstandet.)

**RGZ. 139, 69**

**1. Kann der Enteignete nach § 12 Abs. 2 des preußischen Enteignungsgesetzes auf Sicherheitsleistung und spätere Feststellung der Entschädigung klagen, wenn er diese Anträge nicht vor dem Enteignungskommissar gestellt hat? Kann er solche Ansprüche auch noch nach dem Ablauf der Klagefrist im zweiten Rechtsgang geltend machen, wenn die Anträge in der Klage fehlten?**

**2. Ist ein solches Verlangen auch dann begründet, wenn die Wahrscheinlichkeit, durch Verwirklichung einer Gefahr Schaden zu erleiden, sehr gering ist?**

**3. Ist für Flurschaden im Enteignungsverfahren zu entschädigen, wenn nach dem Planfeststellungsbeschluß der Unternehmer die**

**Flur nur vorbehaltlich des Anspruchs der Nutzungsberechtigten auf Ersatz jedes Flurschadens betreten darf?**

Preußisches Enteignungsgesetz vom 11. Juni 1874 (GS. S. 221) — EntG. — §§ 12, 25, 29, 30.

V. Zivilsenat. Urt. v. 3. Dezember 1932 i. S. Witwe G. (Kl.) w. B.sche Elektrizitätsversorgung GmbH. (Bekl.) V 338/32.

I. Landgericht Wuppertal. II. Oberlandesgericht Düsseldorf.

Die Beklagte, der zum Bau einer 50 000 Volt-Starkstromleitung das Enteignungsrecht verliehen worden ist, hat nach dem Planfeststellungsbeschluß das Recht, auf den belasteten Grundstücken Masten zu errichten, über sie Starkstromleitungen zu verlegen, dauernd zu untersagen, daß innerhalb eines Schutzstreifens von 20 m Bauten errichtet werden, Bäume und Sträucher, welche die Leitung gefährden, so niedrig zu halten, daß keine Betriebsstörungen eintreten, nötigenfalls sie auch zu entfernen und die Grundstücke zu Zwecken des Baues, des Betriebes und der Unterhaltung der Leitungsanlage jederzeit zu betreten, vorbehaltlich des Anspruchs des Nutzungsberechtigten auf Ersatzleistung für jeden hierdurch verursachten Flurschaden. Zu den belasteten Grundstücken gehört das der Klägerin gehörige Gut K., durch welches die Leitung auf einer Strecke von 750 m mit vier Masten geht. Die der Klägerin gebührende Entschädigung wurde durch den Regierungspräsidenten auf 1146 RM festgesetzt. Mit der fristgerecht erhobenen Klage begehrte die Klägerin Zahlung eines angemessenen, gerichtsseitig festzusetzenden Betrages. Das Landgericht sprach ihr darauf weitere 10 594 RM nebst Zinsen zu. Beide Parteien legten Berufung ein. Während die Beklagte die völlige Abweisung der Klage erstrebte, stellte die Klägerin nunmehr die Anträge:

1. die Beklagte zur Zahlung einer angemessenen, jedoch mindestens 20 000 RM betragenden Entschädigung zu verurteilen;

2. sie zur Stellung einer angemessenen Kaution für alle Schäden zu verurteilen, welche ihr infolge des Bestandes und des Betriebes der über ihr Grundeigentum geführten Leitung an ihrem Vermögen, insbesondere an beweglichem oder unbeweglichem Eigentum oder durch Ansprüche Dritter auf Ersatz der ihnen zugefügten Schäden erwachsen, mit Ausnahme der durch das eigene Verschulden der Klägerin verursachten;

3. festzustellen, daß die Klägerin berechtigt sei, die erneute Feststellung der Entschädigung nach Ablauf jedes halben Jahres nach der Rechtskraft des Urteils zu verlangen.

Mit den beiden letzten Anträgen hat das Berufungsgericht die Klägerin durch Teilurteil abgewiesen. Ihre hiergegen gerichtete Revision hatte keinen Erfolg.

Aus den Gründen:

Das gegen die Zulässigkeit der Berufung der Klägerin erhobene Bedenken, der Klage sei vom Landgericht ohne Einschränkung stattgegeben worden, erledigt sich schon deshalb, weil auch die Beklagte Berufung eingelegt hatte, so daß das Rechtsmittel der Klägerin mindestens als Anschließung statthaft war; die zum Zwecke der Klagerweiterung erfolgende Anschließung setzt keine Beschwer des Anschließungsklägers voraus. Eine andere Frage ist, ob die in der Berufungsinstanz neu gestellten Anträge der Klägerin, soweit sie sich auf § 12 Abs. 2 des preußischen Enteignungsgesetzes stützen, nach den Bestimmungen dieses Gesetzes noch im zweiten Rechtsgang zugelassen werden durften. Das Berufungsgericht hat sich aus folgenden Gründen dafür entschieden. Die Entschädigung des Enteigneten sei als Einheit aufzufassen. Den schon mit der Klage geltend gemachten Anspruchsgrund bilde die Verpflichtung des Unternehmers, für die Beschränkung des Eigentums eine Entschädigung zu gewähren; die einzelnen daraus hergeleiteten Ansprüche seien Bestandteile des Entschädigungsanspruchs. Sie könnten mithin noch im Wege der Ausdehnung der Klage und nach Ablauf der Ausschlußfrist des § 30 EntG. erhöht werden. Statthaft sei sogar, wie Koffka in seinem Erläuterungsbuch (2. Auflage) Note 12 zu § 30 bemerkte, das nachträgliche Verlangen nach Übernahme eines Restgrundstückes gemäß § 9 EntG. Dann müsse aber für den Anspruch aus § 12 Abs. 2 dasselbe gelten. § 29 EntG. sage zwar, über die Ansprüche entscheide zunächst die Verwaltungsbehörde, doch nicht, daß der Kautionsanspruch verwirkt sei, wenn dort nur die Geldforderung erhoben werde.

Diese Ausführungen sind im entscheidenden Punkte unzutreffend. Darüber, ob dem Unternehmer neben dem sofort festzusetzenden Geldbetrage noch die Pflicht zur Stellung einer Kaution für eine weitere, zur Zeit nicht abschätzbare Entschädigung aufzuerlegen ist, deren Feststellung dann später in den gesetzlichen Fristen erfolgt, wird nach § 12 Abs. 2 nur auf Verlangen des Eigentümers und nach § 29 zunächst von seiten der Verwaltungsbehörde befunden. Hieraus folgt, daß der Eigentümer seinen Antrag bei dieser Behörde im Enteignungsverfahren zu stellen hat und ihn nicht erst beim Prozeßgericht anbringen darf. Das hat der erkennende Senat schon in seinem Urteil vom 13. Juli 1889 (V 108/89) ausgesprochen, das auszugsweise in den Eisenbahnrechtlichen Entscheidungen Bd. 7 S. 368 abgedruckt und bei Eger Enteignunsgesetz 3. Aufl. Bd. 1 S. 472, Anm. zu § 12 erwähnt ist. Der Versuch des Berufungsgerichts, aus § 9 des Gesetzes etwas anderes zu schließen, geht fehl. Seine Annahme, der dort vorgesehene Antrag des Eigentümers auf Übernahme des ganzen Grundstücks an Stelle eines Teils brauche erst im Rechtsstreit gestellt zu werden, widerspricht dem klaren Wortlaut des § 25 Abs. 7 EntG. und der Rechtsprechung des VII. Zivilsenats des Reichsgerichts (Urteil vom 27. September 1907 VII 525/06 im Recht Bd. 11 Sp. 1342; vgl. auch JW. 1908 S. 726 Nr. 29) ebenso wie der Ansicht von Koffka a. a. O. Note 23 zu § 9 und Note 15 zu § 25; die vom Berufungsrichter angezogene Note 12 zu § 30 dieses Erläuterungswerkes sagt nur, daß der Eigentümer, dessen Verlangen nach Übernahme im Verwaltungsverfahren abgelehnt worden ist, den Anspruch noch im Prozesse erheben könne. Mit der bisherigen Begründung läßt es sich demnach nicht rechtfertigen, daß das Berufungsgericht in eine sachliche Prüfung der auf § 12 Abs. 2 EntG. gestützten Anträge eingetreten ist. Die Klägerin hat aber behauptet, die Anträge schon im Enteignungsverfahren gestellt zu haben und dort damit abgewiesen worden zu sein. Die dem Berufungsgericht vorgelegten Enteignungsakten, auf die sich die Klägerin dafür berufen hat, bestätigen die Richtigkeit ihrer Angaben. Es kann sich daher nur fragen, ob dieser Teil der Entscheidung des Regierungspräsidenten etwa dadurch endgültig geworden ist, daß die Klage zunächst nur auf die Verurteilung zur Zahlung einer höheren Entschädigung gerichtet war. Das ist zu verneinen. Die Rechtsprechung des Reichsgerichts über die Einheitlichkeit der dem Enteigneten gebührenden Entschädigung (vgl. RGZ. Bd. 2 S. 243flg., Bd. 12 S. 300, Bd. 14 S. 268, Bd. 74 S. 288, Bd. 119 S. 364; JW. 1908 S. 24 Nr. 32 u. a.) befaßt sich zwar, soweit zu übersehen, nur mit Streitigkeiten über die alsbald festzusetzende Entschädigung. Der dort entwickelte Gedanke, daß die in der gesetzlichen Frist erhobene Klage der Rechtskraft des ganzen vorläufigen Bescheids der Enteignungsbehörde, soweit er zum Nachteil des Klägers ergangen ist, entgegensteht und deshalb eine Erweiterung des Antrags der Klageschrift noch nach dem Fristablauf ermöglicht, ist aber auch auf den Fall anzuwenden, daß der Eigentümer mit seinen Anträgen aus § 12 Abs. 2 abgewiesen worden ist. Es handelt sich dabei ebenfalls um einen Teil der im § 8 EntG. festgesetzten Entschädigung, wenn sie auch erst in Zukunft gezahlt und inzwischen nur gesichert werden soll . . .

Nach § 12 Abs. 1 in Verbindung mit § 8 EntG. gebührt dem Eigentümer der volle Geldwert der ihm zu Gunsten des Unternehmers auferlegten Beschränkung, also diejenige Geldsumme, um die sich der Wert seines Grundstücks durch die Beschränkung mindert. Wenn und soweit die Nachteile, welche die Beschränkung mit sich bringt, zur Zeit nicht abzuschätzen sind, müssen sie bei der Festsetzung der sofort zahlbaren Entschädigung unberücksichtigt bleiben. Insoweit ist dann auf Verlangen des Eigentümers die Feststellung der Zukunft vorzubehalten und dem Unternehmer die Leistung einer Sicherheit dafür aufzugeben, daß er die Nachentschädigung, sofern sie festgestellt wird, auch zahlt. Da hierfür mithin alsbald schätzbare Nachteile nicht in Betracht kommen und die Möglichkeit der Schätzung Tatfrage ist, so scheidet aus, was das Berufungsgericht an Nachteilen für schätzbar hält, es sei denn, daß diese Annahme selbst etwa mit den im dritten Rechtsgang zulässigen Mitteln angegriffen wird. Für abschätzbar hält der Vorderrichter die Erhöhung der Windbruchgefahr, und diese tatsächliche Beurteilung ist nicht deshalb unmöglich, weil Windbrüche, wie die Revision geltend macht, unregelmäßig eintreten. An die Bejahung der Schätzbarkeit besonders strenge Anforderungen zu stellen, widerspräche dem Gesetzeszweck, da die Belange aller Beteiligten der Regel nach auf schnellste Abwicklung der Entschädigungsfrage gehen. Für abschätzbar erklärt sodann das Berufungsgericht mit einer zweiten Hilfsbegründung unangefochten die Kosten einer etwa dem Eigentümer obliegenden Beseitigung der Masten. Die rechtlichen Bedenken der Revision gegen die ferner erwogene Vorteilsausgleichung bedürfen demnach hier keiner Würdigung. Ebensowenig ist es nötig, der Frage näherzutreten, ob es sich dabei überhaupt um einen im Enteignungsverfahren abzugeltenden Schaden handelt.

Zu den Flurschäden meint die Revision: Das Berufungsgericht scheide sie aus, weil der Planfeststellungsbeschluß ausdrücklich bestimme, daß der Geschädigte dafür jeweils Ersatz verlangen dürfe; unterstelle man, daß dies auch Inhalt des Entschädigungsbeschlusses geworden sei, so beweise das nur, daß diese Schäden als damals unschätzbar, nicht Gegenstand der Kapitalentschädigung werden sollten; daraus folge aber gerade der Tatbestand des § 12 Abs. 2 EntG. Dem ist nicht beizutreten. Eine Regelung der Entschädigungsfrage durch den Planfeststellungsbeschluß wäre allerdings schwerlich wirksam. Nach § 20 Abs. 3 EntG. ist im Planfeststellungsverfahren über die Entschädigungsfrage nicht zu verhandeln, und nach § 21 das. ist die Entschädigung kein Gegenstand, über den der Plan zu bestimmen hat. Die Anfechtung des Planfeststellungsbeschlusses ist auch ganz anders geordnet als die der Entschädigungsfeststellung (§§ 22, 30 das.). Dieser klare Rechtszustand wird jedoch im vorliegenden Planfeststellungsbeschluß nicht verkannt, sondern hervorgehoben. Wenn es trotzdem dort heißt, die Beklagte erhalte das Recht, die Grundstücke zum Zweck des Baues, des Betriebes und der Unterhaltung der Anlagen zu betreten, „jedoch vorbehaltlich des Anspruchs des Nutzungsberechtigten für jeden hierbei auf dem Grundstück verursachten Flurschaden", so liegt darin vielmehr eine Ordnung, und zwar eine Einschränkung, der ausgesprochenen Eigentumsbeschränkung. Das für den Unternehmer begründete Recht, das Grundstück zu betreten, schließt seiner Natur und seinem Zwecke nach die Befugnis ein, dadurch das Grundstück, wenn es sich nicht vermeiden läßt, auch zu beschädigen. Deshalb entspricht dieser Befugnis bei uneingeschränkter Verleihung keine gesetzliche Verpflichtung des Berechtigten, den jeweils angerichteten Schaden zu vergüten. Nur wäre die Belastung des Eigentümers mit dem so gestalteten Recht im Enteignungswege, gegebenenfalls gemäß

§ 12 Abs. 2, abzugelten. Hier geht die Verleihung aber nicht so weit. Der Sinn des darin erwähnten Vorbehaltes ist: der Unternehmer dürfe sich bei Flurschäden nicht auf das ihm verliehene Recht zum Betreten des Grundstückes berufen, der Eigentümer oder der sonst Nutzungsberechtigte könne also dafür ebenso Ersatz verlangen wie bei rechtswidriger Verletzung seines Eigentums. Insoweit, wie die Klägerin hiernach ihr Recht im Enteignungswege nicht verloren hat, kann sie auch keine Enteignungsentschädigung verlangen.

Für die Unfallschäden, welche die Klägerin von der Anlage befürchtet, mag der Unternehmer allerdings, entgegen der von der Beklagten vertretenen Ansicht, ohne Rücksicht auf sein Verschulden *haften; soweit die Schäden das Grundstück treffen, schon im Hinblick* auf § 14 EntG. (RGZ. Bd. 84 S. 303, vgl. freilich auch Bd. 122 S. 138) und darüber hinaus nach dem Reichshaftpflichtgesetz. Eine andere Frage aber ist es, ob der Ersatz, den die Klägerin mit ihren Anträgen begehrt, seinem Wesen nach nicht ganz außerhalb des Rahmens der Entschädigung fällt, den das Enteignungsgesetz zum Ausgleich des durch die Eigentumsbeschränkung entstehenden Minderwerts vorsieht. Die Bedenken, die sich insofern erheben lassen, bedürfen indessen keiner Erörterung, weil die Bestätigung des angefochtenen Urteils in diesem Streitpunkt auch schon durch den in seiner Begründung verwerteten Gedanken geboten ist. Zwar kann der Revision zugegeben werden, daß es zu weit geht, nach der allgemeinen Lebenserfahrung eine nur theoretisch denkbare Gefahr anzunehmen, da Unfälle bei Hochspannungsleitungen, aller Vorsichtsmaßregeln ungeachtet, immerhin vorkommen und das eine Grundstück davon ebensogut betroffen werden kann wie das andere. Anzuerkennen ist aber, auch bei Berücksichtigung der von der Klägerin und dem Sachverständigen angeführten Unfälle, daß die Wahrscheinlichkeit, auf diesem Wege Schaden zu erleiden, für das einzelne Grundstück bei normaler Benutzung derartig gering ist, daß es schon deshalb an dem Tatbestand fehlt, dessen Rechtsfolgen der hier allein in Betracht kommende § 12 Abs. 2 EntG. regelt. Wenn man eine durch die Beschränkung begründete Gefahr zu den Nachteilen zu rechnen hat, von denen dort die Rede ist, so darf der Eintritt der Ereignisse, die sie verwirklichen, wenigstens nicht so ungewiß sein, wie es hier der Fall ist. Die im ersten Halbsatz der gesetzlichen Vorschrift begründete Kautionspflicht ist eine zu schwere Belastung, als daß angenommen werden könnte, sie solle durch jede, wenn auch nur entfernte, Möglichkeit des Eintritts von Schäden geboten sein. Da die Sicherheit, wenn sie ihren Zweck erfüllen soll, hoch sein müßte, um auch die Folgen schwerer Unglücksfälle zu decken, und jedem beteiligten Eigentümer zustände, so würde die Verpflichtung dazu in den typischen Fällen, zu denen der streitige gehört, die dauernde Festlegung so großer Kapitalien bedeuten, daß dadurch die Ausführung der zum öffentlichen Wohl erforderlichen

Unternehmungen, für die allein das Enteignungsrecht gesetzlich verliehen werden darf, nicht nur wesentlich erschwert, sondern zumeist ausgeschlossen wäre. Ein solches Ergebnis kann das Gesetz vernünftigerweise nicht bereits im Hinblick auf Möglichkeiten vorschreiben, die höchstwahrscheinlich nie praktisch werden. Auch die weitere Bestimmung des Gesetzes, die Entschädigung solle in diesen Fällen halbjährlich festgesetzt werden, weist darauf hin, daß damit die Folgen von Beschränkungen geordnet werden sollten, bei denen mit dem nahen und häufigen Eintritt von Umständen zu rechnen ist, welche die Abschätzung des durch die Beschränkung verursachten Nachteils ermöglichen. Das Beispiel, das die Begründung des Enteignungsgesetzes (Drucks. des Herrenhauses 1868/1869 Bd. 1 Nr. 10, Motive S. 58 zu § 10 des Entwurfs) gibt, nämlich die Verleihung des Rechts zur Entnahme von Kies, dessen Bewertung vom Umfang der Entnahmen abhängt, unterstützt die vorstehend gegebene Auslegung. Soweit bekannt, haben bisher auch nur das Landgericht Koblenz (Urt. vom 7. Dezember 1927 in Eisenbahnrechtl. Entsch. Bd. 47 S. 142) und das Oberlandesgericht Köln (Urt. vom 20. Februar 1930 in Fischers Zeitschr. f. Verwaltungsrecht Bd. 67 S. 103, auszugsweise Eisenbahnrechtl. Entsch. Bd. 50 S. 265) einem Antrag, wie er hier zu beurteilen ist, stattgegeben. Das Oberlandesgericht Köln hat dabei anerkannt, daß dem Gesetzgeber solche Fälle nicht vorgeschwebt hätten. Seiner Ansicht, das Gesetz müsse dennoch darauf angewendet werden, ist nicht zu folgen; sie wird in den Erläuterungswerken zum Enteignungsgesetz nicht vertreten . . .

## RGZ. 129, 10

**Wird durch die Bedingungen, welche die Polizei einer Ansiedlungsgenehmigung hinzufügt, eine dingliche Belastung des Ansiedlungsgrundstücks bewirkt?**

Preuß. Gesetz, betr. die Gründung von Ansiedlungen in den Provinzen Ostpreußen usw. vom 10. August 1904 (GS. S. 227) Art. I § 17a.

VII. Zivilsenat. Urt. v. 16. Mai 1930 i. S. A. A.-Werke GmbH. u. Gen. (Bekl.) w. W. (Kl.). VII 591/29.

I. Landgericht II Berlin. II. Kammergericht daselbst.

Aus den Gründen:

Das Kammergericht hat in den von der Polizeiverwaltung auferlegten Verpflichtungen, die Wege in der Kolonie anzulegen, auszubauen und zu unterhalten, die Hydranten aufzustellen, die Asche- und Müllgruben herzurichten, öffentliche Lasten gesehen, die auf den Grundstücken ruhen. Es handelt sich indessen gar nicht um Lasten der Grundstücke.

Die Anlegung, Befestigung und dauernde Unterhaltung der Wege und die Aufstellung der Hydranten gehört zu den Bedingungen, unter denen der Erstbeklagten die Ansiedlungsgenehmigung erteilt worden ist. Die Bedingungen sind gestellt auf Grund von Art. I § 17 a beschäftigt sich mit den Anlagen, die für die Ansiedlung im Provinzen Ostpreußen usw. vom 10. August 1904 (GS. S. 227). Dieser § 17 a beschäftigt sich mit den Anlagen, die für die Ansiedlung im öffentlichen Interesse erforderlich sind. Dazu gehören die Wege und die Hydranten. Die Erstbeklagte, die von der ihr erteilten Ansiedlungsgenehmigung Gebrauch gemacht hat, ist jetzt also zu den ihr als Bedingung auferlegten Leistungen verpflichtet, aber nur rein persönlich; eine Belastung des Grundstücks hat das Gesetz nicht angeordnet. Ohne gesetzliche Anordnung kann sie durch die bloße Verfügung einer Polizeiverwaltung nicht begründet werden.

Mangels gesetzlicher Vorschrift können weder durch eine Polizeiverordnung noch durch polizeiliche Verfügungen Grundstückslasten begründet werden. Ob ein Ortsstatut dazu genügt, wie das Preußische Oberverwaltungsgericht mit Bezug auf § 15 des Fluchtlinien-Gesetzes angenommen hat (Entsch. Bd. 17 S. 181), kann unerörtert bleiben; um ein Ortsstatut handelt es sich im gegenwärtigen Falle nicht.

Wenn später die Polizeiverwaltung an den Kläger herangetreten ist, so hat sie das aus eigenem Recht und in Wahrung der ihr anvertrauten öffentlichen Interessen getan, nicht in Ausübung eines Rechts an einem Grundstück. Auf ein solches Recht hat sie sich nicht berufen; sie hat auch keinen Inhaber eines solchen Rechts genannt, für den sie tätig werde, weder die Stadt noch den Staat. Die Polizeiverwaltung ist auch nicht die gesetzliche Vertreterin der Stadt oder des Staates als eines Rechtssubjekts. Sie ist als Behörde tätig geworden kraft der ihr übertragenen staatlichen Hoheitsrechte. Die Polizeiverwaltung hat nirgends von einer auf dem Grundstück ruhenden Last gesprochen, wie das nach der Gesetzeslage auch nicht anders zu erwarten war.

## RGZ. 44, 303

**Haftet nach § 56 Ziff. 8 der Städte-Ordnung für die sechs östlichen Provinzen Preußens vom 30. Mai 1853 die Stadtgemeinde für einen von ihrem Bürgermeister in einem von ihm allein unterzeichneten Schreiben von dem Bankhause, mit welchem die Stadtgemeinde in Geschäftsverbindung steht, verlangten Vorschuß, der sodann mit der Post der Stadtgemeinde übersandt, dem Bürgermeister von der Post ausgehändigt und von diesem unterschlagen ist?**

I. Zivilsenat. Urt. v. 27. September 1899 i. S. der Aktiengesellschaft B. f. H. u. I. (Bekl.) w. Stadtgemeinde T. (Kl.). Rep. I. 203/99.

I. Landgericht I Berlin. II. Kammergericht daselbst.

Die Parteien standen seit mehreren Jahren miteinander derartig in Geschäftsverbindung, daß die Beklagte, die Aktiengesellschaft B. f. H. u. I. zu Berlin, von der Klägerin, der Stadtgemeinde T., die verfügbaren Gelder der städtischen Sparkasse erhielt und auf Anweisung dieser, und zwar ohne Beschränkung auf ihr Guthaben, das für die Sparkasse nötige Geld schickte. Am 30. Juni und 31. Dezember jeden Jahres wurde der Klägerin ein Kontokurrentauszug erteilt, und mit ihr abgerechnet. Am 17 Juli 1897 richtete der Bürgermeister G. der Stadt T. an die Beklagte ein Schreiben folgenden Inhalts:

„Wir ersuchen Sie ergebenst, uns zum 21. ds. Mts. (Mittwoch) einen Barbetrag von 50 000 M. zu übersenden, und zwar möglichst in Tausendmarkscheinen. Der Magistrat:
G."

Auf dieses Schreiben hin schickte die Beklagte am 20. Juli 1897 50 000 M. in einem deklarierten Wertbriefe durch die Post an die Stadtgemeinde T. Das Kaiserliche Postamt daselbst war durch ein vom Bürgermeister der Stadtgemeinde unterzeichnetes Schreiben vom 2. Dezember 1896 ermächtigt worden, alle an die Adresse des Magistrats, der Polizeiverwaltung, der Schlachthofverwaltung sowie der städtischen Kassen, insbesondere der Sparkasse, eingehenden Wertsendungen gegen von dem Bürgermeister G. vollzogene Ablieferungsscheine auszuhändigen. Bei diesem Postamt nahm der Bürgermeister jenes Geld persönlich in Empfang und quittierte darüber; er brachte es aber nicht zur Kasse, sondern unterschlug es. Bis auf 14 586 M. erhielt indes die Stadtgemeinde Deckung.

Die Parteien stritten sodann darüber, wer den Schaden tragen müsse, der durch die Unterschlagung entstanden war. Die Klägerin. welche in dem von der Beklagten zum 31. Dezember 1897 ausgestellten Kontokurrentauszuge mit den 50 000 M. belastet wurde, war der Ansicht, daß die Beklagte den Schaden zu tragen habe, da das Schreiben vom 17. Juli 1897 nur die Unterschrift des Bürgermeisters allein trage, und auf ein derartiges Schreiben das Geld von der Beklagten nicht habe hergegeben werden dürfen. Da die Stadt in jenem Zeitpunkt 10 524 M. weniger, als der Bürgermeister verlangte, bei der Bank gut hatte, habe es sich um ein Darlehnsgesuch der Stadtgemeinde gehandelt, welches gemäß § 56 Ziff. 8 der Städte-Ordnung für die sechs östlichen Provinzen Preußens außer der Unterschrift des Bürgermeisters noch diejenige eines zweiten Magistratsmitgliedes habe enthalten müssen und außerdem noch der Genehmigung des Bezirksausschusses bedurft hätte. Ein für die Stadtgemeinde verbindlicher Darlehnsvertrag liege demnach nicht vor. Auf die von der Stadtgemeinde erhobene, zunächst auf 2000 M. beschränkte Klage wurde die Beklagte in erster

Instanz zur Zahlung verurteilt, dagegen die Widerklage der Beklagten — festzustellen, daß der Klägerin der geltend gemachte Anspruch von 24 000 M. überhaupt nicht zustehe — abgewiesen. Das Kammergericht wies die Berufung der Beklagten zurück und verurteilte auf die Anschlußberufung der Klägerin, die den Klagantrag erweitert hatte, die Beklagte, an die Klägerin 14 586 M. nebst 6 Prozent Zinsen seit dem Tage der Klagezustellung zu zahlen. Auf die Revision der Beklagten ist das Urteil des Kammergerichts aufgehoben, die Klage abgewiesen, und auf die Widerklage der Beklagten, unter Zurückweisung der Anschlußberufung der Klägerin, festgestellt worden, daß der Klägerin ein Anspruch von 14 586 M. nebst Zinsen aus der Kontokurrentbelastung *vom 20. Juli 1897 nicht zustehe.*

Aus den Gründen:

... Zur Sache selbst ist dem Vorderrichter darin beizutreten, daß der klagenden Stadt ... der verklagten und widerklagenden Bank gegenüber eine vertragsmäßige Verbindlichkeit nur erwachsen konnte, wenn der Magistrat für die Stadt eine solche Verbindlichkeit in einer von dem Bürgermeister oder seinem Stellvertreter und einem zweiten Magistratsmitgliede unterzeichneten Urkunde übernommen hätte. Wäre also die an die Bank gerichtete Aufforderung des Magistrats vom 17. Juli 1897 in dem Sinne ergangen, daß damit eine Verbindlichkeit der Stadt auf Rückzahlung eines in der Höhe von 50 000 M. zu gewährenden Vorschusses kontrahiert werden sollte, so würde diese Verbindlichkeit nicht entstanden sein. Denn weder die Aufforderung vom 17. Juli 1897 trägt zwei der Vorschrift in § 56 Ziff. 8 letztem Satz der Städte-Ordnung für die sechs östlichen Provinzen Preußens vom 30. Mai 1853 entsprechende Unterschriften, noch ist der Bank später, und nachdem sie auf jene Aufforderung 50 000 M. an den Magistrat übersandt hatte, eine die Rückzahlungsverpflichtung aussprechende Urkunde mit zwei derartigen Unterschriften ausgestellt worden. ...

Gleichwohl läßt sich das Berufungsurteil nicht aufrecht halten.

Allerdings mußte die Revisionsklägerin wissen, daß eine vertragsmäßige Verbindlichkeit der Stadt T. dadurch noch nicht begründet wurde, daß sie der nur von dem Bürgermeister unterzeichneten Aufforderung entsprach, indem sie 50 000 M. an die Adresse des Magistrats einsandte. Um so mehr konnte die Bank aber erwarten, daß wenn die 50 000 M. bei dem Magistrat eingingen, dieser in einer der Vorschrift des § 56 Ziff. 8 a. a. O. entsprechenden Form den Eingang anzeigen und die vorausgesetzte Übernahme der Verbindlichkeit erklären würde. Bis zum Eingang bei dem Magistrat trug die Bank die Gefahr der auf die alleinige Aufforderung des Bürgermeisters an die Adresse des Magistrats erfolgten Absendung des Geldes. Wäre der

Geldbrief unterwegs gestohlen, unterschlagen oder vernichtet worden, so würde die Bank von der Stadt T. keinen Ersatz haben fordern können. Denn eine Verbindlichkeit der Stadt war bis dahin durch die nur von dem Bürgermeister unterschriebene Aufforderung nicht begründet.

Nun ist aber der von der Bank an den Magistrat der Stadt T. adressierte und zur Post gegebene Geldbrief, welcher die vom Bürgermeister namens des Magistrats begehrten 50 000 M. enthielt, bei dem Magistrat und folgeweise bei der Stadt T. eingegangen. Es ist ganz unerheblich, ob der Bürgermeister G. eine besondere Postvollmacht hatte, mit welcher ihn etwa der Magistrat autorisiert hatte, der Post gegenüber namens der Stadt über die für diese eingehenden Wertsendungen zu quittieren. Abgesehen von dem in dem letzten Satz des § 56 Ziff. 8 der Städte-Ordnung erwähnten, bisher besprochenen Ausnahmefalle, werden die Ausfertigungen der Urkunden namens der Stadtgemeinde von dem Bürgermeister oder von seinem Stellvertreter gültig unterzeichnet. Die einfache Quittung über den Empfang der für den Magistrat der Stadt bestimmten Geldsendung stellte also der Bürgermeister als der gesetzliche Vertreter der Stadt gültig aus, und es war ganz korrekt, wenn die Postverwaltung dem Bürgermeister gegen solche Quittung den Geldbrief aushändigte.

Damit hatte aber die Stadt Besitz und Eigentum an dem Geldbrief und seinem Inhalt erworben. Denn die Absenderin wollte, daß durch die legitimierte Vertretung *die Stadt* Besitz und Eigentum erwerben sollte, und der Bürgermeister, welcher in amtlicher Eigenschaft über die Ausantwortung quittierte, erklärte damit dem von der Bank gewählten Vertreter, der Postverwaltung, gegenüber, daß er namens der Stadt erwerbe.

Es ist bei diesem Tatbestand ganz unerheblich, ob der Bürgermeister G. im Widerspruch zu dieser seiner Erklärung die innere, nicht erklärte Absicht hatte, das Geld sich für seine Person anzueignen. Denn der Besitz an dem Geldbriefe war durch die Tradition der Bank und der Postverwaltung nur zugunsten der Stadt erledigt, welcher tradiert werden sollte, und für den Besitzerwerb muß das als Wille des Erwerbers bei der Tradition angesehen werden, was er in die Erscheinung treten läßt.

Vgl. *Förster-Eccius*, Preuß. Privatrecht Bd. 3 § 160 Anm. 126; *Dernburg*, Preuß. Privatrecht Bd. 1 § 154 Anm. 2.

Hatte aber die Stadt Besitz und Eigentum an den ihr übersandten 50 000 M. erworben, so entstand in ihrer Person die Verbindlichkeit, diese 50 000 M., welche die Bank in der Erwartung, es werde von der Stadt eine gültige vertragsmäßige Verbindlichkeit auf Rückgabe oder Belastung übernommen werden, dem Magistrat übersandt hatte, dann an die Bank zurückzugeben, wenn die Stadt diese Verbindlichkeit nicht übernehmen wollte. Es stellte sich dann heraus, daß sie das Geld ohne Rechtsgrund erhalten hatte.

Soweit der Bürgermeister G., welcher die 50 000 M. als legitimiertes Organ der Stadt für diese in Empfang genommen hatte und besaß, sie demnächst unterschlug, unterschlug er sie der Stadt, welcher die Geldscheine eigentümlich gehörten. Soweit er durch diese Unterschlagung der Stadt die Möglichkeit entzog, die empfangenen Stücke der verklagten und widerklagenden Bank in natura zurückzugeben, kann sie nicht geltend machen, sie sei durch einen Zufall von der Restitutionsverbindlichkeit befreit. Denn es liegt nicht ein Zufall, sondern eine Verschuldung ihres Organs vor, und für diese Verschuldung ihres Organs muß sie wie für eine eigene aufkommen. Sie muß also der Bank vollen Ersatz bieten.

Nun hat freilich die Klägerin noch geltend gemacht, daß der Verlust eingetreten sei, für dessen Ersatz aufzukommen der Stadt angesonnen werde, sei lediglich auf eine Verschuldung der Bank zurückzuführen. Hätte diese es abgelehnt, auf eine nur von dem Bürgermeister G. unterschriebene schriftliche Aufforderung 50 000 M. zu übersenden, vielmehr noch einen von einem zweiten Magistratsmitgliede unterschriebenen Schein gefordert, so würde dem Bürgermeister G. die Unterschlagung unmöglich geworden sein. Die verklagte Firma könne nicht Ersatz für einen Schaden fordern, den sie durch eigenes Verschulden verursacht habe. Allein diese Ausführung ist nicht schlüssig.

Die Bestimmung in § 56 Ziff. 8 der Städte-Ordnung hat nicht den Sinn und Zweck, daß bei Geldsendungen an eine Stadtgemeinde diese und der Absender vor dem Schaden, welcher durch eine mögliche Unterschlagung des Geldes entstehen kann, dadurch bewahrt werden sollen, daß letzterer darauf besteht, die zweite Unterschrift müsse als Mittel zur Kontrolle des Beamten beigesetzt werden. Hätte der Gesetzgeber dies beabsichtigt, so würde er ähnliche Kontrollmaßregeln vorgeschrieben haben, wie sie bei der Verwaltung öffentlicher Kassen, bei Banken und Vereinen im Verwaltungswege durch reglementarische Bestimmungen angeordnet sind, daß nämlich die Quittungen über die an die Kasse gezahlten Gelder nur anerkannt werden, wenn sie von zwei Beamten unterzeichnet sind. Es ist auch nicht anzuerkennen, daß eine derartige Maßregel zwischen den Parteien vertragsmäßig festgestellt worden wäre. Denn die unter den Parteien im Jahre 1894 über die Tragweite des § 56 Ziff. 8 der Städte-Ordnung gepflogene Korrespondenz hat, wie feststeht, nicht dahin geführt, daß bei den Ersuchen um Übersendung von Vorschüssen eine gleichmäßige Übung, die zwei Unterschriften beizusetzen, sich gebildet hätte, oder von der Beklagten auf diese zwei Unterschriften als Sicherungsmittel bestanden worden wäre. Es läßt sich aus der Korrespondenz auch nicht entnehmen, daß eine vertragsmäßige Feststellung eines derartigen Sicherungsmittels bezweckt worden wäre. Auch vom Standpunkt der geschäftlichen Übung aus läßt sich die Annahme nicht rechtfertigen, daß es ein Verschulden der Beklagten in sich schließe, wenn diese nicht auf der Forderung bestand, die Ersuchen der Stadt um Zusendung von Geld müßten jene zwei Unterschriften tragen. Denn wie die Revision mit Recht hervorhebt, kann ein Kaufmann, welcher mit einer öffentlichen Korporation in ein Kontokurrentverhältnis eingetreten ist, mit Recht erwarten, daß dieselbe der Erfüllung ihrer Verbindlichkeiten im Rechtsverkehr noch eine weit größere Sorgfalt widmen werde als eine Privatperson, und daß bei *Geldsendungen an eine öffentliche Korporation*, die durch einen mittelbaren, vom Staate bestätigten Staatsbeamten vertreten wird, eine Gefahr, das an sie in der allgemein üblichen Weise versendete Geld werde in falsche Hände gelangen oder unterschlagen werden, schon durch die vom Staate gebilligte vorsorgliche Ordnung der öffentlichen Einrichtungen als ausgeschlossen betrachtet werden darf.

Nicht zu billigen würde aber auch eine Betrachtungsweise sein, welche davon ausgehen wollte, die Bank habe aus der Aufforderung des Bürgermeisters, weil er für seine Person allein nicht legitimiert war, einen Vorschuß zu erheben, auch nicht die Veranlassung entnehmen dürfen, der Stadt T. 50 000 M. zu übersenden, um ihr den angeblich nötigen Vorschuß anzubieten. Habe die Bank der sachlich unrichtigen Angabe eines zu jener Aufforderung nicht berufenen Mannes getraut, so habe sie sich unberufen in die Angelegenheiten der Stadt gemischt. Deshalb habe sie den Schaden zu tragen, wenn das von ihr mit Übersendung des Geldes geplante Geschäft nicht zur Verwendung des Geldes in den Nutzen der Stadt führte, das Geld vielmehr von dem an sich zur Empfangnahme, aber nicht zum Abschluß des beabsichtigten Geschäfts legitimierten Bürgermeister unterschlagen wurde. Es mag dahingestellt bleiben, ob sich nicht Fälle denken lassen, in denen eine derartige Folgerung am Platze sein kann. Hier fehlt einer derartigen Schlußreihe die erforderliche tatsächliche Unterlage. Eine städtische Verwaltung, zumal eine solche, welche eine Sparkasse hat, steht im Geschäftsverkehr. Dem Publikum ist vielfacher Anlaß geboten, dem Magistrat für die Stadt Geld einzusenden und ohne Auftrag eines hierzu berufenen Vertreters der Stadt anzubieten, ohne daß sich der Einsender damit unbefugterweise in die Angelegenheiten der Stadt einmischt. Mit der verklagten Bank stand die städtische Verwaltung überdies in ... Geschäftsverbindung ... Als der Bank die von dem Bürgermeister gezeichnete Aufforderung vom 17. Juli 1897 zuging, hatte die Stadt bei der Bank ein bedeutendes Guthaben. Der

Bürgermeister einer preußischen Stadt ist aber nicht in Parallele zu stellen mit einem beliebigen Dritten, welcher der Verwaltung der städtischen Angelegenheiten überhaupt ganz ferne steht. Der Bürgermeister leitet und beaufsichtigt den ganzen Geschäftsgang der städtischen Verwaltung (§ 58 der Städte-Ordnung vom 30. Mai 1853). Kann er auch für sich allein die Stadt nicht durch den Abschluß eines Darlehns- oder ähnlichen Vertrags verpflichten, so ist es doch durchaus nicht auffällig, wenn er für den Abschluß eines Geschäftes die Initiative ergreift, indem er, und zwar für sich allein, die Bank, mit welcher die städtische Verwaltung in der gekennzeichneten Geschäftsverbindung steht, auffordert, das nach seiner Angabe der städtischen Verwaltung nötige Geld an diese zu übersenden. Wenn die Bank in dem vollen Bewußtsein handelte, das eine Vertragsverbindlichkeit für die Stadt erzeugende Geschäft komme damit noch nicht zustande, daß sie der Aufforderung des Bürgermeisters entsprach, vielmehr müsse hierzu die Unterschrift eines zweiten Magistratsmitgliedes hinzutreten, so handelte sie doch nicht illoyal gegen die Stadt und mischte sich nicht unberufen in deren Angelegenheiten, wenn sie den Angaben des Leiters der städtischen Verwaltung traute und das von diesem für die Stadt erbetene Geld in der Erwartung an den Magistrat absandte, es werde ihr eine das von ihr beabsichtigte Geschäft rechtsförmlich zum Abschluß bringende Urkunde zugehen.

Aus diesem Vorgang in Verbindung mit der Tatsache, daß das Geld an den Magistrat gelangte, ergab sich dann die oben gezogene Rechtsfolge; es haftet demnach die Stadt, wenn auch nicht aus einem Vertrage, so doch kraft des Gesetzes, für die in der Widerklage bezeichnete Summe. Die Klage stellt sich demnach als unbegründet, die Widerklage als begründet heraus. ...

**RGZ. 73, 197**

**1. Können die Grundeigentümer von der Stadtgemeinde Ersatz der Kosten beanspruchen, die ihnen durch die Herstellung neuer, durch eine Änderung der bereits bestehenden städtischen Kanalisationsanlage notwendig gewordener und ihnen durch die städtische Polizeibehörde auferlegter Anschlüsse ihrer Grundstücke an die veränderte Kanalisationsanlage entstanden sind?**

**2. Wesen der städtischen Polizei.**

**3. Öffentlich-rechtlicher Charakter der städtischen Kanalisationsanlagen.**

VII. Zivilsenat. Urt. v. 5. April 1910 i. S. B. u. Gen. (Kl.) w. die Stadtgemeinde Halle (Bekl.). Rep. VII. 335/09.

I. Landgericht Halle a. S. II. Oberlandesgericht Naumburg a. S.

Die Stadt Halle ersetzt die bisherige städtische Kanalisation durch eine den Anforderungen an eine solche besser entsprechende neue Kanalanlage. Wenn die Teilstrecken in den einzelnen Straßen fertiggestellt sind, wird den Eigentümern der angrenzenden Grundstücke durch Verfügung der Polizeibehörde aufgegeben, den Anschluß ihrer Grundstücke an die neue Anlage bei Vermeidung polizeilichen Zwanges binnen bestimmter Frist zu bewirken. Zu diesem Zwecke sind die erforderlichen Zeichnungen zur Genehmigung bei der Polizeibehörde einzureichen. Ferner ist in der Polizeiverfügung gesagt, daß die Arbeiten selbst durch das städtische Tiefbauamt ausgeführt würden. und im Anschluß hieran wird von der Polizeibehörde an die Eigentümer die Aufforderung gerichtet, nach Empfang des Bauerlaubnisscheines einen entsprechenden Antrag bei dem Tiefbauamt unter Beifügung der genehmigten Zeichnung über den auszuführenden Anschluß zu stellen. Der bisherige Kanal und die Grundstücksanschlüsse an ihn werden durch die neue Anlage und die an diese bewirkten Anschlüsse außer Tätigkeit gesetzt. Streit herrscht zwischen den beteiligten Grundeigentümern und der Stadt, wer, sofern bisher schon ein Anschluß an den vorhandenen Kanal bestand, die Kosten für den Anschluß an den neuen Kanal zu tragen hat. Die Grundeigentümer sind der Ansicht, daß diese Last der Stadt obliege, während diese umgekehrt die Meinung vertritt, daß die Kosten des neuen Anschlusses von den Grundeigentümern selbst zu tragen seien. Tatsächlich ist bisher so verfahren worden, daß, wenn die Grundeigentümer die polizeiliche Auflage, den Anschluß ihrer Grundstücke an den neuen Kanal herzustellen, erhalten hatten, und, wie sie dies nach der polizeilichen Verfügung tun mußten, die betreffenden Arbeiten durch das städtische Tiefbauamt hatten ausführen lassen, alsdann die Stadt von ihnen die Kosten hierfür einforderte und diese, wenn sie nicht freiwillig gezahlt wurden, im Wege des Verwaltungszwangsverfahrens beitrieb. Die Kläger waren bei dieser Angelegenheit insofern beteiligt, als ein Teil von ihnen die polizeiliche Aufforderung zum Anschluß erhalten, diesen auch ausgeführt und die Kosten hierfür an die Stadt, sei es freiwillig, sei es im Wege des Verwaltungszwangsverfahrens oder nach dessen Androhung bezahlt hatte. Ein anderer Teil war polizeilich zum Anschluß aufgefordert worden, hatte diesen aber noch nicht bewirkt. Die dritte Gruppe hatte endlich die polizeiliche Aufforderung zum Anschluß noch nicht erhalten, hatte aber solche zu erwarten.

Die Kläger hatten in erster Instanz sämtlich eine Feststellungsklage gegen die Stadt Halle mit dem Antrage erhoben, festzustellen, daß die Stadt die Kosten für die Anschlüsse der den Klägern gehörigen Grundstücke an den neuen städtischen Kanal zu tragen habe. Nachdem sie dem Antrage der Beklagten entsprechend mit dieser Klage abgewiesen worden waren, änderten sie in zweiter Instanz den Klagantrag dahin, 1. die verklagte Stadtgemeinde für verpflichtet zu erklären, den Klägern für die Entziehung des Rechts der Abwässerung in die alten Kanäle dadurch Entschädigung zu gewähren, daß sie ihren Anschluß an den neuen Kanal kostenlos bewirke oder sie durch Ersatz der Kosten oder in anderer Weise für ihren Verlust entschädige; 2. die verklagte Stadtgemeinde infolgedessen zu verurteilen, an diejenigen Kläger, die bereits bezahlt hätten, die gezahlten Beträge nebst Zinsen und Beitreibungskosten zurückzuzahlen.

Die Berufung und die Revision der Kläger wurden zurückgewiesen.

Gründe *des Revisionsurteils:*

„Die Zulässigkeit des Rechtsweges und der Feststellungsklage unterliegt keinen Bedenken; die erhobene Leistungs- und Feststellungsklage ist indessen nicht begründet.

Die Kläger stützen den von ihnen eingenommenen Standpunkt, daß die Stadt die Kosten der neuen Anschlüsse zu tragen habe, auf die Annahme, daß durch die Gestattung der Anlegung und der Benutzung der früheren Anschlüsse an den alten Kanal zwischen ihnen oder ihren Rechtsvorgängern im Eigentum ihrer Grundstücke und der Stadt ein dauerndes privatrechtliches Rechtsverhältnis nach Art einer Grunddienstbarkeit entstanden sei, vermöge dessen die Stadt verpflichtet sei, die alten Kanäle zu erhalten oder wenigstens den Anschluß an den neuen Kanal auf eigene Kosten zu bewirken. Der Berufungsrichter hat sich dieser Auffassung grundsätzlich angeschlossen. Vorher zu schicken ist, daß zu den früheren Anschlüssen an den alten Kanal die Erlaubnis der Polizei eingeholt werden mußte, und daß diese Erlaubnis in Formularen erteilt wurde, in denen es entweder hieß, die Erlaubnis werde unter der Bedingung gewährt, daß der Grundeigentümer sich verpflichte, den Seitenkanal auf eigene Kosten und ohne jeden Anspruch auf eine Entschädigung in der Konstruktion jederzeit zu verändern oder ganz einzuziehen, wenn solches von der Polizeiverwaltung für notwendig erachtet werden sollte, oder welche dahin lauteten, daß die Erlaubnis zur Anlage des Seitenkanals auf Widerruf erfolge, und daß der Grundeigentümer ihn auf eigene Kosten und ohne jeden Anspruch auf Entschädigung in der Konstruktion jederzeit zu verändern oder ganz einzuziehen habe, wenn solches von der Polizeiverwaltung im polizeilichen oder städtischen Interesse für notwendig erachtet werden sollte.

Der Berufungsrichter führt nun aus: die von den Klägern aus Entziehung erworbener Rechte erhobene Klage stütze sich auf § 75 Einl. zum ALR. und § 31 ALR. I. 8; die Kläger hätten auch in der Tat besondere Rechte und Vorteile aufgeopfert; sie seien in zwei Gruppen zu gliedern; die einen hätten mit der Erlaubnis der Polizei die Anschlüsse an den alten Kanal vor dem 1. Januar 1900, die anderen sie nach diesem Zeitpunkt gebaut. Für die ersteren komme das Allgemeine Landrecht in Betracht; nach diesem sei ein dauerndes wohlerworbenes dingliches Recht, nämlich eine Grundgerechtigkeit, begründet worden. Obwohl es an der schriftlichen Form fehle, sei doch eine Grundgerechtigkeit ins Leben getreten. Denn der mündliche, im Abkommen mit der Polizeibehörde liegende Vertrag sei erfüllt worden; die Anschlüsse seien gebaut und Jahre hindurch benutzt worden. Allerdings habe nicht der Vertreter der Stadtgemeinde, sondern die Polizei die Anschlußerlaubnis, in welcher eine vertragsmäßige Abmachung liege, erteilt. Trotzdem seien diese Vereinbarungen für die Stadtgemeinde bindend; denn Halle habe städtische Polizei; sie werde von dem Bürgermeister oder einem anderen beauftragten Magistratsmitgliede ausgeübt. Hieraus ergebe sich ohne weiteres, daß im Zweifel die Polizei in Vollmacht des zur gesetzlichen Vertretung der Stadt berufenen Magistrats gehandelt habe. Die Rechtslage der Kläger, die die Anschlüsse nach dem 1. Januar 1900 bewirkt hätten, seien nach dem Bürgerlichen Gesetzbuch zu beurteilen; nach diesem sei durch die Abrede mit der Polizei nicht eine Grunddienstbarkeit oder ein sonstiges dingliches Recht, sondern ein schuldrechtliches Verhältnis zur Stadt entstanden, nach dem die Kläger und ihre Rechtsnachfolger das Recht hätten, die Abwässer in den alten Kanal fortzuleiten, und wonach der Stadt ihnen gegenüber die Pflicht obliege, dies zu dulden und den Kanal in einem jener Bestimmung genügenden Zustand zu erhalten. Durch die Neukanalisation kämen die alten Kanäle und Hausanschlüsse außer Betrieb. Grundsätzlich könnten die Kläger deshalb Schadensersatz beanspruchen, da ihre Rechte und Vorteile dem öffentlichen Wohle aufgeopfert seien. Allein dieser Anspruch werde durch die vorhandenen vertraglichen Bestimmungen ausgeschlossen. Die Polizei habe in Vollmacht des Magistrats Erlaubnisscheine für alle Hausanschlüsse erteilt; in sämtlichen Erlaubnisscheinen sei den Hauseigentümern die Pflicht auferlegt, den Anschluß auf eigene Kosten und ohne jeden Anspruch auf Entschädigung in der Konstruktion jederzeit zu verändern oder ganz einzuziehen, wenn es die Polizei für notwendig erachte. Dieser Fall sei eingetreten; danach sei der Schadensersatzanspruch nicht gerechtfertigt.

Ob durch den Inhalt der Bauerlaubnisscheine der Anspruch der Kläger, wenn er an sich begründet wäre, beseitigt würde, kann dahingestellt bleiben; denn es kann nicht anerkannt werden, daß überhaupt den Klägern irgendein Anspruch gegen die Stadt auf Tragung der Kosten der neuen Anschlüsse oder, sofern die Kosten schon von den Klägern entrichtet sind, auf deren Erstattung zusteht. Die hierauf bezüglichen Ausführungen des Berufungsrichters sind rechtlich unhaltbar; sie beruhen auf einer Verkennung des Wesens der städtischen Polizei und auf einer nicht zulässigen Vermischung öffentlichrechtlicher Verhältnisse mit privatrechtlichen Gesichtspunkten.

In der Rechtslehre wird allerdings die Ansicht vertreten, daß die Verwaltung der örtlichen Polizei ihrem Wesen nach Gemeindesache sei, daß sie daher der Gemeinde als solcher kraft eigenen Rechts gebühre (s. unter anderen Schulze, Preußisches Staatsrecht Bd. 1 S. 452, Bd. 2 S. 310). Allein diese Anschauung hat in dem geltenden preußischen Staatsrecht keine Anerkennung gefunden; vielmehr ist dadurch, daß im § 1 des Gesetzes über die Polizeiverwaltung vom 11. März 1850 gesagt ist: ‚die örtliche Polizeiverwaltung wird von den nach den *Vorschriften der Gemeindeordnung dazu bestimmten* Beamten (Bürgermeister usw.) im Namen des Königs geführt', zum Ausdruck gebracht worden und sollte zum Ausdruck gebracht werden, daß die mit der örtlichen Polizeiverwaltung betrauten Gemeindebeamten lediglich eine ihnen übertragene staatliche Tätigkeit ausüben. Diese Gemeindebeamten haben daher weder die Fähigkeit noch die Macht, durch das, was sie in Ausübung dieser Tätigkeit tun, die Gemeinde zu verpflichten und hierbei in deren Vertretung zu handeln. Sie können danach auch einen solchen Willen nicht haben, und wenn sie ihn dennoch hegen sollten, so würde er rechtlich wirkungslos sein. Sie stehen in dieser Beziehung nicht anders da, als die in großen Städten mit der örtlichen Polizeiverwaltung betrauten staatlichen Beamten. Hiernach ist es rechtsirrtümlich, wenn der Berufungsrichter annimmt, die städtische Polizeiverwaltung in Halle habe bei Erteilung der polizeilichen Erlaubnisscheine zum Bau der Grundstücksanschlüsse an den alten Kanal in Vollmacht des Magistrats der Stadt Halle gehandelt. Es fällt hiermit die ganze Grundlage, auf welcher der Berufungsrichter die Ansicht aufgebaut hat, daß in den polizeilichen Erlaubnisscheinen zum Bau der Grundstücksanschlüsse an den alten Kanal eine vertragsmäßige, durch die Ausführung und Benutzung der Anschlüsse erfüllte, Abmachung zwischen der Stadt und den Grundstückseigentümern liege, die, je nachdem sie vor oder nach dem 1. Januar 1900 getroffen sei, ein dingliches Verhältnis nach Art einer Grunddienstbarkeit oder ein schuldrechtliches Verhältnis zwischen der Stadt und den Grundeigentümern begründet habe.

Mit der Ablehnung der rechtlich unzutreffenden Auffassung des Berufungsrichters ist indessen die Frage, ob hinsichtlich der Anschlüsse an den alten Kanal ein Rechtsverhältnis zwischen der Stadt und den Grundstückseigentümern geschaffen worden ist, und welche Beurteilung dieses eventuell zu erfahren hat, noch nicht beantwortet. Hierfür sind die folgenden Erwägungen maßgebend. Wie jetzt, so hat auch für die früheren Anschlüsse an den alten Kanal zweifellos ein polizeilicher Zwang bestanden. In § 29 der Baupolizeiordnung für die Stadt Halle vom 10. April 1889 ist vorgeschrieben, daß in denjenigen Straßen oder Straßenteilen, in denen unterirdische Kanäle von der Stadt angelegt oder als öffentliche Kanäle übernommen sind, jedes bebaute Grundstück durch Zweigkanäle an den Straßenkanal anzuschließen sei. Für alle nach Erlaß dieser Baupolizeiverordnung vorgenommenen Anschlüsse bestand also ein solcher polizeilicher Zwang, wie denn auch die in den streitigen Fällen ergangenen Polizeiverfügungen ausdrücklich auf jene Bestimmung hinweisen. Es darf aber ferner als sicher angenommen werden, daß auch vor Erlaß der Baupolizeiverordnung vom 10. April 1889 ebenfalls ein solcher polizeilicher Zwang *vorhanden war, sei es in Gestalt der Vorschrift einer Polizeiordnung*, sei es in Gestalt einer von Fall zu Fall erlassenen Polizeiverfügung. Dieser Umstand des polizeilichen Zwangs ist es, der das Verhältnis der Stadt zu den Grundeigentümern bei der Kanalisation von dem Verhältnis zwischen der Stadt und den Hauseigentümern hinsichtlich der städtischen Straße wesentlich unterscheidet, und der deshalb die Bezugnahme der Revision auf die betreffs dieses Verhältnisses geltenden Rechtsgrundsätze als unberechtigt erscheinen läßt. Bei der städtischen Straße liegt der Anbau ganz im Belieben des einzelnen Grundeigentümers; entspricht dieser dem in der Herstellung der Straße liegenden Angebot der Stadt zum Anbau an dieser so beschaffenen Straße, so dient er damit lediglich und ausschließlich seinem privaten Interesse, was sich eben darin kund gibt, daß er zu dem Anbau nicht gezwungen werden kann. Daher erscheint es rechtlich möglich, von der Grundlage nur privaten Interesses aus ein Verhältnis zwischen dem Hauseigentümer und der Stadt anzunehmen, das bei Änderungen der Höhenlage der Straße unter gewissen Voraussetzungen den Hauseigentümern die Grundlage für einen Entschädigungsanspruch geben kann. Anders liegt die Sache bei dem Anschluß der Grundstücke an den städtischen Kanal. Die Polizeibehörde hat, abgesehen vielleicht von besonderen Ausnahmefällen, nicht private, sondern nur öffentliche Interessen wahrzunehmen. Es besteht nun, wie weiterhin noch näher dargelegt werden wird, ein öffentliches Interesse daran, daß bei vorhandener Kanalisation jeder Grundeigentümer oder wenigstens jeder Hauseigentümer seine Abwässer in den städtischen öffentlichen Kanal abführe; dieses öffentliche Interesse allein berechtigt die Polizeibehörde auch zu ihrem Eingreifen gegenüber dem einzelnen Grundbesitzer. Danach können die Verhältnisse bezüglich der Rechte der Hauseigentümer an der städtischen Straße hier nicht zum Vergleich herangezogen werden.

Mit dem Vorstehenden ist bereits derjenige Punkt berührt worden, der für die vorliegende Streitfrage entscheidend ist, nämlich das Wesen der städtischen Kanalisationsanlage. Diese stellt eine dem öffentlichen Interesse dienende öffentliche Gemeindeeinrichtung dar. Das gilt zunächst, soweit die Straßen, in denen sich der Kanal befindet, in Betracht kommen. Es würde zu eng sein, wenn man hierbei an die privatrechtliche Stellung der Stadt als Eigentümerin der Straßen und die ihr als solcher obliegende Pflicht, ihr Eigentum in einem polizeimäßigen Zustand zu halten, denken wollte. Die städtischen Straßen dienen dem öffentlichen Verkehr; sie sind von der Gemeinde im öffentlichen Interesse, d. h. zunächst im Interesse der Gemeindeeingesessenen und sodann weiter im Interesse aller in der Stadt verkehrenden Personen angelegt worden. Das öffentliche Verkehrsinteresse sowohl wie das Interesse an der Instandhaltung der städtischen Straßen erfordert, daß das Niederschlagswasser und die sonstigen Wässer, die den städtischen Straßen zufließen, geregelt abgeführt werden, und daß dies bei stärkerer Inanspruchnahme womöglich unterirdisch durch Kanäle geschieht. Die Gemeinde, die selbsttätig für die Wahrnehmung der öffentlichen Gemeindeinteressen zu sorgen hat, zu denen auch das vorbezeichnete öffentliche Interesse an der Entwässerung der städtischen Straßen gehört, erfüllt hiernach nur eine ihr durch ein öffentliches Gemeindeinteresse gestellte Aufgabe, wenn sie die städtischen Straßen mit Kanalisationsanlagen versieht.

Ganz dasselbe muß aber gelten, soweit die städtische Kanalisation nicht nur der Entwässerung der Straßen, sondern auch der Entwässerung der angrenzenden Grundstücke dient und zu dienen bestimmt ist. Durch das Zusammenwohnen der Menschen in den Städten auf engem begrenzten Raum können für die Grundstückseigentümer gewisse besondere öffentlichrechtliche Pflichten entstehen. Eine solche Pflicht erwächst ihnen in der Notwendigkeit, für eine ordnungsmäßige Abführung der auf ihren Grundstücken sich sammelnden Abwässer, insbesondere der verunreinigten Gebrauchswässer (Küchen- und sonstigen Wirtschaftswässer, gewerblichen und Fabrikwässer) zu sorgen; denn diese Abwässer können im allgemeinen gesundheitlichen Interesse nicht auf den Grundstücken verbleiben, dort versickern, stagnieren oder verdunsten. Sieht man von der Möglichkeit des Transports dieser Wässer ab, so bilden meistens, soweit es sich um die gewöhnlichen Haus- und Wirtschaftswässer handelt, die Straßen und deren Entwässerungsanlagen für sie gewissermaßen die natürlichen Rezipienten; denn es ist meistens oder wenigstens sehr oft den Grundbesitzern in den Städten tatsächlich und rechtlich nicht möglich, ihre Abwässer über fremde Privatgrundstücke in Bäche, Flüsse usw. abzuleiten. Wenn nun bei solcher Sachlage die Stadtgemeinde behufs dieser im öffentlichen Interesse gebotenen Ableitung der Abwässer der einzelnen Grundstücke einen hierzu mitbestimmten Kanal in den Straßen herstellt und den angrenzenden Grundbesitzern diesem Zweck gemäß die Einführung von Seitenkanälen in den Straßenkanal und deren Benutzung zur Abwässerung ihrer Grundstücke gestattet, so bewegen sich die Stadt sowohl wie die Grundbesitzer hierbei lediglich auf dem Gebiet öffentlicher Interessen und öffentlichrechtlicher Verhältnisse. Es würde diesen öffentlichrechtlichen Verhältnissen völlig wesensfremd sein, wenn man an sie privatrechtliche Gesichtspunkte heranbringen und das durch den Kanalanschluß begründete Verhältnis zwischen der Stadt und den Grundbesitzern in irgendein privatrechtliches Schema, sei es der Grunddienstbarkeit, oder eines schuldrechtlichen Verhältnisses, zwängen wollte. Es kann hiernach nicht anerkannt werden, daß durch die früheren Anschlüsse an den alten Kanal für die Grundbesitzer Rechte und Vorteile begründet worden sind, für deren Entziehung sie nach § 75 Einl. zum ALR. oder nach irgendeiner sonstigen Bestimmung einen Anspruch auf Entschädigung erheben könnten."

**RGZ. 100, 213**

**Hat eine Stadtgemeinde als Eigentümerin des Friedhofs das Recht, einen das Leichenbestattungsgewerbe Betreibenden von der Ausübung dieses Gewerbes auf dem Friedhof auszuschließen?**

VI. Zivilsenat. Urt. v. 15. November 1920 i. S. Eheleute B. (Kl.) w. Stadtgemeinde Essen (Bekl.). VI 372/20

I. Landgericht Essen. II. Oberlandesgericht Hamm.

Den Eheleuten B. wurde vom Oberbürgermeister der Stadt Essen am 3. Oktober 1918 untersagt, die städtischen Friedhöfe zur Ausübung des Gewerbes als Leichenbestatter zu betreten. Als Grund ist angegeben, daß der Ehemann B., dem bereits durch eine frühere Anordnung vom 13. April 1916 wegen taktloser und aufdringlicher Reklame das Betreten der städtischen Friedhöfe auf die Dauer von drei Monaten untersagt worden war, neuerdings vom Schöffengericht wegen Betrugs bei Ausübung seines Leichenbestattungsgewerbes zu einer Geldstrafe von 100 M., ersatzweise zu 20 Tagen Gefängnis verurteilt worden ist. Auf seine Beschwerde eröffnete ihm der Regierungspräsident in Düsseldorf, daß seinerseits nichts veranlaßt werden könne; die Verfügung des Oberbürgermeisters sei nicht kraft der ihm zustehenden Polizeigewalt, sondern von ihm als Vertreter der Stadtgemeinde kraft deren privatrechtlichen Eigentums an den städtischen Friedhöfen getroffen worden. Die Eheleute B. erhoben darauf Klage mit dem Antrage, die Beklagte zu verurteilen, die Verfügung vom 3. Oktober 1918 zurückzunehmen und ihnen das Betreten der Friedhöfe zum Zwecke der Ausübung des Leichenbestattungsgewerbes zu gestatten.

Die Klage ist in allen Instanzen abgewiesen worden, vom Reichsgericht aus folgenden

Gründen:

... Die Kläger sehen in dem Verbot einen Eingriff in die Gewerbefreiheit, insbesondere in ihren Gewerbebetrieb. Sie führen aus, da bei den Bestattungen die Hilfe der Leichenbestatter erforderlich und üblich sei, dürfe ihre Tätigkeit auf den öffentlichen Friedhöfen nicht gehindert werden; das Verbot verstoße gegen die Vorschrift des § 823 BGB. Diesem Standpunkte der Kläger hat das Berufungsgericht entgegengehalten, gegen den Grundsatz der Gewerbefreiheit richte sich das Verbot nicht; es regle nur die Ausübung der Leichenbestattung derart, daß die Kläger die Bestattung auf den städtischen Friedhöfen nicht ausüben dürften; einer solchen Anordnung müsse sich jedes Gemeindemitglied unterwerfen.

Diese Erwägung hebt den eigentlichen Klagegrund nicht genügend hervor. Allerdings ist das Bestattungsgewerbe nach der Gewerbeordnung ein freies Gewerbe. Aber die Gewerbefreiheit als solche, d. h. die Freiheit der wirtschaftlichen und gewerblichen Willensbetätigung selbst ist kein nach § 823 Abs. 1 BGB. gegen etwaige Eingriffe geschütztes Rechtsgut, sondern hinzukommen muß, daß der Eingriff sich unmittelbar gegen den Bestand des eingerichteten und von den Klägern ausgeübten Gewerbes richtet, so daß allein in Frage kommt, ob die Beklagte durch ihr Verbot widerrechtlich ein „sonstiges Recht" der Kläger verletzt hat (RGZ. Bd. 73 S. 112, Bd. 58 S. 29, Bd. 64 S. 55). Es kann nun nicht bezweifelt werden, daß das Verbot geeignet ist, das von den Klägern betriebene Gewerbe der Leichenbestattung unmittelbar, wenn auch nicht im ganzen, so doch insoweit zu unterbinden, als sich seine Ausübung örtlich auf die städtischen Friedhöfe erstreckt. Die Kläger meinen aber, daß die Beklagte wegen des öffentlichen Charakters der Friedhöfe nicht berechtigt sei, kraft ihres privaten Eigentums die Ausübung der Leichenbestattung auf den Friedhöfen zu verbieten. Diese Auffassung ist vom Berufungsgericht mit Recht als rechtsirrig abgelehnt, indem es ausführt: Der Zweck der städtischen Friedhöfe gebe zwar jedem Mitgliede der politischen Gemeinde ohne Unterschied der Religion den Anspruch, dort bestattet zu werden; dieser Anspruch gehe aber nur so weit, als es für eine ordnungsmäßige Bestattung sowie für den Besuch und die Pflege der Gräber erforderlich sei. Da jedoch in Essen stets einwandfreie Leichenbestatter in hinreichender Zahl bereit seien, so stehe dem öffentlichen Charakter der Friedhöfe nicht entgegen, Personen, die die Beklagte als Leichenbestatter für ungeeignet halte, vom Betreten ihrer Friedhöfe auszuschließen.

Die hiergegen gerichteten Angriffe sind nicht gerechtfertigt. An den umschlossenen Friedhöfen besteht zwar kein „Gemeingebrauch", wie das Berufungsgericht einen solchen anzunehmen scheint, wohl aber ist das Eigentumsrecht der Beklagten durch den öffentlichen Friedhofszweck insoweit unterbunden und öffentlichrechtlich beschränkt, als es diese Zweckbestimmung erfordert. Als allgemeine Richtschnur muß aber bei Bestattungen gelten, daß diese öffentliche Zweckbestimmung alles umfaßt, was zum eigentlichen Bestattungsapparat notwendig ist, einschließlich dessen, was nach Sitte, Religionsgebrauch und Herkommen üblich ist und der Würde der Bestattung Rechnung trägt. Insoweit darf die Beklagte in keiner Weise kraft ihres Eigentumsrechts in die Vorgänge der Bestattung verbietend eingreifen. Wie weit jedoch diese öffentlichrechtliche Beschränkung des privaten Eigentums im einzelnen Falle reicht, hängt von den jeweiligen Umständen ab und ist wesentlich ein Tatfrage. Darüber hinaus ist die Beklagte in der Betätigung ihrer Eigentumsbefugnisse unbeschränkt geblieben. Im gegebenen Falle, wo nach den Feststellungen des Berufungsgerichts alle Ansprüche an eine friedhofsmäßige Bestattung vollkommen gewährleistet erscheinen, kann aber von einer unzulässigen Beeinträchtigung des öffentlichen Friedhofszweckes keine Rede sein, wenn die Beklagte den Klägern nur deshalb das Betreten ihrer Friedhöfe zum Zwecke der Ausübung des Bestattungsgewerbes untersagt hat, weil sie sich als Leichenbestatter eines ungebührlichen und unwürdigen Verhaltens schuldig gemacht und sich für dieses Gewerbe als ungeeignet erwiesen haben. Bei dieser Sachlage entbehrt auch der gegen die Beklagte aus § 226 BGB. erhobene Vorwurf der Schikane, daß sie das Verbot nur erlassen habe, um durch die Ausübung ihres Eigentumsrechts den Klägern Schaden zuzufügen, jeder tatsächlichen Unterlage. Ob die Beklagte als Eigentümerin der Friedhöfe für befugt zu erachten ist, durch derartige Verbote allgemein auch andere Personen von der Ausübung des Bestattungsgewerbes auf den Friedhöfen auszuschließen und auf diese Weise zugunsten gewisser Leichenbestatter ein faktisches Monopol zu begründen, wie dies in dem Urteil RGZ. Bd. 42 S. 51 angenommen ist, braucht nicht nachgeprüft zu werden, da das Verbot hier nur den einzigen anerkennungswerten Zweck verfolgt, die Kläger wegen der Unzuverlässigkeit ihres Gewerbebetriebes vom Betreten der Friedhöfe behufs der dortigen Ausübung der Leichenbestattung auszuschließen. Daß die Beklagte in Verfolg dieses Zweckes sogar gegen die guten Sitten im Sinne des § 826 BGB. verstoßen haben soll, kann in keiner Weise zugegeben werden. Dies gilt insbesondere von der Rüge, daß die Beklagte die persönlichen und geschäftlichen Verhältnisse der Kläger nicht der Billigkeit entsprechend berücksichtigt habe; das Berufungsgericht hat an Hand der strafgerichtlichen Ergebnisse die Unzuverlässigkeit der Kläger, aber auch ihre sonstigen Verhältnisse (Alter, Gesundheit usw.) in einer nach § 286 ZPO. nicht zu beanstandenden Weise ausreichend gewürdigt.

Unbegründet ist auch die Rüge, es sei nicht berücksichtigt, daß die Kläger die einzigen evangelischen Leichenbestatter in Essen seien und den Evangelischen nicht zugemutet werden könne, bei dem kirchlichen Charakter der Bestattung sich der Beihilfe von andersgläubigen Leichenbestattern zu bedienen. Das Berufungsgericht hat diesen Gesichtspunkt keineswegs übersehen, aber erwogen, daß die Beklagte im Falle des Bedürfnisses ohne Schwierigkeit auch andere evangelische Leichenbestatter finden werde, so daß auf die Kläger als Leichenbestatter nicht zurückgegriffen zu werden brauche.

**RGZ. 127, 276**

**1. Inwieweit kann für den Verzicht eines Wohnungsamtes auf die Ausübung seines Rechts zur Beschlagnahme von Wohnraum eine Abgeltung statt durch Überlassung anderer Wohnräume auch durch Entrichtung eines Barbetrags an die Gemeinde für Wohnungsbauzwecke geleistet werden?**

**2. Kann gegenüber dem Verlangen nach Rückerstattung einer zu solchem Zwecke gezahlten Geldsumme ein Einwand aus § 817 Satz 2 BGB. erhoben werden?**

Wohnungsmangelgesetz v. 26. Juli 1923 § 2 Abs. 2 letzter Satz. BGB. § 817.

III. Zivilsenat. Urt. v. 10. Januar 1930 i. S. B. (Kl.) w. Stadtgemeinde B. (Bekl.). III 148/29.

I. Landgericht I Berlin. II. Kammergericht daselbst.

Im Jahre 1924 wies das Wohnungsamt der verklagten Stadtgemeinde dem Kläger, der eine Vierzimmerwohnung innehatte, auf seinen Antrag eine Siebenzimmerwohnung zu gegen Überlassung seiner seitherigen Wohnung und gegen Zahlung eines Betrags von 4500 RM. in bar. Den Barbetrag hat der Kläger entrichtet und die ihm zugewiesene neue Wohnung bezogen. Er verlangt jetzt im Klageweg Rückzahlung des Barbetrags unter der Behauptung, die Zahlung enthalte seine Gegenleistung für die Zuweisung der Siebenzimmerwohnung. Das Fordern und Annehmen eines Entgelts für Zuweisung einer Wohnung, eines hoheitsrechtlichen Verwaltungsaktes, sei als Amtspflichtverletzung der betreffenden Beamten des Wohnungsamtes anzusehen, ein Klagegrund nach § 839 BGB. sei daher gegeben. Stelle aber die Geldleistung keine Abgeltung für die Zuweisung der Wohnung dar, sondern die Gegenleistung für die Zusicherung, keine Beschlagnahme der überzähligen Räume in Zukunft vorzunehmen, dann sei die Beklagte gemäß § 812 BGB. nach den Grundsätzen über ungerechtfertigte Bereicherung zur

Herausgabe verpflichtet, da sie nicht befugt gewesen sei, für unbegrenzte Zeit auf ihr Beschlagnahmerecht rechtswirksam zu verzichten.

Die Beklagte bestreitet in erster Reihe die Zulässigkeit des Rechtswegs mit der Begründung, daß es sich um ein öffentlichrechtliches Abkommen handle und daß Rückforderungsansprüche hieraus nicht zur Zuständigkeit der ordentlichen Gerichte gehörten. In der Sache selbst macht sie geltend, der Betrag von 4500 RM. sei nicht für die Zuweisung der Wohnung gefordert und gezahlt worden, sondern als Ablösung für ihren Verzicht auf das Beschlagnahmerecht wegen der Räume, die dem Kläger in der neuen Wohnung über die gesetzlich zulässige Zahl hinaus zugewiesen worden seien. Von einem *Beamtenverschulden* könne keine Rede sein; eine Rückforderung des geleisteten Barbetrags sei nach § 817 Satz 2 BGB. ausgeschlossen.

Das Landgericht wies die Klage ab; die Berufung des Klägers wurde zurückgewiesen. Seine Revision führte zur Aufhebung des Berufungsurteils und zur Zurückverweisung.

Gründe:

Die Annahme des Berufungsgerichts, daß der Rechtsweg zulässig sei, kann keinem Bedenken unterliegen. Soweit die Klage auf § 839 BGB. gegründet ist, ergibt sich dies ohne weiteres aus dem in erster Reihe in Betracht kommenden Art. 131 RVerf. (RGZ. Bd. 118 S. 110). Aber auch soweit die Klage ungerechtfertigte Bereicherung der Beklagten durch die Leistung des Klägers geltend macht, ist nach der Rechtsprechung des erkennenden Senats der Rechtsweg gegeben (RGZ. Bd. 118 S. 109 und 379, im Gegensatz zu dem anders liegenden Fall das. S. 227).

Die weitere Annahme des Berufungsgerichts, daß die vom Kläger geleistete Barzahlung nicht das Entgelt für die Zuweisung der Siebenzimmerwohnung darstelle, sondern die Ablösung für das der Beklagten zustehende Recht zur Beschlagnahme der dem Kläger über das gesetzliche Maß hinaus überlassenen Räume, beruht auf der Auslegung von schriftlichen und mündlichen Willenskundgebungen der Parteien. Diese Auslegung ist rechtlich möglich, sie verletzt keine Auslegungsgrundsätze und ist daher für das Revisionsgericht bindend.

Während in den erwähnten Senatsentscheidungen RGZ. Bd. 118 S. 109 und S. 379 sowie RGZ. Bd. 116 S. 336 die Ausbedingung und Annahme einer Geldleistung durch das Wohnungsamt für die Zuweisung einer Wohnung, weil mit dem Wohnungsmangelgesetz unvereinbar, als schlechthin unzulässig bezeichnet und das gleiche für einen Verzicht des Wohnungsamtes auf Ausübung seines Beschlagnahmerechts während zeitlich unbegrenzter Dauer ausgesprochen wurde, hat der erkennende Senat eine Vereinbarung für zulässig erklärt, durch die sich das Wohnungsamt zeitweise des Rechts auf Beschlagnahme von Räumen für die Dauer der Überlassung anderer Wohnräume begibt. Diesen Grundsatz will das Berufungsgericht nach doppelter Richtung erweitern, indem es ausspricht, die Entrichtung einer Geldsumme an die Gemeinde zu Zwecken des Wohnungsbaues stehe der Abgeltung des Beschlagnahmerechts durch Zurverfügungstellung anderweitigen Wohnraums gleich. Selbst der Umstand, daß das gezahlte Geld vielleicht teilweise zu Verwaltungszwecken Verwendung finde, soll nach der Meinung des Berufungsrichters hieran nichts ändern, da auch dann noch das Geld der Beschaffung von Wohnraum diene, wenn auch nicht unmittelbar. Dieser Ansicht des Berufungsgerichts kann nicht beigepflichtet werden. Der Unterschied zwischen einerseits der Überlassung von bereits vorhandenem oder binnen kurzer Frist durch den Wohnungsuchenden zu erstellendem Wohnraum an die mit der Wohnungszwangswirtschaft befaßte Behörde und anderseits der Überlassung von Barmitteln, mit deren Hilfe erst Wohnräume durch Vermittlung der Behörde erstellt werden sollen, ist so augenfällig, daß man beide Leistungen nicht gleichstellen kann. Von der Leistung von Geldmitteln zu Zwecken des Wohnungsbaues bis zur Herstellung bezugsfertigen Wohnraumes ist nicht selten ein weiter Weg, und die Entrichtung der Geldleistung vermag — von anderen Bedenken abgesehen — keinen Ersatz zu bieten für die Überlassung des vorhandenen, jederzeit greifbaren oder rasch zu beschaffenden Wohnraums, wodurch allein die Bekämpfung der Wohnungsnot wirksam gefördert werden kann, und die allein in § 2 Abs. 2 Schlußsatz des Wohnungsmangelgesetzes vom 26. Juli 1923 (RGBl. I S. 754) ihre Grundlage findet. Noch größeren Bedenken muß es aber begegnen, wenn selbst die Verwendung des gezahlten Geldes „zu Verwaltungszwecken" der Überlassung von Wohnraum für gleichwertig erachtet wird. Diese Art der Verwendung von Barmitteln entfernt sich so weit von dem unmittelbar zu erstrebenden Zweck der Behebung des Wohnungsmangels und der Erweiterung des Wohnungsmarktes durch Zuführung neuen Wohnraums, daß sie einen auch nur zeitlich beschränkten Verzicht auf das Recht der Wohnungsbeschlagnahme nicht zu rechtfertigen vermag.

Die Frage, ob hier das Wohnungsamt nur einen zeitlich beschränkten Verzicht auf das Beschlagnahmerecht erklärt hat oder sich seines Zugriffsrechts auf die dem Kläger gesetzlich nicht zustehenden Räume dauernd begeben wollte, läßt das Berufungsgericht ausdrücklich dahingestellt. Sie ist aber nach der oben erörterten Rechtsprechung des erkennenden Senats von Bedeutung für die andere

Frage, ob der streitige Loskaufvertrag— abgesehen von der Art der vereinbarten Gegenleistung — rechtswirksam ist oder nicht.

Auch gegen die Anwendung des § 817 Satz 2 BGB. zuungunsten des Klägers und gegen die Aberkennung seines Rückforderungsanspruchs aus diesem Rechtsgrund sind Bedenken zu erheben. Die Ansicht des Berufungsrichters, daß als Voraussetzung für die Anwendung des § 817 BGB. schon ein objektiver Verstoß gegen Gesetz oder gute Sitten genüge, ohne daß es auf den Willen des Leistenden und des Leistungsempfängers ankomme, steht im Widerspruch mit der neueren Rechtsprechung des Reichsgerichts, wonach Voraussetzung der Kondiktion das Bewußtsein des Empfängers von dem Verstoß ist und die Rückforderung des Geleisteten gleichfalls nur durch die Kenntnis des Leistenden von dem Verstoß ausgeschlossen wird (RGZ. Bd. 95 S. 347, Bd. 104 S. 54, Bd. 105 S. 272 und die dort angeführten Urteile). Über die Beamten des Wohnungsamtes führt das angefochtene Urteil auf Grund überwiegend tatsächlicher Erwägungen aus, selbst wenn das Verlangen der Zahlung einer Abstandssumme objektiv unberechtigt gewesen sei, müsse doch subjektiv ein Verschulden der Beamten verneint werden. Ist dies aber schon bei den ständig mit der Handhabung der Vorschriften über die Wohnungszwangswirtschaft befaßten Beamten des Wohnungsamtes der Fall, dann muß es in noch höherem Maße für den nicht rechtskundigen Wohnungsuchenden gelten. Dabei ist übrigens zu beachten, daß der Rückforderungsanspruch hier überhaupt nicht auf § 817, sondern auf § 812 BGB. gegründet ist. Nun ist es allerdings richtig, daß die Vorschrift des § 817 Satz 2 einen für alle Bereicherungsansprüche geltenden Rechtssatz aufstellt (RGZ. Bd. 99 S. 166, Bd. 105 S. 271, Bd. 111 S. 153). Fällt aber dem Leistenden, hier dem Kläger, kein bewußter Verstoß gegen ein gesetzliches Verbot oder gegen die guten Sitten zur Last, was nach den Ausführungen des Berufungsrichters in Verbindung mit der hier erörterten Rechtsprechung des Reichsgerichts nicht zweifelhaft sein kann, dann versagt der Einwand aus § 817 Satz 2 und steht dem aus § 812 Abs. 1 hergeleiteten Klagegrund nicht im Wege. Dieser vom Kläger in den Vordergrund gestellte Klageanspruch war daher selbständig zu prüfen, was bisher nicht geschehen ist.

**RGZ. 132, 225**

**Wieweit steht § 9 des preußischen Kommunalabgabengesetzes vom 14. Juli 1893 der Rechtswirksamkeit eines Vertrags entgegen, in dem sich ein Kommunalverband beim Erwerb eines Grundstücks als Wegegelände verpflichtet, den bisherigen Eigentümer von Anliegerbeiträgen in bezug auf dieses Grundstück freizustellen?**

VI. Zivilsenat. Urt. v. 26. März 1931 i. S. K. u. Gen. (Kl.) w. Stadtgemeinde Berlin (Bekl.). VI 508/30.

I. Landgericht III Berlin. II. Kammergericht daselbst.

Bei einer durch Rezeß vom 25. August 1948 / 24. März 1853 abgeschlossenen Separation der Feldmark L., Kreis Niederbarnim, wurde eine Anzahl gemeinschaftlicher Anlagen, Wege, Triften, Gräben usw. von der Verteilung ausgeschlossen. Am 4. Dezember 1905 wurde zwischen der Gesamtheit der an diesen gemeinschaftlichen Anlagen beteiligten Grundbesitzer, zu denen auch die Kläger gehören, einerseits und der Landgemeinde L. anderseits ein sog. Übereignungsvertrag geschlossen, durch den ein bestimmt bezeichneter Teil der gemeinschaftlichen Anlagen (Wege, Triften, Gräben usw.) an die Landgemeinde L. veräußert wurde. Die anderen Anlagen waren der Gemeinde bereits früher übertragen worden. Der Vertrag wurde durch Beschluß der Generalkommission zu Frankfurt a. O. vom 2. Februar 1906 genehmigt.

Die §§ 3 und 7 dieses Vertrags haben folgenden Wortlaut:

§ 3.

Die Landgemeinde L. übernimmt die Unterhaltung der sämtlichen im § 2 aufgeführten Wege, Gräben und Brücken, die bisher nach dem im § 1 erwähnten Separationsrezeß den Separationsinteressenten obgelegen hat, so daß die Gesamtheit der Separationsinteressenten von jeder Unterhaltspflicht bezüglich dieser Anlagen für immer befreit wird.

Alle öffentlichen Lasten und Verpflichtungen hinsichtlich der im § 2 genannten gemeinschaftlichen Anlagen treffen in Zukunft lediglich die Landgemeinde L. Die Übernahme dieser Lasten wird von beiden Parteien als gleichwertig mit den abzutretenden Grundstücken angesehen.

§ 7.

Die Landgemeinde L. hat im Falle einer durch sie oder ihre Rechtsnachfolger verursachten Änderung oder Aufhebung der Zweckbestimmung der sämtlichen im § 2 bezeichneten Anlagen — auch derjenigen, die bereits im Grundbuch auf ihren Namen eingetragen sind, — den davon betroffenen Separationsinteressenten entsprechenden Ersatz zu gewähren oder ihnen den daraus entstehenden Schaden zu vergüten.

Zu den Separationsinteressenten gehörten auch die Kläger oder ihre Rechtsvorgänger. Tatsächlich hatte die Gemeinde L. schon seit langem die Straßenreinigung auf ihre Kosten besorgt. Auf Grund eines preußischen Gesetzes wurde die Landgemeinde L. im Jahre 1920 in die Stadtgemeinde Berlin, die Beklagte, eingemeindet. Durch Ortsgesetz vom 26. März 1926, erlassen auf Grund des preußischen Gesetzes über die Reinigung öffentlicher Wege vom 1. Juli 1912, wurde auch für L. die öffentliche Straßenreinigung zur öffentlichen Veranstaltung erklärt, und daraufhin wurden auf Grund des § 9 des preuß. Kommunalabgabengesetzes die Anlieger einiger Straßen, darunter die Kläger, zu Anliegerbeiträgen für die Deckung der Straßenreinigungskosten herangezogen. Diese Straßen gehören zu den nach dem Vertrage vom 4. Dezember 1905 der Landgemeinde L. übereigneten Anlagen.

Die Kläger sind der Ansicht, daß die Straßenreinigung zu der von der Gemeinde L. übernommenen Unterhaltspflicht, zum mindesten aber zu den übernommenen öffentlichen Lasten gehöre, Kosten für die Straßenreinigung daher von ihnen nicht erhoben werden dürften oder doch ihnen zu erstatten seien. Ihren Anträgen gemäß stellte das Landgericht die Verpflichtung der Beklagten fest, die Kläger und ihre Rechtsnachfolger von allen mit der Reinigung der näher bezeichneten Straßen verknüpften Lasten freizuhalten, soweit sie oder ihre Rechtsnachfolger mit Grundbesitz an diesen Straßen liegen, ihnen auch alle bereits gezahlten Abgaben sowie solche, die etwa noch gezahlt werden, zu erstatten, soweit sie die Lasten der Reinigung der genannten Straßen betreffen. Das Berufungsgericht wies die Klage ab. Die Revision der Kläger führte zur Aufhebung und Zurückverweisung.

Gründe:

Die Zulässigkeit des Rechtswegs unterliegt keinem Bedenken. Die Kläger stützen den Klaganspruch auf den Vertrag vom 4. Dezember 1905, durch den sie der Gemeinde L. Eigentum an Grundstücken überließen, während die Gemeinde die Unterhaltung der mit diesen Grundstücken gebildeten Wege, Gräben und Brücken übernahm und alle öffentlichen Lasten und Verpflichtungen für diese Anlagen tragen sollte. Sie nehmen die Beklagte als Rechtsnachfolgerin der Gemeinde L. auf Erfüllung dieses Vertrages in Anspruch, indem sie Freistellung von der Verpflichtung zur Reinigung bestimmter Straßen und die Feststellung der Verpflichtung zur Erstattung von Beträgen verlangen, die von ihnen auf Grund eines Ortsgesetzes der Beklagten als Anliegerbeiträge zur Deckung von Straßenreinigungskosten eingezogen worden sind oder noch eingezogen werden. Die Kläger stellen ihre Verpflichtung zur Zahlung der Beiträge auf Grund des Ortsgesetzes nicht in Abrede, meinen aber, daß die Beklagte auf Grund eines privatrechtlichen Rechtsgeschäfts sie von jenen Beiträgen freihalten und von ihnen gezahlte Beträge ihnen erstatten müsse. Ein der Gemeinde übertragener Akt des staatlichen Hoheitswillens wird also nicht zum Gegenstand der Entscheidung gemacht. Der Anspruch ist vielmehr ein privatrechtlicher, der der ordentlichen Gerichtsbarkeit nicht entzogen ist. Die Sache liegt auch nicht so, daß etwa ein öffentlichrechtlicher, dem ordentlichen Rechtsweg entzogener Tatbestand in ein privatrechtliches

Gewand gekleidet wird, um ihn so dem ordentlichen Rechtsweg eingliedern zu können, in welchem Fall allerdings der Rechtsweg nicht gegeben wäre (Urt. des erk. Senats RGZ. Bd. 121 S. 10 und dortige Nachweisungen).

Die Parteien legen den Vertrag vom 4. Dezember 1905 verschieden aus. Die Kläger vertreten die Auffassung, daß unter der Verpflichtung der Gemeinde, die Wege zu unterhalten und die öffentlichen Lasten für diese Anlagen zu tragen, auch die Last zu verstehen sei, die durch die Einführung von Anliegerbeiträgen zur Aufbringung der Kosten für die polizeimäßige Reinigung der in Rede stehenden Flächen entstanden ist. Die Beklagte dagegen meint, daß sich die vertragliche Regelung nur auf die Wegeunterhaltungspflicht beziehe und daß diese keinesfalls die polizeimäßige, erst durch das preußische Gesetz über die Reinigung öffentlicher Wege vom 1. Juli 1912 (GS. S. 187) den Gemeinden auferlegte Reinigung umfasse, möge auch die verkehrsmäßige, der Sicherung des Verkehrs und des Weges im allgemeinen dienende Reinigungspflicht unter jene Wegeunterhaltungspflicht fallen. Das Berufungsgericht legt in Übereinstimmung mit dem Landgericht den Vertrag im Sinne der Kläger dahin aus, daß die Separationsinteressenten für alle Zukunft von allen möglichen, durch die übereigneten Grundstücke veranlaßten oder mit ihnen zusammenhängenden Lasten befreit werden sollten, auch soweit sie noch nicht bestanden hätten. Zwar habe die Unterhaltung der Anlagen ursprünglich nach dem Separationsrezeß den Klägern obgelegen; aber observanzmäßig habe die Gemeinde diese Last schon seit langer Zeit zu tragen gehabt. Andere Lasten als die Unterhaltungspflicht seien damals nicht in Frage gekommen. Wenn die Gemeinde gleichwohl für immer alle öffentlichen Lasten einschließlich der Unterhaltungspflicht übernommen habe, so hätten mit diesen in der Hauptsache nur solche Lasten gemeint sein können, die erst in Zukunft entstehen würden. Anders sei auch die Bestimmung des Vertrags über die Gleichwertigkeit der beiderseitigen Leistungen nicht zu erklären. Möge auch die Gemeinde angenommen haben, daß sie mit Rücksicht auf den Separationsrezeß die Anlagen bisher ohne Verpflichtung unterhalten, diese Verpflichtung aber nunmehr rechtlich übernommen habe, so sei doch im Vertrag als übereinstimmender Wille der Parteien erklärt, daß auch außer der Unterhaltungspflicht alle öffentlichen Lasten und Verpflichtungen für die in Rede stehenden Anlagen in Zukunft lediglich die Gemeinde treffen sollten. Daß zur Zeit des Vertragsschlusses die polizeimäßige Reinigungspflicht noch nicht bestanden habe, sei nicht erheblich; die Reinigung, wie sie vorher lediglich zur Unterhaltung der Wege für Verkehrszwecke in derartigen Gemeinden vorgenommen worden, sei damals in der tatsächlichen Ausführung von der polizeimäßigen Reinigung nicht verschieden gewesen.

Der 31. Zivilsenat des Berufungsgerichts ist hiernach zu einer anderen Auslegung des Vertrages gelangt als der 13. Senat in seinem Urteil vom 19. Januar 1928 in Sachen G. wider die Stadt Berlin bei einem Vertrag, der mit dem Inhalt des hier die Grundlage des Streits bildenden § 3 des Vertrags im wesentlichen übereinstimmt. Gleichwohl ist bei Zusammenfassung der vom Berufungsgericht für die Auslegung des Vertrags angeführten Umstände eine Verletzung gesetzlicher Auslegungsregeln (§§ 133, 157 BGB.) nicht zu erkennen; eine Nachprüfung der Auslegung selbst ist für die Regel in der Revisionsinstanz nicht zulässig (§ 549 ZPO.). Für eine Ausnahme von dieser Regel, wie sie etwa die Entscheidungen RGZ. Bd. 112 S. 372, Bd. 81 S. 117 angenommen haben, ist aus dem hier vorliegenden Sachverhalt nichts zu entnehmen.

Dagegen kann die Begründung nicht gebilligt werden, mit der das Berufungsgericht trotz dieser Auslegung des Vertrags die Klage abweist. Allerdings ist davon auszugehen, daß das einer Gemeinde übertragene Finanzhoheitsrecht nicht durch privatrechtliche Vereinbarungen eingeschränkt werden darf. Das würde mit dem öffentlichen Recht nicht vereinbar sein. Deshalb ist auch ein allgemeiner Verzicht auf Erhebung von Beiträgen unzulässig, zu der eine Gemeinde auf Grund des § 9 des preuß. Kommunalabgabengesetzes vom 14. Juli 1893 unter den dort vorgesehenen Voraussetzungen berechtigt ist. Eine vertragsmäßige Regelung der Beitragspflicht ist von der Rechtsprechung aber mit Recht in dem Sinne stets zugelassen worden, daß sie die Entstehung der Beitragspflicht unberührt läßt, daß aber, sobald die Abgabepflicht entstanden und der Beitrag fällig geworden ist, dieser nicht erhoben, sondern als durch die vertragsmäßige Leistung im Voraus abgegolten betrachtet werden soll. Eine solche Vereinbarung berührt den Bestand des öffentlichen Finanzhoheitsrechts nicht (Entsch. d. preuß. OVG. Bd. 82 S. 138, 140, Bd. 38 S. 141, 146 u. a.). Es steht auch nichts im Wege, daß eine solche Abrede im voraus, vor der Entstehung der Beitragspflicht, getroffen wird (Entsch. d. preuß. OVG. Bd. 33 S. 106, 107). Im einzelnen Falle kann nun die Sachlage so gestaltet sein, daß ein Rechtsgeschäft eine Form annimmt, unter der sich ein solcher Verzicht verbirgt. Ob das der Fall ist, bedarf aber sorgfältiger Prüfung, da die Entscheidung im einzelnen Falle schwierig sein kann (vgl. auch von Strauß und Torney Straßen- und Baufluchtengesetz 6. Aufl. S. 332). Daß ein solcher Verzicht vorliege, ist in RGZ. Bd. 82 S. 326 für den dort beurteilten Sachverhalt angenommen worden. Damals hatte sich die Klägerin, eine Stadtgemeinde, einerseits verpflichtet, aus den ihr gehörenden Gasanstalten einer anderen Gemeinde und deren Einwohnern für die Dauer von 30 Jahren Gas zu liefern und die dazu erforderlichen Anlagen zu schaffen; anderseits wurde vereinbart, daß die der Klägerin aus diesem Vertrag zufließenden Einnahmen von der anderen Gemeinde nicht mit einer Gemeindeabgabe belegt werden dürften. Hier konnte ein allgemeiner Verzicht auf Erhebung der Steuern von diesen Einnahmen angenommen werden. Daraus folgt aber noch nicht die Anwendung der in jener Entscheidung entwickelten Grundsätze auf den jetzt zu beurteilenden Sachverhalt.

Im vorliegenden Falle wurden der Gemeinde bestimmte Grundflächen übereignet. Die Gegenleistung der Gemeinde wurde im Vertrag nach zwei Richtungen bestimmt: sie übernahm einmal die Unterhaltung der auf diesen Flächen errichteten Anlagen; diejenigen, denen bisher die Unterhaltungspflicht obgelegen hatte, sollten für die Zukunft von dieser Last befreit werden. Sodann wurde bestimmt, daß alle öffentlichen Lasten und Verpflichtungen in Ansehung dieser Anlagen in Zukunft die Gemeinde treffen sollten. Hinzugefügt wurde, daß beide Parteien die Übernahme dieser Lasten als gleichwertig mit den abzutretenden Grundstücken erachteten. Es kann zunächst keinem Bedenken unterliegen, daß die Übernahme der Unterhaltungspflicht als solcher mit dem Finanzhoheitsrecht der Gemeinde nichts zu tun hat, dieses also auch nicht verletzen konnte. Insoweit handelt es sich um eine Last, die von der Gemeinde als Gegenleistung für die Übertragung des Eigentums an den Grundstücken übernommen werden konnte. Nun hat freilich die Gemeinde auch alle öffentlichen Lasten und Verpflichtungen in bezug auf diese Anlagen den Klägern gegenüber für die Zukunft übernommen. Darunter fällt nach der Auslegung des Vertrags durch das Berufungsgericht auch die Unterhaltungs- und die Reinigungspflicht. Es fragt sich zunächst, ob in der Übernahme dieser Last ein Abkommen liegt, durch das sich die Gemeinde in unzulässiger Weise den Klägern gegenüber eines künftigen Rechts auf Erhebung von Beiträgen begab, das aus der Tatsache der Unterhaltung und Reinigung anderen Gemeindemitgliedern gegenüber entstehen könnte. Das ist unter den vorliegenden Umständen zu verneinen. Die Gemeinde hatte bereits bisher die Reinigung, um die allein es sich hier nach den Anträgen der Kläger handelt, seit langer Zeit besorgt, und zwar nach der Feststellung des Berufungsgerichts tatsächlich in dem Umfang, welcher der polizeimäßigen, später im preußischen Gesetz über die Reinigung öffentlicher Wege vom 1. Juli 1912 geregelten Reinigung gleichkam. Daß zur Zeit der Vertragschließung rechtlich nur diejenige Reinigung ausgeübt wurde, die als Ausfluß der Unterhaltungspflicht die Erhaltung der Sicherheit und Leichtigkeit des Verkehrs auf den Wegestrecken zum Gegenstand hat (Germershausen-Seydel Wegerecht und Wegeverwaltung in Preußen 4. Aufl. 1929 S. 56), spielt deshalb hier keine Rolle. Es handelte sich um eine Leistung, die an einen einzelnen bestimmten Vorgang anknüpfte und ihrem Umfang nach auch für die Zukunft nach der Vorstellung der Vertragsparteien bestimmt, zum mindesten bestimmbar war. Selbst wenn sich die Gemeinde über den künftigen Umfang der Reinigung eine nicht zutreffende Vorstellung gemacht und die Lage der Gemeinde infolge der künftigen Entwicklung sich ungünstiger gestaltet hätte, als vorauszusehen war, so würde dadurch nicht die Erwägung ausgeschaltet werden, daß die den Anliegern etwa aufzuerlegenden Beiträge in bezug auf die Kläger im voraus durch Überlassung des Grundeigentums als abgegolten angesehen werden konnten. Auch in der erwähnten Entscheidung des preuß OVG. Bd. 82 S. 138 ist der Umstand nicht als Ursache der Unwirksamkeit des Vertrags anerkannt worden, daß sich eine zum Teil durch Landabtretung bewirkte Abgeltung der zahlenmäßig von der Gemeinde errechneten Anliegerbeiträge später als für die Gemeinde ungünstig erwies. An sich kann ein solches Abkommen, auch wie es im jetzigen Rechtsstreit in Frage steht, im wohlverstandenen Interesse der Gemeinde liegen, die vom Erwerb der Grundflächen gegen Geldzahlung absehen und die Gegenleistung in eine Form kleiden konnte, die sie nach der damaligen Auffassung weniger fühlbar belastete.

In dem hier zur Beurteilung stehenden Vertrag hat sich die Gemeinde nach dem Wortlaut der Urkunde nicht nur zur Unterhaltung der Anlagen — nach der Feststellung des Berufungsgerichts im weitesten Umfang — verpflichtet, sondern alle öffentlichen Lasten hinsichtlich dieser Anlagen übernommen. In dieser Allgemeinheit würde allerdings nicht von einer wirksam im voraus vorgenommenen Abgeltung aller künftig etwa den Anliegern aufzuerlegenden öffentlichen Lasten durch Überlassung des Eigentums gesprochen werden können. Allein es bedarf der Prüfung, ob der Vertrag nicht auch dann geschlossen worden wäre, wenn er nur die Unterhaltung und Reinigung der Anlagen zum Gegenstand gehabt hätte (§ 139 BGB.). In dieser Beziehung wird insbesondere zu prüfen sein, ob denn die allgemeine Fassung des § 3 nicht eine mehr formularmäßige Umschreibung der Vertragspflicht der Gemeinde enthielt, ob denn neben der Unterhaltung und Reinigung andere wesentliche Lasten überhaupt in Betracht kamen oder von den Vertragsparteien in Erwägung gezogen wurden.

**RGZ. 137, 239**

**Zum Begriff der Gebühr im Sinne von § 4 des preußischen Kommunalabgabengesetzes vom 14. Juli 1893.**

VIII. Zivilsenat. Urt. v. 19. September 1932 i. S. G. u. Gen. (Kl.) w. Stadtgemeinde Berlin (Bekl.). VIII 218/32.

I. Landgericht I Berlin. II. Kammergericht daselbst.

Die zwanzig klagenden Fischhändler sind Inhaber von Fischständen in der Berliner Zentralmarkthalle. Wegen des ihnen dort zugeleiteten

Wassers hat ihnen die verklagte Stadtgemeinde Zahlungen abgefordert, von denen sie behaupten, daß diese die Selbstkosten der Stadt überstiegen. Die Kläger haben den darüber hinausgehenden Betrag für die Zeit vom 21. März bis 20. April 1931 auf insgesamt 1235,45 RM. berechnet und seine Rückzahlung verlangt, welche die Beklagte verweigert hat. Die Kläger unterlagen in allen drei Rechtszügen.

Gründe:

Landgericht und Kammergericht haben die Zulässigkeit des Rechtswegs verneint. Die Revision bekämpft das als rechtsirrig. Sie ist zwar nach § 547 Nr. 1 ZPO. zulässig, kann jedoch keinen Erfolg haben.

Ohne Rechtsirrtum ist in Übereinstimmung mit den in RGZ. Bd. 99 S. 99/100 entwickelten Gedanken das Berufungsgericht davon ausgegangen, daß die fragliche Markthalle eine Anstalt im Sinne von § 4 des preußischen Kommunalabgabengesetzes vom 14. Juli 1893 (GS. S. 152) — KAG. — ist. Die für sie erlassene Markthallenordnung vom 12. November 1920 bestimmt in § 12, daß „außer den Gebühren für den Verkaufsstand noch das verbrauchte Wasser zu bezahlen" ist. Daraus, daß hiernach nur das verbrauchte Wasser zu bezahlen, daß tägliche Aufnahme des Wasserverbrauchs vorgeschrieben ist und daß ferner das zugeleitete Wasser den städtischen Wasserwerken entnommen wird, will die Revision folgern, es handle sich bei den in Frage stehenden Wassergeldzahlungen nicht, wie die Vorinstanzen angenommen haben, um die Einziehung öffentlich-rechtlicher städtischer Gebühren, deren Erörterung allerdings im Rechtswege nicht angängig sei, sondern die Markthallenverwaltung besorge nur die Abführung der den städtischen Wasserwerken für ihre Lieferungen privatrechtlich geschuldeten Zahlungen. Daher stehe der Beklagten den Klägern gegenüber nur ein Erstattungsanspruch zu, der im Rechtswege verfolgbar sei. Die Richtigkeit dieser Auffassung ergebe sich auch daraus, daß die Markthallenverwaltung „eine Gewähr für regelmäßige Lieferung" des Wassers ablehne, und daß sich der den Standinhabern abgeforderte Betrag laut amtlicher Bekanntmachung aus Einzelposten für Wassergeld, Entwässerung und Verwaltungskosten zusammensetze. Über letztere herrsche, so erklärt die Revision, kein Streit; deren Betrag sei in der Klageforderung bereits abgesetzt. Was aber darüber hinaus den Klägern abverlangt worden sei und den allgemeinen Wasserpreis, also den Betrag der den Wasserwerken geschuldeten Leistungen übersteige, habe die Beklagte ohne Rechtsgrund eingenommen und daher zurückzuzahlen. Schließlich hat die Revision noch darauf hingewiesen, daß einem anderen Standinhaber ein abweichend berechneter Betrag abgefordert worden sei, woraus ebenfalls erhelle, daß es sich nicht um eine öffentlich-rechtliche Gebühr handle, bei der eine so unterschiedliche Behandlung ausgeschlossen sei.

Dem Revisionsvorbringen steht nicht schon die Erwägung entgegen, bereits die Einziehung der fraglichen Beträge durch die als öffentlich-rechtlich anzusehende Markthallenbehörde schließe es aus, daß es privatrechtliche Einnahmen seien, die durch sie eingefordert würden (RGZ. Bd. 123 S. 348). Dieser Umstand ist für die Feststellung der Rechtsart jener Beträge nicht entscheidend.

Sie sind veranlaßt durch Wasserlieferung aus den städtischen Wasserwerken, einem Unternehmen der Beklagten, welches nach Lage der Akten als ein gewerbliches im Sinne des § 3 KAG. anzusehen sein mag. Diese Leistungen würden deshalb, wenn nicht weitere Umstände hinzuträten, als privatrechtliche zu gelten haben. Zutreffend haben aber die Vorinstanzen angenommen, daß hier nicht entscheidend ist, wer das in der Markthalle einströmende Wasser liefert, sondern daß der Empfang dieses Wasserzustroms für die Standinhaber der Markthalle eine von ihnen nicht abzulehnende Betätigung ihrer Benutzung dieser von der Beklagten im öffentlichen Interesse unterhaltenen Anstalt ist. Für diese Benutzung darf sie nach § 4 KAG. Gebühren erheben. Nach der Annahme der Vorinstanzen hat sie von dieser Berechtigung Gebrauch gemacht, und zwar durch die vorliegende Regelung, die in dem angeführten § 12 der Markthallenordnung getroffen worden ist. Sie bestimmt, daß die Standinhaber (außer den Gebühren für den Verkaufsstand) das verbrauchte Wasser zu bezahlen haben. Der Preis wird, wie es dort heißt, unter Zugrundelegung der jeweiligen Festsetzungen der Deputation der Städtischen Wasserwerke berechnet und in den Markthallen bekanntgemacht. Eine solche Bekanntmachung ist am 9. Februar 1924 ergangen; sie bestimmt, daß außer dem bisher berechneten Wasserpreise noch „Entwässerungsgebühr" erhoben werde.

Der Hinweis der Beklagten auf die seit Erlaß dieser Bestimmungen abgelaufene Zeit und den infolgedessen gemäß §§ 69 ff. KAG. eingetretenen Rechtsmittelverlust geht schon um deswillen fehl, weil es hierauf bei der gegenwärtig allein zur Entscheidung stehenden Frage der Zulässigkeit des Rechtsweges nicht ankommt. Auch der Gebrauch des Wortes „Gebühr" ist nicht schon entscheidend, denn wenn es selbst, worauf die Beklagte ferner hinweist, privatrechtliche Gebühren vielleicht nicht geben mag (so OVG. Bd. 64 S. 378, anders RGZ. Bd. 83 S. 73), so entscheidet doch nicht allein die von den Organen der Beklagten gewählte Bezeichnung, auch nicht schon deren Absicht oder Ansicht. Entscheidend ist einzig die objektive Rechtslage. Ebenso ist es belanglos, ob die erwähnte Bekanntmachung inzwischen, nämlich am 13. November 1931, durch eine andere ersetzt worden ist, welche angibt, daß für die Wasserlieferung einschließlich Vorhaltung der erforderlichen Anlagen 41 RPfg. je Raummeter berechnet werden.

Somit ist auf die weiteren Bedenken einzugehen, welche die Revision gegen die Annahme der Vorinstanzen erhoben hat, daß hier eine Gebühr nach § 4 KAG. vorliege. Gebühr in diesem Sinne ist die von der Beklagten erhobene besondere Vergütung für die Benutzung einer von ihr im öffentlichen Interesse unterhaltenen Veranstaltung, nämlich der Markthalle, und zwar dann, wenn die Vergütung gemäß festgesetzter Norm und zugleich lediglich kraft dieser und dergestalt gefordert werden kann, daß Vertragsmängel nicht geltend gemacht werden können; denn rechtliche Grundlage ist nicht ein Vertrag, sondern die an einen vorgesehenen Tatbestand anknüpfende Betätigung der Machtbefugnis zur Belastung des Beteiligten mit Auflagen (vgl. RGZ. Bd. 49 S. 222, Bd. 58 S. 33, Bd. 83 S. 211, Bd. 99 S. 99/100 und RGUrt. vom 2. Dezember 1909 VI 583/08, abgedr. im Preuß. VerwBl. Bd. 31 S. 650). Diese Erwägung liegt auch der angefochtenen Entscheidung zugrunde. Mit ihr ist daher ohne Rechtsbedenken anzunehmen, daß an sich eine Gebührenforderung in Frage steht. Eine solche ist aber nur dann als vorliegend anzuerkennen, wenn die Norm, auf Grund deren sie erhoben wird, rechtlich nicht zu beanstanden, wenn sie also dem Gesetz entsprechend ergangen ist. Das hat das Berufungsgericht angenommen. Seine Beurteilung ist gemäß § 549 Abs. 1 ZPO. für das Revisionsgericht maßgebend, da nicht ersichtlich ist, daß sie mit einer rechtlich nicht zu billigenden Auffassung revisibeler Bestimmungen verbunden sei (vgl. RGZ. Bd. 109 S. 286).

Auch die sonstigen Beanstandungen der Revision greifen nicht durch. Schon das trifft nicht zu, daß nach § 12 der Markthallenordnung nur der den Wasserwerken geschuldete Betrag eingezogen werden solle oder dürfe. Vielmehr ist dort dieser Betrag keineswegs als schlechthin maßgebend für die von der Beklagten verlangte Vergütung bestimmt, sondern nur entsprechend § 4 Abs. 2 Satz 2 KAG. zur Grundlage der Berechnung gemacht worden. Deshalb gehen die an Einzelheiten der Berechnung geknüpften Folgerungen der Revision rechtlich fehl. Daß das Berufungsgericht in diesem Zusammenhange die auf §§ 4 und 7 KAG. beruhende Rechtslage (vgl. dazu auch das Gesetz vom 24. Juli 1906 zur Deklarierung des Kommunalabgabengesetzes, GS. S. 376) verkannt habe, ist dem Urteil nicht zu entnehmen.

Die Beklagte hat eine Gewährleistung für die tatsächliche Wasserlieferung abgelehnt. Das steht dem Gebührencharakter ihres Anspruchs nicht entgegen. Die Frage könnte nur sein, ob, wenn einmal kein Wasser geliefert worden sein sollte, dennoch die Vergütung verlangt werden könnte. Ob das bejaht werden müßte, kann dahinstehen, da weder festgestellt noch auch nur behauptet worden ist, daß sich ein solcher Fall ereignet habe.

Ferner hat die Revision darauf hingewiesen, daß die Vergütung nicht als Einheitssatz eingefordert worden sei, sondern unter Anführung von Sonderzahlen für Wassergeld, Entwässerungsgebühr und Verwaltungskosten. Das Nebeneinanderbestehen von Benutzungs- und Verwaltungsgebühren ist, wie die Revision selbst nicht verkennt, rechtlich nicht zu beanstanden. Daß Wassergeld und Entwässerungsgebühr zahlenmäßig auseinandergehalten worden sind, zwingt nicht zur Annahme, daß keine Gebühr im hier erörterten Sinne vorliege. Allerdings kann eine derartige Fassung der Einforderung unter Umständen dagegen sprechen, daß es sich um Gebühren handle (vgl. OVG. Bd. 62 S. 242); hier zwingt jedoch der festgestellte Sachverhalt nicht zu solcher Aufassung, und das Berufungsgericht war rechtlich nicht genötigt, der ihm vorgetragenen Angabe den Glauben zu versagen, daß es sich insoweit lediglich um ein Entgegenkommen der Beklagten behufs Aufklärung der Kläger handle.

Schließlich verweist die Revision darauf, daß die Beklagte einem einzelnen, dem Berufungsgericht genannten Standinhaber nicht den den Klägern abgeforderten Satz, sondern einen anderen, ihm günstigeren berechnet habe; eine so unterschiedliche Behandlung zeige, daß es sich nicht um eine öffentlich-rechtliche Gebühr handle, da bei dieser derartiges ausgeschlossen sei. Der Revision ist zuzugeben, daß eine Gebühr als Gegenleistung für eine Gemeindeleistung grundsätzlich gleichmäßig normiert werden muß, für dieselbe Gemeindeleistung also die Gebühr des einen Benutzenden nicht höher als die des anderen bemessen werden darf. Dieser in ständiger Rechtsprechung festgehaltene Grundsatz besagt, soweit er für die Gültigkeit einer Gebührenaufstellung durch Tarif, Ortsgesetz und dgl., also im gegenwärtigen Zusammenhang in Betracht kommt, daß in Fällen gleicher Art die Höhe der Vergütung nicht nach verschiedenen Grundsätzen bemessen werden darf. Daß aber hier die einschlägige Gebührenregelung der Beklagten eine die Pflichtigen ungleich behandelnde Bestimmung enthalte, ist weder dargetan noch ersichtlich. Ob etwa im einzelnen Falle die in Betracht kommende Verwaltungsstelle eine Besserstellung eines einzelnen Pflichtigen hat eintreten lassen, ist für die Gültigkeit einer an sich nicht fehlerhaften Gebührenregelung belanglos. Ob insoweit ein zu beanstandendes Verhalten vorliegt, ist daher für den gegenwärtigen Rechtsstreit unerheblich.

**RGZ. 139, 58**

**1. Gilt die Formvorschrift des § 88 Nr. 7 der preußischen Landgemeindeordnung für die sieben östlichen Provinzen für alle vom**

**Gemeindevorstand namens der Gemeinde abgegebenen Verpflichtungs- und Bevollmächtigungserklärungen (sofern es sich nur nicht um eine Angelegenheit handelt, die dem Gemeindevorsteher nach verwaltungsrechtlichen Regeln zu selbständiger Erledigung zugewiesen ist), und zwar ohne Rücksicht darauf, ob für die Erklärung wegen ihres Gegenstandes nach sonstigen Rechtssätzen Schriftlichkeit nötig ist oder nicht?**

**2. Kann eine vom Gemeindevorsteher ohne Anführung eines vorangegangenen deckenden Gemeindebeschlusses eigenmächtig namens der Gemeinde abgegebene Erklärung Wirksamkeit erlangen durch einen nachträglichen genehmigenden Gemeindebeschluß und dessen formlose Mitteilung an den Gegner von seiten des darin hierzu beauftragten Gemeindevorstehers? Kann der Mangel der erforderlichen Genehmigung des Kreisausschusses und der Anführung einer solchen in der Erklärungsurkunde durch nachträgliche Herbeiführung dieser Genehmigung geheilt werden?**

**3. Was ist unter „neuer Belastung der Gemeindeangehörigen ohne gesetzliche Verpflichtung" im Sinne des § 114 Abs. 2 der preußischen Landgemeindeordnung für die sieben östlichen Provinzen zu verstehen?**

Preußische Landgemeindeordnung für die sieben östlichen Provinzen — LGO. — vom 3. Juli 1891 (GS. S. 233) § 88 Abs. 4 Nr. 7, § 114.

IX. Zivilsenat. Urt v. 30. November 1932 i. S. J. G. F. AG. u. Gen. (Bekl.) w. Landgemeinde R. (Kl.). IX 106/32.

I. Landgericht Halle. II. Oberlandesgericht Naumburg.

Gegenüber der klagenden Landgemeinde, für welche die Urkunde von dem Gemeindevorsteher und einem Schöffen unter Beifügung des Gemeindesiegels unterzeichnet worden ist, den Gutsbezirken II und III in R. und dem Domänenpächter D. haben sich in einem notariellen Vertrage vom 20. Oktober 1922 die Chemische Fabrik G. AG., deren Gesamtrechtsnachfolgerin nachher die verklagte Aktiengesellschaft geworden ist, die D. Grube AG. und die Grube A. AG. verpflichtet, zur Versorgung der Gemeinde und ihrer Einwohner, der Gutsbezirke und der Domäne mit gutem Trink- und Wirtschaftswasser ein Wasserwerk und ein Rohrnetz mit Hausanschlüssen zu bauen und es bis zur Übernahme durch die Vertragsgegner, zu der diese vom 1. Oktober 1937 ab berechtigt, zum 1. Oktober 1942 aber spätestens verbunden sein sollten, zu unterhalten und daraus bis zu 140 000 cbm Wasser jährlich unentgeltlich zu liefern. Dafür haben jene versprochen, hierzu einen Baukostenzuschuß von 50 000 RM. zu gewähren, den 140 000 cbm jährlich übersteigenden Wasserverbrauch zu bezahlen und die Aktiengesellschaften von allen Ansprüchen, auch der Gemeindeeinwohner, wegen Trockenlegung von Brunnen durch den Grubenbetrieb zu befreien. Gemäß einem Vorbehalt in diesem Vertrage ist durch eine Vereinbarung vom 19. Juni und 13. Juli 1923 mit den Aktiengesellschaften die inzwischen am 23. Februar 1923 gegründete mitverklagte Wasserversorgungs-Gesellschaft mbH. in deren Rechte und Pflichten aus dem Vertrage eingetreten, für welchen Fall ausbedungen war, daß die Aktiengesellschaften nur noch bis zum 1. Oktober 1932 als Selbstschuldner für die Erfüllung der in dem Vertrage übernommenen Pflichten zu haften haben sollten.

Mit den zunächst getrennt erhobenen, nachher verbundenen Klagen hat die Klägerin die Feststellung der Nichtigkeit des Vertrages vom 20. Oktober 1922 erstrebt, die sie insbesondere daraus herleitet, daß sein Abschluß von seiten ihres Gemeindevorstehers nicht durch einen dahingehenden vorgängigen Gemeindebeschluß und dessen gemäß § 114 LGO. erforderliche Genehmigung durch den Kreisausschuß gedeckt sei, jedenfalls aber entgegen § 88 Nr. 7 LGO. weder ein solcher Beschluß noch eine solche Genehmigung in der Vertragsurkunde angeführt seien. Die Beklagten wenden u. a. ein, die klagende Landgemeinde habe ihren Vorsteher sowohl vor dem Abschluß durch Beschluß zu einem solchen Vertrage ermächtigt, wie auch den erfolgten Abschluß nachher durch Beschluß genehmigt; von beiden Beschlüssen seien die anderen Beteiligten alsbald mündlich unterrichtet worden; damit sei den Forderungen des § 88 Nr. 7 LGO. genügt; im übrigen sei es aber auch arglistig und deshalb zurückzuweisen, daß sich die Klägerin auf die Ungültigkeit eines Vertrages berufen wolle, nachdem sie sich dessen Ausführung viele Jahre hindurch habe gefallen lassen. Der Arglisteinrede gegenüber hat die Klägerin darauf hingewiesen, daß die großen Nachteile, die der Vertrag für sie habe, erst allmählich in die Erscheinung getreten und von ihr erkannt worden seien.

Das Landgericht gab der Klage statt. Die Berufung der Beklagten wurde vom Oberlandesgericht zurückgewiesen. Auch ihre Revision hatte keinen Erfolg.

Aus den Gründen:

... Der Berufungsrichter hat den Vertrag vom 20. Oktober 1922 für rechtsunwirksam erachtet. Er führt aus: Zwar habe der auf dessen Abschluß gerichtete Gemeindebeschluß keiner Genehmigung des Kreisausschusses bedurft (§ 114 LGO.), so daß deren Fehlen und deren Nichtanführung in der Vertragsurkunde (§ 88 Nr. 7 LGO.) bedeutungslos seien. Eine neue Belastung der Gemeindeangehörigen ohne gesetzliche Verpflichtung sei durch den Vertragsschluß nicht herbeigeführt worden, möge als solche auch eine bloß mittelbar diese treffende genügen; denn den von der Gemeinde übernommenen Verbindlichkeiten ständen gleichwertige Gegenleistungen gegenüber.

Wohl aber sei gemäß § 88 Nr. 7 LGO. die Anführung des Gemeindebeschlusses selbst in der Vertragsurkunde erforderlich gewesen. Der Ansicht des VII. Zivilsenats des Reichsgerichts im Urteil vom 1. März 1910 (RGZ. Bd. 73 S. 73), daß statt dessen die vorherige Mitteilung des Beschlusses an die anderen Vertragsbeteiligten genüge, sei nicht beizutreten. Ebensowenig würde die behauptete nachträgliche Genehmigung des Vertragsschlusses durch Gemeindebeschluß und dessen Bekanntgabe an die anderen Beteiligten den Mangel geheilt haben. Der Vertrag sei vielmehr wegen Nichtbeobachtung jener zwingenden Formvorschrift unheilbar und endgültig nichtig. Die Geltendmachung dieser Nichtigkeit durch die Klägerin verstoße nicht gegen Treu und Glauben. Zwischen Vertragsschluß und Klagerhebung lägen zwar reichlich acht Jahre; es könne aber der Klägerin darin gefolgt werden, daß die Wirkungen des Vertrages erst allmählich fühlbar und in ihrer Tragweite übersehbar geworden seien. Es liege auch nichts dafür vor, daß die Klägerin etwa allein die Schuld an der Nichtbeobachtung der Form trüge oder gar ihren Gegnern die Unnötigkeit der Form wider besseres Wissen und in der Absicht vorgespiegelt hätte, später den Formmangel geltend zu machen. § 826 BGB. sei daher nicht anwendbar.

Was die Revision diesen Ausführungen gegenüber vorbringt, kann ihr nicht zum Erfolge verhelfen.

Die Vorschrift des 2. Absatzes von § 88 Nr. 7 der preußischen Landgemeindeordnung vom 3. Juli 1891 enthält eine Beschränkung der Vertretungsmacht des Gemeindevorstehers, indem sie bestimmt, daß dieser nur in der dort festgelegten Form namens der Gemeinde wirksame rechtsgeschäftliche Erklärungen, die jene gegen Dritte verbinden sollen, abgeben und Vollmachten ausstellen kann. Sie ist daher trotz des von den privatrechtlichen Reichsgesetzen aufgestellten Grundsatzes der Formfreiheit auch insoweit in Kraft geblieben, als es sich um Verpflichtungen und Bevollmächtigungen privatrechtlicher Art handelt. Es ist auch daran festzuhalten, daß sich die Vorschrift nicht bloß auf solche rechtsgeschäftliche Erklärungen bezieht, für die durch andere Gesetze ihres Gegenstandes wegen die Schriftform vorgeschrieben ist, sondern daß sie grundsätzlich bei allen von dem Gemeindevorstande namens der Gemeinde abgegebenen Verpflichtungs- oder Bevollmächtigungserklärungen zu beobachten ist, sofern es sich nicht um eine Angelegenheit handelt, die dem Gemeindevorsteher nach verwaltungsrechtlichen Regeln zu selbständiger Erledigung zugewiesen ist. Diese vom Reichsgericht in fester Rechtsprechung vertretene Auslegung jener Vorschrift wie auch der ähnlichen Bestimmungen des § 137 Abs. 3 (früher Abs. 4) der Kreisordnung vom 13. Dezember 1872/19. März 1881 stützt sich auf durchschlagende Gründe: Gemeindevorsteher und Landrat sind, auch wo sie im Innenverhältnis an Beschlüsse der Kommunalvertretungen und an Genehmigungen oder Entschließungen der Aufsichtsbehörde gebunden sind, doch nach außen hin mit selbständiger Vertretungsmacht ausgestattet worden, um die Erklärungsgegner der Gemeinde und des Kreises der Notwendigkeit zu entheben, sich um die inneren Verwaltungsvorgänge des näheren zu kümmern. Um indes die Gefahr eines Mißbrauches dieser Vertretungsmacht auf ein mögliches Mindestmaß herabzudrücken, ohne doch jene Sicherung der Erklärungsgegner aufzuheben oder durch lästige Umständlichkeiten zu entwerten, hat das Gesetz für Verpflichtungserklärungen und Bevollmächtigungen Förmlichkeiten vorgeschrieben, die so gewählt sind, daß sie einerseits leicht zu beobachten und von dem Erklärungsgegner unschwierig auf ihr Erfülltsein zu prüfen sind, anderseits durch das Erfordernis des Siegels klarstellen, daß für die Gemeinde oder den Kreis gehandelt wird, ferner durch die Notwendigkeit einer oder mehrerer Mitunterschriften eine Überwachung des Vertreters herbeiführen und endlich durch die Forderung nach Anführung des zugrundeliegenden Beschlusses der Kommunalvertretung sowie der Genehmigung oder Entschließung der Aufsichtsbehörde ein Hinweggehen über diese Voraussetzungen erschweren. Ist diesen Formerfordernissen genügt, so soll sich der Erklärungsgegner auf die Rechtswirksamkeit der von dem verfassungsmäßigen Vertreter der Gemeinde oder des Kreises abgegebenen Erklärung ohne genauere Prüfung der zugrundeliegenden inneren Verwaltungsvorgänge verlassen können, weil durch das Erfordern jener Förmlichkeiten die Belange des vertretenen Kommunalverbandes dem Gesetze so weit geschützt erscheinen, als es mit der Sicherheit des Rechtsverkehrs verträglich ist; eine etwa doch unterlaufene Überschreitung der dem Gemeindevorsteher oder dem Landrat im Innenverhältnis gesteckten Grenzen geht deshalb zu Lasten des vertretenen Kommunalverbandes. Anderseits aber hat das Gesetz die Beobachtung der aufgestellten Formerfordernisse auch zum Schutze der Gemeinden und der Kreise für notwendig erachtet, so daß bei ihrer Verletzung die Belange der Erklärungsgegner zurücktreten müssen. Bei einem solchen Sinn und Zweck der in Betracht kommenden Vorschriften aber würde es unvernünftig sein, anzunehmen, der Gesetzgeber habe die Möglichkeit offenlassen wollen, sich durch mündliche Abgabe der Verpflichtungs- oder Bevollmächtigungserklärungen allen diesen Sicherungen für den Kommunalverband zu entziehen, da hierdurch ein weites Feld für Mißbräuche der Vertretungsmacht freigegeben wäre. Vgl. hierzu insbesondere die Reichsgerichtsurteile vom 2. Juni 1905 (JW. 1905 S. 446 Nr. 35), vom 4. Dezember 1906 (RGZ. Bd. 64 S. 414), vom 20. Dezember 1907 (RGZ. Bd. 67 S. 269), vom 11. November 1908 V 66/08, vom 6. April 1910 (RGZ. Bd. 73

S. 205), vom 7. Mai 1910 (Gruch. Bd. 55 S. 388), vom 26. Juni 1911 (Gruch. Bd. 56 S. 385), vom 11. November 1911 (JW. 1912 S. 96 Nr. 53), vom 15. Mai 1912 (JW. 1912 S. 816 Nr. 40), vom 5. Juli 1912 (JW. 1912 S. 925 Nr. 27), vom 17. April 1914 (Recht Bd. 18 Nr. 376), vom 14. November 1916 II 325/16, vom 24. September 1921 V 108/21, vom 7. Dezember 1926 (RGZ. Bd. 115 S. 311), vom 1. März 1927 (RGZ. Bd. 116 S. 248), vom 1. März 1927 II 371/26, vom 16. September 1930 (RGZ. Bd. 129 S. 402), vom 16. Februar 1931 IV 290/30.

Daß die sich so ergebende Regelung eine unerträgliche Erschwerung des Rechtsverkehrs der Gemeinden und Kreise mit sich brächte, kann nicht zugegeben werden. Denn sie bezieht sich nicht auf solche Angelegenheiten, die der Gemeindevorsteher und der Landrat nach verwaltungsrechtlichen Grundsätzen selbständig erledigen können, insbesondere also nicht auf die Geschäfte der laufenden Verwaltung, sondern nur auf solche Angelegenheiten, bei denen jene zu ihrem Vorgehen eines Beschlusses der Kommunalvertretung, teilweise auch noch einer Genehmigung oder Entschließung der Aufsichtsbehörde bedürfen, bei denen also ohnedies eine schriftliche Niederlegung erfolgt. Zudem ist es keineswegs immer erforderlich, daß sich der zugrundeliegende Beschluß der Kommunalvertretung auf alle Einzelheiten der rechtsgeschäftlichen Erklärung des Gemeindevorstehers oder des Landrats gegenüber dem anderen Beteiligten erstreckt, sondern es wird, soweit nicht sonstige Verwaltungsrechtssätze im Wege stehen, im allgemeinen genügen, wenn die Kommunalvertretung ihre grundsätzliche Zustimmung zu dem geplanten Vorgehen erteilt und die Festlegung der Einzelheiten innerhalb bestimmter Grenzen der selbständigen Entschließung des Gemeindevorstehers oder des Landrats übertragen hat. Auch durch die Anführung eines solchen allgemein gehaltenen Beschlusses ist das Formerfordernis daher erfüllt. Eine Bevollmächtigung des Gemeindevorstehers durch die Gemeinde oder des Landrats durch den Kreis, die wieder dem Formzwange unterläge, ist hierzu nicht nötig. Weil es sich um Formerfordernisse der rechtsgeschäftlichen Erklärung handelt, kann es freilich anderseits nicht genügen, wenn die Kommunalvertretung nachträglich einer vom Gemeindevorsteher oder vom Landrat eigenmächtig abgegebenen Verpflichtungs- und Bevollmächtigungserklärung zustimmt, selbst wenn der Erklärungsgegner hiervon formlos in Kenntnis gesetzt wird. Vielmehr muß in solchem Falle die beurkundete Erklärung selbst ergänzt werden, ebenso wie wenn die vorgeschriebene zweite oder dritte Unterschrift oder das Amtssiegel zunächst gefehlt hat, und erst damit kommt eine formgerechte, also wirksame Erklärung zustande (vgl. das Urteil des Reichsgerichts vom 14. November 1916 II 325/16, auch die Urteile vom 4. Dezember 1906, abgedr. RGZ. Bd. 64 S. 414, und vom 26. Juni 1911, abgedr. bei Gruch. Bd. 56 S. 385). Eine Überspannung liegt darin um so weniger, als der Beurkundung eine über die bloße Bekanntgabe hinausgehende Bedeutung zukommt, weil nämlich bei formgerechter Erklärung sich die Gemeinde und der Kreis auf etwaige Mängel der Beschlußfassung dem Gegner gegenüber nicht berufen können. Entsprechendes gilt, wenn die erforderliche Genehmigung oder Entschließung der Aufsichtsbehörde erst nachträglich eingeholt wird (vgl. das Urteil des Reichsgerichts vom 16. Februar 1931 IV 290/30).

Im vorliegenden Falle hatten die Beteiligten die notarielle Beurkundung ihrer Abmachung nicht bloß vereinbart, ohne daß Umstände behauptet wären, die dafür sprächen, daß sie schon ohne sie hätten gebunden sein wollen, sondern diese Beurkundung war wegen der von den Vertragsgegnern der Klägerin übernommenen Verpflichtung zur späteren Übertragung des zu erbauenden Wasserwerkes, wozu die Übereignung des Grund und Bodens gehört, auf dem es steht, auch schon gemäß § 313 BGB. erforderlich. Selbst wenn daher die Vorschrift des § 88 Nr. 7 Abs. 2 LGO. auf solche rechtsgeschäftlichen Erklärungen zu beschränken wäre, deren Beurkundung vom Gesetz anderweit schon gefordert oder von den Parteien als Verbindlichkeitsvoraussetzung gewollt ist, würde ihre Anwendbarkeit hier nicht entfallen. In dem Vertrage hat die Klägerin ihren Vertragsgegnern gegenüber eine ganze Reihe von Verpflichtungen übernommen; die Vertragserklärung ihres Vorstehers war also bestimmt, sie Dritten gegenüber zu verbinden. Es liegt auch auf der Hand, daß der Vertragsschluß weit außerhalb des Rahmens der dem Gemeindevorsteher nach den verwaltungsrechtlichen Grundsätzen zu selbständiger Erledigung zugewiesenen Angelegenheiten lag. Auch die weiteren sachlichen Voraussetzungen für das Platzgreifen der Formvorschrift waren daher gegeben. Ihr ist jedoch in mehrfacher Hinsicht nicht genügt.

Ein solcher Formfehler liegt zunächst darin, daß der dem Vertragsschlusse zugrundeliegende Gemeindebeschluß in der Urkunde nicht angeführt ist. Nach den dargelegten Rechtsgrundsätzen müßte schon dieser Verstoß die Willenserklärung der Klägerin nichtig und damit den Vertrag rechtsunwirksam machen. Daran würde sich auch nichts ändern, wenn die Gemeindeversammlung nachträglich zugestimmt haben sollte und die Vertragsgegner davon alsbald mündlich und durch Vermittlung des beurkundenden Notars nach der Klagerhebung brieflich unterrichtet worden sein sollten, wie die Beklagten behaupten, und ebensowenig, wenn die Gemeindeversammlung den Gemeindevorsteher vorher zu dem Abschlusse mit gewissen, von ihm tatsächlich innegehaltenen Maßgaben ermächtigt und dieser davon die Vertragsgegner bei dem Abschlusse gemäß dem Willen der Gemeindevertretung mündlich in Kenntnis gesetzt haben sollte, wie die Beklagten ferner geltend gemacht haben. Nun ist freilich nicht bloß der VII. Zivilsenat des Reichsgerichts in dem vom Berufungsgericht angezogenen Urteil vom 1. März 1910 (RGZ. Bd. 73 S. 73) insofern von einer anderen Rechtsauffassung ausgegangen, als er angenommen hat, daß die mündliche Mitteilung eines dem Vertragsschlusse voraufgegangenen und diesen deckenden Gemeindebeschlusses an den anderen Vertragsteil durch den dazu beauftragten Gemeindevorsteher dessen Erwähnung in der Urkunde überflüssig mache, sondern es hat sich auch der II. Zivilsenat in dem Urteil vom 14. November 1916 II 325/16 dem angeschlossen. Dem Berufungsgericht ist jedoch zuzugeben, daß die Zulassung einer solchen Ausnahme nicht bloß mit dem gerade in dieser Hinsicht eindeutigen Wortlaut des § 88 Nr. 7 Abs. 2 LGO., sondern auch mit den vom Reichsgericht angenommenen Zwecken der dort getroffenen eigenartigen Reglung kaum vereinbar ist. Der VII. Zivilsenat hat jene Ansicht auch in späteren Urteilen, wennschon nicht ausdrücklich aufgegeben, so doch der Sache nach fallen lassen (Urteile vom 28. März 1929, abgedr. RGZ. Bd. 123 S. 358, und vom 16. September 1930 VII 624/30), während der II. Zivilsenat ihre Richtigkeit in seinen späteren Erkenntnissen dahingestellt gelassen hat (Urteile vom 7. Dezember 1926, abgedr. RGZ. Bd. 115 S. 311, und vom 1. März 1927, abgedr. RGZ. Bd. 116 S. 248). Einer Entscheidung dieser Frage bedarf es jedoch nicht, weil sich die Rechtsunwirksamkeit des Vertrages schon aus einem anderen Formmangel ergibt.

Es ist nämlich rechtsirrig, wenn das Berufungsgericht meint, der dem Vertrage zugrundeliegende Gemeindebeschluß habe der Genehmigung des Kreisausschusses nicht bedurft. Mithin hat bereits die Nichtanführung einer solchen Genehmigung in der Vertragsurkunde gegen die Vorschrift des § 88 Nr. 7 Abs. 2 LGO. verstoßen und den Vertrag wegen Formfehlers für die Klägerin unverbindlich gemacht.

Nach § 114 LGO. bedürfen alle solchen Gemeindebeschlüsse der Genehmigung durch den Kreisausschuß, die „eine neue Belastung der Gemeindeangehörigen ohne gesetzliche Verpflichtung" zum Gegenstand haben. Darüber, was unter „einer neuen Belastung der Gemeindeangehörigen ohne gesetzliche Verpflichtung" und den ähnlichen Wendungen in § 176 Abs. 1 Nr. 6 und § 124 Abs. 3 KreisO. zu verstehen ist, sind im Schrifttum und in der Rechtsprechung verschiedene Ansichten ausgesprochen worden. Abgesehen von der nur vereinzelt vertretenen und als verfehlt abzulehnenden Meinung, daß es sich bei dieser Vorschrift nur um eine Beschränkung des Steuerrechtes handle, also bloß unmittelbare Belastungen der Gemeindeangehörigen in diesem Sinne in Frage kämen, lassen sich zwei Auffassungen einander gegenüberstellen.

Die eine, der sich insbsondere das Kammergericht in einer bei Johow Bd. 34 S. 193 abgedruckten Entscheidung vom 8. April 1910 angeschlossen hat (vgl. auch PrVerwBl. Bd. 29 S. 152), stellt darauf ab, ob der Gemeindebeschluß und dessen Durchführung im Endergebnis die Beschaffung neuer Mittel durch Erhöhung der Steuerlast oder Aufnahme einer Anleihe nötig machen oder zum Gegenstande haben (vgl. dazu Seger Die Kreisordnung usw. [1930] Anm. 309 zu § 124; Genzmer Die Landgemeindeordnung 5. Auflage [1914] S. 197 ff., Anm. 83 zu § 114). Sie scheidet also alle Beschlüsse aus, die sich auf die Verwendung bereiter Geldmittel der Gemeindekasse oder von sonst vorhandenem Gemeindevermögen beziehen oder gegenseitige Verträge zum Gegenstande haben, die der Gemeinde für eigene Leistungen gleichwertige Gegenleistungen zuführen, und betrachtet demnach als genehmigungsbedürftig nur solche Beschlüsse, welche auf die Übernahme einer einseitigen Verpflichtung der Gemeinde gegenüber einem anderen oder auf eine Veranstaltung der Gemeinde gerichtet sind, die zukünftige Aufwendungen, insbesondere zu ihrer Unterhaltung nötig macht, ohne entsprechende Einnahmen zu bringen, und für die keine gesetzliche Verpflichtung besteht. Gegen diese Auslegung der Vorschrift spricht einmal, daß sie das maßgebende Urteil darüber, ob ein geplantes Unternehmen in seinem künftigen Endergebnis als gewinnbringend oder wenigstens in Vorteil und Nachteil sich ausgleichend zu betrachten ist, und ob bei einem gegenseitigen Vertrag Leistung und Gegenleistung als gleichwertig gelten können, der Gemeinde beläßt und sie so in die Lage versetzt, ohne die Aufsichtsbehörde zu befragen, die bedenklichsten Wagnisse zu übernehmen. Dazu kommt, daß — von nicht ins Gewicht fallenden seltenen Ausnahmen abgesehen — wohl kaum jemals eine Gemeinde eine neue Aufgabe auf sich nehmen wird, von der sie sich nicht letztlich einen Nutzen für sich und ihre Angehörigen verspricht, und daß es daher zur Einholung der Genehmigung des Kreisausschusses zu einem Gemeindebeschlusse außer in den im § 114 Abs. 2 LGO. sonst noch aufgezählten Fällen so gut wie niemals kommen würde, wenn die Genehmigung nur nötig wäre, wo die Gemeinde selbst das geplante Unternehmen anders beurteilt. Bei Privatrechtsgeschäften tritt schließlich noch das Bedenken hinzu, daß die den Gerichten im Streitfalle obliegende Entscheidung über deren Gültigkeit von der Beantwortung einer Frage abhinge, die wie keine andere dem Gebiete des Verwaltungsermessens zuzurechnen ist.

Die Gegenmeinung, der das neuere Schrifttum, vor allem aber auch das Oberverwaltungsgericht (Entsch. Bd. 68 S. 359, Bd. 79 S. 8,

Bd. 82 S. 108) und die Verwaltungspraxis folgen (vgl. Seger a. a. O. Anm. 309 zu § 124, bes. S. 77 unter d; v. Brauchitsch Verwaltungsgesetze für Preußen 7. Bd. 19. Aufl. [1930] S. 232 Anm. 3 zu § 114 LGO., S. 81 Anm. 2 zu § 124 KreisO.), versteht unter „neuer Belastung ohne gesetzliche Verpflichtung" die Übernahme jeder, auch nur bedingten Verpflichtung auf die Gemeinde, die ihr bisher niemals in dieser Höhe obgelegen hat und die nicht durch Zwangsetatisierung erzwungen werden kann. Nach ihr liegt eine „Belastung" immer vor, wenn Leistungen oder Verpflichtungen schlechthin übernommen werden, gleichgültig, ob die Mittel aus den laufenden Einnahmen, aus dem Barvermögen der Gemeinde oder aus Anleihen beschafft werden sollen. Dieser Auffassung gemäß hebt also die Vorschrift des § 114 Abs. 2 Halbsatz 4 LGO. aus der Gesamtheit der Gemeindebeschlüsse diejenigen heraus, welche sich weder auf die Erfüllung der der Gemeinde durch die Gesetze zugewiesenen Aufgaben beziehen, noch die Ausführung von Aufgaben zum Gegenstande haben, die sich die Gemeinde freiwillig ohne gesetzliche Verpflichtung durch voraufgegangene Beschlüsse bereits in diesem Umfange gesetzt hat, sondern durch welche die Gemeinde solche neuen Aufgaben ohne gesetzliche Verpflichtungen übernimmt, sei es, daß diese durch den Beschluß gleich auch schon ausgeführt werden, sei es, daß ihre Ausführung erst in der Folge geschehen soll. Bei diesen Beschlüssen verlangt sie, daß sie dem Kreisausschuß zur Genehmigung vorgelegt werden, wenn dadurch die rechtliche oder tatsächliche Lage der Gemeinde irgendwie verschlechtert wird, wobei keineswegs bloß die Übernahme von Verpflichtungen anderen gegenüber in Betracht kommt, sondern auch eine bloße tatsächliche Nötigung zu Aufwendungen genügt. Dabei ist diese Voraussetzung ähnlich zu verstehen wie die für die Anwendung des § 107 BGB. auf Willenserklärungen eines Minderjährigen, daß dieser dadurch nicht lediglich einen rechtlichen Vorteil erlange. Es kommt also nicht auf das wirtschaftliche Endergebnis an, vielmehr ist es gerade der Zweck der Beschränkung der Handlungsfreiheit der Gemeinden, eine verschärfte Prüfung solcher Beschlüsse auf ihren Nutzen für sie durch die Notwendigkeit ihrer Genehmigung durch den Kreisausschuß herbeizuführen. Eine allzu weitgehende Beschneidung der Selbstverwaltung kann hierbei unschwer dadurch vermieden werden, daß bei der Annahme einer gesetzlichen Verpflichtung weitherzig verfahren wird (vgl. Seger a. a. O. S. 76). Diese Auslegung der Vorschrift entspricht einer vernünftigen und gerechten Abwägung der widerstreitenden Belange unter Beachtung des Umstandes, daß es sich um ein verwaltungsrechtliches Gesetz handelt. Ihr ist deshalb zuzustimmen. Der II. und der V. Zivilsenat des Reichsgerichts, die in früheren Entscheidungen (Urteile vom

14. November 1916 II 325/16 und vom 7. Mai 1910 V 407/09, abgedr. bei Gruch. Bd. 55 S. 388) der anderen Meinung gefolgt waren, haben auf Befragen erklärt, daran heute nicht mehr festhalten, sondern sich der zuletzt dargelegten Auffassung anschließen zu wollen.

Als genehmigungsbedürftig sind hiernach insbesondere zu betrachten Beschlüsse über die Neuerrichtung einer höheren Schule, eines Krankenhauses, einer Volksbücherei, aber auch eines Wasserwerkes zur Versorgung der Gemeindeangehörigen. Dabei kann es jedoch keinen Unterschied machen, ob die Gemeinde beschließt, ein solches selbst zu erbauen und sogleich selbst zu betreiben, oder ob ihr Beschluß — wie hier — dahin geht, einem anderen zur Erbauung eines solchen Wasserwerkes, das zunächst von diesem betrieben werden soll, später aber von ihr selbst übernommen werden muß, einen Zuschuß zu zahlen und fortlaufende Leistungen zu machen. Das eine wie das andere bedeutet in gleicher Weise eine neue Belastung der Gemeindeangehörigen ohne gesetzliche Verpflichtung im Sinne des § 114 LGO. Der dem Vertrage vom 20. Oktober 1922 zugrundeliegende Gemeindebeschluß bedurfte daher seines Inhaltes wegen der Genehmigung des Kreisausschusses. Da eine solche in der Urkunde nicht erwähnt, übrigens auch unstreitig nicht erteilt ist, so entbehrt demnach der Vertrag der Rechtswirksamkeit, und er könnte diese auch durch Nachholung der Genehmigung nicht rückwirkend erlangen. Dem Berufungsgericht ist also darin beizutreten, daß es ihn für nichtig erklärt hat. Aus den von ihm zutreffend dargelegten Gründen kann der Klägerin auch kein die Arglisteinrede rechtfertigender Vorwurf gemacht weden, wenn sie sich jetzt erst auf die Nichtigkeit des Vertrages beruft . . .

**RGZ. 148, 101**

**Ist ein von Gemeinden in den Formen des bürgerlichen Rechts vereinbarter Verzicht auf öffentliche Abgaben ohne entsprechende Gegenleistung zulässig?**

Preuß. Kommunalabgabengesetz vom 14. Juli 1893 (GS. S. 152) §§ 9, 20.

VII. Zivilsenat. Urt. v. 28. Mai 1935 i. S. P. als Verwalter im Konkurse über das Vermögen der W. Straßenbahn GmbH. (Kl.) w. Stadtgemeinde B. (Bekl.). VII 411/34.

I. Landgericht Bochum. II. Oberlandesgericht Hamm.

Die Beklagte ist Rechtsnachfolgerin der früheren Gemeinde G., die mit anderen Gemeinden die W. Straßenbahn GmbH. gegründet hat. Über das Vermögen dieser Gesellschaft mbH. wurde später der

Konkurs eröffnet und der Kläger zum Verwalter bestellt. Im Konkurs hat die Beklagte unter Inanspruchnahme des Vorrechts des § 61 Nr. 2 KO. Steuerforderungen in erheblicher Höhe angemeldet. Der Kläger hat hinsichtlich eines Teilbetrags davon die Feststellung beantragt, daß die Forderung insoweit nicht bestehe. Er hat sich darauf berufen, die Beklagte habe sich in einem später eingefügten § 11 des Gesellschaftsvertrags gleich den übrigen Gesellschafter-Gemeinden verpflichtet, der Gemeinschuldnerin Steuerfreiheit zu gewähren. So sei jedenfalls jene Bestimmung zu verstehen. Die Beklagte hatte die Unzulässigkeit des Rechtswegs eingewendet und war damit in den Vorinstanzen durchgedrungen. Der erkennende Senat hatte durch Urteil vom 27. Februar 1934 VII 313/33[1]) die Einrede der Unzulässigkeit des Rechtswegs verworfen und die Sache an das Landgericht zurückverwiesen. Er hatte ausgeführt, es entspreche der ständigen Rechtsprechung des Reichsgerichts (vgl. u. a. RGZ. Bd. 67 S. 293, Bd. 105 S. 37; WarnRspr. 1932 Nr. 70), daß Gemeinden und andere öffentlich-rechtliche Verbände im Verkehr miteinander und mit Privatpersonen befugt seien, öffentlich-rechtliche Angelegenheiten durch Verträge zu regeln, die im Privatrecht wurzelten, vorausgesetzt, daß nicht das Gemeinwohl, sondern die Rechtssphäre einzelner den Gegenstand des Vertrags bilde. Diese Einschränkung sei hier nicht gegeben. Der ordentliche Rechtsweg sei daher zulässig. Über die Zulässigkeit und damit Rechtswirksamkeit der Vereinbarung im Hinblick auf öffentlich-rechtliche Vorschriften sei damit noch nichts gesagt. Diese Frage sei erst noch zu erörtern.

Nach erneuter Verhandlung haben beide Vorinstanzen die Klage als unbegründet abgewiesen. Die Revision des Klägers hatte keinen Erfolg,

Gründe:

Das Berufungsgericht stellt fest, durch § 11 n. F. des Gesellschaftsvertrags habe eine Verpflichtung der Gesellschafter gegenüber der Gesellschaft mbH. selbst zur Gewährung von Steuerfreiheit an diese begründet werden sollen; nicht das Entstehen von Steuerforderungen habe dadurch ausgeschlossen werden sollen, es sei aber auch nicht eine bloße Niederschlagung von später fällig werdenden Steuern beabsichtigt gewesen. Vielmehr sei Inhalt dieser Bestimmung des Gesellschaftsvertrags die Verpflichtung der Gesellschafter-Gemeinden gewesen, in Zukunft solange keine Gemeindesteuern mehr von der Gesellschaft zu erheben, als diese ihre Bahn im Betrieb haben würde, und solche Steuern zurückzuzahlen, die zur Zeit der Vereinbarung für die vorhergegangene Betriebszeit schon bezahlt gewesen seien. Diese Auslegung liegt auf dem Gebiet der tatsächlichen Würdigung.

---

[1]) Abgedruckt RVerwBl. Bd. 55 S. 860 Nr. 2. D. R.

Ein Rechtsfehler ist darin nicht erkennbar. Die Revision hat dagegen auch nichts vorgebracht.

Die Vereinbarung zwischen den Steuergläubigern und der Steuerschuldnerin könnte, so führt das Berufungsgericht weiter aus, nur dann gültig sein, wenn die Steuerschuldnerin auf Grund der Vereinbarung irgendeine sonstige Leistung an die Steuergläubiger bewirkt hätte und die Freistellung von der Steuer als vertragsmäßige Abgeltung dieser anderen Leistung des Pflichtigen hätte betrachtet werden sollen und können. Da das Berufungsgericht bei seinen weiteren Erörterungen von dem eben wiedergegebenen Grundsatz ausgeht und zur Abweisung der Klage um deswillen kommt, weil *keine „sonstige Leistung"* des Steuerpflichtigen vorliege, welche eine Gegenleistung für die Steuerbefreiuung darstellen könnte, so ist zu prüfen, ob dieser Grundsatz richtig ist.

Sowohl das Preußische Oberverwaltungsgericht (vgl. u. a. Entsch. Bd. 82 S. 138 [140], Bd. 33 S. 106 [107], Bd. 38 S. 141 [145 flg.], Bd. 53 S. 119, Bd. 56 S. 124) wie auch das Reichsgericht (RGZ. Bd. 82 S. 329, Bd. 132 S. 225 [S. 229/30]) gehen davon aus, daß das einer Gemeinde übertragene Finanzhoheitsrecht nicht durch privatrechtliche Vereinbarungen eingeschränkt werden dürfe, weil das mit dem öffentlichen Recht nicht vereinbar wäre. Deshalb sei auch ein allgemeiner Verzicht auf die Erhebung von Beiträgen unzulässig, zu der eine Gemeinde auf Grund der §§ 9, 20 des preuß. Kommunalabgabengesetzes vom 14. Juli 1893 berechtigt sei. Eine vertragsmäßige Regelung der Beitragspflicht sei aber von der Rechtsprechung stets in dem Sinne zugelassen worden, daß sie die Entstehung der Beitragspflicht unberührt lasse, daß aber, sobald die Abgabepflicht entstanden und der Beitrag fällig geworden sei, dieser nicht erhoben, sondern als durch eine vertragsmäßige Leistung im voraus abgegolten betrachtet werden solle. Eine solche Abrede könne auch schon vor der Entstehung der Beitragspflicht getroffen werden (RGZ. Bd. 132 S. 230).

Das Oberlandesgericht verneint, daß eine vertragsmäßige Leistung der Gesellschaft (Gemeinschuldnerin) gegenüber den steuerberechtigten Gemeinden als Abgeltung für die geschuldeten Steuern bedungen worden sei. Das lasse sich nicht feststellen. Die Leistung der Gesellschaft habe nach dem ursprünglichen Vertrag von 1907 in dem Bau, Betrieb und Ausbau der Bahn und in der Verteilung eines etwaigen Reingewinns an die Gesellschafter bestanden; ihr hätten die Verpflichtungen der Gesellschafter zur Leistung der Stammeinlagen, der etwa eingeforderten Nachschüsse, der Bürgschaften für Anleihen der Gesellschaft und die weitere Verpflichtung gegenübergestanden, die Gemeindewege für den Bahnbetrieb zur Verfügung zu stellen. Neue Leistungen habe die Gesellschaft auch später nicht übernommen, insbesondere nicht, als ihr — im Mai 1912 — durch Vertragsänderung die Steuerfreiheit (im oben festgestellten Sinn) zugestanden worden sei. Denn der Erweiterung des Bahnbaues und -betriebs hätten entsprechend weitere Leistungen der Gesellschafter durch Erhöhung des Stammkapitals, durch Bürgschaften usw. gegenübergestanden. Diese Gegenleistungen der Gesellschafter hätten sich schon aus dem ursprünglichen Vertrag ergeben; neue Leistungen seien zur Abgeltung etwa erweiterter Leistungen der Gesellschaft weder erforderlich noch bestimmt gewesen. Der Steuernachlaß sei auch nicht an die Stelle von Zuschüssen, insbesondere nicht an die Stelle der vertragsmäßig festgelegten Nachschußpflicht der Gesellschafter, getreten. Bis zum Mai 1912 seien von der Gesellschaft nicht einmal die bisherigen Verpflichtungen der Gesellschafter voll in Anspruch genommen gewesen. Das Berufungsgericht stellt abschließend fest, daß die Gesellschafter-Gemeinden der Gesellschaft Steuern erlassen haben, ohne daß die Gesellschaft eine Gegenleistung dafür gegeben habe, die als Ausgleich oder Abgeltung des Steuererlasses hätte angesehen werden können. Ein solcher Erlaß widerspreche aber dem § 20 des preuß. Kommunalabgabengesetzes; deshalb sei diese Vereinbarung nach § 134 BGB. nichtig gewesen.

Diese Ausführungen beruhen im wesentlichen auf der tatsächlichen Würdigung der Vorgänge und Verhältnisse und auf der Auslegung des Willens, der die Parteien bei der Vereinbarung vom Mai 1912 und ihrer späteren Aufrechterhaltung bestimmt hat und darin Ausdruck gefunden hat. Das Berufungsgericht hat auslegend weiter festgestellt, mit der Änderung des § 11 (n. F.) des Vertrags sei lediglich einem Wunsch des Leiters des Unternehmens (der Gesellschaft) nach möglichst geringer Belastung „von vornherein" entsprochen worden, und man habe dadurch weiter die Annehmlichkeit erreichen wollen und erreicht, daß „einige Gemeindebeamte weniger Arbeit gehabt hätten", d. h., daß den Gemeinden die umständlichen Berechnungen der auf sie entfallenden und zwischen ihnen als Gesellschaftern auszugleichenden Gemeindesteuern erspart geblieben seien.

Die Revision erkennt die rechtliche Grundlage an, von der das Berufungsgericht ausgegangen ist. Sie meint aber, gerade von ihr aus komme es auf die Begründung des Berufungsgerichts nicht an. Maßgebend sei lediglich, ob sich nach der gesamten Gestaltung des Vertrags in seiner Fassung vom 24. Mai 1912 bei Auslegung nach Treu und Glauben die Befreiung der Gesellschaft von der Steuerlast als eine Gegenleistung der Gemeinden im Sinne des Urteils des Reichsgerichts vom 26. März 1931 (RGZ. Bd. 132 S. 225) darstelle. Das sei nicht zu bezweifeln; denn nach Inhalt, Sinn und Zweck des Vertrags sei die Gesellschaft zur Aufrechterhaltung des Straßenbahnbetriebs in den Gemeinden verpflichtet gewesen. Um diesen Zweck zu erreichen, nicht um mehr oder weniger große Gewinne zu erzielen, hätten sich die Gesellschafter-Gemeinden im (alten) § 17 (späteren § 11) des Gesellschaftsvertrags zur kostenlosen Hergabe ihrer Gemeindewege und zu deren Unterhaltung verpflichtet; nachträglich hätten sie, zu demselben Zweck, auch die Freistellung von Steuererhebung vertraglich vereinbart. Das erweise klar die Verknüpfung dieser Freistellung mit den vorerwähnten Gegenleistungen der Gesellschaft im neuen § 16, jetzt § 11 des Gesellschaftsvertrags.

Die Revision übersieht, daß der wirtschaftliche Zusammenhang zwischen den Leistungen der Gesellschafter und denen der Gesellschaft sowie zwischen der Freistellung von der Steuerlast und dem zu erreichenden Gesellschaftszweck nicht genügt, wenn auch die Freistellung von der Steuerlast in einem solchen Zusammenhang erfolgt sein mag. Mit Recht verlangt vielmehr der Vorderrichter die Abhängigkeit jener Steuerbefreiungsverpflichtung seitens der Gesellschafter von einer bestimmten oder bestimmbaren Leistung der Gesellschaft, durch welche die Steuerschuld als abgegolten angesehen werden kann. Eine solche Abhängigkeit aber hat er mit Erwägungen tatsächlicher Art verneint, denen gegenüber die Ausführungen der Revision unbehelflich sind...

**RGZ. 153, 162**

**1. Reicht der vom Landrat erteilte Vorbescheid zur Eröffnung des Rechtswegs aus, wenn er vermögensrechtliche Ansprüche eines Kommunalbeamten aus seinem Dienstverhältnis zu einer kreiszugehörigen Stadt von nicht mehr als 10 000 Einwohnern betrifft?**

**2. Unter welchen Voraussetzungen befreit die Feststellung der Jahresrechnung und die Erteilung der Entlastung durch die Stadtverordneten den Bürgermeister von seiner Verantwortlichkeit für Haushaltsüberschreitungen?**

Preuß. Kommunalbeamtengesetz vom 30. Juli 1899 (GS. S. 141) — KBG. — § 7. Preuß. Verordnung zur Vereinfachung und Verbilligung der Verwaltung vom 1. September 1932 (GS. S. 283) § 24 (in der Fassung der Verordnung zur Regelung einiger Punkte des Gemeindeverfassungs-, Verwaltungs- und Abgabenrechts usw. vom 17. März 1933, GS. S. 43, Art. IX Nr. 8). Preuß. Gesetz über die Anpassung der Landesverwaltung an die Grundsätze des nationalsozialistischen Staates vom 15. Dezember 1933 (GS. S. 479) §§ 1, 9. Preuß. Städteordnung für die sechs östlichen Provinzen vom 30. Mai 1853 (GS. S. 261) — StädteO. — § 69.

III. Zivilsenat. Urt v. 8. Dezember 1936 i. S. Stadtgemeinde F. (Bekl.) w. P. (Kl.). III 322/35.

I. Landgericht Guben. II. Kammergericht Berlin.

Aus den Gründen:

1. Nach § 7 KBG. setzt die Einklagung von Ansprüchen der Kommunalbeamten aus ihrem Dienstverhältnis die Erteilung eines Vorbescheids durch die Verwaltungsbehörde voraus. Hieran haben sich im gegenwärtigen Falle zahlreiche Zweifelsfragen geknüpft.

Der Kläger, der sein Ruhegehalt als früherer Bürgermeister von der verklagten (preußischen) Stadtgemeinde fordert, hat die Auffassung vertreten, daß es eines Vorbescheids überhaupt nicht bedürfe, weil sein Anspruch an sich unstreitig sei, der Streit vielmehr nur um die von der Beklagten zur Aufrechnung gestellten Gegenforderungen gehe. Diese Ansicht wird auch in den Bescheiden des vom Kläger angerufenen Landrats sowie des Regierungspräsidenten vertreten. Der erkennende Senat hat bereits für die grundsätzlich gleiche Bestimmung in § 2 des preußischen Gesetzes betr. die Erweiterung des Rechtsweges vom 24. Mai 1861 (GS. S. 241) einen gegenteiligen Standpunkt eingenommen (Urt. vom 5. November 1935 III 67/35). Daran ist auch hier festzuhalten. Nach dem uneingeschränkten Wortlaut des § 7 KBG. muß der Vorbescheid ergangen sein, ehe die Klage im ordentlichen Rechtsweg erhoben werden kann. Der Vorbescheid bildet daher eine unerläßliche Voraussetzung für die Zulässigkeit des Rechtswegs. Dabei kommt es nicht auf die Gründe an, aus denen sich die Verwaltung weigert, den vom Beamten erhobenen Anspruch zu erfüllen. Auf der anderen Seite ist der Beamte, wenn sich die Verteidigung der Verwaltung im Rechtsstreit ändert, demzufolge auch nicht zur Beibringung eines neuen Bescheids genötigt. Hier hatte die Beklagte, als der Kläger den ersten Vorbescheid des Landrats vom 12. März 1934 erwirkte, zwar nur mit einer Gegenforderung aufgerechnet, während sie erst im Rechtsstreit mit einer zweiten Gegenforderung, weil sich der Kläger einer Haushaltsüberschreitung schuldig gemacht habe, hervorgetreten ist. Dadurch wurde die Beibringung eines weiteren Bescheides nicht veranlaßt, ebensowenig nach der feststehenden Rechtsprechung des erkennenden Senats dadurch, daß der Kläger seinen Anspruch um die fortlaufend weiter fällig werdenden Raten seines Ruhegehalts jeweils erhöht hat. Es war daher überflüssig, daß ihm das Berufungsgericht dieserhalb die Erwirkung eines neuen Bescheids nahegelegt hat.

Das in der Revisionsinstanz hervorgetretene Hauptbedenken lag darin, ob der Landrat oder der Regierungspräsident zur Vorbescheidserteilung zuständig war. Das Bedenken hat zwar für den gegenwärtigen Rechtsstreit keine Bedeutung mehr, da der Kläger — was der erkennende Senat stets für zulässig erachtet hat — in der Revisionsinstanz einen Bescheid des Regierungspräsidenten nachgebracht hat. Seine Klärung ist jedoch mit Rücksicht auf die Vereinheitlichung der Rechtsprechung geboten.

Nach § 7 KBG. war ursprünglich der Bezirksausschuß für die Vorbescheidserteilung zuständig; nur bei den in §§ 18 bis 20 das. erwähnten ländlichen Kommunalverbänden war von vornherein die Zuständigkeit des Kreisausschusses begründet. Dieser ist dann später auch für kreisangehörige Städte mit nicht mehr als 10 000 Einwohnern zuständig geworden. Diese Stadtgemeinden sind durch die Verordnung zur Vereinfachung und Verbilligung der Verwaltung vom 1. September 1932 nicht nur hinsichtlich der Staatsaufsicht dem Landrat unterworfen (§ 16), sondern sie sind zugleich auch hinsichtlich der Verwaltungsgerichtsbarkeit dem Kreisausschuß unterstellt worden, der abgesehen von hier nicht in Betracht kommenden Ausnahmefällen für alle Angelegenheiten, an denen sie beteiligt sind, als Beschlußbehörde und Verwaltungsgericht berufen war (§ 24 in der Fassung von Art. IX Nr. 8 der Verordnung vom 17. März 1933). Da die verklagte Stadtgemeinde dieser Art von Gemeinden zurechnet, stand die Erteilung von Vorbescheiden nicht mehr dem Bezirksausschuß, sondern dem Kreisausschuß zu. An dessen Stelle als Beschlußbehörde ist aber jetzt nach §§ 1 und 9 des preußischen Gesetzes über die Anpassung der Landesverwaltung an die Grundsätze des nationalsozialistischen Staates vom 15. Dezember 1933 der Landrat getreten. Daran ist durch § 58 des preußischen Gemeindeverfassungsgesetzes vom 15. Dezember 1933 (GS. S. 427) sowie durch § 107 der Deutschen Gemeindeordnung vom 30. Januar 1935 (RGBl. I S. 49) nebst § 33 der Ersten Durchführungsverordnung hierzu vom 22. März 1935 (RGBl. I S. 393) nichts geändert worden.

Es erhebt sich aber die Frage, ob mit Rücksicht auf die Bestimmung in § 9 Abs. 2 Satz 2 des Anpassungsgesetzes vom 15. Dezember 1933:

> War die Entscheidung des Kreisausschusses (Stadtausschusses usw.) Voraussetzung für einen weiteren Rechtsgang, so tritt der Beschwerdeentscheid des Regierungspräsidenten verfahrensrechtlich an ihre Stelle.

stets noch eine Beschwerdeentscheidung des Regierungspräsidenten erfordert werden muß. Der Erlaß des Reichs- und Preußischen Ministers des Innern vom 14. November 1935 (V a III 1. 31/35) scheint das bejahen zu wollen. Es muß indessen bezweifelt werden, ob dies dem Sinne der schrittweise fortentwickelten Gesetzgebung entspricht. Ausgangspunkt dieser Entwicklung ist § 7 KBG. gewesen, der besagt, daß der Beamte schon gegen den im ersten Rechtszuge ergangenen Bescheid den Rechtsweg beschreiten kann, ohne zuvor zur Einlegung eines Rechtsmittels im Verwaltungsverfahren gezwungen zu sein. Ihm ist vielmehr freigestellt, vor Anrufung des ordentlichen Gerichts von einem solchen Rechtsmittel Gebrauch zu machen. Eine ausdrückliche Aufhebung dieser Sonderregelung ist nicht erfolgt. Es würde auch kein Grund dafür ersichtlich sein. Die späteren Vorschriften haben nur die Zuständigkeiten für den Vorbescheid geändert und diese dem in der Staatsverwaltung durchgeführten Führergrundsatz angepaßt. Damit kann nicht beabsichtigt gewesen sein, die Rechtsverfolgung vor den ordentlichen Gerichten durch Einführung weiterer förmlicher Voraussetzungen zu erschweren. Das müßte allen gesunden Bestrebungen für die deutsche Rechtserneuerung zuwiderlaufen. Übrigens besagt die in Rede stehende Bestimmung des Anpassungsgesetzes dem Wortlaut nach nicht mehr, als daß die Beschwerdeentscheidung des Regierungspräsidenten, wenn sie einmal herbeigeführt ist, dann auch die Grundlage für den weiteren Rechtsgang bildet, so daß also der Beschwerdeführer insbesondere keine Nachteile insoweit zu befürchten hat, als er etwaige Fristen durch die Beschwerdeeinlegung versäumt haben sollte. Mag aber auch der Sinn der Bestimmung ein weitergehender sein, so fehlt doch jeder Anhalt, daß damit über das Gebiet des verwaltungsmäßigen Rechtsgangs hinaus auch in die bestehende Regelung der Zulässigkeit des ordentlichen Rechtswegs eingegriffen und daß namentlich die Sonderbestimmung in § 7 KBG. beseitigt werden sollte. Das hätte, sollte es wirklich beabsichtigt gewesen sein, im Gesetz unzweideutig erklärt werden müssen. Die gegenteilige Auffassung würde in der tatsächlichen Handhabung zu schweren Nachteilen für die Kommunalbeamten führen. Solchenfalls könnten das Auseinandergehen der gesetzlichen Bestimmungen und die daraus hervorgehende Unklarheit leicht eine Versäumung der Beschwerdefrist (vgl. §§ 51, 52 des Landesverwaltungsgesetzes vom 30. Juli 1883, GS. S. 195) nach sich ziehen und zu einem Fallstrick für den sein Recht suchenden Beamten werden, wenn dieser im Vertrauen auf § 7 KBG. von der Erhebung einer Beschwerde absieht.

2. Ohne Erfolg greift die Revision die Entscheidung des Berufungsgerichts über die Gegenforderung an, welche die Beklagte aus einer vom Kläger begangenen Hauhaltsüberschreitung herleitet. Das Berufungsgericht ist zutreffend davon ausgegangen, daß der Kläger nach §§ 66 und 67 StädteO. verpflichtet war, nur etatisierte oder besonders nachbewilligte Beträge zur Auszahlung zu bringen. Unstreitig aber hat er die für eine Ausschreibung zur Vorbereitung des Rathausumbaues bewilligten 3000 RM. um 4392,43 RM. überschritten. Damit hatte der Kläger fraglos pflichtwidrig gehandelt und sich der Beklagten gegenüber nach den §§ 88 flg. Preuß. ALR. II 10 ersatzpflichtig gemacht. Diese Ersatzpflicht des Klägers ist nach Annahme des Berufungsgerichts indessen weggefallen, weil die Jahresrechnungen für 1928 und 1929 von den städtischen Körperschaften gemäß §§ 69 und 70 StädteO. vorbehaltlos festgesetzt sind und dem Kläger zugleich Entlastung erteilt worden ist. Die Revision wirft dazu die

auch im Berufungsurteil erörterte Frage auf, ob die Feststellung der Jahresrechnungen gegenüber dem Bürgermeister eine solche Rechtsfolge überhaupt nach sich ziehen konnte. Der erkennende Senat hat in wiederholten Entscheidungen (Urt. vom 14. November 1930 III 15/30, abgedr. RuPrVerwBl. 1931 S. 452, vom 20. März 1934 III 302/33, abgedr. HRR. 1934 Nr. 1150 und RVerwBl. Bd. 55 S. 901 und vom 20. Oktober 1936 III 8/36, abgedr. JW. 1937 S. 394 Nr. 5) für das preußische öffentliche Recht den Grundsatz aufgestellt, daß die einem Rechnungsbeamten auf dem vorgeschriebenen Wege erteilte Entlastung in der Regel nicht mehr als eine Quittung bedeutet, wenn nicht besondere Gründe für einen Erlaßvertrag im Sinne des § 397 BGB. sprechen. Mit diesem Grundsatz allein ist hier nicht auszukommen, da er die Eigenart, welche der Feststellung der Jahresrechnung im Verwaltungsbetriebe der Gemeinden zukommt, nicht völlig erschöpft. Die Jahresrechnung bildet das Gegenstück zum Haushaltsplan. Beide sind im Titel VII der Städteordnung vom 30. Mai 1853 zusammenhängend geregelt. Damit hat der Gesetzgeber schon äußerlich den engen Zusammenhang zum Ausdruck gebracht, welcher der inneren Bedeutung nach zwischen Haushaltplan und Jahresrechnung besteht und darauf beruht, daß die Stadtverordnetenversammlung durch den Haushaltplan die Wirtschaftsführung der Verwaltung festlegt, während die Verwaltung durch die Jahresrechnung die Einhaltung dieser Schranken nachzuweisen hat. Es kann dahingestellt bleiben, inwieweit durch die Feststellung der Jahresrechnung sonstige mit der Wirtschaftsführung in Zusammenhang stehende Maßnahmen der Verwaltung genehmigt werden; auf jeden Fall vermögen Etatsüberschreitungen als solche durch diese Feststellungen und die damit in Zusammenhang stehende Entlastung gedeckt zu werden. Wird die Entlastung für offenkundig aus der Jahresrechnung hervorgehende Bewilligungsüberschreitungen vorbehaltlos erteilt, so wird diesen dadurch die Etatswidrigkeit in gleicher Weise genommen, wie das sonst durch eine besondere Nachbewilligung möglich ist. Freilich würden Unredlichkeiten der Verwaltung, falls sich solche unter den in Betracht kommenden Ausgabeposten verbergen sollten, damit noch keine Verzeihung gefunden haben. Hier handelt es sich aber um Überschreitungen von gewöhnlicher Art. Das Berufungsgericht hat nun festgestellt, daß unter den außeretatsmäßigen Ausgaben der Jahresrechnungen von 1928 und 1929 die Überschreitungen „als solche" im einzelnen genau aufgeführt und damit in ihrer Bedeutung deutlich erkennbar gemacht worden sind. Gleichwohl hat die Stadtverordnetenversammlung die Jahresrechnungen genehmigt und Entlastung erteilt. Bei dieser Sachlage ist die Annahme des Berufungsgerichts rechtlich nicht zu beanstanden, daß der Verantwortlichkeit des Klägers für die Überschreitungen damit die Grundlage entzogen worden ist.

**RGZ. 155, 355**

**1. Unter welchen Voraussetzungen ist ein preußischer Landrat dem Kreiskommunalverbande schadensersatzpflichtig wegen solcher Rechtsgeschäfte, die er außerhalb des Haushaltsplans ohne Genehmigung des Kreistags abgeschlossen hat?**

**2. Kann sich der Landrat darauf berufen, daß er schon deshalb der Genehmigung des Kreistags sicher gewesen sei, weil dessen Mehrheit politisch hinter ihm gestanden habe?**

Preuß. ALR. II 10 §§ 88 flg. Preuß. Kreisordnung für die östlichen Provinzen vom 13. Dezember 1872 in der Fassung der Bekanntmachung vom 19. März 1881 (GS. S. 179) — KrO. — §§ 76, 124, 127 Abs. 4, *§ 136* Abs. 1, *§ 137* Abs. 1.

III. Zivilsenat. Urt. v. 29. Juni 1937 i. S. Landkreis B. (Kl.) w. St. (Bekl.). III 236/36.

I. Landgericht Braunsberg. II. Oberlandesgericht Königsberg.

Der Beklagte war bis zum Jahre 1933 Landrat des klagenden preußischen Landkreises. Der Kreisausschuß hatte am 16. August 1930 den Ankauf des Gutshauses R. zwecks Errichtung eines Säuglings- und Mütterheims beschlossen. Nach einem weiteren Beschluß des Kreisausschusses vom 13. November 1930 sollte dem Kreistag vorgeschlagen werden, den Ankauf des Gutshauses und der Einrichtungsgegenstände sowie die Aufnahme eines Darlehns von 30 000 RM. für den Umbau des Hauses zu dem oben gedachten Zweck zu genehmigen. Bereits vor dieser Vorlage an den Kreistag hatte der Beklagte im September 1930 von der Reichsverwertungsstelle in Berlin für Rechnung des Kreises Möbel, Wäschestücke und andere Einrichtungsgegenstände gekauft. Der Kaufpreis belief sich einschließlich von Nebenkosten und Fracht auf 6258,17 RM. Die nächste Kreistagssitzung fand am 15. Dezember 1930 statt. In dieser Sitzung zog der Kreisausschuß die Vorlage zurück; daran knüpften sich Erörterungen der Angelegenheit, die indessen nicht zu einer Abstimmung führten. Die Bezahlung der entstandenen Kosten ist sodann aus dem Sonderfonds „Saatgutkredite 1925" erfolgt. Diese vom Beklagten angeordnete Entnahme wurde durch Beschluß des Kreisausschusses vom 16. April 1931 genehmigt, während eine Genehmigung des Kreistages nicht herbeigeführt ist.

Da die angekauften Einrichtungsgegenstände dem ursprünglich gedachten Zweck nicht zugeführt werden konnten, hat sie der Kreis weiterveräußert. Die Auslagen des Kreises sollen hiernach bis auf einen Restbetrag von 1428,62 RM. ausgeglichen sein. Der klagende Kreis nimmt den Beklagten auf Erstattung dieses Betrags in Anspruch. Die Klage wird damit begründet, daß der Beklagte in mehrfacher Hinsicht gegen die ihm obliegenden Dienstpflichten verstoßen habe. Ein solcher Verstoß liege schon darin, daß er die Gegenstände ohne die erforderliche Genehmigung des Kreistags angeschafft und aus Mitteln des Kreises bezahlt habe. Er habe die Angelegenheit bewußt der Nachprüfung durch den Kreistag entzogen, indem er die Ausgaben nicht in der Jahresrechnung erscheinen ließ und sie aus einem nicht etatisierten Fonds entnahm. Aber auch der Sache nach sei die Anschaffung der Gegenstände leichtfertig und unverantwortlich gewesen. Denn die Errichtung eines Säuglings- und Mütterheims habe außerhalb der Aufgaben des Kreiskommunalverbandes gelegen. Sie habe sich auch mit der ungünstigen Finanzlage des Kreises nicht vereinbaren lassen. Zudem sei das Gutshaus R. für die Einrichtung des Heims gänzlich ungeeignet gewesen. Endlich hätten die ganz wahllos zusammengekauften Sachen in ihrer Mehrzahl den Bedürfnissen und Anforderungen eines solchen Heims nicht entsprochen.

Die Klage ist in beiden Instanzen erfolglos geblieben. Die Revision führte zur Aufhebung des Berufungsurteils und zur Zurückverweisung der Sache.

Gründe:

Nach feststehender Rechtsprechung macht sich der preußische Landrat durch dienstliche Versehen auf dem Gebiete der Kreiskommunalverwaltung dem Kreise gegenüber gemäß §§ 88 ff. Preuß. ALR. II 10 in Verbindung mit Art. 80 Abs. 1 EG. z. BGB. schadensersatzpflichtig. Die Klage vertritt die Ansicht, daß der Beklagte als damaliger Landrat in der Angelegenheit der Errichtung eines kreiseigenen Säuglings- und Mütterheims nach mehrfacher Richtung hin dienstpflichtwidrig vorgegangen sei.

I. In seiner Bedeutung greift am weitesten der Gesichtspunkt, die Errichtung eines solchen Heims habe überhaupt außerhalb der Aufgaben des Kreiskommunalverbandes gelegen und sei ausschließlich Sache des Bezirksfürsorgeverbandes gewesen. Träfe das zu, so wäre der Vorwurf der Dienstpflichtverletzung ohne weiteres begründet. Nach § 76 KrO. war der Beklagte als Vorsitzender des Kreisausschusses und des Kreistages für die ordnungsmäßige Leitung der Kreiskommunalverwaltung verantwortlich. Er hätte also ein Übergreifen des Kreises in den Zuständigkeitsbereich anderer Behörden — gegebenenfalls auf dem Wege des § 178 KrO. — verhindern müssen und sich keinesfalls selbst durch den Ankauf der Einrichtungsgegenstände an einem solchen Unterfangen beteiligen dürfen. Das Berufungsgericht hat diesen Teil des Klagevorbringens kurz damit abgetan, daß zahlreiche Städte und Landkreise Heime ähnlicher Art besäßen. Mag diese Begründung auch nicht erschöpfend sein, so hat das Berufungsgericht im Ergebnis doch das Richtige getroffen ... (Wird näher ausgeführt.)

II. Die anderen gegen den Beklagten erhobenen Vorwürfe spitzen sich darauf zu, daß er durch die Anschaffung der Einrichtungsgegenstände für das geplante Heim die Haushaltsbefugnisse des Kreistags verletzt habe. Nach § 127 Abs. 4 KrO. bedurften Ausgaben, die außer dem Etat geleistet werden sollten, der Genehmigung des Kreistags. Daraus folgt ohne weiteres, daß solche Ausgaben vom Landrat vorher weder übernommen noch geleistet werden durften. Das Haushaltsrecht des Kreistags war ein Grundpfeiler der Kreisordnung für die östlichen Provinzen, an dem nicht gerüttelt werden durfte. Diese nahm insoweit durchaus keine Sonderstellung ein. Der gleiche Grundsatz beherrschte auch die übrigen preußischen Kreisordnungen, Städteordnungen, Landgemeindeordnungen und Provinzialordnungen. Sie alle wiesen die Bestimmung über zu leistende Ausgaben der Vertretungskörperschaft zu und banden die ausführenden Organe an den Haushaltsplan oder für die außerplanmäßigen Ausgaben an die besondere Bewilligung der Vertretungskörperschaft. Auf der anderen Seite mußte die Verwaltungsübung aber notgedrungen Durchbrechungen dieses Grundsatzes in Kauf nehmen. Es war eben nicht durchführbar, die Vertretungskörperschaften — insbesondere die Kreistage — so käufig zu Tagungen heranzuziehen, daß sie über jede außerplanmäßige Ausgabe, die der Verwaltungsbetrieb mit sich brachte, rechtzeitig vorher befragt werden konnten. Ohne solche Ausgaben wird daher keine Verwaltung ausgekommen sein. An festen Grundsätzen in dieser Richtung hat es jedenfalls früher gefehlt, so daß die Handhabung mehr oder weniger von der Tatkraft und Verantwortungsfreudigkeit der ausführenden Organe abhängig war. Erst die Gesetze der neueren Zeit haben in Ansehung der unleugbaren Schwierigkeiten und mit Rücksicht auf die in der „Systemzeit" eingetretenen Mißstände eine klare Grenze gezogen. Sie lassen gewisse Ausnahmen von dem Grundsatze zu, allerdings nur hinsichtlich solcher Ausgaben, bei denen für eine freie Entschließung insofern kein Raum bleibt, als sie zwangsläufig erfolgen müssen oder sonst unvermeidbar sind. Hierfür kann auf § 11 der preußischen Gemeindefinanzverordnung vom 2. November 1932 (GS. S. 341), auf § 39 des preußischen Gemeindefinanzgesetzes vom 15. Dezember 1933 (GS. S. 442) und auf § 91 der Deutschen Gemeindeordnung vom 30. Januar 1935 (RGBl. I S. 49) verwiesen werden. Demnach hält auch die neuere Gesetzgebung im Grunde streng an der Verbindlichkeit des Haushaltsplans fest und läßt Laxheiten der Verwaltungsorgane in dieser Hinsicht nicht zu. An sich würde es naheliegen, die jetzt klar umrissenen Ausnahmefälle auch für den früheren Rechtszustand gelten zu lassen, da sie von einer inneren Selbstverständlichkeit sind. Dazu braucht aber nicht abschließend Stellung genommen zu werden, weil es sich im gegenwärtigen Falle nicht um solche Aufgaben handelt, die mit zwingender Notwendigkeit übernommen werden mußten.

Das Berufungsgericht ist nun der Meinung, daß das eigenmächtige Handeln des Landrats dann eine gesetzliche Rechtfertigung erhalte, wenn die Beschaffung der Gegenstände den — vom Landrat zu führenden — laufenden Verwaltungsgeschäften im Sinne des § 137 Abs. 1 KrO. zuzurechnen sei. Ob letzteres hier geboten ist, hat das Berufungsgericht allerdings offen gelassen. Demgegenüber muß jedoch betont werden, daß der Landrat auch im Rahmen der laufenden Geschäfte an den Haushaltsplan gebunden war. Er war zwar nach § 136 Abs. 1 a. a. O. berechtigt und verpflichtet, die zur Aufrechterhaltung eines ordnungsgemäßen Geschäftsgangs erforderlichen Maßnahmen kraft eigener Entschließung — selbst gegen den Willen des Kreistags — zu treffen. Höchstens in diesem beschränkten Umfange könnte ihm die Befugnis zur Verfügung über die Geldmittel des Kreises unabhängig vom Haushaltsplan zugekommen sein. Das liegt aber jenseits des hier gegebenen Tatbestandes, da die Anschaffung der Gegenstände mit der Aufrechterhaltung eines ordnungsmäßigen Geschäftsgangs offensichtlich nichts zu tun hatte. Daher kann nicht daran gezweifelt werden, daß das Einkaufsgeschäft einer ordnungsmäßigen verwaltungsrechtlichen Grundlage entbehrte.

Allerdings hätte dieser Mangel durch eine nachträgliche Genehmigung des Kreistags wieder beseitigt werden können. In dieser Hinsicht hat das Berufungsgericht dahingestellt gelassen, ob der Kreistag seine Genehmigung in der Sitzung vom 15. Dezember 1930 nicht wenigstens stillschweigend erteilt habe. Nach dem festgestellten Sachverhalt scheidet diese Möglichkeit aber ohne weiteres aus. Es bestehen nicht die leisesten Anhaltspunkte dafür, daß der Kreistag in dieser Angelegenheit über bloße Meinungen hinaus, die in seiner Mitte obgewaltet haben mögen, zur Bildung eines bestimmten Willensentschlusses gelangt ist. Er ist vom Kreisausschuß über die Sache unstreitig gar nicht einmal befragt worden. Die bloße Kenntnisnahme von der Zurückziehung der Vorlage und die hieran anknüpfenden Äußerungen einzelner Kreistagsmitglieder enthalten keine dem § 124 KrO. entsprechende Stellungnahme, die irgendwie einem Abstimmungsergebnisse gleichzusetzen wäre und worin sich eine abschließende Willensäußerung der Vertretungskörperschaft im Sinne der Genehmigung des Kaufgeschäfts verborgen haben könnte. Grundsätzlich ist also daran festzuhalten, daß das Vorgehen des Beklagten den Bestimmungen in § 127 Abs. 4 KrO. widersprach. Dann kann aber nicht geleugnet werden, daß der Beklagte insofern sein Amt unrichtig ausgeübt, also im Rechtssinn ein dienstliches „Versehen" begangen hat, das ihn deshalb noch keineswegs einem moralischen Vorwurf aussetzt und seine Haftung auch nur dann begründet, wenn es als schuldhaft angesehen werden muß.

Was die Verschuldensfrage anlangt, so ist bereits hervorgehoben, daß eine strenge Beachtung des Haushaltsrechts des Kreistags wegen der Schwerfälligkeit seines Tätigwerdens die ausführenden Organe nicht selten in eine schwierige Lage brachte. Sie hatten sich dann zu entscheiden, ob sie die Verantwortung für außerplanmäßige Ausgaben übernehmen wollten, wenn ein Zuwarten den Interessen des Kreises nachteilig war. Die neueren einschlägigen Gesetze, die oben bezeichnet sind, haben insoweit klare Richtlinien durch die Zulassung bestimmter Ausnahmen geschaffen. Zu der in Betracht kommenden Zeit mußte aber auch die sorgfältigste Verwaltung zwischen dem Grundsatze des Gesetzes einerseits und seiner praktisch nicht immer vermeidbaren, im übrigen auch heilbaren Durchbrechung anderseits schwanken. Eine feste Grenze hierfür war nicht vorhanden. Daher kann den damaligen Verwaltungsorganen ein ausgleichender Schutz billigerweise nicht versagt werden. Für die Verschuldensfrage muß somit entscheidend sein nicht schon, ob sich die ausführende Verwaltungsstelle mit der Vorwegnahme von Ausgaben bewußt über das gesetzliche Haushaltsrecht der Vertretungskörperschaft hinweggesetzt hat, sondern ob sie angesichts einer besonderen Eilbedürftigkeit der Sache mit Recht der Überzeugung sein durfte, die Verantwortung hierfür im Interesse der öffentlichen Körperschaft übernehmen zu können.

Von diesem zutreffenden Gesichtspunkt ist das Berufungsgericht ausgegangen. Es hat dann im wesentlichen darauf abgestellt, daß die hinter dem Beklagten stehenden politischen Parteien die weitaus überwiegende Mehrheit im Kreistage besaßen und deshalb der Vorlage des Kreisausschusses zugestimmt haben würden. Der Beklagte habe sich also beim Einkauf der Sachen der Gewißheit hingeben dürfen, daß der Gesamtplan der Errichtung des Heims zur Ausführung kommen würde. Der Kreistag — so meint das Berufungsgericht — würde in der Tat die Gesamtvorlage, wenn sie nicht vorher zurückgezogen wäre, in der Sitzung vom 15. Dezember 1930 angenommen haben, sicherlich auch eine abgeänderte Vorlage über die Genehmigung des damals bereits erfolgten Einkaufs. Mit diesem Einkauf habe der Beklagte seinerzeit nicht zögern dürfen. Es habe sich um eine einmalige Gelegenheit gehandelt, nämlich um das Angebot einer Reichsstelle, wonach Möbel und andere Sachen, die durch die Rheinlandräumung freigeworden waren, zu Vorzugsbedingungen an öffentlich-rechtliche Körperschaften abgegeben werden sollten. Die Person des Verkäufers habe von vornherein Gewähr dafür geboten, daß es sich um ein besonders günstiges Angebot handelte und daß ein Schaden rein wirtschaftlicher Art nicht zu gewärtigen war, zumal bekannt gewesen sei, daß den in dieser Hinsicht sehr anspruchsvollen Besatzungsbehörden nur einwandfreies Gut zur Verfügung gestellt war.

Der Revision ist zuzugeben, daß diese Begründung für die Verneinung eines Verschuldens des Beklagten nicht ausreicht. Der Beklagte hatte seine Entschlüsse nach den Gesichtspunkten einer ordnungsgemäßen Verwaltung zu treffen. Dabei hatte er natürlich auch auf das voraussichtliche Schicksal der Vorlage im Kreistage Rücksicht zu nehmen. Aber er durfte sein Vorgehen nicht schon deshalb als gerechtfertigt ansehen, weil er der Gefolgschaft seiner politischen Freunde im Kreistage sicher war. Vor allem mußte er zunächst eine hinreichende sachliche Grundlage dafür haben, daß die Ausgabe an sich geboten und so eilbedürftig war, daß nicht erst die Beschlußfassung des Kreistags abgewartet werden konnte. Der Ankauf der Gegenstände hing eng mit der Errichtung des Heims zusammen und bildete einen vorweggenommenen Teil der Ausführung dieses Plans. Der Kläger hatte unter Beweisantritt geltend gemacht, daß das Unternehmen wegen der ungünstigen Finanzlage des Kreises und der schlechten Verkehrslage des Gutshauses R. leichtfertig und unvertretbar gewesen sei. Mit Recht beanstandet die Revision aus verfahrens- und sachlich-rechtlichen Gründen, daß das Berufungsgericht hierzu nicht ausreichend Stellung genommen habe. Diese Stellungnahme war unumgänglich, weil der Beklagte auch nach Ansicht des Berufungsgerichts beim Einkauf der Gegenstände darauf gefußt hat, daß der Plan sicher zur Ausführung gelangen würde. In dieser Hinsicht hätte es aber zu denken geben müssen, daß der Kreisausschuß die dem Kreistage deswegen gemachte Vorlage schließlich zurückgezogen hat. Es müssen also triftige Gründe vorhanden gewesen sein, welche der Durchführbarkeit des Planes entgegenstanden, und es ist nicht auszuschließen, daß diese Gründe bereits vorlagen oder wenigstens vorauszusehen waren, als sich der Beklagte zum Ankauf der Sachen entschloß. Mangels hinreichender Aufklärung nach dieser Richtung kann nicht davon ausgegangen werden, daß der Beklagte und mit ihm der Kreisausschuß bei Vorbereitung der Vorlage Gründe und Gegengründe so sorgfältig gegeneinander abgewogen hatten, daß sie die Durchführung des Unternehmens berechtigterweise als feststehend ansehen durften. Umgekehrt würde es freilich zugunsten des Beklagten sprechen, wenn eine in dieser Hinsicht erschöpfende und pflichtgemäße Beratung im Kreisausschuß erfolgt wäre. Die mangelnden Feststellungen des Berufungsgerichts lassen das alles aber im Ungewissen.

Selbst wenn man den Einkauf der Sachen für sich allein betrachtet, reicht die vom Berufungsgericht hierzu getroffene Feststellung, daß das Angebot günstig war und der Wert der Gegenstände den dafür aufgewendeten Kosten entsprach, nicht aus. Der Kläger hatte unter Angabe von Beweismitteln behauptet, daß jedenfalls die Auswahl der Gegenstände ohne Rücksichtnahme auf ihren Verwendungszweck in unsachgemäßer und leichtfertiger Weise getroffen sei. Die Revision rügt mit Erfolg, daß das Berufungsgericht auch diesem Vorbringen keine Beachtung geschenkt habe. Das Vorbringen war um deswillen erheblich, weil der Beklagte eine Genehmigung seines Einkaufs durch den Kreistag nach Treu und Glauben nur dann voraussetzen durfte, wenn die Gegenstände sachgemäß ausgewählt waren. Andernfalls hätte er dem Kreistag die Erteilung der Genehmigung nicht zumuten dürfen.

Soweit das Berufungsgericht festgestellt hat, daß der Kreistag dennoch die Anschaffung genehmigt haben würde, ist das rechtlich ohne Belang. Die Genehmigung hätte solchenfalls nur die Erteilung einer Indemnität für ein fehlerhaftes Verhalten des Beklagten und einen Verzicht auf Ersatzansprüche bedeutet. Der Verzicht ist indessen nicht erklärt worden. Durch die bloße Möglichkeit eines solchen wird aber weder ein etwaiges Verschulden des Beklagten noch dessen Ursächlichkeit für einen etwa entstehenden Schaden hinweggeräumt.

Auf den Umstand, daß die Bezahlung der Gegenstände nicht in der Jahresrechnung ausgewiesen, sondern einem sog. schwarzen Fonds entnommen ist, brauchte das Berufungsgericht nicht weiter einzugehen, da hieraus zugunsten des Klaganspruchs ein selbständiger Haftungsgrund gegen den Beklagten nicht herzuleiten ist.

## RGZ. 37, 331

**Polizei und Eigentum. Öffentlich-rechtliche Gemeinschaftspflichten der Grundstückseigentümer.**

*Alter Leitsatz:*

*1. Besteht eine Verpflichtung des Eigentümers, sein Grundstück im öffentlichen Interesse derartig im Stande zu erhalten, wie es aus polizeilich zu schützenden (z. B. gesundheitspolizeilichen) Rücksichten notwendig ist?*

*2. Läßt sich eine solche Verpflichtung auch aus Vorschriften herleiten, die nicht dem öffentlichen Rechte angehören?*

V. Zivilsenat. Urt. v. 10. Juni 1896 i. S. Stadtgemeinde K. (Kl.) w. H. (Bekl.). Rep. V. 396/95.

I. Landgericht Konitz. II. Oberlandesgericht Marienwerder.

Die Stadt Konitz grenzt an den nördlichen Teil des Mönchsees, dessen Eigentümer der Beklagte ist. Nachdem im Jahre 1866 seitens der Verwaltungsbehörden festgestellt worden war, daß der See wegen seiner Ausdünstungen für die Einwohner von Konitz gesundheitsgefährlich sei, wurde der Klägerin im Verwaltungswege aufgegeben, „die im sanitätspolizeilichen Interesse notwendige Reinigung des Mönchsees ungesäumt ausführen zu lassen", wobei ihr überlassen blieb, „gegen den nach ihrer Ansicht hierzu verpflichteten Besitzer des Sees ihre vermeintlichen Regreßansprüche eventuell im Prozeßwege geltend zu machen". Seitdem — etwa seit Mitte der 1870er Jahre — hat Klägerin den See alljährlich auf ihre Kosten reinigen lassen; sie verlangt aber mit der gegenwärtigen Klage eine Feststellung dahin, daß nicht sie, sondern der Eigentümer des Sees zur Vornahme der ihr polizeilicherseits auferlegten Reinigung verpflichtet sei. Mit dieser Klage ist sie in beiden Vorinstanzen abgewiesen worden. Beide Vorderrichter nehmen an, daß die Klage unbegründet sei, weil sich die behauptete Verpflichtung des Beklagten weder aus seiner Stellung als Eigentümers des Sees ergebe, noch aus den gesetzlich anerkannten Einschränkungen des Eigentumes entnehmen lasse, weil sie ferner auch aus dem von der Klägerin herangezogenen Gesichtspunkte der Unzulässigkeit von schädlichen Immissionen auf die Nachbargrundstücke nicht folge, und weil endlich keinerlei Einwirkung des Beklagten auf den See behauptet sei, die in einen ursächlichen Zusammenhang mit den gesundheitsschädlichen Ausdünstungen des Sees gebracht werden könnte.

Auf Revision der Klägerin ist das zweite Urteil aufgehoben und die Sache an das Berufungsgericht zurückverwiesen worden.

Aus den Gründen:

Die Angriffe der Revision sind insoweit verfehlt, als versucht worden ist, die Klage unter den rechtlichen Gesichtspunkt von unzulässigen Immissionen zu stellen. Nicht darum handelt es sich, benachbarte Grundstücke gegen schädliche Ausdünstungen zu schützen, die von dem See des Beklagten auf sie ausströmen sollen. Wäre dies in Frage, so hätte die Klage als negatorische von den Eigentümern der betreffenden Grundstücke erhoben werden müssen. Dies ist nicht geschehen. Die Stadtgemeinde hat die Klage nicht als Eigentümerin und nicht zum Schutze ihr gehöriger Grundstücke erhoben, sondern deshalb, weil sie den Beklagten für verpflichtet erachtet, dasjenige im Interesse der Allgemeinheit zu tun, was die Polizeibehörde von ihr aus sanitätspolizeilichen Gründen verlangt hat.

Anders verhält es sich mit dem Vorwurf, daß das Berufungsgericht die rechtliche Stellung des Eigentümers der Allgemeinheit gegenüber und seine hieraus folgenden, im öffentlichen Rechte begründeten Verpflichtungen verkannt habe.

Die Klägerin behauptet, daß dem Beklagten als Eigentümer des Sees die öffentlich-rechtliche Verpflichtung obliege, denselben so zu unterhalten, daß polizeilich zu schützende öffentliche Interessen nicht beeinträchtigt oder gefährdet werden. Denn nach öffentlichem Rechte sei, wie das Preuß. Oberverwaltungsgericht in wiederholten Entscheidungen ausgesprochen habe, jeder Eigentümer verpflichtet, sein Grundstück in einem solchen Zustande zu erhalten bzw. es so umzugestalten, wie es der polizeilich zu schützenden öffentlichen Interessen halber notwendig sei, möge die unzulässige Beschaffenheit des Grundstückes durch den Eigentümer selbst oder durch Dritte herbeigeführt oder durch Zufall entstanden sein. Richtig ist, daß dieser Rechtssatz vom höchsten Verwaltungsgerichtshofe als Norm des öffentlichen Rechtes in einer ganzen Reihe von Entscheidungen vertreten worden ist.

Für den vorliegenden Fall bedarf es keiner Erörterung, ob er in vollem Umfange — insbesondere auch insoweit, als er sich auf eine Umgestaltung des Grundstückes bezieht — anzuerkennen sein möchte; denn hier handelt es sich nur darum, ob der Beklagte als Eigentümer verpflichtet ist, das ihm gehörige Grundstück (den See) in einem solchen Zustande zu erhalten, wie es das polizeilich zu schützende öffentliche Interesse erfordert. Dies aber ist im Anschluß an die Entscheidungen des Oberverwaltungsgerichtes unbedenklich anzuerkennen. Denn das Eigentum — und namentlich das Eigentum an einem Grundstück — kann nicht als für sich allein bestehend und losgelöst von den Beziehungen betrachtet werden, die sich mit Notwendigkeit aus einem geordneten bürgerlichen Zusammenleben ergeben. Aus ihm entspringen Interessen, die auch der Eigentümer gegen sich gelten lassen und denen er sich wenigstens soweit unterordnen muß, als es sich um Erhaltung seines Eigentumes in einem Zustande handelt, der für das Gemeinwohl nicht schädlich oder gefährlich werden kann. Hierauf beruhen die sog. gesetzlichen Begrenzungen des Eigentumes zum Besten des gemeinen Wesens, die schon nach landrechtlicher Vorschrift soweit gehen, daß dem Eigentümer unter Umständen verwehrt wird, sein Grundstück in Verfall geraten zu lassen (§ 61, §§ 37 flg. ALR. I, 8). Es ist daher nur eine Folgerung aus demselben Prinzip, wenn der Eigentümer für verpflichtet erachtet wird, sein Grundstück so zu erhalten, wie es im Interesse der Allgemeinheit unbedingt erforderlich ist.

Dies hat der Berufungsrichter verkannt. Die Verpflichtung des Eigentümers besteht nicht, wie er meint, nur der Polizeibehörde gegenüber, sondern sie ist eine ihm nach öffentlichem Recht überhaupt obliegende, so daß sich auch die Klägerin auf sie zum Nachweise dafür berufen kann, daß der Beklagte die ihr gemachte polizeiliche Auflage zu erfüllen verbunden sei. Freilich wird dies — und hierin tritt im Gegensatz zum öffentlichen Recht,

vgl. Entsch. des Oberverwaltungsgerichtes Bd. 7 S. 352,

die privatrechtliche Seite des Rechtsstreites klar hervor — nur dann der Fall sein, wenn nicht etwa der Klägerin selbst, wie der Beklagte unter Anführung einer Reihe von Tatsachen behauptet hat, die Schuld an der Versumpfung des Sees und den gesundheitsgefährlichen Ausdünstungen beizumessen ist. Letzteres wird noch festzustellen sein.

**RGZ. 60, 326**

**Inhaltliche Schranken der Baufreiheit. Richterliches Prüfungsrecht gegenüber Polizeiverordnungen. Aufopferungsanspruch.**

*Alter Leitsatz:*

*Steht dem Grundstückseigentümer, der durch eine Baupolizeiverordnung an dem Wiederaufbau eines abgebrannten Fabrikgebäudes gehindert ist, ein Entschädigungsanspruch gegen die Stadtgemeinde zu?*

VII. Zivilsenat. Urt. v. 24. März 1905 i. S. Stadtgemeinde A. (Bekl.) w. Gebr. St. (Kl.). Rep. VII 403/04.

I. Landgericht Allenstein. II. Oberlandesgericht Königsberg.

Die Klägerin hatte auf ihrem an der Bahnhofstraße zu A. gelegenen Grundstück im Hofe hinter dem Wohnhause ein Fabrikgebäude errichtet. Dieses Gebäude brannte im Oktober 1901 bis auf die Umfassungsmauern und beide Schornsteine nieder. Die von der Klägerin bei der Stadtpolizeiverwaltung nachgesuchte Genehmigung zum Wiederaufbau des Fabrikgebäudes in dem früheren Umfange wurde versagt, weil in der Bahnhofstraße gemäß § 15 a Ziff. 2 der Baupolizeiverordnung für den Stadtbezirk A. nur Gebäude errichtet werden dürften, die ausschließlich oder zum überwiegenden Teile zu Wohn-, Erholungs-, Bildungs- und Vergnügungszwecken dienen, und die Errichtung von Werkstätten in Nebengebäuden nur bei geringem Umfange gestattet sei. Das niedergebrannte Gebäude war bereits längere Zeit vor dem Inkrafttreten der Baupolizeiverordnung errichtet und in Gebrauch genommen. Die Klägerin verlangte mit der Klage von der Beklagten Ersatz des ihr durch die Bauversagung erwachsenen Schadens. Das Landgericht erklärte den erhobenen Anspruch dem Grunde nach für gerechtfertigt. Die hiergegen eingelegte Berufung der Beklagten wurde zurückgewiesen.

Auf die von der Beklagten eingelegte Revision wurde das Berufungsurteil aufgehoben und die Klage abgewiesen, aus folgenden

Gründen:

In feststehender Rechtsprechung ist anerkannt, daß dem einzelnen, der seine besonderen Rechte und Vorteile dem Wohle des gemeinen Wesens aufzuopfern genötigt wird (§ 75 Einl. zum ALR.), oder dem Eigentümer, der zum Vorteile des Staates oder der Gemeinde Einschränkungen in der Verfügung über sein Eigentum erleidet (§§ 30 flg. ALR. I. 8), kein Entschädigungsanspruch zusteht, wenn die konkrete gegen ihn zur Anwendung gebrachte behördliche Maßregel auf allgemeinen gesetzlichen Vorschriften beruht, die ihn zur Duldung eben dieses Eingriffs nötigen, es sei denn, daß in diesen Vorschriften selbst die Entschädigung des Betroffenen vorgesehen ist. Es versteht sich z. B. von selbst, daß den *Eigentümern* von Grundstücken nicht schon deshalb ein Entschädigungsanspruch erwächst, weil der Staat im Wege der Gesetzgebung neue nachbarrechtliche Grundsätze aufstellt, die im Bereiche des ganzen oder einzelner Teile des Staatsgebietes die Eigentümer in der Ausnützung ihres Grundbesitzes einschränken. Was aber von den eigentlichen Staatsgesetzen gilt, das gilt nicht minder auch von den Rechtsnormen, die mit Zulassung des Staates und kraft Delegation der ihm zustehenden Gesetzgebungsgewalt von anderen Organen des öffentlichen Rechts oder von einzelnen staatlichen Behörden erlassen sind. Hierher gehören insbesondere auch ortspolizeiliche Vorschriften, die im Rahmen des Gesetzes ergehen. Alles dies wird vom Berufungsrichter nicht verkannt. Er gibt auch zu, daß die Baupolizeiverordnung für den Stadtbezirk A. sich als ortspolizeiliche Vorschrift in diesem Sinne darstellt. Er glaubt aber, dem § 15 a der Verordnung, soweit er die Errichtung von Fabrikgebäuden an der Bahnhofstraße und einigen anderen Straßen untersagt, die Gültigkeit absprechen zu müssen, weil derartige Vorschriften dem in § 65 I. 8 Pr. ALR. gewährleisteten Grundsatz der allgemeinen Baufreiheit zuwiderliefen. Die Vorschrift sei nur „in dem besonderen Interesse der Gemeinde zur Verschaffung besonderer Vorteile durch Verfeinerung einer bestimmten Stadtgegend bzw. bestimmter Straßen" erlassen. Der Grund für die Verweigerung der Bauerlaubnis sei „das Sonderinteresse der Beklagten, die sich zu ihrem eigenen Vorteil einen von bessersituierten, bemittelten Leuten gern aufgesuchten Stadtteil schaffen will". Im Gegensatz zu dem in den Entsch. des RG. in Zivils. Bd. 45 S. 251 behandelten Falle stehe hier „das Interesse der juristischen Person der Beklagten und eine dieserhalb stattgehabte Einschränkung des Eigentums der Klägerin" in Frage. Die beklagte Stadtgemeinde sei deshalb gemäß § 75 Einl. und §§ 30 flg. ALR. I. 8 entschädigungspflichtig.

Allerdings ist der Richter befugt, die Gültigkeit einer Polizeiverordnung nicht bloß in der Richtung zu prüfen, ob den dafür aufgestellten formellen Erfordernissen genügt ist, sondern auch, ob sie nicht materiell einen Eingriff in Privatrechte enthält, deren Unverletzbarkeit dem einzelnen, sei es durch die staatliche Gesetzgebung, sei es durch Verordnungen höherer Instanzen gewährleistet ist. In beiden Beziehungen erweisen sich aber die vom Berufungsrichter angestellten Erwägungen als rechtsirrtümlich. Es liegt im augenscheinlichen Interesse der Gesundheit der Einwohner einer Stadt, daß Fabrikanlagen, die mit Notwendigkeit in ihrer näheren Umgebung allerlei Belästigungen durch Rauch- und Rußentwicklung, lärmendes Geräusch, vielleicht üble Ausdünstungen u. dgl. verbreiten, nicht planlos nach Willkür der Unternehmer überall im Stadtgebiet errichtet werden und den Bewohnern den Genuß guter Luft und ungestörter Ruhe beeinträchtigen. Das Gesamtinteresse der Bewohnerschaft an räumlicher Eingrenzung solcher Fabrikanlagen kann auch nicht um deswillen verneint werden, weil je nach Lage der Wohnungen die gesundheitlichen Vorteile einer Einwohnergruppe ausgiebiger und andauernder als der anderen zugute kommen. Aber auch materiell steht die streitige Vorschrift mit dem geltenden Privatrecht nicht in Widerspruch. Der § 65 ALR. I. 8 gewährt dem Eigentümer keineswegs die Freiheit, seinen Grund und Boden nach seiner Willkür mit Gebäuden jeder Art zu besetzen. Der § 66 a. a. O. zieht vielmehr dieser Baufreiheit sofort die wichtige Schranke, daß „zum Schaden . . . des gemeinen Wesens . . . kein Bau . . . vorgenommen werden solle“. Sobald also zugegeben werden muß, daß es zum Schaden des gemeinen Wesens ausschlagen könne, wenn jedem Grundeigentümer freigestellt wäre, an jeder beliebigen Stelle des Stadtgebiets Fabrikanlagen zu errichten, so darf auch die materielle Gültigkeit einer Polizeiverordnung nicht in Frage gestellt werden, wodurch die Errichtung solcher Anlagen an bestimmten Straßen der Stadt untersagt wird. Insbesondere muß dem Richter auch die Prüfung versagt bleiben, ob eine zur Abwendung von Schaden im Sinne von § 66 a. a. O. formgerecht erlassene Polizeivorschrift im einzelnen Falle auch geeignet sei, diesen Zweck zu erreichen. Denn ebensowenig, wie dem Richter gestattet ist, die Gültigkeit eines eigentlichen Gesetzes um deswillen in Frage zu stellen, weil er seinen Inhalt als unzweckmäßig oder unbillig erachtet, darf er die Rechtsverbindlichkeit einer anderen, kraft Delegation der gesetzgebenden Gewalt erlassenen Rechtsnorm von dem Ergebnis dieser Prüfung abhängig machen. Der § 15 a Ziff. 2 der streitigen Baupolizeiordnung bietet aber keinerlei Anhalt dafür, daß damit nur dem Sonderinteresse der an den fabrikfreien Straßen wohnenden Gemeindeangehörigen gedient werden sollte. Die Fernhaltung der Fabriken von gewissen Stadtteilen ist dem Interesse der Stadtgemeinde als solcher förderlich. Daß dabei nicht an ihr

Vermögensinteresse gedacht werden kann, ergibt die Natur der Sache. Es ist deshalb abwegig, wenn der Berufungsrichter in diesem Zusammenhang die Stadtgemeinde als juristische Person bezeichnet und ein Interesse besonderer Art, das sie nur in dieser ihrer Eigenschaft zu fördern wünsche, annimmt.

Das Berufungsurteil mußte deshalb wegen Verletzung der allgemeinen Rechtssätze, nach denen die Gültigkeit ortspolizeilicher Vorschriften zu beurteilen ist, aufgehoben werden. Die Rechtsbeständigkeit der in § 15 a Ziff. 2 der Baupolizeiordnung erlassenen Vorschrift steht nach dem Ausgeführten schon jetzt außer Zweifel. Zugleich ergibt § 50 der Baupolizeiordnung, daß Veränderungen und Instandsetzungen der bei Veröffentlichung dieser Verordnung bereits vorhandenen baulichen Anlagen in der Regel nach Maßgabe der nunmehr geltenden Vorschriften zu bewirken sind. Sogar um mehr als um eine Instandsetzung aber handelt es sich hier, da die Klägerin zur Wiedererrichtung der durch Brand zerstörten Anlage schreiten will. Ist aber der Grundstückseigentümer, um Schaden vom gemeinen Wesen abzuwenden, einmal in der Ausnutzung seines Grund und Bodens dahin beschränkt, daß er Fabrikanlagen darauf nicht mehr errichten darf, so kann es keinen Unterschied machen, ob das Grundstück, bevor er zum Bauen veranlaßt wurde, schon einmal mit einer jetzt nicht mehr vorhandenen Anlage besetzt gewesen ist oder nicht. Deshalb ist auch die Gültigkeit des § 50 der Baupolizeiordnung nicht zu beanstanden. Dieser Sachverhalt ergibt zugleich, daß die Sache schon jetzt zur Entscheidung reif ist. Die Klägerin hat unter keinem Gesichtspunkt die geforderte Entschädigung zu beanspruchen und mußte deshalb mit der Klage abgewiesen werden.

## RGZ. 120, 220

**Unter welchen Voraussetzungen ist die Polizei befugt, Privatwohnungen zur Unterbringung von Obdachlosen zu beschlagnahmen?**

§ 10 II 17 Preuß. Allg. Landrecht.

III. Zivilsenat. Urt. v. 28. Februar 1928 i. S. M. (Kl.) w. Stadtgemeinde C. (Bekl.). III 263/27.

I. Landgericht Cottbus. II. Kammergericht Berlin.

Der Kläger ist Eigentümer eines in C. gelegenen Hauses. Am 21. November 1923 beschlagnahmte die Polizeiverwaltung in C. auf Grund von § 10 II 17 Preuß. ALR. zwei Räume dieses Hauses, um in ihnen die durch einen Brand obdachlos gewordene, aus neun Köpfen bestehende Familie des Arbeiters R. einstweilen unterzubringen.

Der Kläger widersprach zunächst der fristlos ausgesprochenen Beschlagnahme, ließ sich dann aber ihre Verlängerung bis zum 21. Juni 1924 gefallen. Nach Ablauf dieser Frist machte er zahlreiche Versuche, die polizeiliche Maßnahme zu beseitigen, jedoch ohne Erfolg. Die Polizeiverwaltung erneuerte die Beschlagnahme immer wieder und setzte sogar die Familie wieder in die Wohnung ein, nachdem der Gerichtsvollzieher sie auf Grund eines rechtskräftigen Räumungsurteils daraus entfernt hatte. Erst am 15. März 1926 wurden die Räume frei, nachdem es gelungen war, die Familie R. auf dem Lande in einer Deputatstelle unterzubringen.

Der Kläger sieht in dem Verhalten der Polizeiverwaltung eine die beklagte Stadtgemeinde zum Schadensersatz verpflichtende Amtspflichtverletzung. Schon formell sei die Beschlagnahme-Verfügung ungültig gewesen, da in ihr die Angabe einer bestimmten Frist gefehlt habe. Aber auch sachlich sei sie ungerechtfertigt gewesen, da noch andere Möglichkeiten bestanden hätten, die Familie R. unterzubringen. Der Kläger verlangt mit der Klage zunächst einen Teilbetrag des ihm durch die ungerechtfertigte Beschlagnahme erwachsenen Schadens. Die Beklagte leugnet, daß ihr Bürgermeister bei Ausübung der Polizeigewalt pflichtwidrig gehandelt habe; eine Möglichkeit, die Familie R. anderswo als im Hause des Klägers unterzubringen, habe bei der in C. herrschenden Wohnungsnot nicht bestanden; alle Bemühungen, ihr eine andere Wohnung zu beschaffen, seien ergebnislos geblieben.

Das Landgericht hat den Klaganspruch dem Grunde nach für gerechtfertigt erklärt. Dagegen hat das Kammergericht die Klage abgewiesen. Die Revision des Klägers führte zur Aufhebung und Zurückverweisung.

Gründe:

... Der Senat hat in seinem Urteil vom 4. November 1927 III 479/26 ausgesprochen, daß nach der reichsgesetzlichen Regelung der Wohnungswirtschaft polizeiliche Verfügungen auf dem Gebiet des Wohnungswesens auf Grund von § 10 II 17 Preuß. ALR. nicht mehr zulässig seien. Er hat dort ausgeführt, daß zur Bewirtschaftung des vorhandenen Wohnraums besondere Behörden, die Wohnungsämter, bestellt worden seien, die seine Verteilung zu regeln hätten. Ihre Zuständigkeit sei dem Zwecke der Zwangswirtschaft entsprechend eine ausschließliche und lasse es nicht zu, daß andere Ämter, abgesehen von den Aufsichtsbehörden, in die Verteilung eingriffen und ihrerseits über Wohnräume verfügten. Dies ergebe sich klar aus dem Begriff der Zwangsbewirtschaftung, aber auch aus den einzelnen gesetzlichen Vorschriften. Gegenüber dieser reichsrechtlichen Regelung müsse nach Art. 13 RVerf. das Landesrecht zurücktreten.

Von der Bekämpfung des Wohnungsmangels, die ausschließlich reichsrechtlichen Normen — nebst den zu ihrer Ausführung zulässigerweise von den Ländern und den Gemeinden gegebenen Vorschriften — unterliegt, ist die Verhütung der Obdachlosigkeit zu unterscheiden. Um diese zu beheben, ist die Polizei beim Vorliegen eines nicht auf andere Weise zu beseitigenden Notstandes auch berechtigt, Räumlichkeiten von Privatpersonen in Anspruch zu nehmen. Das bezeichnete Urteil wollte der Polizei diese allgemein anerkannte Befugnis (vgl. die in OVG. Bd. 75 S. 339 [343] sowie die im Preuß. Verw.Bl. Bd. 45 S. 54, Bd. 47 S. 298 und Bd. 48 S. 495 abgedruckten Entscheidungen des preußischen Oberverwaltungsgerichts) nicht absprechen. Ohne sie wird sich die notwendige Unterbringung von Obdachlosen vielfach überhaupt nicht ermöglichen lassen. Rechtlich muß man allerdings zwischen Wohnung und Obdach scharf unterscheiden. Die Wohnung ist zu dauernder Unterkunft bestimmt, das Obdach nur zu einer vorübergehenden. Deshalb genügt es, wenn letzteres den unterzubringenden Personen lediglich notdürftig Schutz für Leben und Gesundheit gewährt. Der aus § 10 II 17 ALR. folgenden Pflicht, Obdachlosen ein solches notdürftiges Unterkommen zu beschaffen, muß die Polizei zunächst aus eigenen Mitteln genügen. Sie darf Privaträume nur im Falle des Notstands zwangsweise in Anspruch nehmen, nämlich nur dann, wenn keine Möglichkeit anderer Unterbringung besteht, während diese doch zur Verhütung von Gefahr für Leib und Leben der obdachlosen Personen notwendig ist. Und wenn die Polizei auf Räume von Privatpersonen zurückgreift, muß sie dafür sorgen, daß der diese Maßnahme erforderlich machende Notstand alsbald behoben wird. Findet sie keine geeigneten Räume, die ihr freiwillig überlassen werden, so muß sie selbst die nötigen Baulichkeiten herstellen, die immer nur den bescheidensten Anforderungen zu genügen brauchen. Die Kosten, die dadurch erwachsen, sind Polizeikosten.

Das Kammergericht hat bei seiner Prüfung der Sachlage diesen Unterschied zwischen der dauernden Unterbringung von unterkunftslosen Personen in einer Wohnung und der vorübergehenden Beschaffung eines Obdachs für sie nicht hinreichend beachtet. Dasselbe gilt aber in noch höherem Grade von der Polizeiverwaltung C. Daß sie die erste Beschlagnahme fristlos ausgesprochen hat, kommt zwar nicht mehr unmittelbar in Betracht, da sich der betroffene Hauseigentümer schließlich bis zum 21. Juni 1924 der Einweisung der Familie R. gefügt hat. Immerhin beweist aber dieser Umstand, daß der Bürgermeister die rechtliche Natur seiner Anordnung, die unter allen Umständen nur kurze Zeit bestehenbleiben durfte, nicht klar erkannt hat. Noch deutlicher zeigen das die Schritte, die er in der Folge unternommen hat, um die Familie R. anderweitig unterzubringen.

Er hat sich im wesentlichen damit begnügt, das Wohnungsamt wiederholt um Zuweisung einer Wohnung an sie zu ersuchen. Verkannt hat er also, daß es nicht darauf ankam, für sie eine dauernde Wohnung ausfindig zu machen, sondern daß zunächst einmal ein Obdach für sie zu beschaffen war, wodurch der Notstand behoben wurde, der zur Inanspruchnahme der Wohnung in dem Hause des Klägers gezwungen hatte. Dazu mußten erforderlichenfalls polizeiliche Geldmittel aufgewandt werden. Der Einwand, der Stadt C. seien aus der Wohnungsbauabgabe und später aus der Hauszinssteuer keine Mittel zu Wohnungsbauten zur Verfügung gestellt worden, liegt daher neben der Sache. Handelte es sich doch, wie nochmals zu betonen ist, nicht um die Erbauung einer Wohnung für die Familie R., sondern — was allein Aufgabe der Polizei war — um ihre einstweilige notdürftige Unterbringung, deren Kosten Polizeikosten bildeten und mit den dazu bereitstehenden Mitteln zu decken waren. Allerdings bedurfte die Beschaffung eines Obdachs für die Familie R. einer gewissen Zeit. Der Kläger hat deshalb auch bis zum 21. Juni 1924 die Inanspruchnahme seines Hauses geduldet. Bis zu diesem Tage, also innerhalb eines Zeitraums von sieben Monaten, hätte die Polizeiverwaltung, wie nach allgemeiner Erfahrung ohne weiteres angenommen werden kann, mindestens durch Umbau von Räumen, die bisher nicht zur Unterbringung von Menschen geeignet waren, äußerstenfalls durch Errichtung einer Baracke, die obdachlose Familie anderweitig unterbringen können. Daß dies nicht geschah, daß nicht auf diesem Wege der Kläger von der ihm auferlegten Last befreit wurde, ist als eine ihm gegenüber begangene Amtspflichtverletzung zu bezeichnen.

Das Verschulden des Bürgermeisters, den als Träger der Polizeigewalt die Verantwortung für die getroffenen Maßnahmen wie für die pflichtwidrigen Unterlassungen trifft, liegt darin, daß er die Rechtslage nicht erkannt und demgemäß die zunächst einmal notwendigen Schritte nicht getan hat. Er hat sich im wesentlichen auf einige an das Wohnungsamt gerichtete Ersuchen beschränkt. Dieses Amt hatte mit der Beschaffung eines Obdachs für die Familie R., die der Polizei oblag, nichts zu tun. Der Regierungspräsident als die der Polizeiverwaltung in C. vorgesetzte Dienstbehörde hat denn auch in seiner Verfügung vom 25. Januar 1926 die Verkennung der Rechtslage durch jene deutlich mißbilligt.

Die Entscheidung hängt also nur davon ab, ob durch das Vorgehen der Polizeiverwaltung dem Hauseigentümer, der für die Benutzung der Räume eine Vergütung erhalten hat, noch darüber hinaus der jetzt von ihm behauptete Schaden entstanden ist. Diese Frage hat das Berufungsgericht noch nicht erörtert.

**RGZ. 169, 353**

**Polizeirecht. — Das Eingreifen der Polizei darf nicht willkürlich oder nach Gutdünken erfolgen, es setzt vielmehr nach § 14 PVG. einen polizeiwidrigen Zustand oder die Gefahr seines Eintretens voraus. Eine Polizeiverfügung muß sich ferner an die Person wenden, die nach Abschnitt V des Gesetzes polizeipflichtig ist. Dem Betroffenen muß nach § 41 Abs. 2 Satz 3 PVG. auf Antrag gestattet werden, ein von ihm angebotenes anderes Mittel, durch das die Gefahr ebenso wirksam abgewehrt wird, anzuwenden. Nur in ihrer Zweckmäßigkeit sind die Maßnahmen, welche die Polizei unter den genannten Voraussetzungen zu treffen hat, ihrem pflichtgemäßen und durch das Gericht nicht nachprüfbaren Ermessen überlassen. — In Amtshaftungssachen kann das Gericht prüfen, ob sich die Polizeibehörde über diese Voraussetzungen schuldhaft hinweggesetzt hat.**

*Alter Leitsatz:*

*1. Zum Umfange der richterlichen Fragepflicht.*

*2. Zum Begriffe des Polizeipflichtigen im preußischen Recht.*

*3. Kann Amtshaftungsansprüchen entgegengehalten werden, die verfahrensmäßig fehlerhaften Handlungen der Behörde hätten rechtsgültig vorgenommen werden können?*

BGB. § 839. WeimVerf. Art. 131. Preuß. Polizeiverwaltungsgesetz vom 1. Juni 1931 (GS. S. 77) — PVG. — § 20. ZPO. § 139.

III. Zivilsenat. Urt. vom 6. Mai 1942 i. S. W. (Kl.) w. Stadt B. (Bekl.). III 6/42.

I. Landgericht Osnabrück. II. Oberlandesgericht Celle.

Im Dezember 1939 waren als Eigentümer einer an der B.-Straße in B. liegenden Parzelle die damals längst verstorbenen Eheleute L. eingetragen. Sie hatten zu ihren Erben die drei Geschwister W., nämlich die Klägerin, den Rechtsanwalt Dr. W. W. und den inzwischen verstorbenen B. W., eingesetzt. B. W. ist von der Klägerin beerbt worden. Dieser hatte Frau L. nach dem Tod ihres Ehemanns die Parzelle im voraus vermacht. Sie wurde der Klägerin auf Grund dieses Vermächtnisses im März 1941 aufgelassen und die Klägerin im Mai 1941 als Eigentümerin eingetragen.

Auf der Parzelle stand bis zum Herbst 1939 ein kleines Gartenhaus, das zum Betrieb eines Süßwarenhandels vermietet war. Es wurde auf Veranlassung des Bürgermeisters der Beklagten als Ortspolizeibehörde im Dezember 1939 abgerissen. Durch Polizeiverfügung vom 23. September 1939 hatte nämlich der Bürgermeister dem Rechtsanwalt Dr. W. aufgegeben, das ihm „gehörige Gartenhaus", das sich wegen „jederzeit möglicher Einsturzgefahr" in einem polizeiwidrigen, baufälligen Zustande befinde, auch wegen seiner Lage die Sicht nach beiden Seiten behindere und so die Sicherheit des Fahrzeugverkehrs gefährde, niederzulegen. Bei Nichtbefolgung der Verfügung werde es von Amts wegen abgebrochen werden. Rechtsanwalt Dr. W. hatte Beschwerde beim Landrat in B. erhoben, die dieser durch Entscheidung vom 29. November 1939 als unbegründet zurückgewiesen hatte. Das Gartenhaus sei baufällig. Die — unzulässigerweise — in Angriff genommenen Ausbesserungsarbeiten könnten die Gefahr nicht beseitigen. Das schiefstehende Haus verschandele das Straßenbild. Auch behindere es die Übersicht auf die Fahrbahn. Der Abriß sei bei Vermeidung des angedrohten Zwangsmittels innerhalb 14 Tagen vorzunehmen. Die Entscheidung bezeichnet sich als endgültig. Unter dem 19. Dezember 1939 hatte die Klägerin dem Bürgermeister der Beklagten mitgeteilt, sie sei Alleineigentümerin des Gebäudes. Der Bürgermeister veranlaßte jedoch nach Ablauf der in der Beschwerdeentscheidung des Landrats fesgesetzten Frist noch im Dezember 1939 den Abbruch.

Die Klägerin trägt vor, der Abbruch entbehre der rechtlichen Grundlage. Die Polizeiverfügung habe sich an den Rechtsanwalt Dr. W. allein gewandt, während tatsächlich die Erbengemeinschaft nach den Eheleuten L., an der sie zu zwei Dritteln beteiligt sei, Eigentümerin des Grundstücks gewesen sei. Hierauf habe die Frau des Rechtsanwalts den Bürgermeister ausdrücklich hingewiesen. Die Behauptung, die Polizeiverfügung würde gegen die Erbengemeinschaft in gleicher Weise ergangen sein, liege neben der Sache. Baufällig sei das Gartenhaus nicht gewesen. Sie sei bereit gewesen, die Mängel zu beseitigen, soweit solche vorhanden gewesen seien. Bereits während des Polizeiverfahrens seien die Mauern unterfangen, auch sonstige Arbeiten vorgenommen worden. Als sie mit der Beseitigung weiterer Mängel habe beginnen wollen, habe der Bürgermeister ihre Durchführung untersagt. Der Beklagten habe in Wahrheit nicht an der Beseitigung der Baufälligkeit, sondern an der des Häuschens selbst gelegen. Der rechtswidrige Eingriff verpflichte die Beklagte zum Schadensersatz. Soweit die Rechte auf Grund der damals noch vorhandenen ungeteilten Erbengemeinschaft etwa ihrem Bruder, dem Rechtsanwalt Dr. W., zustehen sollten, habe dieser seinen Anspruch an sie abgetreten. Die Beklagte sei zu verurteilen, das niedergerissene Häuschen in seinem alten Zustand wiederherzustellen.

Die Beklagte erwiderte: Daß das Häuschen baufällig gewesen sei, habe nicht nur der Landrat, sondern auch die Baupolizeibehörde und das Gewerbeaufsichtsamt festgestellt. Der Klageantrag sei daher so, wie er gestellt werde, unschlüssig. Das alte baufällige Häuschen könne nicht hergestellt werden; es würde nur ein neues Haus gebaut werden können. Die Klägerin könne deshalb höchstens Ersatz in Geld verlangen. Im übrigen sei über die Frage, ob das Häuschen wegen der Baufälligkeit habe abgerissen werden müssen, bereits im Verwaltungsverfahren endgültig entschieden worden. Ihre Nachprüfung durch die ordentlichen Gerichte sei unzulässig. Das Verwaltungsverfahren könne nicht durch den Hinweis auf die erbrechtlichen Verhältnisse ausgeschaltet werden. Alle Beteiligten seien davon ausgegangen, daß der Bruder der Eigentümer sei. Die Klägerin habe ihn als solchen walten lassen. Auch sei die etwaige unrichtige Durchführung des Verwaltungsverfahrens gegen den Bruder für die jetzt gegebene Lage unerheblich. Diese würde keine andere sein, wenn das Verfahren gegen die Klägerin oder die Erbengemeinschaft durchgeführt worden wäre. Auf jeden Fall treffe die Klägerin auch ein mitverursachendes Verschulden, da sie es trotz Kenntnis der Polizeiverfügung unterlassen habe, sich in das Verfahren einzuschalten.

Das Landgericht hat nach dem Antrage der Klägerin erkannt. Das Berufungsgericht hat die Klage abgewiesen. Die Revision der Klägerin führte zur Aufhebung und Zurückverweisung.

Gründe:

Die Sachbefugnis der Klägerin unterliegt keinen Bedenken. Schadensersatzansprüche wegen der Niederlegung des Häuschens würden ursprünglich der Erbengemeinschaft nach den Eheleuten L. zugestanden haben, an der außer der Klägerin noch ihr Bruder, der Rechtsanwalt Dr. W., beteiligt war. Dieser hat aber seine Ansprüche an die Klägerin abgetreten.

1. Die Beklagte hält dem Klagebegehren entgegen, es sei unsinnig, die Wiederherstellung des Häuschens in seinem alten — mangelhaften und, wie die Beklagte behauptet, baufälligen — Zustande zu verlangen. Eine solche Art der Wiederherstellung würde in der Tat als unmöglich anzusehen sein und nur für einen Geldanspruch Raum lassen (§ 251 BGB.). Indessen hat die Klägerin den Antrag dahin erläutert, daß sie ein Häuschen in derselben Größe und Ausdehnung wie das frühere verlange, um daraus denselben Nutzen ziehen zu können, wobei sie noch zum Ausdruck gebracht hat, den Mehrwert (neu für alt) nach § 812 BGB. erstatten zu wollen. So verstanden, kann dem Antrag ein verständiger Sinn nicht abgesprochen werden.

Das Berufungsgericht hat denn auch den Klageantrag nicht deshalb abgewiesen, weil damit etwas schon an sich Unmögliches verlangt werde, sondern weil mit einem auf Amtshaftung gemäß Art. 131 WeimVerf., § 839 BGB. gestützten Anspruch keine Wiederherstellung in Natur, vielmehr nur Geldersatz verlangt werden könne. Diese Auffassung entspricht der feststehenden Rechtsprechung des erkennenden

Senats (RGZ. Bd. 150 S. 140 [143][1]). Die Gerichte können in die Ausübung öffentlicher Gewalt durch die befugten Amtsstellen nicht eingreifen; sie können daher auch nicht die Abänderung eines Zustandes erzwingen, den die Behörde kraft öffentlicher Gewalt — sei es auch zu Unrecht — geschaffen hat und aufrechterhalten zu müssen glaubt. Der auf Wiederherstellung gerichtete Antrag der Klägerin kann daher, wie dem Berufungsgericht zuzugeben ist, nicht durchdringen.

Der Rechtsgrund, der hiernach dem Klageantrag entgegensteht, ist, soweit ersichtlich, in der mündlichen Verhandlung vor dem Berufungsgericht nicht erörtert worden. Es widerspricht aber den Erfordernissen einer volksnahen Rechtspflege, den Kläger im Urteil mit entscheidenden Erwägungen zu überraschen, denen er bei früherer Offenlegung leicht durch eine andere Fassung seines Antrags hätte begegnen können (vgl. RGZ. Bd. 103 S. 95 [96][2]). In § 139 ZPO. ist dem Gerichte zur Pflicht gemacht, auf die Stellung sachdienlicher Anträge hinzuwirken. Der Klageantrag war aber angesichts der gegebenen Rechtslage nicht sachdienlich. Deshalb hätte schon das Landgericht die Stellung eines auf Geldersatz lautenden Antrags oder Hilfsantrags anregen müssen; erst recht hätte das Berufungsgericht dies nachzuholen gehabt. Das Gericht hat Prozeßhäufungen nach Möglichkeit zu vermeiden. Hier aber kann es nur der Prozeßhäufung dienen, wenn die Klägerin unter Abweisung ihres Wiederherstellungsbegehrens darauf verwiesen wird, sie könne nur Geldersatz verlangen, ohne daß ihr anheimgegeben wird, dies schon im gegenwärtigen Verfahren zu tun. Es ist auch anzunehmen, daß sie auf solchen Hinweis wenigstens einen entsprechenden Hilfsantrag gestellt haben würde. Die Revision beschwert sich daher mit Recht darüber, daß das Berufungsgericht gegen § 139 ZPO. verstoßen habe. Das muß zur Aufhebung des Berufungsurteils führen. Denn auch die Hilfserwägung des Berufungsgerichts, mit der die sachliche Begründetheit jeden Schadensersatzanspruchs der Klägerin verneint worden ist, hält der Nachprüfung nicht stand.

2. Die Klägerin erblickt die Amtspflichtverletzung des Bürgermeisters der Beklagten in zwei Tatbeständen. Sie beanstandet einmal, daß die polizeiliche Verfügung vom 23. September 1939 nicht gegen den richtigen Polizeipflichtigen, nämlich die Erbengemeinschaft, gerichtet gewesen sei. Sodann behauptet sie, die angebliche, aber in Wahrheit nicht vorhandene Baufälligkeit des Häuschens sei lediglich vorgeschützt worden, um es zur Verbesserung des Straßenbildes und zur Gewinnung einer freieren Übersicht zu beseitigen; nur zur Erhaltung dieses Vorwandes seien auch die bereits begonnenen Aus-

[1]) Abgedruckt SchR. 11, 154.
[2]) Abgedruckt AllgT. 3, 339.

besserungsarbeiten vom Bürgermeister verboten worden; so habe er den ordnungsmäßigen Weg eines Ankaufs oder der Enteignung umgehen wollen. Das Berufungsgericht hat dies Vorbringen damit abgetan, es sei nicht zu erweisen, daß das Ergebnis ein anderes gewesen wäre, wenn die Polizeiverfügung sich gegen die Erbengemeinschaft und damit zugleich gegen die Klägerin gerichtet hätte; der Landrat würde eine Beschwerde der Klägerin ebenso zurückgewiesen haben wie die Beschwerde ihres Bruders. Wie er entscheide, sei aber in sein verwaltungsmäßiges Ermessen gestellt gewesen und könne daher nicht nachgeprüft werden.

Diese Ausführungen sind in mehrfacher Hinsicht von Rechtsirrtum beeinflußt. Das Eingreifen der Polizei darf nicht willkürlich oder nach Gutdünken vor sich gehen. Es setzt vielmehr nach § 14 PVG. einen polizeiwidrigen Zutand oder die Gefahr seines Eintretens voraus. Insbesondere sind polizeiliche Verfügungen nach § 41 Abs. 1 PVG., abgesehen von bestimmten, hier nicht in Betracht kommenden Sonderfällen, an die Voraussetzungen einer Störung der öffentlichen Sicherheit oder Ordnung oder einer Gefahr für die öffentliche Sicherheit und Odnung geknüpft; anderenfalls sind sie nicht rechtsgültig. In Amtshaftungsstreitigkeiten kann das Gericht daher nachprüfen, ob sich die Polizeibehörde über diese Voraussetzungen schuldhaft hinweggesetzt hat. Nur in ihrer Zweckmäßigkeit sind die Maßnahmen, welche die Polizei unter den genannten Voraussetzungen zu treffen hat, ihrem pflichtgemäßen und durch das Gericht nicht nachprüfbaren Ermessen überlassen. Eine Polizeiverfügung muß sich ferner an die Person wenden, die nach Abschnitt V des Gesetzes polizeipflichtig ist; das braucht nach § 20 das. nicht immer der Eigentümer der in Betracht kommenden Sache zu sein. Insoweit wäre daher die Darstellung der Beklagten zu beachten gewesen. Sollte sich die Polizeiverfügung nicht an den richtigen Polizeipflichtigen gewendet haben, so würde eine Grundlage für Zwangsmaßnahmen aus § 55 des Gesetzes gefehlt haben; solche würden rechtswidrig sein und bei Verschulden der Beamten zum Schadensersatze verpflichten.

Das Berufungsgericht hat weder geprüft, ob die sachlichen Voraussetzungen für die polizeiliche Verfügung vorhanden waren, noch ob die Verfügung gegen den richtigen Polizeipflichtigen erlassen worden war. Es begnügt sich damit, daß auch die Klägerin den Abbruch keinesfalls mit Erfolg hätte abwenden können. Das Berufungsgericht übersieht dabei schon, daß seine Erwägung den zweiten Teil der Klagebegründung nicht berührt, wonach der Bürgermeister der Beklagten die Klägerin rechtswidrig und schuldhaft daran gehindert habe, das Häuschen in Ordnung bringen zu lassen. Das hätte einer Bescheidung um so mehr bedurft, als dem Betroffenen nach § 41 Abs. 2

Satz 3 PVG. auf Antrag gestattet werden muß, ein von ihm angebotenes anderes Mitel, durch das die Gefahr ebenso wirksam abgewehrt wird — hier also die Ausbesserung an Stelle des Abbruchs —, anzuwenden. Aber auch den ersten Teil der Klagebegründung erledigt die Erwägung des Berufungsgerichts nicht. Der erkennende Senat hat in einem (nicht veröffentlichten) Urteil vom 17. Juli 1937, III 208/36, ausgesprochen, daß Amtshaftungsansprüchen aus verfahrensmäßig fehlerhaften Handlungen einer Behörde nicht entgegengehalten werden könne, diese hätten bei Beachtung der Verfahrensvorschriften rechtsgültig vorgenommen werden können. Daran ist grundsätzlich festzuhalten.

Allerdings wird derjenige, der einen polizeiwidrigen Zustand aufrechterhält, aus dieser Rechtslage keine ungerechtfertigten Vorteile ziehen dürfen. Er wird sich entgegenhalten lassen müssen, daß dem polizeiwidrigen Zustande schließlich doch einmal ein Ende hätte gemacht werden müssen. Aber es ist nicht festgestellt, ob der Zustand des Gartenhauses ein derart gefahrdrohender war und ob die Gefahr nicht mit weniger einschneidenden Mitteln beseitigt werden konnte. Verfehlt ist jedenfalls, daß sich das Berufungsgericht einfach darauf beruft, der Landrat würde nicht anders entschieden haben, wenn die polizeiliche Verfügung gegen die Klägerin erlassen worden wäre und diese Beschwerde erhoben hätte. Bei dieser Unterstellung konnte die Frage nicht mit dem Berufungsgericht dahin gestellt werden, wie der Landrat über eine etwaige Beschwerde der Klägerin entschieden hätte, sondern, wie er darüber richtig hätte entscheiden müssen. Denn seine Entscheidung wäre nicht, wie im Falle des Urteils III 69/35 des erkennenden Senats vom 15. Oktober 1935 (JW. 1936 S. 813 Nr. 29), das das Berufungsgericht anführt, eine seinem Ermessen überlassene Verwaltungsmaßnahme, sondern ein Rechtsentscheid gewesen. Nach alledem läßt sich die Schadensersatzberechtigung der Klägerin nicht schon aus den vom Berufungsgericht angeführten Gründen von der Hand weisen.

Wegen der zu 1 erörterten verfahrensrechtlichen Mängel ist die Zurückverweisung der Sache geboten, um der Klägerin Gelegenheit zu geben, ihren Antrag auf Geldersatz umzustellen. Gegebenenfalls wird das Berufungsgericht unter Beachtung der zu 2 dargelegten Gesichtspunkte in eine erneute sachlich-rechtliche Prüfung der Schadensersatzforderung einzutreten haben.

**RGZ. 172, 177**

**Zum Begriffe der Stromenge im Sinne des § 43 der Schiffahrtspolizeiverordnung für das deutsche Rheinstromgebiet vom 18. Januar 1939.**

I. Zivilsenat. Urt. v. 3. Dezember 1943 i. S. B. GmbH. & Co. (Kl.) w. St. & B. GmbH. u. 1 and. (Bekl.) I 74/43.

I. Amtsgericht (Schiffahrtsgericht) Kehl. II. Oberlandesgericht Karlsruhe.

Am 14. Dezember 1940 traf das aus dem Kehler Hafen mit vier Anhängern zu Tal fahrende Boot „St. & B. I" auf dem Rhein mit dem auf der Bergfahrt befindlichen Schleppzuge des Bootes „B. III" bei km 130,3 elsässischer Zählung zusammen. Der mit seinen beladenen Anhängen „Onnalinda" und „Codam 99" gestreckt vor dem elsässischen Ufer liegende Bergschleppzug verhielt im Augenblicke des Zusammentreffens auf der Stelle, um den Talschleppzug an sich vorbeizulassen. Während dem Boot „St. & B. I" die Vorbeifahrt gelang, wurde der Kahn „Onnalinda" von dem backbord auf erster Länge des Talschleppzuges fahrenden Kahne „Raab Karcher 9" angefahren. Die abgerissenen Anhänge zweiter Länge des Talschleppzuges, die leeren Kähne „Raab Karcher 63" und „Ronsard", stießen gegen den Kahn „Codam 99". Beschädigt wurden „Onnalinda", „Codam 99", „Raab Karcher 9 und 63" sowie „Ronsard".

Mit der Klage, die sich gegen die Erstbeklagte als Eigentümerin und gegen den Zweitbeklagten als Kapitän des Bootes „St. & B. I" richtet, verlangt die Klägerin Ersatz des dem Kahne „Codam 99" zugefügten Schadens.

Durch eine Bekanntmachung des Wasserstraßenamtes Kehl vom 20. Dezember 1940 wurde die Strecke von der Kehler Hafeneinfahrt bis km 300,2 (etwa 132,1 elsässischer Zählung) als Stromenge im Sinne von § 43 der Schiffahrtspolizeiverordnung für das Deutsche Rheinstromgebiet vom 18. Januar 1939 (RGBl. II S. 41) — RheinSchPolVO. — erklärt. Um die Beachtung der genannten Vorschrift zu erleichtern, wurde mit Wirkung vom 21. Dezember 1940 eine amtliche Wahrschau mit Anweisungen für den Schiffsverkehr eingerichtet. Diese Maßnahmen sollten bestehen bleiben, solange der Wasserstand des Rheins am Straßburger Pegel unter 2,75 m lag.

Die Klägerin hat vorgetragen, schuld an dem Unfall sei der Zweitbeklagte als Kapitän des Bootes „St. & B. I". Er habe die Gefährlichkeit der Lage, die bei der Ausfahrt noch durch die Vorbeifahrt des Motorschiffes „Titlis" an der Hafenmündung erschwert worden sei, nicht richtig erkannt. Bei dem niedrigen Wasserstande habe sich der Bergschleppzug in einer Stromenge befunden. Schon aus diesem Grunde habe der Zweitbeklagte mit der Ausfahrt warten müssen, bis der Bergschleppzug aus der Enge heraus gewesen sei. Der Beklagte habe auch während der Ausfahrt nautische Fehler gemacht. Er habe nicht genügend Fahrt auf dem Ruder gehabt und sei nicht weit genug in den Strom hinausgefahren, um seine Anhänge, insbesondere die schwer beladenen Kähne erster Länge, richtig aus dem Hafen herausziehen zu können. Infolgedessen sei der Schleppzug in Unordnung geraten. Die Steuerbordanhänge hätten schon bei der Ausfahrt am Hafenkopf gerakt. Der Versuch des Zweitbeklagten, die Anhänge von dem badischen Grund abzubringen und in gestreckte Lage zu bringen, habe nicht mehr gelingen können.

Die Beklagten, die den Klageanspruch nach Grund und Höhe bestreiten, sind der Meinung, der Unfall sei durch den Kapitän des Bootes „B. III", der die Begegnung an ungeeigneter Stelle abgewartet habe, und den Kapitän des Motorschiffes „Titlis" verschuldet worden, der den Talschleppzug bei der Ausfahrt behindert habe.

Das Schiffahrtsgericht hat abweichend von dem Gutachten des von ihm zugezogenen Sachverständigen den Klageanspruch dem Grunde nach für gerechtfertigt erklärt, weil der Zweitbeklagte § 43 Nr. 2c RheinSchPolVO. schuldhaft verletzt habe. Auf die Berufung der Beklagten hat das Schiffahrtsobergericht die Klage abgewiesen. Die Revision der Klägerin führte zur Aufhebung und Zurückverweisung.

Aus den Gründen:

Die Gründe, aus denen der Berufungsrichter unter Mißbilligung der Rechtsansicht des Schiffahrtsgerichts zu dem Ergebnis gelangt ist, der Unfall habe sich nicht in einem engen Fahrwasser ereignet, sind rechtlich nicht bedenkenfrei. Der Berufungsrichter geht davon aus, daß das Wasserstraßenamt Kehl erst am 20. Dezember 1940, fünf Tage nach dem Unfall, bekanntgemacht hat, daß die Strecke zwischen der Kehler Hafeneinfahrt und km 300,2 als Enge im Sinne des § 43 RheinSchPolVO. anzusehen sei, und daß es im Hinblick hierauf gewisse schiffahrtspolizeiliche Anordnungen getroffen hat, um die Beachtung der genannten Vorschrift zu erleichtern. Am Tage vor dem Erlasse dieser Bekanntmachung zeigte der Straßburger Pegel 2,55 m, während am Unfalltag als Pegelstand noch 2,95 m gemessen wurden und das Fahrwasser entsprechend breiter war. Dieser Sachverhalt ändert indessen nichts daran, daß die Schlepperführer sich am Unfalltag unter eigener Verantwortung darüber klar werden mußten, ob in dem in Frage stehenden Stromabschnitt, wie dies § 43 Nr. 1 RheinSchPolVO. verlangt, das Fahrwasser unter Berücksichtigung aller örtlichen Umstände unzweifelhaft hinreichenden Raum für die gleichzeitige Durchfahrt der beteiligten Schleppzüge gewährte. Die genannte Vorschrift gilt unmittelbar und unabhängig davon, ob ihre Voraussetzungen durch eine schiffahrtspolizeiliche Bekanntmachung anerkannt worden sind. Die Bekanntmachung des Wasserstraßenamtes Kehl vom 20. Dezember 1940 hatte ihrem Inhalte nach nur zum Ziele, die Befolgung der gesetzlichen Vorschrift zu erleichtern, nachdem es nach Ansicht des Amtes für Schleppzüge und auch für Einzelfahrzeuge am hinreichenden Raum zum Begegnen und Vorbeifahren mangelte. Der Berufungsrichter hat dies zwar nicht verkannt. Die Erwägungen, mit denen er § 43 Nr. 1 RheinSchPolVO. auf das Zusammentreffen der Schleppzüge am Tage und am Orte des Unfalls für unanwendbar erachtet, werden jedoch dem Sinn und der Tragweite des Gesetzes nicht in vollem Umfange gerecht. Die Vorschrift stellt strenge Anforderungen an die Vorbeifahrt von Schleppzügen und Einzelfahrzeugen, und zwar sowohl für den Fall der Überholung, als auch für den Fall der Vorbeifahrt in entgegengesetzter Richtung (vgl. Wassermeyer Der Kollisionsprozeß in der Binnenschiffahrt, 1940, S. 122, 123, und für §§ 6, 10 der Rheinschiffahrtspolizeiverordnung vom 1. Dezember 1913 RGUrt. I 71/42 vom 11. Dezember 1942 in der Zeitschrift für Binnenschiffahrt 1943 S. 22). In beiden Fällen ist die Vorbeifahrt nur dann zulässig, wenn unter Berücksichtigung aller örtlichen Umstände das Fahrwasser unzweifelhaft hinreichenden Raum für die gleichzeitige Durchfahrt gewährt. Das Gesetz spricht somit von der gleichzeitigen Durchfahrt sich begegnender Schleppzüge. Hierbei geht es davon aus, daß die in entgegengesetzter Richtung fahrenden Schleppzüge ihre Fahrt fortsetzen. Es gestattet ihnen die Vorbeifahrt nur dann, wenn für die Führer der Schleppzüge nach den besonderen örtlichen Verhältnissen außer Zweifel steht, daß am Orte der Begegnung das Fahrwasser genügend breit ist, um bei Anwendung der erforderlichen Sorgfalt die gleichzeitige Durchfahrt ohne Gefährdung der beteiligten Fahrzeuge ausführen zu können. Ist diese Frage zu verneinen, die zunächst unabhängig von der Frage zu prüfen ist, welchen der beteiligten Schlepperführer ein Verschulden trifft, so ist das Fahrwasser eng im Sinne des Gesetzes und es gilt alsdann für die Schleppzüge das Verbot, in der Stromenge aneinander vorbeizufahren. Zur Durchführung des Verbots gibt § 43 Nr. 2 RheinSchPolVO. Vorschriften, die dem Begegnen von Schleppzügen und Einzelfahrzeugen in Stromengen vorbeugen sollen. Für den Streitfall kommt weiter die Vorschrift des § 66 Nr. 1a RheinSchPolVO. in Betracht, nach der das Stilliegen von Fahrzeugen im Bereiche von Stromengen (§ 43) verboten ist. Die Meinung des Berufungsrichters, für die Oberrheinverhältnisse mit ihren vielen verhältnismäßig engen Stellen sei die Frage, ob das Fahrwasser nicht genügend breit sei, im Interesse einer durchlaufenden Schiffahrt unter Anlegung eines weniger strengen Maßstabes zu beurteilen als auf dem Mittel- und Unterrhein, ist grundsätzlich nicht zu billigen. Das Gesetz macht insoweit keine Unterschiede. Gewohnheiten, die den gesetzlichen Anforderungen nicht entsprechen, sind mißbräuchlich und unzulässig. Mißverständlich ist in dem erörterten Zusammenhang auch die weitere Bemerkung des Berufungsrichters, § 43 Nr. 2c RheinSchPolVO. sei eine eng auszulegende Ausnahmevorschrift. Im Streitfalle war vorab zu untersuchen, ob die beiden Schleppzüge in einer Stromstrecke zusammengetroffen sind, in der im Sinne des § 43 Nr. 1 RheinSchPolVO. bei Berücksichtigung aller örtlichen Umstände und Anwendung der gebotenen Sorgfalt für die gleichzeitige ungefährdete Durchfahrt der Schleppzüge unzweifelhaft genügend Raum vorhanden war. War dies nicht unzweifelhaft, so war weiter zu prüfen, ob zur Vermeidung des Zusammentreffens in der Stromenge der Bergschleppzug oder der Talschleppzug hätte warten müssen. Die Eigenart des Streitfalls besteht darin, daß der Bergschleppzug, wie nach den Feststellungen des Berufungsrichters angenommen werden muß, die Unfallstelle schon erreicht hatte und sich im Fahrwasser unterhalb der Hafenmündung befand, als der Talschleppzug mit der Ausfahrt aus dem Hafen begann. Die weitere Fragestellung spitzt sich daher nach § 43 Nr. 2c RheinSchPolVO. dahin zu, ob der Zweitbeklagte, als er den Entschluß zum Verlassen des Hafens faßte, hätte erkennen müssen, daß der Bergschleppzug bereits in eine Stromstrecke eingefahren war, in der das Gelingen einer gleichzeitigen Durchfahrt der Schleppzüge zweifelhaft war. Zu den besonderen örtlichen Umständen, die nach § 43 RheinSchPolVO. von dem Kapitän des Talschleppzuges vor der Ausfahrt zu berücksichtigen waren, gehörte auch die von den Beklagten in der Klagebeantwortung hervorgehobene Tatsache, daß den Kehler Hafen verlassende Schleppzüge bei der Einfahrt in den Strom wegen der Grund- und Strömungsverhältnisse mit Schlenkerbewegungen der Anhängkähne zu rechnen haben. Aus diesem Grunde haben die Beklagten selbst die Unfallstelle bei dem Wasserstande des Unfalltages als für eine Begegnung von Schleppzügen gefährlich und ungeeignet bezeichnet. In der Klagebeantwortung ist sogar von dem bedrohlich in der Enge liegenden Bergschleppzuge die Rede. Der Sachverständige hat hinsichtlich der üblichen Fahrweise der Talschleppzüge angegeben, daß es bei der Ausfahrt aus dem Kehler Hafen notwendig gewesen sei, die Anhänge möglichst in die Mitte der Fahrrinne zu bringen, und daß unterhalb der Kinzigmündung von der badischen Seite zur elsässischen Seite habe übergegangen werden müssen. Auch diese Tatsachen waren im Zusammenhange mit der Tiefe und Breite des Fahrwassers bei der Entscheidung der Frage heranzuziehen, ob in der Stromstrecke, in der sich der Unfall ereignet hat, die gleichzeitige ungehinderte Durchfahrt der Schleppzüge unzweifelhaft möglich war und ob der Zweitbeklagte im Vertrauen hierauf die Talfahrt antreten durfte. Die Ausführungen des Berufungsrichters lassen nicht erkennen, daß er der dargelegten Sach- und Rechtslage ausreichende Beachtung geschenkt hat. (Wird ausgeführt.)

**RGZ. 39, 302**

**Kann der Träger eines Familiennamens gegen Staatsbehörden, die sein Recht auf Führung dieses Namens bestreiten, Feststellungsklage dahin erheben, daß er zur Führung jenes Namens berechtigt sei, und daß die Beklagten nicht berechtigt seien, ihm die Führung desselben zu verbieten?**

III. Zivilsenat. Urt. v. 1. Juni 1897 i. S. v. H. (Kl.) w. den Regierungspräsidenten und die Polizeidirektion zu H. (Bekl.).
Rep. III. 26/97.

I. Landgericht Hannover. II. Oberlandesgericht Celle.

Die Königliche Polizeidirektion zu H. hat gegen den Kläger, der sich ihr gegenüber von H. nannte, im Auftrage des Regierungspräsidenten nach voraufgegangener Verwarnung wegen unbefugter Führung des ihm nicht zukommenden Adelsprädikats eine bei der Polizeikasse zu erlegende Strafe von 30 M, evtl. 3 Tagen Haft, festgesetzt. Im schöffengerichtlichen Verfahren ist der Kläger freigesprochen, in der Berufungsinstanz aber zu einer Strafe von 10 M verurteilt worden, weil er weder adelig, noch auch einen bürgerlichen Namen von H. zu führen berechtigt sei. Seine Revision hat das Oberlandesgericht zurückgewiesen. Noch vor Erledigung des Strafverfahrens hat er gegen den Königlichen Regierungspräsidenten und die Königliche Polizeidirektion zu H. Klage mit dem Antrag erhoben, festzustellen, daß er berechtigt sei, den Familiennamen „von H." zu führen, und daß die Beklagten nicht berechtigt seien, ihm die Führung dieses Namens zu verbieten. Er nimmt die Partikel „von" nicht als Adelsprädikat, sondern lediglich als Bestandteil seines bürgerlichen Namens in Anspruch. Die Klage ist wegen Unzulässigkeit des Rechtsweges abgewiesen und die Berufung des Klägers zurückgewiesen worden.

Die Revision des Klägers ist zurückgewiesen aus folgenden

Gründen:

... Soweit der Kläger in der Verwarnung und der polizeilichen Straffestsetzung Eingriffe in seine Privatrechtssphäre sieht, kann die Unzulässigkeit des Rechtsweges nicht zweifelhaft sein. Die Verwarnung ist keine polizeiliche Verfügung im Sinne der Verordnung vom 11. Mai 1842, und noch weniger liegen die Voraussetzungen der §§ 2 und 4 jener Verordnung vor. Die Straffestsetzung aber kann nur im schöffengerichtlichen Verfahren und dem weiter zugelassenen Rechtsgang angefochten werden. Die Strafgerichte entscheiden auch über präjudizielle bürgerliche Rechtsverhältnisse, und der Angeklagte hat nicht die Befugnis, über das vom Strafgericht entschiedene Rechtsverhältnis auch noch die Entscheidung der Zivilgerichte durch eine gegen die Staatsorgane zu erhebende Klage anzurufen.

Der Rechtsweg ist aber auch dann nicht gegeben, wenn man die Klage dahin auffaßt, daß der Kläger in den erwähnten polizeilichen Maßnahmen nur die Veranlassung zur Klagerhebung, den eigentlichen Klaggrund aber in der Nichtanerkennung und der Störung des von ihm behaupteten Privatrechts durch Organe des Staates sieht. Auch soweit der Kläger die Partikel „von" vor seinem Namen nur als Bestandteil seines bürgerlichen Familiennamens in Anspruch nimmt, hat er unter den vorliegenden Verhältnissen keine Zivilklage gegen den Staat und seine Organe auf Anerkennung und Unterlassung von Störungen. Allerdings gehört das Recht auf Führung eines bestimmten Namens auch dem Privatrecht an, und es sind daher vom Reichsgericht schon wiederholt Klagen der Angehörigen einer bestimmten Familie gegen Dritte wegen unbefugter Anmaßung des Familiennamens zugelassen worden. Es handelt sich bei der Führung eines bestimmten Namens aber keineswegs um ein ausschließlich dem Privatrecht angehörendes Recht, sondern ebensosehr um die im öffentlichen Recht begründete Verpflichtung des einzelnen, nur den durch Geburt oder Rechtsakt erworbenen Familiennamen zu führen. Dieser Pflicht des einzelnen entspricht das Recht des Staates und seiner Organe, mit den zulässigen Mitteln gegen jeden einzuschreiten, der sich eines ihm nicht zukommenden Namens bedient. Daß aber in vorliegender Sache die Organe des Staates gegen den Kläger nur aus diesem Rechte und allein in Ausübung öffentlichrechtlicher Funktionen eingeschritten sind, unterliegt nach der Sachlage einem Bedenken überall nicht. Erachtet der Kläger sich hierdurch für verletzt, so kann er das von ihm behauptete Recht keinesfalls im Wege des Zivilprozesses gegen die betreffenden Behörden verfolgen . . .

**RGZ. 44, 377**

**Allgemeines Verhältnis der Reichs- und Landesbehörden zueinander. Vorrang der reichsrichterlichen vor jeder landesrichterlichen Gewalt.**

*Alter Leitsatz:*

*Ist der preußische Gerichtshof zur Entscheidung der Kompetenzkonflikte im Falle eines negativen Konfliktes zur Aufhebung der gerichtlichen Entscheidung, welche den Rechtsweg für unzulässig erklärt hat, auch dann befugt, wenn diese Entscheidung vom Reichsgerichte erlassen ist? Wie hat sich im Falle einer solchen Aufhebung das Reichsgericht zu verhalten?*

G.V.G. § 17.

Preuß. Verordnung, betr. die Kompetenzkonflikte zwischen den Gerichten und Verwaltungsbehörden, vom 1. August 1879 (GS. S. 574) § 21.

V. Zivilsenat. Beschl. v. 10. Juni 1899 i. S. Gemeinde B. (Kl. u. Widerbekl.) w. M. (Bekl. und Widerbekl.). Rep. V. 235/90 u. 147/99.

Die Klägerin hatte sich geweigert, für ihren Bezirk einen Nachtwächter zu bestellen, weil sie den Beklagten als benachbarten Gutsherrn hierzu für verpflichtet erachtete, und hatte, nachdem die Kosten einer zwangsweisen Bestellung des Nachtwächters im Betrage von 104,63 M. von ihr seitens des zuständigen Amtsvorstehers im Verwaltungszwangsverfahren eingezogen worden waren, gegen den Beklagten auf Erstattung dieser Summe geklagt, wogegen Beklagter im Wege der Widerklage Verurteilung der Klägerin zur Anerkennung, daß er zur Bestellung des Gemeinde-Nachtwächters nicht verpflichtet sei, verlangte. In der Revisionsinstanz wurde durch Urteil des Reichsgerichtes vom 22. April 1891 der Rechtsweg sowohl bezüglich der Klage wie auch bezüglich der Widerklage für unzulässig erklärt. Nachdem die Klägerin darauf ihren Anspruch vor den Verwaltungsgerichten und demnächst vor den Verwaltungsbehörden geltend zu machen versucht hatte, überall jedoch wegen Unzuständigkeit abgewiesen worden war, wandte sie sich an den preußischen Gerichtshof zur Entscheidung der Kompetenzkonflikte. Letzterer erklärte durch Urteil vom 14. Januar 1899 den Rechtsweg in der Sache für zulässig, hob das vorerwähnte entgegenstehende reichsgerichtliche Urteil auf und verwies die Sache zur anderweiten Verhandlung und Entscheidung an das Reichsgericht. Eine Ausfertigung des Urteils wurde nebst den Prozeßakten von dem preußischen Justizminister durch Vermittlung des Staatssekretärs des Reichsjustizamtes dem Reichsgericht unter Bezugnahme auf § 17 Abs. 2 der preußischen Verordnung vom 1. August 1879 übersandt. Der V. Zivilsenat des Reichsgerichtes erachtete jedoch ein weiteres gerichtliches Verfahren in der Sache für unzulässig und lehnte demgemäß die Zustellung des übersandten Urteiles an die Parteien ab, aus folgenden

Gründen:

„... Nach der von dem preußischen Justizminister in Bezug genommenen Vorschrift der Verordnung vom 1. August 1879 hat das Gericht, welchem die Ausfertigung des vom Kompetenzgerichtshofe gefällten Urteils übersandt wird, das Urteil den Parteien von Amts wegen zustellen lassen. Ob danach, wie der Justizminister annimmt, im vorliegenden Falle das Reichsgericht die Zustellung herbeizuführen hat, hängt von der Entscheidung der weiteren Frage ab, ob der Kompetenzgerichtshof die ihm durch § 21 Abs. 4 der Verordnung vom 1. August 1879 beigelegte Machtbefugnis, unter den dort erwähnten Voraussetzungen rechtskräftige Gerichtsurteile aufzuheben, auch dem Reichsgerichte gegenüber hat. Wird die Frage bejaht, so ergibt sich daraus die Zustellungspflicht des Reichsgerichtes ohne weiteres. Im entgegengesetzten Falle hat die Nichtanwendbarkeit der angeführten Verordnung zur Folge, daß auch die von der Zustellung handelnde Vorschrift des § 17 nicht Platz greift, das Reichsgericht also jede weitere Befassung mit der von ihm durch das Revisionsurteil zum endgültigen Abschlusse gebrachten Prozeßsache ablehnen muß.

Die bisherigen Fälle, in denen die Wirksamkeit von Urteilssprüchen des preußischen Kompetenzgerichtshofes gegenüber dem Reichsgericht in Frage kam, lagen so, daß nach erfolgter Revisionseinlegung die beteiligte Verwaltungsbehörde, welche die Zuständigkeit zur Entscheidung der Sache für sich in Anspruch nahm, den Konflikt erhob, bevor das Reichsgericht über das bei ihm eingelegte Rechtsmittel entschieden hatte. In solchen Fällen eines sog. positiven Konfliktes ist stets angenommen worden, daß, wenn in dem Konfliktsverfahren der Kompetenzgerichtshof den Rechtsweg für unzulässig erklärt, diese Entscheidung auch das Reichsgericht bindet, mithin das weitere Verfahren in der Revisionsinstanz einzustellen ist. Wesentlich verschieden hiervon ist der vorliegende Fall. Denn hier handelt es sich nicht darum, ob dem Reichsgericht ein Entscheidungsrecht, das es noch nicht ausgeübt hat, vor dessen Ausübung durch Urteilsspruch einer Landesbehörde entzogen werden kann, sondern die aufzuwerfende und zu beantwortende Frage geht dahin, ob die betreffende Landesbehörde auf Grund des § 17 GVG. von der Landesgesetzgebung oder von der gemäß § 17 Einf.-Ges. zum GVG. erlassenen landesherrlichen Verordnung mit der Machtbefugnis ausgestattet werden konnte, eine bereits getroffene Entscheidung des Reichsgerichtes durch Aufhebung aus der Welt zu schaffen, also nicht, wie in dem ersteren Falle, an Stelle des Reichsgerichtes Recht zu sprechen, sondern mit ihrer Rechtsprechung sich über das Reichsgericht zu stellen. Diese Frage ... muß verneint werden.

Das Reichsgericht ist nicht oberster Gerichtshof des Deutschen Reiches in dem Sinne, daß es von sämtlichen einzelnen Bundesstaaten als höchstes Instanzgericht bestellt worden ist, somit in jeder seiner Verhandlung und Entscheidung unterliegenden Rechtssache die Gerichtsbarkeit desjenigen Bundesstaates ausübt, aus dessen Gebiet die Sache stammt. Vielmehr leitet es seine Gerichtsgewalt von der Justizhoheit des Deutschen Reiches als eines nach der Reichsverfassung den einzelnen Bundesstaaten gegenüber selbständigen und, soweit die Zuständigkeit der Reichsgesetzgebung und Reichsverwaltung reicht, ihnen übergeordneten Staatswesens ab (vgl. Art. 2 der Reichsverfassung). Dies schließt an sich freilich nicht die Möglichkeit aus, daß durch einen Akt der Reichsgesetzgebung für bestimmte, besonders geartete Fälle, insbesondere für Kompetenzstreitigkeiten der vorliegenden Art, das Reichsgericht einem Landesgerichtshofe unterstellt wird. Ein solches Unterordnungsverhältnis könnte jedoch, da es der Stellung, die das Reichsgericht sonst einnimmt, zuwiderlaufen würde, nur dann angenommen werden, wenn es mit klaren Worten im Gesetze ausgesprochen wäre, oder wenn anderweit ein dahin gerichteter gesetzgeberischer Wille unzweifelhaft erhellte. Zieht man aber die Entstehungsgeschichte und den Wortlaut der einschlägigen reichsgesetzlichen Bestimmungen in Betracht, so ergibt sich aus beidem das Gegenteil.

Sowohl § 17 GVG. wie § 17 des Einführungsgesetzes zu diesem Gesetze fehlten in den vom Bundesrate dem Reichstage vorgelegten Gesetzentwürfen. Letztere enthielten überhaupt keine Bestimmungen über Kompetenzkonflikte und die zu ihrer Entscheidung berufenen besonderen Behörden. Dieses Schweigen hatte nach dem System der Entwürfe, da für sie eine dem § 14 Einf.-Ges. zur ZPO., § 4 Einf.-Ges. zur KO., § 6 Einf.-Ges. zur StPO. analoge kodifikatorische Klausel nicht in Aussicht genommen war, die Bedeutung, daß sämtliche auf jene Materie bezügliche Vorschriften der Landesgesetze durch die reichsgesetzliche Regelung des Gerichtsverfassungswesens nicht berührt werden sollten.

Vgl. die amtliche Begründung des Entwurfes des Gerichtsverfassungsgesetzes S. 2, 3.

Wäre es hierbei verblieben, so hätte der Gedanke, daß Landesbehörden, denen bis dahin nur die Gerichte und Verwaltungsbehörden des betreffenden Bundesstaates unterstellt waren, auf Grund der am 1. Oktober 1879 in Kraft getretenen Reichsgesetzgebung nunmehr auch dem neu errichteten Gerichtshofe des Deutschen Reiches übergeordnet seien, wohl überhaupt nicht Raum gewinnen können. In dieser Beziehung hat aber die Sachlage durch die den bisherigen Rechtszustand nur mit Einschränkung aufrechterhaltenden neuen Bestimmungen, die von dem Reichstage in das Gesetz hineingebracht worden sind, keine Veränderung erfahren. Wie die Verhandlungen der Reichstagskommission ergeben, hielt man es nach den gemachten Erfahrungen für geboten, reichsgesetzliche Garantien dagegen zu schaffen, daß nicht ungerechtfertigterweise Sachen den Verwaltungsbehörden zur Entscheidung überwiesen würden, die vor die ordentlichen Gerichte gehörten. Zu diesem Zwecke wurden in der Kommission von den Abgeordneten Reichensperger und Lasker Anträge gestellt, die demnächst mit nur geringen sachlichen Abänderungen zum Gesetze erhoben worden sind. Gemäß der Veranlassung, aus welcher diese Vorschläge hervorgegangen waren, hatten die Antragsteller bei ihnen nur den Fall des sog. p o s i t i v e n Konfliktes im Auge. Auch die übrigen Kommissionsmitglieder, welche die Anträge bekämpften oder unterstützten, sowie die Regierungsvertreter, soweit sie sich an der Debatte beteiligten, faßten die vorgeschlagenen Bestimmungen in gleichem Sinne auf. Bezüglich des negativen Konfliktes, dessen Nichtberücksichtigung von verschiedenen Seiten als eine Lücke bezeichnet wurde, bemerkte der Abgeordnete Reichensperger, man habe es hier mit einem Gesetz für die Justiz zu tun, und es genüge daher, wenn gesagt werde, daß die Gerichte über ihre Zuständigkeit zu entscheiden hätten. Was zu geschehen habe, wenn sich die Gerichte für unzuständig erklären, und wie solchenfalls von der Verwaltung zu verfahren sei, gehöre nicht in ein Justizgesetz, wie das vorliegende. Der Abgeordnete v. Puttkamer dagegen vertrat die Ansicht, ein negativer Konflikt sei nach Analogie des § 11 ZPO. in der Weise zu lösen, daß die Gerichtsentscheidung, durch welche die Unzulässigkeit des Rechtsweges ausgesprochen werde, die Verwaltungsbehörde binde. Hervorgehoben zu werden verdient auch, daß von mehreren Seiten angeregt wurde, Kompetenzstreitigkeiten durch das Reichsgericht entscheiden zu lassen. Die hierauf gerichteten Anträge sind zwar bis auf einen, der später als § 17 Einf.-Ges. zum GVG. Gesetz geworden ist, sämtlich abgelehnt worden, jedoch nicht etwa aus dem Grunde, weil man mit der Möglichkeit rechnen zu müssen glaubte, daß auch zwischen dem Reichsgericht selbst und einer Verwaltungsbehörde ein Kompetenzkonflikt entstehen könne, dessen Schlichtung eine außerhalb des Streites stehende Behörde voraussetze; vielmehr war anscheinend maßgebend die Erwägung, daß die Übertragung der fraglichen Funktionen auf das Reichsgericht praktisch entbehrlich sei, da eine nach Vorschrift des § 17 GVG. gebildete Behörde die nämlichen Garantien gebe.

Vgl. die Protokolle der Kommission S. 481—483, 486, 488, 489, 492.

Es könnte sich hiernach fragen, ob es überhaupt in der Absicht der Reichstagskommission gelegen hat, die durch den angeführten § 17 der Landesgesetzgebung erteilte Ermächtigung auch auf den Fall des negativen Konfliktes zu erstrecken. Sieht man von diesem Zweifel ab, weil eine Beschränkung des § 17 auf den positiven Konflikt im Gesetzesworte selbst keinen Ausdruck gefunden hat, so ergibt sich doch jedenfalls aus den Kommissionsverhandlungen soviel auf das Unzweideutigste, daß es niemandem in den Sinn gekommen ist, ein Eingreifen der Landesbehörde zum Zwecke der Beseitigung eines negativen Konfliktes auch da zuzulassen, wo letzterer durch eine Entscheidung des Reichsgerichtes veranlaßt ist. Es bedurfte auch nicht, um in dieser Beziehung die Meinung der Kommission zur Geltung zu bringen, eines besonderen Ausspruches hierüber im Gesetze. Die Unstatthaftigkeit des Eingriffes folgte vielmehr ohne weiteres aus dem allgemeinen Verhältnis der Reichs- und Landesbehörden zueinander und dem hieraus speziell für das Gebiet der Rechtspflege abzuleitenden Grundsatze, daß, sofern nicht reichsgesetzlich ausdrücklich etwas

Abweichendes bestimmt ist, die reichsrichterliche Gewalt jeder landesrichterlichen Gewalt vorgeht.

Neben der Entstehungsgeschichte des § 17 GVG. kommt auch dessen Wortlaut und Inhalt für die Entscheidung der vorliegenden Frage in Betracht. In dieser Beziehung scheint allerdings aus Abs. 2, wo allgemein von „Gerichten" die Rede ist, gefolgert werden zu können, daß die Bestimmung auch das Reichsgericht treffen müsse. Einer solchen Folgerung steht jedoch entgegen, daß daselbst neben den Gerichten zugleich die Verwaltungsbehörden und Verwaltungsgerichte erwähnt werden, und daß unter den letzteren, wie gegenwärtig in Literatur und Praxis unstreitig ist, trotz der Allgemeinheit der gebrauchten Ausdrücke nur die Verwaltungsbehörden und Verwaltungsgerichte desjenigen Bundesstaates, welchem der Kompetenzgerichtshof angehört, zu verstehen sind, Behörden anderer Bundesstaaten also ebensowenig wie Reichsbehörden die Befugnis zur Erhebung des Konfliktes haben.

Vgl. die Kommentare von v. Wilmowski u. Levy, Bem. 2 zu § 17 GVG. 7. Aufl. S. 1271; Gaupp, Vorbem. III C vor § 1 ZPO. 4. Aufl. S. 7; Struckmann u. Koch, Bem. 2 zu § 17 GVG. 6. Aufl. S. 1099; v. Roenne, Staatsrecht 4. Aufl. Bd. 1 S. 524; Entsch. des preuß. Oberverwaltungsgerichts Bd. 15 S. 406.

Auch bezüglich des an der fraglichen Stelle vorkommenden allgemeinen Ausdruckes „Gerichte" besteht darüber kein Zweifel, daß ein Eingreifen des Kompetenzgerichtshofes in Entscheidungen, die von den Gerichten anderer Bundesstaaten erlassen sind, ausgeschlossen ist. Diese Begrenzung seiner Zuständigkeit beruht auf der Erwägung, daß nur solche Gerichte ihm unterstellt werden können, welche ihre Gerichtsbarkeit von derselben Staatsgewalt herleiten, wie er selbst. Ist dies richtig, so folgt daraus mit Notwendigkeit, daß auch das Reichsgericht von der Unterstellung befreit sein muß, da es im Namen des Reiches Recht spricht, seine Gerichtsbarkeit also, wie bereits oben hervorgehoben, auf einer von der Staatsgewalt der einzelnen Bundesstaaten unabhängigen Grundlage beruht. Weiterhin läßt die Vorschrift in Abs. 2 Ziff. 2 des § 17, wonach die Zahl der bei der Entscheidung mitwirkenden Mitglieder der Behörde nur fünf zu betragen braucht, während das Reichsgericht in einer Besetzung seiner Senate mit je sieben Mitgliedern entscheidet, es wenig wahrscheinlich erscheinen, daß der Gesetzgeber einer nach Art eines Oberlandesgerichtes organisierten Behörde höhere richterliche Befugnisse als dem Reichsgerichte hat beilegen wollen, und ebenso spricht gegen eine solche Annahme der § 17 Einf.-Ges. zum GVG. Denn danach müßte derjenige Senat des Reichsgerichtes, welcher mit den Funktionen eines Kompetenzgerichtshofes für das Gebiet eines bestimmten Bundesstaates betraut ist, insoweit er in dieser Eigenschaft tätig wird, nicht bloß der Rechtsprechung anderer Senate, sondern sogar Plenarentscheidungen des Reichsgerichtes entgegentreten können, was mit den Vorschriften des § 137 GVG. unvereinbar sein würde. In einem Falle, in welchem von der Ermächtigung des angeführten § 17 Gebrauch gemacht ist, nämlich in der auf Grund des bremischen Gesetzes vom 25. Juni 1879 ergangenen Kaiserlichen Verordnung vom 26. September 1879 (RGBl. S. 298), ist denn auch die Bestellung des Reichsgerichtes zum Kompetenzgerichtshofe für Bremen ausdrücklich nur für „Streitigkeiten zwischen den Gerichten und Verwaltungsbehörden der freien Hansestadt Bremen über die Zulässigkeit des Rechtsweges" erfolgt.

Ob daraus, daß die Rechtsprechung des Reichsgerichtes einer Korrektur durch die Kompetenzgerichtshöfe der einzelnen Bundesstaaten nicht unterliegt, praktische Unzuträglichkeiten erwachsen, kann dahingestellt bleiben, da solche Unzuträglichkeiten das Ergebnis positiver Gesetzesauslegung zu erschüttern nicht imstande sein würden. Es mag jedoch darauf hingewiesen werden, daß die Rechtslage für die Beteiligten in Fällen der in Rede stehenden Art keine andere ist als dann, wenn der negative Konflikt zwischen Gerichten und Verwaltungsbehörden verschiedener Bundesstaaten, zwischen den Gerichten eines Bundesstaates und den Reichsverwaltungsbehörden, oder endlich zwischen den letzteren und dem Reichsgerichte entsteht. In allen diesen Fällen weist das geltende Recht unstreitig die gleiche Lücke auf.

Die im Vorstehenden dargelegte Rechtsauffassung ist in der Gegenwart auch von dem IV. Zivilsenat des Reichsgerichtes in zwei Urteilen vom 4. Mai 1899, welche in den gleichartigen Sachen der katholischen Kirchengemeinde zu Gr.-S. w. P., Rep. IV. 427/98, und der Gräfin v. Sch. w. die katholische Kirchengemeinde zu R., Rep. IV. 7/99, ergangen sind, zur Geltung gebracht worden. Desgleichen hat sie in der Gesetzgebung anderer Bundesstaaten mehrfach ausdrückliche Anerkennung gefunden. So bestimmt Art. 22 Abs. 2 des bayerischen Gesetzes vom 18. August 1879 (Gesetz- und Verordnungsbl. S. 991), daß, wenn das Reichsgericht die Unzulässigkeit des Rechtsweges ausgesprochen hat, die Verwaltungsbehörden und der Verwaltungsgerichtshof die rechtliche Beurteilung, welche dem Ausspruche zugrunde gelegt ist, auch ihrer Entscheidung zugrunde zu legen haben. Nach Art. 13 des württembergischen Gesetzes vom 25. August 1879 (Regierungsbl. S. 272) ist bei negativem Konflikt die Anrufung des Kompetenzgerichtshofes ausgeschlossen, wenn bezüglich der Zulässigkeit des Rechtsweges das Rechtsmittel der Revision an das Reichsgericht statthaft ist, oder das Reichsgericht entschieden hat. Ebenso beschränkt § 26 Abs. 1 der für Mecklenburg-Schwerin und Mecklenburg-Strelitz erlassenen Verordnungen vom 19. Mai 1879 (mecklenburg-schwerinisches Regierungsbl. S. 201; mecklenburg-strelitzer offizieller Anzeiger S. 145) die Zuständigkeit des Kompetenzgerichtshofes beim negativen Konflikte auf die Fälle, in denen über die Zulässigkeit des Rechtsweges nicht das Reichsgericht entschieden hat. Das braunschweigische Gesetz vom 1. April 1879 (Gesetz- und Verordnungs-Samml. S. 195) endlich, welches ein Eingreifen des Kompetenzgerichtshofes beim negativen Konflikte überhaupt nicht kennt, enthält im übrigen im § 6 die Bestimmung, daß der Konflikt nicht mehr erhoben werden kann, wenn die Sache im Wege der Revision beim Reichsgerichte anhängig geworden ist.

*Eine abweichende Stellung in der Beurteilung der vorliegenden* Frage nimmt für das preußische Recht anscheinend der III. Zivilsenat des Reichsgerichtes in einem Urteile vom 25. März 1884,

Entsch. des RG.'s in Zivils. Bd. 11 S. 392,

ein. Er hat darin aus Anlaß eines Falles, in welchem es sich darum handelte, ob eine den Rechtsweg für zulässig erklärende Entscheidung des Kompetenzgerichtshofes ohne weiteres auch die im Prozesse erhobene Parteieinrede der Unzulässigkeit des Rechtsweges beseitigt, diese Frage verneint, im Anschlusse hieran aber den weiteren allgemeinen, nach dem Zusammenhange auf das Reichsgericht mitzubeziehenden Satz ausgesprochen, daß, wenn beim negativen Konflikte der Kompetenzgerichtshof das Urteil des Gerichtes aufgehoben hat, die Instanz, an welche die Verweisung der Sache erfolgt, an seine Entscheidung gebunden ist. Eine Notwendigkeit, die letztere Frage zu entscheiden, war durch den damaligen Rechtsfall nicht gegeben. Der Satz hat daher nur die Bedeutung einer beiläufigen Bemerkung. Da er überdies auch nicht näher begründet ist, so bietet das Urteil, wie bereits der IV. Senat in den beiden erwähnten Urteilen vom 4. Mai 1899 zutreffend angenommen hat, keinen Anlaß, gemäß § 137 GVG. die Entscheidung der vereinigten Zivilsenate einzuholen.

Nach den vorstehenden Ausführungen bedarf es keines Eingehens auf die Frage, ob die preußische Verordnung vom 1. August 1879 in ihrem § 21 die Bedeutung hat und haben sollte, daß auch Urteile des Reichsgerichtes durch Entscheidungen des preußischen Kompetenzgerichtshofes aufgehoben werden könnten"[1]).

---

[1]) Vgl. über die Frage in der Litteratur einerseits Droop, Der Rechtsweg in Preußen 1899 S. 131 Anm. 63; G. Meyer, Deutsches Staatsrecht 4. Aufl. S. 574; Förster-Eccius, Preuß. Privatr. Bd. 1 § 50 Anm. 1 7. Aufl. S. 250 (für die Ansicht des preuß. Kompetenzgerichtshofes), andererseits Wach, Handbuch des Deutschen Civilprozeßrechts Bd. 1 S. 102. 103; Laband, Staatsrecht 3. Aufl. Bd. 2 S. 346; Gaupp, Kommentar zur C.P.O. Vorbemerk. III C vor § 1 4. Aufl. S. 7; Nadbyl in v. Stengels Wörterbuch des Deutschen Verwaltungsrechts Bd. 1 S. 816; Rassow in Gru-

**RGZ. 140, 423**

**Richterliche Unabhängigkeit. Die Justizverwaltung ist nicht befugt, in irgendeiner Form in die Ausübung des richterlichen Ermessens einzugreifen. Zuwiderhandlung als Tatbestand der Amtshaftung.**

*Alter Leitsatz:*

*1. Haftet der Staat dem geschädigten Zeitungsverlag auf Schadensersatz, wenn die Landesjustizverwaltung in die Ausübung des richterlichen Ermessens bei Auswahl der Zeitungen für die Bekanntmachung gerichtlicher Verfügungen eingegriffen hat?*

*2. Kann die Landesjustizverwaltung allgemeine Anordnungen darüber treffen, welche Zeitungen von den Gerichtsvollziehern für öffentliche Bekanntmachungen zu verwenden sind?*

*3. Kann ein Zeitungsverlag Schadensersatzansprüche gegen den Staat daraus herleiten, daß die Landesjustizverwaltung den Gerichtsvollziehern durch allgemeine Anordnung untersagt hat, die in dem Verlag erscheinenden Zeitungen für öffentliche Bekanntmachungen zu verwenden?*

RVerf. Art. 118 Abs. 1, Art. 131. BGB. § 839. GVG. § 154. Pr.AG.z. GVG. § 73. ZPO. § 816.

V. Zivilsenat. Urt. v. 21. Juni 1933 i. S. Sch. GmbH. (Kl.) w. Preuß. Staat (Bekl.). V 392/32.

I. Landgericht I Berlin. II. Kammergericht daselbst.

Die Reichsregierung hat im Einverständnis mit der Preußischen Staatsregierung Richtlinien für die Auswahl von Zeitungen zur Bekanntgabe amtlicher Veröffentlichungen aufgestellt. Der Preußische Justizminister hat diese Richtlinien im Preußischen Justizministerialblatt vom 1. November 1929 (S. 323) mitgeteilt.

Am 3. Dezember 1929 hat der Preußische Justizminister angeordnet, daß die im Verlag der Klägerin erscheinenden Zeitungen nicht mehr zu Veröffentlichungen der Justizverwaltungsorgane benutzt werden sollen. Er hat den Kammergerichtspräsidenten ersucht, diese Anordnung zur Kenntnis der Richter an den Berliner und sonst in Betracht kommenden Gerichten seines Bezirks zu bringen und ihnen mitzu-

---

chots Beitr. z. Erläuterung des deutschen Rechts Bd. 43 S. 789 flg. (dagegen). Gegen die Ansicht des Kompetenzgerichtshofes anscheinend auch v. Rönne, Staatsrecht 4. Aufl. Bd. 1 S. 524, und Struckmann u. Koch, Kommentar zur C.P.O. Bem. 2 zu § 17 G.V.G. 6. Aufl. S. 1099. Die Bemerkung von Hilse in Gruchots Beiträgen Bd. 37 S. 321, daß das preuß. Oberverwaltungsgericht sich in dem Bd. 23 S. 131 seiner gesammelten Entscheidungen abgedruckten Erkenntnisse vom 18. November 1891 gleichfalls in einem der Ansicht des Kompetenzgerichtshofes entgegengesetzten Sinne ausgesprochen habe, ist irrig. D. E.

teilen, der Justizminister vertraue darauf, daß bei der Ausübung des richterlichen Ermessens in der Auswahl der zu amtlichen Veröffentlichungen bestimmten Blätter auch die Tatsache gebührend berücksichtigt werde, daß sich die Justizverwaltung im staatlichen Interesse genötigt gesehen habe, von der Benutzung der im Verlag der Klägerin erscheinenden Berliner Zeitungen zu amtlichen Veröffentlichungen abzusehen. Diese Maßnahme wurde damit begründet, daß der Reichsinnenminister und der Preußische Ministerpräsident den Wunsch ausgesprochen hätten, es möchten den Zeitungen der Klägerin wegen ihres überaus hetzerischen und regierungsfeindlichen Charakters amtliche Bekanntmachungen zur Veröffentlichung nicht mehr übermittelt werden.

Am 18. Januar 1930 hat weiterhin der Preußische Justizminister durch Rundverfügung bestimmt, daß die allgemeinen Richtlinien über die Veröffentlichung amtlicher Bekanntmachungen auch für die Gerichts- und Gerichtskassenvollzieher zu gelten haben. In derselben Rundverfügung ist ferner unter II 1 angeordnet, daß, wenn die Benutzung einzelner Zeitungen zu amtlichen Bekanntmachungen der Justizverwaltungsorgane von der Dienstaufsichtsbehörde untersagt sei, diese auch den Gerichts- und Gerichtskassenvollziehern die Benutzung solcher Zeitungen zu untersagen hätten. Für Ausnahmefälle sei bei Unaufschiebbarkeit die Erlaubnis des Aufsichtsrichters, sonst die des Landgerichtspräsidenten zur Abweichung von der vorgenannten Bestimmung einzuholen. Endlich ist in der Rundverfügung die Anweisung erteilt, daß, wenn die Art der Bekanntmachungen dem Auftraggeber überlassen sei und dieser eine der Anordnung unter II 1 widersprechende Bestimmung über die Bekanntmachung treffe, die Gerichtsvollzieher den Auftrag, soweit dies zulässig sei, abzulehnen hätten, falls der Auftraggeber bei seiner Bestimmung beharre. In Ausführung dieser Rundverfügung hat der Kammergerichtspräsident am 24. Januar 1930 die Präsidenten der Landgerichte II und III Berlin und den Präsidenten des Amtsgerichts Berlin-Mitte auf den Erlaß des Justizministers vom 3. Dezember 1929 hingewiesen und sie ersucht, den Gerichts- und Gerichtskassenvollziehern das Bekanntmachen in den Zeitungen der Klägerin zu untersagen.

Diese Anordnungen hatten einen erheblichen Rückgang in den Anzeigen der Gerichtsbehörden sowie der Gerichtsvollzieher bei dem BL-A., den die Klägerin verlegt, zur Folge. Die genannten Stellen haben seitdem statt dieses Blattes in erheblichem Maß andere Zeitungen zur Veröffentlichung ihrer Anzeigen in Anspruch genommen, so daß der Anzeigenumsatz bei der Klägerin nicht unerheblich zurückgegangen ist. Sie ist der Ansicht, daß der Beklagte verpflichtet sei, ihr den dadurch erwachsenen Schaden zu ersetzen. Diesen Anspruch stützt sie auf den Gesichtspunkt der Amtshaftung nach Art. 131 RVerf. in Verbindung mit § 839 BGB. sowie auf die Bestimmung der §§ 823, 826, 31, 89 BGB. und der Art. 109, 118, 130, 151 RVerf. Von ihrem angeblich weit höheren Schaden hat sie zunächst einen Teilbetrag von 50 000 RM. geltend gemacht.

Der Beklagte führt aus, der Justizminister könne als Chef der Justizverwaltung allgemeine Verwaltungsanordnungen erlassen. Der Umstand, daß durch solche Anordnungen der Klägerin ein Schaden entstehe, reiche nicht aus, um in diesen Verfügungen einen rechtswidrigen Verstoß gegen Art. 118 RVerf. zu erblicken. Die Rechtslage sei die gleiche, wie wenn ein Privatunternehmen seine Anzeigen nicht mehr einer bestimmten Zeitung gebe. Es seien aber auch keine öffentlichen Interessen verletzt. Die Anzeigen seien vielmehr nach sorgfältigster Prüfung auf andere Zeitungen verteilt worden, die mindestens ebenso geeignet seien wie die Zeitungen der Klägerin. Das Verbot sei auch nicht aus Willkür erlassen worden, sondern im Interesse der Staatsautorität als berechtigte Abwehrmaßnahme gegen ständig rechtswidrige Angriffe der Klägerin. Die Zeitungen der Klägerin hätten verschiedentlich die Schranken des Art. 118 RVerf. überschritten und durch Aufsätze die Strafgesetze verletzt.

Beide Vorinstanzen haben die Klage abgewiesen. Die Revision der Klägerin führte zur Aufhebung des Berufungsurteils und zur Zurückverweisung der Sache an das Berufungsgericht.

Gründe:

Die Klägerin nimmt den verklagten Staat wegen einer angeblich vom Preußischen Justizminister begangenen unerlaubten Handlung in Anspruch. Nun haftet aber der Staat nicht in allen Fällen für den durch eine unerlaubte Handlung seiner Beamten verursachten Schaden. Diese Haftung tritt vielmehr nur ein in den gesetzlich besonders geregelten Fällen des § 89 in Verbindung mit § 31 BGB. sowie des Art. 131 RVerf., der an die Stelle des preußischen Gesetzes vom 1. August 1909 (GS. S. 691) getreten ist.

Mit zutreffender, von der Revision nicht bemängelter Begründung stellt das Kammergericht fest, daß der preußische Justizminister bei Erlaß der Verfügungen vom 3. Dezember 1929 und 18. Januar 1930 in Ausführung eines obrigkeitlichen Verwaltungsaktes gehandelt hat, nicht in Wahrnehmung rein privatrechtlicher Interessen des Fiskus. Infolgedessen kann die Bestimmung des § 89 BGB. keine Anwendung finden. Denn sie bezieht sich nur auf die Handlungen, die von den verfassungsmäßig berufenen Vertretern des Fiskus in Ausführung privatrechtlicher Verrichtungen vorgenommen worden sind (RGRKomm. Anm. 1 zu § 89 BGB.; RGZ. Bd. 72 S. 347 [349]).

Die Haftung des Staates gemäß Art. 131 RVerf. in Verbindung mit § 839 BGB. setzt aber voraus, daß der Beamte eine ihm dem Geschädigten gegenüber obliegende Amtspflicht verletzt hat. Nach der Rechtsprechung des Reichsgerichts ist die Frage, ob dem Beamten eine Dienstpflicht gegenüber einem Dritten obliegt, unter Berücksichtigung des Amtskreises des Beamten und der Art des Geschäfts, das er verrichtet, zu beurteilen. Das Hauptgewicht ist hierbei auf den Zweck zu legen, dem die Amtspflicht dienen soll. Ist diese dem Beamten gerade im Interesse einzelner Personen auferlegt, so ist Dritter jeder, dessen Interessen nach der besonderen Natur des Amtsgeschäfts durch dieses berührt werden. Daher wird der Kreis der „Dritten" auf dem Gebiet des Beurkundungswesens der streitigen und freiwilligen Gerichtsbarkeit und des Grundbuchwesens von der Rechtsprechung des Reichsgerichts weit gezogen (RGZ. Bd. 72 S. 324 [327], Bd. 78 S. 241 [243], Bd. 86 S. 102 [105], Bd. 129 S. 37 [43]). Ist der Zweck der Amtspflicht aber nur die Aufrechterhaltung der öffentlichen Ordnung oder das Interesse des Staates an einer ordentlichen Amtsführung der Beamten, so handelt es sich nicht um eine dem Beamten einem Dritten gegenüber obliegende Amtspflicht, mag auch durch die Ausübung dieser Amtspflicht mittelbar in die Interessen Dritter eingegriffen werden (RGRKomm. Anm. 3 zu § 839 BGB.; RGZ. Bd. 135 S. 110 [113], Bd. 139 S. 149 [153]).

Im gegebenen Fall hat der Preußische Justizminister die von der Klägerin beanstandeten Verfügungen in seiner Eigenschaft als oberstes Organ der Justizverwaltung erlassen, zur Regelung einer bestimmten öffentlich-rechtlichen Angelegenheit seines Verwaltungsbereichs. Es handelt sich also um die Erfüllung einer Amtspflicht im rein öffentlichen Interesse, nicht im Interesse einzelner Dritter. Wollte man aber selbst annehmen, die betreffenden Verfügungen seien, soweit sie Anweisungen an die Gerichtsvollzieher und Gerichtskassenvollzieher enthalten, auch auf Grund einer der Justizverwaltung im Interesse einzelner obliegenden Amtspflicht erlassen, so könnten doch als „Dritte" im Sinne des § 839 BGB. nur die von dem Zwangsvollstreckungsverfahren betroffenen Personen, wie Gläubiger und Schuldner, sowie die Eigentümer der Pfandsachen in deren Rechtskreis durch die Versteigerung eingegriffen wird, angesehen werden (RGUrt. vom 4. März 1913 III 423/12, abgedr. Recht 1913 Nr. 1288, und vom 24. April 1931 III 177/30, abgedr. JW. 1931 S. 2427 Nr. 1), bei freiwilligen Versteigerungen die an diesem Verfahren beteiligten Personen, nicht dagegen die Zeitungsunternehmer, deren Zeitungen für die öffentlichen Bekanntmachungen in Betracht kommen. Diesen Zeitungsunternehmern ist auch keinerlei Erinnerungs- oder Beschwerderecht eingeräumt, was ebenfalls einen Anhalt dafür bietet, daß ihnen gegenüber keine Amtspflicht besteht (RGZ. Bd. 135 S. 110 [115]).

Nun vertritt aber weiter das Reichsgericht in ständiger Rechtsprechung den Grundsatz, daß der Beamte jedem Dritten gegenüber die Amtspflicht hat, die Grenzen seiner Zuständigkeit einzuhalten, und daß eine schuldhafte Amtsüberschreitung eine Schadensersatzpflicht gemäß § 839 BGB. jedem gegenüber begründet, der durch sie geschädigt worden ist (vgl. RGZ. Bd. 71 S. 60 [62], Bd. 91 S. 381 [383], Bd. 99 S. 285 [288], Bd. 104 S. 346 [348]; Recht 1922 Nr. 1102). Es ist daher zu prüfen, ob sich der Erlaß der von der Klägerin beanstandeten Verfügungen innerhalb des dem Preußischen Justizminister zugewiesenen Amtsbereichs hält. Das ist insoweit zu verneinen, als sich die Verfügung vom 3. Dezember 1929 an die richterlichen Beamten wendet. Die Ausübung des richterlichen Ermessens bei der Auswahl der Zeitungen für die Bekanntmachung gerichtlicher Verfügungen stellt eine Tätigkeit des Richters dar, die unter dem Schutz des Art. 102 RVerf. steht (vgl. RGZ. Bd. 58 S. 429 [434]). Die Justizverwaltung ist daher nicht befugt, in irgendeiner Form in die Ausübung dieses Ermessens einzugreifen. Wenn auch die letztgenannte Verfügung des Preußischen Justizministers ihrem Wortlaut nach keine ausdrückliche Anweisung an die Richter enthält, so läßt doch ihr nicht mißzuverstehender Sinn nur die Auslegung zu, daß die Richter dahin beeinflußt werden sollten, ihr Ermessen nach einer den Blättern der Klägerin nachteiligen Richtung hin auszuüben. Daß die Verfügung nur in diesem Sinn verstanden werden konnte, war für den Preußischen Justizminister bei Anwendung der gebotenen Sorgfalt ebenso erkennbar, wie daß sie einen unzulässigen Eingriff in die richterliche Unabhängigkeit, also eine Amtsüberschreitung darstellte. Demgemäß hat der Preußische Justizminister durch die an die richterlichen Beamten gerichtete Verfügung fahrlässig die Grenzen seiner Zuständigkeit überschritten. Der Beklagte haftet daher gemäß Art. 131 RVerf. in Verbindung mit § 839 BGB. der Klägerin, soweit ihr hierdurch ein Schaden entstanden ist. Die Entstehung eines Schadens setzt allerdings voraus, daß sich ein Richter durch die Verfügung des Ministers hat bestimmen lassen, die Blätter der Klägerin für gerichtliche Bekanntmachungen nicht mehr zu berücksichtigen. Jedoch wäre durch die unter dem Druck dieser Verfügung getroffene Entschließung des betreffenden Richters der ursächliche Zusammenhang zwischen der Amtsüberschreitung des Ministers und dem schädigenden Erfolg nicht unterbrochen, sondern nur fortgesetzt worden.

Soweit sich dagegen die Verfügungen vom 3. Dezember 1929 und 18. Januar 1930 nicht an die richterlichen Beamten wenden, hat der Preußische Justizminister die Grenzen seiner Zuständigkeit nicht überschritten.

Daß er Anordnungen darüber treffen kann, in welchen Blättern die Anzeigen der Justizverwaltung veröffentlicht werden sollen, liegt auf der Hand. Wenn auch der Gerichtsvollzieher ein selbständiges Organ der Rechtspflege ist und den einzelnen Auftrag nach eigenem pflichtmäßigen Ermessen auszuführen hat, so daß ihm hierfür bestimmte Anweisungen sachlicher Art nicht im Dienstaufsichtswege erteilt werden dürfen, so ist er doch an die allgemeinen Bestimmungen der Geschäftsanweisung gebunden, die von der Justizverwaltung erlassen ist und von ihr ergänzt werden kann (§ 154 GVG.; § 73 Pr. AG. z. GVG.). Daß durch die Geschäftsanweisung allgemeine Bestimmungen über die Auswahl der zu öffentlichen Bekanntmachungen zu verwendenden Zeitungen getroffen werden können, ist nicht zweifelhaft (vgl. Stein-Jonas Bem. II zu § 816 ZPO.; Seuffert-Walsmann Anm. 3 zu § 816 ZPO.). Denn es handelt sich hierbei weder um Anweisungen sachlicher Art noch um einen Eingriff in das Ermessen des Gerichtsvollziehers bei dem eigentlichen Vollstreckungsakt. Ebensowenig ist ein Grund ersichtlich, aus dem solche Anweisungen nicht für einen begrenzten Bezirk erlassen werden dürften, welcher Fall übrigens vorliegend gar nicht gegeben ist. Der Preußische Justizminister war daher befugt, die Vorschrift des § 77 Abs. 4 der preußischen Geschäftsanweisung für Gerichtsvollzieher vom 24. März 1914 (JMBl. S. 343) zu ergänzen, zumal da in der Verfügung vom 18. Januar 1930 für besondere Fälle ausdrücklich Ausnahmen von der allgemeinen Anweisung zugelassen sind. Dieselben Grundsätze gelten auch für Gerichtskassenvollzieher.

Soweit eine Überschreitung der Zuständigkeitsgrenzen nicht vorliegt, kann die Klägerin nicht geltend machen, der Justizminister habe sich bei Ausübung seiner Amtsgewalt, unter Verletzung der Richtlinien der Reichsregierung für die Auswahl von Zeitungen zur Bekanntgabe amtlicher Veröffentlichungen, von unzulässigen politischen Beweggründen leiten lassen und sein Ermessen mißbraucht. Denn der Schadensersatzanspruch der Klägerin muß daran scheitern, daß, wie oben ausgeführt, der Justizminister keinesfalls eine ihm der Klägerin gegenüber obliegende Amtspflicht verletzt hat, es sei denn, daß der Fall der Willkür gegeben wäre.

Es ist zwar richtig, daß nach der Rechtsprechung des Reichsgerichts § 826 BGB. beim Vorliegen einer Amtspflichtverletzung nach § 839 BGB. keine Anwendung findet (RGZ. Bd. 87 S. 347 [348], Bd. 94 S. 102 [103], Bd. 100 S. 284 [287]). Allein hiervon unabhängig ist die Frage, ob ein Beamter seine Amtspflicht verletzt, wenn er in einer den Tatbestand des § 826 BGB. erfüllenden Weise durch Ausübung seiner Amtsgewalt einem Dritten Schaden zufügt. Diese Frage ist mit dem Kammergericht zu bejahen. Als eine derartige, den Staat zum Schadensersatz verpflichtende Amtspflichtverletzung ist insbesondere eine Handlung anzusehen, die mehr der Willkür als dem freien Ermessen zuzurechnen ist, die ein verständiger Beamter nicht oder doch nicht leicht in dieser Weise vorgenommen haben würde (RGUrt. vom 27. März 1925 III 183/24, abgedr. JW. 1925 S. 1875 Nr. 2; RGZ. Bd. 121 S. 225 [232], Bd. 126 S. 164 [167]). In dieser Beziehung führt aber das Kammergericht in tatsächlicher Würdigung des Sachverhalts, die keinen Rechtsirrtum erkennen läßt, aus, daß die Preußische Staatsregierung wegen der Artikel, welche in den Zeitungen der Klägerin zum Volksbegehren für das sog. Freiheitsgesetz veröffentlicht wurden, Anlaß hatte, sich angegriffen und in ihrer Ehre verletzt zu fühlen. Schon diese Feststellung nimmt den Abwehrmaßnahmen der Regierung gegenüber den Zeitungen der Klägerin den Charakter eines Willküraktes. Der Umstand, daß das Volksbegehren kurz vor Erlaß der Verfügungen abgelehnt worden war, kann keine maßgebende Bedeutung beanspruchen, da gerade mit Rücksicht auf diese Ablehnung weitere Presseangriffe zu erwarten waren.

Auch die Art. 109, 130, 151 RVerf. sind nicht verletzt, da mit ihnen solche Abwehrmaßnahmen nicht in Widerspruch stehen, abgesehen davon, daß aus ihnen subjektive Rechte überhaupt nicht hergeleitet werden können. Daß der Gewerbebetrieb der Klägerin geschädigt wurde, macht das Vorgehen des Preußischen Justizministers noch nicht sittenwidrig. Denn wenn auch der eingerichtete Gewerbebetrieb ein geschütztes Rechtsgut darstellt, so ist doch eine Handlung noch nicht schon deswegen rechtswidrig, weil sie für den Gewerbebetrieb eines anderen nachteilig ist (RGZ. Bd. 64 S. 52 [55]). In diesem Zusammenhang ist es ferner rechtlich unerheblich, ob in dem Vorgehen des Preußischen Justizministers ein eigentlicher Boykott oder nur eine Abwehr zu sehen ist. Denn auch der Boykott verstößt nicht als solcher ohne weiteres gegen § 826 BGB., sondern nur dann, wenn mit ihm eine öffentliche Verrufserklärung verknüpft ist, die den Zweck und Erfolg hat, die gewerbliche Stellung des Gegners völlig zu vernichten, oder wenn Verrufserklärungen ohne jede Angabe einer Tatsache oder mit aufreizendem Inhalt öffentlich verbreitet werden, oder wenn die Maßregel desjenigen, der den Boykott verhängt, in keinem billigen Verhältnis zu der Handlungsweise dessen steht, gegen den sich der Boykott richtet (RGZ. Bd. 51 S. 369 [385], Bd. 64 S. 52 [56, 61], Bd. 66 S. 379 [384], Bd. 79 S. 17 [19], Bd. 105 S. 4 [7], Bd. 130 S. 89 [92]). Keiner dieser Umstände ist im gegebenen Fall von der Klägerin schlüssig behauptet. Es liegt weder eine Verrufserklärung noch eine öffentliche Bekanntmachung einer solchen vor; ebensowenig kann die Klägerin, wie schon aus der Begründung der Höhe ihres Schadens folgt, behaupten, daß die Verfügungen des Preußischen Justizministers den Zweck und Erfolg hatten, die wirtschaftliche Existenz ihres Zeitungsverlags zu vernichten. Daß die Klägerin einen erheblichen Schaden erlitten hat, mag unterstellt werden. Allein da der Preußische Justizminister, wie das Kammergericht feststellt, Veranlassung hatte, die Stellung der Staatsregierung gegenüber den im Verlag der Klägerin erscheinenden Blättern zu verteidigen, so kann nicht davon gesprochen werden, daß die von ihm ergriffene Maßregel in keinem billigen Verhältnis zu der Handlungsweise der Klägerin stehe.

Endlich versagt auch die Berufung der Klägerin auf Art. 118 Abs. 1 Satz 2 RVerf. Diese Vorschrift wendet sich, wie in der Entscheidung des Reichsarbeitsgerichts vom 19. Dezember 1931 (RAG. Bd. 10 S. 27 [32], vgl. auch S. 275 flg. das.) ausführlich erörtert ist, gegen die „Maßregelung" eines Arbeitnehmers durch den Arbeitgeber wegen einer Meinungsäußerung und allgemein gegen die einer solchen Maßregelung gleichstehenden Willkürakte des in sozialer Machtstellung Befindlichen gegenüber dem seine Meinung frei Äußernden. Ein soziales Abhängigkeitsverhältnis der Klägerin gegenüber der Preußischen Justizverwaltung ist aber ebensowenig gegeben wie eine Monopolstellung dieser Verwaltung. Es können daher auch die Grundsätze über den Mißbrauch einer Monopolstellung nicht in Betracht kommen.

Hiernach bedarf es einer Erörterung der Sache in der Tatsacheninstanz noch insoweit, als festzustellen ist, ob und gegebenenfalls in welcher Höhe der Klägerin ein Schaden aus der an die richterlichen Beamten gerichteten Verfügung des Preußischen Justizministers vom 3. Dezember 1929 entstanden ist.

# Sachregister

(Die Ziffern bedeuten die Seitenzahlen dieses Bandes)

## D



## E

## F

## V



## W



## Z

Kolibri 360 GmbH
Ferdinand-Jühlke-Straße 7
99095 Erfurt, Deutschland
produktsicherheit@kolibri360.de